# 棟持柱祖形論

土本 俊和

中央公論美術出版

口絵１　信州 長野市 赤柴のタキモノ小屋 棟持柱

口絵２　同タキモノ小屋 全景

口絵３　信州 長野市 国見の掘立棟持柱

口絵４　同掘立棟持柱 全景

口絵５　甲州 旧牧丘町 棟持柱をもつ便所（北面）

口絵６　同便所（南面）

口絵７　信州 飯山市 タテノボセ

口絵８　甲州 旧牧丘町 棟持柱をもつ民家

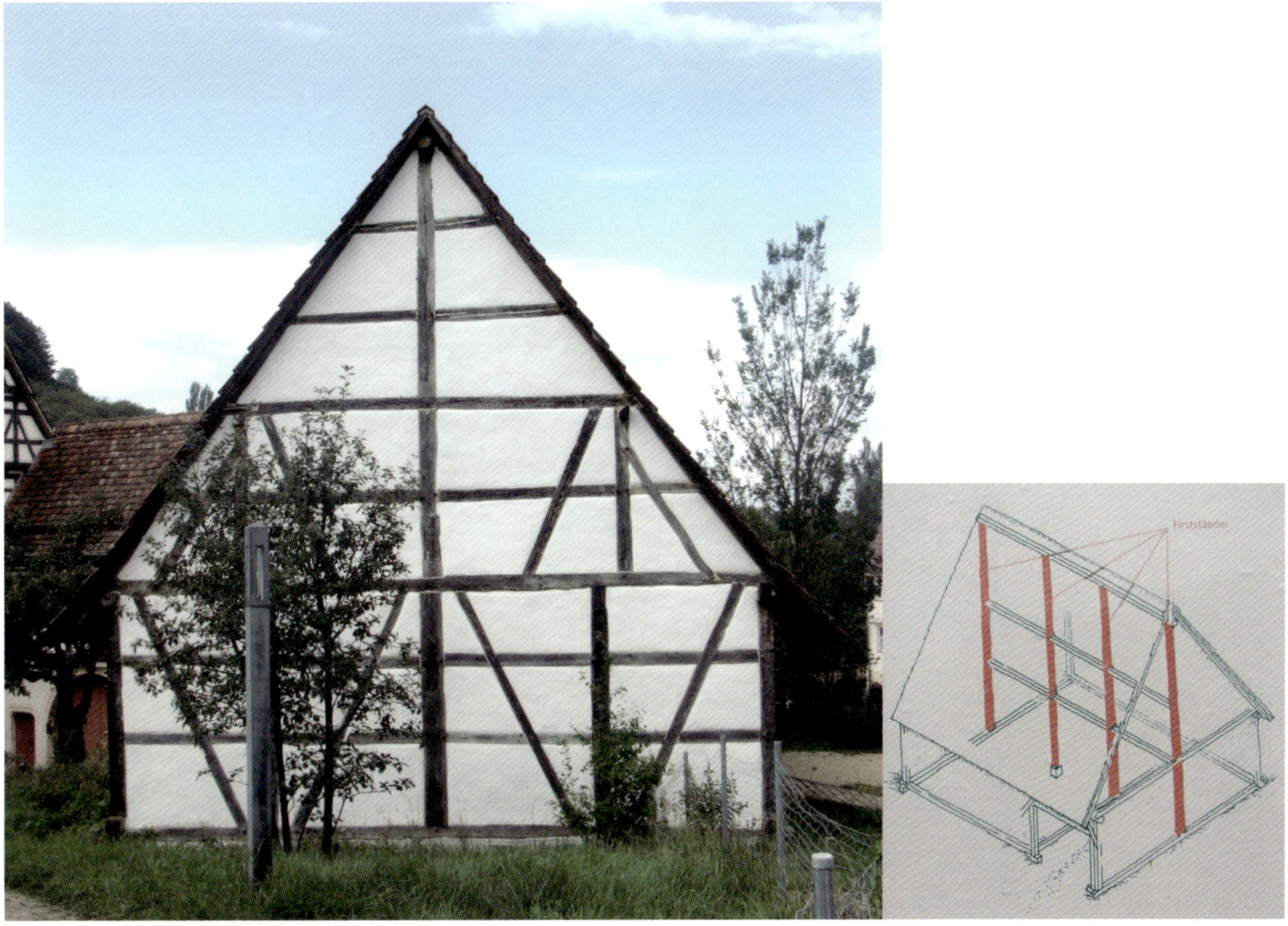

口絵９　ドイツ南西部 ボイレン 棟持柱をもつ納屋（Firstständerscheuer, Beuren）

口絵10　スイス北部 ロイトヴィルから移築 バーレンベルク 棟持柱をもつ農家（Bauernhaus von Leutwil, Ballenberg）

口絵11　イタリア北東部 カポ・ディ・ポンテ 岩壁線画（Felsbilder, Capo di Ponte）

口絵12　イタリア北東部 リヴァ・デル・ガルダ 棟持柱をもつ小屋（Riva del Garda）

# 棟持柱祖形論

〔本書は独立行政法人日本学術振興会平成二二年度科学研究費補助金（研究成果公開促進費）の交付を受けた出版である〕

目次

# 凡例

①本書は、棟持柱祖形論にじかに関連する研究成果のうち、土本俊和による単独執筆の二〇件ならびに土本俊和をふくむ共同執筆の一三件の計三三件を収録した。
②三三件すべてを、本書に収録するに際して、土本が全面的に改訂増補した。
③本書は、「はじめに」一件、「序論」一件、「総論」八件、「各論」一二件、「考察」九件、「結論」一件、「おわりに」一件の計三三件の小論からなる。「各論」一二件は、「A京都」四件、「B信州」六件、「C甲州」二件からなる。
④本書は、学術誌などにてすでに公表したもの計二七件と、公表していなかったものとあらたにかきおこしたもの計六件からなる。
⑤個々の小論の初出時の年月と著者を個々の小論の末尾にしるした。また、個々の小論の初出時の年月、著者、掲載誌、掲載頁などの詳細を、本書の末尾の「初出・再録一覧」にまとめた。
⑥歴史的な事柄に言及するに際して、現代からみると不適当な表記であっても、歴史的な背景を考慮して、あえてそのままにしたものもある。
⑦原則として、常用字体の漢字をもちいたが、一部の人名を例外とした。
⑧原則として、人名に言及するに際して、敬称を略した。
⑨個々の小論のうしろに、参考文献、引用先、註などをしるした。また、個々の小論で参照した参考文献をまとめ、『中世後期から近世に至る掘立棟持柱構造からの展開過程に関する形態史的研究』（研究代表者・土本俊和、二〇〇五年）という研究成果報告書ですでに把握していた参考文献を中心におぎなった。以上の作業を、「参考文献一覧」として本書の末尾に掲載した。参考文献は、何らかの形で、棟持柱祖形論に関連している。この研究成果報告書には、必要に応じて、解説をくわえているので、参考文献の詳細をさらにとらえたいとき、この研究報告書を参照されたい。
⑩学会誌などにてすでに公表したことのある小論については、必要に応じて「補記」をもうけ、論文公表後の動向などをしるした。
⑪「図表一覧」に図表の出典をしるした。そこに出典のしるされていない図表は、小論の初出時にはじめて公表されたものである。

# はじめに

# はじめに

棟柱という用語は、一六〇三年（慶長八）編纂『邦訳 日葡辞書』（岩波書店、一九八〇年）にみえる。すなわち、「Muna-baxira. ムナバシラ（棟柱）家の棟木をその上に据える支柱、または、柱。」とある。この柱は棟木を直接ささえる柱の総称で、現代では一般に棟持柱とよばれる。神明造の社殿にみられたり、一六世紀の洛中洛外図屏風にえがかれたマチヤにみられたりする。信州では、棟木を通し柱で直接ささえる形式の民家を「タテノボセ」構造という。この構造は、雪の重量にたえるためと、積雪によって建物全体がくるうのをふせぐためにうみだされた、とかんがえられ、とくに飯山地方の山間部で積雪量のおおい地域にみられる。柱は二〇～三〇センチメートル角のナラ、クリ、ケヤキ、ブナ、タモなどの硬質の木材をつかい、棟木も柱と同寸以上の同質の材料をつかっている。ちなみに、北アルプスの立山連峰に棟持柱をもつ建物がみつかっているので、信州以外の山間部でもこの構造はみられる。

参考文献

・『邦訳 日葡辞書』岩波書店、一九八〇年
・畑智弥・土本俊和「京都の町屋における架構の変遷―『田中吉太郎家文書』と遺構図面の比較より―」『日本建築学会一九九七年度大会（関東）学術講演梗概集F―2』二一九―二二〇頁、一九九七年
・飯山市土建産業労働組合編『職人がつづる職人誌』銀河書房、一九七九年、七七―八〇頁
・飯山市編誌編纂専門委員会編『飯山市誌 歴史編 上』飯山市、一九九三年、八一一―八二二頁（吉澤政己執筆部分）
・川上貢「総柱建て・棟持柱を持つ建物の遺構―越中立山の室堂―」京都府埋蔵文化財調査研究センター『京都府埋蔵文化財論集』第一集、五〇九―五一五頁、一九八七年

初出 一九九八年三月 土本俊和

補記 「はじめに」と題したこの論考は、畑・土本「京都の町屋における架構の変遷」（前掲）とともに、本研究が棟持柱を意識した最初期のものである。棟持柱祖型論（後に棟持柱祖形論と改名）を構想したのは、これ以降であった。その後、この「はじめに」から、飯山での民家研究（各論B信州5～6）のほか、民家の樹種判定（庄司貴弘・井田秀行・土本俊和・梅干野成央「豪雪地帯における民家の形態とその構成樹種―長野県飯山市柄山の農家の事例―」『日本建築学会技術報告集』三二、三八七―三九二頁、二〇一〇年、井田秀行・庄司貴弘・後藤彩・池田千加・土本俊和「豪雪地域における伝統的民家と里山林の構成樹種にみられる対応関係」『日本森林学会誌』九二―三、一三九―一四四頁、二〇一〇年）や山小屋研究（土本俊和監修・信州大学山岳科学総合研究所編『山と建築1 スイスと日本の山岳建築』信州大学工学部建築学科土本研究室、二〇〇九年、梅干野成央・土本俊和・小森裕介「近代登山の普及における山小屋の建設過程」『日本建築学会計画系論文集』六五九、二一一一―二一二〇頁、二〇一一年）などがうまれた。京都を意識した「京都の町屋における架構の変遷」から、京マチヤに関する一連の研究（各論A京都1～4）がうまれた。

# 序論

# 序論　棟持柱祖形論の位置

棟持柱祖形論の目的は、棟持柱構造をもつ建造物の歴史的な展開過程を実証的に考察する作業を通じて、建築形態の祖形を把握することである。棟持柱構造の展開過程は幅ひろく奥ぶかいものの、掘立の棟持柱構造に対象を限定すると、その展開過程もせばめられてくる。この意味でここでは、とくに掘立棟持柱構造をもつ建造物の位置づけをおこなう。

掘立の棟持柱をもつ構造すなわち掘立棟持柱構造とは、掘立の棟持柱が棟木をささえる形式である。この形は、古代において伊勢神宮にみられたほか、中近世においてもマチヤや小屋といった小規模建造物にみられた。この形は、梁行の中心柱が棟木を地面からささえるので、軸部と小屋組が分離していない。これに対して、礎石建とよばれる形式がある。この形は、礎石の上にのる柱が梁と桁をささえ、ほとんどの場合、その上に小屋組がのるので、軸部と小屋組が分離している。

従来の研究は、軸部と小屋組が分離した後者の形を日本建築史の支配的な形式とみなしてきた。この状況をふまえ、いままであまりかえりみられることのなかった掘立棟持柱構造の具体的な事例をまず渉猟することをこころみた。実際、中世後期において、掘立棟持柱構造は一六世紀の洛中洛外図屏風に数おおくみえ、草戸千軒を代表とする室町後期の遺構面に梁行二間となる柱穴が多数みられた。また、近世において、掘立柱構造の民家があったことが、考古学的発掘調査から、あきらかである。さらに、棟持柱構造の遺構も民家調査を通じて多数報告されている。

すなわち、中世後期にみられた掘立棟持柱構造の建造物は、近世にいたっても残存する。とはいえ、この近世において、そのほとんどが、掘立棟持柱構造をすてて、礎石建の構造に移行する。以上をふまえ、本研究は、中世後期から近世にいたる期間を対象に、掘立棟持柱構造の展開過程を実証的に捕捉することを目的とする。

この研究の特色は、建築遺構や文献史料にのこりにくい掘立棟持柱構造の建物をあつかう点にある。また、その独創性は、中世後期から近世にいたる期間にて、掘立棟持柱構造からの展開過程を連続的に捕捉する点にある。というのも、中世から近世への転換に関する従来の研究をみると、民家建築と社寺建築のそれぞれに不連続面がみられるからである。

まず、近世民家の支配的な姿は軸部と小屋組が分離した礎石建とされ、とくに草屋根の場合、その小屋組はオダチ組か扠首組である。オダチ組は畿内を中心に中世後期からみられ、扠首組は戦国期から近世前期にかけて普及した。この二つにさきだつ架構に掘立棟持柱構造を想定することができる。このとき、民家は、掘立棟持柱構造から礎石建構造へと中世後期から近世へかけて変容したことになるが、その変遷には溝がある。

他方、社寺建築の場合、およそ一二〇年間ほど、式年遷宮制がとだえた戦国期の伊勢神宮に溝がある。この約一二〇年をのぞいて、ほぼ正確に二〇年ごとに造営をくりかえした伊勢神宮は、古代の建築形態を承け継いだかもしれない。しかし、この建築が古代からの技術を承け継いだとはいいがたい。すなわち、先人から後人へと現場で承け継がれる建築技術が、造替がとだえた戦国期の伊勢で連綿とつたえられた、と判断するのはむずかしい。

しかし、梁行二間の掘立棟持柱構造というこの形が日本建築史の小規模建造物において常にみられた一形式であったとするならば、通史をかんがえるうえで障害となる以上の不連続面は解消される。本研究に予想される結果は、これらもろもろの不連続面を解消する点にある。その学問的意義は、おおきい。

掘立棟持柱構造の建物は、日本においてのみ、みられる形式ではない。ヨーロッパにおいては、ドイツやスイスやオーストリアや北イタリアなどにて、その事例が紹介されており、東南アジアや北東アジアにおいても、その事例が紹介されている。このことは、木造軸組構造の祖形とその展開過程に、世界的に通ずるある種の普遍性があることを示唆する。掘立柱構造は、地面と柱の関係におけるもっとも原初的な形式である。他方、棟持柱構造は、地面と屋根の関係におけるもっとも原初的な形式である。とりわけ、掘立棟持柱構造は、地面と建物との関係におけるもっとも原初的な形式である。古代・中世を通じて多数みられたであろうこの形式は、近世にいたって、そのおおくが消滅した。このように、掘立棟持柱構造の、ひろくとれば古代から近世にいたる展開過程は、国外にも関連する具体的な研究がある。今後、この展開過程は世界史の普遍的な一部として位置づけられる内容になる、といいきることができる。

以上、とくに掘立棟持柱構造を指標とした場合、この構造の展開過程に世界史的な普遍性をみいだすことができる。このように、幅ひろく奥ぶかく展開過程を構想するに際しては、掘立棟持柱構造によって具体的な事例が限定される定義に即するよりも、じつは、棟持柱構造によって具体的な事例が限定される定義に即するほうが、柔軟に対応することができる。

実際、棟持柱構造をもつ建物は、かならずしも掘立棟持柱構造ではない。つまり、掘立構造ではない棟持柱構造の事例は、多々みられる。時代をさかのぼれば、掘立構造である棟持柱構造が支配的であるとともに、建造物の祖形である、と想定することもできるだろう。とはいえ、太古にさかのぼっても、掘立構造ではない棟持柱構造が多々みられた状況も想定することができる。ぎゃくに、時代をくだれば、柱の脚部が掘立ではない構造に建造物は展開していくので、掘立構造ではない棟持柱構造のほうが一般的になる。

以上をふまえると、太古から現代まで、世界中の建造物を視野におさめたとき、もっとも有効な指標が棟持柱構造であることがうかびあがる。

棟持柱祖形論は、棟持柱構造を指標として建造物の原形にむかって考察をふかめていく、と同時に、棟持柱構造を指標として建造物の発展過程への考察をふかめていく。以上の一連の研究方法と対象にささえられた一連の論考をさす。むろん、すべてが棟持柱祖形論で説明されるわけではない。しかし、棟持柱祖形論に即して説明され得る事柄がはっきりすれば、棟持柱祖形論で説明されないもろもろの事柄を棟持柱祖形論の外にしめすことができる。

棟持柱祖形論は、太古から現代までを、棟持柱構造を指標として、もろもろの建造物をあつかう方法である。この方法によって、一連の事物が捕捉されたならば、棟持柱祖形論によって捕捉されなかった事物は、棟持柱祖形論の外にある、と位置づけることができる。

初出　『棟持柱祖形論』　土本俊和

# 総論

# 総論1　民家史研究の総括と展望
## —棟持柱祖形論に即して—

### 一　一九五五年「民家研究の成果と課題」

稲垣栄三『日本の近代建築［その成立過程］（下）』（鹿島出版会、一九七九年、初出一九五九年）は、戦前の民家研究者を以下のようにしるす。

> 民家研究者は、農村住宅の改善をテーマとし、これに強い関心を抱きながら、実際的な活動は主として民俗学的な「採集」に止まっていた。このころの建築家の社会への関心と情熱はおどろくほど強いのであるが、それが能動的な活動に反映するには時間を要したのであって、当時その情熱の反映というべき行動の形式は、もっとも基礎的な知識の集積という仕事であった。問題意識のたかまりが、結果としては、それと一見何のかかわりもない知識の収集へと導いているのである。（二一八頁引用）

戦前の民家研究者が「民俗学的な「採集」に止まっていた」というこの指摘は一九五五年の以下をうける。

・伊藤鄭爾・稲垣栄三・大河直躬・田中稔「学会動向　民家研究の成果と課題」（『建築史研究』二一、二八―三三頁、一九五五年）

四名による四頁半のこの文献に、「民家研究の成果と課題―日本建築学会昭和30年度春季大会専門別研究協議会（歴史の部）記録―」と題された手書き二一頁がそえられている。全二一頁のうち、前半七頁が伊藤・稲垣・大河・田中による「報告」であり、後半一四頁が太田博太郎・川上貢を議長とする「討論」である。「討論」に名がみえるのは、二名の議長のほか、発言順で、竹内芳太郎、藤島亥治郎、蔵田周忠、石原憲治、西山卯三、大岡実、滝沢真弓、城戸久、伊藤鄭爾、稲垣栄三、小泉正太郎、田中稔、林野全孝、持田照夫、太田静六、関野克、浜口隆一であった。この「討論」は、「若い連中のやり方」という太田博太郎の切り出しからはじまって、以下、発言者はみずからを「戦前派」ないし「戦后派」と規定している。

### 二　芸術的な面ならびに建築構造からの分析

「戦前派」にあたる藤島亥治郎は、この「討論」の冒頭にて、民家研究に「芸術的な面から入った」とし、「私達の旧体制のものが新体制にどう役だったかわかりませんが、……建築構造から分析したやり方の功績を落としてはいないでしょうか」とのべている。芸術的な面から入ったという前者の指摘は、柳宗悦や池田三四郎による民藝とともに、民家にかかわる者が一貫してもつ美的価値判断であろう。この美意識が建築分野では一九七〇年代後半以降の、降幡廣信らによる「民家の再生」とその評価へとつながっている。ちなみに稲垣栄三は、以下の内容の手紙を一九八四年に降幡廣信へおくっている。

> 古い建物が、文化財としての保存か、取り壊しかの二者択一しか方法がないように見える現在、貴台のお仕事はまことに貴重な、そして重要な一石を建築界に投じたものと考えます。軸組をそのまま残しつつ、補強し、古い姿をなるべくとどめるように、建築家としての創意を極力抑制しておられるのは、

大変失礼な言い方ですが、古建築再生の仕事に当面する建築家の姿勢として正しい方向と感じました。自覚と誇りなしには、このような仕事はできないからです。（降幡廣信『古民家再生ものがたり これから百年暮らす』晶文社、二〇〇五年、二二四頁引用）

他方、「戦前派」が建築構造から分析したという後者は、柳田国男による民俗学ではなしえない建築学固有の方法にもとづく。とりわけ、建築構造からの分析は、戦前において、天地根元宮造との関連性から民家の架構が参照された。国家神道とむすびついていた天地根元宮造は、戦後、ふたたび誤りとして結論づけられる。

## 三　天地根元宮造の戦前と戦後

天地根元宮造（図1、後掲、以下同じ）をしりぞけようとした論考として、太田博太郎「原始住居の復原」（同『日本建築の特質（日本建築史論集Ⅰ）』岩波書店、一三六―一五七頁、一九八三年、初出一九五九年）がある。その結論は以下のとおりである。

> 要するに、竪穴住居の屋根構造は竪穴の平面や、農家・「高殿」・外国の原始住居などからみて、垂直材で棟を支える型でなく、斜材で棟を支え、放射状垂木で屋根面を構成したものとだけはいえるであろう。（一五六頁引用）

そして、この論文の末尾に、「それ以上細かいことを考えるのは、現在の史料では無理であり、また誤りを犯す恐れがあろう」との一文がある。

「原始住居の復原」にて太田は、関野克「竪穴家屋と其の遺跡に就いての理論的考察」（『ミネルヴァ』二―一、一九三七年）を参照し、「関野は従来発掘された竪穴住居跡が、壁からやや内方に設けられた四本柱を主体とするもので、天地根元宮造なら中心軸線上に主柱穴があるべきなのと相違している点を指摘した」という（一三六頁引用）。また、関野克「鉄山秘書高殿に就いて」（『考古学雑誌』二八―七、四二九―四四六頁、一九三八年）を参照して、『鉄山秘書』にみえる高殿（図2）に関する関野説に賛意をよせている。

関野克「竪穴家屋と其の遺跡に就いての理論的考察」の最終段落に以下がみえる。

> 即ち今日迄発見された住居址の系統はすべて断面の放射配置で、平行移動の例は無い。随つて平行移動系の天地根元宮造即ち$_{C}P_{1}$は又別の系統であることが知られる。又竪穴壁に接して柱を設ける場合、即ち$_{W}P$系も住居址には発見稀なることで、現に文化十四年発見の竪穴家屋が$_{WW}P_{+}$としてしられてゐるに止まる。この二者は中世において存在し考古学雑誌（昭和十二年一月）に紹介の予定であるから参照願ひたい。（二七（三八三）頁引用、図3）

「文化十四年発見の竪穴家屋」とは、平田篤胤「皇国度制考上」（平田篤胤全集刊行会編『新修 平田篤胤全集 補遺三』名著出版、一九七八年、三六（四一五）―三九（四二〇）頁）所収の史料にもとづく。原始時代住居の遺跡として竪穴住居址を論じた関野は、ここで、天地根元宮造が「又別の系統である」とし、「中世において存在し」た、としていた。つまり、一九三七年の時点にて、関野は、天地根元宮造をことごとく否定したわけではない。

「考古学雑誌（昭和十二年一月）」とは、関野克「中世に於ける竪穴住居の例」（『考古学雑誌』二七―一、三四―四四頁、一九三七年）である。ここでは、「文化十四年発見の竪穴家屋」のほか、「粉河寺縁起絵巻所見の板葺竪穴住家」が「所謂天地根元宮造」とともに掲載されている（図4、図5）。

また、太田「原始住居の復原」が参照した論考に、石原憲治「竪穴住居に就て―特に登呂の復元を中心に論ず」（『建築雑誌』七七五、一―七頁、一九五一年）が注目される。「登呂の復元」を批判的にとりあげた石原は、ここで注目すべき論点をのべている。

・私の考ふるところを述べると、文献の中に我が国の原始建築の原型を探すとするならば、むしろ我国の農村建築の中に現存する原始建築構造を探究して、そこに発生的な原型を見出すことが出来るのではあるまいかと考へる。原始時代の住居と今日の原始的農民建築との間には必ずや発達史的の連続性があるべきだと私は考へるが故に、そこに今後の研究を進めたいと思ふのである。そうすると、その系統は而かく単純でなく数種の発生的系統のあることを予想されるのである。そしてこれらの関連に於て、発達史的の過程が完全に説明出来た時に始めて我国の民族建築の起原並に発生形態が明瞭になるであろう。（三頁引用）

・我国の本来の意味のうだつ柱が切妻構造に見られる棟持柱を意味するものである事に就ては疑問の余地は無いと曰はねばならぬ。（四頁引用）

・関野博士は屋根の構造を下部の構造と上部の構造とに二分された結果、サスを上部と下部とに切り離して切りサスを用ゐているのであるが、切りサスといふ構造は今日の農家建築には先づ使用されないと曰つてもよいと思ふ。これは特殊の構造であつて、例へば梁で上下が切断された様な場合に用いられることが極めて稀にあるが、これを原始的建築の構造法に用ひられることも又不自然であり且つ、技術的にも困難であると思ふ。（四頁引用）

石原は棟持柱構造をもつ三例（図6）をしめし、「束」と「切りサス」をしりぞけた上で、「樺太アイヌの竪穴」、「長野県東筑摩郡宋賀村平出竪穴住居趾」、「多摩村の室」を例示し、とりわけ「樺太アイヌのトイ・チセ」をとりあげ、「斯る科学的証拠物件が上つておるのを無視することは、科学的研究方法でない」とした。

石原の指摘をふまえつつ、ここで、もうひとつ確認したいのは、長野県の平出遺跡に対する太田の態度である。原始から古代にわたる平出遺跡は複合遺跡とされる。その調査研究は、戦後の大規模な学際的研究に発展した。その集大成が、平出遺跡調査会編『平出　長野県宗賀村古代集落遺跡の総合研究　文部省科学研究費総合研究報告№10』（朝日新聞社、一九五五年）である。これが刊行されたのは、一九五九年初出の太田「原始住居の復原」の四年前である。藤島亥治郎「第六篇　建築址の復原的考察」（三七五―四一九頁）のなかで、「第2章　縄文式住居の復原」に「第3章　土師式建築址の復原」がつづく。ここで土師式建築址は六つに分類されている。そのうち、D類とE類にて掘立棟持柱をもつ竪穴の切妻が復原されている。これをみると天地根元宮造が想起されるだろう（図7）。一九五五年のこの科学研究費総合研究報告にさきだって、これらの復原案は、藤島「平出住居址の復原的考察」（『信濃』第三巻第二・第三合併号、八二―九五頁、一九五一年）や同「平出遺跡第四次調査建築址の復原的考察」（『同』四―一一、九七―一〇八頁、一九五一年）にて提出されている。

藤島による復原案は、一九五九年初出の太田「原始住居の復原」にて、既往研究として参照されていなければならなかった。天地根元宮造をしりぞける意図のもとに、不都合な報告は無視されていた可能性もあろう。実際、天地根元宮造からの展開をしめす三田克彦

「大黒柱の淵源とその変遷」（『住宅』第二七巻第三一〇号、五七―五九頁、一九四二年）は参照されていない（参考文献転載2参照）。また、中世の天地根元宮造をしめしていた関野「中世に於ける竪穴住居の例」（一九三七年）も参照されていない。

今日、中心軸に柱穴をもつ発掘遺構は、竪穴でなければ、枚挙にいとまがない。また、中心軸に柱穴をもつ竪穴の発掘遺構もいくつか報告されている。たとえば、長野県立博物館編『信濃の風土と歴史8 住―たてる・すむ・くらす―』（長野県立博物館、二〇〇二年）が紹介する「黒岩城付近の竪穴住居」（図8）がある。したがって、太田博太郎「原始住居の復原」（一九五九年初出）に難点があったとすれば、既往研究の成果を正当に参照しなかったことにある。

竪穴で掘立棟持柱をもつ切妻の建物は、原始にさかのぼらなくても、複合遺跡である平出遺跡において、古代の発掘遺構に対応し、一九三七年に関野が中世に即して言及していた。ゆえに、この姿は近世民家に先行する形態として注目されるべきである。そもそも、民家の建築遺構はふるいもので千年家や茂木家住宅といった中世末であるから、民家の祖形を発掘遺構に即して考察するうえで的確な対象は、原始にあるのではなく、近世・中世・古代にあるのである。この意味で、考古学的発掘遺構との関連にて民家研究を見直す方向性は、浅川滋男・箱崎和久編『埋もれた中近世の住まい』（同成社、二〇〇一年）が的確にしめしている。

以上をふまえて、一九五九年の太田「原始住居の復原」に勇み足があったとすれば、以下のとおりである。すなわち、戦前に支配的であった先入主に色こく規定されていた学説と対面するに際して、客観的史料や学説からいったん先入主をわけたうえで、先入主のみをしりぞけ、客観的史料や学説を再検討するといった手続きをふむことなく、客観的史料や学説を先入主とともにまるごとしりぞけた。

## 四　棟持柱と扠首組

太田「原始住居の復原」の結論は、竪穴の平面、農家、「高殿」、外国の原始住居などからみて、「竪穴住居の屋根構造は、……垂直材で棟を支える型でなく、斜材で棟を支え、放射状垂木で屋根面を構成したもの」というものであった。一九五九年以降において、「垂直材で棟を支える型」を提示した学説がくりかえし批判の対象になっている例をまず二つ確認し、おって太田の結論の是非を確認する。

### 四―一　棟持柱構造を最もふるいとする説への反論二例

「垂直材で棟を支える型」を提示した説として、桑原稔「赤城南麓民家に於ける平面と構造の年次的変遷について（№1）―広間型について―」（『日本建築学会論文報告集』一九六、一九七二年）がある。これに対して、城戸久から「桑原稔氏「赤城南麓民家に於ける平面と構造の年次的変遷について（№1）―広間型について―」質疑」（『同』二〇一、九四―九五頁、一九七二年）がだされ、これに桑原はこたえている。城戸は戦前に、城戸久「尾張に於ける古農民建築（東海支部郷土古建築調査委員会第2回報告）」（『建築雑誌』六四五、二五二―二六三頁、一九三八年）を提出している。これは太田「原始住居の復原」（一九五九年）に参照されているものだが、寄棟のみを論じており、オダチ・トリイ組をどう評価するのか、あるいは切妻をふくめるとどうなるのか、といった点が疑問であるものの、太田説を敷衍する観点である。また、城戸は、戦後も、同様の論点にて城戸久「尾張の古農家と大地遺跡の竪穴住居（古農家の構築法に基ずく竪穴住居復原への一提示）」（『日本建築学会研究報告』二七、三五七—三五八頁、一九五四年）を提出し、古民家と発掘遺構との関連を模索していた。

さきの質疑で、城戸は、桑原に対して、以下のようにしるす。

この論考を読んでいると、著者には棟持柱が最も古く、次で棟束になり、さらに合掌に変化するという先入観があるのではないかという気がする。（「質疑」九四頁引用）

民家の建築遺構はふるいもので一六世紀であるから、民家に即して遡及的に考察して「棟持柱が最も古く」といった場合、年代的には一六世紀を徐々にさかのぼることになる。問題は、民家の建築遺構と原始の発掘遺構との間にある年代すなわち古代および中世を考慮せずに両者の関連をじかに議論しようとする姿勢である。その姿勢は、天地根元宮造のあやまった解釈につながるだろう。しかし、この姿勢は、古民家のふるい姿を考古学的発掘遺跡との関連から考察する姿勢とことなる。

棟持柱祖形論を否定する例をもうひとつ確認したい。前掲・浅川ほか編『埋もれた中近世の住まい』のなかの「③その他の研究成果の討論」（『同』二九二—三一八頁）がとりあげたのは以下の二点である。

- 遠藤由樹・土本俊和・吉澤政己・和田勝・西山マルセーロ・笹川明「信州の茅葺民家にみる棟束の建築的意義」（『日本建築学会計画系論文集』五三二、二一五—二二二頁、二〇〇〇年、各論B信州1）
- 土本俊和・遠藤由樹「掘立から礎へ—中世後期から近世にいたる棟持柱構造からの展開—」（『日本建築学会計画系論文集』五三四、二六三—二七〇頁、二〇〇〇年、総論4）

ここでも、城戸による、桑原への批判と同様に、扠首組の観点から棟持柱を批判している。ここでみられた批判のうち、清水重敦、吉岡泰英、浅川滋男の三名に対して、内田健一・土本俊和「棟持柱構造から軸部・小屋組構造への転換過程」（『日本建築学会計画系論文集』五五六、三一三—三二〇頁、二〇〇二年、総論6同「同」）にて、異議をのべている。これにて扠首組と棟持柱構造との差異を確認したうえで、棟持柱構造から軸部・小屋組構造への転換過程を論じた。かれら三名は、いまだ反論していない。

## 四—二　太田説ならびに関口説の検討

竪穴の平面、農家、「高殿」、外国の原始住居を参照して、竪穴・掘立・棟持柱の建物は原始住居の復原に対して妥当しないという太田の結論は、民家史研究を総括し展望するうえで重要である。以下、個々に再検討する。

第一、竪穴の平面に関しては、平出遺跡におけるD類・E類のほかにも、事例が報告されている。たとえば、縄文時代草創期（一二〇〇〇〜一〇〇〇〇年前）の集落遺跡である大原D遺跡SC003などがあろう（浅川滋男編『竪穴住居の空間分節に関する復原的研究 平成10〜12年度科学研究費補助金（基盤C）』二〇〇一年、口絵一五—一七および一四七—一五二頁参照、図9）。

第二、農家に関しては、竪穴・掘立・棟持柱の建物として、諏訪の穴倉がある（参考文献転載3参照）。また、一般には小屋組と軸部が分離していない棟持柱構造をもつ民家は多数採取されており、山梨県の笛吹川流域の民家はその代表であろう（土本俊和『中世後期から近世に至る掘立棟持柱構造からの展開過程に関する形態史的研究』二〇〇一～二〇〇三年度科学研究費補助金（基盤研究Ｃ（２））、二〇〇五年、たとえば図10参照）。

第三、「高殿」に関しては、原始住居をかんがえるうえでの一例として関野克や太田博太郎が『鉄山秘書』を肯定的に参考にしたにすぎない。

第四、外国の原始住居に関しては、原始住居ではないが、たとえば、中華人民共和国黒龍江省にすむホンジェ族の住居が建築遺構として報告されている（玉井哲雄編『日本列島南北端の住居形成過程に関する学際的研究　二〇〇一年度～二〇〇三年度科学研究費補助金（基盤研究（Ａ）（１））研究成果報告書』二〇〇四年、口絵一頁および三一八―三二四頁参照、図11）。

原始住居と民家遺構との関係で問題は、原始の発掘遺構ではなく、近世、中世、古代の発掘遺構なのである。そして、棟持柱構造をもつ民家の存在を想定することなしに、近世民家の成立過程をあきらかにすることは不可能である。たしかに、三脚二具であれ、二脚二具であれ、二具の扠首をもつ扠首組はひろくみられたであろう。この場合、竪穴であれば軸部をかならずしも必要としない。竪穴でなく軸部をともなうのであれば、軸部が小屋組から分離している。この場合、問題は、軸部と小屋組が分離していない架構すなわち棟持柱構造であって、扠首組ではない。

民家の祖形から棟持柱構造を排除するならば、民家は扠首組から展開したことになる。しかし、扠首組は軸部と小屋組が分離した軸部・小屋組構造である。この軸部・小屋組構造が、歴史的な発展過程をへて棟持柱構造にいたるには、梁の上にのる棟束が下方にのびて、地面に達するながさになる、という変遷を想定しなければならない。この変遷にはかなり無理があろう。しかし、棟持柱構造が多数遺存する山梨県の民家に即して関口欣也が一九六三年にくだした結論とはまさにこれであった（関口欣也「甲府盆地東部の近世民家」、『日本建築学会論文報告集』八六、四八―五九頁、一九六三年）。そこには、前掲・城戸「尾張の古農家と大地遺跡の竪穴住居」（一九五四年）と同様の論理が展開している。

とはいえ、のちに宮澤智士「近世民家の地域的特色」（永原慶二・山口啓二編『講座・日本技術の社会史　第七巻　建築』日本評論社、一五一―一八二頁、一九八三年）にて、宮澤はこれとは対照的な解釈を以下のようにしるす。

甲府盆地の棟持柱をもつ切妻造の民家について、関口欣也は、その分布が古代中世以来、早くから開けた盆地の東部笛吹川流域にのみ分布し、中世地侍の系譜をひく家に多いことから、その発生は戦国期に遡るであろうことを指摘する（山梨県の民家）（一七〇頁引用）。

宮澤のこの指摘は、棟持柱構造が祖形であることを否定した関口欣也「甲府盆地東部の近世民家」（『日本建築学会論文報告集』八六、四八―五九頁、一九六三年）を参照したものではなく、文面通り、関口欣也執筆・山梨県教育委員会編集『山梨県の民家』（山梨県教育委員会、一九八二年）を参照したものである。しかし、宮澤のこの指摘は、棟持柱構造が祖形であることを積極的に支持する論点ではあるが、『山梨県の民家』の論述に対してかならずしも忠実ではない。関口執筆『山梨県の民家』には、以下がみえる。

・棟持柱の古い例は天正の古家といい、一七世紀前期を降らぬと考えられる山梨市上野正氏宅（No.５）であって、内部に棟持柱はないが、当初の上手妻壁に棟持柱がたつ。……したがって、板葺古屋では棟持柱が室町末から一七世紀末にわたって使われていたようである。（九四頁下―九五頁上引用、図12）

・この地域では内部に棟持柱を立てないのが古制であろう。そして、江戸初期の山梨市上野正氏宅（No.５）の姿は、棟持柱の採用が妻壁に始まることを示すと思われ、その源流は板葺古家の棟持柱と関係があるかもしれない。そして一七世紀後期から末期にかけて棟持柱をたてない古家があることは、棟持柱が古い時期の共通の特色ではなかったことを示すものであろう。（九五頁上引用）

・要するに一七世紀後半から末期ころの甲府盆地東部では棟持柱をもつ構造と、棟持柱をもたない構造とが併存していた。（九五頁上引用）

一九八二年の関口による指摘が一九八三年の宮澤による解釈とことなるのは、上記引用文からあきらかである。同時に、この指摘は、ふるい時期の棟持柱を評価しなかった関口欣也「甲府盆地東部の近世民家」（一九六三年）の論旨ともことなる。いわば、この指摘は、「棟持柱が古い時期の共通の特色ではなかったことを示す」というものである。さらに、棟持柱構造と軸部・小屋組構造の双方が近世初頭をさかのぼるふるい時期に存在していたという意味である、と推すことができる。この解釈がただしければ、これは、「又別の系統である」あるいは「中世において存在し」と指摘していた関野克「竪穴家屋と其の遺跡に就いての理論的考察」（一九三七年）とおなじといえる。

なお、堀江享編『小屋組の構法原理からみた日本の伝統的木造建築の発展史に関する研究 平成一三年度～平成一五年度科学研究費補助金（C）（2）』（二〇〇四年）は、さきに引用した関口執筆『山梨県の民家』の二文を「ひじょうに興味深くかつ意味深長な言説」と評価しているが、関口欣也「甲府盆地東部の近世民家」（一九六三年）との差異を確認していない。

堀江『小屋組の構法原理からみた日本の伝統的木造建築の発展史に関する研究』は、二〇〇四年三月をさかのぼる一連の研究の集大成である。これは、研究の対象を当初から「小屋組」としているために、二〇〇四年三月をさかのぼる論考に棟持柱祖形論がいっさい参照されていない。堀江『小屋組の構法原理からみた日本の伝統的木造建築の発展史に関する研究』は、「中近世にまたがる架構原理に言及した土本・遠藤（二〇〇〇）や遠藤・土本ほか（二〇〇〇）の論点はきわめて重要だが、対象を茅葺き農家に限った試論的なものである」（六九頁引用）とし、「原理的に棟持の真束と扠首組を併用した形式を想定し、掘立柱から礎石据えへの転換過程を主題として鋭敏な仮説を示している。この仮説の検証は今後の課題であろう。」（八五頁引用）とする。このとき、もっぱら小屋組を対象としてきた堀江の枠組みそのものの改変がもとめられるだろう。

棟持柱祖形論は、京都に対して的確にあてはまり、鈴木嘉吉のいう「京都型」（鈴木嘉吉「概説 畿内の町家」（『日本の民家 6町家 Ⅱ近畿』学習研究社、一三八―一四五頁、一九八〇年）に関連し、大場修のいう「通し柱型」（大場修『近世近代町家建築史論』中央公論美術出版、二〇〇四年）に関連する。鈴木による類型化は、以下の通りである。

今井型が縦横の太い梁組を主とした構造であるのに、京都型では長い柱が主力となって十文字に梁を組む箇所が少なく、また梁自体も比較的細い点に特色がみられる。これはおそらく狭い敷地の間口いっぱいに建築する必要から生まれた構造であろう。その施工法をみると隣家境の柱列を斜めに倒した形で組み立て、その外側に壁を塗ってから建て起こす場合が多い。隣家の壁と接近するため普通に柱を立てた後では壁がつけられないためであり、妻壁全体を一つの面として扱うには梁がなく、長い柱と貫で格子状の骨組とするほうが都合がよい。京都型は狭い敷地を最も有効に利用するように工夫された本当の町家らしい建築といえよう。（一四三頁引用）

他方、大場の場合、『近世近代町家建築史論』を「みやこ志向の町家形成」（六〇九頁）とするように、京都のマチヤを核とした民家研究である。とくに、大場修「卯建・京都モデルの町家形成―近世町家の在来形式と新興形式　後編―」（『建築史学』四一、三〇―七五頁、二〇〇三年初出）に、以下がみえる。

あえて言えば、こと町家については、京都に対して他は江戸を含めてみな地方なのであり、この点を抜きにした町家の地域性なり町並の個性の検討は、本来正確さを欠くはずである（六四頁引用）。

たしかに柱が地面から屋根面に達している「通し柱型」の「京都型」のマチヤは、ミヤコを母体として発展しただろう。近世京都の町家が成立する母体は、中世京都のマチヤであった。同時に、京都以外の土地においても中世において、棟持柱構造の民家として展開しており、軸部・小屋組構造の民家とともに展開していた、とかんがえられる。とりわけミヤコ以外の地方にて、中世段階で展開していた棟持柱構造ならびに軸部・小屋組構造の双方を視野におさめる必要がある。このとき、ゆるされるみとおしとは、近世民家全般にとって中世的状況がその母体であり、「京都型」マチヤからなる近世地方都市にとってミヤコが建築形態の発信源であった、というものであろう。

以上にみてきたごとく、戦前と戦後にわたって、以下三点を民家研究の総括とすることができる。

第一、原始住居と民家との関連をじかに検討する前に、近世・中世・古代の発掘遺構と民家遺構との関連が検討されなければならない。

第二、今日、棟持柱構造の存在を想定することなしに合理的な変遷過程の全体像を民家に即してかんがえることはできない。

第三、棟持柱祖形論をしりぞけようとした一連の論考は、既往研究を渉猟したうえでの判断ではなく、多分に先入主に規定されていた。

## 五　白茅会と今和次郎

先入主をしりぞけるために、先入主とともに客観的史料や学説をまるごとほうむりさるといったいとなみは、戦前と戦後の境目をはっきりさせようとしたときに、しばしばみられたであろう。それゆえ、今日、ここ五〇年の研究を総括するうえで、必要とされるのは、それ以前の五〇年である。

このとき、民家史研究の初発として、「一六年の暮に出発した少数の建築家による民家研究グループ「白茅会」の活動」（前掲・稲垣『日本の近代建築（下）』二一八頁引用）をみるのがよいであろう。稲垣がここで註にかかげている竹内芳太郎「解説―「今民家学」へのアプローチ―」（今和次郎『民家論　今和次郎集　第2巻』四七三―四八八頁、一九七一年）に、竹内は、以下のようにしるした。

彼（今和次郎）が民家に手を染めるようになったのは、みずから語るところによると、大正六（一九一七）年、郷土の先輩、新渡戸稲造邸における柳田国男との出会いからだということである。ところが実際は、その前年に、すでに柳田や佐藤功一、大熊喜邦、内田魯庵、石黒忠篤、細川護立などにより、古民家の保存を目途として組織された団体「白茅会」の一員として、民家の着実な調査を行った実績がある。そしてその第一回の成果の一部が、大正六年に、民家図集第一集、埼玉県の部として、洪洋社から出版されている。（四七三頁引用、「彼」下の括弧内・土本）

とある。そして、

当時彼の師事していた佐藤功一の教導によることのほうが大きかったと思う。そのことは後日佐藤功一から、私（竹内芳太郎）が直接聞かされたことでもあるし、その図集にもられた、精緻（せいち）な建築学的実測図をみれば、誰しも首肯できることである。しかもそこからはほとんどいわゆる民俗学的な学風は想像することはできない。むしろ現在の建築史家の試みる実測調査の先駆をなすものといえるようなものであった。（四七三—四頁引用、「私」下の括弧内・土本）

と竹内はしるした。

現在、民家図集埼玉県の部に掲載された実測農家と想定される図をふくめて、今和次郎によるスケッチとノートは、今和次郎著・竹内芳太郎編『見聞野帖』（柏書房、一九八六年）を通してその一部をみることができる。これをみてあきらかなように、小規模な建物や粗末な建物に今和次郎がつよい関心をよせていた（図14）。したがって、「民俗学的な「採集」に止まっていた」という指摘は、的確ではない。ぎゃくに、「戦前派」として藤島亥治郎が反論したように、先述の、「芸術的な面」ならびに「建築構造から分析したやり方の功績」が今和次郎によるスケッチとノートからはっきりとうかがうことができる。「芸術的な面」を主張した藤島も目をみはる絵をのこしている。「故 藤島亥治郎先生 年譜」（『建築史学』三九、五七—六〇頁、二〇〇二年）によれば、藤島の「父は四条円山派の日本画家啓八（号静村）」であるという。

## 六　戦後の民家研究
### —絶対年代の比定をともなう復原ならびに基準をともなう大量観察—

太田博太郎「戦後における民家史研究の発展」（『信濃』一八—八（通巻二〇〇）、五九一—五九七頁、一九六六年）は、以下のようにしるす。

・庶民住宅の歴史を知ろうとして、戦前の諸報告を読んでみても、現状を知る以上に出ることは、ほとんど不可能であった。……一つの民家を見て、これが一体「いつごろのものか」といった問に答えられるだけの成果は全くなかった。（二四頁引用）

・民家は改造が甚だしいから、たとえその家が建った年代がわかったとしても、図面化されたものは建ったときの形でなく、改造を経て変わった形の、調査時における姿である。歴史の史料として使うためには、当然、当初の姿に復さなくてはならない。それが全然、行われていないことが、それまでの民家調査に対する私の大きな不満であった。（二六頁引用）

このように、「歴史の史料として使うため」、民家は、絶対年代の比定をともなう復原の対象になった。このために、建築的な基準がもうけられた。実際、太田のこの発言の前後には、日本建築学会民家小委員会編『民家調査基準Ⅰ 復原的調査および編年』日本建築学会、一九六三年）、ならびに、文化財保護委員会監修『民家のみかた調べかた』（第一法規出版、一九六七年）がだされている。

戦後の民家研究は、この基準をともなって大量観察を民家に対して遂行した。そのときにつよまったのが「歴史の史料」としての面であろう。そして、そのときによわまったのが「芸術的な面」であろう。

一九七〇年代後半以降に注目されるようになった「民家の再生」があまねく世にひろまった今日でさえ、戦後の民家研究が「民家の再生」から積極的に参照されていないおもな理由は、戦後の民家研究が「芸術的な面」を重視してこなかったからかもしれない。この点は今後の課題としたい。

他方、戦前の民家研究は、「建築構造から分析したやり方の功績」がおおきかったという意味で、「民俗学的な「採集」に止まっていた」のではない。むしろ「採集」がさいわいして、今和次郎に典型的なように、粗末で小規模な建物が積極的に記録されていた。また、図による「採集」であるかぎり、この研究は、民俗学的ではなく、建築学的であった。むしろ、戦前と戦後を通じて民家研究が欠落させていたのはヒアリングである。すなわち、これは口承を重視する民俗学的な「採集」そのものの欠落であった。

また、建築構造から分析したやり方として、棟持柱構造をもつ建物が民家の祖形であるという棟持柱祖形論の観点から、民家史研究を総括し展望する意義は、この点にある。問題は、先述のごとく、「建築構造から分析したやり方の功績」が天地根元宮造に関連しており、天地根元宮造が国家神道に関連していた。戦前の仮説として注目すべき棟持柱祖形論は、前掲・三田「大黒柱の淵源とその変遷」である。三田は、このほか、三田克彦「卯建の起源とその変遷に就て」（『東洋建築』二―二、一〇五―一一一頁、一九三八年）や三田克彦「土台の起源」（『日本建築学会論文報告集』四四、一一七―一二二頁、一九五二年）をあらわしており、これらは建築構造に関連した有意義な仮説を提示している。しかし、三田「卯建の起源とその変遷に就て」（一九三八年）が太田博太郎「「うだち」について」（一志茂樹先生喜寿記念会編『一志茂樹博士喜寿記念論集』同、五一九―五三〇頁、一九七一年）にて批判的に参照されたにすぎない。三田による論点のほとんどが建築史界から無視されてきたのである。

戦後、掘立棟持柱の具体例は、おもに伊勢に限定された。そして、神社建築と民家との関連をあえてさけてかたる傾向が定着した。さらに、掘立棟持柱といった属性が否定された民家は、ぎゃくに、戦後、軸部と小屋組が分離した姿が一般的である、と判断された。その結果、棟持柱構造をもつ民家は、例外とされた。そして同時に、今和次郎のスケッチに散見される柱頂部が二股をなす股木をもちいた粗末で小規模な建物は、民家研究の積極的な対象でなくなった（図14）。

## 七　国家神道と植民地主義

国家神道とともに、戦前と戦後の関連にて、いまひとつ注目すべき事柄は、植民地主義にうらうちされた民家研究であろう。戦前の一連の民家研究のなかで、たとえば藤島亥治郎「住宅建築から見た南方共栄圏」(『科学朝日』二—四、八三—八八頁、一九四二年)では、一九四二年の時点で、すでに以下がみえる。

・私達が南方に共存共栄の大業を行ふに当り先づ考へねばならぬものに住宅がある。(八三頁引用)

・従つてこれから南方の対する私達の責務は何かといへば、第一、従来の南方土着の住民の家を如何に改良していくかといふことと、第二、南方に活躍すべき邦人の住宅を如何に営んだらよいかといふこととの二つの問題の解決にある。(八三頁引用)

藤島亥治郎「住家構成の発生史的汎性」(竹内芳太郎編『今和次郎先生古希記念文集』相模書房、一〇三—一三四頁、一九五九年)は、一九五九年に藤島が、戦前の植民地主義的発言を封印したままで、戦前になした東南アジアに対する民家研究をまとめたものといえる(図15)。

また実際、さきにみた「民家研究の成果と課題」(一九五五年)のなかの、伊藤・稲垣・大河・田中による「学会動向」や「報告」においても、太田・川上を議長とする「討論」においても、戦前の民家研究が朝鮮半島や台湾や北東アジアや東南アジアといった、近隣の海外を幅ひろく対象にしていたという事実をいっさいあつかっていない。逆説的にいえば、民家研究にかぎられたことでないが、日本列島の外にある他人の土地にむかう野心がきえた戦後よりも、戦前のほうが国際的であった。また、民家研究に関していえば、戦前の国際性は、ヨーロッパにもむけられており、民家研究の場合、ドイツ語を介して、ヨーロッパ・アルプス周辺の木造民家に対する関心があらわれていた。戦後の民家研究でアルプス周辺の木造民家に関する成果(図16)が積極的に参照された形跡はない。

いうまでもなく、今日なお、国家神道と植民地主義を戦前の負の遺産として位置づける必要がある。しかしながら、国家神道との概念的癒着から天地根元宮造をほうむりさろうとした際の難点と同様に、植民地主義にうらうちされた民家研究をまるごとほうむりさるには、さらなる注意が必要である。国家神道における問題と同様に、いったん客観的な史料と仮説を植民地主義から確実にわけて、植民地主義をあらためてほうむりさり、客観的な史料と仮説を今日ふたたび民家研究として検討する必要がある。

戦前の民家研究から国家神道と植民地主義といった戦前に強力に統制されていたもろもろの内実をはぎとったうえで、戦前の民家研究における史料と仮説を精緻に再検討した研究は、いまだない。戦前の民家研究は、たしかに国家神道と植民地主義に規定されていた。とはいえ、それらが、国家神道と植民地主義のために、ことごとく無益であったのではない。問題は、両者をわけていく知的作業を戦後の民家研究がさけてきたことにある。「民家研究の成果と課題」が一九五五年に議論されて五〇年がたつ現在、戦前と戦後の対比にて、現在を捕捉することができる。

参考文献(本論が言及したものを発表年順にて掲載)

(1)関野克「竪穴家屋と其の遺跡に就いての理論的考察」(『ミネルヴァ』二—一、二二—二七(三七八)—(三八三)頁、一九三七年)
(2)関野克「中世に於ける竪穴住居の例」(『考古学雑誌』二七—一、三四—四四頁、一九三七年)
関野克「鉄山秘書高殿に就いて」(『考古学雑誌』二八—七、四二九—四四六頁、一九三八年)

三田克彦「卯建の起源とその変遷に就て」（『東洋建築』二―二、一〇五―一一一頁、一九三八年）城戸久「尾張に於ける古農民建築（東海支部郷土古建築調査委員会第2回報告）」（『建築雑誌』六四五、二二五二―二二六三頁、一九三八年）

(3) 三田克彦「大黒柱の淵源とその変遷」（『住宅』第二七巻第三一〇号、五七―五九頁、一九四二年）

(4) 藤島亥治郎「平出住居址の復原的考察」（『信濃』第三巻第二・第三合併号、八二―九五頁、一九五一年）

(5) 石原憲治「竪穴住居に就て―特に登呂の復元を中心に論ず」（『建築雑誌』七七五、一―七頁、一九五一年）

(6) 藤島亥治郎「平出遺跡第四次調査建築址の復原的考察」（『信濃』四―二、九七―一〇八頁、一九五一年）

(7) 三田克彦「土台の起源」（『日本建築学会論文報告集』四四、一一七―一二二頁、一九五二年）

(8) 城戸久「尾張の古農家と大地遺跡の竪穴住居（古農家の構築法に基ずく竪穴住居復原への一提示）」（『日本建築学会研究報告』二七、三五七―三五八頁、一九五四年）

(9) 藤島亥治郎「第六篇　建築址の復原的考察」（平出遺跡調査会編『平出　長野県宗賀村古代集落遺跡の総合研究　文部省科学研究費総合研究報告No.10』朝日新聞社、三七五―四一九頁、一九五五年）

(10) 伊藤鄭爾・稲垣栄三・大河直躬・田中稔「学会動向　民家研究の成果と課題」（『建築史研究』二一、二八―三三頁、一九五五年）

(11) 報告者・伊藤鄭爾ほか、議長・太田博太郎ほか「民家研究の成果と課題―日本建築学会昭和30年度春季大会専門別研究協議会（歴史の部）記録―」（『建築史研究21号別冊』、二―一一頁、一九五五年）

(12) Richard Weiss, Häuser und Landschaften der Schweiz, Eugen Rentsch Verlag, 1959

(13) 太田博太郎「原始住居の復原について」（『考古学雑誌』四五―二、一（七九）―一七（九五）頁、一九五九年）

(14) 藤島亥治郎「住家構成の発生史的汎性」（竹内芳太郎編『民家　今和次郎先生古稀記念文集』相模書房、一〇三―一三四頁、一九五九年）

(15) 太田博太郎「原始住居の復原」（同『日本建築の特質（日本建築史論集Ⅰ）』岩波書店、一三六―一五七頁、一九八三年再録）

(16) 稲垣栄三『日本の近代建築［その成立過程］（下）』（鹿島出版会、一九七九年、初出一九五九年、同『稲垣栄三著作集　五　日本の近代建築―その成立過程―』中央公論美術出版、二〇〇九年所収）

(17) 関口欣也「甲府盆地東部の近世民家」（『日本建築学会論文報告集』八六、四八―五九頁、一九六三年）

(18) 日本建築学会民家小委員会編『民家調査基準1　復原的調査および編年』（日本建築学会、一九六三年）

(19) 太田博太郎「戦後における民家史研究の発展」（『信濃』一八―八（通巻二〇〇）、五九一―五九七頁、一九六六年）

(20) 文化財保護委員会監修『民家のみかた調べかた』（第一法規出版、一九六七年）

(21) 竹内芳太郎「解説―「今民家学」へのアプローチ―」（今和次郎『民家論　今和次郎集　第2巻』ドメス出版、四七三―四八八頁、一九七一年）

(22) 太田博太郎「「うだち」について」（一志茂樹先生喜寿記念会編『一志茂樹博士喜寿記念論集』同、五一九―五三〇頁、一九七一年）

(23) 桑原稔「赤城南麓民家に於ける平面と構造の年次的変遷について（No.1）―広間型について―」（『日本建築学会論文報告集』一九六、八三―九一頁、一九七二年）

(24) 城戸久「桑原稔氏「赤城南麓民家に於ける平面と構造の年次的変

遷について（№1）—広間型について—」質疑」（『日本建築学会論文報告集』二〇一、九四—九五頁、一九七二年）

（25）桑原稔「「赤城南麓民家に於ける平面と構造の年次的変遷について（№1）—広間型について—」回答」（『日本建築学会論文報告集』二〇一、九四—九五頁、一九七二年）

（26）平田篤胤全集刊行会編『新修 平田篤胤全集 補遺三』（名著出版、一九七八年）三六（四一五）—三九（四二〇）頁

（27）関口欣也執筆・山梨県教育委員会編集『山梨県の民家』（山梨県教育委員会、一九八二年）

（28）鈴木嘉吉「概説 畿内の町家」（『日本の民家 第6巻 町家Ⅱ 近畿』学習研究社、一三八—一四五頁、一九八〇年）

（29）宮澤智士「近世民家の地域的特色」（永原慶二・山口啓二代表編集『講座・日本技術の社会史 第七巻 建築』日本評論社、一五一—一八二頁、一九八三年）

（30）今和次郎著・竹内芳太郎編『今和次郎・民家 見聞野帖』（柏書房、一九八六年）

（31）遠藤由樹・土本俊和・吉澤政己・和田勝・西山マルセーロ・笹川明「信州の茅葺民家にみる棟束の建築的意義」（『日本建築学会計画系論文集』五三二、二二五—二三二頁、二〇〇〇年）、各論B信州1同「同」

（32）土本俊和・遠藤由樹「掘立から礎へ—中世後期から近世にいたる棟持柱構造からの展開—」（『日本建築学会計画系論文集』五三四、二六三—二七〇頁、二〇〇〇年）、総論4同「同」

（33）浅川滋男編『竪穴住居の空間分節に関する復原的研究』（平成10～12年度科学研究費補助金（基盤C）』研究代表者・浅川滋男（奈良国立文化財研究所平城宮跡発掘調査部）、二〇〇一年）

（34）浅川滋男・箱崎和久編『埋もれた中近世の住まい』（同成社、二〇〇一年）

（35）長野県立博物館編『信濃の風土と歴史8 住—たてる・すむ・くら—』（長野県立博物館、二〇〇二年）

（36）内田健一・土本俊和「棟持柱構造から軸部・小屋組構造への転換過程」（『日本建築学会計画系論文集』五五六、三一三—三二〇頁、二〇〇二年）、総論6同「同」

（37）「故 藤島亥治郎先生 年譜」（『建築史学』三九、五七—六〇頁、二〇〇二年）

（38）大場修「卯建・京都モデルの町家形成—近世町家の在来形式と新興形式 後編—」（『建築史学』四一、三〇—七五頁、二〇〇三年）

（39）玉井哲雄編『日本列島南北端の住居形成過程に関する学際的研究 二〇〇一年度～二〇〇三年度科学研究費補助金（基盤研究（A）（1））研究成果報告書』（研究代表者・玉井哲雄（千葉大学工学部教授）、二〇〇四年）

（40）研究代表者・堀江亨編『小屋組の構法原理からみた日本の伝統的木造建築の発展史に関する研究 平成13年度～平成15年度科学研究費補助金基盤研究（C）（2）』（研究代表者・堀江亨（日本大学生物資源科学部助教授）、二〇〇四年）

（41）大場修『近世近代町家建築史論』（中央公論美術出版、二〇〇四年）

（42）降幡廣信『古民家再生ものがたり これから百年暮らす』（晶文社、二〇〇五年）

（43）土本俊和「発掘遺構からみた京マチヤの原形ならびに形態生成」（西山良平編『平安京における居住形態と住宅建築の学際研究 二〇〇三年度～二〇〇四年度科学研究費補助金（基盤研究（C）（2））研究成果報告書』研究代表者・西山良平（京都大学大学院人間環境学研究科教授）、二一七—二五三頁、二〇〇五年）。のちに、土本俊和「京マチヤの原形ならびに形態生成」（西山良平・藤田勝也編『平安京の住まい』京都大学出版会、一九三—二四一頁、二〇〇七年）として改訂増補。各論A京都3土本「京マチヤ

の原形ならびに形態生成」。

(44) 土本俊和「小菅のいとなみをはかる」（信州大学・飯山市小菅研究グループ編『小菅総合研究シンポジウム　飯山小菅の地域文化』しなのき書房、八九―一三七頁、二〇〇五年）

(45) 土本俊和編『中世後期から近世に至る掘立棟持柱構造からの展開過程に関する形態史的研究　二〇〇一～二〇〇三年度科学研究費補助金（基盤研究C（2））』（研究代表者・土本俊和（信州大学工学部教授）、二〇〇五年）

参考文献転載１

土本俊和「表題解説―棟持柱祖型論の世界史的展望―」（信州大学工学部土本研究室編『棟柱　第６号』信州伝統的建造物保存技術研究会、二―三頁、二〇〇三年）、総論２同「棟持柱祖形論の世界史的展望」

参考文献転載２

土本俊和「表題解説―戦前の棟持柱祖型論―」（信州大学工学部土本研究室編『棟柱　第７号』信州伝統的建造物保存技術研究会、二―三頁、二〇〇四年）、総論３同「戦前の棟持柱祖形論」

参考文献転載３

土本俊和「表題解説―棟持柱をもつ諏訪の穴倉―」（信州大学工学部土本研究室編『棟柱　第８号』信州伝統的建造物保存技術研究会、二―三頁、二〇〇五年）、各論B信州４同「棟持柱をもつ諏訪の穴倉」

初出　二〇〇五年九月　土本俊和

補記１　「民家の建築遺構はふるいもので一六世紀」（一二頁）という点に関連する研究として、その後に、中尾七重・今村峯雄「重要文化財箱木家住宅の放射性炭素年代測定調査について」『日本建築学会大会学術講演梗概集F―2』一一三―一一四頁、二〇〇七年）が提出された。これにより、この点は、もはや自明ではなくなった。その後も、放射性炭素年代測定調査に即した研究などがすすんでいる。この測定調査により箱木家は一六世紀を大幅にさかのぼるとの結果がえられた、と指摘された。

　とはいえ、この結果は、建築全体の建築年代にいいおよぼすことができるのかどうかが問題になろう。というのも、民家を構成する個々の部材に関して年代測定調査がおこなわれていないからであり、転用された古材の年代が測定されたのかもしれないからである。

　その後、信州大学では、民家を構成する個々の部材に関して樹種判定をおこなった（庄司貴弘・井田秀行・土本俊和・梅干野成央「豪雪地帯における民家の形態とその構成樹種―長野県飯山市柄山の農家の事例―」『日本建築学会技術報告集』三二、三八七―三九二頁、二〇一〇年、井田秀行・庄司貴弘・後藤彩・池田千加・土本俊和「豪雪地域における伝統的民家と里山林の構成樹種にみられる対応関係」『日本森林学会誌』九二―三、一三九―一四四頁、二〇一〇年）。この研究では、民家を構成する個々の部材の年代を個々に捕捉するにいたっていないので、この研究が建築年代に関して貢献したとは、いっさい、いえない。

　そもそも、建築遺構の建築年代とは、なにか。現在、放射性炭素年代測定や樹種判定のほか、年輪年代法などの科学的な方法が建築史の研究に導入されている。

　他方、最晩年の網野善彦が「百姓的建築」と定義したうえで、「ここで注目しておきたい点の一つは、在所での世俗の家屋の建築の際、しばしば空家、古屋が売得され、それを壊し渡して利用されていることであり、さきの雀部荘や新見荘の場合、新造が求められながらも、結局はこうした形での建て替え、一部の新しい材木の利用にとどまっている」（一五八頁引用、網野善彦「百姓と建築」同『中世民衆の生業と技術』東京大学出版会、一五一―一六三頁、二〇〇一年）と指摘した点に注目したい。建築の経緯の詳細はともかく、「一部の新しい材木の利用」にとどまった建築行為の場合、そのできた建築の建築年代をどのように位置づけるべきか。建築年代に関して従来の民家研究が採用してきた方法は、この点をあきらかにすることができない。放射性炭素年代測定や年輪年代法といったあたらしい手法も、この点をあきらかにすることができない。この点をあきらかにするためには、まずは、建物を構成する個々の部材に関する樹種判定をおこなうとともに、個々の部材の年代を放射性炭素年代測定や年輪年代法などの科学的方法を通じて捕捉したうえで、建物の個々の部材にのこされた個々の年代を悉皆的に把握する作業が前提となるだろう。

　以上をふまえると、従来の民家研究が採用してきた建築年代に関する方法は、すでに確実に限界に達している、といえるだろう。ふりかえれば、この方法をもちいた一連の研究成果は、そのすべてがあやしいだろう。また、この方法をもちいてなお研究をすすめようとすること自体が疑問である。

補記2　「かれら三名はいまだ反論していない」（一二頁）と指摘した二〇〇五年九月以降も、管見のかぎり、かれらはまだ反論していない。

補記3　「「京都型」マチヤからなる近世地方都市にとってミヤコが建築形態の発信源であった」（一五頁）という点について、その後、大場のいう「「京都型町家」は、その起源が京都ではなく、また別の起源、あるいは複数の起源がかんがえられるのだろうか」という疑問をしめし、「貿易利潤に即した経済システム」を念頭においたうえで、「東アジアやヨーロッパをふくめた領域での建築コラージュを想定する必要がある」ことをといた（各論A京都4「京マチヤの原形・変容・伝播」一九一頁）。この観点は、考察9「建物先行型論と棟持柱祖形論―日本中近世都市の土地と建物」で敷衍した。

補記4　本書編集中に、ケミヤ（二五頁、図6右上）がタテノボセをもつ建物に類似している点に気がついた。タテノボセについては、各論B信州5と同6で論じた。ケミヤとタテノボセの関係については、今後の課題としたい。

補記5　青柳憲昌「関野克の登呂遺跡住居復原案の形成過程と「復元」の基本方針」（『日本建築学会計画系論文集』六五四、二〇七三―二〇八〇頁、二〇一〇年）をうけ、関野克「登呂の住居址による原始住家の想像復原」（『建築雑誌』六六（七七三）、七―一一頁、一九五一年）をみた。「実際に住居址上屋を建ててみて轉びを多くつけるため妻の梁で何等かの支えは必要で、これに叉首を用いるか、梲にするか、棟持柱をたてるかのいづれかにしなければならない。叉首を立てるために梁を下にして桁を上にしないと既存の叉首と同型のものが用いられない。棟持柱を地上からたてる考えがあるなら、梁から梲を立てることも出来る筈である。私は迷つたが、最も構造の簡単な梲を立て、高殿の方式を寧ろ実行するのがよいと考えた。」（一〇頁引用）登呂に棟持柱がないのは関野が迷った結果であった。

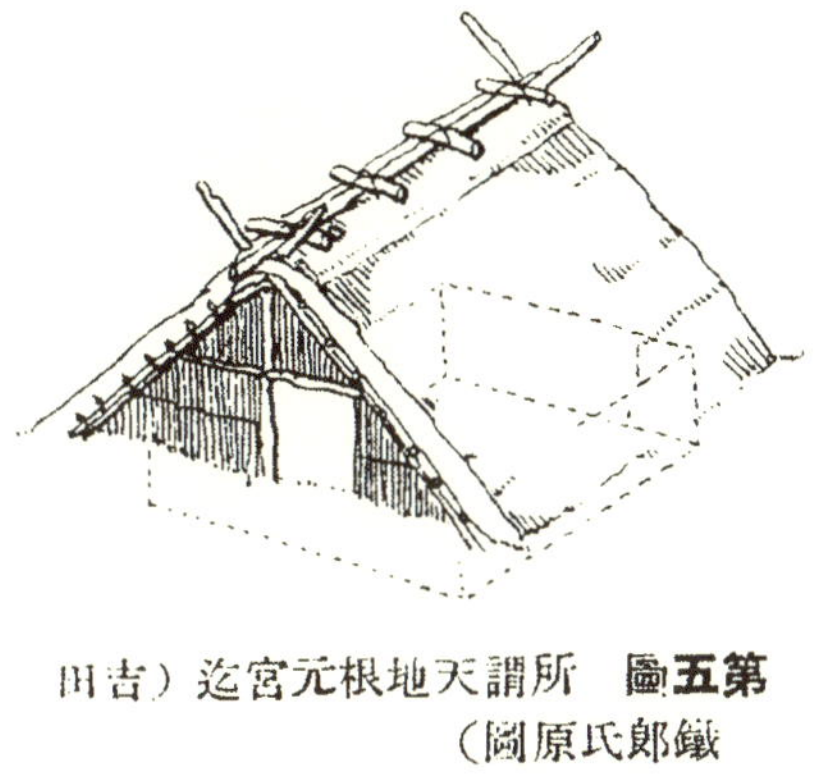


**図1**　天地根元宮造（関野克「中世に於ける竪穴住居の例」1937年、43頁より）

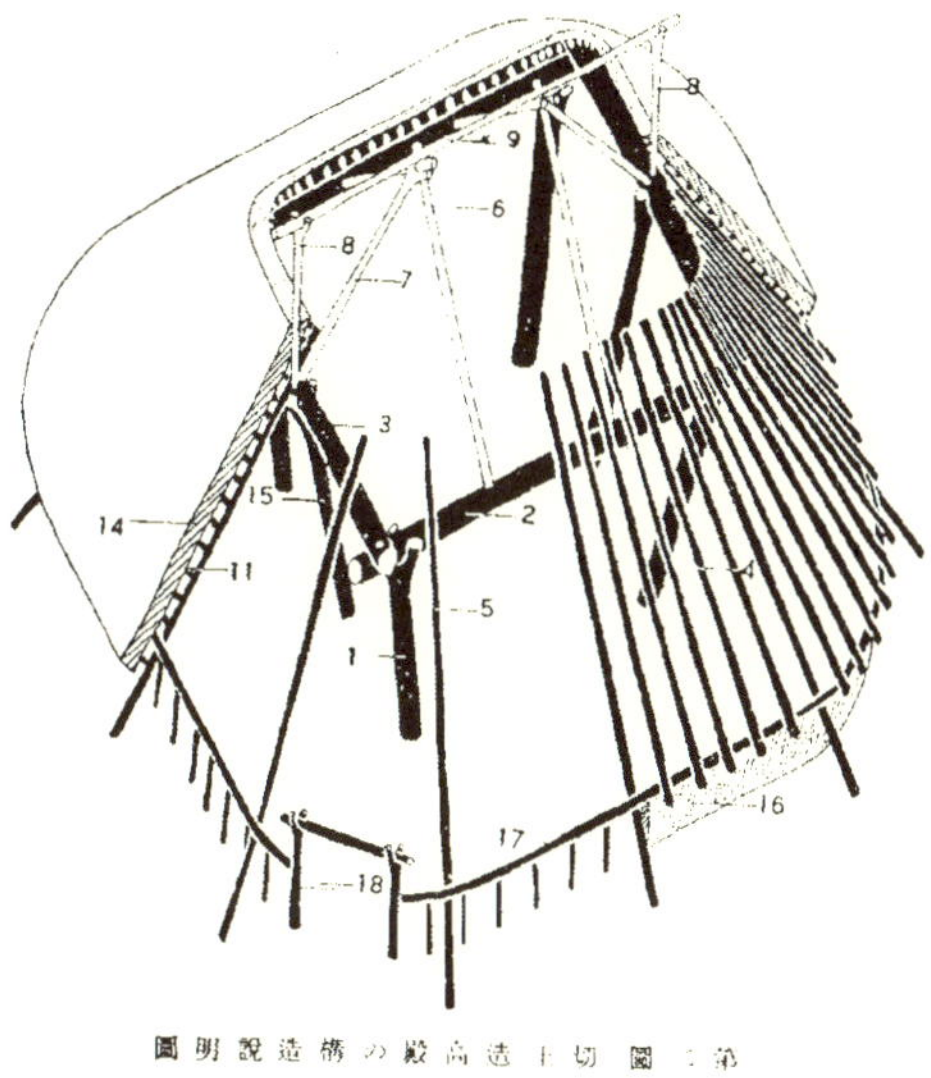


**図2**　『鉄山秘書』にみえる高殿（関野克「鉄山秘書高殿に就いて」1938年、433頁より）

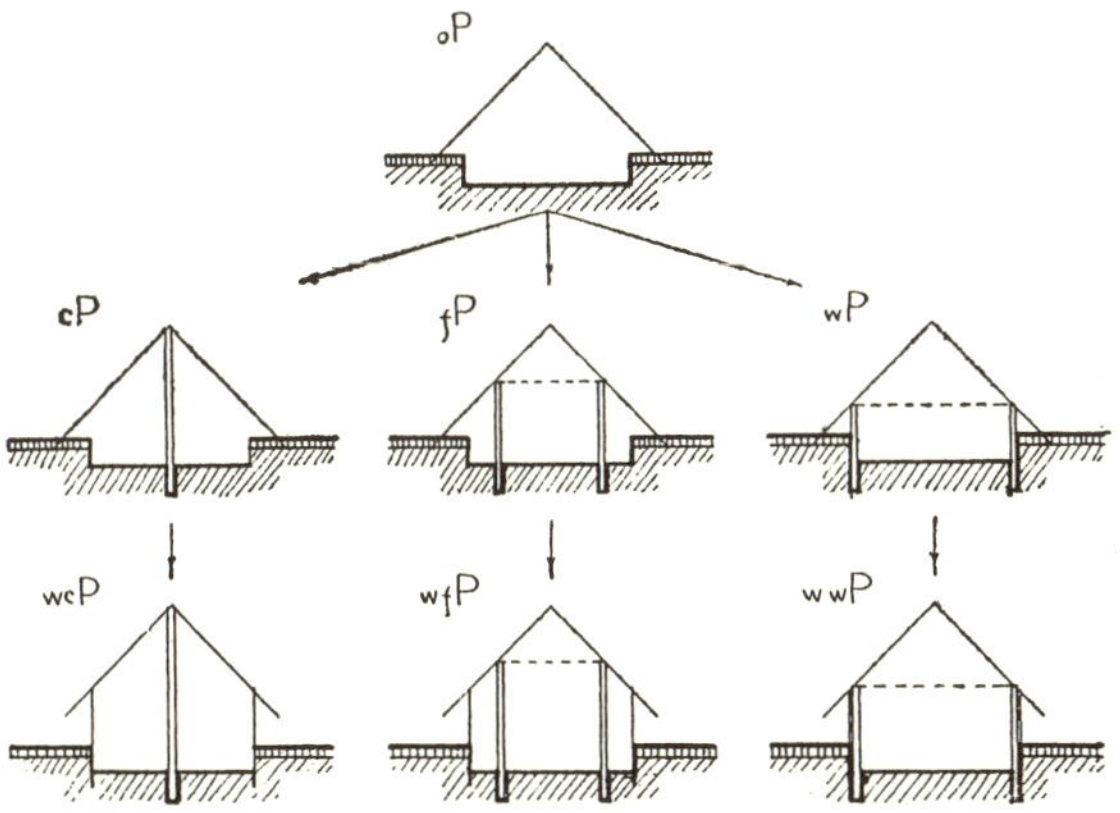


第１圖　縦穴家屋斷面ノ體系

**図3-1**

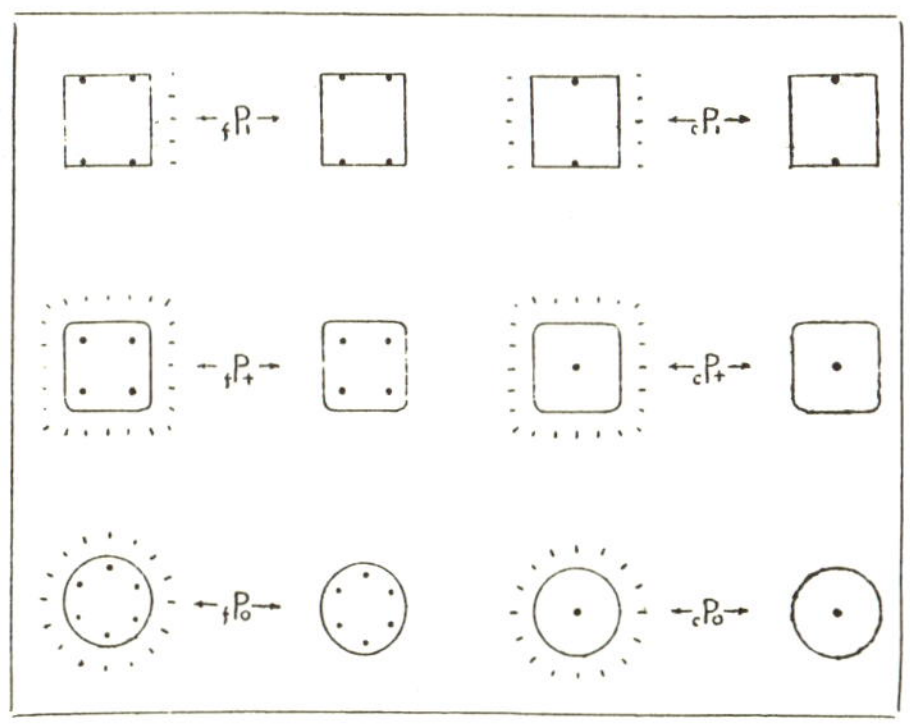

第４圖の２

**図3-2**

**図3**　竪穴家屋と其の遺跡に就いての理論（関野克「竪穴家屋と其の遺跡に就いての理論的考察」1937年、〈図3-1〉379頁、〈図3-2〉382頁より）

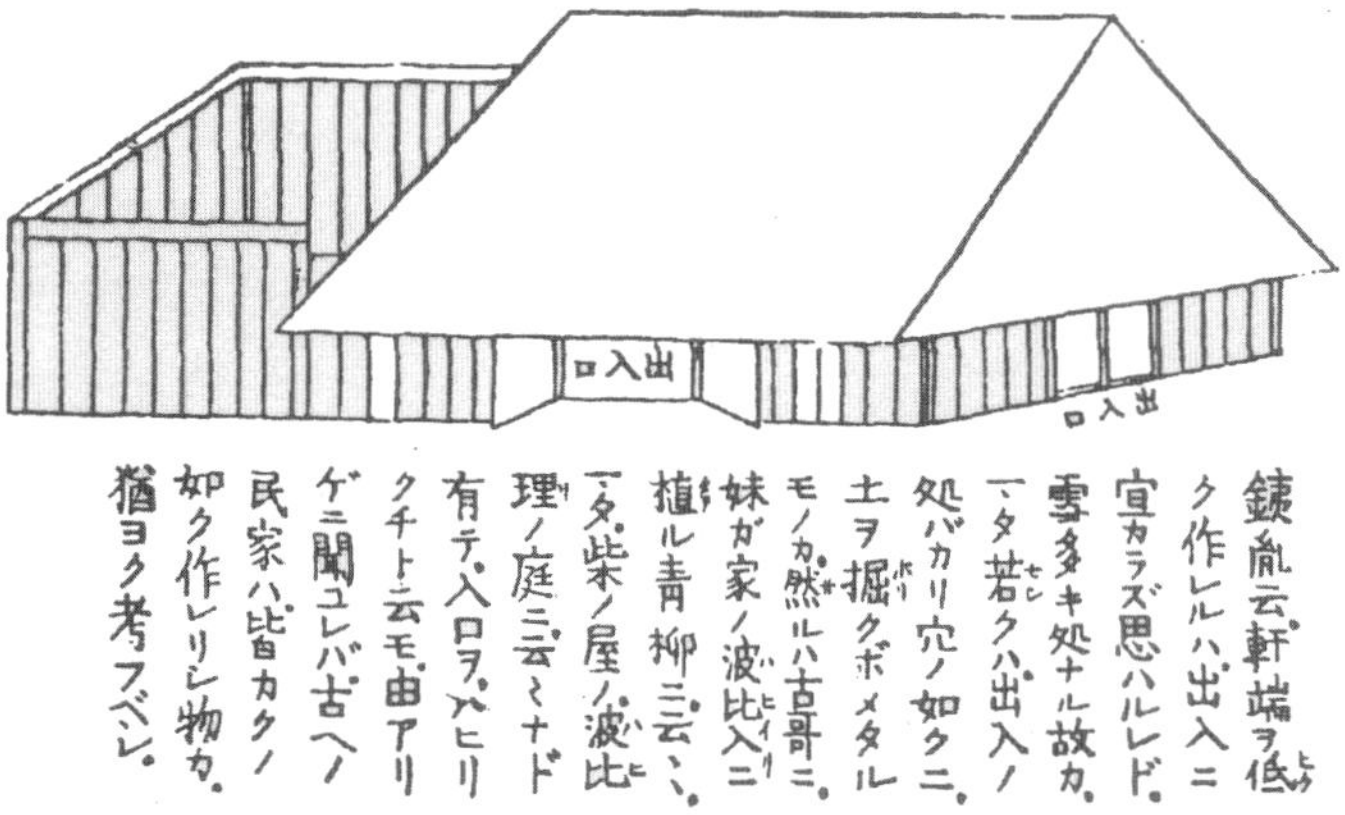


図4-1

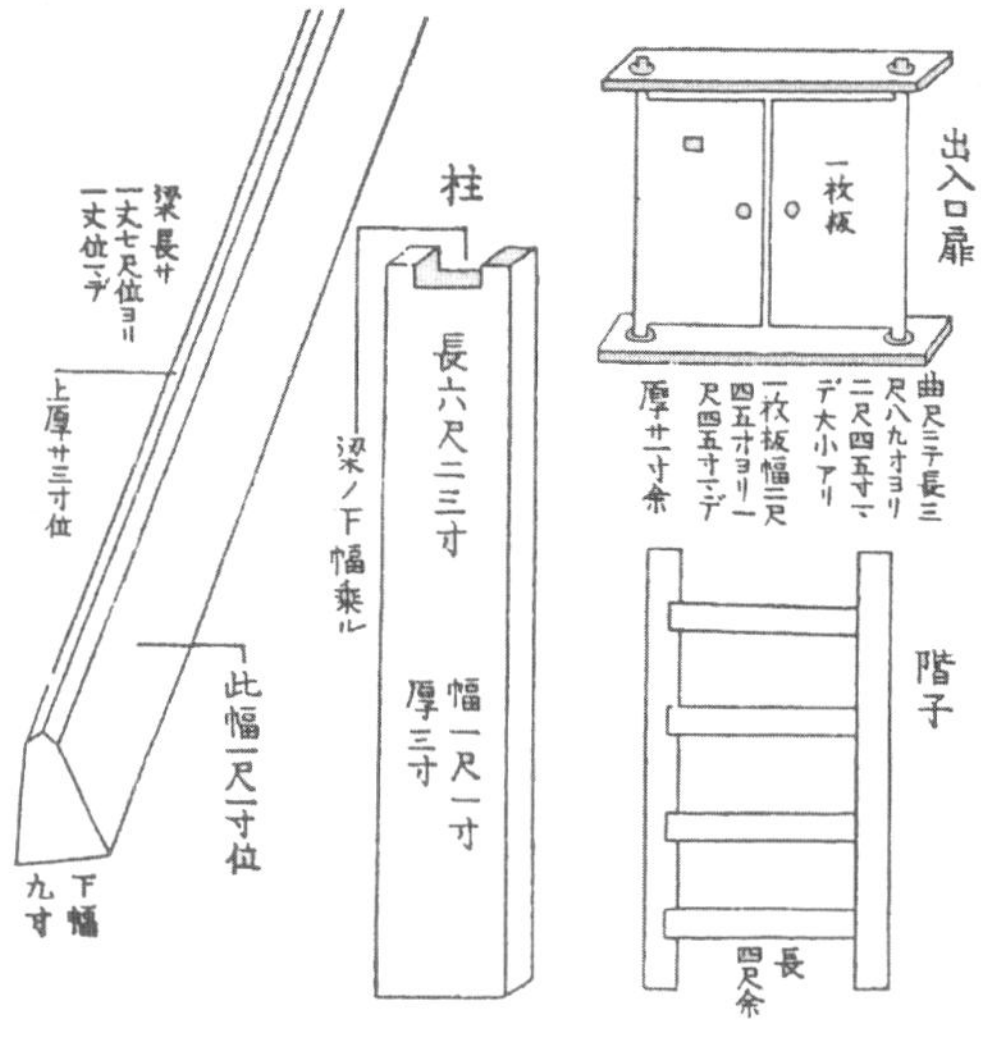


図4-2

**図4**　文化十四年発見の竪穴家屋（『新修 平田篤胤全集 補遺三』1978年、〈図4-1〉418頁、〈図4-2〉419頁より）

**図5**　粉河寺縁起絵巻所見の板葺竪穴住家（小松成美編『日本絵巻大成５』1977年、57頁より）

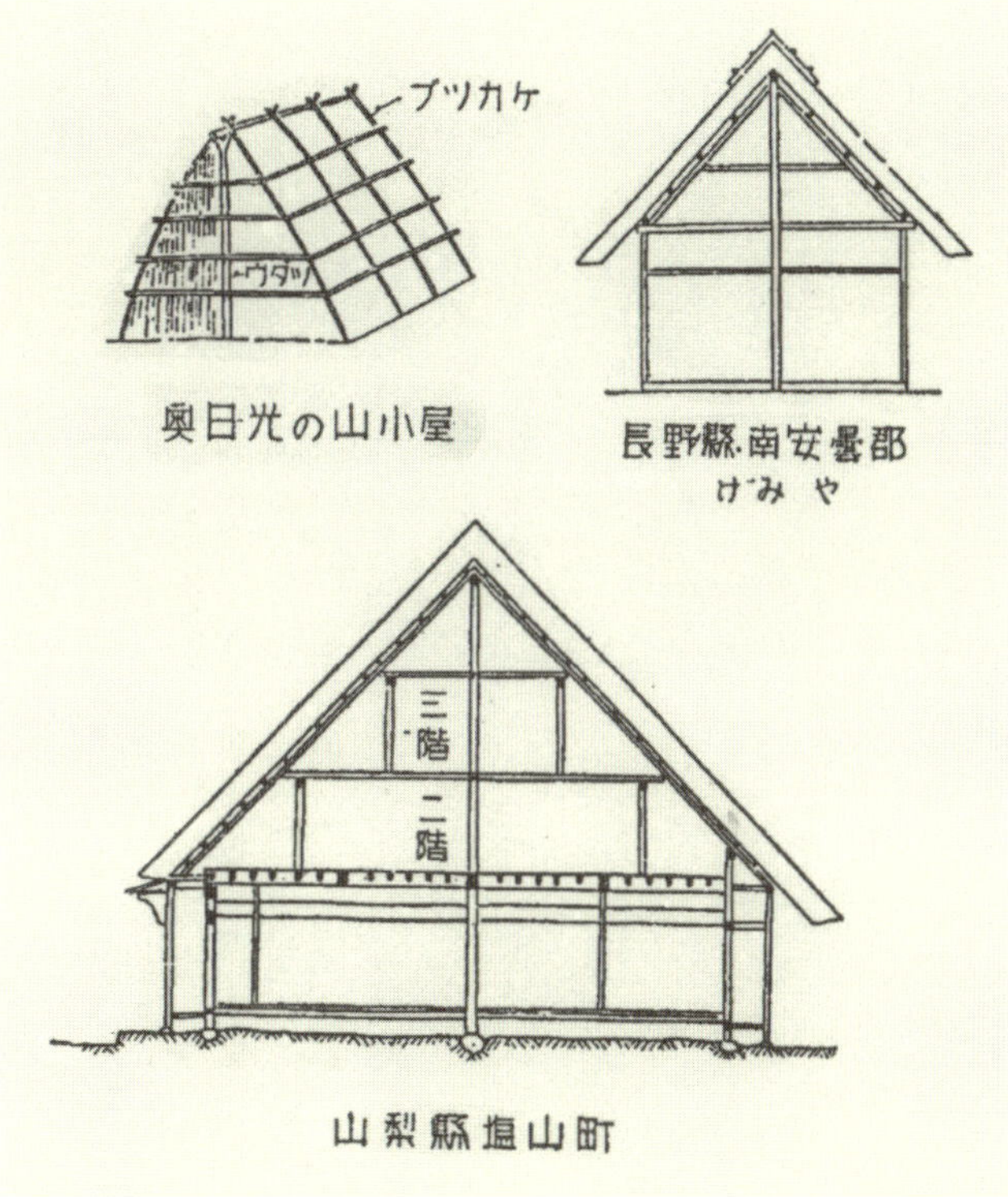


**図6**　切妻構造にみられる棟持柱（石原憲治「竪穴住居に就て―特に登呂の復元を中心に論ず」1951年、4頁より）

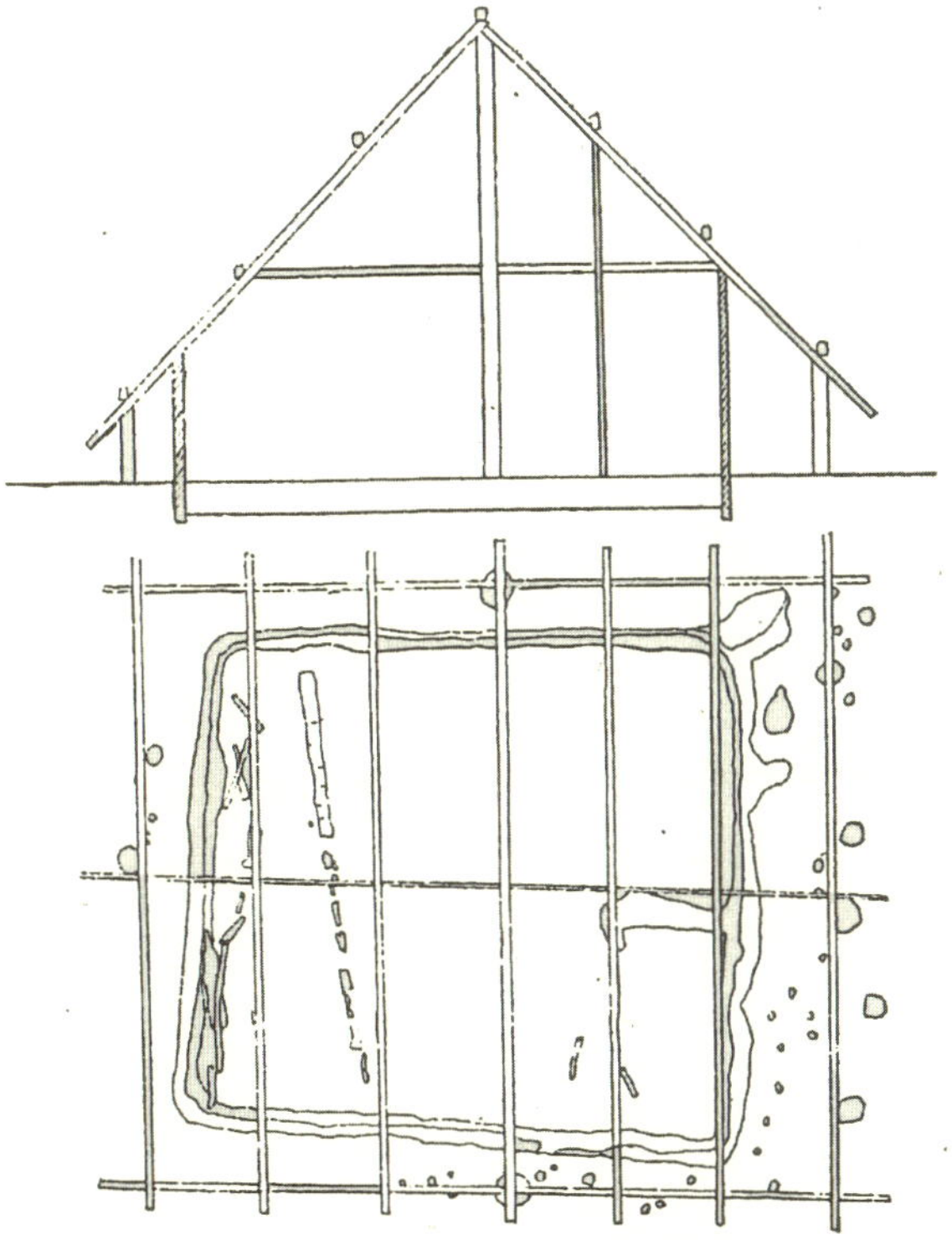

第一三五圖　第43號址住宅推定復原(D類)

図7-1

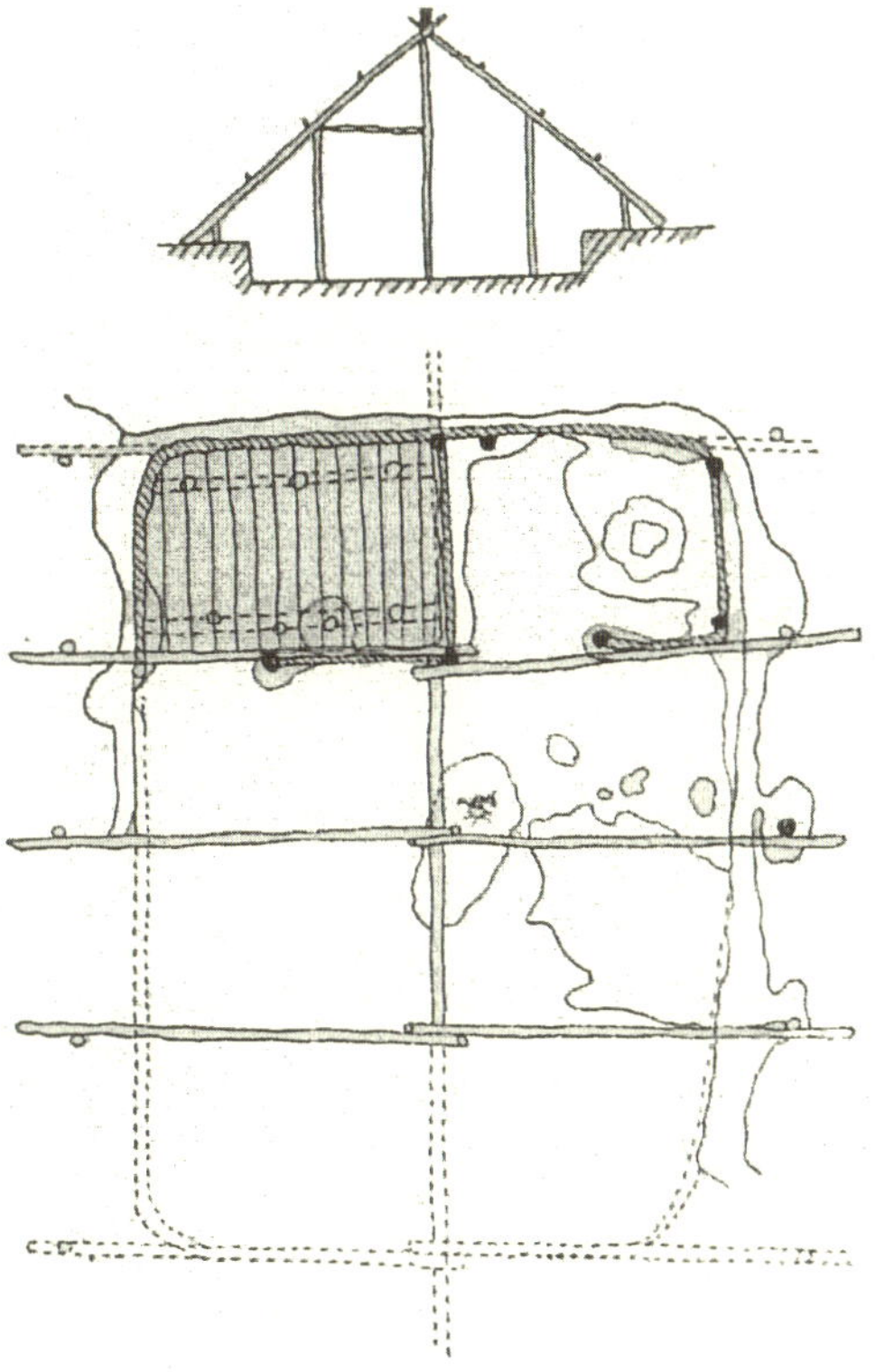

第一三八圖　第22號址住宅推定復原(E類)

図7-2

**図7**　竪穴にて掘立棟持柱をもつ切妻〈D類とE類〉（藤島亥治郎「第六篇 建築址の復原的考察」1955年、〈図7-1〉406頁、〈図7-2〉408頁より）

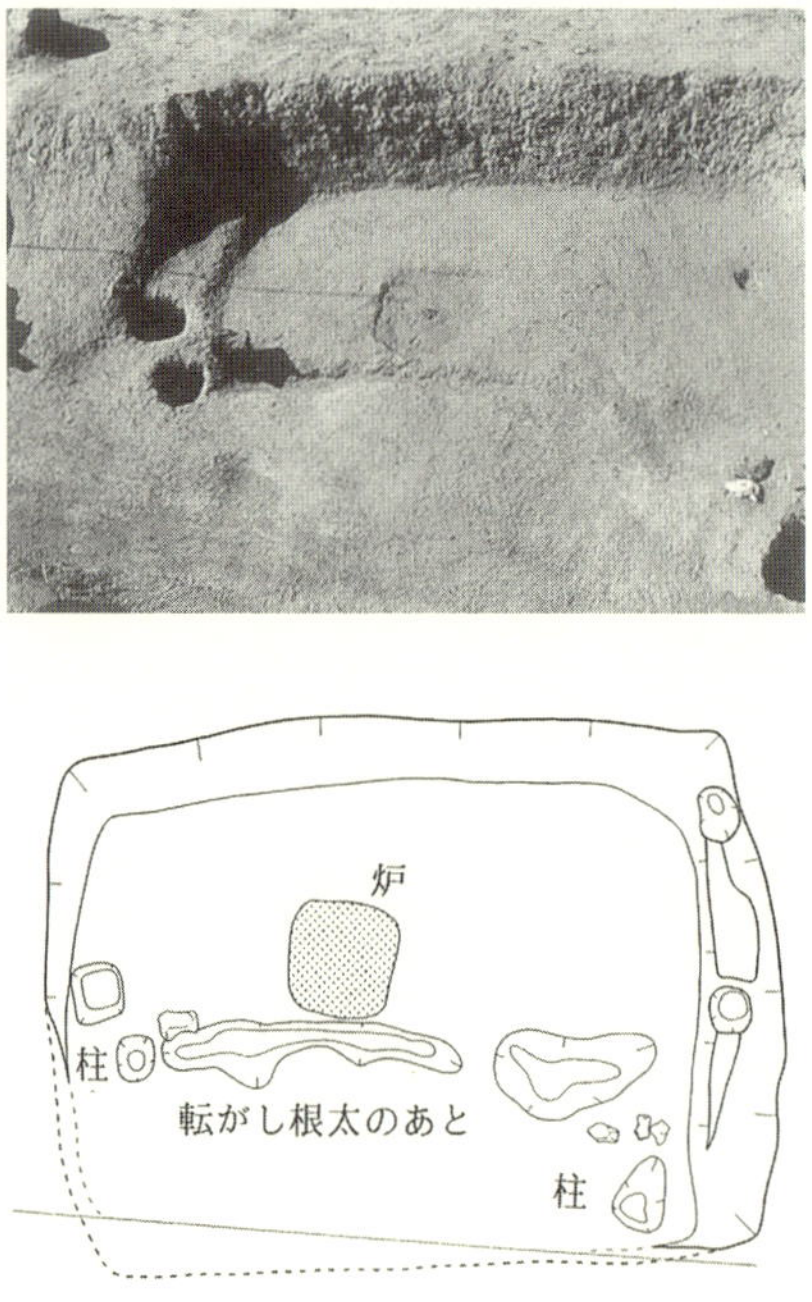


黒岩城付近の竪穴住居（佐久市教育委員会提供）
中央横に丸太をねかせてその上に床を張った半地下式
の住居跡が見つかっている

**図8**　黒岩城付近の竪穴住居（長野県立博物館編『信濃の風土と歴史８　住—たてる・すむ・くらす—』2002年、23頁より）

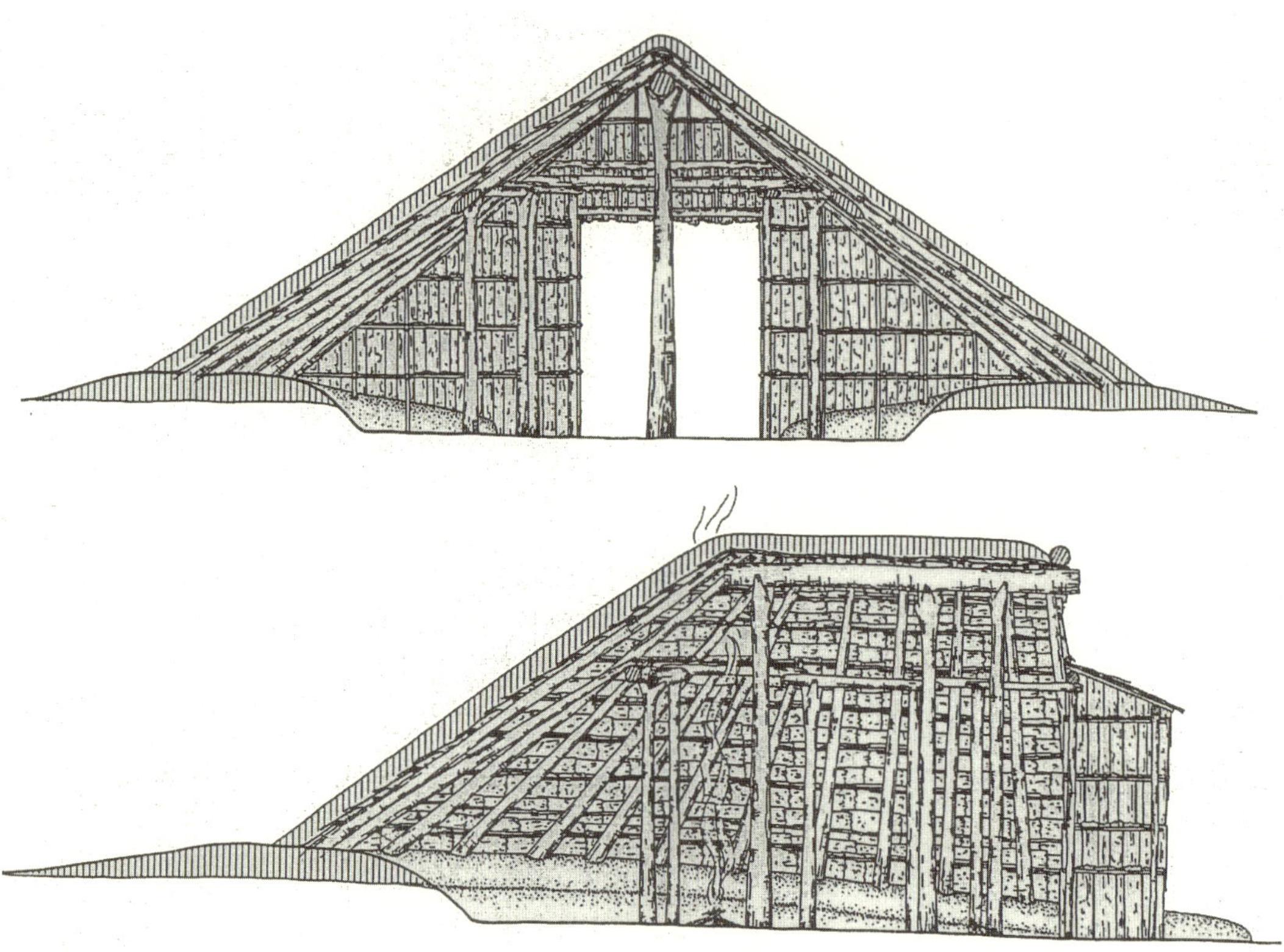

**図9**　縄文時代草創期（12000～10000年前）の集落遺跡である大原Ｄ遺跡 SC003
（浅川編『竪穴住居の空間分節に関する復原的研究』2001年、149頁より）

## Fu01 三枝行雄家住宅

所有者：三枝行雄
住所：牧丘町北原
築年：1800年頃
桁行(間)：10
梁行(間)：4.5
屋根材料：茅葺
屋根形式：切妻
棟持柱配置：西？○○●○○○○東
資料：不明
調査年月日：2003年8月7日

この家は、今でも茅葺屋根を維持している。ご主人が管理する裏の山から、毎年少しずつ茅を刈ってきて家の二階に蓄え、ある程度の量になると少しずつ屋根を葺き替える。一昨年の平成13年に、一通りの吹き替えを終えた。建築年代は、おそらく200年ほど前ということだが、詳しいことはわからない。構造は、中央の大黒柱が棟持柱になっていて、西妻面の柱は不明だが、東側妻面の柱は1階と2階の間で切れている。平面は、いわゆる整形六間取り構成だが、大黒柱の位置が部屋境にあるのではなく1.5尺ほどずれている。また、東側にある蔵は、現在は瓦葺だが、以前はカンバ葺きという白樺の皮で葺かれていたそうだ。全体的に保存状態も良く、ご主人は、可能な限り今後も茅屋根を維持していきたいといっている。

玄関より大黒柱をみる

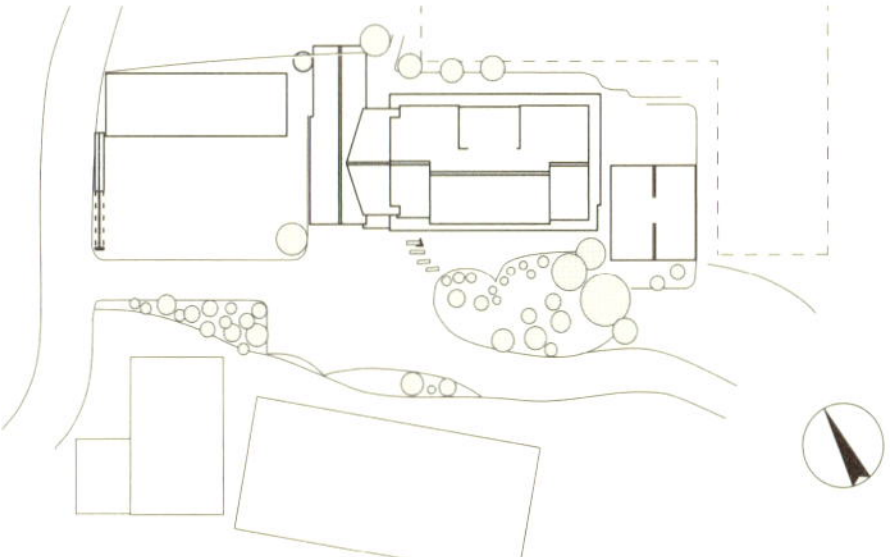

Fu01配置図　1/1000

主屋全景

遠景

東立面

二階　東から西をみる

**図10-1(1)**　甲州および信州の棟持柱構造をもつ民家

**図10**　甲州および信州の棟持柱構造をもつ民家（土本編『中世後期から近世に至る掘立棟持柱構造からの展開過程に関する形態史的研究』2005年、〈図10-1〉136-138頁、〈図10-2〉169-170頁、〈図10-3〉246頁、〈図10-4〉248頁、〈図10-5〉255頁より）

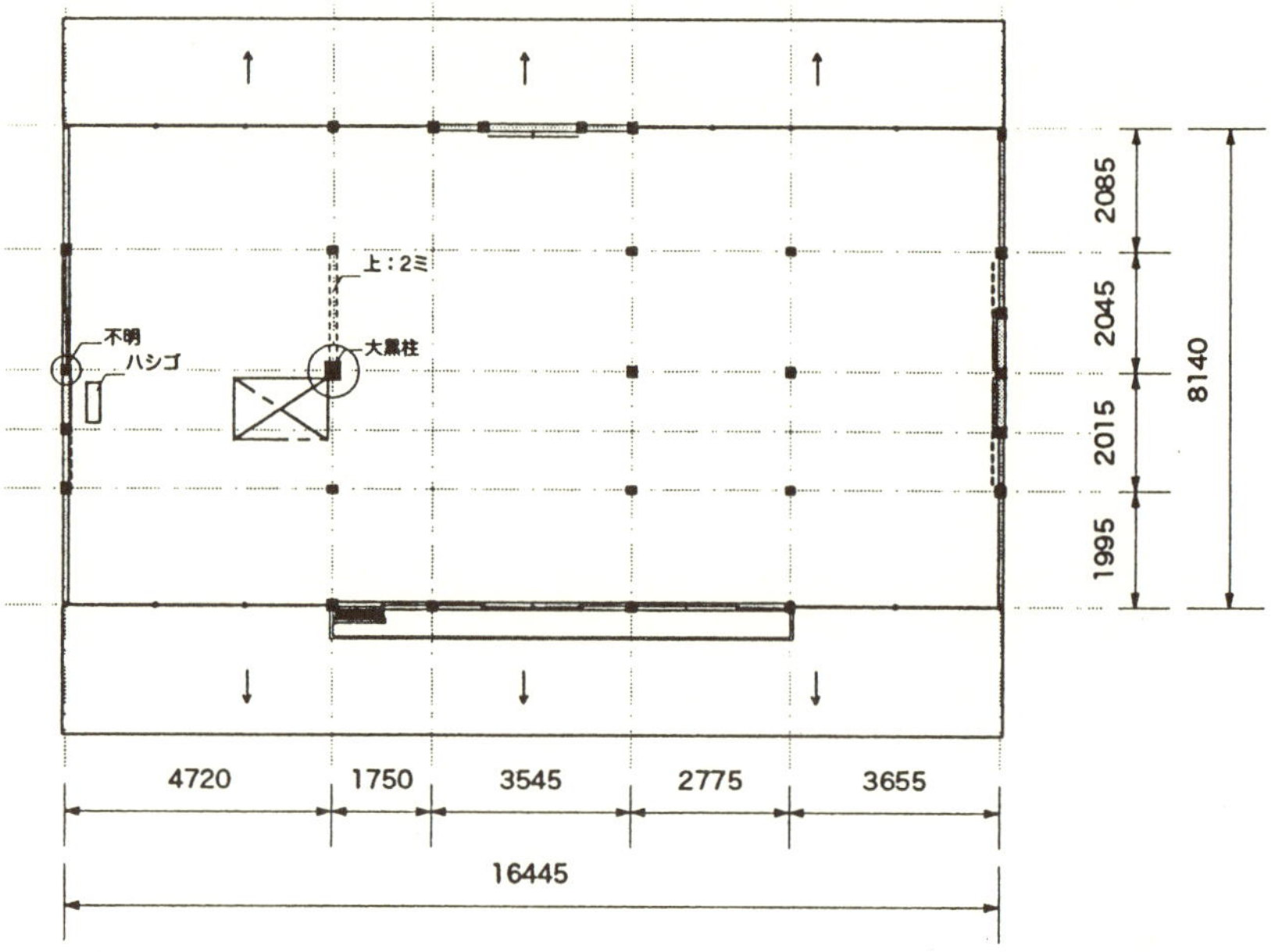


Fu01　三枝行雄　家住宅　　2階平面図　1/200

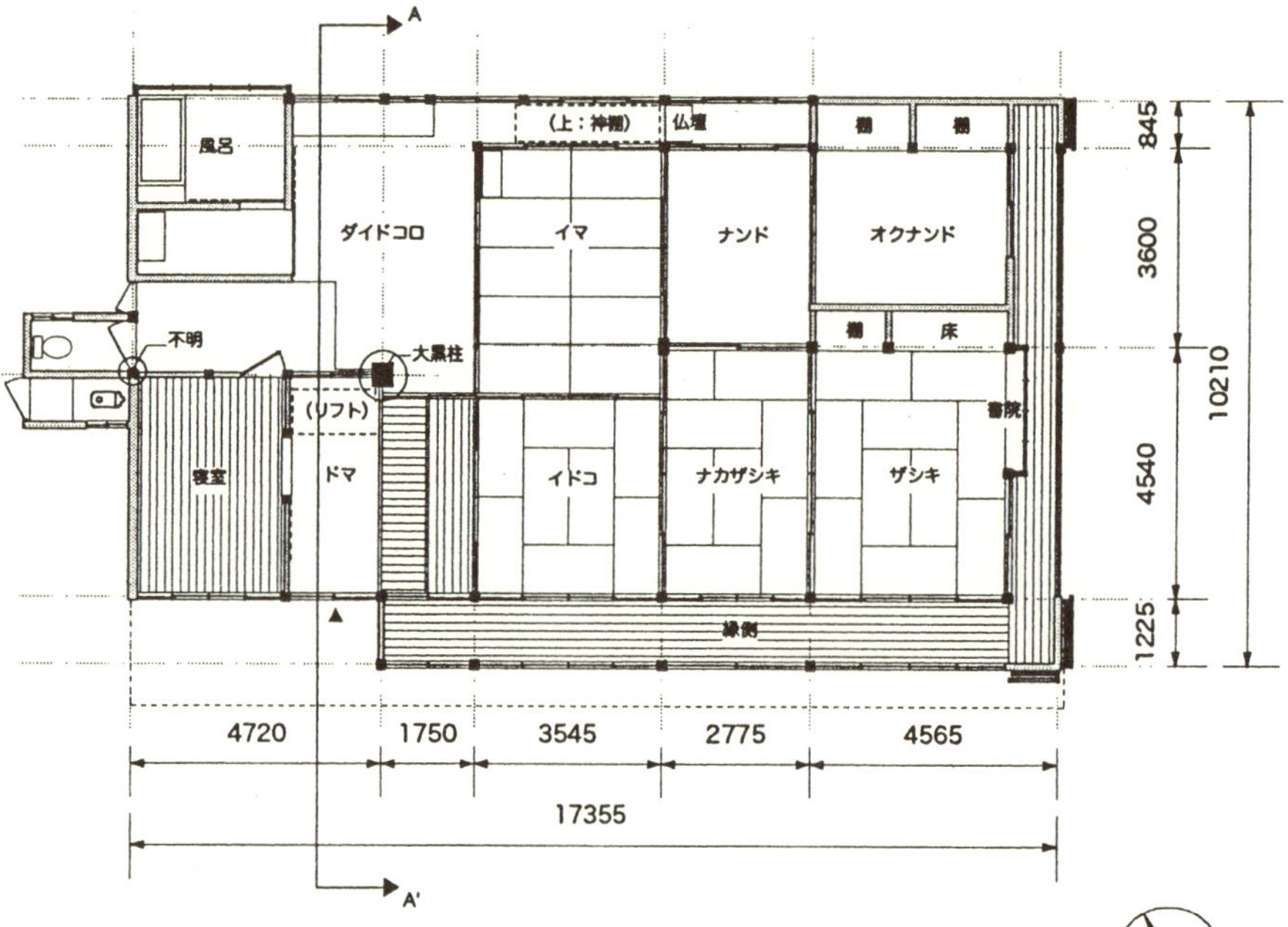


Fu01　三枝行雄　家住宅　　1階平面図　1/200

図10-1(2)　甲州および信州の棟持柱構造をもつ民家

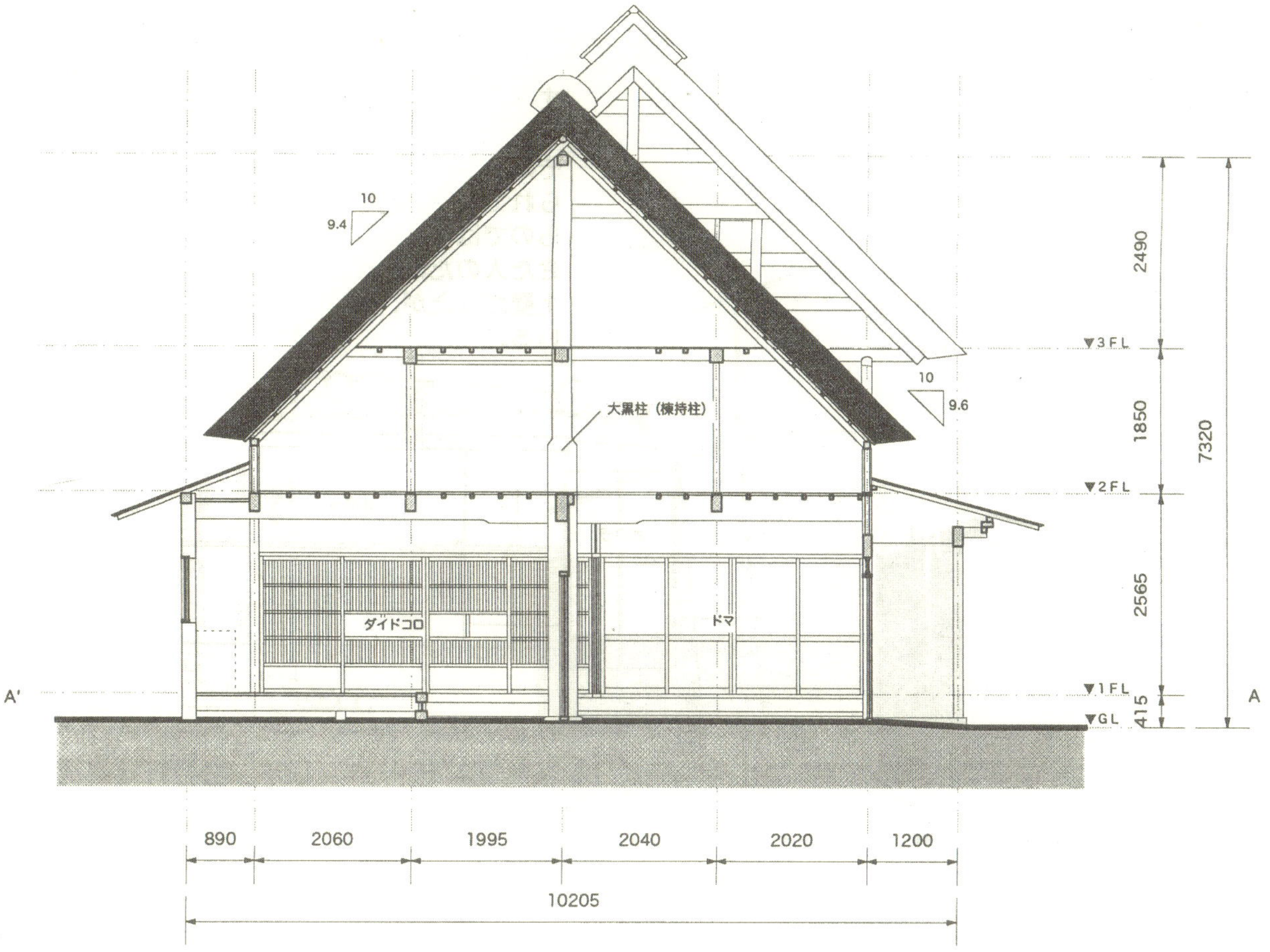


Fu01　三枝行雄　家住宅　　断面図　1/100

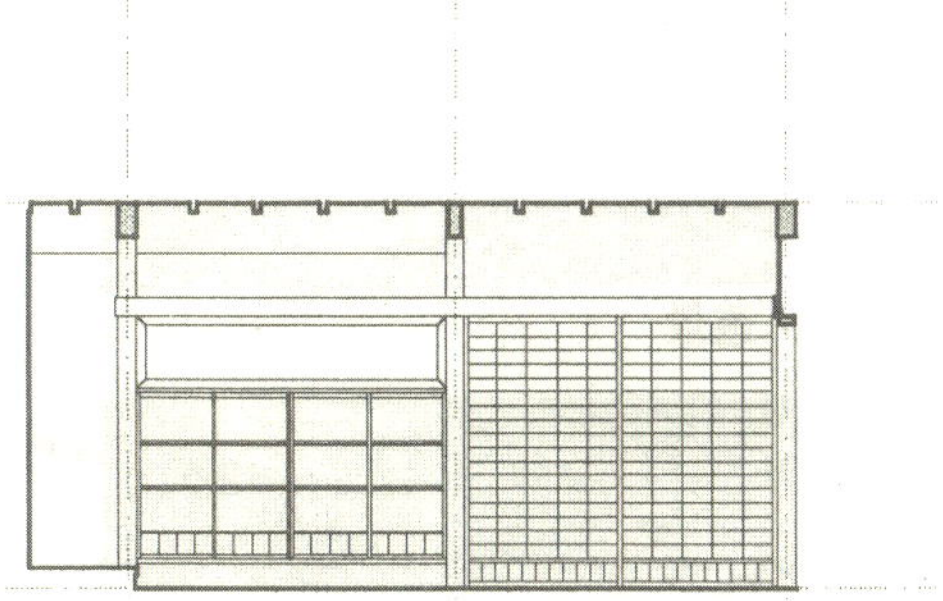

Fu01　ザシキ　北面展開図　1/100

Fu01　ザシキ　東面展開図1/100

**図10-1(3)**　甲州および信州の棟持柱構造をもつ民家

## Fu12 戸田千恵子家便所

所有者：戸田千恵子
住所：牧丘町西保中
築年：不明
桁行（間）：2
梁行（間）：2
屋根材料：トタン葺
屋根形式：切妻
棟持柱配置：南○○●北
資料：不明
調査年月日：2003年10月25日

建築年代は不明。棟持柱構造である方の便所は物置きの機能もあわせ持っている。緩勾配の切妻屋根であり、一方の妻面が土台からたち上がる棟持柱なのに対し、逆側の妻面は、柱の脚部が礎で軸部と小屋組が分離した構造となる。双方とも、現在も使用されている。

便所1　北面

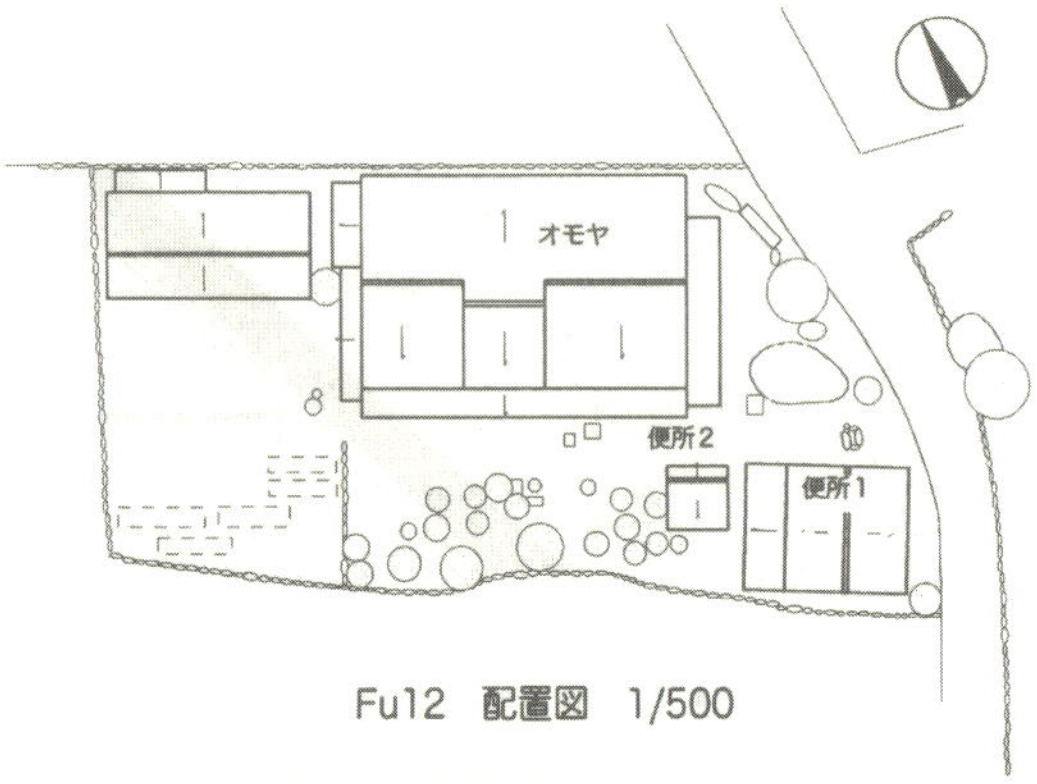


Fu12　配置図　1/500

便所1　南面

便所2　柱脚

便所2　北面

便所2　南面

**図10-2(1)**　甲州および信州の棟持柱構造をもつ民家

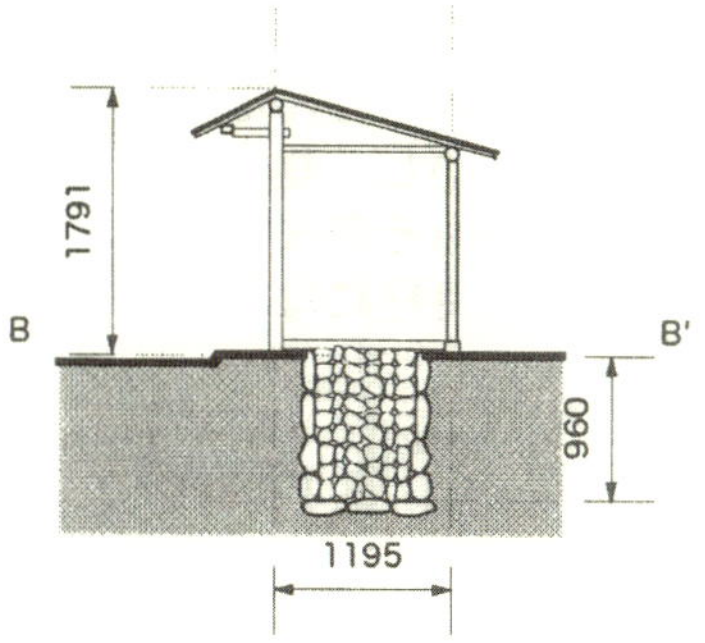


Fu12　便所2　B-B'断面図　1/100

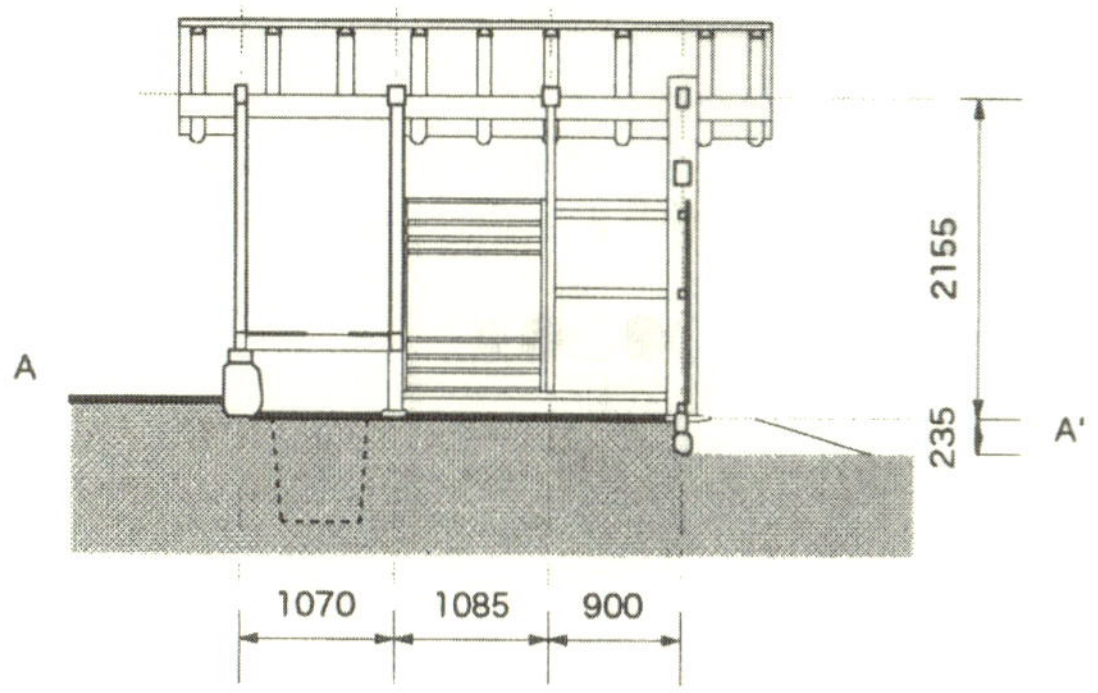


Fu12　便所1　A-A'断面図　1/100

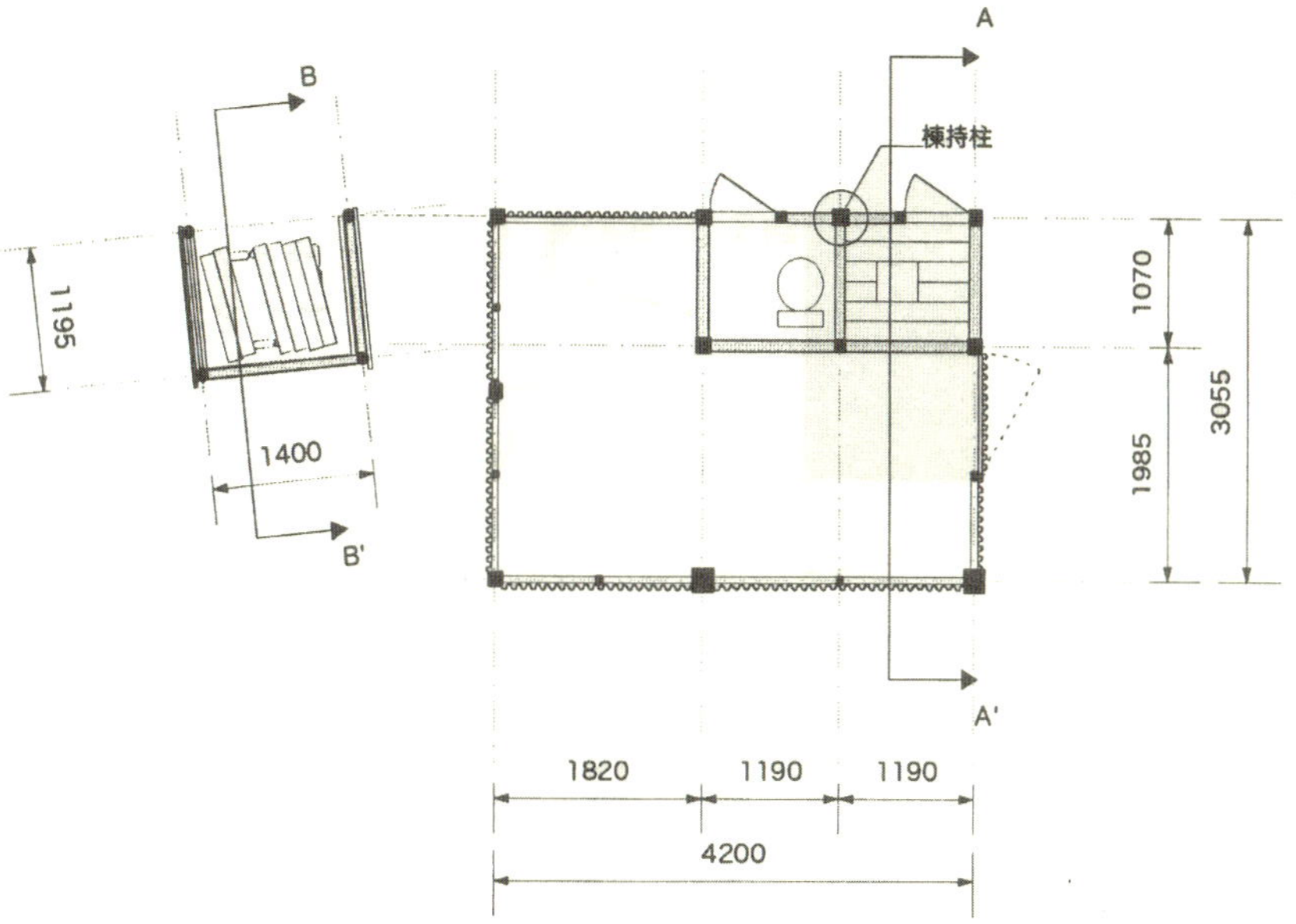


Fu12　戸田千恵子　家住宅　便所　平面図　1/100

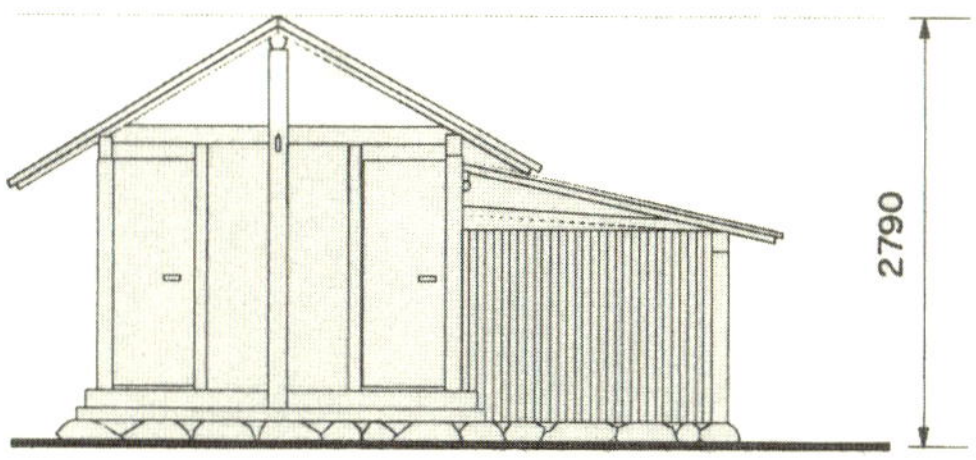


Fu12　便所1　北立面図　1/100

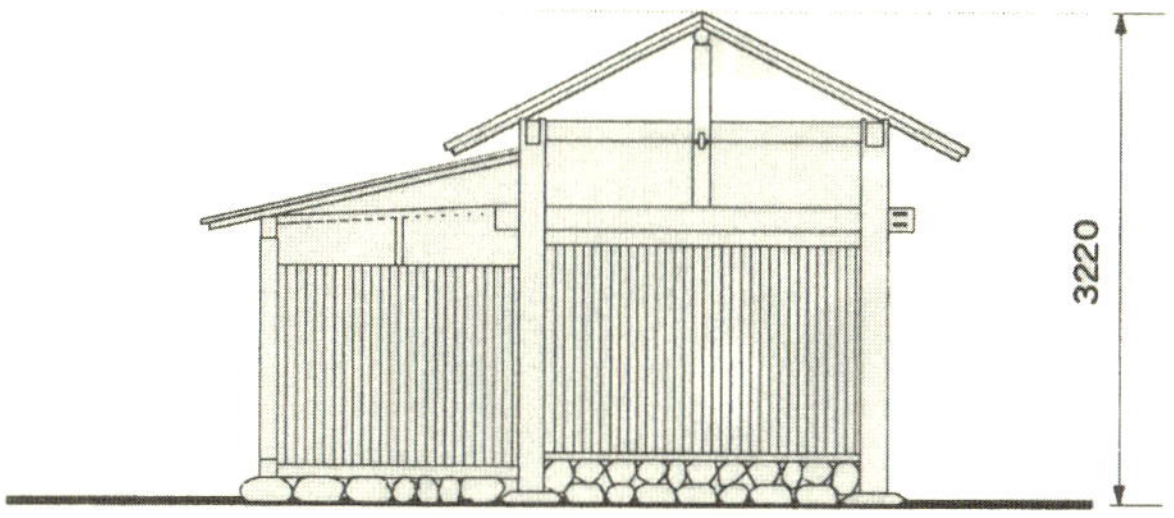


Fu12　便所1　南立面図　1/100

図10-2(2)　甲州および信州の棟持柱構造をもつ民家

## ly01 中原正司邸　モノオキ

所有者：中原正司
住所：飯山市
梁行(間)：2
桁行(間)：4.5
屋根材料：茅葺・トタン
屋根形式：切妻
棟持柱配置：西●－－－－－－●－－●東
調査年月日：2004年11月11日

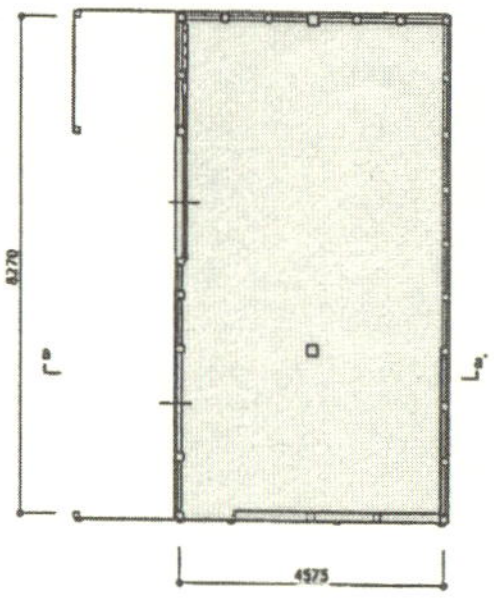

▲ly01　中原邸モノオキ　1階平面図 S＝1:200

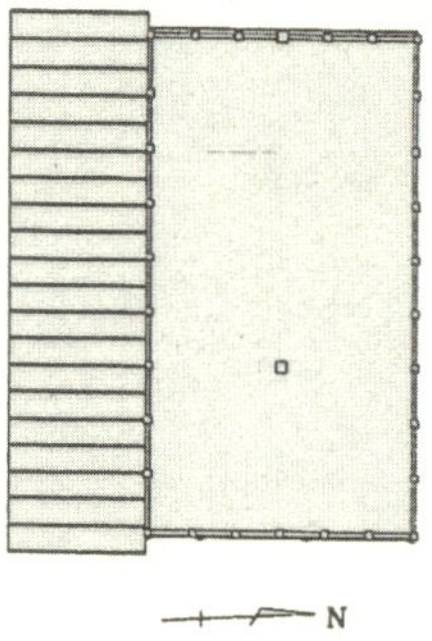

▲ly01　中原邸モノオキ　2階平面図 S＝1:200

▲ly01　中原邸モノオキ　a-a'断面図 S＝1:100

▲中原邸モノオキ　外観

## ly01 中原正司邸　ハイイバ

所有者：中原正司
住所：飯山市
梁行(間)：2
桁行(間)：2
屋根材料：茅葺・トタン
屋根形式：切妻
棟持柱配置：北●－－－－－●南
調査年月日：2004年11月11日

▲中原邸ハイイバ　外観

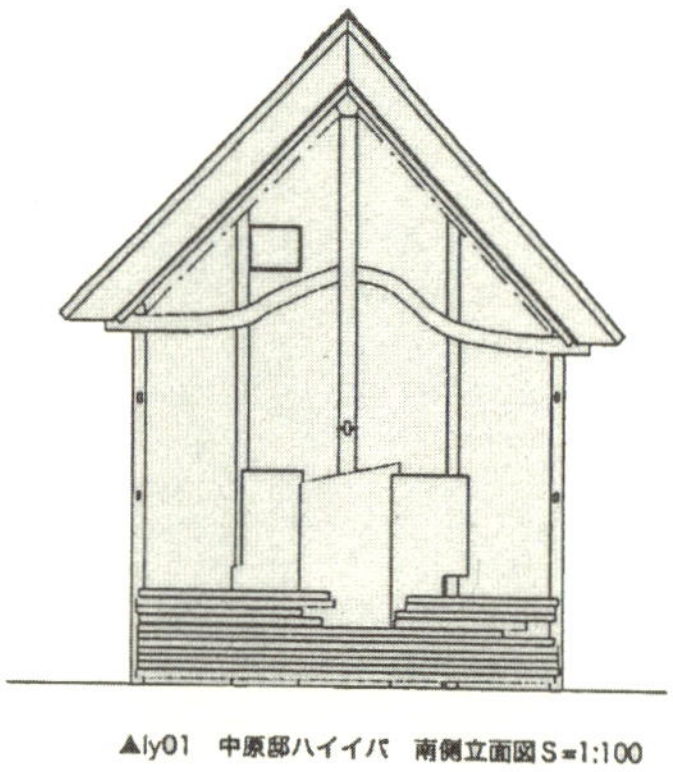

▲ly01　中原邸ハイイバ　南側立面図 S＝1:100

▲ly01　中原邸ハイイバ　1階平面図 S＝1:200

▲ly01　中原邸ハイイバ　2階平面図 S＝1:200

**図10-3**　甲州および信州の棟持柱構造をもつ民家

## ly03 廣瀬喜作邸　モノオキ

所有者：廣瀬喜作
住所：飯山市
梁行(間)：2
桁行(間)：2.5

屋根材料：茅葺・トタン
屋根形式：切妻
棟持柱配置：●－－－－●
調査年月日：2004年10月5日

▲廣瀬邸　モノオキ　外観（西面）

▲廣瀬邸　モノオキ　外観（東面）

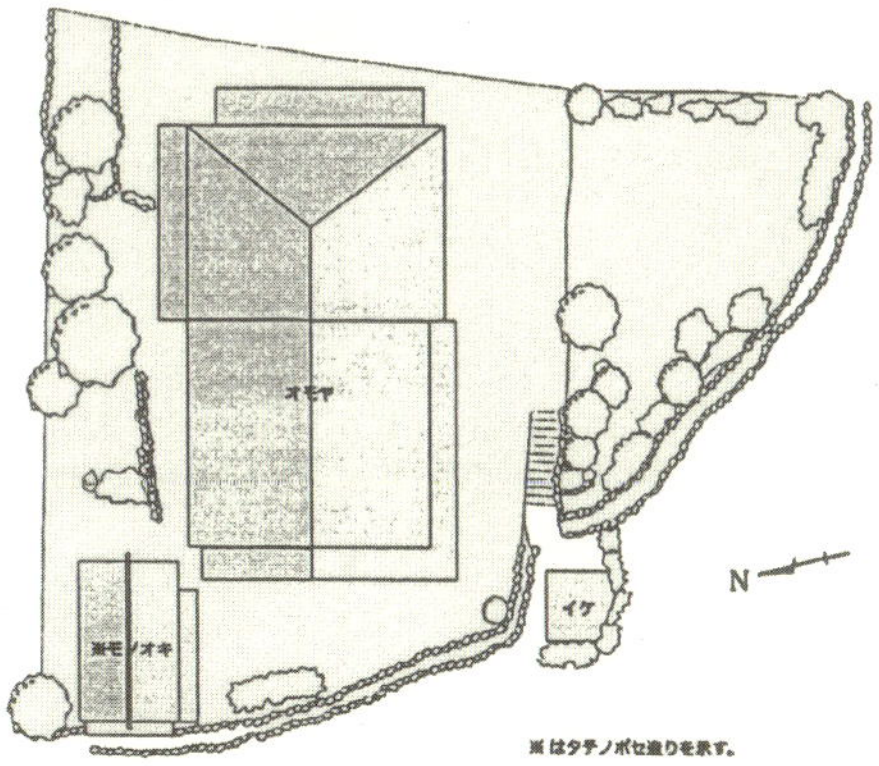


▲ly03　廣瀬邸　配置図S=1:500

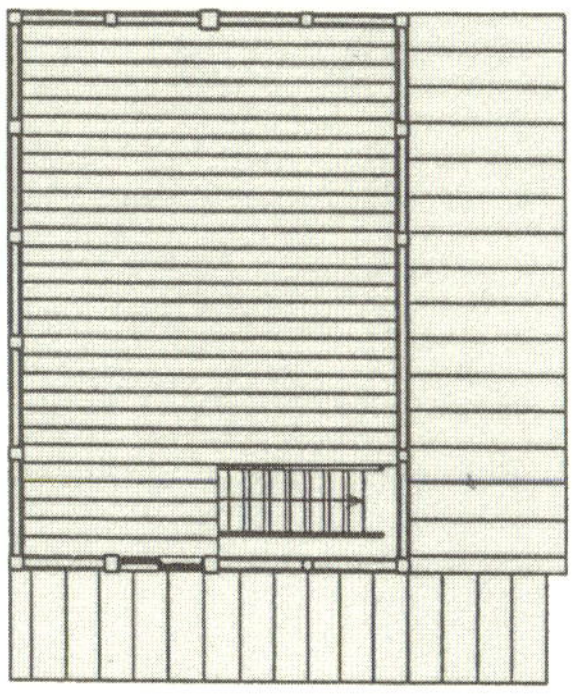

▲ly03　廣瀬邸　モノオキ　2階平面図S=1:100

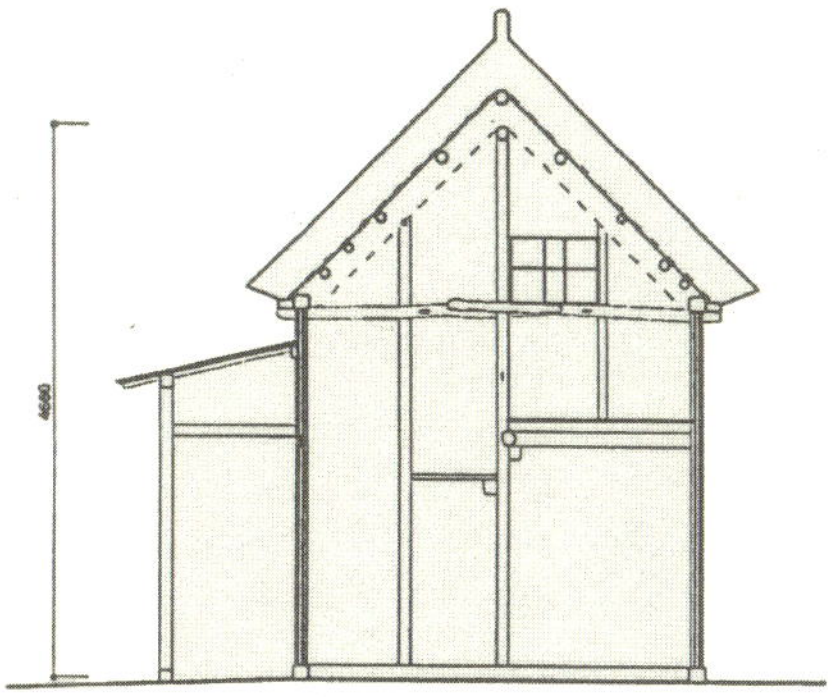

▲ly03　廣瀬邸　モノオキ　a-a'断面図S=1:100

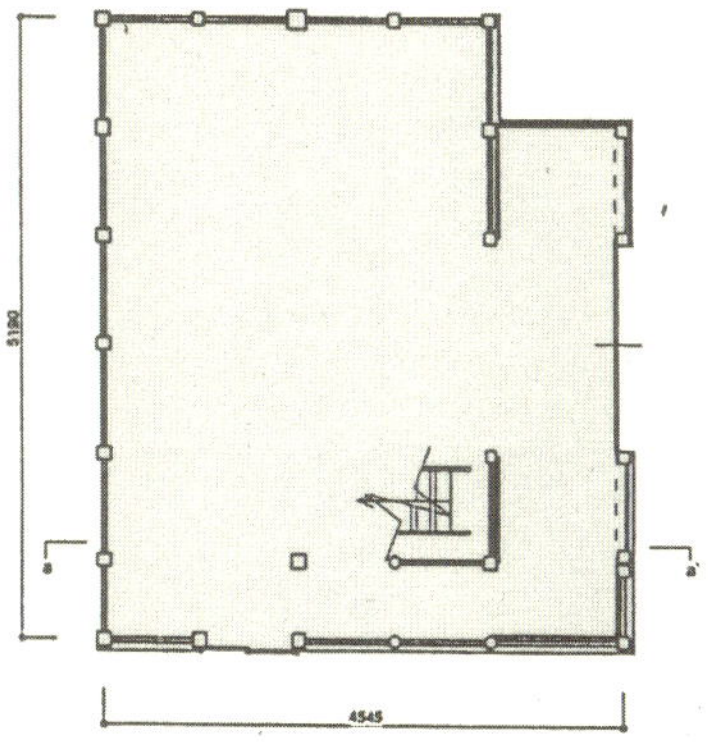


▲ly03　廣瀬邸　モノオキ　1階平面図S=1:100

**図10-4**　甲州および信州の棟持柱構造をもつ民家

## ly10 宮川サヨ子邸　モノオキ

所有者：宮川サヨ子
住所：飯山市瑞穂
梁行(間)：2
桁行(間)：3.5
屋根材料：茅葺・トタン
屋根形式：切妻
棟持柱配置：東●－－●－－－●西
調査年月日：2004年12月6日

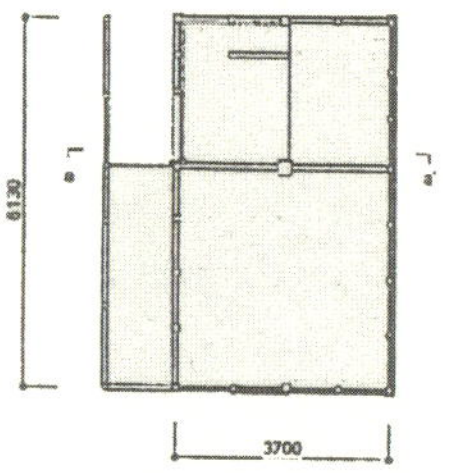


▲ly10　宮川邸モノオキ　1階平面図S=1:100

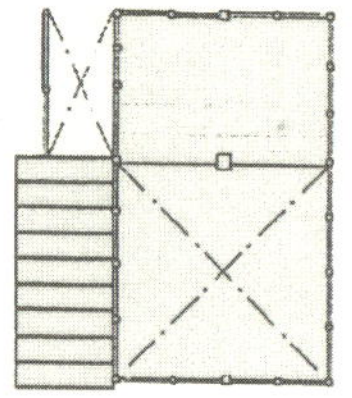

▲ly10　宮川邸モノオキ　2階平面図S=1:100

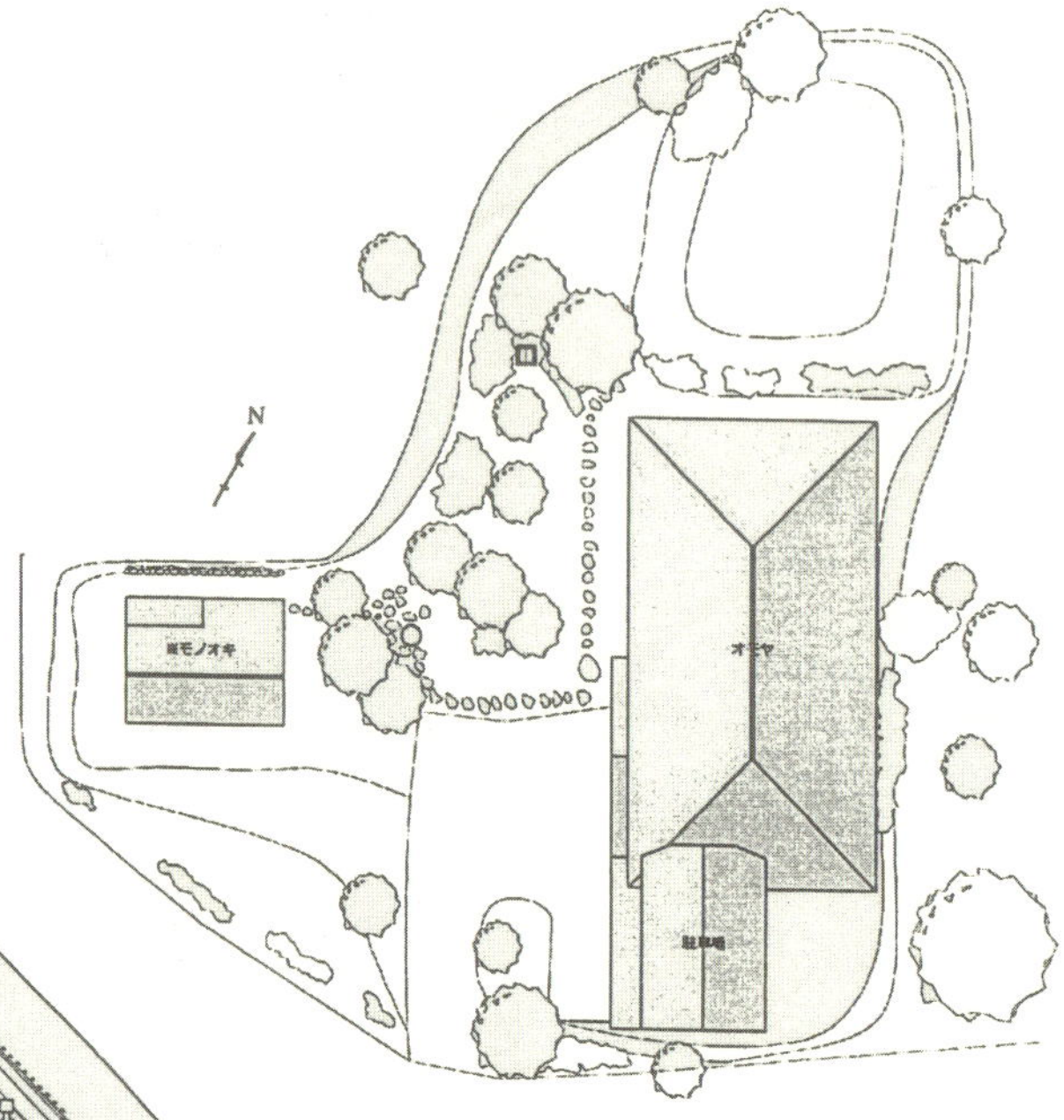


※はタテノボセ造りを意味する。

▲ly10　宮川邸　配置図S=1:500

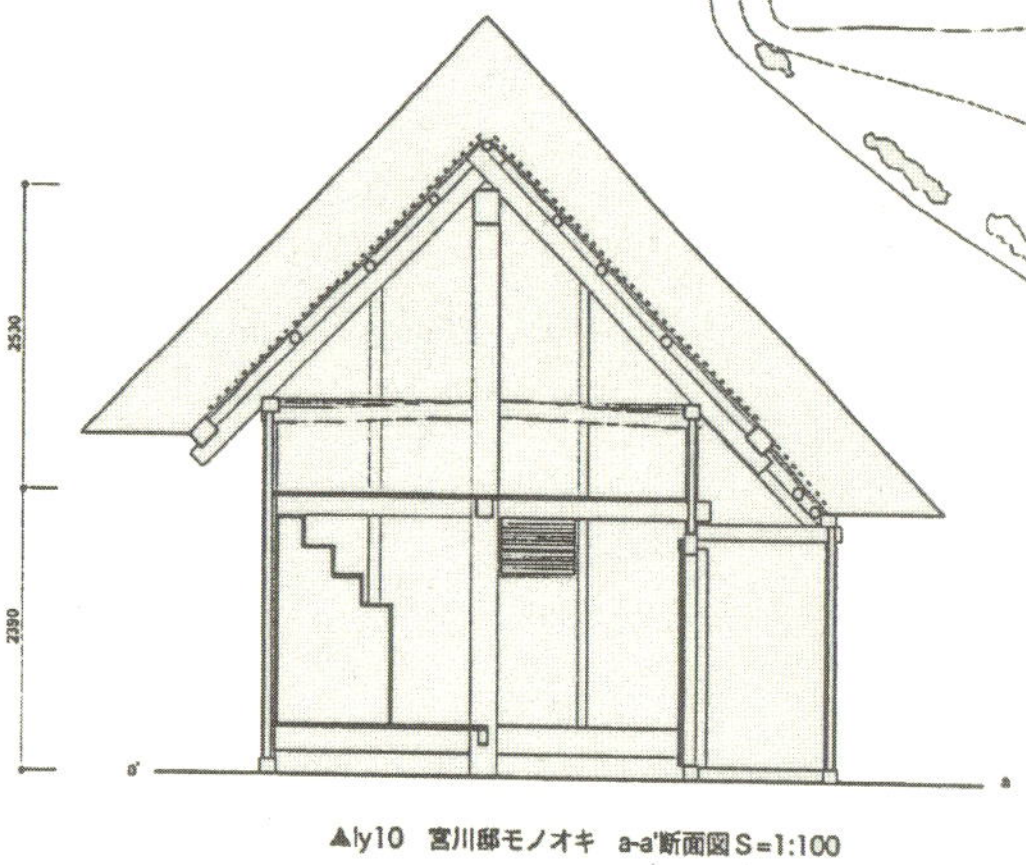


▲ly10　宮川邸モノオキ　a-a'断面図S=1:100

▲宮川邸モノオキ　外観1

▲宮川邸モノオキ　外観2

▲宮川邸モノオキ　冬の外観

図10-5　甲州および信州の棟持柱構造をもつ民家

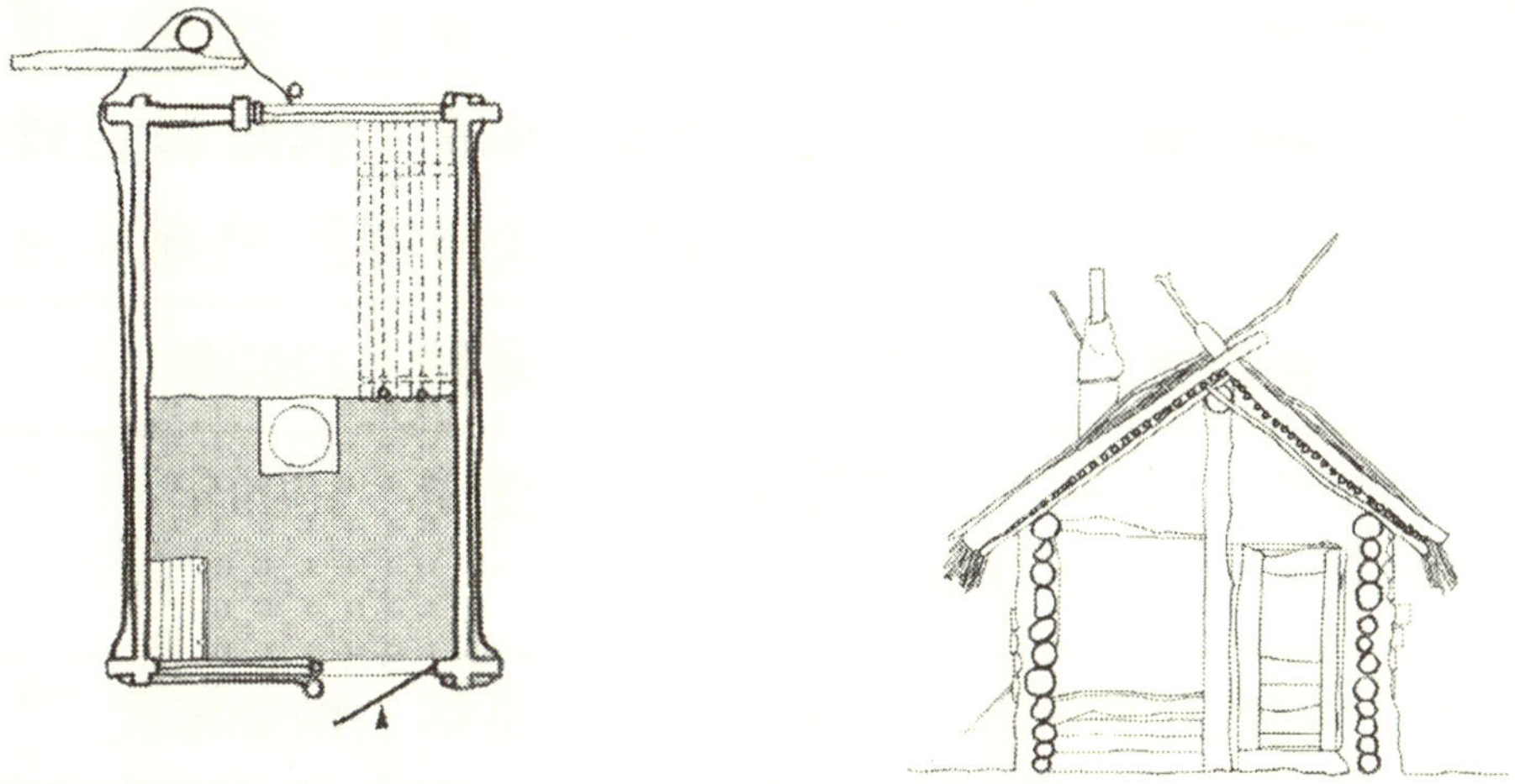


**図11**　中華人民共和国黒龍江省にすむホンジェ族の住居遺構（玉井編『日本列島南北端の住居形成過程に関する学際的研究』2004年、〈図11-1〉口絵１頁、〈図11-2〉320頁より）

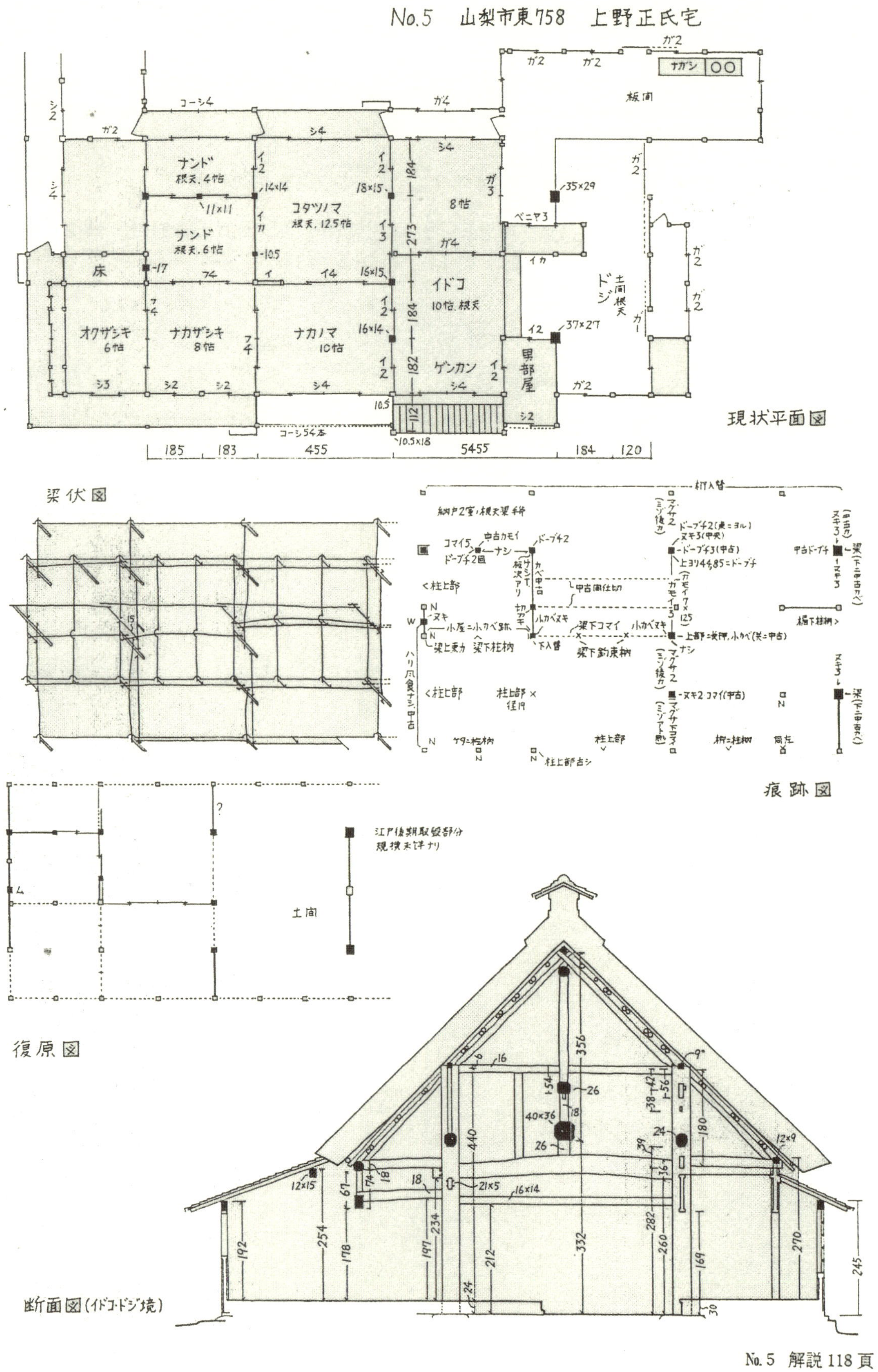


図12　山梨市上野正氏宅（No.5）（関口執筆『山梨県の民家』1982年、265頁より）

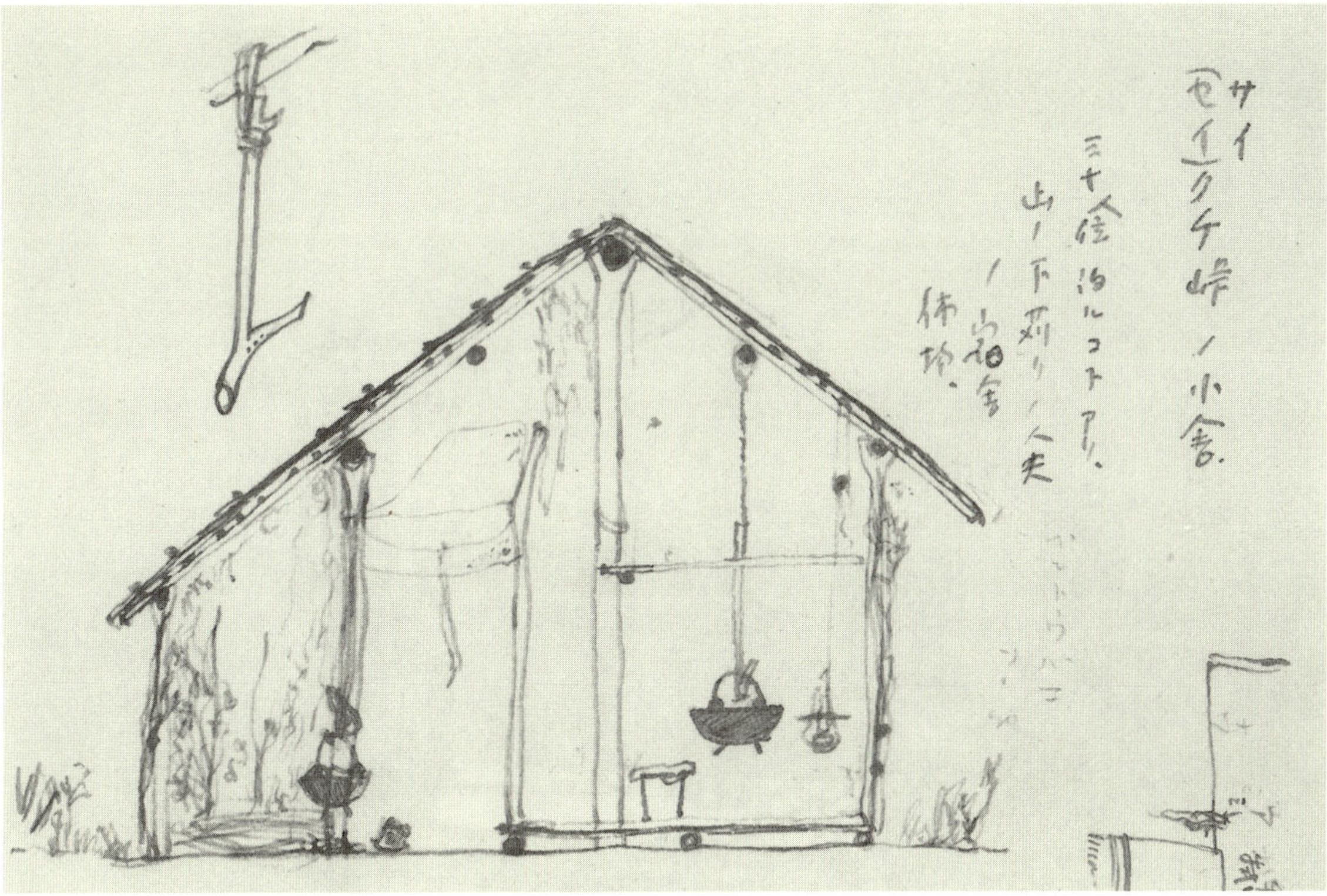


**図13**　今和次郎によるスケッチとノート１（今『見聞野帖』1986年、90頁より）

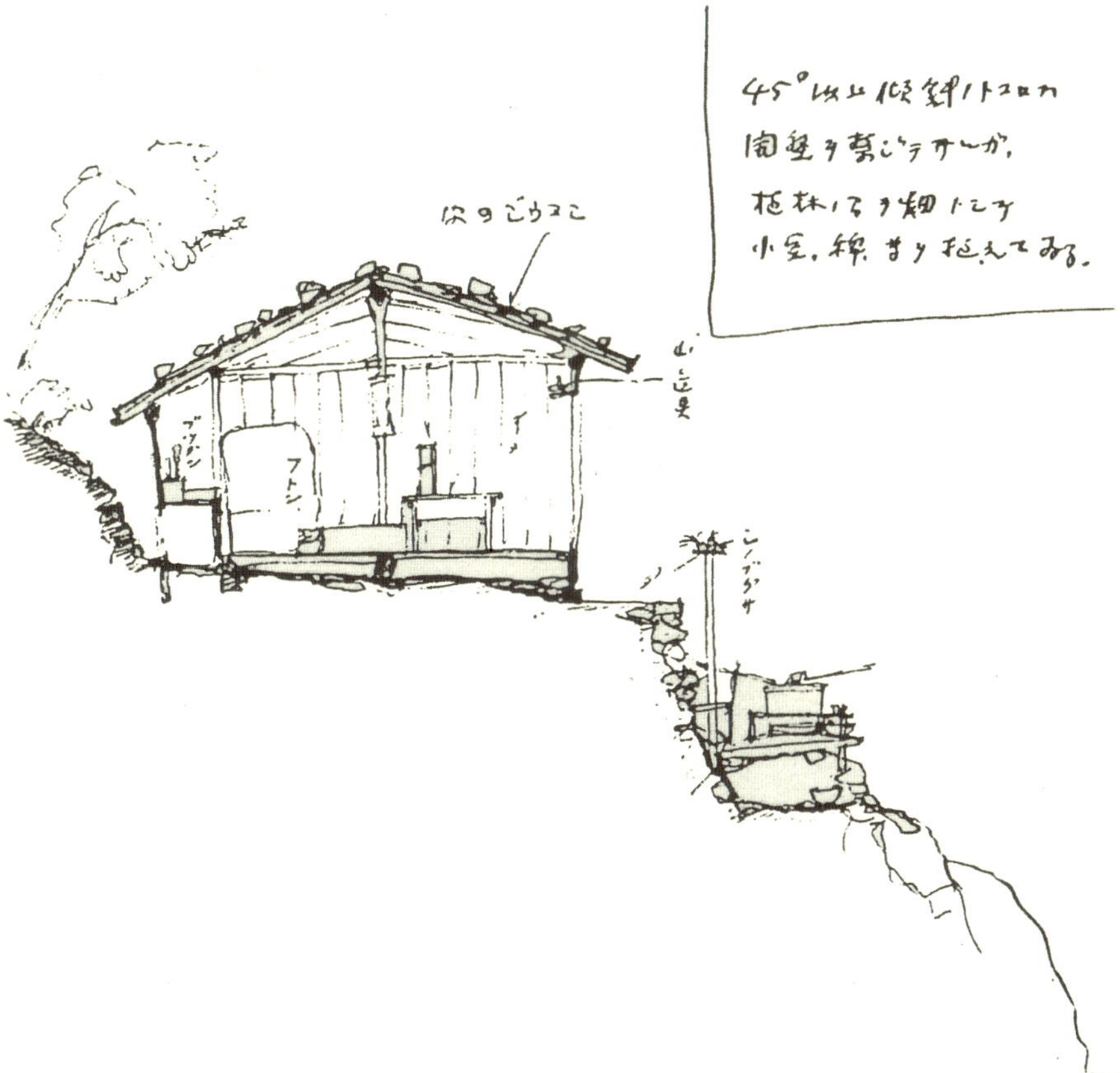


**図14**　今和次郎によるスケッチとノート２（今『見聞野帖』1986年、65頁より）

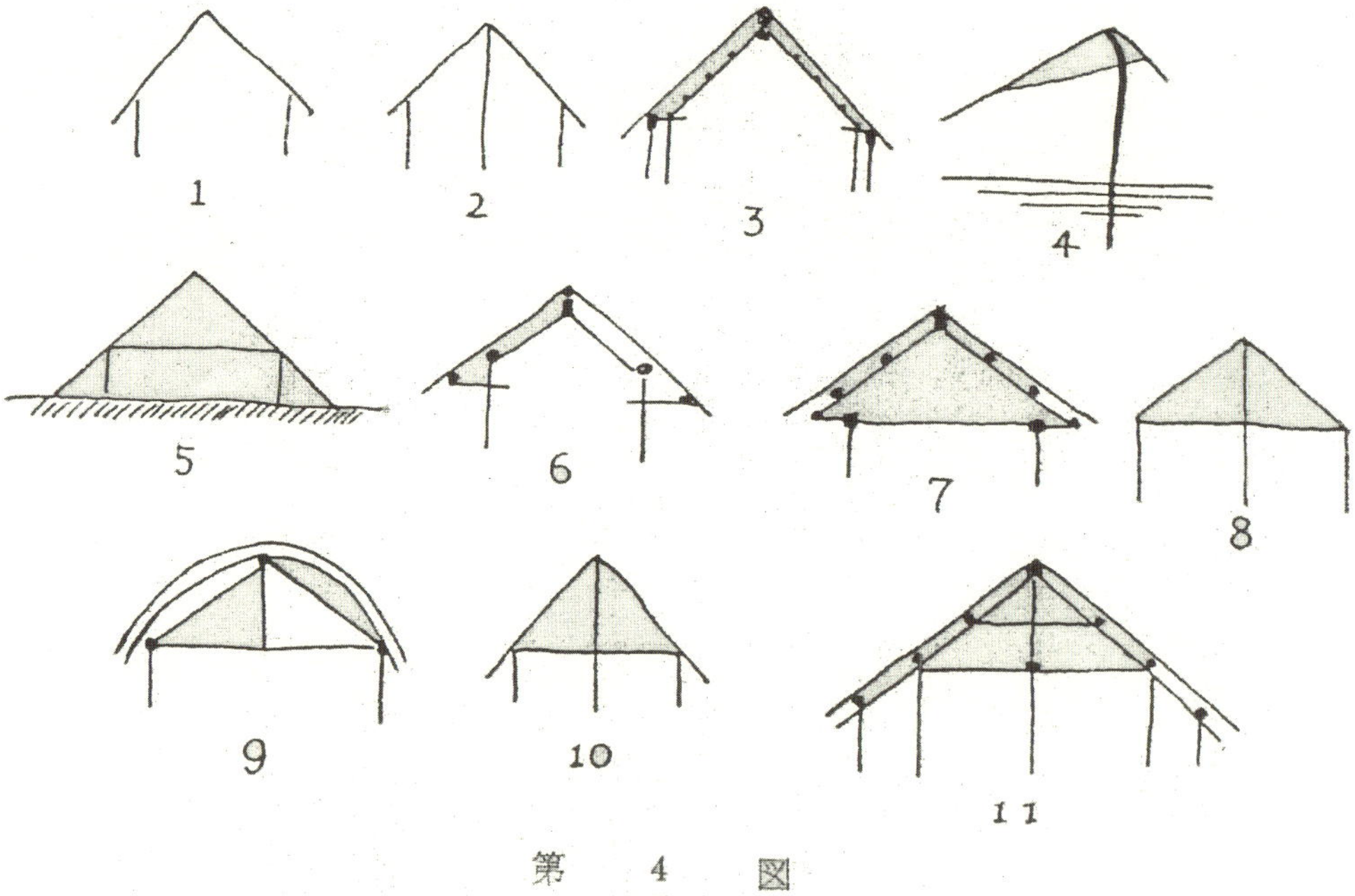


**図15**　住家構成の断面（藤島「住家構成の発生史的汎性」1959年、122頁より）

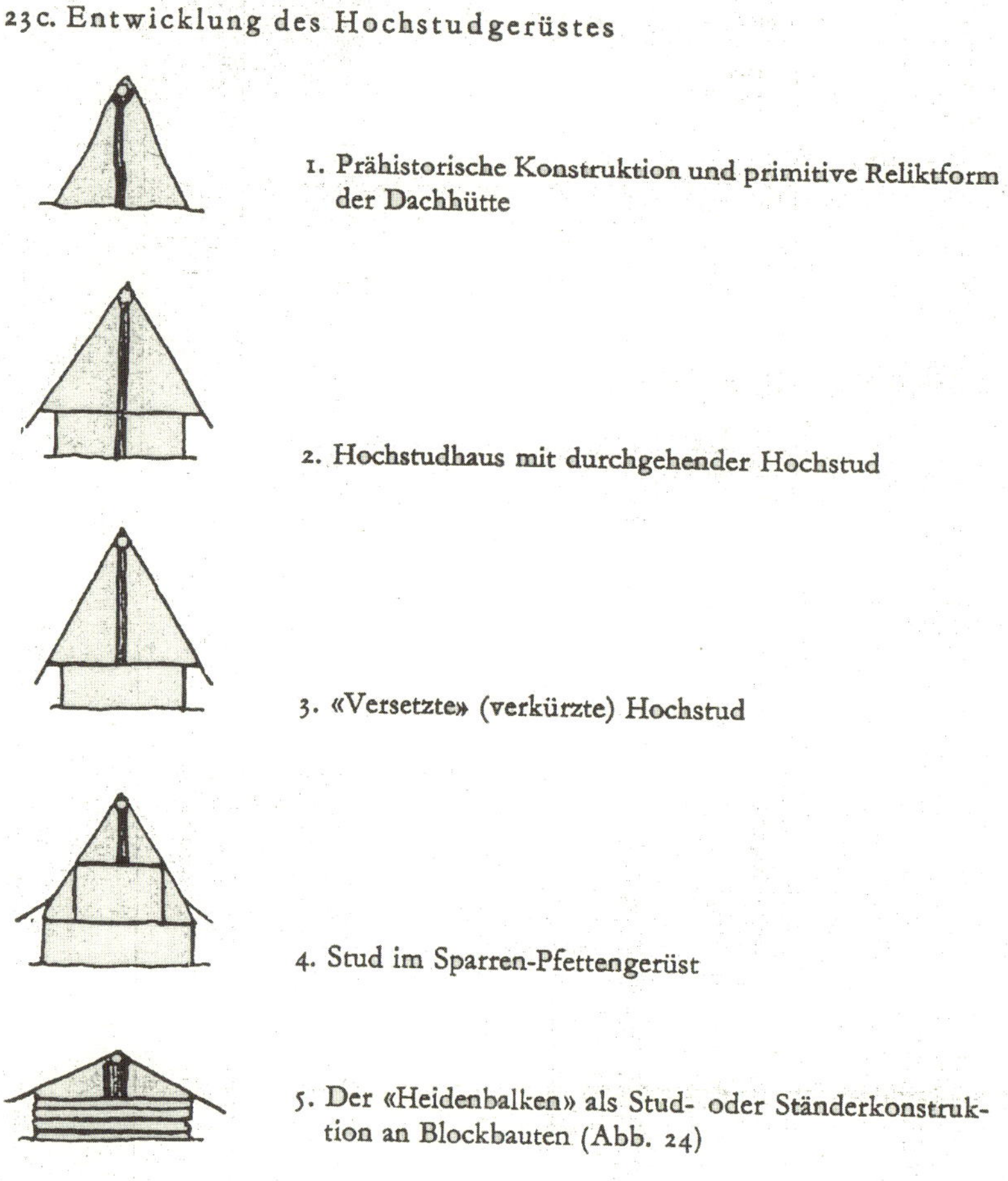


**図16**　ヨーロッパ・アルプス周辺の木造民家における棟持柱構造（Richard Weiss, Häuser und Landschaften der Schweiz, Eugen Rentsch Verlag, 1959. p. 86）

# 総論2　棟持柱祖形論の世界史的展望

棟柱ともよばれる棟持柱は、木造建築をかんがえるうえで重要なキーワードである。すなわち、棟持柱をもつ架構が祖形となって現代まで連続的に展開していく過程を、木造の建物の歴史に想定することができる。棟持柱構造が祖形となるこの展開過程を、木造の傍流ではなく、主流であるとする説が、棟持柱祖形論である。

棟持柱構造は、軸組構法の一部であって、木材を水平につみあげて壁面とする構法とことなる。また、棟持柱構造は軸組構法であるものの、柱が屋根面まで達しているので、軸部と小屋組に架構がわかれていない。したがって、棟持柱構造は、軸部と小屋が分離した軸部・小屋組構造とことなる。

『棟柱　第2号―茅葺にみる屋根葺技術の調査と記録―』の成果をふまえて、遠藤ほか「信州の茅葺き民家にみる棟束の建築的意義」を二〇〇〇年六月に公表した。そこでは、梁の上にのる棟束と棟持柱との関連をしめした。これをうけて、さらに土本ほか「掘立から礎へ」を二〇〇〇年八月に公表した。棟持柱祖型論（のちに棟持柱祖形論と改命）を命名したのは、この論文においてである。その後、文献調査や現地調査にて、日本ばかりではなく、韓国、中国、ベトナム、ネパールにおいても、棟持柱の現存遺構がみられることを確認した。

他方、ヨーロッパにおいても、棟持柱構造の遺構は、すでに多数報告されていた。太田邦夫『東ヨーロッパの木造建築』（一九八八年）は、建築学の観点からみた代表的な研究書である。この本のなかで太田が二頁にわたって言及したスイスの研究者ヴァイス weiss は、棟持柱祖形論に関してすこぶる重要な仮説をその研究書のなかでしるしていた。

二〇〇〇年夏に第五回都市史国際会議がドイツのベルリンで開催された際、屎尿処理の東西比較を都市史的観点から概観した報告をおこなった。その会議の最中にであった、ドイツ留学中の長嶋伸一氏から、チュービンゲン大学に留学されていた坂井洲二氏の研究を紹介していただいた。チュービンゲンでは、日本と同様に、屎尿が下肥として利用されていた、という。

帰国後、ドイツ民俗学者である坂井氏の研究を検索する過程で、坂井『ドイツ人の家屋』（一九九八年）にであった。そこには、ドイツ文化圏にみられた棟持柱構造の建物が先史から近世まで紹介されていた。屋外博物館に移築保存されたばかりの事例も紹介されるなど、留学体験をふまえたあたらしい報告がみられた。とりわけ、注目すべき図は、ヴァイスによる「スイスの屋根組みの系統図（Weiss）」（『ドイツ人の家屋』二五五頁）であった。その図は、まさに棟木を地面から直接ささえる棟持柱構造が軸部から分離した小屋組をもつ軸部・小屋組構造へ展開する過程をモデル化したものであった。

ヴァイスによる研究書は、″Häuser und Landschaften der Schweiz″（『スイスの住居と景観』一九五九年）と題されたものであった。その原書を、大学間でなされている相互賃借というサービスを利用して参照した。そこには、さきの「スイスの屋根組みの系統図」に関する説明が克明にしるされていた。また、「京大・建築」との印があるこの原書は、京都大学建築学科の蔵書であった。さらに、

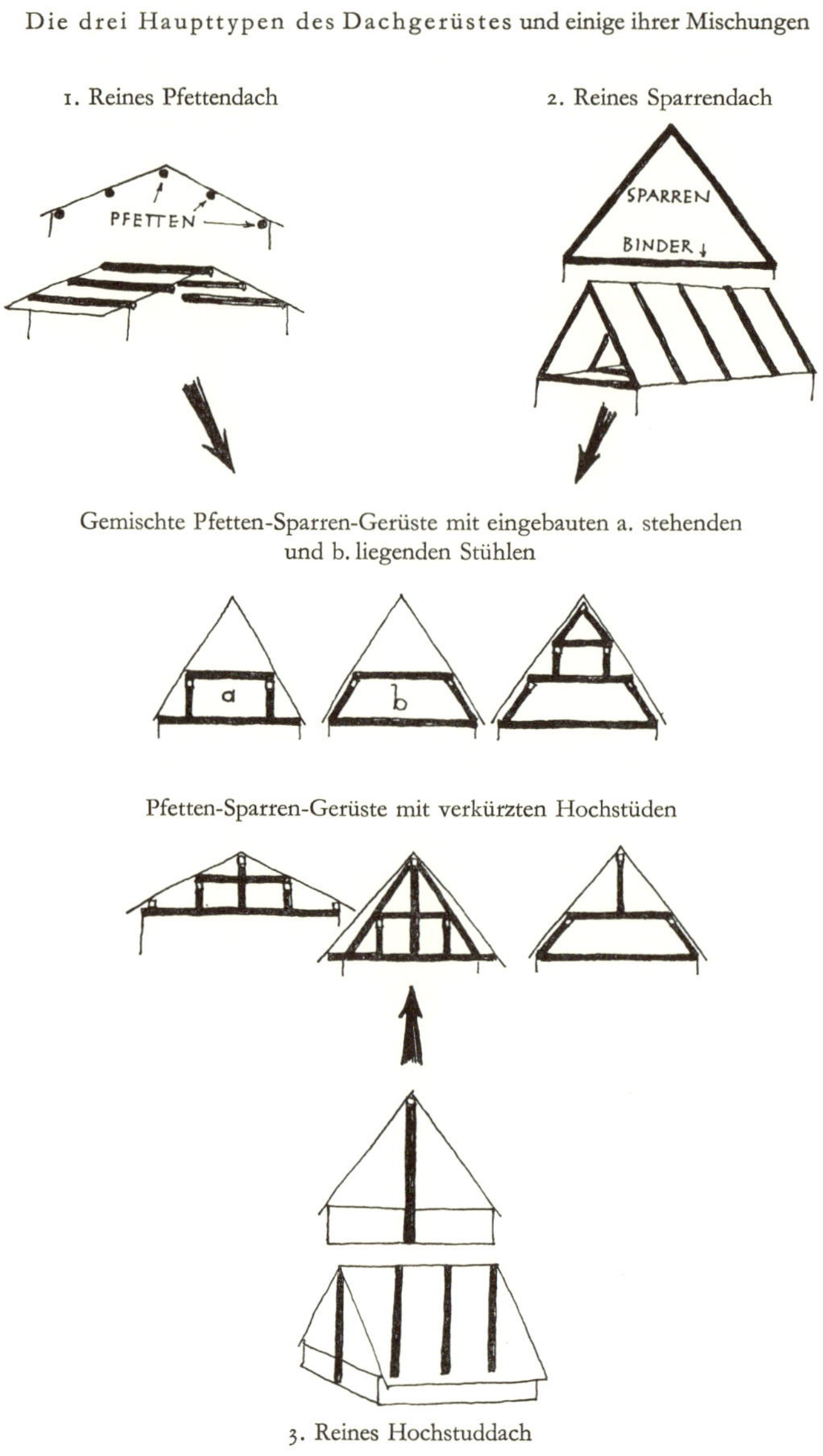


**図1**　スイスの屋根組の系統図（Weiss）
（Richard Weiss, Häuser und Landschaften der Schweiz, p.79）

この原書には「増田文庫」という印がおされていた。「増田文庫」は、京都大学名誉教授であった増田友也氏が寄贈された書物をさす。増田氏の死後、刊行された『家と庭の風景』は名著で、加藤邦男氏の解説によれば、「欧米からの留学生を対象に行われた講義を整理したものが骨子となって」いるという。

以上に概観した、太田邦夫、坂井洲二、増田友也の三氏らによる比較論のなかに、棟柱すなわち棟持柱を積極的に参加させることができる。具体的には、棟持柱祖形論の妥当性がどの程度普遍的であるかを世界史的展望のなかでとうことができる。

参考文献

（1）Richard Weiss, Häuser und Landschaften der Schweiz. Eugen Rentsch Verlag, 1959.
（2）増田友也『家と庭の風景　日本住宅の空間論的研究』（ナカニシヤ出版、一九八七年）
（3）太田邦夫『東ヨーロッパの木造建築―架構形式の比較研究―』（相模書房、一九八八年）
（4）坂井洲二『ドイツ人の家屋』（法政大学出版局、一九九八年）
（5）畑智弥・土本俊和「京都の町屋における軸部と小屋組」（『日本建築学会計画系論文集』五一三、二五九―二六六頁、一九九八年）、各論A京都1同「京都のマチヤにおける軸部と小屋組」
（6）遠藤由樹・土本俊和・吉澤政己・和田勝・西山マルセーロ・笹川明「信州の茅葺民家にみる棟束の建築的意義」（『日本建築学会計画系論文集』五三二、二一五―二二二頁、二〇〇〇年）、各論B信州1同「同」
（7）土本俊和・遠藤由樹「掘立から礎へ―中世後期から近世にいたる棟持柱構造からの展開―」（『日本建築学会計画系論文集』五三四、二六三―二七〇頁、二〇〇〇年）、総論4同「同」
（8）浅川滋男・箱崎和久編『埋もれた中近世の住まい』（同成社、二〇〇一年）

初出　二〇〇三年三月　土本俊和

# 総論3　戦前の棟持柱祖形論

現在われわれが目にする民家のほとんどは、礎石の上か土台の上に柱がのって、柱と梁でくまれた軸組が骨組みを形づくり、この上にのる小屋組が三角形の屋根を形づくる。しかし、ふるい民家の柱はそのおおくが掘立柱でとぎれることなく棟木までとおっていた。一般に棟持柱とよばれるこの柱は、棟柱やウダツなどとも称される。この棟持柱をもつ形を民家の支配的な源流であるとする論考が棟持柱祖形論である。戦後の民家研究では、永井規男が『京都府の民家調査報告　第七冊』の「北山型」に言及した箇所のなかに、棟持柱祖形論とみなし得る仮説が提示されている。

畿内を中心とする四間取り民家の研究をおこなった林野全孝は、この報告書を参照するが、永井の論点をうけいれるにいたっていない。東北の民家を渉猟した草野和夫は、「棟持柱を通して小屋梁と桁行梁とをこれにさす形式」は、「ある種の古形式を伝えていると察しられるが、その後の継承は見あたらない」（『近世民家の成立過程』九八頁）としるすにとどまり、棟持柱構造からの系譜に対して無関心でいた。

林野や草野らによる、戦後の民家研究は、遺構を中心とする実証であった。その業績は、二〇世紀後半の知的遺産の一部といえる。ただ、今日、戦前の民家研究との対比でとらえたとき、戦後の民家研究は、まず第一に、軸部と小屋組が分離していない棟持柱構造への関心がよわかった。これと連動して、第二に、小規模な建造物としての小屋を民家の対象として積極的にあつかう視点をうしなっていた。第三に、アジアとヨーロッパの双方をふくむ、海外への視野をうしなっていた。第四に、棟持柱構造との類似から神社建築と民家の関連性をさけてかたる傾向がみられた。

棟持柱構造や小屋を視点にふくむ民家研究は、大正一一年（一九二二）刊行の今和次郎『日本の民家』などにみえる。海外に対する視点は、植民地政策を背景として積極的になり、広域のアジアを対象にした研究が戦前にみられた。戦後においても、藤島亥治郎「住家構成の発生史的汎性」（一九五九）などにその観点の継続性を確認することができる。

ここに紹介する三田克彦「大黒柱の淵源とその変遷」（一九四二）は、図1のごとく、大黒柱の源流を棟持柱とみなすもので、戦前の棟持柱祖形論といえるものであり、神社建築と民家の関連性を強調する。おどろくべきことは、左図が一九五九年に刊行されたリヒャルト・ヴァイス『スイスの家屋と景観』Häuser und Landschaften der Schweiz（一九五九）にのる図（総論2図1）と酷似している点にある。三田とヴァイスに直接的なつながりを想定しにくい点からして、両者が独立して、いわば棟持柱祖形論を構想するにいたったのだろう。

この論説をみつけたきっかけは、太田博太郎「「うだち」について」（一九七一）であった。『日本建築の特質』（一九八三）におさめられたこの論文は、「『一志茂樹博士喜寿記念論集』（昭和四六年）に掲載したものに註を加えた」ものであった。実際、昭和四六年（一九七一）の論文に註はない。太田は、ここで、「卯建については、古くから民家研究者の関心をよんでおり、若干の論考があるが、三田克彦が一番詳しく論じている」と指摘し、ウダツが防火壁として

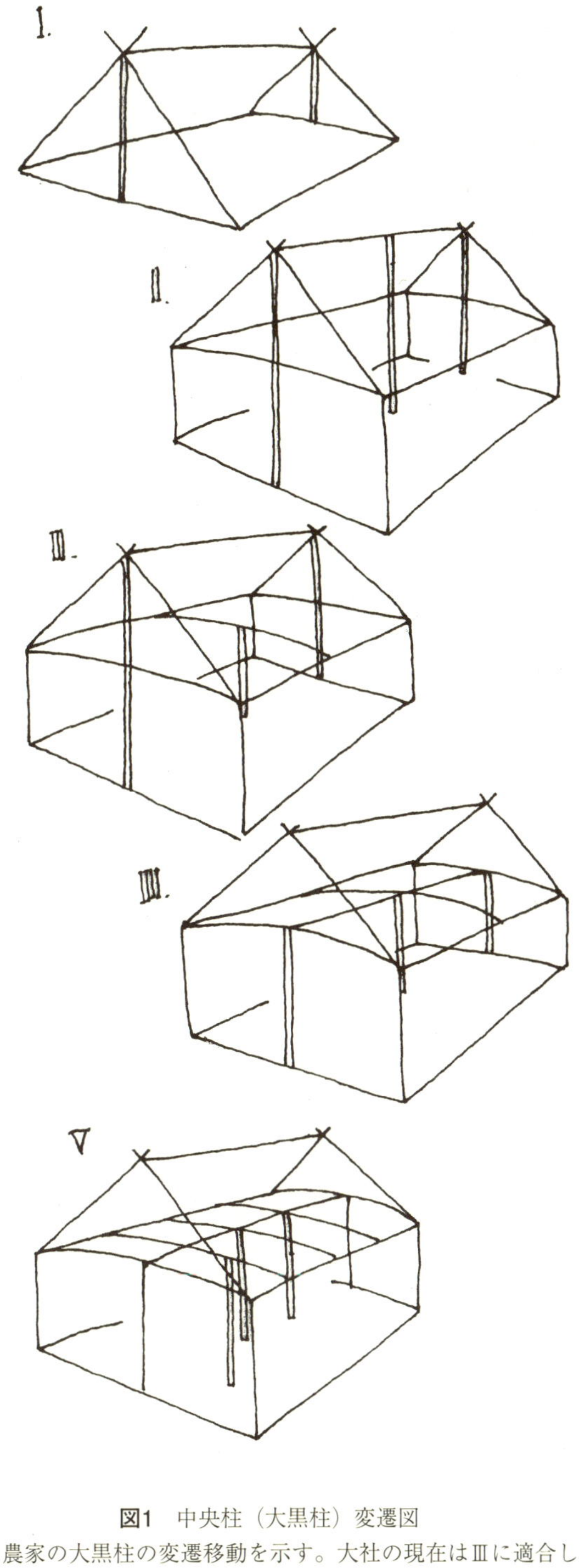


**図1**　中央柱（大黒柱）変遷図

Ⅰは天地根元造、Ⅱ以下は現今の農家の大黒柱の変遷移動を示す。大社の現在はⅢに適合し、中心柱が更に短縮して両妻に遊離した棟持柱を加へれば神明造の型となる。農家はⅤに至つて主要柱の位置自由となる。

（三田克彦「大黒柱の淵源とその変遷」『住宅』第27巻第310号、57-59頁、1942年、58頁より引用）

もうけられたという定説を不審とした。しかし、この問題を太田がといたわけではない。のちに、ウダツの成立過程について、土本俊和「ウダツ」（二〇〇三）が合理的説明に成功した。

その後、太田が参照した三田が気になったため、著者名で検索をかけたところ、三田「大黒柱の淵源とその変遷」を発見するにいたった。かたや、戦前の民家研究をしらべていたら、『国際建築』の中に堀口捨己「うだつ」（一九三四）を発見した。これは、おもに上代語に即してウダツを文献的に考察したものであるから、太田「「うだち」について」（一九七一）に対して著者が註をくわえた際に脱漏した文献ではないか。

三田「大黒柱の淵源とその変遷」が註で参照した石原『日本農民建築』は、棟持柱について豊富に言及する、戦前の代表的な民家研究であった。しかし、石原は、天地根元造や大社造といった神社建築と想定される建築類型を起源とする点に同感的ではなかった。石原は、『日本農民建築の研究』（一九七六）の「回顧と展望＝序に代えて」において、「伝統というものはすべて宮邸建築に源を発して、上から下へ伝えられるものという信仰的思想があった」傾向をとがめ、「民俗建築というものは、本来的に下から生まれたものであることを識って、その発生的源流を明らかにすることが重要であることを痛感した」としるす。

石原の姿勢にあやまりはなかったといえ、戦後の民家研究において、三田克彦（一九四二）やリヒャルト・ヴァイス（一九五九）や永井規男（一九七五）らの論点が無視されつづけた状況に問題は、おおい。

石原は、天地根元造や唯一神明造や大社造を発生的源流としてさけた。しかし、天地根元造は、別な見方をすれば、小屋にすぎない。また、唯一神明造や大社造は、さまざまな形が想定される、掘立棟持柱構造のごく一部の例であったにすぎないだろう。

国家神道と植民地主義にその内容が規定された戦前の研究全般に注意を要することは、いまさら指摘するまでもない。ぎゃくに、今日、国家神道と植民地主義の終息によってその方向性が規定された戦後日本の民家研究が、戦前日本の民家研究との対比において、再検討されなければならない。

参考文献（初出順）


（1）今和次郎『日本の民家』（岩波書店、一九八九年、一九二二年初出）
（2）堀口捨己「うだつ」（『国際建築』一〇―七、二六一―二六八頁、一九三四年）
（3）石原憲治『日本農民建築』全八輯〈改定復刻版〉（南洋堂書店、一九七三年、一九三七年初出）
（4）三田克彦「卯建の起源とその変遷に就て」（『東洋建築』二―二、一〇五―一一一頁、一九三八年）
（5）三田克彦「大黒柱の淵源とその変遷」（『住宅』第二七巻、第三一〇号、五七―五九頁、一九四二年）
（6）Richard Weiss, Häuser und Landschaften der Schweiz. Eugen Rentsch Verlag. 1959.
（7）藤島亥治郎「住家構成の発生史的汎性」（竹内芳太郎編『民家 今和次郎先生古稀記念文集』相模書房、一〇三―一三四頁、一九五九年）
（8）太田博太郎「「うだち」について」（一志茂樹先生喜寿記念会編『一志茂樹博士喜寿記念論集』一志茂樹先生喜寿記念会、五一九―五三〇頁、一九七一年）

(9)永井規男「北山型」(京都府教育庁文化財保護課編『京都府の民家 調査報告 第七冊―昭和四八年度京都府民家緊急調査報告―』京都府教育委員会、九―一三頁、一九七五年)
(10)石原憲治『日本農民建築の研究』(南洋堂書店、一九七六年)
(11)林野全孝『近畿の民家―畿内を中心とする四間取り民家の研究―』(相模書房、一九八〇年)
(12)太田博太郎『日本建築の特質 日本建築史論集Ⅰ』(岩波書店、一九八三年)
(13)草野和夫『近世民家の成立過程―遺構と史料による実証―』(中央公論美術出版、一九九五年)
(14)土本俊和・遠藤由樹「掘立から礎へ―中世後期から近世にいたる棟持柱構造からの展開―」(『日本建築学会計画系論文集』五三四、二六三―二七〇頁、二〇〇〇年)、総論4同「同」
(15)土本俊和「総論4 ウダツ」(同『中近世都市形態史論』中央公論美術出版、四五―五九頁、二〇〇三年)
(16)土本俊和「棟持柱祖型論の世界史的展望」(信州大学工学部土本研究室編『棟柱 第6号』信州伝統的建造物保存技術研究会、二―三頁、二〇〇三年)、総論2同「棟持柱祖形論の世界史的展望」

初出　二〇〇四年三月　土本俊和

# 総論4　掘立から礎へ
## —中世後期から近世にいたる棟持柱構造からの展開—

### 一　研究の目的

　民家の変容をかんがえるうえで貴重な指摘を北山型に関する説明にて永井規男は提示した(1)。永井によると、北山型でもっともふるい石田家住宅は、「四間の上屋梁の中央に棟束をたて、その両脇に一間はなして母屋束をたて、棟木の中間からつなぎ梁を水平にわたして母屋束の頭につないで固める方式をとっている。棟束を「おだち」、つなぎ梁を「とりい」と言っているので「おだち・とりい」組みと呼ぶ」(図1—1)
　これとはややことなったふるい小屋組の形式をもつ木戸家住宅の場合(図1—2)、「「おだち・とりい」組みにおけるつなぎ梁の位置まで内部の三本の柱がたち上り、それらが二間の梁を支えてその上に短い棟束をたてるという方式をとっている。ちょうど「おだち・とりい」組みの小屋束と下の柱を一本にしたような形になる」。そして、「「おだち・とりい」組みにおける母屋束が、この構造形式が示すように柱につながる要素をもつのであれば、さらに棟束もその可能性があろうと思われる」と推した。「すなわち、より古い形式として中柱が棟持柱となって直接棟木を支承する構造が存在したと推定できるのである」。さらに、「棟持柱を中心にして梁行に対称形に一間々隔で柱をたてるとすれば、二間または四間という梁行間が定まってくる。初期本百姓の家構が四間という梁間をとっていたのは、棟持柱構造を北山型が比較的近い祖型としてもっていたからであろう」とした。さらにまた、「近世に入って一般に家屋規模が大きくなってくると、それに応じて家のかたちが高くなり、棟持柱構造にすると相当に長い柱が必要になる。これを避けて、できるだけ短い柱で済むように、まず木戸家のような構造が考えられ、ついで「おだち・とりい」組みへと発展したのではないかと推定される」とした。
　以上の指摘をまとめると、以下になる。第一、「おだち・とりい」組みの典型とはややことなる木戸家から推すと、よりふるい形式として中柱が棟持柱となって直接棟木を支承する構造が存在する。第二、この構造では二間または四間という梁行がさだまってくる。第三、規模が大きくなると、棟持柱構造では相当にながい柱がいるので、「おだち・とりい」組みへと発展した。
　棟持柱構造を祖形とみなすこの論点を本研究は棟持柱祖形論と命名する(2)。この論点は、北山型にかぎらず、京都のマチヤと茅葺民家

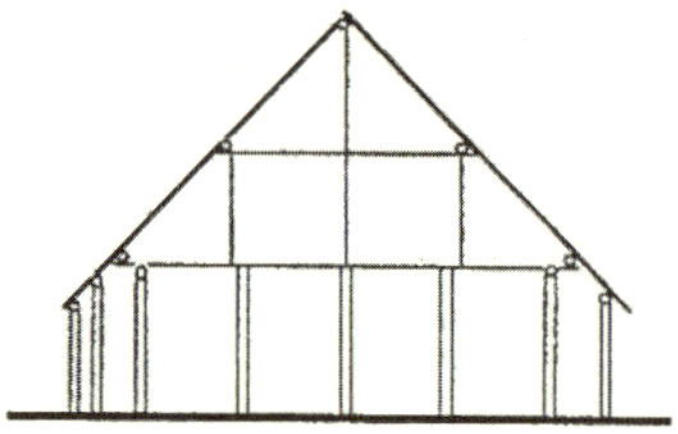

**図1-1**　石田家住宅断面模式図

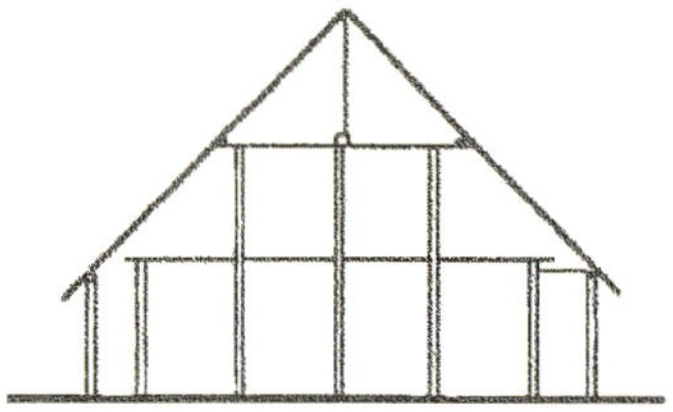

**図1-2**　木戸家住宅断面模式図

**図1**　北山型

にあてはまる。[3] 以上をふまえ、本論は棟持柱祖形論の妥当性がどの程度普遍的であるのかをとう。

## 二　用語としての棟持柱

まず、棟持柱という言葉の用例を考察する。

### 二―一　ムナモチバシラ、ムナバシラ、ムナハシラヤ

・ムナモチバシラ

『建築大辞典』に、「①棟木を直接に支えている柱の総称。（中略）②特に神明造りの社殿において妻側中央の側柱の外側に立つ独立柱で、棟木を支えているもの。（中略）③与次郎組みなどの小屋組において、直接に棟木を受ける柱」とある。[4] このように、棟持柱は、その用例が多様だが、以下にみるように、過去においてムナモチバシラとよばれていたわけではない。

・ムナバシラ

『邦訳　日葡辞書』に、「Muna-baxira.　ムナバシラ（棟柱）家の棟木をその上に据える支柱、または、柱」とある。[5] また『日本民家語彙解説辞典』に、「明治初年（一八八〇頃）の東京の下町について記した長谷川時雨の「旧聞日本橋」のなかにみえる用語。彼女の生家の「三階の棟柱」とあるから、三階まで通して棟を支持している太柱を指しているらしい」とある。[6] 実際、江戸を描いた絵画史料に棟持柱をもつマチヤがみえる。[7]

・ムナハシラヤ

一五世紀末から一六世紀前半にかけて成立したと推定される「近江管浦棟別掟」には「むなはしらや七十文之事」とある。これにより、「むなはしらや」という建物が中世に実在したといえる。[8] また川島宙次は、「近江では納屋に棟持柱が建ったつくりがある。いずれも小規模な建物で、これを「むなはしらや」と呼ぶ」[9] と指摘した。

### 二―二　ウダツ、ウダチ、ウダツヤ、オダチ、オダツ

・ウダツ、ウダチ

石原憲治は、「この家（中村有国氏の住家・括弧内筆者）の構造を見ると、中央の大黒柱が地上から一本の柱で棟木まで通っていて、直接にこれを支えていることである。私はこの柱を仮に「棟持柱」と称しておく。この棟持柱のことを八代郡御代咲村で調べた例によると、「ウダツ」または「ウダチ」と称している」としるし、ウダツとウダチの実例をしめした。[10] そして石原は、「我が国の民家のウダチは本来棟持柱の名称であったもので、現在、信州・武州・上州の山地の小屋造りにわずかに残存しているのはこれを語っているものであろう」とした。[11]『建築大辞典』には、「うだつ［卯立、卯建、梲］①『倭名抄』（九三〇年代）によれば梁の上の柱を指すとあり、妻側の棟束を指すものと考えられる。『日本書紀』では「うだち」と発音する。②前者に由来して妻壁。③室町時代の民家、特に町屋において妻壁を屋根より高く突き出して小屋根を付けたもの。（中略）④近世民家において建物の両側に設けられた小屋根付きの袖壁。（中略）⑤近世の山梨県・長野県の農家において妻壁にある棟

持柱。（中略）⑥略）」とある。[12]

・ウダツヤ

享保一八年（一七三三）「福澤村家数書上帳」に、「うだつや」、「うたつや」、「有立屋」といった文字がみえる。[13] 石原憲治は信州の梓村（現梓川村）の原重治氏宅の二棟のウダツ屋を記録した。このウダツ屋について石原は、「今でも此の様なウダツ屋を隠居などの住居に使用して居るものも稀にある様であるが、一般に是は一段と下等な建物とされて居るので人前ではそういう事をあまり口にしない様に見受けられる」としるした。[14]『建築大辞典』には、「①静岡・山梨・長野・千葉・宮城各県地方の民家において梁がなく、棟を支える柱が地面にまで通っているもの。主として小住宅または付属小屋の構造として使われた。『鼠の夜噺』に梲小屋の文字が現れているのを見ると、近世初期の近畿地方の町屋でも小住宅に使われていたことが知られる。新潟県北魚沼郡地方では「おだつ小屋」という。②室町末期以後の近畿地方、特に奈良県および大阪府平野部の民家において建物の両側に卯立を揚げている民家の総称。この形式は役家または本百姓、家主層以上の住宅にしか社会的には許されていなかった。明治以後この制は崩れていった」とある。[15]

・オダチ、オダツ

『居住習俗語彙』に、「オタチバシラ　伊豆の南崎村で、上り端の二間とニヤ即ち土間との境に立つ柱、他の土地でいふ大黒柱である。建て前の日には此柱に蓑と笠をつるし、且つ鏡扇銭を飾つたノサを結はへ付ける。叉オダツ柱とも呼んで居るから、小屋をウダツと謂ふのと一つの語であろう」[16]とある。また、『建築大辞典』に、「おだち　卯立の転訛。京都府丹波地方の草葺き民家において棟木を支える小屋束をいう」とある。[17] すなわち、オダチやオダツはウダツの転訛である。

## 二―三　タテノボセ、タテノボシ

川島宙次は、「京都近郊の西山山麓には、片入母屋造りが分布していて、裏の切妻側から見ると棟持柱が地上から棟木まで達しているのが見える。土地の言葉でこれを「建て登せ」という」としるす。[18] 信州では、棟木を通し柱で直接ささえる形式の民家を「タテノボセ」構造といい、とくに飯山地方の山間部で積雪量がおおい地域にみられる。[19]『建築大辞典』に「たてのぼし［建登し］主として京都府乙訓郡地方の民家に見られる妻壁の構造の一。この地方の草葺き民家では、一方を入母屋、他方を妻壁とするのが多く、これは妻壁側で行われる。小屋梁がなく、土台石から直立する柱が直接に棟木および母屋桁を受ける」とある。[20]

## 二―四　中柱構造とアナヤ

『日本民家語彙解説辞典』に、「ナカバシラコウゾウ　中柱構造　中央に立つ一本の柱で棟を支え、棟が短かく、その棟に三組の太い垂木を掛け渡して屋根の構造材とする構法のこと。沖縄県宮古列島に見られる構造形式である」[21]とある。また、宮澤智士は、沖縄地方の民家について、掘立小屋である「アナヤで最も重要な部材は中柱《なかばしら》である」とし、「中柱は建物の中央にたつ掘立柱で、八重山地方では、上方が枝分かれしたY字形の股柱を用い、棟木を支える」としるす。[22] このように中柱が掘立棟持柱になる場合がある。

## 二—五　叉ウダツ、ムナギモタシ

『日本農民建築 第五輯』の「長野県」の章にて石原憲治はケミヤ[23]を、「是はウダツ造りであるが此の辺ではウダツとは切妻屋根造り即ち両流れ屋根の意味に用ゐて居る。又従つて一般に下等な作りの意味に用ゐて居る」としたうえで、信州の「南安曇郡安曇村の山中鈴蘭小屋付近で畑中に建つて居た掘立小屋に就て調べた所によると土地の人達は是を叉小屋と呼んで居る。是は棟持柱の上端が叉木になつて居るものを建てて是に棟木を支えさせて居る。此の柱のことを叉ウダツとも言ふて居つた。此の掘立小屋の外観も大體前のケミヤと同様であるが是は丸柱の掘建で最も単純な形である。是は側柱が四尺位、棟柱が七尺位の極めて低いものであつた」と記録した[24]。また、『居住習俗語彙』には、「ムナギモタシ　吉野の野迫川村などで、山小屋の棟木を支へる木である。上端を二股にするものとなつて居る」とある[25]。このように、上端を二股にして棟木を支承する棟持柱があった。

## 二—六　古代のウダツ

『和名類聚抄』には、「梁上楹謂梲」とあり、「和名字太知」と訓じられている[26]。また、石原憲治によると、「わが国に奈良朝以前から中国伝来の瓦葺き大寺院に用いられた棟木を支える太い棟束が、奈良その他の大寺院に用いられたが、これを中国の文字「梲」(セツと音読された)を当てていたが、日本にはこのような構造はまだ用いられなかったので、在来の大和言葉で読ませての『古事記』にも「宇立」または「宇太知」と書かれている。(中略)以上により、わが国山村の民俗にあった「ウダツ」の棟持柱と中国伝来の「梲」は異なる起源を持つことが明らかで、中国伝来の「梲」をわが国の古語「ウダツ」と読ませたものと解すべきであろう」としるした[27]。さらに、石原は、「中国より伝来の「束」の意にウダツの名称を使用しているのを私は五年前、沖縄本島の北方の山村で見たが、この地方ではすべての小屋束を「ウダツ」と呼んでいた。わが国の本州全島でほとんど死語となっているウダツという名称が、沖縄で日用語として使われていた」としるした[28]。以上のごとく中国の文字「梲」は棟束の意味として古代日本へ伝来し、ウダツと訓じられたが、わが国でウダツは棟持柱とかんがえられ、石原による調査時には、信州などの地方の小屋および民家にみられる棟持柱と、沖縄本島でみられる小屋束との意味の二つがあった。つまり、ウダツは棟束や棟持柱であって、これらはともに棟木をささえる垂直材である。

他方、『常陸国風土記』[29]は、「標の梲」との文言にシルシのツエと訓じている。これは「梲」が土地の境界を意味する用例と理解できる。掘立棟持柱であったウダツは柱の脚部が地面にうまっている。それゆえに、この柱が「シルシのツエ」として土地の境界をも意味する場合もあったといえるだろう[30]。

## 二—七　屋境としてのウダツ

以上のごとく、棟持柱をさす用語は種々あり、ウダツもその一例であった。ひろくとれば、ウダツは、棟木をささえる材であった。また、ウダツは、屋根の妻壁の上にみえる屋境としても解釈されており、室町時代以後からこれをさすようになったとする書誌もおおい。[31] しかし、ウダツは、本当に室町時代から屋境の小屋根をさしていたのだろうか。屋境としてのウダツの発生についてのべた伊藤鄭爾の説明をみると、「卯建は、防火のための装置と考えられている」点を疑問として、「屋根板の端の保護が第一の目的であったと考えられる」[32]としている。その根拠として、『大乗院寺社雑事記』文明一九年七月一九日条、『同』明応九年二月一〇日条、『多聞院日記』元亀三年五月一六日条、『享禄天文之記』永禄七年条をひきながら、「板屋根の端はかんたんにきりとられるほどであったし、風の吹上げにはもっとも弱かった。ここにおいて妻側の小屋束を一段と高くあげ高塀を廻すと、つまり卯建をあげると二つの意味で好都合である」とした。そして、「一つは屋根の端の固定ができる。他のひとつは高塀によって屋根への風当りを弱くすることができる」として、その機能を解釈した。しかし、これらの文献史料は、板屋根の端のよわさをしめすものの、ウダツという用語がこの材を室町時代にさしていたことをしめさない。

以上より、マチヤにおいても、「妻側の小屋束を一段と高くあげ高塀を廻す」ときの「小屋束」そのものがウダツではなかったか、とかんがえられる。ただ、京都のマチヤの場合、「小屋束」との呼称は的確ではない。なぜなら、洛中洛外図屏風（町田本・歴博甲本、上杉本）がえがくように、京都のマチヤは軸部と小屋組にわかれていないので、棟木をささえる材は小屋組のなかにある束ではなく、地面からたちあがる棟持柱であったからである。よって、室町時代にウダツは、マチヤにおいても屋根の妻壁の上にある屋境ではなく、棟持柱そのものをさしていた、とかんがえられる。すなわち、さきにみたウダツの一連の用例から推して、ウダツは室町時代のマチヤにおいても棟持柱そのものをさしていた、とかんがえるほうが的確であろう。

## 三　断面にみる棟持柱

### 三―一　掘立と礎石

柱の脚部をささえる構法には掘立と礎がある。『邦訳 日葡辞書』には、「Foritate. ホリタテ（掘立）木の柱を地中にさしこんで建築するやり方。Foritateno ie.（掘立の家）上述のようにして建てられた家」[33]とある。また、「Ixizuye. イシズエ（礎）木造の建物の下に据える礎石 Ixizuyeno ie.（礎の家）この基礎の上に土台をおいた家 Ixizuyeuo suru. l, ixiuo suyuru.（礎をする。または、石を据ゆる）建物の土台石を据える」[34]とある。このように、柱の脚部のささえ方に応じて、建物を「掘立の家」と「礎の家」に大別することができる。脚部が掘立である棟持柱は伊勢神宮にみられ、脚部が礎である棟持柱は仁科神明宮にみられる。掘立は礎よりふるい形式であるから、建物は掘立から礎へと移行していった。そのかわり方には二通りある。

その第一は、建物がたてかえられたとき、掘立から礎へかわるものである。つまり、柱の脚部が掘立である建物のすべてをとりこわして、あらたに柱の脚部が礎である建物をたてるケースである。その具体例を宮澤智士「近世民家の地域的特色」（一九八三年）[35]を通じて捕捉する。宮澤は近世民家の前身建物であった可能性のたかい考古学的発掘資料を数点しめした。これらの資料は掘立から礎へ建物がたてかえられる過程を示唆する。まず、秋田県鈴木家住宅と京都府渡辺家住宅では、規模や柱配列などに現住宅と類似点のある前身建物跡が発見された。とくに後者の場合、前身建物跡と現住宅にいくつかの類似点がある。しかし、前者も後者もともに、掘立棟持柱構造であった前身建物をとりこわしたあとに、礎石建の現住宅がたてられたとみなすのが前身建物と現住宅との関係に対する自然な理解であろう。

　これに対して第二は、建物がたてかえられなくても掘立から礎へと柱の脚部がかわるものである。その具体例を藤島亥次郎「江戸時代民家の文献的研究」（一九五四年）[36]を通じて捕捉する。藤島は、信州南佐久地方の野沢町大字取手町で掘立屋を実見したという。その建物は、「床高一尺前後の切妻板葺屋で、亦二〇〇年前の建前と思われるが、前方の本柱数本が現に地中に掘立てられてあり、礎を有する柱については近年柱の腐朽に伴い挿入したとの家人の言である。なお附近にはこの様な掘立屋が数戸ある由である」。そして、藤島は、「床高の低い家で礎石のある家も、柱の腐朽に伴い後から礎を挿んだので、本来は掘立屋であつた家は全国に案外多いのではなかろうか」と推した。この指摘のなかで本論が注目したいのは、柱の脚部が掘立から礎へうつるに際して、建物をまるごとたてかえなくても、柱の脚部だけをとりかえればいい場合があったという点である。

　すなわち、掘立から礎への移行過程は、建物を全部たてかえる場合ばかりではなく、ただ単に柱の脚部をとりかえていくだけの場合もみられた。とりわけ柱の脚部を掘立から礎へと個々にかえていく場合、その建物が構造的に安定であるかぎり、上部の架構をとりかえる必要がない。掘立から礎へのこの種の漸進的な変容は、明治以降、在来の和小屋と外来の洋小屋の二者に溝があったのと対照的である。和小屋は洋小屋へ連続的にうつりえない。しかし、掘立は礎へ徐々にうつりえた。とはいえ、柱の脚部を掘立から礎に一つひとつかえていくとき、建物はどこまで構造的に安定でいられるのか。この点を、梁行二間と梁行四間の掘立棟持柱構造に即して検討する。

　そもそも、掘立柱が自立できるのは、その脚部が地面との接点で固定端とみなされるからである（図2）。この柱からなる建物の場合、貫などの水平材は、構造上、さほど重要でなかった[37]。では、現実には、どの程度の水平材が必要なのか。まず、梁行二間の掘立棟持柱構造を構造図にすると、図3―1になる。部材数が五、支点が固定端で三、節点数が六であるから、二次不静定で安定である[38]。つまり、この単純な構造において、柱の脚部が固定端であるかぎり、水平材が必要でない。このことは、梁行方向ばかりでなく、桁行方向でもおなじである。たとえば、中世後期の京都をえがいた洛中洛外図屛風（町田本）は、桁のない建物を描写する[39]。このことを指摘した伊藤鄭爾は、室町時代のマチヤについて、「町田家本洛中洛外図屛風によると棟持柱をたてている（第42図）。しかしこの構造には不審な点も多く、第一桁がない。出入口が楣式になっているので或いは実際に桁がなかったのであろうか」[40]とのべた。これまでの考察から推すと、桁がないこの構造は掘立柱構造であるかぎり合理的であるから、当該期京都のマチヤに桁が実際になかった可能性はたかい。つぎに、梁行四間の掘立棟持柱構造を構造図にすると図4―1になる。五本の掘立柱が固定端とみなし得るので、四次不静定で安定である。

　そして、柱の脚部が礎にかわり、そ

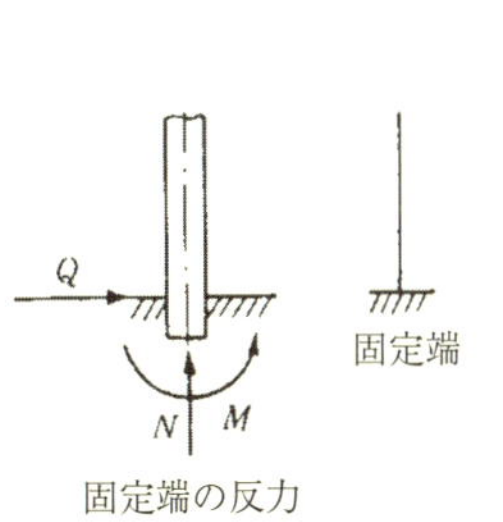


**図2**『建築大辞典』所載の固定端

のすべてが回転端となった場合、その構造は不安定になる。しかし、脚部を固定端とみなし得る柱が一本でものこっているならば、図3―2と図4―2のように、その構造は静定で安定となる。このように、柱の脚部を掘立から礎にかえていく場合、その脚部がすべて礎になれば、その構造体は不安定になる。しかし、一ヶ所でも柱の脚部が固定端とみなし得るかぎり、その構造は安定である（図3―2・図4―2）。

この解釈から想起されるのは、江川家住宅にのこされた生柱である。すなわち、「玄関の背後土間境にたつ生柱《いけばしら》は掘立柱《ほったてばしら》であり、これは前身建物のものであって、現建物の建築にあたって、記念としてのこされたものである。発掘調査の結果、生柱のほか四本の掘立柱の柱根を発見している」(41)。このように、この住宅の前身建物は掘立柱構造で、掘立柱である生柱を一本だけのこしたのは家の継続性を記念するものと理解される。さらに推せば、この掘立柱は、もともとはすべてが掘立であった柱の脚部を徐々に礎へとかえていった過程でのこった最後の柱であったかもしれない。とくに、発掘調査で掘立柱の柱根ばかりでなく礎石や石敷も発見されたこの住宅の場合、柱の脚部が掘立から礎へかえられていく過程で、掘立と礎がまじり、さいごに、この生柱が唯一の掘立柱としてのこされた可能性がある。

先述のように、掘立柱構造の場合、梁行の柱の脚部が一つでも固定端であるかぎり、その他の柱の脚部が回転端となっても、その骨組みは静定で安定である。この意味で、掘立柱の脚部に礎を挿入するという、藤島がききとった作業は、構造的にいっても合理的である。すなわち、もともとは固定端であった柱の脚部を一つひとつ回転端に変更するこの作業は、脚部が固定端となる柱を掘立柱として

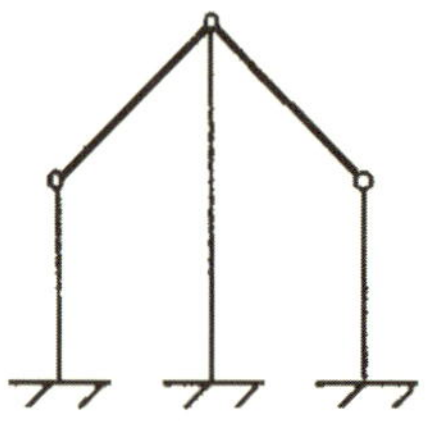

**図3-1**　梁行２間で柱のすべてが掘立柱の構造図（安定・二次不静定）

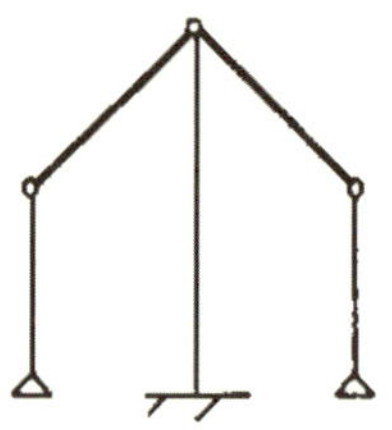

**図3-2**　梁行２間で中柱のみが掘立柱の構造図（安定・静定）

**図3**　梁行２間

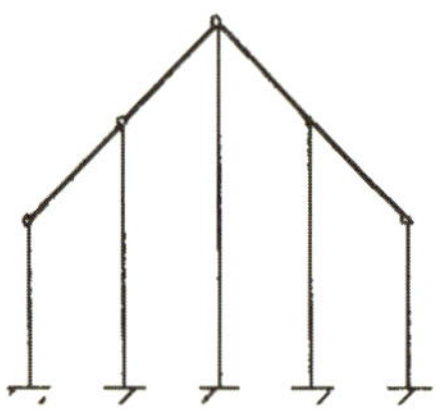

**図4-1**　梁行４間ですべての柱が掘立柱の構造図（安定・四次不静定）

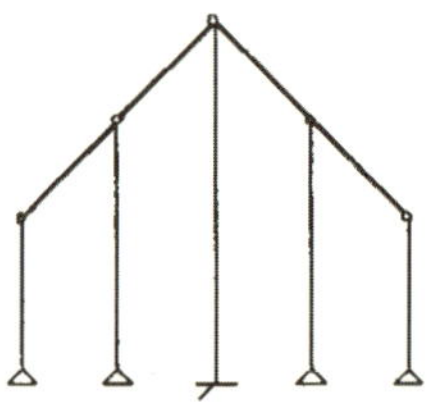

**図4-2**　梁行４間で中柱のみが掘立柱の構造図（安定・静定）

**図4**　梁行４間

一つのこすかぎり、構造物が不安定になる事態をまねかない。ちなみに『邦訳 日葡辞書』には、「Foritate, tçuru, eta. ホリタテ、ツル、テタ（掘り立て、つる、てた）柱を地中にさしこんで建築する」とあるにくわえて、「Foritauoxi, su, oita. ホリタヲシ、ス、イタ（掘り倒し、す、いた）穴を掘って、あるいは、下の方を掘って、木とか家などを倒す」とある。[42] とくに、後者が掘立柱構造の家に対してもちいられるなら、固定端とみなされる柱の脚部を回転端にかえていく作業が想起される。その作業をすべての柱についてすませば、建物は不安定になってたおれるだろう。

## 三—二　棟木をささえる材と棟木

伊勢神宮や仁科神明宮の建物には棟木が二本ある。とくに仁科神明宮本殿は、文献史料から二本の棟木が確認できる。すなわち、延宝四年（一六七六）の造営書に「弐本、同四間壱尺、壱尺三寸角 上棟木」とある。[43] 棟木が二本の建物は民家にもみられる。『山梨県の民家』（一九八二年）[44] を通じてその実例を捕捉する。ここには、民家に関する文献資料と図面資料と写真資料がある。ここから抽出される一五六棟のなかで三七棟に棟持柱がもちいられている。そのうち草葺は三五棟である。さらに、このうち断面図があるものは二四棟である。これらを分類する。まず、棟木が二本か一本か、つぎに、棟木が一本の場合、棟持柱がその棟木を直接ささえるか、それとも直接ささえていないか、でわける。これにより、二四棟は三つにわかれる。すなわち、棟木が二つ存在する棟持柱構造の民家のグループ（表1の18点・図5）、棟木が一つで棟持柱が棟木を直接ささえる構造の民家のグループ（表2の1点・図6）、棟木が一つで棟持柱が棟木を直接ささえない構造の民家のグループ（表2の5点・図7）である。

ここに分類した民家は、棟持柱構造であるが、柱の脚部が礎であった。とはいえ、そもそも柱の脚部が掘立から展開してきたこの構造の場合、柱そのものが自立するため、水平材がなくてもよいので、上屋梁がなくてもよい。上屋梁を必要としない掘立柱構造の場合、軸部と小屋組にわける必要がないばかりか、上屋と下屋にわける必要もない。つまり、上屋梁をもちいない掘立柱構造の場合、軸部と小屋組の関係や上屋と下屋の関係をかんがえなくてもよい。このとき、上屋梁がない掘立柱構造とは掘立の棟持柱構造にほかならない。対して、礎石建の場合、『山梨県の民家』にみられる棟持柱構造もあるが、これらは少数派である。その多数派は、軸部と小屋組を上屋梁がわかち、上屋と下屋を上屋柱がわかつ形である。すなわち、一本の上屋梁と二本の上屋柱にかこわれる部分が軸部であるとともに上屋である。その上に小屋組がのり、その両脇に下屋がつく。柱は礎の上にのるから、その脚部は回転端となるが、上屋柱と上屋梁の接合部は剛節とみなされるから、この構造は安定である。

以上をふまえ、いま、礎石建で上屋梁をもつ近世民家のうち、茅葺民家をかんがえた場合、その小屋組にはオダチ組と扠首組がある。上屋梁の中央にオダチがのって棟木を直接ささえるオダチ組の場合、図6との関連がみえる。対して、扠首組の場合、上屋梁の中央に棟束がのる事例が散見される。この棟束は、二本の扠首の交叉した部分の下でとまっているので、棟木を直接ささえていない。[45] この場合、図7との関連がみえる。

# 四　掘立棟持柱構造からの展開過程

## 四―一　掘立から礎へ

棟持柱構造は、『山梨県の民家』や仁科神明宮本殿にみられるように柱の脚部が礎の場合もあるが、その祖形は掘立であったろう。

**表1**　棟木が二本の棟持柱構造の民家

| | 家名 | 建築年代 | 備考 |
|---|---|---|---|
| 1 | 上野正氏宅 | 17世紀前期 | |
| 2 | 広瀬保旧宅 | 17世紀後期 | |
| 3 | 野村善次郎氏宅 | 17世紀末期 | |
| 4 | 古屋義麿氏宅 | 18世紀初期 | |
| 5 | 広瀬勝氏宅 | 18世紀前期 | |
| 6 | 風間朔太郎氏宅 | 19世紀前期 | |
| 7 | 市川文雄氏宅 | 18世紀前期 | |
| 8 | 坂本勇氏宅 | 18世紀中期 | |
| 9 | 米山金誉氏宅 | 18世紀後期 | |
| 10 | 若月光都氏宅 | 18世紀後期 | |
| 11 | 西川古寿氏宅 | 18世紀後期 | |
| 12 | 高野正根氏宅 | 18世紀後期 | |
| 13 | 池永美千代氏宅 | 18世紀後期 | |
| 14 | 前島映滋氏宅 | 18世紀後期 | |
| 15 | 小泉国晴氏宅 | 18世紀後期 | |
| 16 | 竹井義明氏宅 | 18世紀末期 | |
| 17 | 楠立雄氏宅 | 19世紀初期 | |
| 18 | 荻原孜氏宅 | 19世紀前期 | |

**表2**　棟木が一本の棟持柱構造の民家

| | 家名 | 建築年代 | 備考 |
|---|---|---|---|
| 1 | 樋田公明氏宅 | 17世紀末期 | 間接 |
| 2 | 塚田一作氏宅 | 17世紀末期 | 間接 |
| 3 | 竹川篤氏宅 | 18世紀初期 | 間接 |
| 4 | 桜井健一氏宅 | 18世紀初期 | 間接 |
| 5 | 五味時則氏宅 | 18世紀前期 | 間接 |
| 6 | 中島信次氏宅 | 18世紀中期 | 間接 |

根元が地中にうまる掘立柱は耐久性にかけるため、柱の脚部に礎を挿入したり建物を短い周期でたてかえたりしたであろう。掘立の家が礎の家に移行する時期は、地域によってことなるだろうが、近世にはいってもほとんどが掘立の家であったところもあった[46]。そして、礎の家をまず本百姓といった支配者層が採用しはじめたとき、梁行四間といった規模を対象にしていた、とかんがえられる。とはいえ、掘立から礎への移行は、掘立の家をこわしたあとに、礎の家をあたらしくたてる場合ばかりではなく、柱の腐朽にともない、柱の根元に礎を挿入した場合もあった。この場合、もともとはすべてが掘立であった柱の脚部が、一つひとつ礎にかわっていく。しかし、掘立柱構造の建物は、その支点が固定端であるかぎり、安定とみなすことができるが、柱の根元が腐朽したり柱の脚部が礎にかわったりした場合、その支点はもはや固定端とはいえず、回転端とみなされる。そして、柱の脚部がすべて回転端になった場合、その構造は不安定になる。つまり、掘立から礎への変容は、一足飛びであるほかに、漸進的でもある。漸進的である場合、上部の構造におおきな変更が必要ではない。しかし、柱の脚部をすべて掘立から礎にかえると不安定になるから、掘立柱と礎石建がまじる建物にならざるを得ない。そして、柱の脚部をすべて礎としたければ、いままで掘立柱にたよってきた建物をまるごと更新しなければならないだろう。このとき、柱の脚部が礎になるから、水平材は剛節で垂直材と接合される必要がある。つまり、上屋梁と上

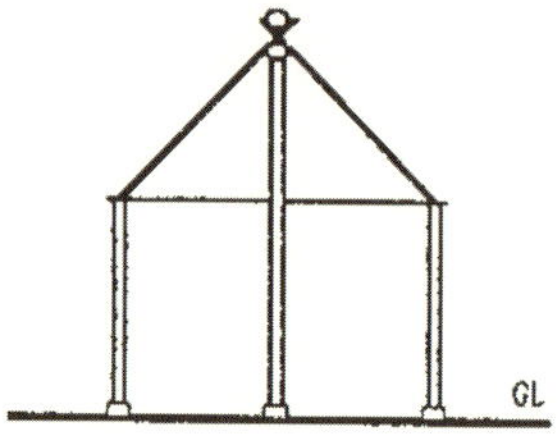


**図5**　棟木が二つ存在する棟持柱構造の民家

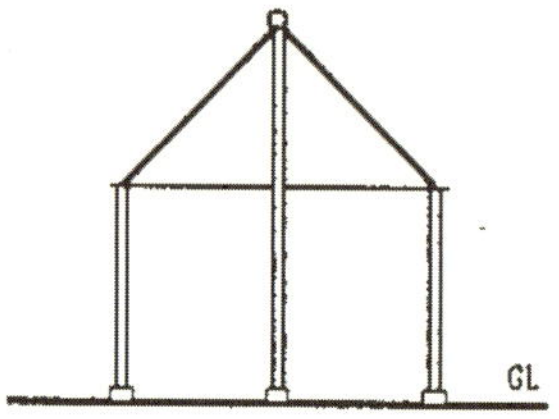


**図6**　棟木が一つで棟持柱が棟木を直接ささえる構造の民家

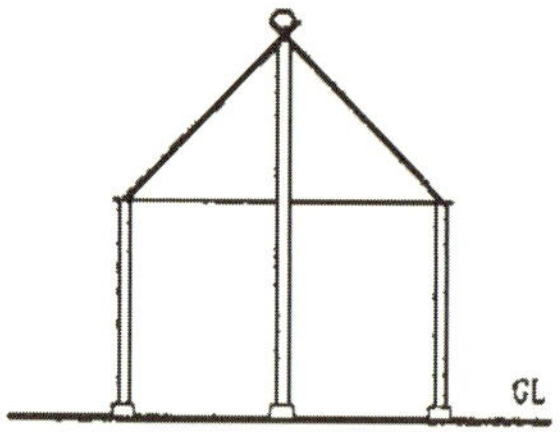


**図7**　棟木が一つで棟持柱が棟木を直接ささえない構造の民家

屋柱の接合は、剛節でなければならない。

ふりかえって、棟持柱構造は、永井の指摘のとおり、梁行二間ないし四間がその祖形になるだろう。梁行四間の棟持柱構造の家が支配者層の建物と想定されるのに対して、梁行二間の棟持柱構造の家はそうではない人々の建物と想定される。梁行二間となるこの零細な建物は、建築遺構としてほとんど確認されていない[47]。しかし、たとえば室町後期を代表とする草戸千軒の場合、梁行二間をしめす柱穴が多数発掘されている[48]。柱穴は掘立柱を示唆する。掘立柱は自立するから上屋梁がなくてもよい架構を示唆する。したがって、草戸千軒の室町後期の遺構面にみられるような梁行二間の柱穴は掘立棟持柱構造を示唆する。これにより、柱の脚部が掘立である梁行二間の棟持柱構造の家々を、民家の原初的な姿のなかの支配的な類型である、と仮定することができる。そして、この類型がある時期まで地域によっては幅ひろく存在していた、とみとおすことがゆるされる。

このように、掘立の棟持柱構造を梁行四間と梁行二間におおきく整理できる。また、棟持柱構造には、掘立の家ばかりではなく、礎の家もあって、ともに棟持柱が棟木を支承していた。のちに、棟持柱構造をやめて軸部と小屋組に分離した形になったとき、なにが棟木を支承するようになったのか。

### 四―二　掘立棟持柱構造から軸部と小屋組の分離へ

『山梨県の民家』で提示された棟持柱構造は、棟持柱が棟木をささえる農家であった。京都のマチヤも、礎の上にのる柱が棟木や母屋を直接ささえるから、棟持柱構造であった。では、ぎゃくに、軸部と小屋組に分離した架構の場合、なにが棟木をささえるのか。茅葺農家に即して、この点を考察する。

茅葺民家は、矩勾配の屋根を基本とし、軸部と小屋組に分離した形が一般的であって、その小屋組はオダチ組か扠首組に大別され、その棟木は二本のものと一本のものがある。棟木が一本の場合、この棟木を棟持柱が直接ささえていた架構（図9）は、その形からしてオダチ組（図10）へ変容した、と想定するのが妥当であろう。このとき、棟木をささえる垂直材は、地面からたちあがる棟持柱から上屋梁の上にのるオダチへとかわった、と想定される。他方、この棟木を棟持柱が間接的にささえていた架構（図11）は、棟束をもつ扠首組（図12）に変容した、と想定される。すなわち、棟持柱が二本の扠首の交叉部を介して棟木をささえていた架構の場合、その架構が軸部と小屋組に分離すると、一本の上屋梁と二本の扠首からなる二等辺三角形がトラスを形づくるとともに、この三角形の垂線の位置に垂直材が棟束としてのこる。この棟束は、小屋組のなかに棟持柱構造の名残をとどめたものといえる[49]。

くわえて、一本の棟木を棟持柱が直接ささえた架構は、オダチ組へ変容し得るとしても、オダチ組が扠首組に変容するのは、かなりむずかしい、といえる。『京都府の民家』の第二冊と第四冊は、オダチと扠首がまじる架構の具体例を紹介し[50]、オダチ組から扠首組への変容過程もしめす（図8）[51]。この変容過程において、オダチ組（Aタイプ）は棟木が二本ある架構をへて扠首組（Dタイプ）に移行し、BタイプとCタイプが「過渡的な形式」とされる。しかし、この場合、AタイプからDタイプへうつるには、棟木が二本あるBタイプおよびオダチと扠首の柱筋がことなるCタイプをへなければならない。これらの点からして、オダチ組から扠首組への移行は、容易でない。ぎゃくに、二本の扠首の交叉部を介して一本の棟木を棟持柱が間接的にささえる形（図11）は、棟木を棟持柱が直接ささえる形（図9）よりも、はるかにたやすく棟束のない扠首組（静定トラス）へ移行し得る。すなわち、この架構の場合、軸部と小屋組に分離したときに、かつての棟持柱の上部を、上屋梁にのる棟束として、扠首組のなかにのこし（図12）、さらに、その棟束を小屋組の中からとりさることも可能なので、静定トラスの扠首組（図8Dタイプ）へ容易に移行できる。

対して、棟木を棟持柱が直接ささえる場合（図9）、軸部と小屋組に分離すれば、オダチ組へ容易に移行できる（図10、図8Aタイプ）。しかし、オダチ組から静定トラスへの移行は、BタイプとCタイプのようなオダチに扠首がまじる過渡的な小屋組を介さなければならないので、むずかしい。この「過渡的な形式」がとりわけオダチ組の先進地域でおおくみられたのである。

## 四―三　掘立棟持柱構造からの展開

本論は、棟持柱構造を祖形とする見方が民家に対してひろく妥当する可能性をしめしてきた。このとき、棟持柱構造を祖形とする民家の展開過程を想定すると、以下になろう。

第一、梁行二間の掘立柱構造で中柱が棟木をささえるものが支配的であった。第二、掘立柱構造が礎石建へ移行する姿には二通りあった。掘立の家から礎の家へと建物をまるごとたてかえるドラスティックな変容、および柱の脚部を一つひとつ掘立から礎にかえていく漸進的な変容である。後者の場合、掘立の柱に礎の柱が徐々にまじる形になる。第三に、民家は、中世から近世にかけて、柱の脚

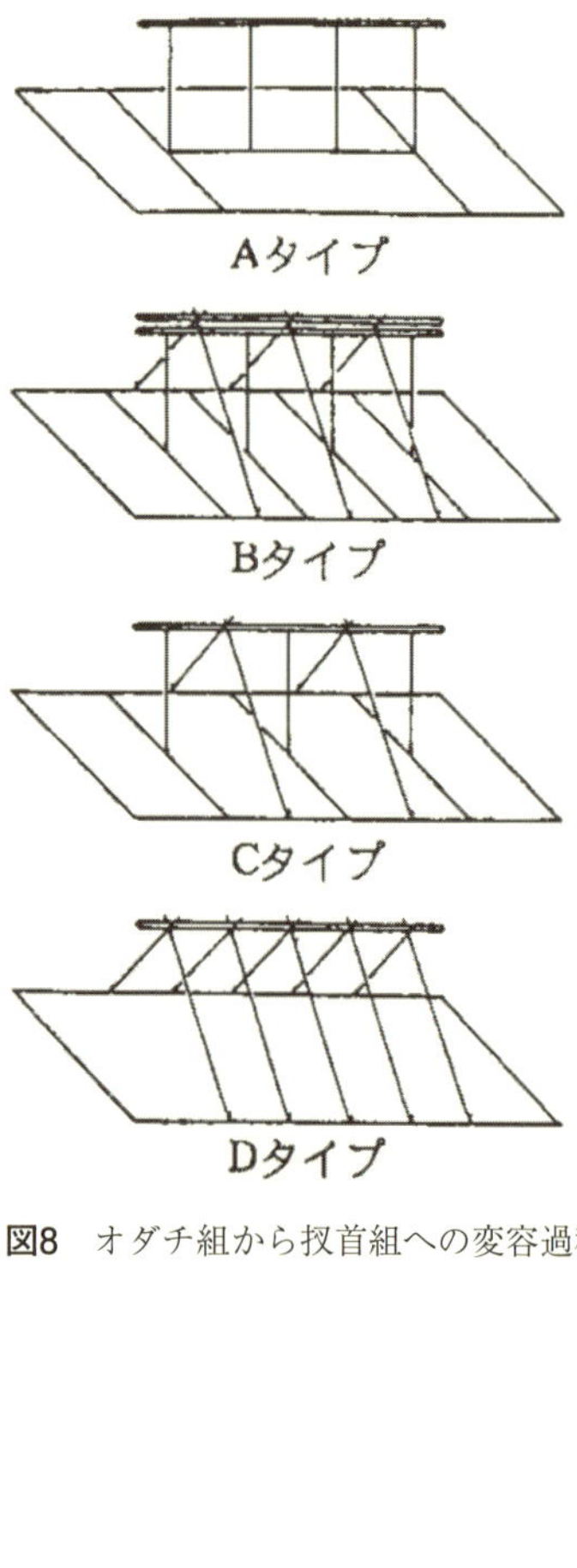


**図8**　オダチ組から扠首組への変容過程

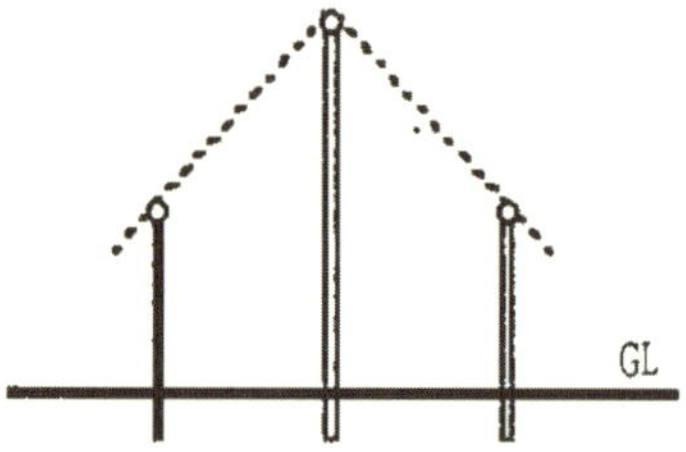


**図9**　棟持柱をもつ小屋組の模式図（のちにオダチ組へ移行）

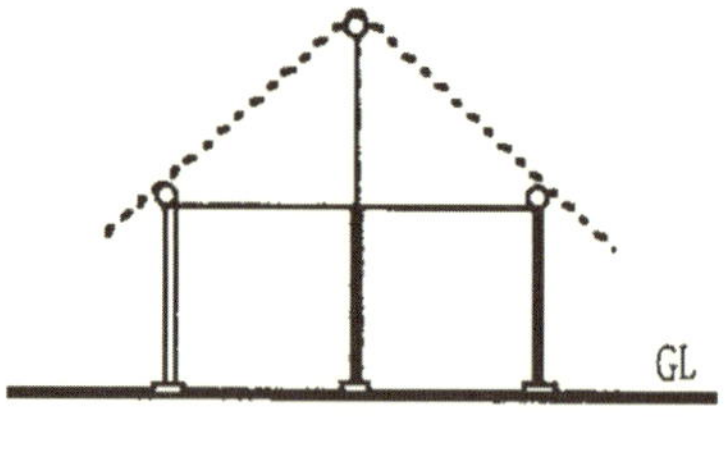


**図10**　礎石建へ移行後のオダチ組の模式図

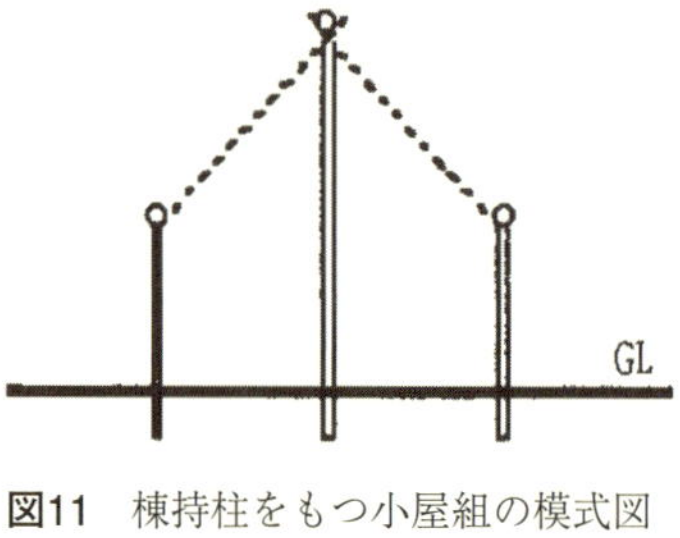


**図11**　棟持柱をもつ小屋組の模式図（のちに扠首組へ移行）

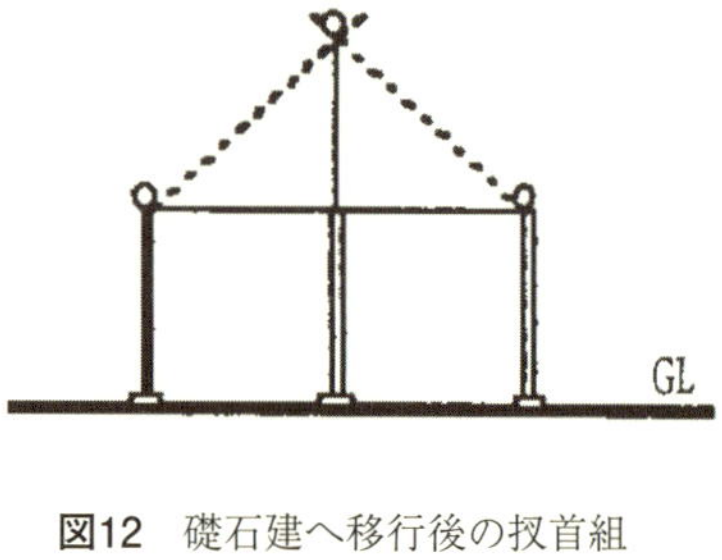


**図12**　礎石建へ移行後の扠首組の模式図

**図9～図12の凡例**　点線：垂木・扠首、シングルライン：オダチ・棟束・梁、ダブルライン：柱、長方形（柱下）：礎石、白丸：棟木・桁

部をすべて礎とする建物へたてかえられていった。第四、掘立柱構造のふるい建物をこわして礎石建のあたらしい建物をたてる場合、建物の規模の拡大がなされる場合となされない場合がある。第五、建物には棟木が二本のものと一本のものがあった。棟木が一本の場合、棟木のささえ方には二通りあった。棟持柱が棟木を直接ささえていた架構（図9）は、その後、オダチ組（図10）へと展開していった、と想定される。二本の扠首の交叉部を介して棟木を棟持柱が間接的にささえていた架構（図11）は、その後、棟束をもつ扠首組（図12）へと展開していった、と想定される。

## 五　農家とマチヤ―ウダツがあがらない―

### 五―一　農家のウダツ

オダチは、ウダツの転訛であった。ウダツは、上屋梁にのる棟束ないし棟持柱そのもので、棟木をささえる垂直材であった。このウダツがあがる、あるいは、あがらない、とはどういう意味であったか。従来、もっぱら屋根の妻壁の上にみえる屋境に即してこのことが説明されてきた。しかし、ウダツは原初的には棟木をささえる材をさすから、この説明は語源にもとづいていない[52]。

ウダツが原初的に棟木をささえる材であるならば、ウダツがあがるとは、棟木をささえていた材が、掘立の棟持柱であった状態（図9・図11）から、上屋梁にのったオダチないし棟束（図10・図12）へ移行することを意味していたのではないか。すなわち、地面から棟木を直接ささえていた姿から、上屋梁にのって棟木をささえる姿へ移行したことを、このことは意味していたのではないか。

梁行二間の掘立棟持柱構造は、考古学的発掘で発見されたり絵画史料に散見されたりするものの、安曇村の山中の鈴蘭小屋付近の畑中で石原が実見した「叉小屋」をその実例にあげることができるくらいである[53]。これからして、梁行二間の掘立棟持柱構造は、すこぶる耐久性にかけるのこりにくい建物で、時代がくだれば、住宅としても、つかわれなくなっていた、といえる。この種の零細で粗末な建物は、中世後期から近世にかけて、礎石建となって、規模が拡大し、その大半は、軸部と小屋組が分離した形になった。この想定にもとづけば、棟木を支承する材は、地面からたちあがる棟持柱から上屋梁の上にのる垂直材に移動しているから、このときウダツは確実にあがっている。対して、梁行二間の掘立柱構造のままでは、その中柱も地面からたちあがる棟持柱のままなので、棟木をささえる材は上屋梁の上にはけっしてあがることがない。ウダツがあがらないとはこの状態をさしていたのではないか。

石原憲治は、ウダツヤが人前ではあまり口にしないような下等な建物を意味していたという点を記録している[54]。ウダツがあがるという表現に前向きの意味あいがふくまれていた点からすると、石原の指摘は意外な感じがする。しかし、ウダツヤが梁行二間の妻壁をささえる三本の掘立柱のうち、その中柱が棟木をささえていた小規模建造物だとするならば、ウダツを口にもだすことができなかった心情を察することができる。ウダツは、掘立の棟持柱のままであるかぎり、耐久性にかける粗末で小さい建物を意味した。このかぎりにおいて、ウダツは、建築的にも社会的にもあがらない。対して、掘立から礎へうつり、規模が拡大し、軸部と小屋組にわかれた結果、ウダツが上屋梁の上にのるならば、それはまさに文字通りウダツがあがるという状態をさしていたであろう。

## 五―二　マチヤのウダツ

では、草屋根より緩勾配となる板屋根から展開したマチヤのうち、とくに京都のマチヤに即してウダツを考察する。先述のごとく、室町時代にウダツは、マチヤにおいても棟持柱そのものをさしていた、とかんがえられる。しかし、近世にはいると、マチヤの場合、ウダツは、棟持柱といった棟木を支承する材より、むしろ、屋根の妻面にみえる屋境として解釈された。その歴史的背景をここで考察する。

まず、京都のマチヤに関して、以下の四点を確認したい。一六世紀の洛中洛外図屏風と一七世紀の洛中洛外図屏風を比較したとき、あきらかにことなる形がマチヤの外観にみられる。第一、一六世紀の屏風では、マチヤの屋根に屋境としてのウダツがあったりなかったりする。対して、一七世紀の屏風では、そこに屋境としてのウダツがかならずある。第二、一六世紀の屏風では、マチヤの外壁は真壁になっていて柱がみえる。対して、一七世紀の屏風では、マチヤの外壁は大壁になっていて柱がみえない。第三、一六世紀の屏風では、マチヤの妻面は三本の柱からなる梁行二間である。そのうち、中柱は地面から棟木を直接ささえている。対して、一七世紀の屏風では、柱がみえないものの、田中吉太郎家文書などから推して、妻面の柱は棟木ないし母屋を地面から直接ささえている(55)。第四、一六世紀の屏風では、柱の脚部に礎がみられないので、掘立と想定することができる。また、考古学的発掘資料から推しても、当該期のマチヤは掘立柱構造であった、と推断される(56)。対して、一七世紀の屏風からマチヤの柱の脚部がなにであるかは判定することができない。しかし、京都のマチヤはその遺構が礎石建であるから、掘立から礎へある時期に移行した、といえる。

以上を通じて注目すべき事柄は、京都のマチヤが、礎石建になったものの、軸部と小屋組に分離することなく、棟持柱構造のままであった点である。近世京都のマチヤのこの姿は、『山梨県の民家』ににるが、軸部と小屋組に分離した形の近世民家とことなる。京都のマチヤの場合、近世にはいってから外壁が真壁から大壁にかわった点に構造的な解決があったのではないか。すなわち、柱の脚部が掘立から礎にかわれば不安定な構造にならざるを得ないが、外壁を大壁にすればその壁は耐力壁とみなされるから構造上の弱点は解消される。

くわえて、京都のマチヤの場合、以下の背景を考慮したい。京都では、天正一九年（一五九一）九月の洛中地子免許をへて、その中心域である洛中から寺社本所といった旧来の都市領主が排除された。その結果、マチヤの持主は、都市領主を介することなく公権力に直接支配されることになったが、同時に、一個の家持として旧来の領主的支配から放たれた町人身分に位置づけられた。一七世紀の洛中洛外図屏風がことごとく屋境としてのウダツをマチヤの屋根の上にえがくのは、洛中地子免許をへて析出された町人身分たる家持層を建築形態として表徴するためであったろう(57)。このとき、屋根の上にある一対のウダツは町人足役（後の軒役）を負担する家をあらわすことになる(58)。この家に一人の家持がいた。

すなわち、洛中地子免許を介して析出された町人という身分は、屋根の妻面にのる屋境をその自立の証として表徴していた。軸部と小屋組にわかれていない京都のマチヤの場合、このことが、とりわけ天正一九年をくだる近世において、「ウダツがあがる」ことにふくまれた前向きの意味あいになっていった、とかんがえられる。

## 五—三　ウダツの源流と展開

以上、農家とマチヤについて、ウダツを考察した。ウダツは原初的には棟木を支承する材を意味していたから、農家の場合、茅葺農家に即していえば、この材が地面から上屋梁の上にあがることが「ウダツがあがる」ことのそもそもの意味ではなかったか。このとき、柱の脚部が掘立から礎になり、おおくはその内部が軸部と小屋組に分離した。建物をこのようにかえることができたのは力のある人々であったろうから、「ウダツがあがる」とはおそらく社会的に地位がたかいことを意味した。これとは逆に掘立の棟持柱構造のままでありつづけざるをえないことは、「ウダツがあがらない」という状態をしめしていた。対して、マチヤの場合、ウダツは屋根の妻壁の上にのる屋境との意味がつよい。このウダツが、京都の場合、一七世紀になると、各家にことごとくみられるようになる。この変化は、京都のマチヤの家持が、町人という身分をえたことによるとともに、町人足役（後の軒役）の負担者としても公儀から確定されたことによる。身分制が確立された近世にはいり、都市が農村から区別された結果、都市においてウダツは、棟木をささえる材という意味から派生して、屋境という意味にうつっていった。屋境としてのウダツは公儀がさだめるにいたった個々の町人身分を形として外にあらわした。とくに、隣家と壁を共有する棟割長屋[59]のなかの個々の家持を外にしめした。と同時に、このウダツの一対が町人足役（後の軒役）を個々の家持に対して棟別で賦課するうえでの最小単位をあらわした[60]。

## 六　総　括

民家の祖形に棟持柱構造を想定した本論は、その論点が中世後期から近世にかけてのわが国に対してひろく妥当することを検証してきた。とりわけ、掘立の棟持柱をもつ建物には梁行二間と梁行四間が想定された。梁行四間のものは、支配者層の建物と想定され、のちに礎石建へと移行し、おおくの場合、軸部と小屋組に分離した。この場合、棟木をささえていた材は、オダチないし棟束として小屋組の中にのこった。このとき、地面から棟木をささえていた材が上屋梁の上にのるので、ウダツはあがった、といえる。

梁行二間のものは、支配者層以外の人々の家で、数のうえではおおくをしめており、そのうち、近世にはいっても梁行二間で掘立の棟持柱構造のままのものもみられた。その第一の例は、小住宅としてのウダツヤである。これは、さらに時代がくだれば、人があまり口にしない下等な建物を意味したが、中世後期には無数にみられた形ではなかったか。その第二の例は、中世後期京都のマチヤである。梁行二間の掘立棟持柱構造であったこの建物は、のちに掘立柱構造から脱皮し、礎石建の棟持柱構造となったが、大壁となった妻壁が耐力壁として機能した。この壁が隣家との境にあった。その中に棟持柱があった。その壁が屋根の上にたちあがることで、屋境が外からでもみえるようになった。町人身分とその身分に対する賦課が確定された一六世紀末以降、その屋根の妻壁の上にでた屋境をウダツととらえ、それが外からみえることが「ウダツがあがる」と解釈された。すなわち、京都のマチヤの家持層は、洛中地子免許を介して、直轄支配をほどこす公儀に対して、町人足役を直接負担するようになったものの、旧来の都市領主からの支配をはなれた家持として自立した。

## 七　結　論

以上にみた展開過程において、農家もマチヤもともにその大半は梁行二間の掘立棟持柱構造から出発していた。ゆえに、農家とマチヤともに、さかのぼれば、そのおおくは、柱の脚部が掘立で中柱が棟木を地面から直接ささえる梁行二間を原形にしていた。すなわち、梁行二間の掘立棟持柱構造は、日本の民家の支配的な源流である。

参考文献および註

(1) 京都府教育庁文化財保護課編『京都府の民家　調査報告　第七冊―昭和48年度京都府民家緊急調査報告―』(京都府教育委員会、一九七五年)

(2) 畑智弥・土本俊和「京都の町屋における軸部と小屋組」(『日本建築学会計画系論文集』五一三、二五九―二六六頁、一九九八年)、各論A京都1同「京都のマチヤにおける軸部と小屋組」

(3) 遠藤由樹・土本俊和・吉澤政己・和田勝・西山マルセーロ、笹川明「信州の茅葺民家にみる棟束の建築的意義」(『日本建築学会計画系論文集』五三二、二一五―二二二頁、二〇〇〇年六月)、各論B信州1同「同」

(4) 彰国社編『建築大辞典　第二版〈普及版〉』(彰国社、一九九三年)一六二三―一六二四頁引用

(5) 『邦訳　日葡辞書』(岩波書店、一九八〇年)四三二頁引用

(6) 日本建築学会民家語彙集録部会編『日本民家語彙解説辞典』(日本アソシエーツ、一九九三年)七二七頁引用

(7) 「江戸名所図屏風」〈左隻第4扇〉(『国史大辞典　第七巻』吉川弘文館、一九八六年、別刷図版・職人・図1)の建設中のマチヤ、および安政二年(一八五五)・瓦版「江戸大地震出火次第」(『国史大辞典　第二巻』同、一九八〇年、三二八頁／大地震状況図安政二年一〇月『国史大辞典　第三巻』別刷図版・瓦版・図7)の倒壊していない建物に棟持柱がみえる。

(8) 笠松宏至・佐藤進一・百瀬今朝雄『中世政治社会思想　下』(岩波書店、一九八一年)二四〇頁引用、伊藤裕久『中世集落の空間構造―物的結合と住居集合の歴史的展開―』(生活史研究所、一九九二年)三九頁および伊藤鄭爾『中世住居史〔第二版〕』(東京大学出版会、一九五八年)一三四頁参照

(9) 川島宙次『滅びゆく民家―間取り・構造・内部―』(主婦と生活社、一九七三年)一〇二頁引用

(10) 石原憲治『日本農民建築の研究』(南洋堂書店、一九七六年)五二頁引用

(11) 註10前掲・石原『日本農民建築の研究』五二―五四頁引用

(12) 註4前掲『建築大辞典』一二八頁引用

(13) 長野県編『長野県史　近世資料編　第三巻　南信地方』(長野県史刊行会、一九七五年)四九七―四九八頁参照

(14) 石原憲治『日本農民建築　第五輯(北陸、中部Ｉ)』(南洋堂書店、一九七三年)一九四頁引用

(15) 註4前掲『建築大辞典』一二八頁引用。なお、『鼠の夜噺』は日本経済叢書刊行会編纂『通俗経済文庫巻十』(同会発行、一九一七年)所収。三一三―三一八頁、

(16) 柳田国男・山口貞夫共編『居住習俗語彙』(国書刊行会、一九七五年)八六頁引用

(17) 註4前掲『建築大辞典』二〇七頁引用

(18) 註9前掲・川島『滅びゆく民家』一〇二頁引用
(19) 飯山市誌編纂専門委員会編『飯山市誌 歴史編 上』（飯山市、一九九三年）八一一―八二二頁（吉澤政己執筆部分）参照
(20) 註4前掲『建築大辞典』一〇〇七頁引用
(21) 註6前掲『日本民家語彙解説辞典』七二七頁引用
(22) 宮澤智士『日本列島民家史 技術の発達と地方色の成立』（住まいの図書館出版局、一九八九年）二六―三四頁参照
(23) 「東筑摩郡では一名をケミヤといひ、外に在つて別棟をなすものを裏のケミヤ、家の一区画をなすものを表のケミヤといふ者もあつて、共に今では物置としか解せられて居ない」（註16前掲『居住習俗語彙』四四頁引用）。
(24) 註14前掲・石原『日本農民建築 第五輯』一九二一―一九六頁参照
(25) 註16前掲『居住習俗語彙』二七五頁引用
(26) 『古辞類苑普及版 居處部』（吉川弘文館、一九八四年）九七一頁、岩本由輝「棁と沽券」（『家・屋敷地と霊・呪術［シリーズ比較家族6］』早稲田大学出版部、一一八―一二三頁、一九九六年）、太田博太郎「「うだち」について」（太田博太郎『日本建築の特質 日本建築史論集I』岩波書店、四六一―四七二頁、一九八三年）参照。なお、太田は、「東（ウダチ）構造と叉首構造とが、もとは別の系統であったと推測し」、社寺建築を大別し、「寺院建築や民家は本来叉首構造であった」と推定している（太田『同』四七一頁）。本論の立場からすると、民家の場合、両者は棟持柱構造として同系統である。
(27) 註10前掲・石原『日本農民建築の研究』五二頁引用
(28) 註10前掲・石原『日本農民建築の研究』五四頁引用
(29) 『風土記 日本古典文学大系2』（岩波書店、一九五八年）五四―五七頁参照
(30) 註26前掲・岩本「棁と沽券」参照。なお、岩本は、「建築部材としての棁と構造体としての棁とは別のものという判断を下すことはできないのではなかろうか」（岩本「同」一二二頁）としており、本論も同感である。
(31) たとえば『日本民俗大事典』（吉川弘文館、一九九九年）一六八頁参照
(32) 註8前掲・伊藤『中世住居史［第二版］』一九九―二〇〇頁引用。なおこの論点は、「ウダツをあげた中世の町屋」（伊藤ていじ『民家は生きてきた』美術出版社、二一九―二二〇頁、一九六三年）に承け継がれている。
(33) 註5前掲『邦訳 日葡辞書』二六四頁
(34) 註5前掲『邦訳 日葡辞書』三四九頁
(35) 宮澤智士「近世民家の地域的特色」（永原慶二・山口啓二代表編集『講座・日本技術の社会史 第七巻 建築』日本評論社、一五一―一八二頁、一九八三年）
(36) 藤島亥治郎「江戸時代民家の文献的研究―特に信濃佐久の民家について―」（『建築史研究』一四、一一―二六頁、一九五四年）、以下の引用はともに一二頁より。
(37) 註35前掲・宮澤「近世民家の地域的特色」一五五頁参照
(38) 武藤清ほか『大学課程 建築構造力学』（オーム社、一九七八年）四九―五一頁参照
(39) 註8前掲・伊藤『中世住居史［第二版］』一九二頁・第四二図参照
(40) 註8前掲・伊藤『中世住居史［第二版］』一九一頁引用
(41) 宮澤智士編『日本の民家 第2巻 農家II 中部』（学習研究社、一九八〇年）一八〇―一八三頁、重要文化財江川家住宅修理委員会編『重要文化財江川家住宅修理工事報告書』（重要文化財江川家住宅修理委員会、一九六三年）参照
(42) 註5前掲『邦訳 日葡辞書』二六四頁引用

(43) 太田博太郎「仁科神明宮本殿 同中門」(長野県『長野県史 美術建築資料編 全一巻（二）建築』長野県史刊行会、一〇六―一〇七頁、一九九〇年)

(44) 関口欣也執筆・山梨県教育委員会編『山梨県の民家』(山梨県教育委員会、一九八二年)

(45) 註3前掲・遠藤ほか「信州の茅葺民家にみる棟束の建築的意義」でのべた。

(46) 竹内治利「承応家別人別帳からみた佐久地方」(『信濃』Ⅲ―三―五、三〇九―三一六頁、一九五一年)、註35前掲・藤島「江戸時代民家の文献的研究」、羽柴直人「岩手県平泉町における近世掘立柱民家について―泉屋遺跡、志羅山遺跡の事例を中心に―」(『(財)岩手県文化振興事業団 埋蔵文化財センター紀要』一七、四一―六〇頁、一九九七年)等を参照した。

(47) たとえば、前掲14・石原憲治『日本農民建築 第五輯』一九六頁に、石原が実見した丸太の掘立の棟持柱をもつ建物が記録されている。

(48) 広島県草戸千軒町遺跡調査研究所『草戸千軒町遺跡調査報告Ⅴ―中世瀬戸内の集落遺跡―』(広島考古学研究会、一九九六年)参照。なお、この点など、岩本正二氏から直接御教示をうける機会をえた。

(49) 註3前掲・遠藤ほか「信州の茅葺民家にみる棟束の建築的意義」

(50) 京都府教育庁文化財保護課編『京都府の民家 調査報告 第二冊』(京都府教育委員会、一九六七年)三五―四〇頁および『京都府の民家 調査報告 第四冊』(京都府教育委員会、一九六八年)三〇頁参照。

(51) 註50前掲・京都府教育庁文化財保護課編『京都府の民家 調査報告 第二冊』四〇頁・挿図一三引用

(52) 語源に即さないウダツの研究は、三田克彦「卯建の起源とその変遷に就て」(『東洋建築』二―二、一〇五―一一二頁、一九三八年)からみえる。

(53) 前掲14・石原『日本農民建築 第五輯』一九六頁参照

(54) 前掲14・石原『日本農民建築 第五輯』一九四頁参照

(55) 註2前掲・畑ほか「京都の町屋における軸部と小屋組」にてすでにのべた。

(56) たとえば、近江八幡城下町では、「為心町地先で、天正期の掘立柱建物の一部と想定される柱穴列が町割りの現地割りに平行して検出された」(岩崎直也「八幡城の空間構成」『日本歴史』五五七、一〇二―一一〇頁、一九九四年)一一〇頁引用。また、松本城下町の伊勢町では、「第5検出面の遺構（17世紀前半）」で「掘立柱建物址1」が検出され、「第6検出面の遺構（16世紀末）」でも「掘立柱建物址1（柱穴4）」が検出され、その「建物址のP92には、柱材がそのまま遺存していた」(松本市教育委員会『松本市文化財調査報告』一二九、一九九七年)六―七頁引用。

(57) 土本俊和「近世京都にみる「町なみ」生成の歴史的前提」(『日本建築学会計画系論文集』四七九、二〇七―二一五頁、一九九六年)、土本俊和『中近世都市形態史論』(中央公論美術出版、二〇〇三年)所収

(58) 土本俊和「地子と地租の間―近世京都の賦課形態における町人足役の位置―」(『建築史学』三三、一一〇―一三四頁、一九九九年)、註57前掲・土本『中近世都市形態史論』所収

(59) 土本俊和「織豊期京都の小屋と町屋―棟割長屋を原型とする短冊形地割の形成過程―」(『建築史学』三一、八三―一一二頁、一九九八年、註57前掲・土本『中近世都市形態史論』所収)を参照されたい。

(60) 土本俊和「洛中地子赦免と町屋―建物先行型による短冊形地割の形成過程―」(『建築史学』二七、四―七五頁、一九九六年、註57前掲・土本『中近世都市形態史論』所収)にて指摘した。

初出　二〇〇〇年八月　土本俊和・遠藤由樹

補記1　総論4「掘立から礎へ」は、二〇〇〇年八月の初出後、浅川滋男・箱崎和久編『埋もれた中近世の住まい』（同成社、二〇〇一年）にとりあげられた。そこでうけた講評に対しては、総論6「棟持柱構造から軸部・小屋組構造への展開過程」（二〇〇二年六月初出）の冒頭でこたえた。

補記2　総論4「掘立から礎へ」では、「一六世紀の屏風では、柱の脚部に礎がみられないので、掘立と想定できる」（五八頁）とした。総論5「日本民家の架構法」（二〇〇一年七月初出）においても、柱の脚部を掘立と礎の二者でとらえた。しかし、その後の研究で、町田本（歴博甲本）や東博模本などの洛中洛外図屏風から、当該期の京都では、マチヤの柱の脚部には、掘立や礎のほかに、沓石《くついし》や土台がすえられている場合を想定すべきである、とした。この点に関する詳細は、各論A京都3「京マチヤの原形ならびに形態生成」、各論A京都4「京マチヤの原形・変容・伝播」（二〇〇八年三月初出）、考察7「土台と棟持柱—中世後期から近世にいたる土台をもつ棟持柱構造の系譜—」（本書初出）などを参照されたい。

補記3　総論4「掘立から礎へ」が言及したウダツに関しては、その後、その成立過程を究明することができ、土本俊和「総論4　ウダツ」（同『中近世都市形態史論』中央公論美術出版、二〇〇三年、同年初出）にしるした。この知見をふまえて、さらにその後、京マチヤの成立過程を究明することができ、各論A京都3「京マチヤの原形ならびに形態生成」（二〇〇七年二月初出）にしるした。

補記4　石田家住宅（四六頁、図一—一）については、京都府教育庁指導部文化財保護課編『重要文化財 石田家住宅修理工事報告書』京都府教育委員会（一九七五年初出）がある。また、鈴木家住宅（重要文化財、五〇頁）については、文化財建造物保存技術協会編『重要文化財 鈴木家住宅修理工事報告書』重要文化財鈴木家住宅修理委員会（一九八二年初出）がある。

# 総論5　日本民家の架構法

## 一　はじめに

木造建築は、概して二種類の構造に分類される。ひとつは、壁式構造であり、もうひとつは、骨組構造である。後者は、ほかの言葉であらわすならば、木造軸組構造である。木造建築史の初期段階においては、針葉樹のようにまっすぐな木材は壁式構造に適するが、広葉樹のような屈曲した木材は軸組構造に適していた、とされている。壁式構造は針葉樹が入手しやすいヨーロッパの北部においてみられるが、軸組構造は広葉樹が入手しやすいヨーロッパの中部から南部においてみることができる。日本の場合、針葉樹も広葉樹も両方あるが、木造軸組構造がよくみられる。これは、日本の木造建築の主流が壁式構造ではなく、軸組構造であることを意味している。日本の木造建築は、どのように形づくられたのだろうか。

## 二　構造の変化

日本の木造家屋の形成過程を理解するために、三つの構造の変化を以下に端的にしめす。第一に柱脚部、第二に軸部、第三に小屋組である。

### 二—一　柱脚部の変化—固定端または回転端

日本の木造家屋は軸組構造であり、二種類の柱脚部で構成される（図1）。ひとつは、柱脚部が固定端の場合（図1—1）、そして、もうひとつは、回転端の場合である（図1—2）。固定端の柱脚部は掘立とよばれており、穴をほり、そこに直立する柱を意味する。回転端の柱の脚部は礎とよばれ、石の基礎の上に柱をたてることを意味する。

掘立の場合、柱が穴から直立しており、柱脚部の底は固定されている（図1—1）。一方、礎の場合、柱は地面におかれた礎石の上にたてられる。掘立構造は伊勢神宮のような日本古来の建物にみられ、礎構造は法隆寺のような大陸由来の建築にみられる。礎構造は、大陸から日本に仏教が伝来してからみられるようになった。いいかえれば、掘立柱は仏教の伝来前から存在していた。いくつかの支配者層の建築やほとんどすべての宗教建築は、礎の柱脚部でたてられ

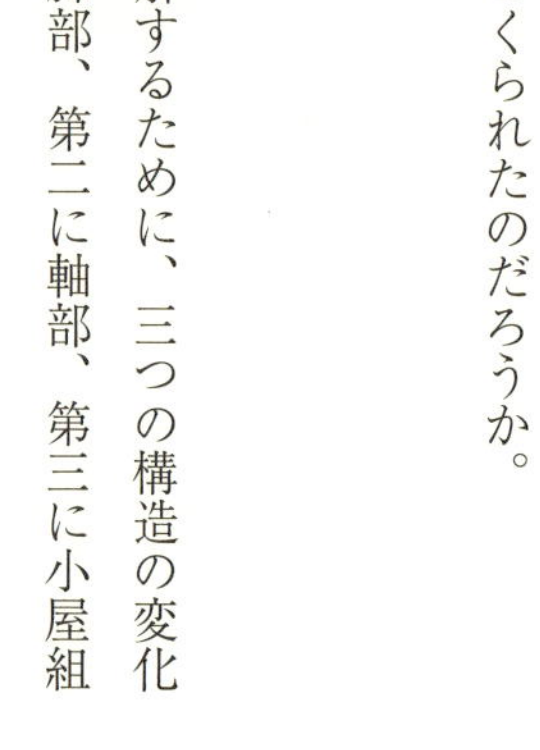


図1　柱脚部の変化（固定端または回転端）

ている。しかし、伊勢神宮は、一四〇〇年の間、二〇年間隔で改修がおこなわれ、固定端である掘立の方式がかわることは、けっしてなかった。さらにつけくわえると、日本古来の建物のほとんどは、掘立の固定端である柱を維持してきた。

中世末期から近世初期までの間に、このような日本古来の建物は、礎の柱脚部にかわっていった。どのように変容していったのか、その過程についてのべていく。

## 二―二　軸部の種類

さきにのべたように、日本の歴史的な建物の柱脚部は掘立と礎によって構成されるが、その上部構造もまた、二つの構造にわけられる（図2）。

まず、軸部と小屋組に分離していない棟持柱構造がある。そして、軸部と小屋組が分離している軸部・小屋組構造がある。棟持柱構造の場合、棟木は、中柱によって、ささえられている（図2―1）。日本において、この柱は棟持柱とよばれている。一方、軸部・小屋組構造の場合、棟木は、小屋梁の上の束によって、ささえられている（図2―2）。日本において、この束は、オダチまたは棟束とよばれている。

現存する、日本の歴史的な建物のほとんどが、軸部・小屋組構造であることは、すでにあきらかにされている。しかし、いくつかの絵画史料と考古学的な発掘資料から、近世初期の建物は、固定された柱脚部であり、軸部と小屋組に分離していなかったことがわかる。

日本古来の建築は、掘立の柱脚部と棟持柱構造から、礎の柱脚部と軸部・小屋組構造へ移行した、と結論づけられている。注目すべきは、どのようにその移行がおこりえたのか、という点である。

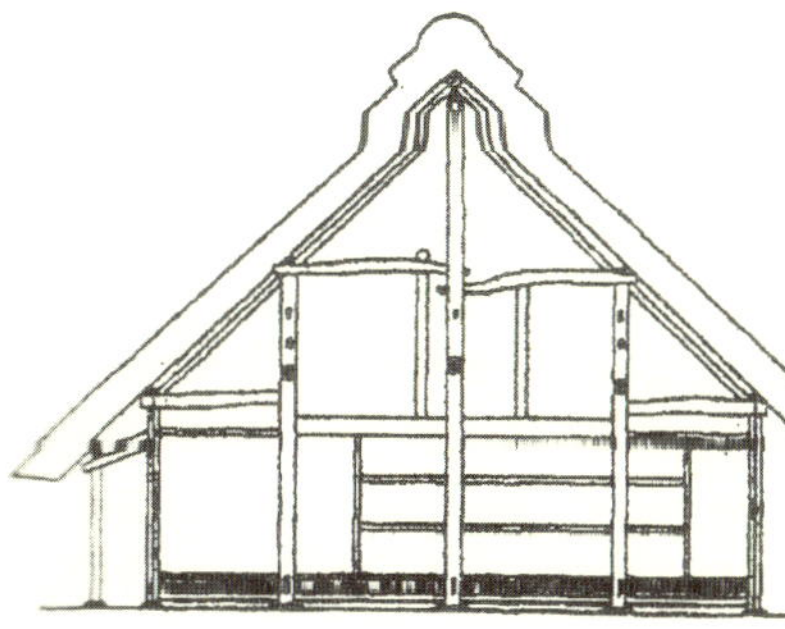

**図2-1**　上部構造が分離していない例

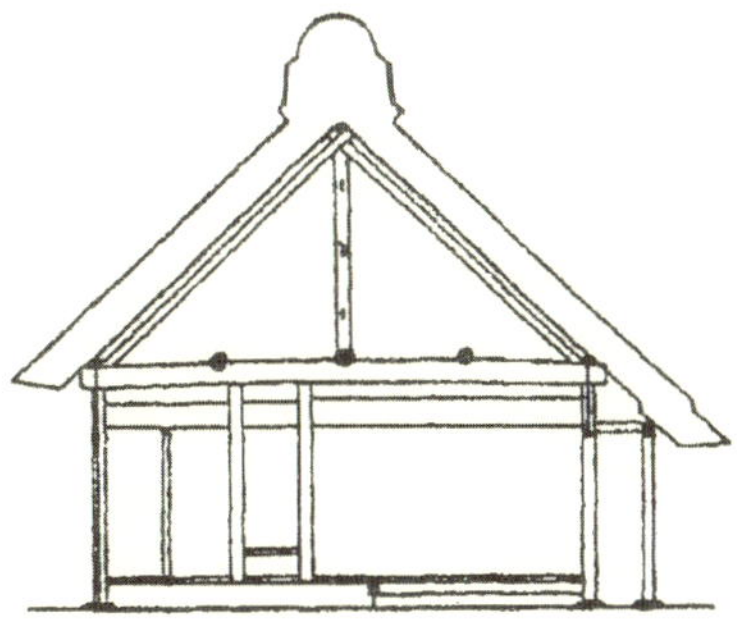

**図2-2**　上部構造が分離している例

**図2**　上部構造の種類

## 二―三　小屋組の種類

### （一）棟木のささえ方

日本の歴史的建物の棟木のささえ方は、三種類に分類することができる（図3）。第一と第二は、一つの棟木をもち、第三は、二つの棟木をもつ。第一の形式では、中柱が棟木をささえ、垂木は棟木と側柱によってささえられる（図3―1）。これはおもに京都周辺でみられる。第二の形式では、交叉した扠首ないし垂木の上に棟木がおかれ、柱は扠首ないし垂木をささえる（図3―2）。これは日本の各地にみられる。第三の形式では、中柱が下の棟木をささえ、下の棟木の上で扠首ないし垂木が交叉し、上の棟木はこの交叉した扠首ないし垂木によってささえられている（図3―3）。これは伊勢神宮やいくつかの日本古来の建物においてみられる。

第一と第二は単純で数もおおいが、第三は複雑であまりみられない。よって、第一と第二に注目すべきである。

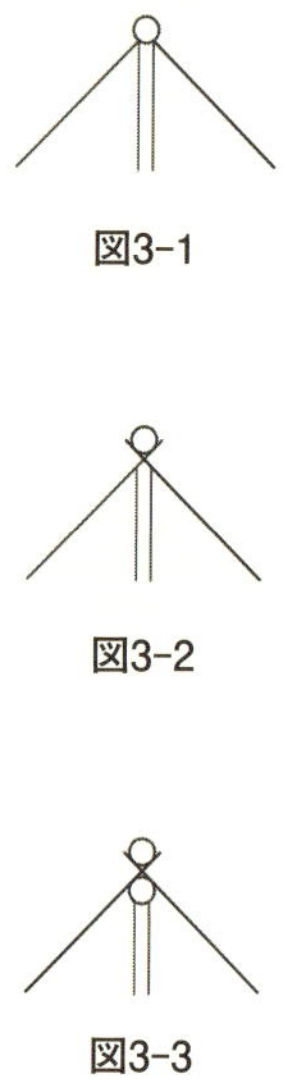


図3　棟木のささえ方

### （二）小屋組

棟木のささえ方でのべたように、小屋組は、おもにオダチと扠首の二つにわけられる（図3―1、図3―2）。オダチ組は、梁上にたつ、棟木を直接ささえる垂直材をもつ（図4―1）。この束は、オダチとよばれ、イギリスの木造家屋における真束（king post）とよくにている。一方、扠首組は、棟木（図4―2、図5）をささえる交叉した二本の扠首をもち、ときおり、梁の交叉した点の間に垂直材をもつ（図2―2、図9―2）。この交叉した垂木は、扠首とよばれる。梁上と二本の扠首の交叉部の間にある束は、骨組みをつよくするが、かならずしも必要なわけではない。

扠首組は、一六世紀末から一七世紀初期までの間からみられるようになった。そして、これは、オダチ組よりもあとにあらわれ、オダチ組がのこる地域とはことなったところでみられる、とされている。

### （三）棟木の下の束

オダチ組の場合、梁上の束は、オダチとよばれる。文献史料では、

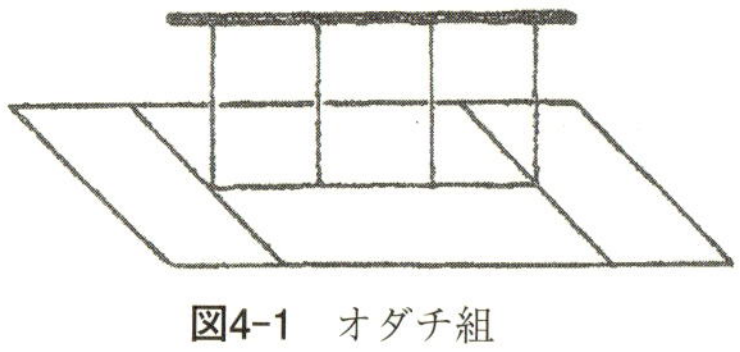

図4-1　オダチ組

図4-2　扠首組

図4　屋根構造

オダチとは地面の穴にたてられた直接棟木をささえる柱であることをしめしている。これは、切妻面において、地面の上にたつ中柱が、オダチの語源である、といえる。その後、地面に直接たつ柱は、梁上の束に変化した。いいかえれば、ふるいものは小屋梁をもたず、あたらしいものは小屋梁をもつ、といえる。つけくわえると、小屋梁をもたない構造のほとんどは掘立柱で固定された柱脚部となる（図６、図７、図８―１、図９―１）。一方、小屋梁をもつ構造は、小屋梁によって緊結接合された状態であるため、礎石建てとなる（図８―２、図９―２、図10）。

扠首組の場合、梁上と扠首の間の束は、構造を維持しつづけるためにかならずしも必要なものではない。束のない扠首組は、束のある扠首組と安定性に関してさほどかわらない。いくつかの扠首組になぜ束があるのかは、社会的な背景による。

以上より、オダチ組において、梁上の束は、棟持柱から移行したものである、といえる。扠首組においても、梁上の束は、オダチ組とおなじように棟持柱から移行したものである、ということができる。その移行過程は、明確にのべられなければならない。

## 三　移行過程

いくつかの移行の過程を、中世後期から近代にかけての日本の木造家屋において力学的見地から、以下にしめす。

### 三―一　柱脚部の移行

柱脚部の変化は、ふるい構造からあたらしい構造に変化する過程で、もっとも重要な問題である。

ふるい構造のほとんどは棟持柱構造であり、あたらしい構造のほとんどは軸部・小屋組構造である。つけくわえると、ふるい構造は掘立柱であり、あたらしい構造は礎石建てである。それらを対比すると、二つの移行過程がしめされる。第一に、棟持柱構造から軸部・小屋組構造への移行である。第二に、掘立から礎への移行である。第一の移行は、第二の移行によってなりたつ。礎への移行は、軸部・小屋組構造への移行が要因である。この意味するところは、もっとも重要な出来事が掘立から礎に移行したことにあった、ということである。

そして、柱脚部の移行に関して説明をつけくわえなければならない。柱脚部の移行過程には、二つのことなった過程がある。ひとつは、簡単で劇的な変化である。それは掘立柱をもつ掘立柱構造に関する。この場合、柱の底は簡単にくさってしまう。もし、すべての柱がくさり、構造が安定しなくなれば、建物はとりこわされ、あたらしい建物は、すべて礎石建てによってたてられるべきである。そして、礎石の上にたつあたらしい柱は掘立柱よりもながくもつだろう。この移行過程は理解できる。

もうひとつは、複雑で漸進的な移行である。これもまた掘立柱構造に関連する。もし、柱の底がくさったら、くさった柱のみをきり、地面に礎石をおく。それから部分的にあらたな柱の底をつける。この場合、柱の底は次第に礎にかわっていく。これは礎石建てへの移行である。しかし、すべての掘立柱を礎石建てにかえることは不可能である。なぜならば、もし、柱と梁が緊結されていないまま、すべての柱脚部が礎石建てとなれば、構造は安定しないからである。しかし、もし、切妻面において、柱脚部が固定端であれば、その構

**図5** 長野県 山田芳法家住宅

造はまだ安定である。それゆえ、掘立から礎への漸進的な移行は、より注意が必要である、といえる。

じっさいに、よい事例がある。長野県北部の秋山郷の山田芳法家住宅（図5）は、掘立から礎への複雑で漸進的な移行があったことをしめす。山奥に位置するこの建物は、人里離れたところにあるだけでなく、建物自体も相当ふるい。興味ぶかいのは、掘立柱と礎石建ての両方が存在することである。図5のAの柱は掘立柱である。一方、BとCの柱は、礎石建てである。山田芳法家住宅は、Aの柱脚のように、固定端の柱脚部をのこしている。この民家は掘立から礎へ複雑で漸進的な移行をしめす例である。

## 三―二　構造的な安定

構造的な安定は検討しなければならない。公式（1）と（2）は構造が安定か不安定かを判断する方法である。

k：接点数　s：部材数　r：剛接部材数　n：支点の反力数の和（ローラー支点1、ピン支点2、固定支点3、一支点につき）

不安定：　2k>（n+s+r）　（1）

安定1；静定　2k=（n+s+r）

安定2：不静定　2k<（n+s+r）

不静定の場合　（n+s+r）−2k=m　（2）

構造はm次元の不静定である。

ことなる大きさの二つの構造が判別されなければならない。ひとつは、切妻面に梁行二間をもつ（図6）。もうひとつは、切妻面に梁行四間をもつ（図7）。

まずはじめに、図6―1は、六つの接点（k=6）、五つの部材（s=5）、剛接部材はなく（r=0）、三つの固定端をもつ。これより支点の反力数の和は9である（n=3×3=9）。この構造は、安定で、不静定であることが証明された（2k>n+s+r、m=2）。もう一方の図6―2は、六つの接点（k=6）、五つの部材（s=5）、剛接部材はなく（r=0）、一つの固定端と二つの回転端をもつ。これより支点の反力数の和は7である（n=3×1+2×2=7）。この構造は、安定で、静定であることが証明された（2k=n+s+r、m=0）。これは、一つの柱が固定端でありつづけるならば、固定端から回転端に変化しても安定であるということを意味する。

つぎに、図7―1は十の接点（k=10）、九つの部材（s=9）、剛接部材はなく（r=0）、五つの固定端をもつ。これより支点の反力数の和は15である（n=3×5=15）。この構造は安定で、不静定であることが証明された（2k>n+s+r、m=4）。一方で図7―2は、十の接点（k=10）、九つの部材（s=9）、剛接部材は

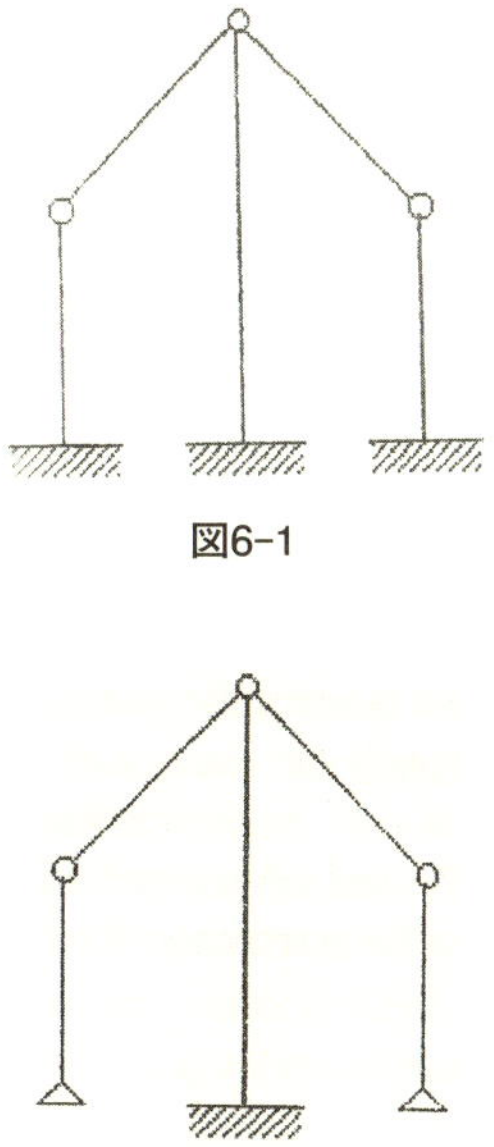
図6–1
図6–2

図6　梁行が二間のちいさい骨組

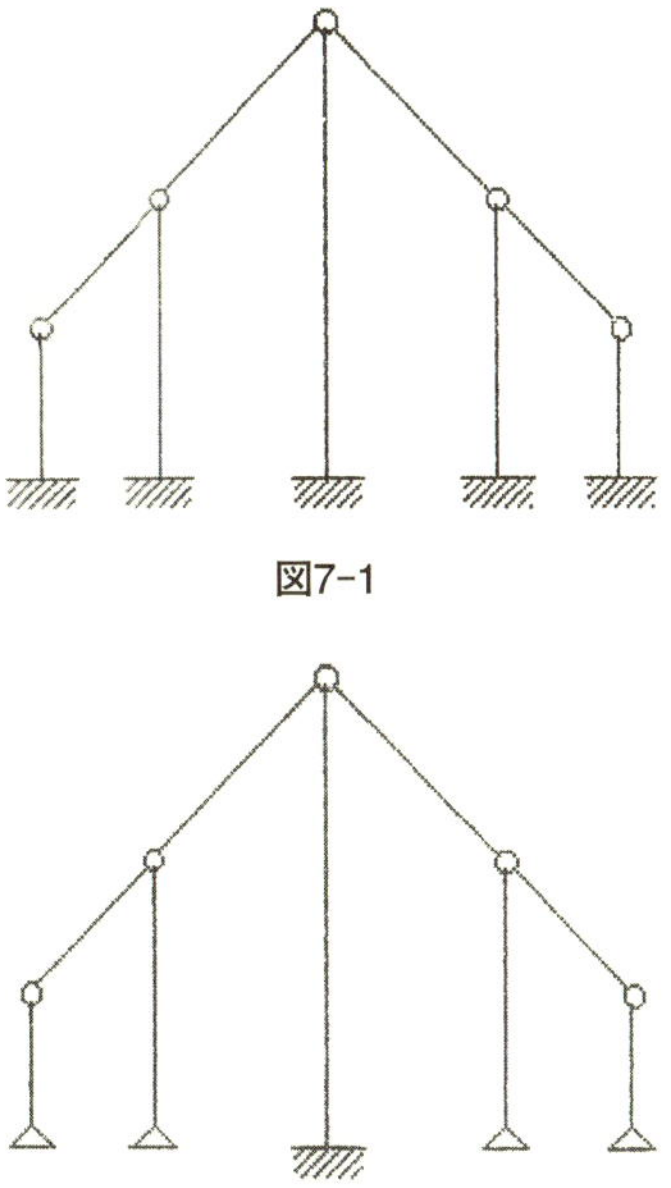
図7–1
図7–2

図7　梁行が四間のおおきい骨組

なく（r＝0）、一つの固定端と四つの回転端をもつ。これより支点の反力数の和は11である（n＝3×1＋2×4＝11）。この構造は、なお安定で、静定であることが証明された（2k＝n＋s＋r、m＝0）。これは、図6と同様に一つの柱が固定端でありつづけるならば、それ以外が固定端から回転端に変化しても安定である、ということを意味する。

## 三—三　固定端から回転端への移行

図6は、切妻面にて桁行二間の最小規模をしめす。図8と図9はどちらも図6の構造の移行後の模式図である。図8は、図3—1のような棟木のささえ方をもつ。図9は、図3—2のような棟木のささえ方をもつ。

まず、図8—1の模式図は、柱が直接棟木をささえていることをしめす。図8—2の模式図は、図8—1の掘立から礎への移行後をしめす。図8—2の模式図は、軸部と梁上の束の小屋組で構成されている。

つづいて、図9—1の模式図は、柱が二本の叉首の交叉部をささえていることをしめしている。図9—2の模式図は、図9—1からの移行後をしめし、軸部と梁上にたつ束の小屋組で構成されている。

それでは、図8—2と図9—2の骨組における違いは、なにか。図10の骨組は、日本古来の建物の構造の主要なものである。これまでのべてきたように、二つの移行した骨組があり（図8—2、図9—2）、図10の骨組は、両者をまとめて表現したものである。

図8—2の骨組は、どんなことがあろうとも、図10に移行することができない。なぜなら、棟木が、直接棟束によって、ささえられなければならないからである。図8—2と比較して、図9—2は容易に図10に移行することができる。なぜならば、梁上にたつ束がなくとも、棟木が二本の扠首の交叉部によってささえられ得るからである。

まとめると、図9—1は図9—2を経由して図10へと移行した、といえる。しかし、図8—1は図8—2に移行することはできるが、どんなことがあろうとも図10には移行することはできない。図10の骨組は二つの固定端をもつ構造のうちの一つから移行した。すなわち、図9—1から図10に移行した。

梁行四間の大きな骨組（図7）もまた、梁行二間という最小規模

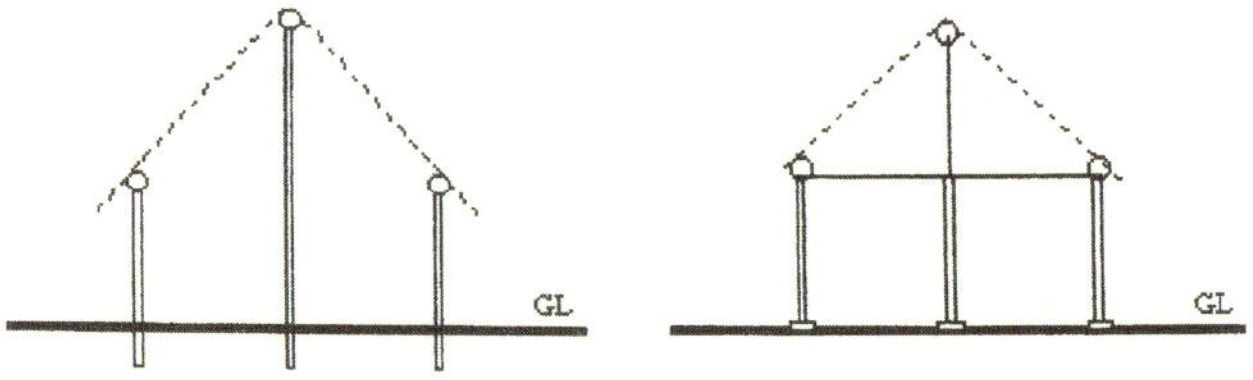


図8-1　図8-2

**図8**　オダチへの変化

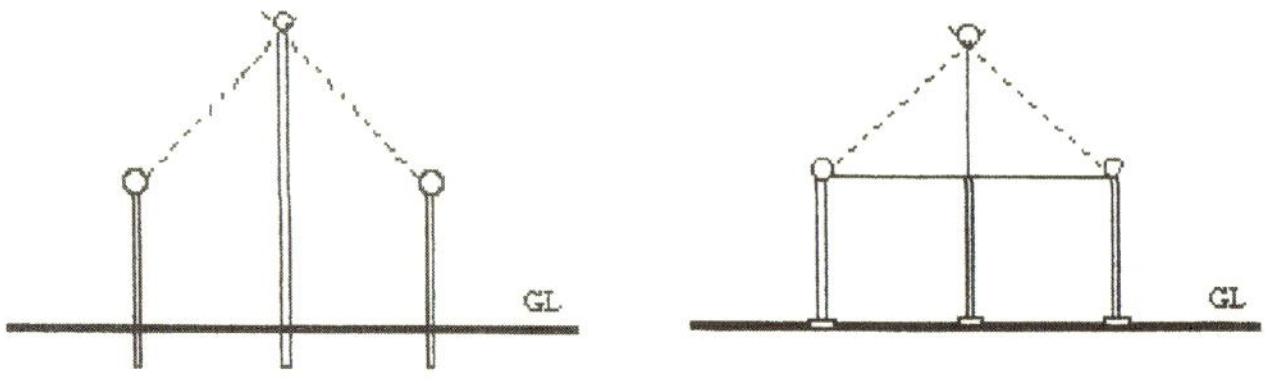


図9-1　図9-2

**図9**　扠首組への変化

の骨組と同様に、礎石建てで軸部・小屋組構造の構造へと移行した。規模のちいさな場合だけでなく、規模がおおきい場合でも、棟束（図8—2、図9—2）は掘立柱より移行した、といえる。図9—2の束がつかわれなくなった後、図10に移行する。その一方で、図8—2の束はなくなることができなかった。

## 四　社会的な背景

　現在、束は梁行二間の規模よりも梁行四間の規模のほうによくみられることを指摘しなければならない。当時、小規模の家には被支配者階級の人々がすんでおり、大規模な家には支配者層がすんでいた。つけくわえると、小規模な家は、大規模な家よりも、おおく存在していた。

　それでは、なぜ、束は、小規模な家より、大規模な家によくみられるのだろうか。それは、支配者層の大規模な家のほうが、支配者層でない人々のすむ小規模な家よりもはやくに、柱脚部を掘立から礎へ移行することができたからである。小規模建造物は柱脚部が掘立の構造のままであらざるをえなかった。しかし、中世以後、図8—2、図9—2のような構造へと移行していくことができた。図9—1の骨組のような小規模建造物は、棟木と小屋梁の間にある束がない図10—1、図10—2のように直接移行することができる。

　いいかえると、梁行二間の小規模な家（図6、図8、図9）は、大規模な家よりもながい間、掘立構造でありつづけなければならなかったが、その後、棟木と小屋梁の間にある束がない構造に移行することができた（図10）。他方で、大規模な家は小規模な家よりもはやくに礎石建てに移行することができた。なぜならば、その当時社会が、支配者層によって、統治されていたためである。

## 五　結　論

　日本に仏教がはじめて伝来してきた六世紀以後、礎石建ては法隆寺のような宗教建築にてみられるようになった。しかし、日本古来の建築は地面に柱をつきたてた掘立柱をもつ柱脚部であった。掘立柱構造は伊勢神宮と同様に近世初期の日本古来の建物においてもみられる。とくに、日本古来の建物の見地にたつと、固定端である掘立から回転端である礎への移行は、中世後期から近世の間でおこった。

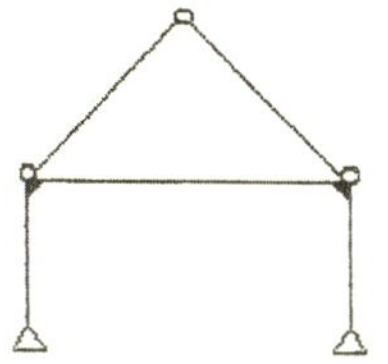

図10-1　梁行がちいさい骨組

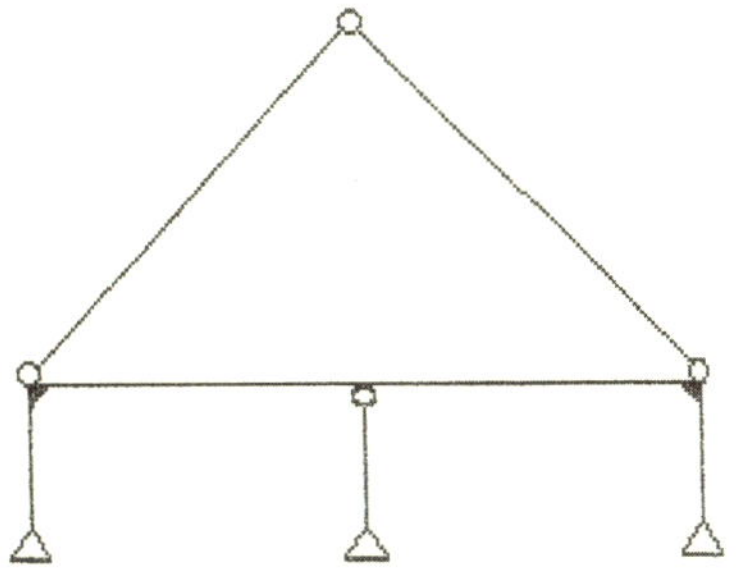

図10-2　梁行がおおきい骨組

図10　礎石建への移行、梁上と棟木の間に垂直材のない軸部・小屋組構造への移行

掘立から礎へは二つの移行過程がある。一方は、支配者層のすむ大規模な家においておもにみられた簡単かつ劇的な移行である。他方は、支配者層ではない人々がすむ小規模な家においておもにみられた複雑かつ斬新的な移行である。後者の移行の場合、柱の底がくさったとき、柱のくさった部分をきりとり、礎石を土台にすえ、あらたに柱に接ぎ木して補修する。この移行が日本の木造建築における主要な変容過程であった。

掘立から礎へ移行がなされたあと、構造は軸部と小屋組に分離された。棟の詳細から二種類の小屋組がある。オダチ組と扠首組である。オダチ組と扠首組の両者は、ともに、地面から直接棟木をささえる掘立柱構造から移行したものである。これらの構造のひとつは、礎石建の柱脚部へ移行し、また梁上と棟木の間の垂直材のない軸部・小屋組構造へと移行した（図10）。

これは、日本木造家屋における掘立から礎へのもっとも代表的な変化である。この移行は、軸部と小屋組をわかつきっかけとなり、現在の日本の多くの伝統的家屋にみられる軸部と小屋組に分離した形態への要因となった。

参考文献および註

（1）土本俊和・遠藤由樹『掘立から礎へ―中世後期から近世にいたる棟持柱構造からの展開―』（『日本建築学会計画系論文集』五三四、二六三―二七〇頁、二〇〇〇年）、総論4同「同」
（2）遠藤由樹・土本俊和・吉澤政己・和田勝・西山マルセーロ・笹川明『信州の茅葺民家にみる棟束の建築的意義』（『日本建築学会計画系論文集』五三二、二一五―二二二頁、二〇〇〇年）、各論B信州1同「同」
（3）畑智弥・土本俊和「京都の町屋における軸部と小屋組」（『日本建築学会計画系論文集』五一三、二五九―二六六頁、一九九八年）、各論A京都1同「京都のマチヤにおける軸部と小屋組」
（4）関口欣也執筆・山梨県教育委員会編『山梨県の民家』（山梨県教育委員会、一九八二年）
（5）太田博太郎『信濃の民家』（長野県文化財保護協会、一九七六年）
（6）Richard Harris. Discovering timber-framed buildings. Shire Publication LTD.UK. 1973.

初出　二〇〇一年七月　Toshikazu Tsuchimoto: Making of the Japanese Timber-framed Houses: Studies in Ancient Structures; Proceedings of the 2nd International Congress, Istanbul, Turkey, June. 2001. 土本俊和著・土本研究室訳『日本民家の架構法』（邦訳本書初出）

# 総論6　棟持柱構造から軸部・小屋組構造への転換過程

## 一　研究の目的

棟持柱構造をとる建物の全貌を日本全域にて把握する作業を通じて、軸部と小屋組に分離した軸部・小屋組構造へいたる転換過程の一例をしめす。

軸部・小屋組構造に関して、『建築の歴史』(1)では、「民家は、現存する建築の中では比較的素朴な構造を伝えていると考えられるが、軸部と小屋組は分離している」とし、民家における架構を「束で棟木を支える和小屋構造」と「叉首（合掌）で棟木を支える叉首組構造」という軸部と小屋組が分離したものに限定している。たしかに、「少なくとも近世初頭まではこのような軸部・小屋組構造ではない建築構造がかなり一般的にあったことは注意しておいてもよいだろう」とし、軸部と小屋組が分離していない構造にも着目している。しかし、棟持柱をもつ民家を「現在は普通見られない単純な構造形式であったことは確かであろう」とし、近世初頭以降の軸部と小屋組が分離していない構造をもつ民家がここではあまり考慮されていない。他方、棟持柱構造をとる建物が日本の民家の支配的な祖形であるとした研究を通じて、京都のマチヤ(2)と信州の民家(3)にて軸部と小屋組が分離していない構造の民家をまず例証し、この二点をふまえて棟持柱祖形論(4)を提唱した。すなわち、棟持柱祖形論に関する既往研究としては、「京都の町屋における軸部と小屋組」（一九九八年一一月）(5)、「信州の茅葺民家にみる棟束の建築的意義」（二〇〇〇年六月）(6)、「掘立から礎へ」（二〇〇〇年八月）(7)、「Making of Japanese timber-framed houses」（二〇〇一年七月）(8)がある。これらのうち、「信州の茅葺民家にみる棟束の建築的意義」と「掘立から礎へ」が、『埋もれた中近世の住まい』（二〇〇一年五月）(9)のなかでとりあげられた。本論は、まず『埋もれた中近世の住まい』におけるコメントにこたえ、つぎに棟持柱構造の全貌を捕捉し、さらに棟持柱と管柱の混在する事例を抽出し、とりわけオダチ組への改修事例を通じて棟持柱祖形論を敷衍する。

## 二　「棟持柱祖形論」の擁護

『埋もれた中近世の住まい』におけるコメントのうち本質的なものを、以下の四点に要約する。

〈梁行二間の棟持柱構造から、近世の上層階層の民家に使われているようなオダチ組や棟束つきの民家に転換するということは、中世の下層住居から近世の上層民家へ一気に転換したことになってしまう（清水重敦1）〉

〈近世民家の祖形に中世の土豪や武士階級をおくといったような発想はまったくない（清水2）〉

〈掘立柱と棟持柱を結びつけない方がいい（吉岡泰英）〉

〈棟持柱構造が叉首構造に先行するわけではなくて、両者はかなり古い時代から併存していて、棟持柱からの展開を一つの道筋としてたどれないことはない、という感じ（浅川滋男）〉

これらに対する本研究の見解をのべる。

〈清水1〉への異議

「棟持柱祖形論」は、「おだち・とりい」組みに対する永井規男の見解にならい、梁行二間ばかりでなく、梁行四間をも視野におさめた論考である。永井は、一九七五年に『京都府の民家　調査報告　第七冊』のなかで、「初期本百姓の家構が4間という梁間をとっていたのは、棟持柱構造を北山型が比較的近い祖型としてもっていたからだろう」とするした[10]。永井の指摘をうけた「掘立から礎へ」は、妻面の架構を平面骨組としてモデル化したうえで、いわゆる「武藤の公式」にてその安定/不安定とその不静定次数を検討した。ただ「掘立から礎へ」でより詳細な分析をくわえたのは、単純で小規模な梁行二間についてであった。しかし、そこで梁行四間に言及しなかったわけではない。掘立から礎へいたる漸進的な移行過程は、梁行四間についてもあてはまる。したがって、棟持柱祖形論は、「中世の下層住居から近世の上層民家へ一気に転換したことになってしまう」ことを意味しない。

〈清水2〉への異議

いわゆる上層建築が下層建築におよぼした影響は、多々ある。ただ、この種の上層建築が下層建築に対して決定的なおおくの影響をおよぼした点と、この種の上層建築が近世民家の祖形となる点はことなる。「掘立から礎へ」の末尾でのべた結論は、「梁行二間の掘立棟持柱構造は日本の民家の支配的な源流である」ということであった。このとき、ルーツroots の言葉が複数形であるように、源流を複数として本研究はとらえている。複数の源流からながれこむ水流が日本の近世民家という本流をなす。この本流を形づくるうえでの支配的な水流が「梁行二間の掘立棟持柱構造」という一源流であった。この支配的な源流が祖形といえる。この源流が支配的と想定し得るのは、建造物の数のおおさにかかわるとともに、建築構造の骨格にかかわる。すなわち、圧倒的多数をしめていたのは、梁行二間の小規模建造物であり、「掘立棟持柱構造」という大枠の骨格が徐々に変容しつつ近世民家のさまざまな架構へと発展していった、と本研究は判断する。

〈吉岡〉への異議

棟持柱構造は京都以外にも多々あるのに対して、吉岡の指摘はもっぱら一乗谷の考古遺構にもとづいている。しかし、一乗谷にて現在まで発掘のおよんでいる領域は、上城戸と下城戸にはさまれた城戸ノ内地区である。城戸ノ内地区は、小島道裕が指摘したように、一乗谷の全体像の一部と想定される[11]。城戸ノ内地区の外には、市町がある安波賀・東郷・毘沙門などの「外接地区」がある。一乗谷に構えはないものの、「惣構内の大名居館+家臣屋敷+直属商工業者という部分域と市町からなる二元構造をもっていた」と判断される信長時代の清須と同様に、戦国末の一乗谷も二元構造をもっていた、とかんがえられる。城戸ノ内地区は、計画性のたかい前者に属する部分域であった。発掘の結果、この領域に礎石がみられた。そのなかの中柱にあたるおおきなものが、棟持柱の礎と想定された。中柱を棟持柱とするこの想定は、戦国期京都との類推にもとづいている。とはいえ、いまだ公権力が一元的に直轄支配していない戦国期京都の場合、「惣構内の大名居館+家臣屋敷+直属商工業者という部分域」という整理されたセットにおおくがしられていたというより、寺社本所による領有が錯綜した土地の上に展開する商工業をいとなむ「町」としての性格に色濃くそめられていた。この意味で、一乗谷の城戸ノ内地区を戦国期京都との類似性から推断する方法は、的確ではない。むしろ、一乗谷の外接地区と戦国期京都との類似性を抽出していくべきである。そもそも、戦国期京都は、一乗谷の城戸ノ内地区とは対照的に、マチヤと了解される小規模建造物の柱脚が礎ではなく、掘立であった、と本研究は判断してきた[12]。フロイス『日欧文化比較』（改題『ヨーロッパ文化と日本文化』[13]）にみえる文言から推して、当時のマチヤの基礎が礎石にかわっていたと『洛中洛外』にて高橋康夫が判断してきた。おそらく、吉岡は高橋説を諒承してきたのだろう。吉岡の見解は、一乗谷の発掘遺構と戦国期京都との類似性に依拠するとともに、戦国期京都における小規模建造物の柱脚を礎とした点に依拠する。この見解は本研究とことなる。実際、伊勢がそうであるように、掘立柱と棟持柱は原初的には密接にむすびついていた。ただ、のちに、仁科がそうであるように、掘立でない棟持柱があらわれる。したがって、掘立柱と棟持柱は、時代をさかのぼれば一つのセットであり、時代をくだれば両者がセットにならない事例があらわれる。この変容こそが〈掘立から礎へ〉にほかならない。

〈浅川〉への異議

棟持柱祖形論があつかっている扠首とは、軸部と小屋組が分離した架構における、小屋組のなかの扠首組である。これを狭義の扠首組とするなら、広義の扠首組は二つの斜材が二等辺三角形をなす単なるトラスをさす。これは、かならずしも軸部・小屋組構造の小屋組にあるもののみがふくまれるのでなく、地面の上にじかにすえられたものもふくまれる。たしかに、軸部をもたずに直接小屋組が地面にたつ後者の単純な架構（『日本建築辞彙』[14]所収、図1参照）は、

**図1**　『日本建築辞彙』にみえる「扠首」

歴史を通じてみられる。しかし、軸部の上にのる扠首組はあたらしい形式といえる。とくに、柱の脚部が掘立ではなく礎で構成された軸部の上にのる扠首組は、民家史において確実にあたらしい。

これと対照的な事例がアイヌのすまいチセである。すなわち、地面の上にすえられていた扠首組が掘立で構成された軸部の上へうつる一過程は、すでにチセに即して、宮澤智士が以下のように説明している。

アイヌの住まいチセは掘立柱《ほったてばしら》の建物で、その構造は軸組と小屋組が分離できる。小屋組は二組の三脚支柱を桁の上に向かい合わせて立て、棟木《むなぎ》を渡し、棟木から垂木《たるき》を架け下ろす。小屋組の基本に三脚支柱が用いられていることはよく知られている。三脚支柱を地面上に立て、周りを草や藁でおおったものは円小《まるご》屋《や》と称して、仮小屋や便所に用いられた。円小屋は、「松前屏《まつまえびょ》風《うぶ》」や「江差《えさし》屏風」（宝暦年間〈一七五一―六四〉作成）の海産物交易の場面に描かれている。知里真志保氏や大林太良氏は、アイヌ住居の原始形態は円小屋であったり、小屋組（屋根）を地上に伏せた形のものであったと指摘している[15]。

アイヌ住居の場合、もともとは地面の上にたっていた三脚支柱が掘立で構成された軸組の上にのるというドラスティックな変容過程がみられた。

アイヌ住居とは対照的に、二つの扠首組の交叉部を下からささえていた棟束が、掘立柱としてたちあがり、その後、軸部と小屋組に分離し、棟束が梁の上にのった形で残存するが、その後に棟束が除去されて、純粋なトラスをなすにいたる変容過程もある。この過程をへて、純粋トラスの扠首組と柱の脚部がすべて礎である軸組から構成された軸部・小屋組構造に成立するにいたる。このあたらしい

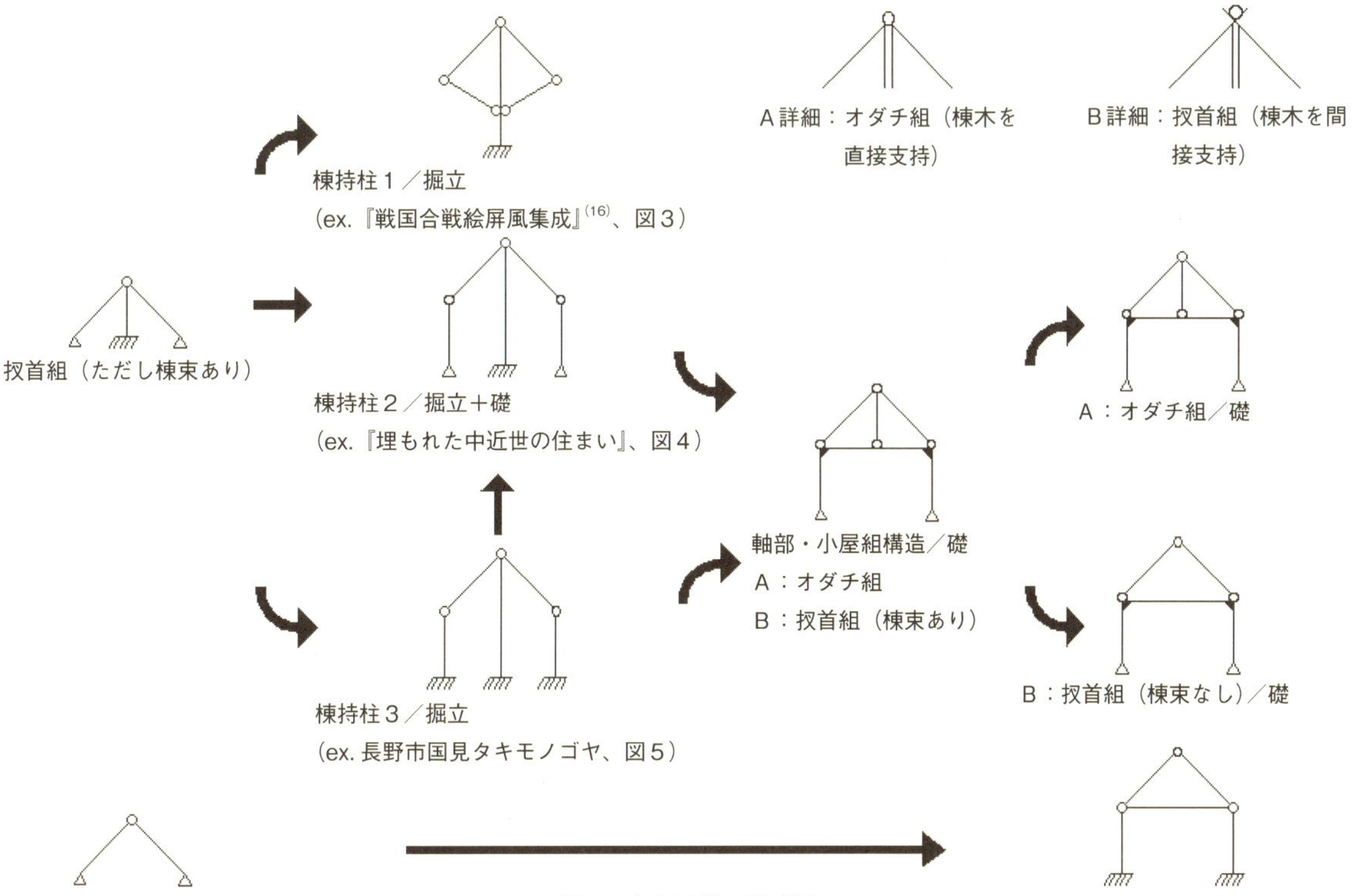


**図2**　変容過程の模式図

**図3**　一揆兵に斬りかかる黒田兵（島原の乱図屏風）(16)

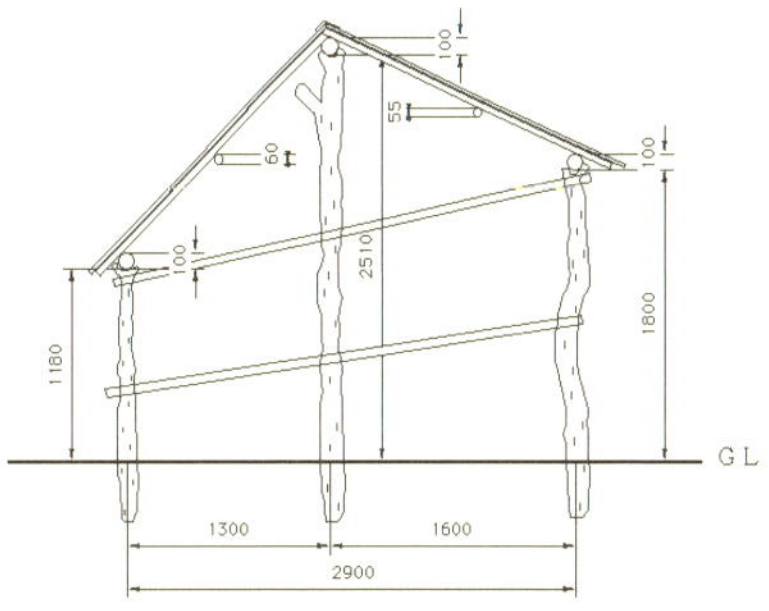


**図5**　国見のタキモノゴヤ
（長野県、20世紀中期以降、表1-78番）

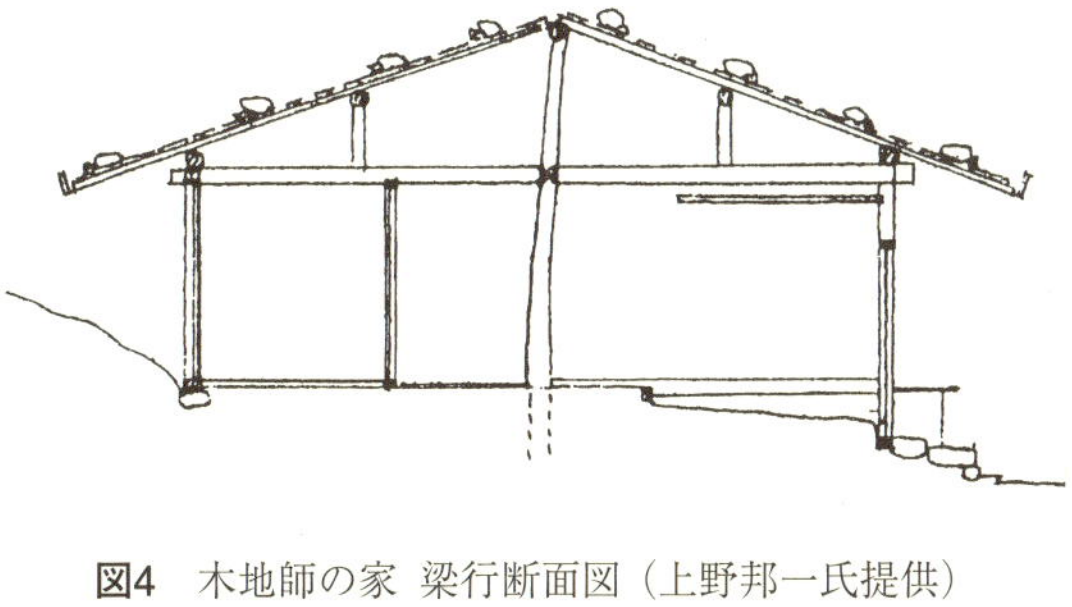

**図4**　木地師の家 梁行断面図（上野邦一氏提供）
（長野県、19世紀後期、表1-81番）

**図6**　国見のタキモノゴヤ全景（表1-78番）

**図7**　国見のタキモノゴヤ柱頭（表1-78番）

**図8**　国見のタキモノゴヤ柱脚（表1-78番）

軸部・小屋組構造は、たとえばアイヌのチセとは対照的に、漸進的な過程をへて成立した。この軸部・小屋組構造にみられる扠首組が戦国期末から近世初頭にかけて成立した形式である、と本研究は判断している。たしかに、地面の上に直接すえられた扠首組は、ふるくは先史からみられたであろう。しかし、軸部の上にのる扠首組は、アイヌの住まいチセのようなドラスティックな変容をへたのでなければ、図2にしめすごとく、漸進的な変容過程をあゆんでいた。したがって、浅川らのいう扠首組は、本研究があつかっている近世民家の扠首組とことなる。混乱は、地面の上にのる扠首組（図1および図2左2点）と軸部の上にのる扠首組（図2の右下2点）との差異が明確にされていない点にもとづく。

以上、『埋もれた中近世の住まい』のなかで本研究がうけたコメントのうち、単なる偏見をのぞいた本質的なものにこたえた。

以下、棟持柱構造の全貌を日本全域を対象に捕捉したうえで、まず棟持柱と梁・束が混在する実例をしめし、つぎにとりわけ棟持柱の上部が改修によって、枝わかれしたり、つぎたされたり、きりとられたりする実例をしめす。この作業を通じて、「棟持柱祖形論」を敷衍する。

## 三　棟持柱構造を持つ民家

つぎにあげる表1は、民家調査の成果から捕捉した、八八軒の棟持柱をもつ建物の一覧である。まず、棟持柱構造は一六世紀前期の茂木六次郎氏宅（表1―№15、図9）から二〇世紀後期の浅沼文太郎出造小屋（表1―№7、図10）まであり、山梨県などの多数の棟持柱構造がみられる県などありこそすれ、全国的に現代までたえることなく棟持柱構造をもつ建物がつくられていたことが表1からわかる。また、屋根材料は茅葺屋根が五七軒（65％）ともっともおおく、つぎに板葺屋根が一一軒（13％）とおおい。屋根形式は、切妻が五六軒（64％）ともっともおおく、つぎに寄棟が九軒（10％）とおおい。入り方は平入りが七六軒（86％）ともっともおおい。そして建物の規模は、梁行および桁行方向のながさをしめす「梁行長」・「桁行長」をみると、もっともちいさな建物は浅沼文太郎出造小屋の三間×二間、もっともおおきな建物は高野みゆき氏宅（表1―№49）の一三間半×六間であり、建物の大きさにかかわらず棟持柱をもつ建物が建設されていたことが表1からわかる。このように、棟持柱をもつ建物は、民家調査の結果、規模と年代について幅ひろくその遺構が把握されているのである。

### 三―一　棟持柱と管柱

棟持柱の配置をしめす「棟持柱配置」の列を表1にもうけた。この列をみると、棟持柱構造をもつ建物といっても、棟通りにある柱

**表1　棟持柱をもつ民家の一覧**

| 番 | 県名 | 文献 | 住宅名 | 年代 | 屋根材料 | 屋根形式 | 入り方 | 桁行長 | 梁行長 | 棟持柱配置 |
|---|---|---|---|---|---|---|---|---|---|---|
| 1 | 青森 | 日 | 石場家住宅 | 不明 | 柾葺 | 入母屋 | 妻入 | 不明 | 不明 | 不明 |
| 2 | 山形 | 日 | 中山家住宅 | 18世紀前期 | 茅葺 | 不明 | 平入 | 8・00 | 不明 | 西○○●　東 |
| 3 | 山形 | 農 | 神津善兵衛氏宅土蔵 | 不明 | 茅葺 | 切妻 | 平入 | 不明 | 不明 | 西　●　東 |
| 4 | 福島 | 日 | 早田勝美氏宅 | 19世紀前期<br>(1832) | 不明 | 不明 | 平入 | 不明 | 不明 | 南●○　北 |
| 5 | 福島 | 日 | 石塚多治右衛門氏宅 | 不明 | 茅葺 | 寄棟 | 平入 | 不明 | 不明 | 南○●●○　北 |
| 6 | 千葉 | 日 | 菊間愛子氏宅 | 不明 | 不明 | 不明 | 不明 | 不明 | 不明 | 不明 |
| 7 | 東京 | 日 | 浅沼文太郎家出造小屋 | 20世紀後期<br>(1972) | ビロー葺 | 寄棟 | 平入<br>妻入 | 3・00 | 2・00 | 西○○●○東 |
| 8 | 神奈川 | 日 | 常盤惣平氏宅 | 18世紀前期 | 茅葺 | 寄棟 | 平入 | 6・00 | 3・00 | 西○●　東 |
| 9 | 神奈川 | 日 | B氏宅 | 18世紀後期 | 茅葺 | 寄棟 | 平入 | 4半 | 2半 | ○●○ |
| 10 | 神奈川 | 日 | 秋山光氏宅 | 不明 | 茅葺 | 寄棟 | 不明 | 7・00 | 3・00 | 西○○○●○東 |
| 11 | 神奈川 | 日 | 常盤古之助氏宅 | 18世紀中期 | 茅葺 | 寄棟 | 平入 | 6・00 | 3・00 | 不明 |
| 12 | 埼玉 | 日 | 水村貞三氏宅 | 17世紀後期 | 板葺 | 切妻 | 平入 | 4半 | 8半 | 北●○○○○○○○○○○南 |
| 13 | 埼玉 | 農 | 小池敬一氏宅 | 18世紀後期 | 板葺 | 切妻 | 平入 | 不明 | 不明 | 西○●○○○○○東 |
| 14 | 埼玉 | 農 | 新井助次郎氏宅 | 不明 | 板葺 | 切妻 | 平入 | 不明 | 不明 | 西○●○○東 |
| 15 | 群馬 | 日、写 | 茂木六次郎氏宅 | 16世紀前期 | 板葺 | 切妻 | 平入 | 10半 | 6半 | ○●○ |
| 16 | 群馬 | 日 | 佐藤佳俊氏宅 | 17世紀前期 | 草葺 | 入母屋 | 平入 | 不明 | 不明 | 不明 |
| 17 | 群馬 | 日 | 湯本日出男氏宅 | 18世紀後期 | 草葺 | 入母屋 | 平入 | 不明 | 不明 | 西　○○●○東 |
| 18 | 静岡 | 日 | 田中秀茂氏宅 | 17世紀後期 | 不明 | 切妻 | 平入 | 6・00 | 7・00 | ●●○○● |
| 19 | 静岡 | 日 | 高橋政雄氏宅 | 18世紀中期 | 不明 | 寄棟 | 平入 | 不明 | 不明 | 西○●　東 |
| 20 | 静岡 | 日 | 上野唯雄氏宅 | 18世紀前期 | 不明 | 寄棟 | 平入 | 不明 | 不明 | 西○●●○○東 |
| 21 | 山梨 | 日 | 横田栄氏宅 | 16世紀後期<br>(1572) | 不明 | 切妻 | 妻入 | 6・00 | 6・00 | 西●●●●●○東 |
| 22 | 山梨 | 日 | 上野正氏宅 | 17世紀前期 | 茅葺 | 東入母屋<br>、西切妻 | 不明 | 10・40 | 4半 | 西●○○○○　東 |
| 23 | 山梨 | 日 | 矢崎徹之介氏宅 | 17世紀前期 | 板葺 | 切妻 | 平入 | 10半 | 4半 | 西○●●●○○○東 |
| 24 | 山梨 | 日 | 野村善次郎氏宅 | 17世紀後期 | 茅葺 | 東切妻、<br>西入母屋 | 平入 | 6半 | 4・00 | 西○○●○●東 |
| 25 | 山梨 | 日 | 樋田公明氏宅 | 17世紀後期 | 茅葺 | 切妻 | 平入 | 8半 | 4半 | 西●○○●　東 |
| 26 | 山梨 | 日 | A氏宅 | 17世紀後期 | 茅葺 | 入母屋 | 平入 | 9・00 | 4・00 | 西○○○○●○○東 |
| 27 | 山梨 | 日 | 広瀬保氏旧宅 | 17世紀後期 | 茅葺 | 切妻 | 平入 | 8・00 | 4半 | 西　●○○●東 |
| 28 | 山梨 | 日 | 広瀬勝氏宅 | 18世紀前期 | 茅葺 | 切妻 | 平入 | 7・26 | 4半 | 西　●○○●東 |
| 29 | 山梨 | 日 | 五味時則氏宅 | 18世紀前期 | 茅葺 | 切妻 | 平入 | 9・00 | 4・00 | 西●○●○●●○○●東 |
| 30 | 山梨 | 日 | 市川文雄氏宅 | 18世紀前期 | 茅葺 | 入母屋 | 平入 | 6・15 | 3半 | 西○●●○○東 |
| 31 | 山梨 | 日 | 竹川篤氏宅 | 18世紀前期 | 茅葺 | 切妻 | 平入 | 7半 | 4半 | 西●○○●○○●東 |
| 32 | 山梨 | 日 | 桜井健一氏宅 | 18世紀前期 | 不明 | 不明 | 平入 | 7・00 | 4・00 | 西●○●○○○●東 |
| 33 | 山梨 | 日 | 野村高氏宅 | 18世紀中期 | 茅葺 | 東寄棟、<br>西切妻 | 平入 | 7・10 | 4・00 | 西●●●○東 |
| 34 | 山梨 | 日 | 小池久寿氏宅 | 18世紀中期 | 茅葺 | 切妻 | 平入 | 11・20 | 5・00 | 西　●●東 |
| 35 | 山梨 | 日 | 中島信次氏宅 | 18世紀中期 | 茅葺 | 切妻 | 平入 | 8・20 | 3半 | 西○○●●　東 |
| 36 | 山梨 | 日 | 坂本勇氏宅 | 18世紀中期<br>(1761) | 茅葺 | 切妻 | 平入 | 10・00 | 5・00 | 西●●　東 |
| 37 | 山梨 | 日 | 竹井義明氏宅 | 18世紀後期 | 茅葺 | 切妻 | 平入 | 8・00 | 4・15 | 西●●○●●東 |
| 38 | 山梨 | 日 | 大須賀和夫氏宅 | 18世紀後期 | 茅葺 | 切妻 | 平入 | 10・40 | 4・00 | 西●○○○○●○○●東 |
| 39 | 山梨 | 日 | 桑原彌六氏宅 | 18世紀後期 | 茅葺 | 切妻 | 平入 | 10半 | 4・00 | 西●○○○●○●○○●東 |
| 40 | 山梨 | 日 | 渡辺景一氏宅 | 18世紀後期 | 茅葺 | 切妻 | 平入 | 8半 | 4半 | 西　○○●●東 |
| 41 | 山梨 | 日 | K氏宅 | 18世紀後期 | 茅葺 | 不明 | 平入 | 9・40 | 5・00 | 西○○○●　東 |
| 42 | 山梨 | 日 | 米山金誉氏宅 | 18世紀後期 | 茅葺 | 切妻 | 平入 | 6・40 | 3・20 | 西　●○○○東 |
| 43 | 山梨 | 日 | 若月光都氏宅 | 18世紀後期 | 茅葺 | 切妻 | 平入 | 7半 | 4・00 | 西○○○○○○●東 |
| 44 | 山梨 | 日 | 西川古寿氏宅 | 18世紀後期 | 茅葺 | 切妻 | 平入 | 11・00 | 5・00 | 西　○○○●○●●東 |
| 45 | 山梨 | 日 | 池水美千代氏宅 | 18世紀後期 | 茅葺 | 切妻 | 平入 | 7・00 | 4半 | 西○○●○○○東 |
| 46 | 山梨 | 日 | 前島映滋氏宅 | 18世紀後期 | 茅葺 | 切妻 | 平入 | 8・00 | 4・00 | 西●●●○○●東 |
| 47 | 山梨 | 日 | 高野正根氏宅 | 18世紀後期<br>(1778) | 茅葺 | 切妻 | 平入 | 9・00 | 4・00 | 西●●○●　東 |
| 48 | 山梨 | 日 | 深沢寅雄氏宅 | 19世紀前期 | 茅葺 | 切妻 | 平入 | 9半 | 4半 | 西●○○○○●東 |
| 49 | 山梨 | 日 | 高野みゆき氏宅 | 19世紀前期 | 茅葺 | 切妻 | 平入 | 13半 | 6・00 | 西●○●●○●●東 |
| 50 | 山梨 | 日 | 楠立雄氏宅 | 19世紀前期 | 茅葺 | 切妻 | 平入 | 6・40 | 4・00 | 西○○●　東 |
| 51 | 山梨 | 日 | 柳本富美氏宅 | 19世紀前期 | 茅葺 | 東切妻、<br>西寄棟 | 平入 | 8半 | 4・00 | 西○○○●　東 |
| 52 | 山梨 | 日 | 末木幹愛氏宅 | 19世紀前期 | 茅葺 | 切妻 | 平入 | 7・45 | 4・00 | 西●●●○○●東 |
| 53 | 山梨 | 日 | 楠親氏宅 | 19世紀前期 | 茅葺 | 切妻 | 平入 | 9半 | 4半 | 西●●○○●●東 |
| 54 | 山梨 | 日 | 萩原孜氏宅 | 19世紀前期 | 茅葺 | 切妻 | 平入 | 9・20 | 4半 | 西●●○●●東 |
| 55 | 山梨 | 日 | 風間朔太郎 | 19世紀前期 | 茅葺 | 切妻 | 平入 | 9・00 | 4半 | 西●○●●●東 |
| 56 | 山梨 | 日 | J氏宅 | 19世紀前期 | 茅葺 | 東切妻、<br>西入母屋 | 平入 | 9・00 | 4・00 | 西○○○○●○○●東 |
| 57 | 山梨 | 日 | 篠原貞夫氏宅 | 19世紀中期 | 不明 | 東切妻、<br>西入母屋 | 平入 | 9・00 | 4半 | 西　●●東 |
| 58 | 山梨 | 日 | 土屋三雄氏宅 | 19世紀中期 | 茅葺 | 切妻 | 平入 | 7半 | 3半 | 西　●　東 |
| 59 | 山梨 | 日 | 長田初雄氏宅 | 19世紀中期 | 茅葺 | 切妻 | 平入 | 7半 | 4半 | 西●○○○○○○東 |
| 60 | 山梨 | 日 | 内田正明氏宅 | 19世紀中期<br>(1854) | 茅葺 | 入母屋 | 平入 | 9半 | 4半 | 西○○○○○●●○東 |
| 61 | 山梨 | 日 | 三井元昭氏宅 | 19世紀中期<br>(1854) | 茅葺 | 東切妻、<br>西入母屋 | 平入 | 10半 | 5・00 | 西○○○○●○東 |
| 62 | 山梨 | 日 | 三枝聡氏旧宅 | 19世紀後期 | 茅葺 | 切妻 | 平入 | 6半 | 4・00 | 西●○●●●東 |
| 63 | 山梨 | 日 | 長田仁氏宅 | 19世紀後期<br>(1876) | 茅葺 | 切妻 | 平入 | 9・10 | 4・00 | 西○○○○●●東 |
| 64 | 山梨 | 日 | 楠英文氏宅 | 19世紀後期<br>(1892) | 茅葺 | 東入母屋、<br>西切妻 | 平入 | 7半 | 4半 | 西●○○●東 |

| No. | 県名 | 文献 | 住宅名 | 年代 | 屋根材料 | 屋根形式 | 入り方 | 桁行長 | 梁行長 | 棟持柱配置 |
|---|---|---|---|---|---|---|---|---|---|---|
| 65 | 山梨 | 農 | 高野昌顯氏宅 | 不明 | 茅葺 | 切妻 | 平入 | 不明 | 不明 | 西○●○○●●●●○東 |
| 66 | 山梨 | 農 | 中村有國氏宅 | 不明 | 茅葺 | 切妻 | 平入 | 不明 | 不明 | 西●○○●●○●●東 |
| 67 | 山梨 | 農 | 萩原庄太郎氏宅 | 不明 | 茅葺 | 切妻 | 平入 | 不明 | 不明 | 西●東 |
| 68 | 山梨 | 農 | 田口徳次郎氏宅 | 不明 | 不明 | 不明 | 不明 | 不明 | 不明 | 不明 |
| 69 | 長野 | 日 | 藤原家住宅 | 17世紀後期 | 板葺 | 切妻 | 妻入 | 4半 | 6・00 | 南東●○○●北西 |
| 70 | 長野 | 妻 | 嵯峨勝実氏宅 | 18世紀後期 | 板葺 | 切妻 | 平入 | 3・00 | 5・00 | 北●○●●南 |
| 71 | 長野 | 妻 | 嵯峨隆一氏宅 | 18世紀後期 | 板葺 | 切妻 | 平入 | 4・00 | 5・00 | 不明 |
| 72 | 長野 | 妻 | 伊藤たえみ氏宅 | 19世紀中期 | 不明 | 切妻 | 平入 | 3・00 | 4・00 | ●○ |
| 73 | 長野 | 妻 | 藤原一穂氏宅 | 19世紀中期 | 不明 | 切妻 | 平入 | 不明 | 不明 | 北●○○○○●南 |
| 74 | 長野 | 妻 | 松井志げ氏宅 | 19世紀中期 | 不明 | 切妻 | 平入 | 不明 | 不明 | 北●○●南 |
| 75 | 長野 | 妻 | 藤原久七氏宅 | 不明 | 板葺 | 切妻 | 平入 | 不明 | 不明 | 東●○●●西 |
| 76 | 長野 | 暮 | 原なをり家 | 19世紀中期 | 不明 | 切妻 | 平入 | 9・00 | 6半 | 不明 |
| 77 | 長野 | 棟4 | タキモノ小屋 | 不明 | 茅葺 | 切妻 | 妻入 | 3半 | 3半 | 西○○●東 |
| 78 | 長野 | 棟5 | タキモノゴヤ | 20世紀<br>中期以降 | 茅葺 | 切妻 | 平入 | 不明 | 不明 | 北●●南 |
| 79 | 長野 | 農 | 西側ケミヤ | 不明 | 茅葺 | 切妻 | 平入 | 不明 | 不明 | 不明 |
| 80 | 長野 | 農 | 東側ケミヤ | 不明 | 茅葺 | 切妻 | 不明 | 不明 | 不明 | 北●●南 |
| 81 | 長野 | 中 | 木地師の家 | 19世紀後期 | 不明 | 不明 | 平入 | 不明 | 不明 | 不明 |
| 82 | 大阪 | 大 | 利斎潔家住宅 | 17世紀前期 | 瓦葺 | 切妻 | 平入 | 不明 | 不明 | ●●○○ |
| 83 | 大阪 | 大 | 山内寛家住宅 | 18世紀前期 | 不明 | 不明 | 不明 | 不明 | 不明 | 不明 |
| 84 | 京都 | 日 | 亀井重幸氏宅 | 18世紀中期 | 板葺 | 切妻 | 平入 | 4・00 | 6・00 | ○●●○○○ |
| 85 | 京都 | 日 | 片岡勝三家住宅 | 19世紀前期 | 桟瓦葺 | 切妻 | 平入 | 不明 | 不明 | ○○○●○○○ |
| 86 | 佐賀 | 日 | 土井時雄氏宅 | 19世紀中期 | 本瓦葺 | 切妻 | 妻入 | 7・00 | 6半 | ●○●● |
| 87 | 長崎 | 日 | 桑原市五郎氏宅 | 19世紀中期 | 浅瓦葺 | 入母屋 | 平入 | 7・00 | 3半 | 西○●○東 |
| 88 | 沖縄 | 日 | Y・SO-0002 | 不明 | 茅葺 | 寄棟 | 平入 | 不明 | 不明 | 西○●○東 |

県名は、その民家の所在県名を指す。文献は、その民家が掲載されていた文献をさす。すなわち、日は『日本の民家調査報告書1～16』*17)、妻は『妻籠宿 その保存と再生』*18)、暮は『暮らしのデザイン』*19)、棟4は『棟柱 第4号』棟5は『棟柱 第5号』*20)、大は『大阪府の民家Ⅲ』*21)、写は『日本名建築写真選集 民家Ⅱ農家』*22)、農は『日本農民建築』*23)、中は『埋もれた中近世の住まい』*24) をさす。住宅名はその民家の名前をさす。年代は1 世紀を前期・中期・後期の3つにわけ、年号が正確にわかる場合は同時にしるす。屋根材料は、屋根の材料をさす。屋根形式は屋根の形式をさす。はいり方は、その建物へのはいり方をさす。桁行長は桁行のながさを、梁行長は梁行のながさをさし、単位は「間・尺寸」とする。なお、1間が6尺で換算できるかは不明である。棟持柱配置は、棟通りの柱の数をかぞえ、棟木まで達した柱（棟持柱）を●、梁下まで達した柱（管柱）を○であらわし、方位がわかる場合は方位もしるした。方位と○ もしくは●の間に間隔があいている場合は、その方位の妻面に妻通りの柱がないことをしめす。参考文献中に記載がないなどによりわからない場合にには不明とする。

のすべてが棟持柱である建物は九軒（10％）しかなく、ぎゃくに、棟木まで達した柱（棟持柱）と梁下まで達した柱（管柱）が混在している建物が多数をしめることがわかる。これらの建物は、棟木が棟持柱だけでなくオダチ組や扠首組によってもささえられている。したがってこれらの建物は、軸部と小屋組の分離した構造とそれらの分離していない構造が一つの建物で併せ持つ姿になっている。

棟持柱構造は一般に、オダチ組や扠首組を持つ軸部・小屋組構造よりもふるい構造とされている。この二つの構造が混在しているこれらの建物はふるい構造とあたらしい構造がいりまじった姿をしめしている、といえる。

すなわち、この姿は、軸部と小屋組の分離していない構造からそれらの分離した構造へ移行する過程で、すべての建物がその形式にただちに移行したわけではなく、軸部と小屋組の分離していない構造とそれらの分離した構造との双方を併せ持つ建物がつくられつづ

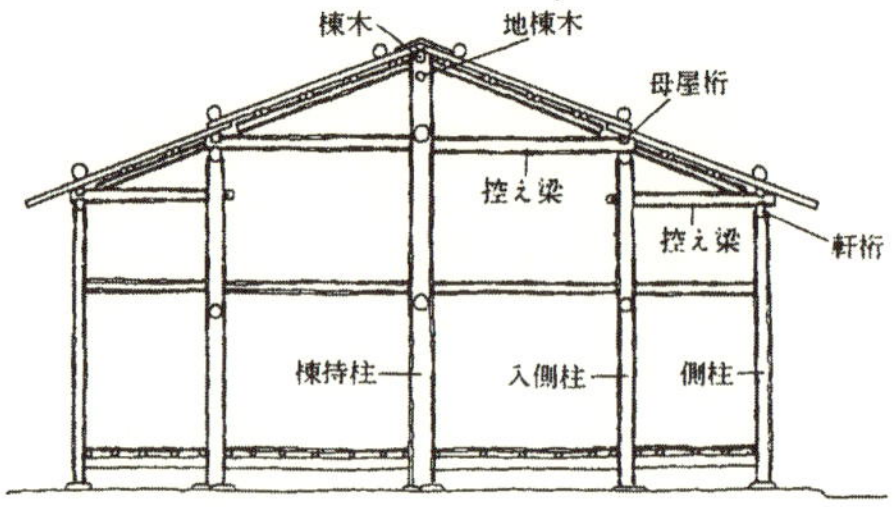


**図9** 茂木六次郎氏宅
（群馬県、16世紀前期、表1-15番）

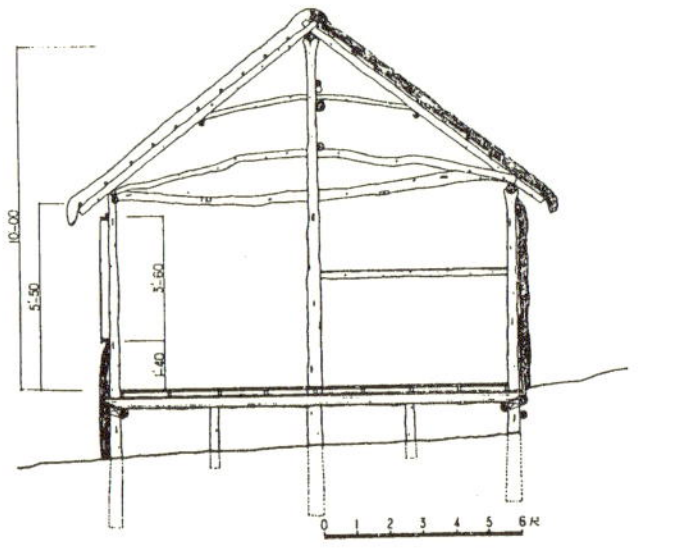

**図10** 浅沼文太郎出造小屋
（東京都、20世紀後期、表1-7番）

けていたことをしめす。ぎゃくに、その結果として、一つの建物のなかで、棟持柱構造と軸部・小屋組構造の双方をもちいた形式が多数みられた、といえる。

　純粋な棟持柱構造や純粋な軸部・小屋組構造のみをみているかぎりでは、前者から後者への移行過程に連続性がうかびあがることはない。しかし、一つの建物のなかにこの二つの構造が混在した遺構は、両者の間によこたわるミッシング・リンクに位置する。純粋な棟持柱構造から純粋な軸部・小屋組構造への移行過程のなかにこのような事例がのこっていることは、一足飛びではない漸進的な変容が広範にみられたことを示唆する。このように、二つの構造を併せ持つ民家こそ、棟持柱構造から軸部・小屋組構造への変遷をさぐるうえで格好の対象である。したがって、以上の構造形式をふまえれば、〈中世の下層住居から近世の上層民家へ一気に転換したことになってしまう〉という清水の指摘は、構造形式に関するかぎり、あてはまらない。ただ、規模に関するかぎり、たとえば梁行二間の建物がとりこわされた後に梁行四間の建物がたてられた場合など、その移行過程は一気に転換したものになろう。しかし、梁行二間にしろ、梁行四間にしろ、それぞれの規模で棟持柱構造と軸部・小屋組構造の双方を一つの建物の中に併せ持つ事例が数おおくみられた事実は、漸進的な移行過程が民家の歴史にみられたことをしめす。この過程は、純粋な棟持柱構造から純粋な軸部・小屋組構造へいたる過程のなかの連続性をものがたるものである。

### 三—二　棟持柱構造と「おだち・とりい」組構造との関係

　では、つぎに、棟持柱構造と「おだち・とりい」組構造との関係を考察する。

　まず、中島信次氏宅[25]（表1—35番、図11）が興味ぶかい。この民家は、棟持柱がおおきくまがっており、とくに梁行断面図であきらかなように棟木から筋のとおった位置に棟持柱がない。一般に、柱というものは地面に対して鉛直にのび、それが棟持柱であった場合、棟木から筋のとおった位置にある。また、梁や桁などがまがっているというものは枚挙にいとまがない。しかし、柱がまがっているという例は土間空間にしばしばみられるが、その数はけっしておおくはない。

　つぎに、桜井健一氏宅[26]（表1—32番、図12）が興味ぶかい。この民家は、棟持柱が上部でまがっており、しかもその頂部が棟木をささえていない。このため、この建物を棟持柱構造の範疇にいれるにはいささか語弊がある。

　さらに、K氏宅[27]（表1—41番、図13）が興味ぶかい。この民家は、前二点とおなじように柱がまっすぐではない。とりわけ、この民家の注目すべき点は、棟持柱が棟木から筋のとおった位置にないため、接ぎ木をするようにして棟木をささえていることである。

　さいごに、三井元昭氏宅[28]（表1—61番、図14）が興味ぶかい。この民家は、棟通りの柱は棟木から筋のとおった位置にあるが、柱がみじかく棟木をささえることができないため、K氏宅とおなじように接ぎ木された材が棟木をささえている。

　これらの四点の民家から抽出すべき事柄は、棟持柱構造とオダチ組との関係性である[29]。この両者の相違点は、軸部と小屋組が分離しているか否かにある。すなわち、「近世民家は軸部と小屋組が分離するのが一般的であることからみると、両者が分離していない方が古式と見なされる。そうであれば、両者の分離が、なぜ、どのようにして起こったか、この問題を解決することが必要になる。(30)」という宮澤智士の提示した問題をかんがえた際、これらの四点の民家が答えのひとつをしめす。

　他方、永井規男は一九七五年に、「近世に入って一般に家屋規模が大きくなってくると、それに応じて家のかたちが高くなり、棟持柱構造にすると相当に長い柱が必要になる。これを避けて、できるだけ短い柱で済むように、まず木戸家のような構造が考えられ、ついで「おだち・とりい」組みへと発展したのではないか(31)」との仮説を提示した。本論で、この永井説に賛同するとともに、さらに推しすすめた見方を提示する。

　軸部と小屋組が分離していない建物の場合、その規模がおおきくなり棟がたかくなればなるほど、棟持柱はながくなる。筋のとおったながい部材がえられない場合、まがった材を使用して建設していたが、まがった材もしくは、まがった木でもその途中で木を切断し、その上に木を接ぎ木することにより棟木をささえる柱として利用することができる。そして、その接ぎ木部分に水平材をかませる架構がかんがえだされ、その結果、オダチ組がでてきた、という移行過程を本論は想定する。この種の移行過程をふまえれば、棟持柱構造から派生してオダチ組構造がでてきたという変容過程がかんがえられる。そして、その両者のあいだをつなぐものとして、棟通りの柱に接ぎ木をした棟持柱をもつ構造がかんがえられる。その具体例がK氏宅（図13）であり、三井元昭氏宅（図14）であった。

　このように、民家の架構は、大局的にみれば、軸部と小屋組の分離してないものからそれらの分離したものへと移行していく。その

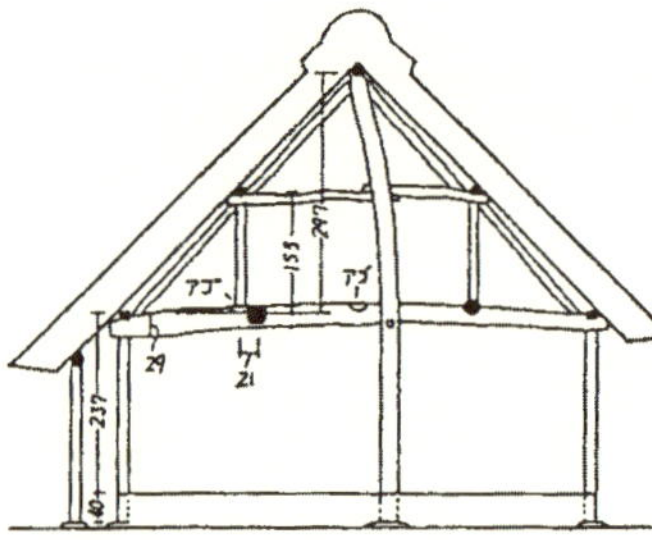

**図11**　中島信次氏宅（山梨県、18世紀中期、表1-35番）

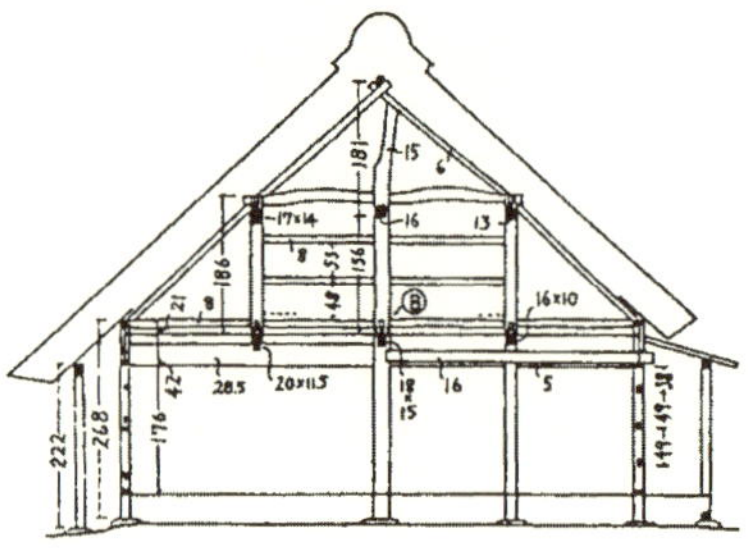

**図12**　桜井健一氏宅（山梨県、18世紀前期、表1-32番）

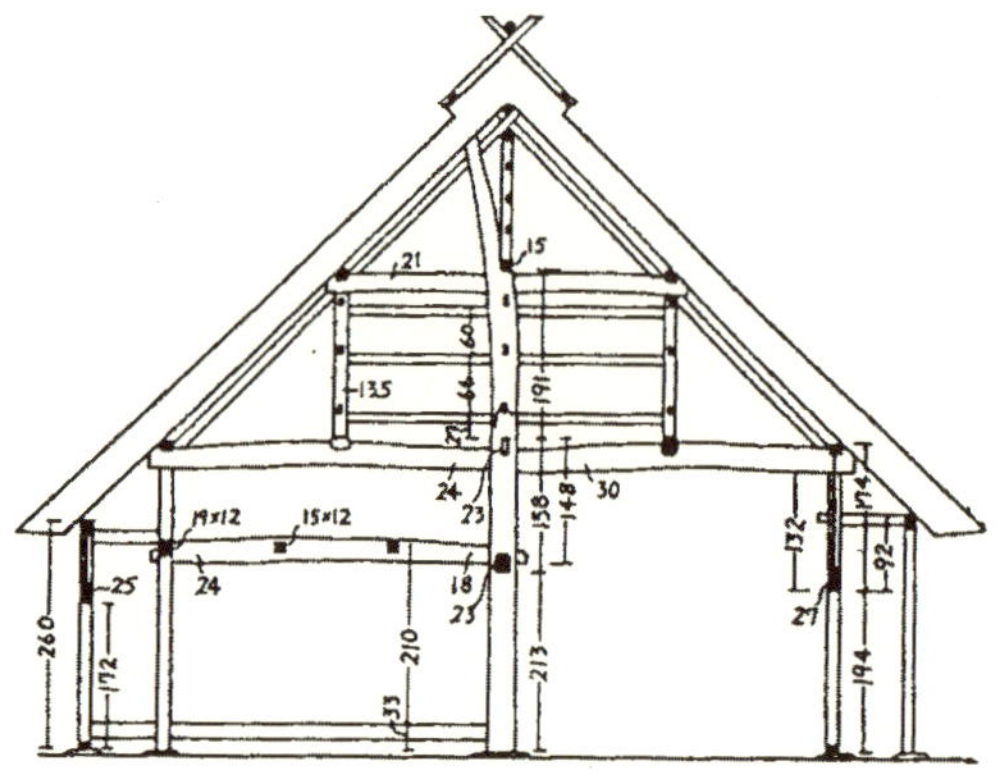

**図13**　K氏宅（山梨県、18世紀後期、表1-41番）

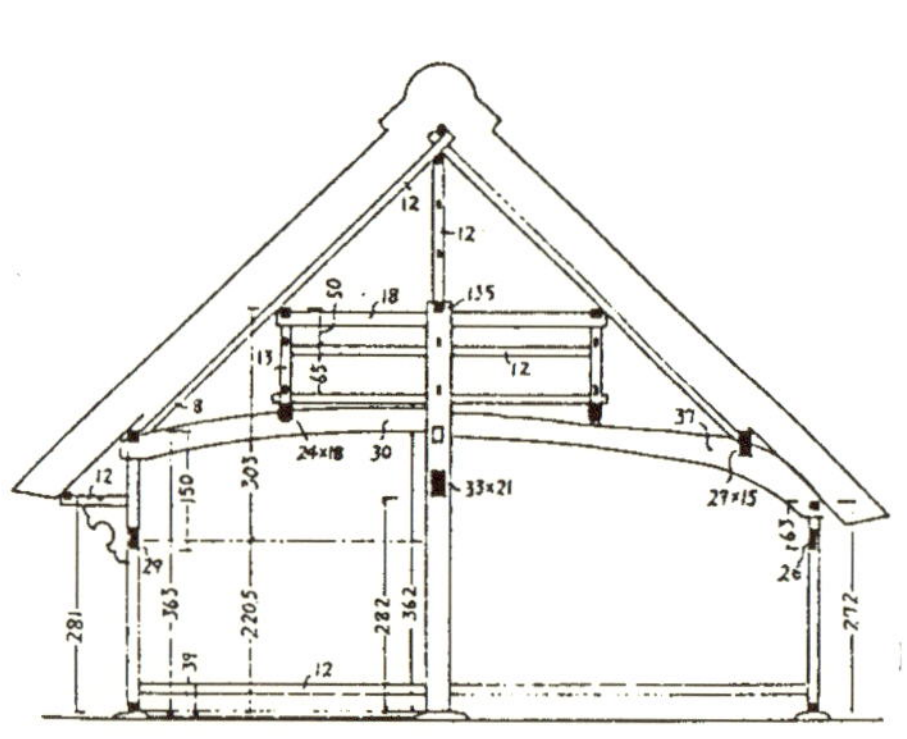

**図14**　三井元昭氏宅（山梨県、19世紀中期、表1-61番）

過程には二通りがかんがえられる。ひとつは建物の全体が新築される際におこなわれるもので、もうひとつは部分的な改修の際におこなわれるものである。前者では、建物をあたらしくする際、あたらしい技術として軸部と小屋組が分離した構法をとる。後者では、建物を部分的に改修する際、あたらしい技術として軸部と小屋組が分離した形をとる。その具体例として槇田栄氏宅（山梨県、一六世紀後期、表1―№21）がある。『日本の民家調査報告書集成9』(32)は、この建物を、「ただし、現在の小屋組は当初の建登せ柱の上部をきり、束式構造に改造されている」と説明する。「建登せ柱」は、『建築大辞典』(33)にて、「とおしばしら　通し柱　木造二階以上の建物で土台から軒桁まで一本物で通した柱。「建登せ柱」ともいう。」とされている。つまり、「建登せ柱」は軸部と小屋組が分離していない構造をさす。この構造をもつ「建て登せ柱の上部」をきって「束式構造に改造されている」という槇田栄氏宅は、軸部と小屋組の分離していない構造から軸部と小屋組の分離した構造へ移行したものといえる。

以上の事例がしめすように、軸部と小屋組の分離していない構造からそれらの分離した構造への移行は、一気に転換するものばかりでなく、徐々に転換していくものもある。では、このような一足飛びではない漸進的な変容過程は、いかなる主体によってうながされていたといえるのか。

## 四　技術の伝承と伝播

軸部・小屋組構造へのこのような漸進的な移行過程は、中間技術によってうながされた、と本論はかんがえる。というのも、図13・14が示すような中間柱頂部の改造は、屋根材をふきかえたときになされたものと想定されるからである。この種の構造をつみかさねていくと、槇田栄氏宅（表1―21番）のように棟持柱構造から束式構造へ改造される事例があらわれる、といえるだろう。宮澤智士によれば、「近世民家では、軸組は大工仕事、その上にのる小屋組は村人の共同作業によってつくることはごく一般的であった」(34)。小屋組は、職人でも一般人でもない中間技術者の手によって、なされていたのである。

ここで、長野県長野市の西に位置する山村・国見のタキモノゴヤ（二〇世紀中期以降、表1―78番、図5）(35)に注目したい。柱間で梁行が二間、桁行一間のこの小規模建造物は掘立棟持柱構造であり、棟木および桁を股木がささえている。壁面は茅を縄でしばったり板でおさえている。この建物の持ち主であるSさん（現在七五歳）に対するヒアリングによると、この建物は、トタン葺のまえはクズヤ（茅葺）であり、いまは針金や釘で部材をかためているが、むかしは縄でしばっており、Sさんの旦那さん（現在七五歳）とそのお父さん（明治三三年～平成八年）がつくられたもので、専門の大工ははいっていないとのことであった。したがって、専門技術者ではない中間技術者によって、この小屋はつくられた、といえる。

ここでこの建物が、山村の小屋として今日にのこったという点に注目したい。この形は、戦国期の戦国合戦屏風にみえる小規模建造物（図3）(36)ににている。これら戦国期の小規模建造物も専門技術者によってつくられた建物ではなく、まったくの素人によってつくられた建物でもなく、両者のあいだに位置する中間技術者の手によるものとかんがえられる。とりわけ島原の乱の場合、そもそも武装しない人々が武装した結果つくった小規模建造物は、屏風のしめすごとく丸太と縄でつくったもので、それは専門技術者によるものではないだろう。しかし、この小屋が定型化されている点は、中間技術者というべき担い手の存在を想定しなければならない。かたや、信州にて散見されるタキモノゴヤは、この形態が山村の小規模建造物として今日まで承け継ぎ伝えられたものと想定される。

以上をかんがえる際、シューマッハーの考え方が参考になる。『人間復興の経済』(37)でシューマッハーは、

> 典型的な発展途上国に固有の技術は象徴的に言って「一ポンド技術」と呼ぶことができる。一方、先進国のそれは「千ポンド技術」とよべるだろう。(中略) 発展途上国が千ポンド技術を導入しようと試みれば、一ポンド技術を危機状態に陥れ、近代工場を作り出すより先に伝統的工場を破壊し、貧しい人々を以前よりもっと絶望的で救い難い状況に放置する結果となる。助けを最も必要とする人々に効果的な援助を与えるとすれば、一ポンド技術と千ポンド技術の中間ぐらいにある技術が必要である。これを象徴的に言えば、「百ポンド技術」と呼ぶことができる(一三五—一三六頁)。

とのべている。この「百ポンド技術」こそがシューマッハーの名付けた「中間技術」である。この技術が、民家構造の発展過程にも相通じる。すなわち近世民家の転換過程において、貴族建築や寺社建築の技術は「千ポンド技術」であった。対して、中世の下層民家の技術はもともとは「一ポンド技術」であった。その技術の差はあまりにもおおきく、もし中世の下層民家の技術に貴族建築や寺社建築の技術を導入しようとすると、あらたな技術の発展よりもむしろ民家の技術を破壊してしまうであろう。そこで「百ポンド技術」であるところの中間技術が介在することが必須であった。そして、この中間技術が介在した結果、軸部と小屋組が分離した、十分な規模をもつ近世の民家は確立された、とかんがえられる。

他方で、宮澤は、「寺社建築や寝殿造など堂を建てる技術の担手は、専門の技術をもった技術者」であり、「全体が高い技術によっている。堂に対し小屋を建てた人々は、専門の技術をもった技術者ではなかったと考えられる。小屋は堂より低い、いわば中間技術によって建てられた。中間技術とは、まったくの素人ではなく経験を積むなかで村人たちが習得した技術である。」とし、建物を堂と小屋にわけ、その技術の担い手を専門技術者と中間技術者にわけた(38)。すなわち、最初は普通の人々が建設にたずさわり、建設を生業とする専門技術者がうまれるとともに、それを生業とせずとも専門技術者との共同作業によって経験をつんだ中間技術者がうまれた。そして、軸組を専門技術者が、小屋組を中間技術者がになうといった場合があり、タキモノゴヤのように中間技術者がすべての建設をになう場合があり、寺社建築や寝殿造などのように専門技術者がすべての建設をになう場合がある。すなわち、両者の関係は、直列の関係ではなく、並列の関係であり、独立した関係ともなり得る。

そこで、中間技術が他発的要素による発展をとげたばかりでなく、内発的発展をとげていることもみのがしてはならない(39)。なぜなら、もし中間技術が内発的発展をとげていないとするならば、近世民家はもっぱら上層住宅や寺社の技術をとりいれるしかなく、近世民家独自の技術や意匠といったものはでてこないはずである。すなわち、近世民家は、たしかに清水のいう〈近世民家の祖型に中世の土豪や武士階級をおくといったような発想〉であるところの貴族建築や寺社建築の技術を導入するとともに、中間技術という独自の技術を発展させていった結果、独自の意匠をもつにいたった、といえる。

そして、その技術が全国地域へひろがっていくには、世間師の存

在がかんがえられる。世間師を宮本常一は、「日本の村々をあるいてみると、意外なほどその若い時代に、奔放な経験を持ったものが多い。村人達はあれは世間師だといっている。」と紹介し、「村を新しくしていくためのささやかな方向づけをしたことはみのがせない。」と指摘する。(40) 建築技術の伝播においても世間師の存在はみのがすことはできない。あたらしい建築技術を見聞した世間師が、移住した土地にそれをひろめる。その技術はその土地で承け継がれるとともに、またあらたな世間師により他の土地へとひろめられていく。

すなわち、伝承という縦の流れを中間技術者がうけおったのならば、伝播という横の流れを世間師がうけおい、近世民家の建築技術は発展をとげた、とかんがえられる。

## 五　結論

以上にみるように、民家の源流である棟持柱構造をもつ民家は、あたらしい技術が考案された際にも、とだえることなく、今日までその形の一部をつたえている。その移行過程のなかで注目されるのは、棟木まで達した柱（棟持柱）と梁下まで達した柱（管柱）が混在する構造であり、棟通りの柱に接ぎ木をした棟持柱をもつ構造であった。その移行過程は、全体的な新築の際におこなわれるものと部分的な改修の際におこなわれるものの二通りがかんがえられる。とりわけ接ぎ木をした棟持柱をもつ構造は、部分的な改修の際におこなわれた移行過程に属する好例といえる。したがって、オダチ組や、棟束をもつ扠首組は、このような部分的な改修という漸進的な移行過程をへて、軸部と小屋組がまったく分離した構造に移行した際にでてきた、棟持柱構造からの派生形である、とかんがえられる。以上の技術の革新にかかわったものとして、中間技術者と世間師という存在を想起しなければならない。両者は伝承と伝播という形式でふかく近世民家の技術的発展にかかわってきた人々であった。

註

（1）玉井哲雄「日本建築の構造」（藤井恵介・玉井哲雄『建築の歴史』中央公論社、三〇三―三〇八頁、一九九五年）参照
（2）畑智弥・土本俊和「京都の町屋における軸部と小屋組」（『日本建築学会計画系論文集』五一三、二五九―二六六頁、一九九八年）、各論A京都1同「京都のマチヤにおける軸部と小屋組」
（3）遠藤由樹・土本俊和・吉澤政己・和田勝・西山マルセーロ・笹川明「信州の茅葺民家にみる棟束の建築的意義」（『日本建築学会計画系論文集』五三二、二一五―二二二頁、二〇〇〇年）、各論B信州1同「同」
（4）土本俊和・遠藤由樹「掘立から礎へ―中世後期から近世にいたる棟持柱構造からの展開―」（『日本建築学会計画系論文集』五三四、二六三―二七〇頁、二〇〇〇年）、総論4同「同」二六三頁参照
（5）註2前掲・畑ほか「京都の町屋における軸部と小屋組」
（6）註3前掲・遠藤ほか「信州の茅葺民家にみる棟束の建築的意義」
（7）註4前掲・土本ほか「掘立から礎へ」
（8）Toshikazu Tsuchimoto: Makinig of the Japanese Timber-framed Houses: Dr.Görün Arun and Dr. Nadide Seçkin: Proceedings of the 2nd International Congress Volume I, pp. 161-171, 2001. 総論5土本俊和「日本民家の架構法」邦訳版

(9) 浅川滋男・箱崎和久編『埋もれた中近世の住まい』（同成社、二〇〇一年）二九二―二九八頁参照

(10) 京都府教育庁文化財保護課編『京都府の民家 調査報告 第七冊―昭和48年度京都府民家緊急調査報告―』（京都府教育委員会、一九七五年）一二頁引用

(11) 小島道裕「一乗谷―中心と周縁」（高橋康夫・吉田伸之編『日本都市史入門Ⅱ町』東京大学出版会、一八四―一八五頁、一九九〇年）一八四頁、福井県立一乗谷朝倉氏遺跡資料館編『特別展 戦国城下町研究の最前線』（福井県立一乗谷朝倉氏遺跡資料館、二〇〇一年）参照

(12) たとえば、土本俊和「近世京都にみる「町なみ」生成の歴史的前提」（『日本建築学会計画系論文集』四七九、二〇七―二一五頁、一九九六年、土本俊和『中近世都市形態史論』中央公論美術出版、二〇〇三年所収）など

(13) ルイス・フロイス『日欧文化比較』、改題『ヨーロッパ文化と日本文化』（岩波書店、一九九一年）

(14) 中村達太郎『日本建築辞彙』（丸善、一九〇六年）の「扠首」の項目（一六一頁）を参照

(15) 宮澤智士「農家の中世から近世へ」（伊藤ていじほか編『日本名建築写真選集 民家Ⅱ 農家』新潮社、八三―一二五頁、一九九三年）一〇八頁引用

(16) 桑田忠親・岡本良一・武田恒夫編『戦国合戦絵屏風集成 第五巻 島原の乱 戦国合戦図』（中央公論社、一九八八年）

(17) 『日本の民家調査報告書集成1 北海道東北地方の民家1』（北海道教育委員会編『建造物緊急保存調査報告書』（一九七二）、秋田県教育委員会編『民家緊急調査報告書』（一九七三）、青森県教育委員会編『民家緊急調査報告書 概要・南部、津軽』（一九七四、一九八〇））（東洋書林、一九九八年）

・『日本の民家調査報告書集成2 北海道東北地方の民家2』（岩手県教育委員会編『民家緊急調査報告書』（一九七八）、宮城県教育委員会編『民家緊急調査報告書』（一九七四））（東洋書林、一九九八年）

・『日本の民家調査報告書集成3 北海道東北地方の民家3』（山形県教育委員会編『民家緊急調査報告』（一九七〇）、福島県教育委員会編『民家緊急調査報告書』））（東洋書林、一九九八年）

・『日本の民家調査報告書集成4 関東地方の民家1』（茨城県教育委員会編『茨城県民家緊急調査報告書』（一九七四）、栃木県教育委員会編『民家緊急調査報告書』（一九八〇、一九八一）、群馬県教育委員会編『群馬県の民家』（一九六八））（東洋書林、一九九八年）

・『日本の民家調査報告書集成5 関東地方の民家2』（埼玉県教育委員会編『埼玉県民家緊急調査報告書』（一九七二）、千葉県教育委員会編『千葉県民家緊急調査報告書 安房地方の民家、上総地方の民家、下総地方の民家』（一九七〇、一九七二―一九七四））（東洋書林、一九九八年）

・『日本の民家調査報告書集成6 関東地方の民家3』（東京都教育委員会編『東京都文化財総合調査報告』、神奈川県教育委員会編『神奈川県古民家調査報告書 足柄地方 昭和44・45年度』、『神奈川県における近世民家の変遷』（一九五八、一九六三））（東洋書林、一九九八年）

・『日本の民家調査報告書集成7 中部地方の民家1』（『新潟県民家緊急調査報告書 上越編、中越編、下越編、佐渡の民家』（一九八〇、一九七九、一九八一、一九七八））（東洋書林、一九九八年）

・『日本の民家調査報告書集成8 中部地方の民家2』（富山県教育委員会編『富山県民家緊急調査報告書、民家緊急調査報告図録編』（一九八〇、一九七〇）、石川県教育委員会編『民家緊急調査報告

書』（一九七三）、福井県教育委員会編『福井県の民家』（一九六九）〉（東洋書林、一九九八年）

・『日本の民家調査報告書集成9　中部地方の民家3〈山梨県教育委員会編『山梨県民家緊急調査報告書』（一九七四、一九七八、一九八〇）、長野県編『長野県史美術建築資料編』（一九九〇）〉（東洋書林、一九九八年）

・『日本の民家調査報告書集成10　中部の民家4〈岐阜県教育委員会編『岐阜県民家緊急調査報告書、昭和52年度民家緊急調査報告書』（一九七一、一九七八）、静岡県教育委員会編『民家緊急調査報告書』（一九七三）、愛知県教育委員会編『愛知県民家緊急調査報告書』（一九七五）〉（東洋書林、一九九八年）

・『日本の民家調査報告書集成11　近畿地方の民家1〈京都府教育委員会『京都の民家調査報告第一―七冊』（一九六六―一九七五）〉（東洋書林、一九九七年）

・『日本の民家調査報告書集成12　近畿地方の民家2〈三重県教育委員会編『三重県民家調査概報』（一九七三）、滋賀県教育委員会編『滋賀県緊急民家調査報告書』（一九六六）、兵庫県教育委員会編『播磨地区調査概報』（一九六九）、奈良県教育委員会編『奈良県文化財調査報告書　第13集　民家緊急調査報告書』（一九六六）、和歌山県教育委員会編『和歌山県文化財学術調査報告書　第4冊』、大阪府教育委員会編『大阪府文化財調査報告書　第10、16、18輯』〉（東洋書林、一九九七年）

・『日本の民家調査報告書集成13　中国地方の民家〈鳥取県教育委員会編『鳥取県文化財調査報告書』（一九七四）、島根県教育委員会編『民家緊急調査報告書』（一九六九）、宮澤智士『岡山県の民家』（一九九九）、迫垣内裕『広島県の民家』（一九九九）、山口県教育委員会編『民家緊急調査報告』（一九七二）〉（東洋書林、一九九八年）

・『日本の民家調査報告書集成14　四国地方の民家〈徳島県教育委員会編『民家緊急調査報告書』（一九七一）、愛媛県教育委員会編『民家緊急調査報告書』（一九七一）、高知県教育委員会編『民家緊急調査報告書』（一九七二）〉（東洋書林、一九九八年）

・『日本の民家調査報告書集成15　九州地方の民家1〈福岡県教育委員会編『緊急調査報告書』（一九七二）、澤村仁編『大分県の民家』（一九九九）、佐賀県教育委員会編『佐賀県の民家』（一九七四）、長崎県教育委員会編『長崎県緊急民家調査報告書』（一九七二、一九七四）〉（東洋書林、一九九八年）

・『日本の民家調査報告書集成16　九州地方の民家2〈『熊本県民家調査緊急調査概報』（一九七二）、『鹿児島県文化財調査報告書（第36集）』（一九七五）、武者英二『久米島民家の空間構成について』、武者英二『与那国島民家の調査』〉（東洋書林、一九九八年）

(18)　太田博太郎・小寺武久『妻籠宿　その保存と再生』（彰国社、一九八四年）

(19)　楢川村誌編纂委員会編『暮らしのデザイン　木曾・楢川村誌　第六巻　民俗編』（長野県木曾郡楢川村、一九九八年）

(20)　信州大学工学部土本研究室編『棟柱　第4号』（信州伝統的建造物保存研究会、二〇〇一年）、信州大学工学部土本研究室編『棟柱第5号』（信州伝統的建造物保存研究会、二〇〇二年）

(21)　大阪府教育委員会編『大阪府の民家　第3』（大阪府教育委員会、一九六七年）

(22)　註15前掲・伊藤ほか編『日本名建築写真選集　民家Ⅱ　農家』

(23)　石原憲治『日本農民建築第1輯―第8輯』（南洋堂書店、一九七二―一九七三年）

(24)　註9前掲・浅川ほか編『埋もれた中近世の住まい』

(25) 註17前掲『日本の民家調査報告書集成9』一九四頁、三一一頁参照

(26) 註17前掲『日本の民家調査報告書集成9』一四九頁、二八五頁参照

(27) 註17前掲『日本の民家調査報告書集成9』一九七頁、三一二頁参照

(28) 註17前掲『日本の民家調査報告書集成9』一八七頁、三〇八頁参照

(29) 棟持柱構造と扠首組との関連性は別稿にゆずる。

(30) 註15前掲・宮澤「農家の中世から近世へ」一〇六頁引用

(31) 註10前掲『京都府の民家 調査報告 第七冊』

(32) 註17前掲『日本の民家調査報告書集成9』一二八頁引用

(33) 彰国社編『建築大辞典〈縮刷版〉』（彰国社、一九七六年）一〇七九—一〇八〇頁参照

(34) 註15前掲・伊藤ほか編『日本名建築写真集 民家Ⅱ 農家』九〇頁引用

(35) 註20前掲『棟柱第 5号』一一—三頁参照

(36) 註16前掲『戦国合戦絵屏風集成 第五巻』参照

(37) E・F・シュマッハー著、斉藤志郎訳『人間復興の経済（原題："Small is Beautiful"）』（佑学社、一九七六年）一三五—一三六頁引用。なお、本文中ではシューマッハーという表記をもちいた。

(38) 宮澤智士「庶民住宅 堂と小屋の観点から」（小泉和子・玉井哲雄・黒田日出男編『絵巻物の建築を読む』東京大学出版会、一〇五—一二八頁、一九九六年）一二六頁引用

(39) 「他発的」と「内発的」との用語は、夏目漱石「現代日本の開化」（三好行雄編『漱石文明論集』岩波書店、七—三八頁、一九八六年）三四頁参照。

(40) 宮本常一『忘れられた日本人』（岩波書店、一九八四年）

初出 二〇〇二年六月 内田健一・土本俊和

補記1 註29でふれた「棟持柱構造と扠首組との関連性」については、総論8土本「民家のなかの棟持柱」のなかで論じた。

補記2 茂木六次郎氏宅（七六頁、図9・七八頁）については、文化財建造物保存技術協会編『重要文化財 茂木家住宅保存修理工事報告書』富岡市教育委員会（一九七七年初出）がある。

補記3 浅沼文太郎出造小屋（七六頁、図10・七八頁）は、小笠原諸島の建物であり、山崎弘「小笠原諸島の建築」（『文化財の保護』一四、四九—七五頁、一九八二年）のなかで詳述されている。

# 総論7　棟持柱構造と軸部・小屋組構造を併せ持つ切妻小規模建造物

## 一　研究の目的と方法

民家の構造は、棟持柱構造と軸部・小屋組構造に大別される。これらにくわえ、棟持柱構造と軸部・小屋組構造を併せ持つ構造がある。この三つを判別するには、一断面のみによる判断では不十分であり、架構全体をとらえる必要がある。架構全体をとらえた内田・土本「棟持柱構造から軸部・小屋組構造への転換過程」（二〇〇二初出、総論6）は、棟持柱をもつ民家のおおくが、棟持柱構造と軸部・小屋組構造を併せ持つ構造である、と指摘した[1]。ふるくは、関口「甲府盆地東部の近世民家」（一九六三）が、甲府盆地東部笛吹川流域に即して、棟持柱と軸部・小屋組構造である「四建」を併せ持つ構造に言及した[2]。かつては、民家は軸部と小屋組が分離した構造が一般的であり、軸部と小屋組の分離しない棟持柱構造は少数派である、とされた[3]。しかし、おもな対象は、住居としての民家であり、小規模建造物をふくんでいなかった。この点を土本「戦前の棟持柱祖形論」（二〇〇四初出、総論3）が以下のように指摘した。すなわち、戦後の民家研究は、「小規模な建造物としての小屋を民家の対象として積極的にあつかう視点をうしなっていた[4]」。ここでは、戦後の民家の対象からはずされがちであった梁行二間、桁行三間程度の小規模建造物のうち、棟持柱構造と軸部・小屋組構造を併せ持つ切妻建造物をあつかう。切妻は、もっとも簡単な屋根形式であり、小規模建造物においてことに支配的である[5]。内田・土本（総論6）は、棟持柱構造と軸部・小屋組構造を併せ持つ構造を、棟持柱構造から軸部・小屋組構造への転換過程における過渡的な姿と指摘した。この指摘は、はたして切妻小規模建造物にどの程度あてはまるのか。

**図1**　山梨の四つ建て

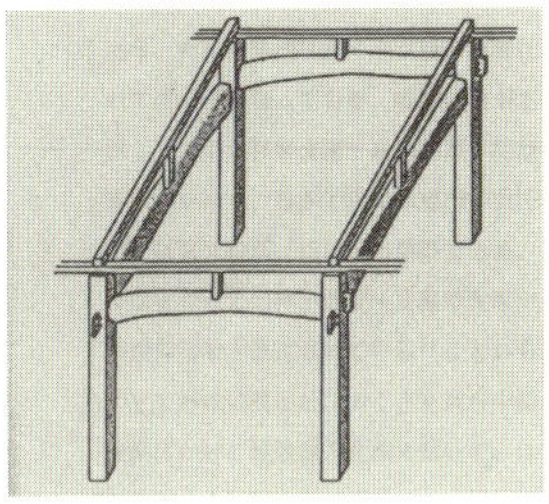

**図2**　尾張の四つ立て

宮澤「庶民住宅　堂と小屋の観点から」（一九九六）は、中世の建築を「堂」と「小屋」にわける。そのうち、「小屋」は、「小さくて粗末な家、仮小屋、雑物・家畜などを入れておく小さな建物、主な建物に付属して建てられた従者の住居、芝居・見せ物など興業に使用する建物[6]」で、専門の技術者ではない人々がたてるものであった、とされる。ここであつかう小規模建造物は、宮澤のさす「小屋」であり、専門の技術者ではない人による。この小規模建造物は、大規模な民家にくらべ、材料や技術点から耐用年数がみじかい。

棟持柱構造から軸部・小屋組構造への移行は、新築と部分的な改修の二通りがある[7]。耐用年数のみじかい小規模建造物は新築の機会がおおい。とくに、梁行二間、桁行三間程度の棟持柱構造の小屋は、棟木をささえる棟持柱の数が大規模建造物にくらべてすくなく、さらに小規模な小屋になると両妻面のみに棟持柱をもつため、部分的な改修の場合でも、純粋な軸部・小屋組構造へ移行しやすい。すなわち、新築の場合も、部分的改修の場合も、小規模建造物は、棟持柱構造から軸部・小屋組構造へたやすく移行するだろう。しかし、棟持柱をもつ小屋は、いまもなお確実に存在する。なぜ、小規模建造物に依然として棟持柱構造がのこるのか。

では、棟持柱構造と軸部・小屋組構造の差異を「四建」に即して確認する。関口が「四建」とする構造は、「四本の柱をたてて四角な枠をつくり、この枠から四周に梁をだして側をつくる」(8)構造であり、図１を「四建」とする。一方、富山「尾張の四つ立て民家」(9)は、図２を「四つ立て」の基本軸組とするとともに、図１を「四つ建て」とする。『日本民家語彙解説辞典』は、「四つ建て・四つ立て」を、「山梨県甲府市付近や愛知県尾張地方などの農家において、平入り主屋で、土間上手隣の室の四隅に立つ柱を中心に構成された家屋を指す呼称」(10)とするものの、富山と同様に、図１と図２をともに「四つ建て」とする。図１はたしかに四本の柱をたてるが、棟木をささえる垂直材は、四本の柱の頂部より下にのび、さらに、「四角の枠」の一辺に棟持柱をふくむため、軸部・小屋組構造というよりむしろ棟持柱構造にちかい。関口のいう「四建」は、図１より図２をさすであろう。つまり、「四つ建て」という定義は、棟持柱構造という概念にふれると曖昧になる。この種の混乱は、土本（総論３）が指摘するように、戦後の民家研究が「軸部と小屋組が分離していない棟持柱構造への関心がよわかった」(11)結果であるとともに、民家の構造を架構全体でとらえる姿勢がよわかった結果でもある。よって、本論は、棟持柱構造と軸部・小屋組構造を併せ持つ切妻小規模建造物について、その構造を一断面による判断ではなく、架構全体でとらえる。

また、土本編『中世後期から近世に至る掘立棟持柱構造からの展開過程に関する形態史的研究』（二〇〇五）(12)は、棟持柱祖形論に即した一連の研究成果である。これら先行研究をふまえ、本論は、建築遺構図面、文献資料、発掘遺構資料、ヒアリング資料をもちいて、棟持柱構造と軸部・小屋組構造を併せ持つ切妻小規模建造物について、棟持柱の建築的意義を、おもに構造の観点から検証する。

## 二　棟持柱構造と軸部・小屋組構造を併せ持つ建造物

### 二―一　大規模建造物

内田・土本（総論６）(13)は、『日本の民家調査報告書集成１～16』などの文献(14)から棟持柱構造を採取した。そのうち、小規模建造物はすくなく、ほとんどが大規模な住宅であり、大半が棟持柱構造と軸部・小屋組構造を併せ持つ建造物であった。また、『山梨県の民家』（一九八二）(15)も、棟持柱構造と軸部・小屋組構造を併せ持つ大規模建造物をおさめ、棟持柱と「四建」を併せ持つ構造をとらえつつも、甲府盆地東部の民家の祖形を「四建」と結論づけた。棟持柱をふるい構造と指摘したものの、祖形を「四建」とした根拠は、「四建」がふるい構造であるとの伝承であった。この帰結は、戦後の民家研究が、棟持柱構造への関心がよわかったことや、全体の架構でとらえる視点をうしなっていたことによるだろう。さらに、『日本の民家　第五巻　町家Ｉ』（一九八〇）は、関東・東北に遺存する町家のなかできわだってふるいとされる生方家住宅の項にて、「軸組と小屋組がはっきり分かれている」[16]とした。たしかに、梁間断面図を一つみると、軸部と小屋組がわかれている。しかし、切妻・妻入のこの民家の表側妻面をみると、そこに棟持柱がある。したがって、「軸組と小屋組がはっきり分かれている」という指摘は、生方家住宅にあてはまらない。

## 二―二　棟持柱構造から軸部・小屋組構造への転換過程

では、いかに棟持柱構造と軸部・小屋組構造を併せ持つ構造が存在するにいたったのか。この問をとく鍵が一連の棟持柱祖形論のなかにある。まず、土本・遠藤「掘立から礎へ」（二〇〇〇初出、総論4）は、中世後期において「日本の民家の支配的な源流」を梁行二間の掘立棟持柱構造と想定し、「農家もマチヤもともにその大半は梁行二間の掘立棟持柱構造から出発していた」[17]とした。さらに、内田・土本（総論6）は、民家調査の成果から八八棟の棟持柱をもつ建物をあげ、「棟通りにある柱のすべてが棟持柱である建物は九軒（10％）しかなく、ぎゃくに、棟木まで達した柱（棟持柱）と梁下まで達した柱（管柱）が混在している建物が多数をしめる」[18]とし、棟持柱構造と軸部・小屋組構造を併せ持つ建物が多数存在し、純粋な棟持柱構造は少数派であるとした。棟持柱構造と軸部・小屋組構造が一つの建物のなかに共存する姿は、棟持柱構造から軸部・小屋組構造へ転換する際の過渡的な姿に対応し、かつて「一足飛びではない漸進的な変容」[19]があったことを示唆する。

とはいえ、ここで考慮すべき点は、棟持柱構造と軸部・小屋組構造が混在する建築的意義が、大規模建造物と小規模建造物でことなる、ということである。以下にその差異をあきらかにしたい。

まず、大規模建造物とは対照的に、ふるい遺構に小規模建造物はない。これは、「大多数の中世の民家は、掘立柱の小屋程度の建物であったから、長い年月に耐えうるものではなかった」[20]ことや、「専門の大工など職人によらなくても建築が可能」[21]であったため、技術的にながい耐用年数を獲得できなかったことによる。また、小規模建造物は、棟通りにある柱数が大規模建造物にくらべてすくなく、そもそも内部に柱のないものもおおい。つまり、耐用年数がみじかい小規模建造物は、たてかえの機会がおおかったばかりでなく、棟通りに柱がすくないことにより、部分改修に際しても棟持柱構造から軸部・小屋組構造へすみやかに転換できた。

くわえて、永井規男は、北山型の民家に即して、「一般に家屋規模が大きくなってくると、それに応じて家のかたちが高くなり、棟持柱構造にすると相当に長い柱が必要になる」[22]とした。しかし、二間×三間程度の小屋は、そもそもながい柱を必要としない。

以上、棟持柱構造と軸部・小屋組構造を併せ持つ大規模建造物は、純粋な棟持柱構造から純粋な軸部・小屋組構造へ移行する際の過渡的な姿をしめす。とはいえ、小規模建造物は、大規模建造物よりもはるかに容易に棟持柱構造から軸部・小屋組構造へ移行する。このため、棟持柱構造と軸部・小屋組構造を併せ持つ小規模建造物は、単に過渡的な姿にとどまるのではなく、積極的な存在理由をもつと想起せざるをえない。以下では、小規模建造物が棟持柱構造を部分的にたもちつづけた意義を建築的に検討する。

## 二―三　小規模建造物

まず、棟持柱構造をもつ小規模建造物を確認する。エドワード・

モースは、「せまい家の、しかも、屋根が切妻であるばあい、建物のそれぞれの妻面の中央の柱が、直接、棟木をささえ、これからタルキが軒まではしっている」[23]とした。さらに、石原や今をはじめとした戦前の民家研究者らによって、棟持柱構造をもつ小規模建造物が数おおく採集された[24]。本研究は、山梨県牧丘町（現・山梨市）、長野県飯山市、および長野県長野市にて棟持柱構造をもつ小規模建造物を採集した[25]。それらは、いづれも切妻屋根であった。

　棟持柱構造を中世民家の支配的源流のひとつとする棟持柱祖形論に関連して、土本・遠藤（総論4）は、梁行二間の掘立棟持柱構造が中世後期にあまねく存在したとした[26]。実際、戦前の民家研究にて、石原や今などが採取した棟持柱構造の小規模建造物は、棟持柱祖形論のいう梁行二間の掘立棟持柱構造が、中世後期から脈々と承け継がれてきたことを如実にしめす。以下、切妻屋根と棟持柱構造の関係をさぐる。

## 三　切妻屋根の建造物

### 三―一　構造的にみた切妻屋根

　棟持柱をもつ建物は、切妻、寄棟、入母屋、片入母屋などの屋根をもつが、大半が切妻屋根である。ここに切妻屋根と棟持柱のつよいむすびつきをみいだせる。では、この二者を棟持柱構造からはなれた観点にて検討する。

　まず、扠首構造を検討する。川島『滅びゆく民家―間取り・構造・内部―』（一九七三）は、「叉首組は、梁間方向に対して非常に堅固な三角架構であるが、桁行方向の横倒れに対してはきわめて脆弱[27]」であるとし、これをふせぐために、「追い叉首」あるいは「向う叉首」をいれて横倒れをふせぐとした。川島がさす「叉首組」は隅扠首や追い扠首をふくまない平扠首（二脚）である。川島によれば、「叉首の発想は収穫した稲を干す稲架（はざ）によるものと思われるが、この稲架も横倒れを防ぐために両端に突張り木を結びつけたり、両端のみを（中略）三本組の三角錐とする。小屋組でこの突張り木にあたるものは「追い叉首」[28]であった。しかし、この「突張り木」をもちいた三脚は、一組では、「突張り木」に引張力がかかるとその脚部がひきぬかれて、不安定になる。このため、安定となるには対向して三脚が二組必要である。この構造に隅扠首をくわえたものが、寄棟や入母屋の一般的な骨組である。この構造を「突張り木型三脚」（図3―1）とする。「三本組の三角錐」は、一組でも安定する。この構造を「三角錐型三脚」（図3―2）とする[29]。この原理をそのまま小屋組に用いたのがアイヌのチセである。突張り木型三脚の扠首組をそのまま切妻屋根にもちいた、川島が荘川地方に即してあげた特異な例[30]は、寄棟造りから切妻造りへ転換した特異な例であろう。一般に、切妻の場合、「追い叉首を組みこむことはできないので、各合掌間に「はがい」と呼ぶ筋違を襷型に組みこむことによって、合掌の倒壊を防いでいる」[31]と川島は指摘した。同様に、ブルーノ・タウトは、白川郷の民家に即して、「屋根は、ヨーロッパ中世のそれの如く明確な三角結合（合掌屋根）をなし、縦の方向の風壓や地震に対しては巨大な筋違材によつて強化せられ、また屋根の壓力は最下階に於て

3-1　突張り木型三脚　3-2　三角錐型三脚

**図3**　三脚二組の２タイプ

極めて論理的に外柱によつて支へられてゐるのである」[32]とした。『建築大辞典 第2版』の「はがい」の項が「合掌造りの民家において、合掌の倒れるのを防ぐために合掌間に入れてある筋かい」[33]とするように、タウトのいう「巨大な筋違材」は、「はがい」に対応する。白川郷の「はがい」に関して、『民俗建築大事典』は、「叉首組の切妻構造では横揺れに弱い。サスの背に横材のヤナカはもちろん当てられるのであるが、まだ不安定である。そこで叉首組の桁行方向に斜め材を取り付けることが行われる。これをハネガイ（白川ではハガイ）という」[34]とした。つまり、切妻屋根における不安定な扠首組（二脚）を克服するために、「はがい」がもちいられる場合があった。

では、つぎに、垂木構造を検討する。垂木構造は、一般に、束が母屋や棟木をささえる構造である。『民俗建築大辞典』は、「束立《つかだて》は水平力に弱い」とし[35]、さらに沖縄久米島では切妻が一割もみたない理由として、「架構上簡単であるが、台風の多い地域にあっては、妻側に風圧を受けやすく破損しやすいことによる」[36]とした。つまり、切妻屋根は、扠首構造でも垂木構造でも、桁行方向の水平力に対してよわいため、なんらかの補強がほどこされる必要があった。

以上、扠首組は、三脚と二脚にわかれる。三脚は、突張り木型と三角錐型にわかれる。突張り木型三脚の扠首組は、小屋組がこの構造を対向して二組もつことにより安定となる。一方、三角錐型三脚の扠首組は、その構造を小屋組が一組もてば安定となる。対して、二脚をなす扠首組は、梁間方向の水平力にはつよいが、桁行方向にはよわく、小屋組が二脚を何組もっても、不安定のままである。これを克服するために、切妻でなければ、妻面の両側に「追い叉首」や「向う叉首」をもちいる。この姿は、突張り木型三脚が小屋組に対向して二組ある姿をしめす。その屋根は、寄棟か入母屋になる。しかし、切妻では、「追い叉首」をもちいえないから、「はがい」をもちいて桁行方向の水平力に対処する。また、切妻における垂木構造は、扠首構造と同様、桁行き方向の水平力によわいので、なんらかの補強が必要になる。つまり、寄棟屋根は、突張り木型三脚を対向して、二組あるいは三角錐型三脚をもちいるため、構造的に安定である。対して、切妻屋根は、「はがい」などで補強をほどして構造的な安定をたもつ必要があった。

## 三―二　長野県飯山市のタテノボセ造り（棟持柱構造）

ではさらに、棟持柱構造に即した観点にて、切妻小規模建造物における棟持柱の建築的意義を検証する。長野県北部の飯山地方には棟木を地面から一本の通し柱でささえる「タテノボセ」とよばれる棟持柱をもつ構造がみられる[37]（図4）。この「タテノボセ」をもつ民家を「タテノボセ造り」と定義する。『職人がつづる職人誌』（一九七九）は、この構造を、「「立登せ」構造といわれる、中心柱が棟まで貫いている方式」[38]とし、「「立登せ」構造は、「叉首」構造と同じく、雪の重量に耐えるためと、家全体の狂いを防ぐために生み出された方式」[39]であるとした。しかし、上記の「叉首」構造は、隅扠首や追い扠首をふくめた扠首組であって、切妻屋根における平扠首ではない。「タテノボセ造り」は、切妻屋根であり、隅扠首や追い扠首をもちいないから、「はがい」が必要になる。しかし、「タテノボセ造り」は、「はがい」をもたず、棟持柱をもつ。日本でも有数の豪雪地帯である飯山地方では、「雪に耐えるための構造を第一に考えている」[40]という。実際、この「タテノボセ造り」は、「飯山地方では山間部の積雪量の多い地域にたくさん見られる方式」[41]で

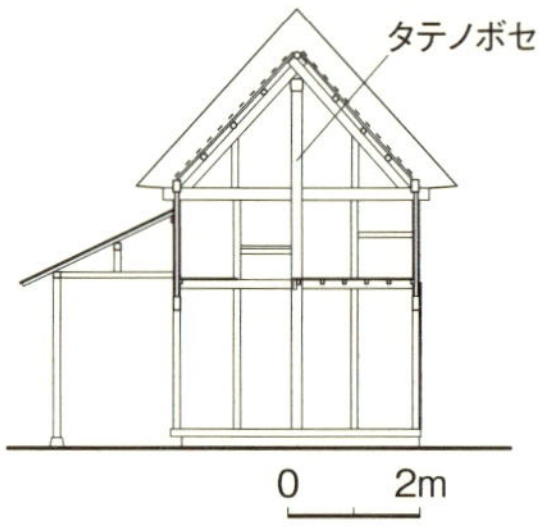


**図4**　タテノボセ造り

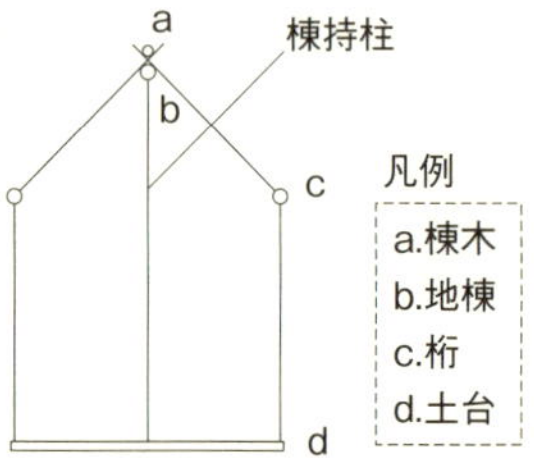


**図5**　棟木と地棟

ある。ここに、積雪荷重との関連にて棟持柱の建築的意義がみいだせる。

土本編（二〇〇五）は、飯山地方における「タテノボセ造り」の民家実測図と、これに即した論考として早川・鵜飼・土本「タテノボセと土台からみた小規模建造物」（二〇〇五）をのせる。[42] 以下では、この論考に即して棟持柱の構造的役割を検証する。

梁行が二間半、桁行が三間半程度であり、棟持柱のながさが一様に三間程度である「タテノボセ造り」は、本論のいう小規模建造物にふくまれる。屋根は、一件をのぞいて、すべてが茅葺きであった。その用途は、ほとんどが物置小屋であった。早川・鵜飼・土本（二〇〇五）は、垂直方向と水平方向の荷重外力それぞれに対し、棟持柱の建築的意義を「タテノボセ造り」に即して検証した。

まず、垂直方向を考察する。飯山地方における「タテノボセ造り」は、棟木が二本ある（図5a、b）。ひとつは、土台からたちあがる棟持柱にのる地棟とよばれる棟木である（図5b）。もうひとつは地棟にのる斜材二本の交叉部にのる棟木である（図5a）。この二本の棟木は部材断面がことなり、「下の棟木と上の棟木の断面を比較すると、下の棟木は一八〇㎜角程度であるのに対し、棟木は九〇㎜角程度」[43]であった。つまり、屋根面は、地棟をささえる棟持柱といった垂直材にささえられていた。この姿は、垂直方向の荷重外力に対して有効であろう。

つづいて、水平方向を考察する。川島は先述のように、「叉首組は、梁間方向に対して非常に堅固な三角架構であるが、桁行方向の横倒れに対してはきわめて脆弱」であるとした。この指摘を「タテノボセ造り」に即して検討する。弓削『深雪地下水内郡の地理的考察』（一九五四）は、「タテノボセ造り」を以下のようにしるした。すなわち、「多雪地帯特有の建築相であつて、屋根に降りつもつた積雪の重量と強風に耐えるための構造である。タテノボセ造りでなく、中央の柱を梁で二分した普通の造りの建物は古くなると雪の重量と強風のため梁から上の切妻の部分が前方へはみ出たり一方に傾いたりすることがある。そのためたてのぼせ造りでない物置の中には屋根が一方に傾くのを防止するため、内側へ支えの柱を斜に両側から梁の上へ特設しておるものもある」[44]。さらに、『下水内郡地理資料第三輯』（一九三八）は、「タテノボセ造り」の物置について、「本地方特有の建築様式にして主として物置であるが、其の側面即ち切妻側の柱の中、中央部の柱が他の柱のやうに梁の所で終らずに更に其の上方の棟木の處迄延びて直接に棟木を受ける。そこで梁がそのために左右に分れ、神宮造の如き形式をなしてゐる。これも雪の為であって、若しも普通の様式にしておくと、積雪のために梁から上の切妻の部分が前方へはみ出ることがあるからである」[45]とした。これら二点の指摘をふまえれば、棟持柱は、積雪という垂直と強風という水平の二方向の外力に抵抗するための構造材である、といえる。切妻であるのに棟持柱のない構造は、小屋組部分が一方にかたむいたり、はみだしたりしてしまうので、それをふせぐために特別な部材をもちいる必要が生じる。対して、切妻屋根における棟持柱は、柱方向への垂直荷重と桁行方向への水平荷重に抵抗する。

　これを実際にしめす資料がある。土本編（二〇〇五）は、「タテノボセ造り」ではない、切妻屋根をもつ軸部・小屋組構造が倒壊するヒアリングを早川らの調査をもとに掲載した。梨本作治氏は、「タテノボセ」のない切妻の小屋組の妻面がかたむくことを認識しており、実際に何件かみたことを証言した。[46] また、木内順一氏も同様の証言をしており、棟持柱が一本でもあれば、そうした妻面部分の倒壊はおこらないが、棟持柱がない場合は、筋違をもちいて補強する、と証言していた。[47] また、早川らは、一見すると、「タテノボセ造り」とみられる建物で、棟持柱のない、軸部・小屋組構造の小屋組の妻面が桁方向にかたむいている事例、[48] および、その対策として「はがい」をもちいた事例を採集した。[49] つまり、「タテノボセ」がある建物とそれのない建物は、構造的におおきくことなる。「タテノボセ」がない建物は安定をえるために「はがい」が小屋組に必要となる。

### 三―三　棟持柱構造と軸部・小屋組構造を併せ持つ小規模建造物

　棟持柱構造と軸部・小屋組構造を併せ持つ切妻小規模建造物の四例をあらたに精査した結果を、以下にしめす。山梨県牧丘町（現・山梨市）にて二例（同西保中、同倉科）、長野県飯山市柏尾にて一例、長野県長野市浅川にて一例である。四例はともに片方の妻面のみに、土台からたちあがる一本の柱が棟木をささえる棟持柱構造をもつ。牧丘町の二例はともに、片方の妻面に棟持柱をもつが、もう片方の妻面には、棟通りに柱がなく、礎石からたちあがる二本の側柱の間に横架材がさしこまれ、この横架材に棟通りの垂直材がのる（図6―1、図7―1）。飯山市柏尾および長野市浅川の二例はともに、建物の下部四方にしかれた土台から棟持柱を片方の妻面のみにたちあげている。飯山柏尾の一例では、もう片方の妻面は、棟通りに棟持柱をもたず、側柱を土台よりたちあげ、牧丘町の二例と同様に、二本の側柱の間に横架材がさしこまれ、棟通りの垂直材がこの横架材にのる（図8―1）。長野市浅川の一例は、片方の妻面の棟通りに棟持柱をもつものの、もう片方の妻面の棟通りには梁下までの柱をもつ。（図9―1）。牧丘町および飯山市はともに、棟持柱構造をもつ民家が数おおくのこる地域であるから、棟持柱構造と軸部・小屋組構造を併せ持つ小規模建造物がみられるのは、不自然ではない。しかし、牧丘町の二例は、便所と物置をかねた建物であり、棟持柱のない妻面（図6―1、図7―1）で、棟持柱のある妻面（図6―2、図7―2）よりもふとい側柱をもちいるから、この二例は、あきらかに一体の堅牢な架構であった。また、長野市の民家は一般に軸部と小屋組が分離した構造の寄棟であるが、長野市浅川の小屋は切妻で棟持柱をもっていた（図9―2）。

　以上から、さきの「タテノボセ造り」でみたように、切妻の場合、架構のなかに棟持柱を一本でものこすことが、構造的に重要である、というみとおしがなりたつ。すなわち、棟持柱構造と軸部・小屋組構造を併せ持つ切妻小規模建造物は、棟持柱構造から軸部・小屋組構造へ移行する際に発生した形式であるものの、もはや、その姿は、過渡的な状態からはなれた一つの架構類型として成立した結果、今日につたえられた、とかんがえられる。

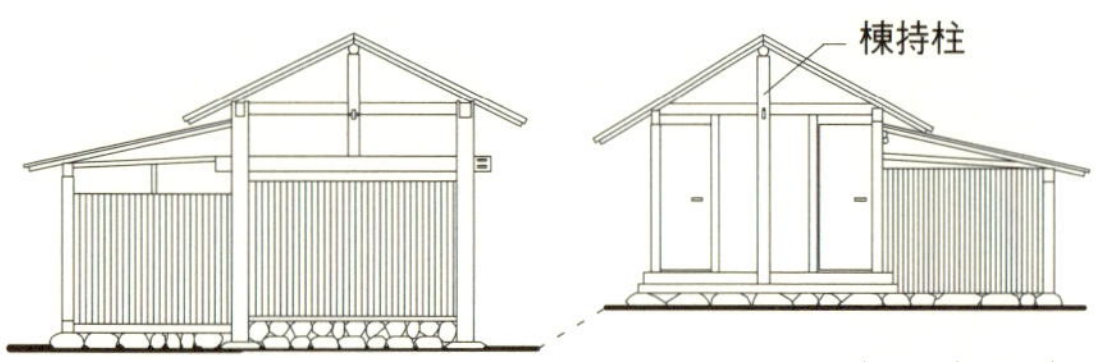


6-1　南側妻面　　6-2　北側妻面

**図6**　戸田千恵子家便所　立面図（山梨県牧丘町西保中）

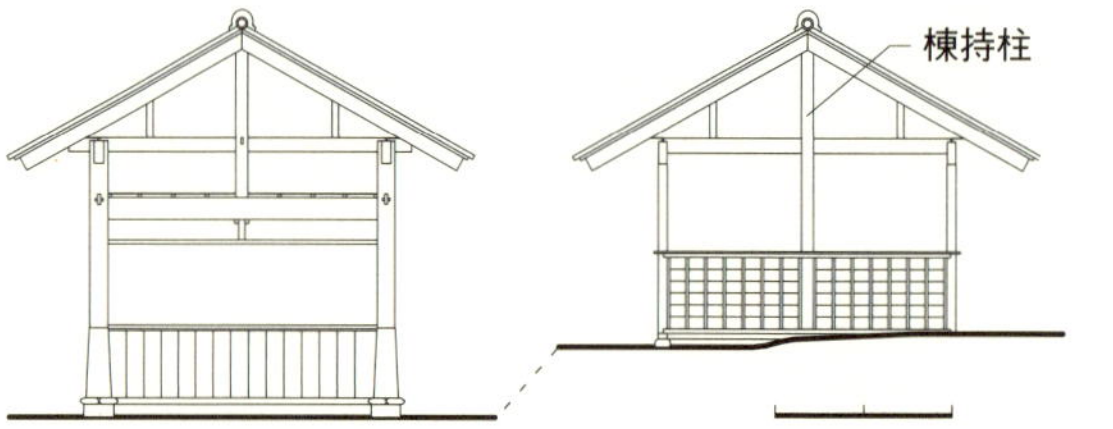


7-1　南側妻面　　7-2　北側妻面

**図7**　妣田圭子家便所　立面図（山梨県牧丘町倉科）

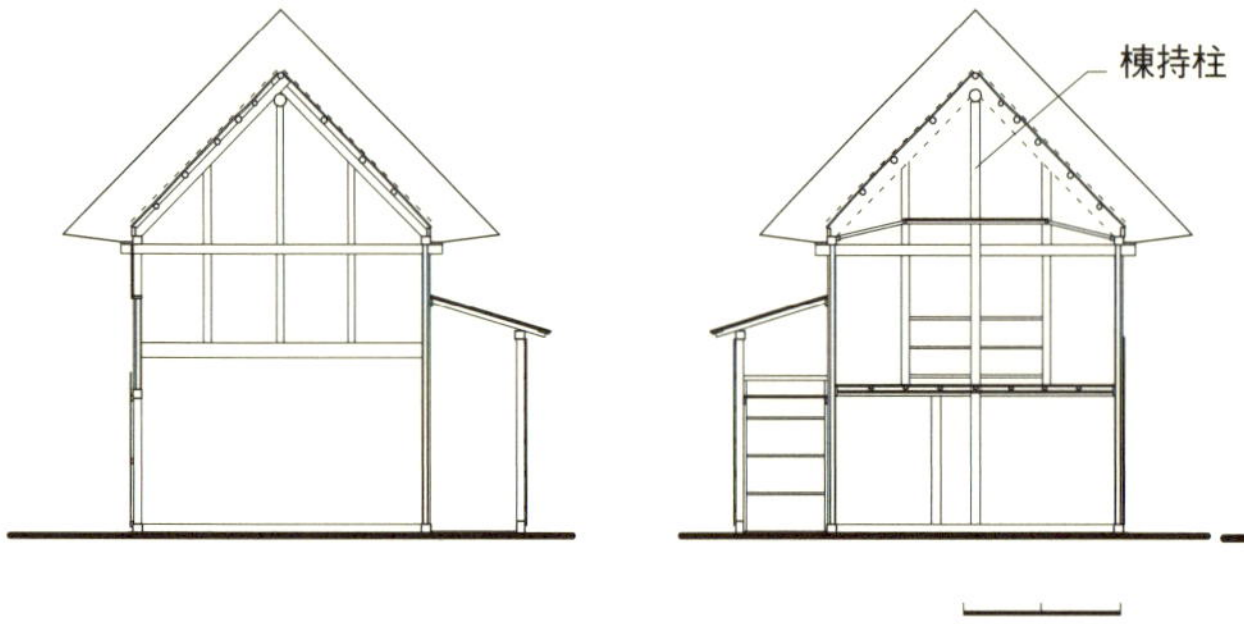


8-1　北側妻面　　8-2　南側妻面

**図8**　川久保とよえ家 モノオキ断面図（長野県飯山市梶尾）

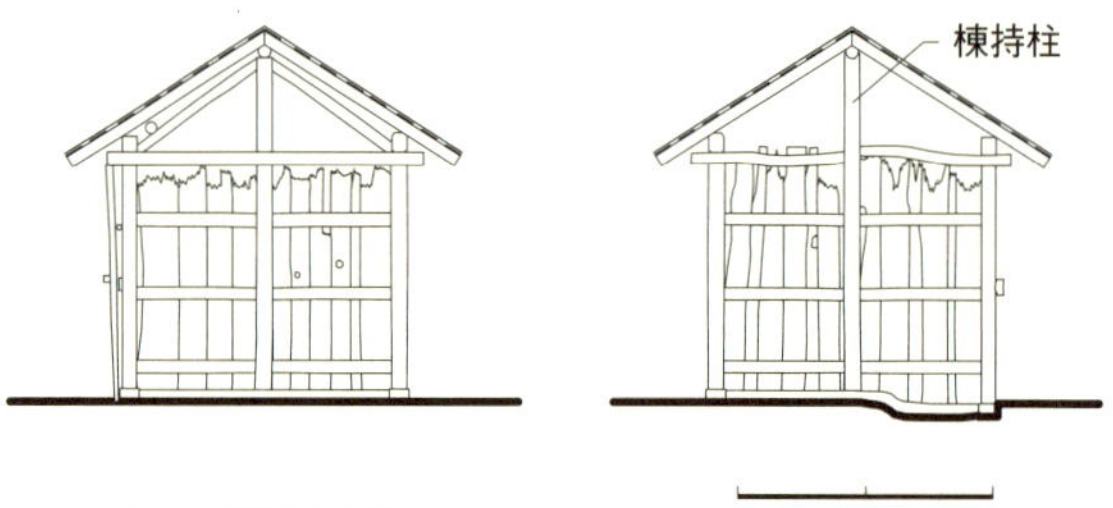


9-1　東側妻面　　9-2　西側妻面

**図9**　浅川の小屋　立面図（長野県長野市浅川）

## 四　棟持柱の建築的意義

### 四―一　片入母屋のたてのぼし

では、棟持柱の建築的意義をさらにほかの事例に即して検証する。藤田『日本民家史』（一九三七）は近畿地方、山城国葛野郡嵯峨・乙訓郡神足村などに片入母屋の民家が分布するとした[50]。これをうけ、倉田正邦が片入母屋を調査したものが、「「たてのぼし」と「こじきにらみ」」（一九六〇）である。倉田は、（京都府乙訓郡向日町を指して）「この方面の民家は一方が切妻形で、片方が入母屋形の建築が特徴である。切妻形の方は柱が、途中で妻梁をもちいず棟木まで一本の柱で造られている[51]」とし、「こういつた妻壁の構造を大工の間で「たてのぼし」と云われている。妻梁を用いず柱が屋根下までとどいている切壁が、私は古い建築の一つが残されているようにおもうのである[52]」、とした。また、『ふるさとのすまい』（一九六二）も、「たてのぼせ」という呼称はないが、奈良盆地にも、同様の形式が遺存するとした[53]。さらに倉田はそのほかに、「土地の人の話では山城の「たてのぼし」は両方に破風を切つたのでは天井が上の方に狭くなつて、ワラが充分に入らないといつていたが、一方奈良の形では風の関係で、このようにするということであつた[54]」との証言をえていた。『建築大辞典』の「破風」の項に、「現在では切妻屋根の妻壁をいうこともある」とあるものの、「草葺き民家の入母屋屋根の三角形の開口部[55]」ともあるから、「両方に破風を切」るとは、片入母屋ではなく、完全に入母屋にすることを意味する、とかんがえられる。

一般に、寄棟あるいは入母屋は、三脚が二組あるので小屋組が安定となる。しかし、そうすると、屋根裏部の空間がせまくなるので、一方を切妻屋根としたのであろう。一方を切妻としたとき、棟持柱がないとすると、突張り木型三脚と二脚（平扠首）の組み合わせになってしまう。[56] 突張り木型三脚の扠首は対向して二組あってはじめて安定となるから、この構造は不安定である。「たてのぼし」は、一本の柱で地面から直接母屋や棟木をささえているから、妻壁は軸部と小屋組が分離せず、さらに貫などの水平材などによってかためられるため、一つの堅牢なパネルとして構成され、小屋組がたおれることはない。つまり、このパネルがたおれなければ、「たてのぼし」は安定となる。柱脚部が掘立であれば、このパネルは、それだけで自立することができ、安定であるが、「たてのぼし」の柱脚部は礎である。礎はローラーとかんがえることができ、パネルはそれだけでは自立できない。しかし、架構全体でとらえたとき、このパネルは、棟木、桁、梁行方向の壁面にもちいられる貫および地貫によって、一体の架構としてくまれるため、安定となる。

また、奈良盆地では「たてのぼし」の民家と同様の民家があるとされ、『建築大辞典』には、「たてのぼし〔建登し〕主として京都府乙訓郡地方の民家に見られる妻壁の構造の一。この地方の草葺き民家では、一方を入母屋、他方を切妻とするのが多く、これは切妻側で行われる。小屋梁がなく、土台石から直立する柱が直接に棟木および母屋桁を受ける。同様の構造法は、奈良盆地の民家にも見られるが、そこではこの呼称はない」[57]とある。この「たてのぼし」は、倉田の指摘をかりれば、「途中で妻梁をもちいず棟木まで一本の柱で造られている」妻壁の構造をさしているので、奈良盆地においてもこの構造形式が存在する、といえる。そうかんがえると、奈良盆地において「風の関係」とあるのは、片入母屋の場合、妻壁側がよわくなるから、棟持柱をもちいることによって軸部と小屋組に分離しない一つのパネルとして、風に抵抗することをさす、とかんがえられる。また、永井も、「たてのぼし」にふれ、「棟持柱構造の遺制が切妻の背面に残されたとする説もある。もしそうであれば他の部分の構造にも多少古形式の残存が認められるはずであるがそうしたことはない。だから、これは構造形式的なことに由来するとみる見方のほか、ある時期に行われた洛西地帯個有の習俗に起因するという見方もできるだろう」[58]としるし、構造的理由で妻面に棟持柱がのこることを示唆した。棟持柱が構造的意義をもつ点を、以下では、「たてのぼし」と同様に棟持柱が風とかかわるとかんがえられる琉球列島の民家に即して検証する。

### 四―二　琉球列島の民家―中柱構造―

宮良「琉球諸島に於ける民家の構造及風習」（一九三三）は、風害のはげしい琉球列島の民家を三つに分類した。一つは、「ンマヌヤーチィクリ（馬の屋造り）で、これには屋根が二面しかない。これに二種類あつて、その一は屋根の両裾が直接地面に著き、柱は中央を通つてゐる棟の下だけに三本ある。これは主として漁師などが假の宿りをする時などに多く見える建物である。所謂天地根元造りである。今一は土蔵などで普通に見る切妻造である」[59]とした。つまり、「ンマヌヤーチィクリ」は、切妻屋根の棟持柱構造であり、壁をもつものと、もたないものがある。のこる二つは、「アナブリィヤー（穴掘屋）造り」と「ヌキィヤー（貫屋）造り」である。前者と後者の形状は、ほとんどおなじであり、ともに中央に「ナカバラー」

とよばれる棟持柱をもつ寄棟造りであるが、両者の差異は、柱脚部にある。つまり、「ヌキィヤー（貫屋）造り」の「形状は殆んど穴掘屋造と同じであるが、穴を掘つて柱を立てる代りに柱に穴を穿ち、組合はせて礎（イシジ）の上に立てる」(60)。以上より、風害のはげしい琉球列島では民家に棟持柱をもちいており、さらに、掘立だけでなく、礎の上に棟持柱がたつものもある。つまり、棟持柱は柱脚部に礎がすえられた場合においても、貫などの水平材をくみあわせることによって、風といった水平の外力に対して効果を発揮する。琉球列島の民家においても、京都府乙訓郡片入母屋の「たてのぼし」と同様に、風に抵抗する手段として棟持柱がもちいられた、とかんがえられる。

また、野村孝文「中柱構造に就いての考察」（一九五八）も、棟持柱をもつ中柱構造に言及した。野村によれば、「周囲の全部の柱が掘立の時は中柱も当然掘立とするが、側柱が礎石上に立つときでも中柱は三〜四尺も掘立にすることとさえある」(61)。この指摘は、棟持柱の構造的な重要性にかかわる。さらに、野村は、寄棟、切妻という二つの屋根形式と、扠首、中柱という2つの構造形式が理論的には四つの組み合わせをうむとし、「一、叉首切妻　二、叉首寄棟　三、中柱切妻　四、中柱寄棟」(62)をあげた。扠首切妻はおおきな発展をみせず、特別なものとして白川郷の合掌造りがあるとした。また、扠首寄棟は「一般日本民家の屋根構造として盛行した」(63)とし、その理由を合理的な構造であったからであろうとした。さらに野村は、中柱切妻が長野県の平出遺跡にみられ、山梨県の棟持柱構造をもつ切妻民家がこのふるい形からきており、そのほかの地域にもひろく分布していたとした。つまり、扠首切妻は構造的に不安定であるから、おもに白川郷の合掌造りでしか、みることができず、純粋な扠首切妻は、「はがい」をえて、安定する。一方、扠首切妻に対し、中柱切妻の建造物は、棟持柱構造であったために、広域に分布していった、とかんがえられる。これは、切妻における棟持柱に建築的意義があることを如実にものがたる。

## 四―三　諏訪のアナグラ

石原『日本農民建築 第五輯』は、棟持柱構造の建造物にふれ、「その最も原始的なものは諏訪郡地方の半地下の室であるが、是が地上に建てられると、信州南北安曇郡地方のウダツ屋となり、更に立派になると甲州及び諏訪郡の一部の切破風造りとなつて居る」(64)とした。民家は、一般に、その規模が拡大するなどによって、構造が複雑になってきた。ここで諏訪地方の室というごく小規模な建造物に注目するのは、単純な構造に即して棟持柱の構造的意義を検証するためである。諏訪の室に最初に着目したのは、三澤「八ヶ岳山麓（裾野）地理研究」（一九二七）(65)であり、その後、今や石原などが注目した(66)。三澤によると、「八ヶ岳の山麓部即ち心域部へ近づけば、純農村となり、そしてそこには第三図のやうな、さながら「天地根元造り」のそれにも等しい藁葺屋根の「堀《ママ》立て小屋」此の地方での俗称「穴窖」といふのが現はれて来る」(67)。諏訪においては、半地下の室をアナグラという（図10）。また、石原は、アナグラについて、「前面中央に柱を立て此に棟木を掛け渡しその後方を地面に

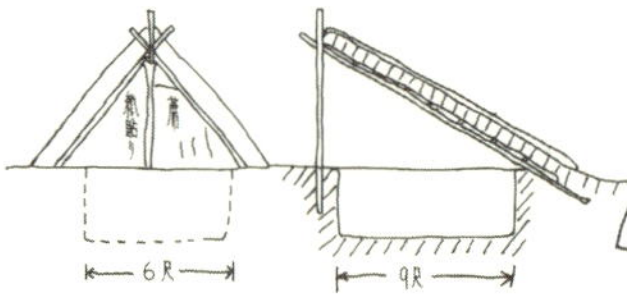


**図10**　諏訪のアナグラ

下げて、（一）最も原始的なものは此を地中に突き差してある」(68)とした。さらに、最も原始的なもの（一）からの発展形として（二）から（五）までを石原は説明したが、共通するのは、「前面中央に柱を立て此に棟木を掛け渡しその後方を地面に下げ」ることであった。これは、三澤が「第三図のような」と指摘した形式と同様である。つまり、三澤や石原にしたがえば、諏訪のアナグラは、前面中央に棟持柱をもち、原始的なものでは、この柱から、棟木が地面へとかけられることになる。つまり、アナグラは、掘立棟持柱(69)に依存した構造である。石原が指摘するように、アナグラの「前面は入口となつて居るので垂直面をして」(70)いるから、前面において、二脚の扠首がたち、その頂にかけられた棟木の後方が地面につきささった姿は、一組の突張り木型三脚であり、掘立棟持柱がなければ、不安定となる。しかし、前面中央に掘立棟持柱をたてるアナグラは、掘立棟持柱を地中のふかくにうめるため、それだけで自立し、水平・垂直荷重に対応するので、このアナグラは、安定な構造をたもつ。

## 四―四　上っ原遺跡・平出遺跡

藤島は、北安曇郡平村上っ原遺跡と平出遺跡において掘立棟持柱をもつ竪穴住居を復原した。まず、平村上っ原遺跡に即して、藤島が復原した住居址は、諏訪のアナグラ（図10）にそっくりである。(71)つまり、石原が諏訪のアナグラにおいてもっとも原始的な形態（一）としたもので、前面中央に柱をたて、これに棟木をかけ、後方を地中につきさしている。前面中央の棟持柱（$P_1$）に対して藤島は、「ことに$P_1$は異常な深さから察し、柱丈高く、特に重要な役割にあると考へられる」(72)とした。つまり、諏訪のアナグラと同様に、掘立棟持柱が水平・垂直荷重に抵抗する。つぎに、平出遺跡に即して、藤島は、第二一号址および第四三号址にて掘立棟持柱をもつ切妻屋根の竪穴住居を復原した。(73)この復原断面図は、棟木を扠首でささえ、さらに扠首の交叉部を掘立棟持柱でささえる形をなす。この形は、ともに、二本の掘立棟持柱で棟木をささえるため、安定である。かりに、一本をとりさっても掘立柱であるかぎり、安定である。

## 四―五　土台をもつ棟持柱構造

京都の「たてのぼし」、諏訪のアナグラ、上っ原遺跡と平出遺跡にもとづく復原図に即して、棟持柱の構造的意義を検証した。以上のうち、棟持柱の脚部は、京都の「たてのぼし」が礎であり、それ以外が掘立であった。しかし、本論が実測採集した棟持柱構造をもつ切妻小規模建造物の柱脚は、掘立か土台であった。そのうち、本論が対象とする、棟持柱構造と軸部・小屋組構造を併せ持つ切妻小規模建造物の柱脚は、すべてが土台であった。棟持柱構造と軸部・小屋組構造を併せ持つ切妻小規模建造物が安定となるには、棟持柱の柱脚部が掘立であるか、棟持柱をもつ妻面が一体のパネルとして構成される必要があった。以下では、棟持柱の柱脚部が土台となる事例から、棟持柱構造における土台の存在意義を検証する。

まず、金石「土台を持つ建物の系譜」（二〇〇四）は、掘立柱構造や礎石構造からの系譜とは別の、移動を目的とした独自の系譜を土台に想定した。つまり、「通常、建物の柱脚部は何らかの処理によって柱根が移動しないように工夫されており、掘立柱構造においては柱根を固定する大地、礎石建構造の建物においては地長押や地貫、そして土台建構造においては土台がそれぞれの役割を果たす」(74)

とし、さらに、土台建構造は、「建物を持ち上げた状態においても、大地に固定されている状態となんら変わることなく安定を保つ(75)」とした。これをうけ、早川・鵜飼・土本（各論B信州5）は、「土台に枘《ほぞ》をほった接合部分は、構造力学的には「剛」の固定端としての力は十分でないにしても、固定端にちかい「緩い剛」である、とかんがえられる」。すなわち、この「緩い剛」接合によって、「タテノボセ造り」のように梁などで上部をかためなくても、柱そのものが自立することができるので胴差しのように分離した横架材で、十分に建築の架構が成立し得る(76)」とした。本論は、この論考に賛同である。棟持柱の柱脚が掘立でなくとも、土台をもちい、胴差し等の横架材でかためることによって、その妻面は、一体のパネルとして外力に対して抵抗し得る。また、川島（一九七三）は、土台について「土台を敷けば柱の長さは一定するし、礎石のない部分にも柱を建て得る。また、柱脚を相互につないで強固な軸組とすることができる(77)」とし、土台が柱脚部を安定させることを同様に指摘した。

さらに、「タテノボセ造り」に関するヒアリングのなかに興味ぶかいものがある。このヒアリングは、「タテノボセ造り」の建物を改修された大工の方に対しておこなったものである。大工の目からみると、棟持柱構造の建物は、たてにくいとのことであり、軸部と小屋組が分離しないので、一本一本組んでいく必要があり、具合がわるいとのことであった(78)。対して、軸部・小屋組構造の建物は柱のながさが一様にきまり、軸部をつくってから小屋組をつくるので施工がしやすいという。これは礎石建ての場合にあてはまる。しかし、土台をもちいると、柱が自立するから、施工の面では礎石にくらべ格段に容易になるであろう。柱が自立する点は、掘立でも同様である。しかし、掘立の建物は、「長い年月に耐えうるものではなかった」。現在、玉石の上にすえられる土台は、掘立構造にくらべ、耐用年数がながくなる利点がある。

つぎに、たてやすさゆえに土台をもちいていると想定される例をみる。金石は、移動という観点で土台を論じる際、組立式仮設舞台にふれた。西和夫らの仮設舞台の調査報告を参照し(79)、土台をもちいた仮設舞台がおおく存在することをあげ、施工性の向上という意味で土台がもちいられている、と推察した。さらに、新宮川原町にあった組立式住居は、施工性と土台の関係をしめす。新宮は、木材の運搬の拠点としてさかえた所であり、この川原に組立式住居がたちならぶ。この川原町では、大水で川の増水がはじまると、これを事前に予知して建物を解体し、陸の安全な場所に避難し、水がひくとまた移動して町を復原した。川原町の家は、間口三間、奥行二間、切妻屋根、平入り、平家という典型的パターンをもち、金物や釘をいっさい使用しない。何回でも解体・組み立てが可能であり、素人（生活者）でも短時間で解体・組み立てが可能な構法であった(80)。

この構法は、「組立構法による幻の集落―川原町」（一九七七）にしたがえば、「三寸五分角材で、土台＋柱＋桁の軸組が構成されており、筋違などの斜材や金物・釘を一切用いず、要所に貫を通し、楔で止める。これが構造体である(81)」。掲載された図をみると(82)、妻壁の柱は土台からたちあがり、一本の柱で棟木を直接ささえている。つまり、川原町の家は土台をもつ棟持柱構造に復原された(83)。

以上、棟持柱構造に対して土台のもつ建築的意義は二つである。すなわち、第一は、柱脚部に土台をもちいることによって、掘立にちかい柱脚部の安定をえることができ、横架材は分離していてもよく、またその径もほそいものでもよい、という側面である。第二は、軸部をつくったあとに小屋組をつくる軸部・小屋組構造と対照的に、棟持柱構造の場合、全体の架構を一体にくんでいく必要があるので、柱の自立をうながし得る土台が施工性をたかめる、という側面である。すなわち、専門の大工ではない人々がつくったと想定される、棟持柱構造をもつ切妻小規模建造物が、現在までつたえられているのは、土台がになう建築的意義がおおきかったことによる、といえる。

## 五　結　論

本論は、棟持柱構造と軸部・小屋組構造を併せ持つ切妻小規模建造物における棟持柱の建築的意義を検証した。まず、小規模建造物において支配的な屋根形式である切妻が安定するためには、棟持柱をすくなくとも一本のこすか、はがいをもちいる必要があった。しかし、小規模建造物は、専門の大工ではない人々によってたてられたと想定されるため、はがいをもちいた複雑な構造よりも単純な掘立棟持柱構造がおおく選択されてきた。くだってもちいられるようになった土台は、柱脚部の保護だけでなく、柱脚部の安定や施工性をたかめるという点で、棟持柱をもつ小規模建造物が現代まで存在することに貢献した。つまり、現代までのこる、棟持柱構造と軸部・小屋組構造を併せ持つ切妻小規模建造物は、棟持柱構造から軸部・小屋組構造へ移行する際の過渡的な姿としてあらわれたものの、その過程で、棟持柱の有効性を構造的にみいだした結果でもあって、もはや過渡的な姿にとどまらない、合理的な姿をなす一体の架構形式として存在するにいたった。

### 参考文献および註

(1) 内田健一・土本俊和「棟持柱構造から軸部・小屋組構造への転換過程」（『日本建築学会計画系論文集』五五六、三一三―三二〇頁、二〇〇二年）、総論6同「同」参照
(2) 関口欣也「甲府盆地東部の近世民家」（『日本建築学会論文報告集』八六、四八―五九頁、一九六三年）参照
(3) 玉井哲雄「日本建築の構造」（藤井恵介・玉井哲雄『建築の歴史』中央公論社、三〇三―三〇八頁、一九九五年）や宮澤智士「農家の中世から近世へ」（伊藤ていじほか編『日本名建築写真選集　民家Ⅱ　農家』新潮社、八三―一二五頁、一九九三年）などがある。
(4) 土本俊和「表題解説―戦前の棟持柱祖型論―」（信州大学工学部土本研究室編『棟柱　第7号』信州伝統的建造物保存技術研究会、二―三頁、二〇〇四年）、総論3同「戦前の棟持柱祖形論」四二頁引用
(5) 今和次郎『日本の民家』（岩波書店、一九八九年）六一頁参照、初版は、今和次郎『日本の民家』（鈴木書店、一九二二年）
(6) 宮澤智士「庶民住宅　堂と小屋の観点から」（小泉和子・玉井哲雄・黒田日出男編『絵巻物の建築を読む』東京大学出版会、一〇五―一二七頁、一九九六年）一〇五頁引用
(7) 土本俊和・遠藤由樹「掘立から礎へ―中世後期から近世にいたる棟持柱構造からの展開―」（『日本建築学会計画系論文集』五三四、二六三―二七〇頁、二〇〇〇年）、総論4同「同」参照
(8) 註2前掲・関口「甲府盆地東部の近世民家」四九頁引用
(9) 富山博「尾張の四つ立て民家」（『民俗建築』八八、五―一〇頁、一九八五年）参照
(10) 日本建築学会民家語彙集録部会編『日本民家語彙解説辞典』（日外アソシエーツ、一九九三年）七八二頁引用

(11) 註4前掲・土本「表題解説―戦前の棟持柱祖型論―」、総論3同「戦前の棟持柱祖形論」四二頁引用

(12) 土本俊和編『中世後期から近世に至る掘立棟持構造からの展開過程に関する形態史的研究 二〇〇一年度～二〇〇三年度科学研究費補助金（基盤研究C（2））研究成果報告書』（研究代表者・土本俊和（信州大学工学部教授）、二〇〇五年）参照

(13) 註1前掲・内田ほか「棟持柱構造から軸部・小屋組構造への転換過程」、総論6同「同」参照

(14) 『日本の民家調査報告書集成1～16』のほか、太田博太郎・小寺武久『妻籠宿 その保存と再生』（彰国社、一九八四年）、楢川村史編纂委員会編『暮らしのデザイン 木曾・楢川村誌 第六巻 民俗編』（長野県木曾郡楢川村、一九九八年）、信州大学工学部土本研究室編『棟柱 第4号』（信州伝統的建造物保存技術研究会、二〇〇一年）、信州大学工学部土本研究室編『棟柱 第5号』（信州伝統的建造物保存技術研究会、二〇〇二年）、大阪府教育委員会編『大阪府の民家 第3』（大阪府教育委員会、一九六七年）、伊藤ていじほか編『日本名建築写真選集 民家Ⅱ 農家』（新潮社、一九九三年）、石原憲治『日本農民建築第一輯―第八輯』（南洋堂書店、一九七二―一九七三年）、浅川滋男・箱崎和久編『埋もれた中近世の住まい』（同成社、二〇〇一年）がある。

(15) 関口欣也編・山梨県教育委員会編『山梨県の民家』（第一法規出版、一九八二年）、その後、『日本の民家調査報告書集成9 中部地方の民家3』（東洋書林、一九九八年）参照

(16) 吉田靖編『日本の民家 第5巻 町家Ⅰ 北海道・東北・関東・中部』（学習研究社、一九八〇年）一七〇頁引用。このほか、生方家住宅が軸部と小屋組にわかれるとしたものに、土本俊和「東の町家の古型―生方家住宅―」（稲垣栄三編『復元日本大観6 民家と町並み』世界文化社、一二六―一二七頁、一九八九年）がある。かつて土本があやまってなした指摘をここで訂正する。

(17) 註7前掲・土本ほか「掘立から礎へ」、各論B信州2同「同」六〇頁引用

(18) 註1前掲・内田ほか「棟持柱構造から軸部・小屋組構造への転換過程」、総論6同「同」七六―七八頁引用

(19) 註1前掲・内田ほか「棟持柱構造から軸部・小屋組構造への転換過程」、総論6同「同」七九頁引用

(20) 註3前掲・宮澤「農家の中世から近世へ」八四頁引用

(21) 註3前掲・宮澤「農家の中世から近世へ」九〇頁引用

(22) 京都府教育庁文化財保護課編『京都府の民家 調査報告 第七冊―昭和四八年度京都府民家緊急調査報告―』（京都府教育委員会、一九七五年）一二頁引用（永井規夫執筆部分）

(23) エドワード・モース『日本のすまい 内と外』（鹿島出版会、一九七九年）三九頁引用

(24) ここで、棟持柱構造をもつ小規模建造物の実例を、管見のかぎり、ことごとくあげる。以下の実例は、切妻屋根であり、そのほかの屋根形式をいっさいふくんでいなかった。このことは、本文でふれたように棟持柱構造をもつ小規模建造物と切妻とのふかい関連を示唆する。石原憲治は、塩谷郡川俣村の樵小屋（石原憲治『日本農民建築の研究』南洋堂書店、一九七六年、五二―五三頁参照）やケミヤおよび信州南北安曇郡地方のウダツ屋（石原憲治『日本農民建築 第五輯（北陸、中部Ⅰ）』南洋堂書店、一九七三年、一七六―一七八頁・一九三―一九六頁参照）を実見した。今和次郎は、ごく小形の建物（厩・便所・物置など）は普通、切妻屋根をもつ棟持柱構造であるとのべ（註5前掲・今『日本の民家』六一頁参照）、武蔵野・西多摩郡の山人足の小屋（今和次郎『住居論 今和次郎集 第4巻』ドメス出版、一九七一年、三五五―三五八頁参照）、きこり小屋（今『住居論』三五八―三六〇頁参

照）、武蔵・日原の丸木柱の小屋（今『住居論』三六二頁参照）などを採取した。宮本常一は、棟持柱構造の木地屋の小屋（宮本常一『山に生きる人びと／双書・日本民衆史二』未来社、一九六四年、九二頁参照）をしるした。小林昌人も、棟持柱構造のゼンマイ小屋（小林昌人『民家と風土』岩崎美術社、一九八五年、三二―三三頁参照）をしるした。また、金子總平は、「熊狩小屋」と「山小屋の構造」（金子總平『アチックミユーゼアムノート　第十三　南會津北魚沼地方に於ける熊狩雑記』アチックミユーゼ、一九三七年、八、一〇―一一頁参照、のちに、谷川健一編『サンカとマタギ　日本民俗文化資料集成　第一巻』三一書房、一九八九年、三四七―四〇〇頁所収）をしるし、ともに棟持柱構造であった。富山県立山にある総柱型住居の室堂（川上貢「総柱建て・棟持柱を持つ建物の遺構―越中立山の室堂―」京都府埋蔵文化財調査研究センター編『京都府埋蔵文化財論集』第一集、五〇九―五一五頁、一九八七年参照）は、棟持柱構造である。『棟柱　第4号』は赤柴のタキモノ小屋（註14前掲・土本研究室編『棟柱　第4号』一―三頁参照）を、『棟柱　第5号』は国見のタキノモ小屋（註14前掲・土本研究室編『棟柱　第5号』一―三頁参照）を、棟持柱構造としてのせた。

(25) 註12前掲・土本編『中世後期から近世に至る掘立棟持構造からの展開過程に関する形態史的研究』参照

(26) 註7前掲・土本ほか「掘立から礎へ」参照

(27) 川島宙次『滅びゆく民家―間取り・構造・内部―』（主婦と生活社、一九七三年）一二六頁引用

(28) 註27前掲・川島『滅びゆく民家』一二六頁引用

(29) アイヌのチセに言及したものに、鷹部屋福平『アイヌの住居』（彰国社、一九四三年）や、註3前掲・宮澤「農家の中世から近世へ」および、宮澤智士「アイヌ家屋とニシン番屋」（文化財建造物保存技術協会編『修復の手帖』文化財建造物保存技術協会、一四―一五頁、二〇〇一年）などがある。

(30) 註27前掲・川島『滅びゆく民家』一三〇―一三一頁参照

(31) 註27前掲・川島『滅びゆく民家』一三〇頁引用

(32) ブルーノ・タウト著・篠田英雄訳『日本美の再発見』（岩波書店、一九三九年）二一―二二頁引用

(33) 彰国社編『建築大辞典　第二版〈普及版〉』（彰国社、一九九三年）一三一七頁引用

(34) 日本民俗建築学会編『図説　民俗建築大事典』（柏書房、二〇〇一年）一四六頁引用

(35) 註34前掲『図説　民俗建築大事典』八八頁引用

(36) 註34前掲『図説　民俗建築大事典』三二四頁引用

(37) 飯山市誌編纂専門委員会編『飯山市誌　歴史編　上』（飯山市、一九九三年）八一一―八二二頁（吉澤政己執筆部分）参照

(38) 飯山市土建産業労働組合編『職人がつづる職人誌』（銀河書房、一九七九年）七七頁引用

(39) 註38前掲・飯山市土建産業労働組合編『職人がつづる職人誌』七八頁引用

(40) 註38前掲・飯山市土建産業労働組合編『職人がつづる職人誌』七七頁引用

(41) 註38前掲・飯山市土建産業労働組合編『職人がつづる職人誌』八〇頁引用

(42) 註12前掲・土本編『中世後期から近世に至る掘立棟持構造からの展開過程に関する形態史的研究』三〇―三五頁参照、各論B信州5早川慶春・土本俊和・鵜飼浩平「タテノボセと土台からみた小規模建造物」へ改訂増補

(43) 註12前掲・土本編『中世後期から近世に至る掘立棟持構造からの展開過程に関する形態史的研究』三二頁、各論B信州5早川ほか

「タテノボセと土台からみた小規模建造物」二三〇頁引用

(44) 弓削春穏『深雪地下水内郡の地理的考察』（下水内教育会、一九五四年）五〇頁引用

(45) 下水内郡地理研究舎編『下水内郡地理資料 第三輯 常磐村・柳原村・外様村・大田村』（下水内郡地理研究舎、一九三八年）三三—三四頁引用

(46) 註12前掲・土本編『中世後期から近世に至る掘立棟持構造からの展開過程に関する形態史的研究』二七七—二七八頁参照

(47) 註12前掲・土本編『中世後期から近世に至る掘立棟持構造からの展開過程に関する形態史的研究』二八四—二八五頁参照

(48) 註12前掲・土本編『中世後期から近世に至る掘立棟持構造からの展開過程に関する形態史的研究』三三三頁、各論B信州5早川ほか「タテノボセと土台からみた小規模建造物」二二七頁参照

(49) 註12前掲・土本編『中世後期から近世に至る掘立棟持構造からの展開過程に関する形態史的研究』三三三頁、各論B信州5・註42前掲・早川ほか「タテノボセと土台からみた小規模建造物」二二七頁参照

(50) 藤田元春『日本民家史』（刀江書院、一九三七年）三四—三九頁参照

(51) 倉田正邦「「たてのぼし」と「こじきにらみ」」（『民俗建築』二八、一—六頁、一九六〇年）一頁引用。のちに、日本民俗建築学会編『民俗建築 第二巻』（柏書房、六八九—六九四頁、一九八六年）所収

(52) 註51前掲・倉田「「たてのぼし」と「こじきにらみ」」一頁引用

(53) 日本建築協会編『ふるさとのすまい—日本民家集—』（日本資料刊行会、一九六二年）九五—九六頁参照（川島宙次執筆部分）

(54) 註51前掲・倉田「「たてのぼし」と「こじきにらみ」」二頁引用

(55) 註33前掲・彰国社編『建築大辞典 第二版〈普及版〉』一三四七頁引用

(56) 註27前掲・川島『滅びゆく民家』にしたがえば、三角錐型三脚の扠首はアイヌのチセのほか、本土においては北陸地方にかぎられる（一二九頁参照）。よって、三角錐型三脚ではなく、突張り木型三脚が想定される。

(57) 註33前掲・彰国社編『建築大辞典 第二版〈普及版〉』一〇〇七頁引用

(58) 註22前掲・京都府教育庁文化財保護課編『京都府の民家 調査報告 第七冊』一九—二〇頁引用

(59) 宮良當壯「琉球諸島に於ける民家の構造及風習」（『考古学雑誌』二三—五〇、二六七—二八六頁、一九三三年）二七四—二七五頁引用

(60) 註59前掲・宮良「琉球諸島に於ける民家の構造及風習」二七五頁引用

(61) 野村孝文「中柱構造についての考察」（『日本建築学会論文報告集』六〇、六二九—六三二頁、一九五八年）六三〇頁引用

(62) 註61前掲・野村「中柱構造についての考察」六三二頁引用

(63) 註61前掲・野村「中柱構造についての考察」六三二頁引用

(64) 註24前掲・石原『日本農民建築 第五輯（北陸、中部Ⅰ）』一七六頁引用

(65) 三澤勝衛「八ヶ岳山麓（裾野）地理研究」（『人文地理』一（二）、二一—三六頁、一九二七年）参照

(66) 今和次郎「信濃諏訪地方の民家」（『早稲田建築学報』六、一—一〇頁、一九二九年）、註24前掲・石原『日本農民建築 第五輯（北陸、中部Ⅰ）』一七八—一八〇頁参照

(67) 三澤勝衛「南信地方の民家風景—特に天竜川流域に就いて—」（『山小屋』五六、一—一四頁、一九三六年）五—六頁引用

(68) 註24前掲・石原『日本農民建築 第五輯（北陸、中部Ⅰ）』一七八

頁引用

(69) 掘立柱に関する論考に、土本俊和「総論6 掘立棟持柱構造」(同『中近世都市形態史論』中央公論美術出版、七四―八七頁、二〇〇三年)がある。

(70) 註24前掲・石原『日本農民建築 第五輯（北陸、中部Ⅰ）』一七八頁引用

(71) 藤島亥治郎「信濃古建築五論」(一志茂樹先生還暦記念会編『地方研究論叢』一志茂樹先生還暦記念会、三五九―三八七頁、一九五四年)三五九―三六三頁参照

(72) 註71前掲・藤島「信濃古建築五論」三六〇頁引用

(73) 藤島亥治郎「第六篇 建築址の復原的考察」(平出遺跡調査会編『平出 長野県宗賀村古代集落遺跡の総合研究 文部省科学研究費総合研究報告№10』朝日新聞社、三七五―四一九頁、一九五五年)参照

(74) 金石健太「土台を持つ建物の系譜」(『信州大学工学部社会開発工学専攻建築コース修士論文梗概集』第一八号、一三―一六頁、二〇〇四年)一三頁引用

(75) 註74前掲・金石「土台を持つ建物の系譜」一四頁引用

(76) 註12前掲・土本編『中世後期から近世に至る掘立棟持構造からの展開過程に関する形態史的研究』、各論B信州5早川ほか「タテノボセと土台からみた小規模建造物」二三一―二三二頁引用参照

(77) 註27前掲・川島『滅びゆく民家』八四頁引用

(78) 註12前掲・土本編『中世後期から近世に至る掘立棟持構造からの展開過程に関する形態史的研究』三〇〇頁参照

(79) 西和夫+神奈川大学建築史研究室「仮設舞台をたずねて―調査の足跡」(同『祝祭の仮設舞台―神楽と能の組立て劇場』彰国社、一七七―二一九頁、一九九七年)参照

(80) 本多昭一・野口徹 アドバイザー「組立構法による幻の集落―川原町」(横溝正夫編『ガラス glass & architecture』綜建築研究所、七七―二、一一―一五頁、一九七七年)参照、朝倉則幸『仮設建築のデザイン』(鹿島出版会、一九九三年)六八―七〇頁参照、木造建築研究フォラム編『図説 木造建築辞典 実例編』(学芸出版社、一九九五年)一一〇―一一一頁参照、矢熊敏男「熊野の折り畳み集落」(『SOLAR CAT』三三、五九―六四頁、一九九八年)参照

(81) 註80前掲・本多ほか「組立構法による幻の集落」四頁引用

(82) 註80前掲・本多ほか「組立構法による幻の集落」参照

(83) 一方、註80前掲・矢熊「熊野の折り畳み集落」は、註80前掲・本多ほか「組立構法による幻の集落」の研究成果を評価したものの、矢熊らによる復原は、棟持柱をもちいない軸部・小屋組構造であった。復原に際して、矢熊のほかに、大工棟梁も参加したことから、精度のたかい建築技術のもとに、現在の一般的な軸部・小屋組構造に復原してしまったのであろう。

出典

(図1) 宮澤智士編『日本の民家 第二巻 農家二』(学習研究社、一九八〇年)一二九頁

(図2) 註9前掲・富山「尾張の四つ立て民家」五頁

(図4～9) 註12前掲・土本編『中世後期から近世に至る掘立棟持構造からの展開過程に関する形態史的研究』

(図10) 註24前掲・石原『日本農民建築 第五輯』一七九頁

初出　二〇〇六年五月　島崎広史・土本俊和

補記　九八頁および註80で言及した川原町について、丸山奈巳による詳細な研究が公表されている(考察7補記(三一五頁)参照)。

# 総論8　民家のなかの棟持柱

棟持柱は、棟木までとおった柱である。棟木をささえていない柱もあり、棟持柱にささえられていない棟木もあるので、棟持柱の特徴は、棟木をささえる点にある。棟持柱をもつ建築の例として、伊勢や仁科といった神社が著名である。農家やマチヤのような民家も、棟持柱をもつ例がある。土蔵や便所といった付属建物、小屋といった小規模な建物、覆屋といった仮設建物も、棟持柱をもつ例がある。本論は、建築の全体から棟持柱をもつ建築と棟持柱をもたない建築から区別し、棟持柱をもつ民家を対象としたうえで、民家のなかの棟持柱について、その建築的な意義を考察する。

まず、柱の断面、柱の脚部、柱の頂部といった部分を概観する。

柱の断面（図1）は、棟持柱にかぎらず、一般に、丸太、角、丸にわかれる。丸太は、木がもつそのままのまるい断面をもつ。丸太は、皮がのこされたままの場合もあり、皮がはがされた場合もある。角は、丸太のまるい断面から正方形をとったものである。丸は、さらにこの正方形から内接円をとったまるい断面のものである。伊勢や仁科の棟持柱は丸であり、民家やマチヤの棟持柱はおもに角であり、土蔵や便所や小屋といった小規模建物の棟持柱も角がおおいが、丸太でつくられた棟持柱をもつ小屋や仮設建物もおおい。

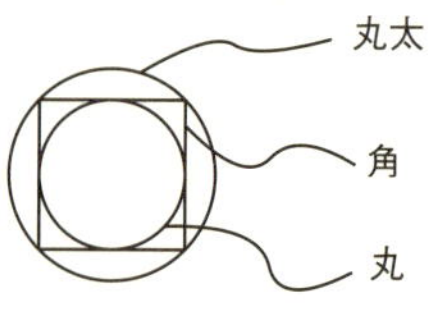


**図1**　柱の断面

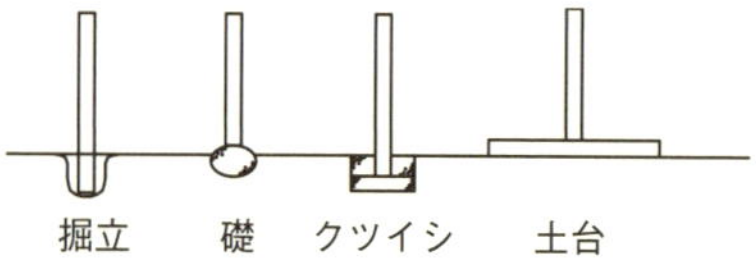


**図2**　柱の脚部

柱の脚部（図2）は、棟持柱にかぎらず、一般に、掘立、礎、クツイシ（石組柱穴）、土台にわかれる(1)。掘立は、地面にほられた穴に柱の脚部をいれ、そこに土をうめもどすことによって、柱を自立させるものである。棟持柱の脚部が掘立の例として、伊勢が著名である。礎は、地面にすえられた石の上に柱脚部をのせるもので、柱が単独で自立することはない。しかし、礎は、垂直材と水平材をくみあわせることによって、架構を立体的に安定させることができる。棟持柱の脚部が礎の例として、仁科が著名である。柱の脚部が礎の場合、部材がたがいに有効にくまれている必要があるので、掘立よりもたかい技術が要求される。また、この場合、柱脚部が土中にうまる掘立よりも耐久性にとむ。掘立と礎のほかに、クツイシ（石組柱穴）と土台がある。クツイシは、中央にくぼみをのこした一個の石ないし複数個の石のかたまりをさす。複数個の石でくまれたかたまりをとくに石組柱穴とよぶ。石組柱穴の場合、柱穴のまわりを四個ないし五個の石でくまれ、さらに柱穴の底部にも石がすえられる(2)。柱脚部がそのくぼみに挿入されることにより、柱が自立する。土台は、地面にすえられた水平材である。棟持柱の脚部に土台がすえられた例として、京都のマチヤ(3)や山梨県の笛吹川流域の民家(4)や長野県飯山市一帯に遺存する、タテノボセをもつ小規模建造物など(5)がある。また、この姿は、東博模本などの一六世紀の洛中洛外図屏風にみえ、応仁の大乱以降の姿をとらえた京都にて、絵画資料を通じて、棟持柱の脚部に土台をすえたマチヤが看取される。なお、土台が考古学的発掘遺構から看取されたという報告は、管見のかぎり、ない。しかし、京都のマチヤは、妻壁に配された柱の脚部に土台をもつ姿にて遺存しているので、絵画資料をふくめて判断すると、京都のマチヤは、土台を中世末に妻壁にとりいれた、といえる。[6]

柱の頂部は、丸太の棟持柱の場合、そこが股木か否かによって、区別される。股木は、頂部が二方向にわかれ、そこがY字をなす。そのY字の谷に棟木がすえられる。

丸太のほか、角や丸をふくめて、柱頂部をひろく整理するまえに、柱断面、柱脚部、柱頂部といった三点に即して、棟持柱の姿をひとつ設定しておく。断面と脚部と頂部に即して想定される棟持柱として、皮をのこした丸太、掘立、股木をもつ姿が想定される。つまり、皮をのこした丸太で、その脚部が掘立で、その頂部が股木である棟持柱である（図3）。この姿は、棟持柱の簡素な姿である、あるいは、棟持柱のふるい姿である、と想定することができる。簡素な姿の棟持柱として、国見の掘立棟持柱など[7]がある。ふるい姿の棟持柱として、島原の乱図屏風などの絵画資料に散見される建物がある。[8]ふるい姿の棟持柱を厳密にかんがえる場合、棟持柱は、考古学的発掘によるモノとして把握されるべきであって、発掘遺構における柱穴や柱根のみによるべきではない。つまり、この場合、棟持柱のすべてとそれにかかわる部材のおおくをのこす発掘資料にもとづくべきである。皮をのこした丸太、掘立、股木をもつ棟持柱は、一六〇三（慶長八）年編纂『邦訳 日葡辞書』[9]がマロヤないしマルヤとしるす建物に関連しているし、年代をくだれば、現代の日本においても粗末な小屋のなかに遺存している。[10]したがって、考古学的に厳密な実証的研究にさきだつ仮説として想定し得るのは、皮をのこした丸太、掘立、股木をもつ棟持柱の姿が幾世紀にもわたってつたえられてきた、ということである。

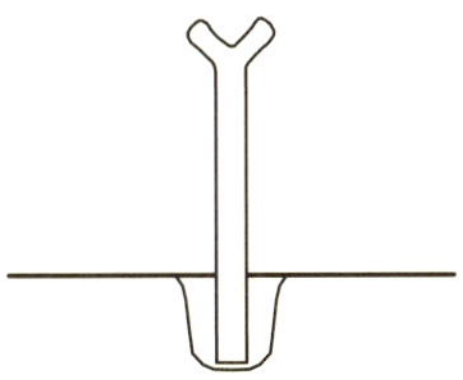

**図3**　丸太、掘立、股木

では、立体的に、より詳細に、民家のなかの棟持柱をかんがえる。全体像を把握するために、棟持柱の頂部をとらえる。その形態は以下の四つに整理される（図4）。第一、棟持柱の上に棟木がのり、その棟木の上に垂木がのる形である（図4―1）。第二、棟持柱の上に棟木がのり、その上に左右一組の扠首がのり、さらにそのくまれた扠首の谷に棟木がのり、その棟木の上に垂木がのる形である（図4―2）。第三、棟持柱の上に左右一組の扠首がのり、そのくまれた扠首の谷に棟木がのり、その棟木の上に垂木がのる形である（図4―3）。第四、左右一組の扠首のくまれた谷に棟木がのる形である（図4―4）。図4―4の形では、棟木の下に棟持柱がない。

いま、棟木をささえる垂直材を、図4では、かりに棟持柱としてしるした。しかし、以下にしるすように、軸部と小屋組が分離している場合、棟木をささえる垂直材を、棟持柱とよぶべきではなく、棟束ないしオダチとよぶべきである。オダチないし棟束は、棟持柱とは対照的に、その脚部が、梁の上にのるので、地面に達していない。

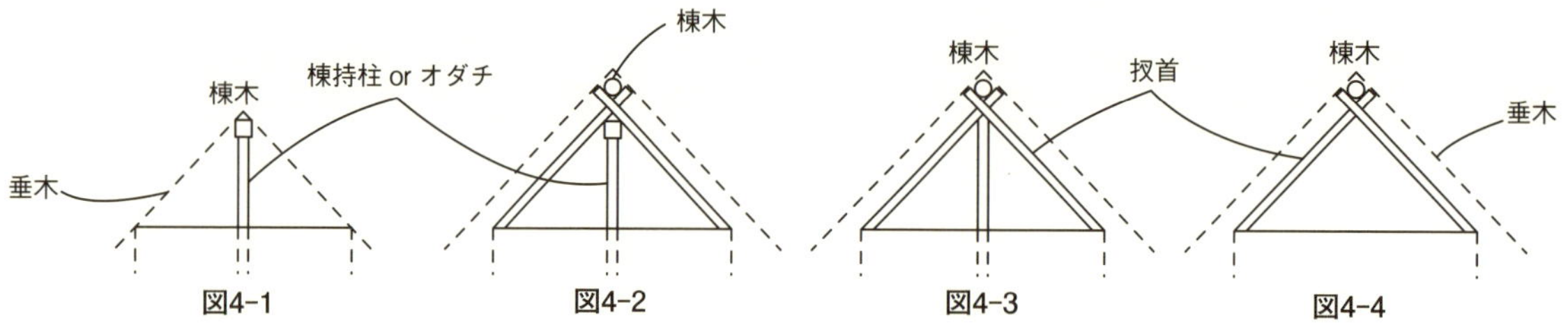


**図4**　棟木のささえ方

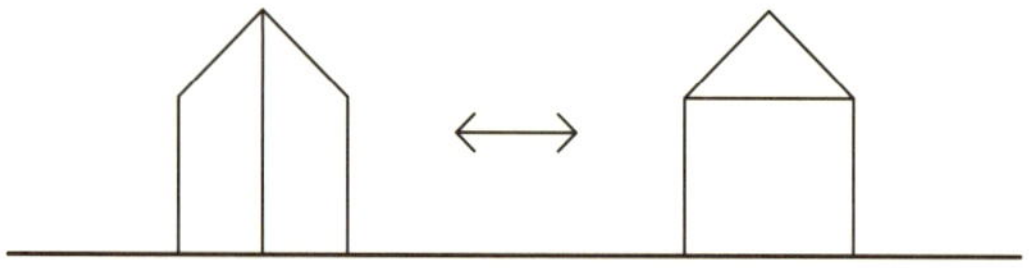

**図5**　棟持柱構造（左）、軸部・小屋組構造（右）

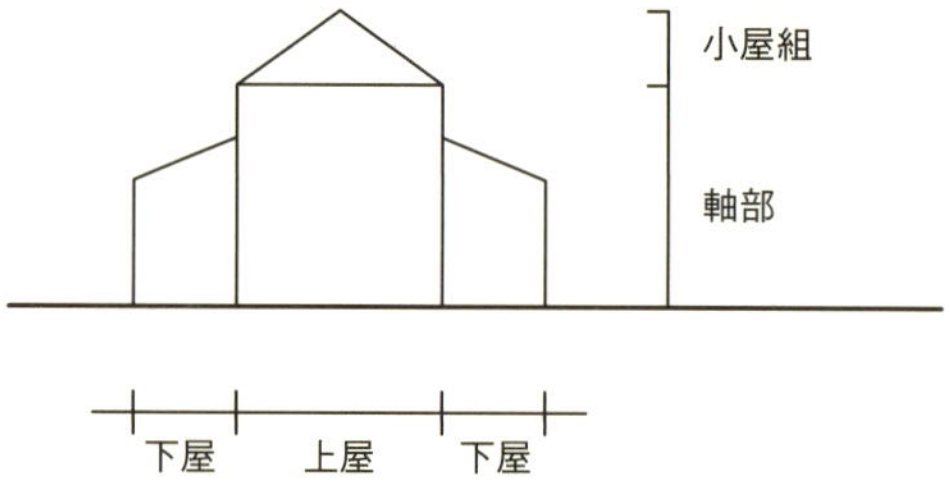


**図6**　軸部と小屋組、上屋と下屋

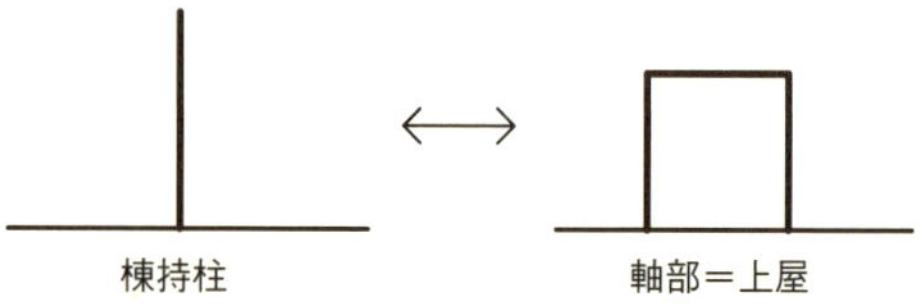


**図7**　棟持柱（左）、軸部＝上屋（右）

図4―1、図4―2において、軸部と小屋組が分離している場合、棟木の下にある垂直材をオダチとよぶ。この場合、図4―1、図4―2の小屋組をともにオダチ組とよぶ。図4―1は棟木が一本であるのに対して、図4―2は棟木が二本ある。単純な前者がふるく、より複雑な後者に発展した、と想定される。柱の断面が丸で、脚部が掘立の棟持柱をもつ伊勢は、棟持柱の頂部が図4―2にあたる。

他方、図4―3において、軸部と小屋組が分離している場合、二本の扠首が交叉した箇所の下にある垂直材を棟束とよぶ。この場合、図4―3、図4―4の小屋組をともに扠首組とよび、合掌組あるいは合掌造ともよぶ。図4―3が棟束をもつ扠首組であり、図4―4が棟束をもたない扠首組である。オダチ組とは対照的に、扠首組の場合、複雑な前者がふるく、より単純な後者に発展した、と想定される。

一般に、地面から棟木までとおる垂直材がない建物は、軸部と小屋組にわかれている（図5右）。この場合、長方形の枠すなわちラーメンが構造のかなめになる。この長方形の両脇に下屋をつけることができる。このとき、長方形の枠が上屋にあたる。軸部と小屋組にわかれた構造は、全体として、長方形の枠が上屋として中心を構成し、その上に小屋組がのり、その両脇に下屋がつく（図6）。

軸部と小屋組が分離している構造を軸部・小屋組構造とよぶ（図5右）。対して、地面から棟木までとおる棟持柱で構成された構造を棟持柱構造とよぶ（図5左）[11]。さらに、ひとつの建物の中に、軸部と小屋組が分離した部分があるとともに、両者が分離せずに棟持柱で構成された部分がある構造を、軸部・小屋組構造と棟持柱構造を併せ持つ構造とよぶ[12]。

軸部・小屋組構造の場合、長方形の枠がかなめであり、その枠が軸部であるとともに上屋である（図7右）。それに対して、棟持柱構造の場合、長方形の枠はなく、棟持柱そのものがかなめである（図7左）。軸部と小屋組の区別がないばかりか、上屋と下屋の区別もない後者の場合、棟持柱そのものが上屋に相当し、その両脇はすべてが下屋に相当する（図8左）。対して、長方形の枠がかなめである軸部・小屋組構造の場合、軸部と小屋組の区別も、上屋と下屋の区別もはっきりしている（図8右）。

　では、ふたたび、軸部・小屋組構造がもつ形態を詳細にみる。この構造における小屋組は、オダチ組と扠首組に大別される。オダチ組の単純な姿が図4―1であり、そのより複雑な姿が図4―2である。ともに、梁にのる垂直材が棟木をささえる。対して、扠首組の単純な姿が図4―4であり、そのより複雑な姿が図4―3である。ともに、二本の扠首が二等辺三角形にくまれた頂点の交叉部に棟木がのる。

　オダチ組のなかの垂直材をオダチとよぶ。オダチは、ウダツやオダツとともに、ウダチが転訛したものとされる。ウダチには梲という漢字があてられ、この文字が文献史料にみえる(13)。梲は、棟木をささえる垂直材と理解される。この場合、その垂直材は、梁の上にのる束であって、棟持柱をさししめさない。したがって、文献史料に散見される梲は、棟木をじかにささえる垂直材であるが、棟持柱であるとはかぎらない。他方で、ウダチ（梲）から転訛したウダツ、オダツ、オダチは、くだって、民家のなかで、棟木をささえる垂直材をさす場合もあるが、さらには棟持柱そのものをさす場合がある(14)。

　オダチ組における垂直材すなわちオダチは、棟木をじかにささえるという意味で、建築的な意義がはっきりしている。しかし、扠首組における垂直材すなわち棟束（図9―1）は、交叉する二本の交

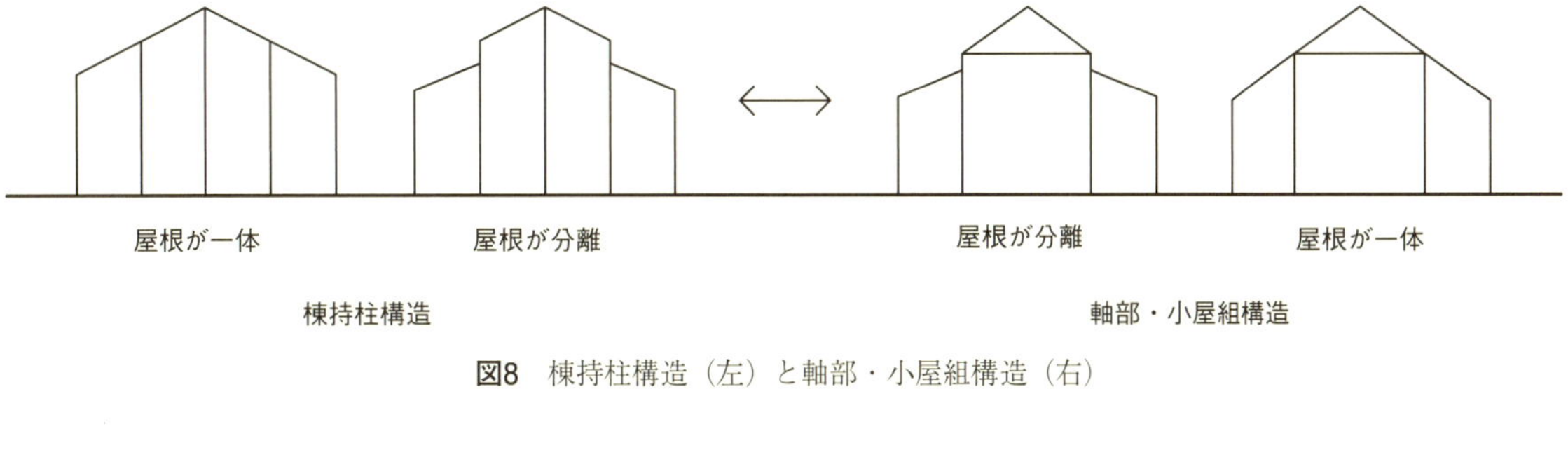


**図8**　棟持柱構造（左）と軸部・小屋組構造（右）

**図9-1**　棟束をもつ扠首組　　**図9-2**　棟束をもたない扠首組

**図9**　棟束をもつ扠首組と棟束をもたない扠首組

叉部の下に位置するので、その建築的な意義がはっきりしない。というのも、扠首組の場合、二本の扠首と梁ができる二等辺三角形がトラスを構成しているので、棟束がなくても平面骨組として構面が安定であるからである（図9―2）。扠首組のなかの垂直材は、あれば強度がます。つまり、不静定次数が一つふえる（図9―1）。しかし、それが、なくても、平面骨組としての安定はたもたれる（図9―2）。では、なくてもよいこの垂直材が、なぜ、あるのか。扠首組のなかの垂直材すなわち棟束の建築的意義がとわれなければならない[15]。

では、オダチ組から扠首組への移行過程を考察することによって、棟束の建築的意義をしめす。棟持柱構造は、棟木のささえ方がおおきく二つにわれる。ひとつは、図4―1に対応するものである。オダチがそのまま地面に達して棟持柱になっている、とかんがえればよい（図10―1）。いまひとつは、図4―3に対応するもので、棟束がそのまま地面に達して棟持柱になっている、とかんがえればよい（図11―1）。図10―2と図11―2は、棟持柱構造である図10―1ならびに図11―1がそれぞれ軸部と小屋組に分離した姿である。

まず、図10に即して移行過程の四段階をしめす。この過程は、オダチ組から扠首組への移行である。図10―2の小屋組が図4―1に相当する。オダチ組である図10―2が一足飛びに扠首組である図10―4へ移行することができない。なぜならば、図10―2からオダチをとれば、棟木が下におちてしまうからである。したがって、図10―2から図10―4へ移行するには図10―3をへなければならない。図10―3の小屋組が図4―2に相当する。

つぎに、図11に即して移行過程の三段階をしめす。この過程は、棟束をもつ扠首組から棟束をもたない扠首組への移行である。図

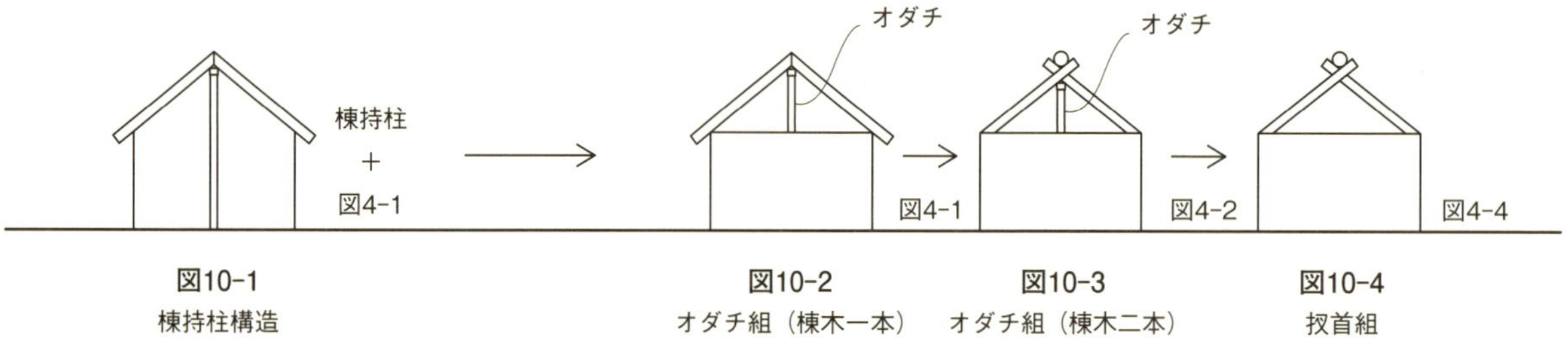


図10　棟持柱構造→オダチ組→扠首組

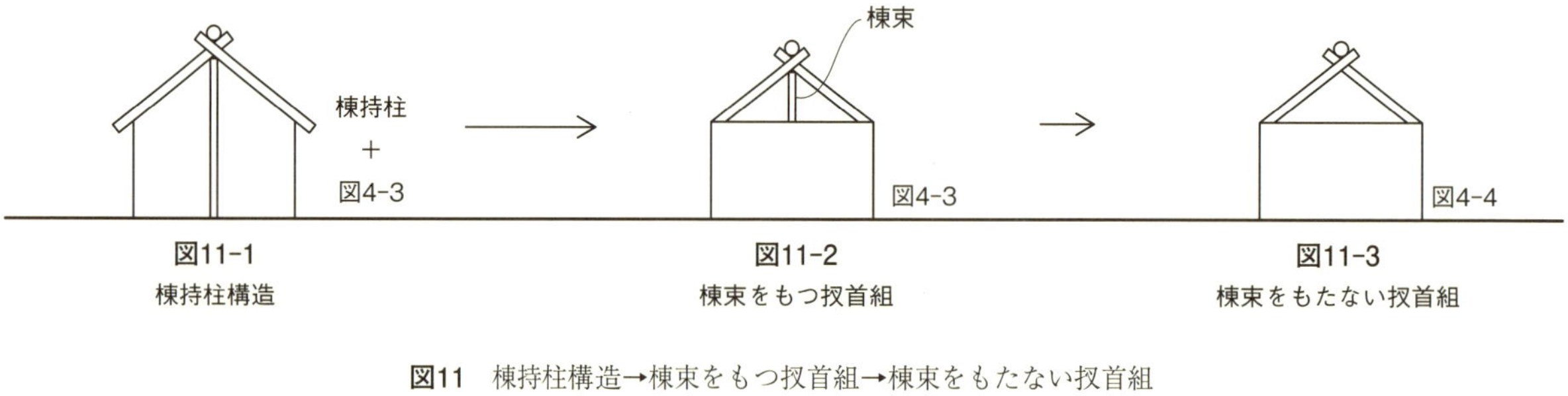


図11　棟持柱構造→棟束をもつ扠首組→棟束をもたない扠首組

11―2の小屋組が図4―3に相当する。図11―3の小屋組が図4―4に相当する。図11―2から図11―3へたやすく移行することができる。なぜならば、図11―2における垂直材すなわち棟束は、それがあればつよくなるが、それがなくても、棟木がおちないばかりでなく、安定がたもたれるからである。したがって、図11―2のなかの棟束をとることは、たやすい。

以上、図10―2（オダチ組）から図10―4（扠首組）への移行は、一足飛びにはなりたたず、図10―3をへなければならない。これとは対照的に、図11―2（棟束をもつ扠首組）から図11―3（棟束をもたない扠首組）への移行は、一足飛びになりたつ。

他方、図10―1と図11―1は棟持柱構造であるのに対して、図10―2と図11―2は軸部・小屋組構造である。棟持柱構造から軸部・小屋組構造への移行には、無理がない。しかし、その逆の移行、すなわち軸部・小屋組構造から棟持柱構造への移行には、無理がある。図10―1から図10―2へ移行する場合、図10―1（棟持柱構造）に梁などの水平材が挿入されたのちに、棟持柱が上下に切断され、その下部がとりされれば、図10―2（オダチ組）へ移行することができる。ぎゃくに、図10―2（オダチ組）から図10―1（棟持柱構造）に移行するには、図10―2（オダチ組）のオダチを棟持柱にかえるとともに、梁などの水平材をとりさらなければならない。図11―2から図11―1へ移行する場合も同様である。このように、軸部・小屋組構造から棟持柱構造への移行には建築的にかなりの無理がともなう。

図12は、棟持柱構造から軸部・小屋組構造への移行を模式化したものである。水平材をもたない棟持柱構造（図12―1）から、棟持柱に水平材をさしつけた姿（図12―2）、あるいは挿入された梁が

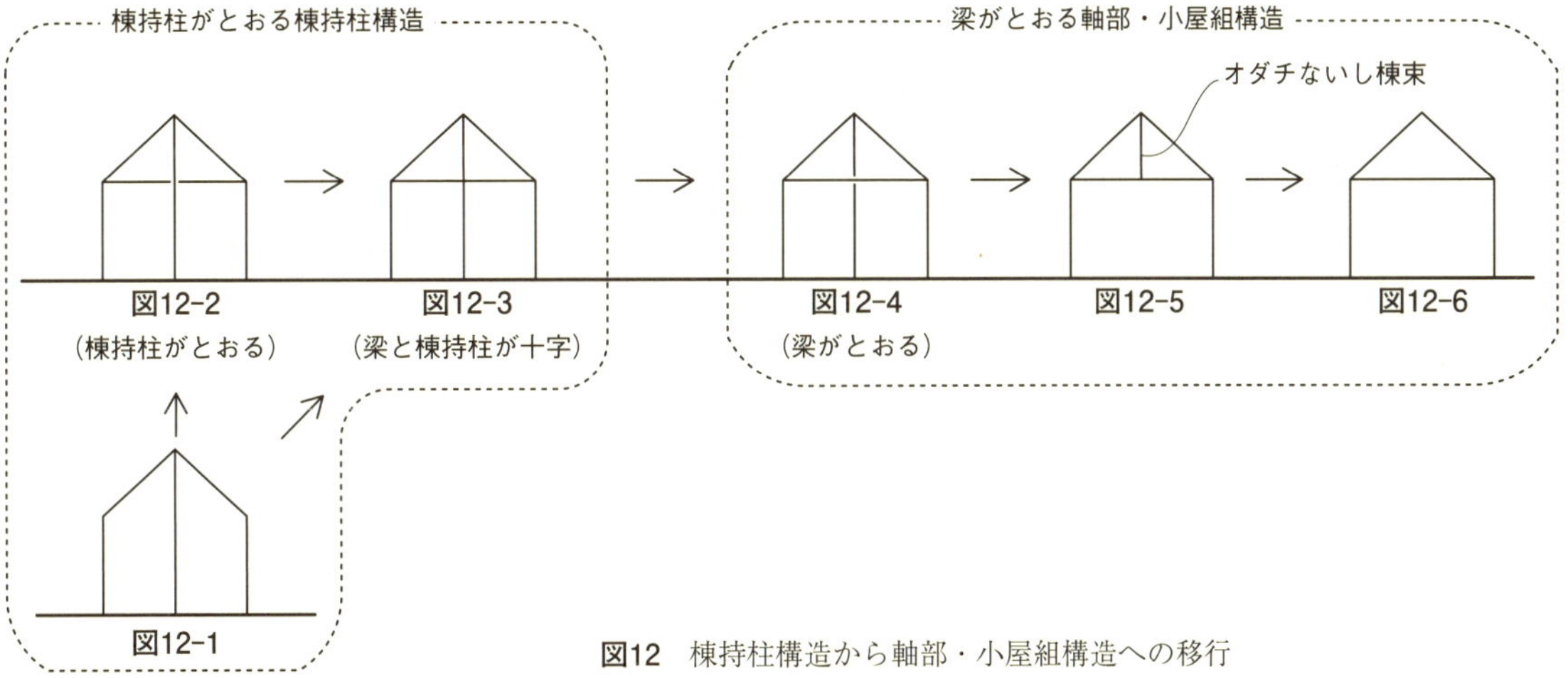


図12　棟持柱構造から軸部・小屋組構造への移行

棟持柱と十字にくまれた姿（図12―3）への移行は、無理なく、すすむ。図12―1、図12―2、図12―3は、ともに棟持柱構造である。

図12―3と図12―4は、梁がとおった姿である。梁と棟持柱が十字をなす前者の場合、棟持柱が地面から棟木までとおっている。しかし、後者の場合、棟持柱が梁で二分されている。したがって、前者は棟持柱構造であるが、後者は軸部・小屋組構造である。前者の棟持柱が梁を介して上下に二分された結果、後者が成立した、といえる。後者では、二分された材の上部が梁にのりつつ棟木をささえ、その下部が地面にのりつつ梁をささえる。前者（図12―3）から後者（図12―4）の移行は、無理なく、すすむ。しかし、その逆の移行は、不自然である。後者（図12―4）から前者（図12―3）へ移行するには、地面から棟木までとおる垂直材を棟持柱として挿入しなければならないからである。

軸部・小屋組構造をなす図12―4の場合、柱と梁でくまれている軸部が自立するのであれば、中柱はなくてもよい。中柱は、あればつよさをます役割をはたすが、なければ内部空間をより自由に構成することができる。したがって、図12―4から中柱がとりさられた図12―5へ移行していく方向性に無理はないだろう。対して、軸部・小屋組構造をなす図12―5の場合、小屋組にある垂直材（オダチないし棟束）を、軸部における中柱（図12―4）のように、無理なくとりさることができない場合がある。小屋組にある垂直材が棟束（図4―3）である場合、それを無理なくとりさることができる。この移行は、図11―2から図11―3への移行に相当する。対して、小屋組にある垂直材がオダチ（図4―1、図4―2）である場合、それを無理なくとりさることはできない。それをとりさるには、図10―2から図10―3をへて、図10―4にいたらなければならない。

このように、図12―4において、小屋組のなかの垂直材がオダチであるか棟束であるかにかかわりなく、その軸部のなかの中柱をとりさることができる。このため、図12―4から図12―5へ移行することができる。さらに、図12―5が図12―6へ移行するには、小屋組が扠首組である場合、一足飛びでなりたつ。しかし、小屋組がオダチ組である場合、その移行は、一足飛びではなりたたず、図4―2あるいは図10―3といった姿をへなければならない。

図12―6の小屋組は、棟束をもたない扠首組である。対して、図12―5の小屋組がオダチ組である場合、図12―6の姿へ移行するには、図10―3の姿をへないかぎり、その姿はオダチ組にとどまる。このように、オダチ組から扠首組へ移行するのは、すこぶる困難である。オダチ組におけるオダチは、移行過程のなかで、二分された棟持柱の上部が小屋組のなかで垂直材として遺存したものである。同様に、扠首組における棟束は、移行過程のなかで、二本の扠首を介して棟木をささえていた棟持柱の上部が小屋組のなかの垂直材として遺存したものである。

このようにみると、棟束をもたない扠首組（図12―6）が棟持柱構造のなごりをいっさいとどめていないのに対して、棟束をもつ扠首組やオダチ組は棟持柱構造のなごりを小屋組の中にとどめている。逆に、棟束をもたない扠首組は、棟持柱構造から軸部・小屋組構造への移行過程のなかで、これ以上、発展する姿がないところまで移行した形である、といえる。

ここで問題視されなければならないのは、棟束をもたない扠首組への移行過程を発展した結果であるとかんがえる場合とはまったくぎゃくに、棟束をもたない扠首組を祖形として遡及的に想定した場合の合理性である。というのも、棟束をもたない扠首組は、そのあまりにも単純な形のために、祖形である、と想定することができるからである。すなわち、扠首組祖形論が成立する。以下では、祖形としての扠首組は、発展形としての扠首組と、なにがちがうのか。この点を検討する作業を通じて、両者の差異を捕捉する。これをふまえ、扠首組が祖形であるという仮説が、棟持柱が祖形であるという仮説にふくまれることをのべる。すなわち、扠首組祖形論が棟持柱祖形論に包括されることを、以下でのべる。

扠首組を祖形として考察するに際して、小屋組のみをかんがえるのが的確であろう。すなわち、小屋組がじかに地面にのる姿をかんがえるのが的確であろう。扠首組は、平面骨組でとらえると、二本の斜材が水平面にのるので、二脚といえる（図13―1）。また、棟木をささえるためには、すくなくとも二脚が二ついる。二つの二脚が一つの棟木をささえる姿を二脚二具とよぶ(16)。他方、三本の斜材が水平面にのる三脚もある。この場合、立体骨組でとらえなければならない（図13―3）。二脚と同様に、棟木をささえるために、すくなくとも三脚が二ついる。二つの三脚が一つの棟木をささえる姿を三脚二具とよぶ。さらに、二脚と三脚をくみあわせた姿もかんがえられる。これを二脚一具三脚一具とよぶ。二脚は平面骨組でとらえればよく、三脚は立体骨組でとらえなければならない。このため、二脚による小屋組がより単純な姿とかんがえられやすいだろう。しかし、平面骨組である二脚は一具では自立しない。したがって、二脚二具という立体骨組でとらえなければならない。しかしながら、この二脚二具も、その骨組の接合部に剛性を期待しなければ、立体骨組として安定しない。

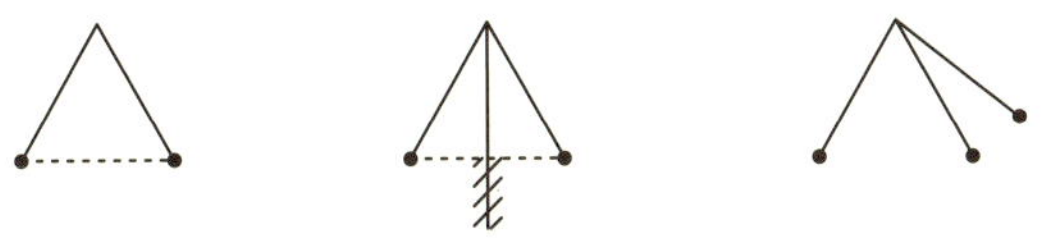

二脚　図13-1　　二脚と一本の棟持柱　図13-2　　三脚　図13-3

**図13**　二脚、二脚と一本の棟持柱、三脚

これを安定させるには、二つの方法がかんがえられる。ひとつは、はがいをいれることで屋根面を構面としてかためる方法である。もうひとつは、妻面に棟持柱を一本いれることで妻壁の片方を構面としてかためる方法である（図13―2）。後者の場合、建物は、棟持柱構造と軸部・小屋組構造を併せ持つ切妻になる（図14―1）(17)。

立体骨組である三脚は、二脚とは対照的に、一具で自立する（図13―3）。さらに、三脚二具は自立するばかりでなく、二脚一具三脚一具も自立する。しかし、二脚二具は自立しない。

以上、一本の棟木をささえるための、二脚と三脚のくみあわせのなかで自立するのは、二脚一具三脚一具と三脚二具のみである。二脚二具は、そのままでは自立しない。それが自立するためには、はがいないし掘立棟持柱をくわえる必要がある。これらをくわえることなく、二脚二具が自立するとすれば、その状態は、第一に骨組の接合部に剛性が期待されているか、第二に屋根面が二つとも構面として剛性をたもっているか、のいずれかである。成形された材がたがいに緻密にくまれていなければならない第一の場合、たかい技術が必要となる。屋根面や妻面をパネルにしなければならない第二の場合も、たかい技術が必要となる。

図14―1上は二脚二具に一本の棟持柱がそえられた姿の屋根伏図であり、その下は建物をななめからみた立面図である(18)。図14―2上ははがいが二脚二具にいれられた姿の屋根伏図であり、その下はななめからみた立面図である。この場合、はがいが二つの屋根面にいれられていなければ、安定しない。図14―3上は二脚一具三脚一具

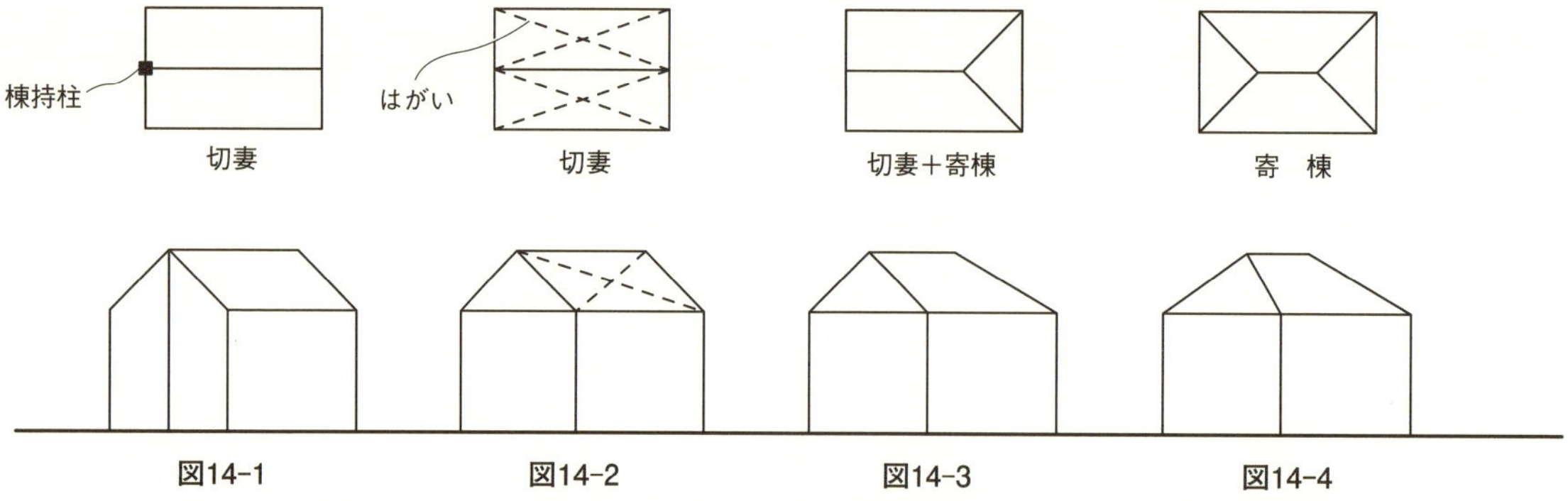


**図14**　切妻と寄棟

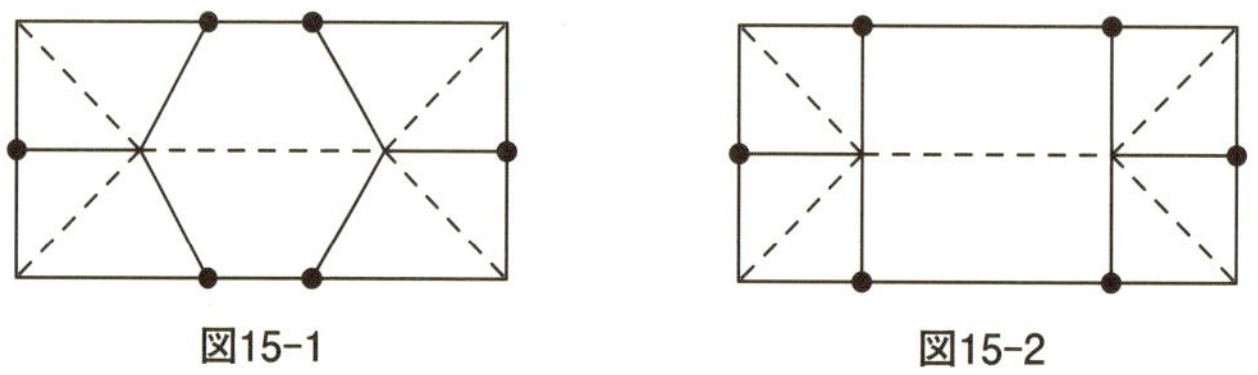


**図15**　三脚二具の２タイプ

の屋根伏図である。図14—4上は三脚二具の屋根伏図である。図14—3は左側が切妻であるが、その右側が寄棟である。図14—4は左側も右側も寄棟である。三脚の部分が寄棟になっていることをしめすために、ここで三脚と寄棟との関連性を詳細に説明しておく必要がある。

では、図14の姿に即して説明する。立体骨組である三脚の単純な形は、三本の脚が均等に三方向へのびる姿であって、立体的には三角錐をなす。上からみると、一二〇度、一二〇度、一二〇度といった均等な角度をたもって三本の材の頂部が一点にあつまる。この姿の三脚を二具もちいた小屋組がアイヌのチセにみえる。他方、上からみると、一八〇度、九〇度、九〇度からなる姿もある。この姿は、立体的には四角錐をふたつにわった片方である。この姿の三脚を二具もちいた小屋組が旧北村家住宅にみえる。旧北村家住宅は、二つの三脚の間に、さらに二脚をいくつかいれているので、図15—2より複雑な姿である。アイヌのチセと旧北村家住宅は、三脚の姿がことなるが、ともに寄棟の屋根をなす。この屋根が三脚から展開してできた形であることをしめすのが図15である。図15—1は、一二〇度、一二〇度、一二〇度をなす三脚（実線）が二具すえられ、棟木（波線）と降棟（波線）がおかれた姿をさす。波線のみでとらえると、寄棟ができる。同様に、図15—2は、一八〇度、九〇度、九〇度をなす三脚（実線）が二具すえられ、棟木（波線）と降棟（波線）がおかれた姿をさす。波線のみでとらえると、寄棟ができる。図15—1では四つの屋根面の勾配が二種にわかれるが、図15—2では四つの屋根面の勾配がすべてひとしい。この意味で、旧北村家住宅の小屋組は完成された形である、といえる。

以上のように、棟持柱構造から段階的に移行した結果、軸部・小屋組構造は姿をえた、とかんがえることができる。軸部・小屋組構造のなかで、棟束をもたない扠首組が、移行過程のなかの完成形と想定され、切妻を形づくる。しかし、この姿は、接合部や構面の剛性がなければ、不安定である。この姿が安定性をえるには、たかい技術が要求される。このように、棟束をもたない扠首組は、たかい技術にうらうちされた完成形である。

完成形としての扠首組とは対照的に、祖形として扠首組も、二脚二具である。この姿は、はがいや掘立棟持柱をともなわなければ、不安定である。とりわけ、掘立棟持柱をもつ二脚二具は、天地根元宮造ににる。この意味において、掘立棟持柱をもつ二脚二具は、天地根元宮造ににるものの、木造の変容過程からみた場合、祖形として想定される単純な架構のひとつにすぎない[19]。

また、祖形としての扠首組は、掘立棟持柱をすくなくとも一つもたなければならない。掘立棟持柱をすくなくとも一つもつ、この姿すなわち祖形としての扠首組は、棟持柱構造である。つまり、扠首組を祖形に想定する扠首組祖形論は、祖形と想定される扠首組が棟持柱構造であるから、棟持柱祖形論に包括される。そして、棟束やはがいをともなわないもっとも単純な扠首組（図14―2からはがいをとった姿）は、祖形ではけっしてなく、高度の技術にうらうちされた完成形である[20]。

あえて、さらに、扠首組祖形論が棟持柱祖形論に先行する、あるいは独立すると主張する際に、わずかにのこる論点は、はがいをもつ扠首組が棟持柱構造に先行していた、あるいは独立していた、というものであろう。棟持柱との関連をいっさい排除したこの主張は、屋根面の剛性をえるために不可欠となるはがいの存在を前提としなければならない。

皮をのこした丸太、掘立、股木という三つの要素をもつ棟持柱は、棟持柱の単純な姿であり、かつ、ふるい姿である、と想定される。この姿よりも、はがいをもつ扠首組がふるい姿である、との主張には無理があるだろう。その根拠は、はがいをもつ扠首組が構造力学的にはトラスの概念をともなう点にある。すなわち、部材の接合部がピンであっても、すくなくとも平面骨組として構面が安定であるには、トラスとして三本の部材が三角形にくまれている必要がある。この姿を人類が経験的に発見したり応用したりするのは、容易ではなかろう。実際、二脚という扠首組は、平面骨組として祖形に想定することができる。しかし、二脚二具という扠首組二組は、立体骨組として不安定せず、それが安定するには、はがいをもちいない場合、すくなくとも掘立棟持柱を一本くわえなければならない。

では、はがいをかんがえるために、部材の接合部を検討する。部材の接合部には、ただ材の上に材をおく簡素なものから、材と材を蔓や縄でゆうものや、針金で材と材をしばるものや、継手仕口のように材の端部に精緻な凹凸をほどこして材と材をかたくくみあわせる手法がある。いずれもが乾式工法である。以上の部材接合方法のうち、ただ材の上に材をおく簡素な工法では、はがいをもつ扠首組は、なりたたない。これとは対照的に、皮をのこした丸太、掘立、股木は、ただ材の上に材をおく簡素な工法でなりたつ。そもそも、はがいは、トラスという構造力学的な概念をふくんでいる。それを人間が経験をつみかさねた結果、発見するにいたるには時間を要したであろう。対して、皮をのこした丸太、掘立、股木は、木がたつ姿そのものである。その姿は、人間がつくりだすよりまえに、自然からあたえられていた。この点をふまえれば、はがいをもつ扠首組は、皮をのこした丸太、掘立、股木という棟持柱構造の単純でふるい形に先行することはない、といえる。よって、扠首組は、掘立棟持柱に先行しない、と推断することができる。

棟持柱が祖形であると設定し得る根拠は、以上による。では、祖形を、さらに原形と汎形に区別して、論をむすぶ。

棟持柱は、地上のいたるところにて発生するという汎性をもつのか。(21) あるいは、それとも、棟持柱は、かぎられた局所的な場所にて発生し、そこでの継承と変容をくりかえしつつ、外部へ伝播していったのか。前者を発生史的汎形とよび、後者を発生史的原形とよぼう。棟持柱構造を支配的な祖形であるとする論が棟持柱祖形論である。棟持柱祖形論は、発生史的観点から、汎形と原形の双方を視野におさめなければならない。

人類は、あるとき、棟持柱構造を発見し、それを建物に応用していったはずである。それは、どこで、いつ、おきたのか。それは、どのようにつたえられ、どのように、ひろがっていったのか。そうであるならば、発生史的原形としての棟持柱構造をつきとめる作業が有意義となる。あるいは、それとも、その発見は、いともたやすく、あらゆる時代のあらゆる場所で、だれにでも可能であったのか。そうであるならば、発生史的汎形としての棟持柱構造に関する考察をふかめる必要がある。

おそらく実態は、原形と汎形の双方がいれかわりたちかわり作用しながら、先史から現代まで、棟持柱構造が、発見され、承け継がれ、伝えられてきたのであろう。このようにかんがえた場合、発見後の伝承と伝播は、数すくない単線でしめすことができる、わかりやすく、わすれにくい単純な形として、認識されていた可能性がある。(22) その意味で、棟持柱構造をもっとも単純に模式化した図5左は、棟持柱構造の伝承や伝播をかんがえる上で、示唆にとむ。実際、先史時代の建物を描写した岩壁線画 Felsbilder のなかに、この種の形がある。(23)

棟持柱祖形論は、建築形態と建築用語への研究をふかめつつ、時代をさかのぼる場合、岩壁線画をふくむ絵画資料と考古学的発掘に関する考察をふかめ、時代をくだる場合、建築遺構とヒアリングに関する考察をふかめる必要がある。さらに今後、棟持柱祖形論は、民家のなかの棟持柱を研究対象の核にすえつつ、地球規模で通時的に検討されなければならない。

## 参考文献および註


(1) 土本俊和「京マチヤの原形ならびに形態生成」（西山良平・藤田勝也編『平安京の住まい』京都大学学術出版会、一九五―二四一頁、二〇〇七年、各論A京都3同「同」）では、掘立、沓石《くついし》、土台、礎について、言及した。また、土本俊和・遠藤由樹「掘立から礎へ―中世後期から近世にいたる棟持柱構造からの展開―」（『日本建築学会計画系論文集』五三四、二六三―二七〇頁、二〇〇〇年、総論4同「同」）では、掘立と礎に対象を限定して、その移行過程について、言及した

(2) 梅干野成央・岡本茂・土本俊和「仮設構築物の脚部に据えられたクツイシと石組柱穴―長野県飯山市小菅の祭礼空間を彩る仮設構築物の実態―」（『日本建築学会計画系論文集』五九八、一七七―一八四頁、二〇〇五年）

(3) 畑智弥・土本俊和「京都の町家における軸部と小屋組」（『日本建築学会計画系論文集』五一三、二五九―二六六頁、一九九八年）、各論A京都1同「京都のマチヤにおける軸部と小屋組」

(4) 滝澤秀人・島崎広史・土本俊和・遠藤由樹「笛吹川流域の民家―

四建ないしウダツ造に至る掘立棟持柱構造からの展開—」（『日本建築学会計画系論文集』六〇四、一六七—一七四頁、二〇〇六年）、各論C甲州1同「同」

（5）早川慶春・土本俊和・鵜飼浩平・梅干野成央「タテノボセと土台からみた小規模建造物」（『日本建築学会計画系論文集』六一六、一六七—一七七頁、二〇〇七年）、各論B信州5同「同」）

（6）註1前掲・土本「京マチヤの原形ならびに形態生成」

（7）土本俊和「国見の掘立棟持柱」（信州大学工学部土本研究室編『棟柱　第5号』信州伝統的建造物保存技術研究会、二—三頁、二〇〇二年、各論B信州3同「同」）、土本俊和「各論6　掘立棟持柱構造」（同『中近世都市形態史論』中央公論美術出版、七四—八七頁、二〇〇三年）のなかの図22「国見のタキモノ小屋」。

（8）註7前掲・土本「総論6　掘立棟持柱構造」のなかの図21「天草丸の死闘　島原の乱図屏風　左隻四—五扇下」。

（9）『邦訳　日葡辞書』岩波書店、一九八〇年

（10）土本俊和「総論5　小屋と町屋」（同『中近世都市形態史論』中央公論美術出版、六〇—七三頁、二〇〇三年）

（11）掘立棟持柱構造に関する論考、建物実測図、ヒアリングを、以下にまとめた。土本俊和編『中世後期から近世に至る掘立棟持柱構造からの展開過程に関する形態史的研究　二〇〇一年度～二〇〇三年度科学研究費補助金（基盤研究C（2））研究成果報告書』研究代表者・土本俊和（信州大学工学部教授）、二〇〇五年）

（12）島崎広史・土本俊和「棟持柱構造と軸部・小屋組構造を併せ持つ切妻小規模建造物」（『日本建築学会計画系論文集』第六〇三号、一七五—一八二頁、二〇〇六年）、総論7同「同」

（13）大藤時彦「ウダツのこと」（日本民家集落博物館『館報「民俗」』第五巻第五号、三—九頁、一九六二年）など。

（14）笛吹川流域の民家の場合、妻壁のなかの棟持柱をウダツといい、土間・床上境にたつ棟持柱を大黒柱という（滝澤秀人・島崎広史・土本俊和・遠藤由樹「ウダツと大黒柱—切妻民家の中央柱列における棟持柱の建築的差異—」『日本建築学会計画系論文集』第六〇四号、一五一—一五八頁、二〇〇六年、各論C甲州2同「同」）。

（15）遠藤由樹・土本俊和・吉澤政己・和田勝・西山マルセーロ・笹川明「信州の茅葺民家にみる棟束の建築的意義」（『日本建築学会計画系論文集』五三二、二一五—二二二頁、二〇〇〇年、各論B信州1同「同」）にて、この問題をあつかった。

（16）藤島亥治郎「信濃古建築五論」（一志茂樹先生還暦記念会編『地方研究論叢』一志茂樹先生還暦記念会、三五九—三八七頁、一九五四年）は、二脚二具と三脚二具に言及した先駆的な考察である。ここで藤島は、「切妻造が、寄棟造に於ける三脚二具が二脚二具になつた結果生ずることは私の持論であり、……」（三六二—三六三頁引用）としるしているように、二脚二具が三脚二具から生じた、と想定していた。しかし、二脚二具に一本の掘立棟持柱をくわえれば、安定した切妻造が生ずる。したがって、切妻造における二脚二具は、その成立の前段に、寄棟造における三脚二具をすえる必要がない。

（17）註12前掲・島崎ほか「棟持柱構造と軸部・小屋組構造を併せ持つ切妻小規模建造物」（総論7）

（18）この姿の建築的な合理性は、註12前掲・島崎ほか「棟持柱構造と軸部・小屋組構造を併せ持つ切妻小規模建造物」（総論7）で論証した。

（19）土本俊和「主題解説（1）民家史研究の総括と展望—棟持柱祖型論に即して—」（日本建築学会民家小委員会編『二〇〇五年度　日本建築学会大会　歴史・意匠部門　パネルディスカッショ

ン　民家研究五〇年の軌跡と民家再生の課題』日本建築学会、五—三七頁、二〇〇五年、総論1同「民家史研究の総括と展望—棟持柱祖形論に即して—」）は、天地権現宮造など、戦前の民家研究で提示されていた考え方のおおくが、戦後、国家神道や植民地主義との概念的癒着を切断する意図と連動して切断され、その結果、学術情報として的確には継承されなかった経緯にふれた。

(20) 扠首組（合掌造）が完成形であることを示唆した論考として、①光井渉「「合掌造」について」（『月刊文化財』三七八、四—一四頁、一九九五年）、②註15前掲・遠藤「信州の茅葺民家にみる棟束の建築的意義」（各論B信州1）がある。この二つは、二脚と三脚の差異について、自覚的でない。対して、二脚と三脚の差異にふれつつ、三脚が二脚に先行すると想定した論考として、③註16前掲・藤島「信濃古建築五論」があったが、これは、三脚から二脚への移行過程に関する判断が直感的である。④浅川滋男・箱崎和久編『埋もれた中近世の住まい』（同成社、二〇〇一年）は、①と②同様に二脚と三脚の差異にふれず、かつ③を参照していないが、①と②を批判しつつ、扠首組（合掌造）がふるい形である可能性を示唆している。④による②への批判に対する異議は、内田健一・土本俊和「棟持柱構造から軸部・小屋組構造への転換過程」（『日本建築学会計画系論文集』五五六、三二三—三三〇頁、二〇〇二年、総論6同「同」）でしるした。

(21) 藤島亥治郎「住家構成の発生史的汎性」（竹内芳太郎編『民家　今和次郎先生古稀記念文集』相模書房、一〇三—一三四頁、一九五九年）に「発生史的汎性」という語が提示されている。

(22) 太田邦夫『東ヨーロッパの木造建築—架構形式の比較研究—』（相模書房、一九八八年）参照。たとえば、「新しい木造技術は、簡潔な言葉や図式で伝えられ、従来の架構システムとディテールでは得られない発想でもって、欠点を修正し、改良されてきたのである」（同五七頁引用）。

(23) Werner Pichler, Zeichen der Vorzeit: Felsbilder der Alpen, Institutum Canarium Vöcklabruck. 2001.

初出　二〇〇七年五月　土本俊和

補記　本論「民家のなかの棟持柱」は、註20でふれたが、とりわけ浅川滋男のコメントに対する反論のひとつである、と位置づけることができる。浅川のコメントとは、浅川・箱崎編『埋もれた中近世の住まい』（同成社、二〇〇一年）にみえるもので、総論6内田・土本「棟持柱構造から軸部・小屋組構造への転換過程」の冒頭で引用した。浅川のコメントは、〈棟持柱構造が叉首構造に先行するわけではなくて、両者はかなり古い時代から併存していて、棟持柱からの展開を一つの道筋としてたどれないことはない、という感じ〈浅川滋男〉（七二頁）というものであった。本論がしめしたように、「棟持柱からの展開を一つの道筋として」たどれるばかりでなく、本論がしるしたように、「扠首組は掘立棟持柱に先行しない」（一一三頁）。掘立棟持柱は棟持柱構造であるから、棟持柱構造は扠首構造に先行する。以上より、棟持柱構造が祖形であると設定し得る。

# 各論

# 各論A
## 京都1　京都のマチヤにおける軸部と小屋組

### 一　問題の所在

近世の京都は、しばしば大火による被災を経験しており、建造物にも多大な被害がでた。なかでも天明八年（一七八八）の大火と元治元年（一八六四）の大火による被害がおおきく、ふるくからの民家のほとんどが焼失してしまった。つまり、現存する京都のマチヤのほとんどはそれらの大火以後に建造されたものである。これらの大火により、京都のマチヤの発展過程をしらべる貴重な史料をうしなってしまったことになる。伊藤鄭爾(1)や宮澤智士(2)によると、中世マチヤの遺構は、一軒も現存していない。

京都のマチヤに関する平面形態の分析はさまざまにおこなわれ、中世から近世にかけ、平面の形態が随分あきらかになっている。伊藤鄭爾や玉井哲雄は、全国規模で住居をかんがえ、軸部と小屋組が分離していることを指摘している。伊藤鄭爾は、マチヤの源流が農家であるとのべたうえで、軸部と小屋組の関係について、牛梁をおき、その上に棟束をたてて棟木をうける架構法や斜材を二等辺三角形にくむ合掌構造の場合、軸部と小屋組が分離するとしているが、小住居の場合は棟木を棟持柱で直接うける、としている(3)。くわえて、伊藤鄭爾は、町田本（歴博甲本）の洛中洛外図屏風の「建設中の洛中町屋」(4)の架構において、桁がないことを不審としているが、これは本当に建築的に不合理なことといえるのか。さらに、玉井哲雄は、マチヤの実例として一七世紀末頃の建築である生方家住宅をあげ(5)、この架構が軸部と小屋組を分離していることを指摘したうえで、日本の建築の、すくなくとも現在のこっている建物は、まず間違いなく軸部と小屋組にわかれている、とのべている(6)。のちに、玉井哲雄は、町田本（歴博甲本）の洛中洛外図屏風をとりあげ、中世京都のマチヤが、棟木を棟持柱で直接ささえる軸部と小屋組を一体とした架構であることを指摘し、京都のマチヤを例外と位置づけている。

しかし、日本の建築は、軸部と小屋組を分離させる原則がある「軸組・小屋組構造」であるとしている(7)。たしかに、千年家に例をみるように、農家は軸部と小屋組を分離して屋根面をささえている。伊藤鄭爾のように農家をマチヤの源流とかんがえたとき、マチヤの架構も軸部と小屋組に分離していた、とかんがえることができる。とはいえ、伊藤鄭爾ものべたように、農家の小住宅の場合、棟木を棟持柱で直接うけているものもあるため(8)、マチヤの架構の源流が軸部と小屋組に分離しているとはいいきれない。ここで、京都のマチヤの架構に関して厳密な実証をおこなう必要性がある、とかんがえられる(9)。また、野口徹は、都市形成史の観点から、農家とはことなる系譜として、京都のマチヤの源流をさぐっているが、軸部と小屋組の関係については何ものべていない(10)。都市形成史の観点をもつものの、京都のマチヤについて軸部と小屋組の関係をとわない点は、高橋康夫や小川保や伊藤毅も同様である。つまり、都市形成史の観点からも、京都のマチヤの架構に関して実証する必要性がみいだされる。

京都のマチヤの架構に関する先行研究として、鈴木嘉吉、中村昌生、川上貢があげられる。鈴木嘉吉は、奈良のマチヤと比較しながら京都のマチヤのさまざまな要素についても考察をしている。そのなかで架構に関して、「両妻の柱を半間ごとに立てて棟木や桁を直接支えるように高くのばし、何段にも入れた貫で固めるのが普通で、土間と居室境の柱も屋根までのばすものが多い」とのべている。[11] しかし、その論拠についてはっきりとのべられておらず、不明瞭な状態となっている。中村昌生も、大黒柱などの居室境の柱は屋根までのばすとのべているが、[12] その論拠についてはっきりのべていない。ほかにも、川上貢は、『京都府の民家　調査報告　第六冊─昭和四四年度京都市内町家調査報告書─』において、近世のマチヤの架構に関して考察している。[13] この考察は、「田中吉太郎家文書」を参照しているものの、建築遺構に依拠している、とかんがえられる。つまり、近世京都のマチヤの架構を考察する論拠が不十分である、と判断できる。以上にみられる先行研究のあり方は、京都のマチヤの架構を実証するにあたって、その方法論が確立していないことをしめしている。

　このように、近世から統一的にみた京都のマチヤの架構に関する研究は、平面分析にくらべ、あまりなされていない。日向進は、現存するマチヤ遺構のほとんどは、元治の大火後につくられたものであるとのべ、その大火後、「時日をあまり置かずに再建されたものは、焼失以前の、すなわち江戸時代の建築技術・手法を継承している」とのべている。[14] つまり、大火後の京都のマチヤの架構にも、近世から現代に承け継がれた何らかの架構がある、とかんがえるべきである。

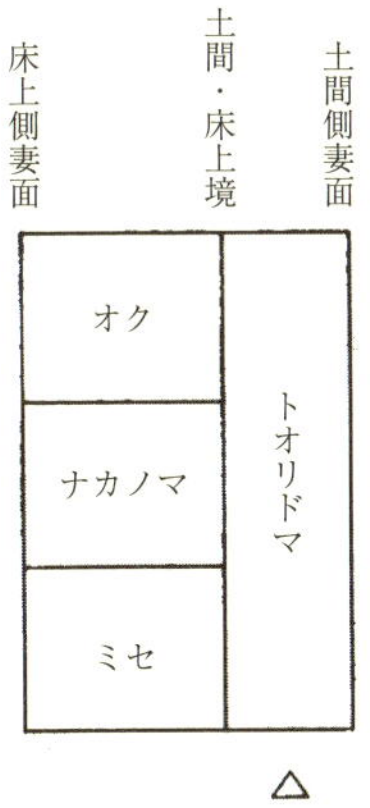

**図1**　京都型マチヤ模式図

　そこで、本論は、元治の大火の前後における京都のマチヤの架構をあきらかにし、その架構がどのように変化したかをさぐるとともに、軸部と小屋組の関係について考察をくわえる。また、同時に、方法論を提示することも目的のひとつとする。

## 二　研究の対象と方法

　本研究の目的は、建築の原初的な形態を把握することにある。とくに、本論は、京都のマチヤの架構における原形をさぐることを課題とする。

　ここで、研究の対象とした京都のマチヤに関して、のべる。マチヤとは、民家のなかの一つの類型である。『復原日本大観6　民家と町並み』は、マチヤを「形態上の特色による類型であって、主屋の全部またはその一部を直接道路に面するように建てた住居」[15] と定義した。また、京都のマチヤは、トオリドマをもつ一列三室型を平面の標準型としている。本論は、この定義にしたがい、京都のマチヤの研究をすすめる。京都のマチヤは、土間空間（床のない空間）と床上空間（床のある空間）とがあり、平面において、あきらかに両者が分離されている。マチヤの主要な骨格は、両妻面に半間ごとにはいる柱である。その内側では、床のない空間が梁行方向の入口から裏口にぬけ、床のある空間も床のない空間と平行して梁行方向の入口から裏口にぬける。このとき、「床のある」・「床のない」で両者を分離している柱筋は、妻面に平行して梁行方向にはしる。そこで、マチヤの内部を分析するうえで、梁行方向にならぶ両妻の柱筋二列と土間空間と床上空間を分離する柱筋一列に注目するのが適当である、とかんがえられる。本論は、建物の両側の妻面の柱筋二列と土間空間と床上空間の境界線上の柱筋一列を図1のように定義する。つまり、妻面の土間側を「土間側妻面」、床上側を「床上側妻面」、土間空間と床上空間の境界を「土間・床上境」とする。

本論は、元治の大火以前のマチヤをしらべる史料として「田中吉太郎家文書」（図2）を、それ以後のものとして遺構図面[16]（図3）を使用する。遺構図面に関しては断面図を中心に収集し、それにあわせて対応する平面図もあつめた。収集した図面は、二五点である。これらの遺構の存在する場所は、上京区が五点、中京区が四点、下京区が一点、左京区が一〇点、右京区が一点、北区が二点、東山区が一点、そして不明が一点である。このことから、これらの遺構が京都市のほぼ全域にわたっている。二五点中二二点の図面に一階平面図がある。これらの平面図は、現状平面図であり、増改築等が記述されていないため、建設当初の形態をとらえたものとはかぎらない。二階平面図のあるものは八点で、これらもすべて現状平面図である。ただし、収集した二五点中三点は、土間・床上境を表記した断面図のみであるため、土間側妻面、床上側妻面を分析する史料は、実質二二点である。

「田中吉太郎家文書」をつたえた田中家は、大黒町で代々「近江屋吉兵衛」を襲名してきた大工の家系である。田中家の所蔵するマチヤ絵図は、間取りだけでなく、構造、各種寸法、大工の人数なども記載されている。本論では、田中家が所蔵する絵図のうち、さき

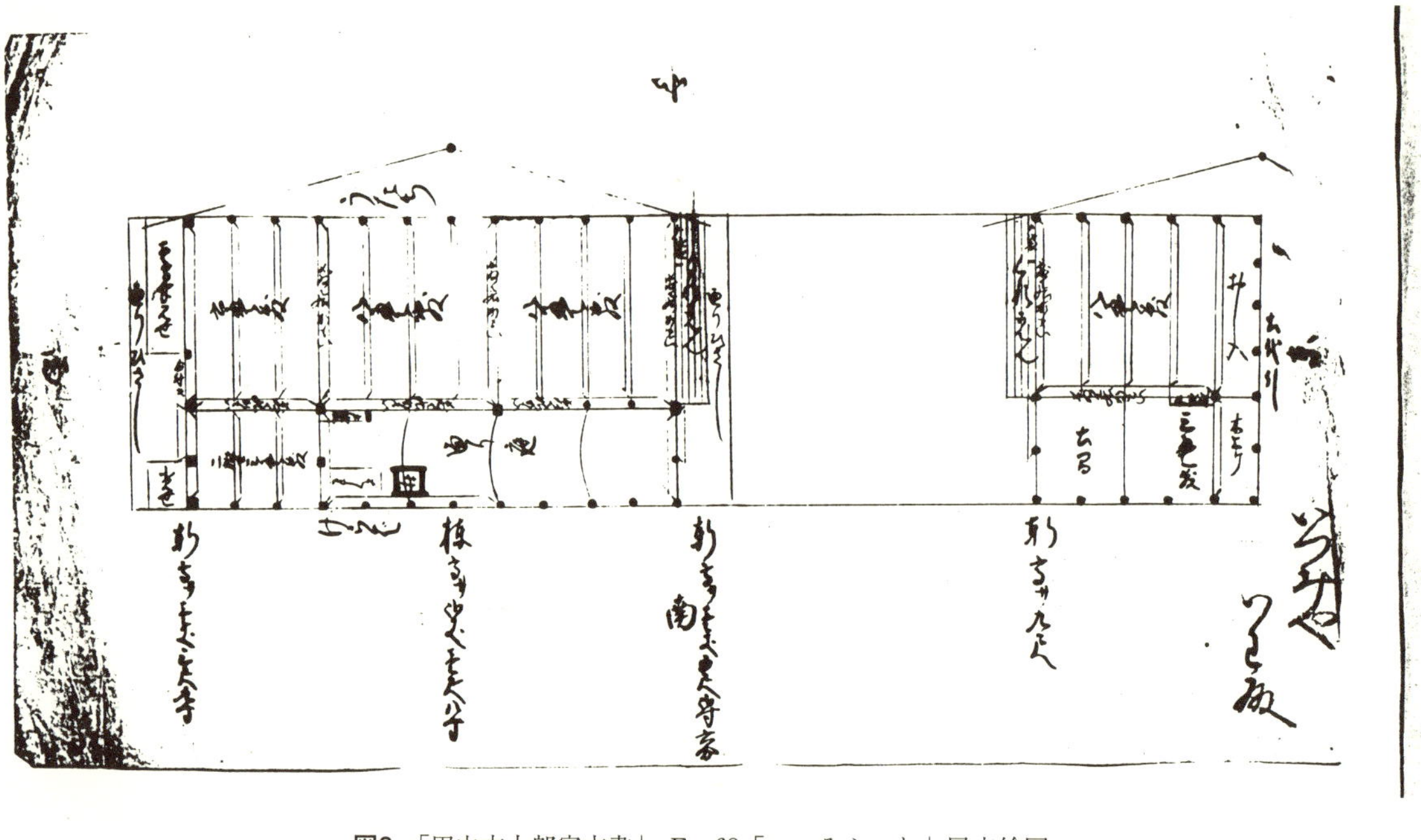

**図2**「田中吉太郎家文書」F-v68「いつみやいわ」居宅絵図

にさだめたマチヤの定義に該当する二八点の絵図を使用する。

本論は、京都のマチヤの架構をあきらかにするうえで、まず、さきに定義した三つの柱筋について類型化をおこなうための指標をいくつか設定する。つぎに、それぞれの指標に即して、数のおおいものを多数派、すくないものを少数派とすることで、個々の事例を二分する。さいごに、これらの指標にもとづき、「田中吉太郎家文書」と遺構図面をそれぞれ指標ごとに二つに分類することで、多数派を指標ごとの標準型として把握することにより、京都のマチヤの架構の標準型を捕捉する。このとき、類型化の指標は、多数派と少数派を明確に分類するものでなければならない。

## 三　柱筋の類型化

土間側妻面、床上側妻面、土間・床上境とした三つの柱筋の類型化を以下でおこなう。指標ごとの分析結果を表1と表2にまとめた。

### 三―一　土間側妻面

土間側妻面にならぶ柱をみていくと、「田中吉太郎家文書」も、遺構図面も、柱が半間ごとにならんでいることが特徴としてあげられる。そこで、土間側妻面の指標を以下の二つに設定する。

指標①　土間側妻面における一階の柱間隔が半間
指標②　指標①の柱と二階の柱のたつ位置がおなじ

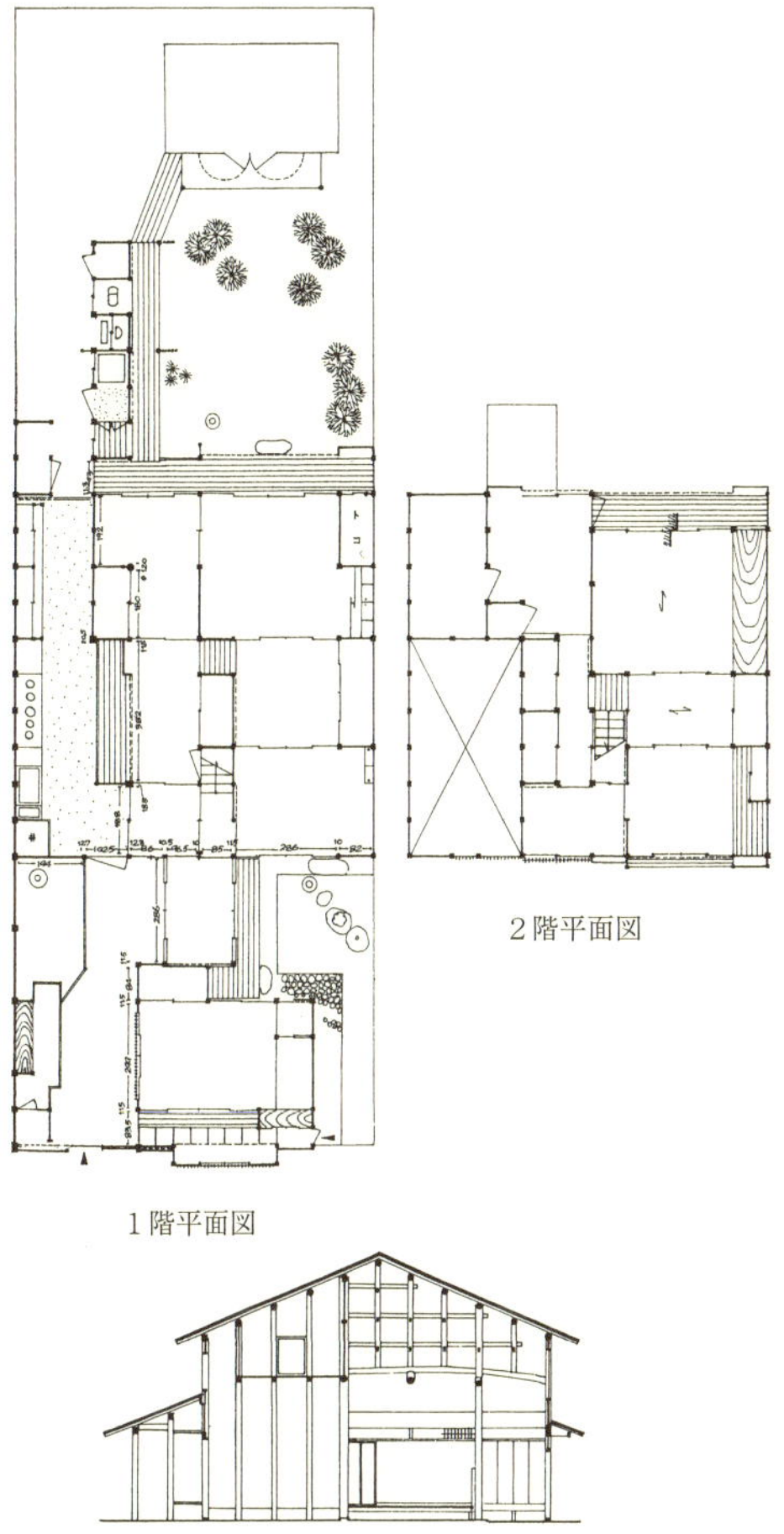


**図3**　内貫俊夫家住宅（京都市中京区、『京都府の民家 調査報告 第六冊』1970、37頁・39頁より）

**表1　遺構図面分析結果**

| | 図面名称 | 指標① | 指標② | 指標③ | 指標④ | 指標⑤ | 指標⑥ |
|---|---|---|---|---|---|---|---|
| 1 | 麻生三郎家住宅 | × | ○ | × | × | ○ | 棟木 |
| 2 | 森島茂雄家住宅 | ○ | ○ | × | × | ○ | 1間 |
| 3 | 荒井繁家住宅 | ○ | × | × | × | ○ | 棟木 |
| 4 | 内貴俊夫家住宅 | ○ | ○ | × | × | ○ | 半間 |
| 5 | 福井定次郎家住宅 | ○ | − | × | − | ○ | 1間 |
| 6 | 吉田秀三郎家住宅 | × | − | × | − | ○ | 半間 |
| 7 | 生谷敬之助家住宅 | ○ | − | × | − | ○ | 棟木 |
| 8 | 立木伊三郎家住宅 | ○ | − | × | − | ○ | 棟木 |
| 9 | 片岡勝三郎家住宅 | ○ | − | × | − | ○ | 棟木 |
| 10 | 中島家住宅 | ○ | − | × | − | ○ | 半間 |
| 11 | 生駒家住宅 | ○ | ○ | ○ | ○ | ○ | 半間 |
| 12 | T家住宅 | ○ | × | × | × | − | 半間 |
| 13 | 京の町屋 | ○ | ○ | ○ | ○ | ○ | 棟木 |
| 14 | 弓下真司家住宅 | × | − | − | − | × | 3/4間 |
| 15 | 林幸太郎家住宅 | × | − | × | − | ○ | 棟木 |
| 16 | 本田四郎家住宅 | × | ○ | × | ○ | ○ | 1間 |
| 17 | 本木武家住宅 | × | − | × | − | ○ | 3/4間 |
| 18 | 松本勝利家住宅 | − | − | − | − | ○ | 3/4間 |
| 19 | 三宅正一家管理住宅 | ○ | − | ○ | − | ○ | 1間 |
| 20 | 滝沢義輝家住宅 | ○ | − | ○ | − | × | 1間 |
| 21 | 山本九郎家住宅 | ○ | − | × | − | ○ | 1間 |
| 22 | 石田憲三郎家住宅 | ○ | − | × | − | ○ | 3/4間 |
| 23 | 山本友一郎家住宅 | × | − | × | − | ○ | 1間 |
| 24 | 臼井雄家住宅 | − | − | − | − | ○ | 半間 |
| 25 | オモテ造りの奥行き断面 | − | − | − | − | ○ | 棟木 |
| 合計 | | 15/22 | 6/8 | 4/21 | 3/8 | 22/24 | 棟木　半間　3/4間　1間 |
| | | | | | | | 8　6　4　7　/25 |
| 割合 | | 68% | 75% | 19% | 38% | 92% | 32　24　16　28　(%) |

**表2　「田中吉太郎家文書」分析結果**

| | 絵図名称 | 指標① | 指標② | 指標③ | 指標④ | 指標⑤ | 指標⑥ |
|---|---|---|---|---|---|---|---|
| 1 | F-v3山さき屋三右衛門宅絵図 | ○ | − | ○ | − | − | 1間 |
| 2 | F-v7さつま屋利兵衛宅絵図 | ○ | − | ○ | − | − | 半間 |
| 3 | F-v8金屋平右衛門宅絵図 | ○ | − | ○ | − | − | 1間 |
| 4 | F-v12丸屋喜右衛門宅絵図 | ○ | − | ○ | − | − | 棟木 |
| 5 | F-v13丸屋喜八宅絵図 | ○ | − | ○ | − | − | 1間 |
| 6 | F-v14万屋伝右衛門宅絵図 | ○ | ○ | ○ | × | − | 1間半 |
| 7 | F-v15山さき屋長□□宅絵図 | ○ | − | ○ | − | − | 1間半 |
| 8 | F-v17みす屋藤兵衛宅絵図 | ○ | − | ○ | − | − | 1間 |
| 9 | F-v22うろこ形屋五兵衛宅絵図 | ○ | − | ○ | − | − | 1間半 |
| 10 | F-v29まつば屋悠兵衛宅絵図 | ○ | − | ○ | − | − | 棟木 |
| 11 | F-v30山さき屋作兵衛宅絵図 | ○ | − | ○ | − | − | 1間 |
| 12 | F-v38山崎屋七郎兵衛宅絵図 | ○ | − | ○ | − | − | 1間半 |
| 13 | F-v39山崎屋七郎兵衛宅絵図（梁組図） | × | − | ○ | − | − | 1間半 |
| 14 | F-v68いつみ屋いわ宅絵図 | ○ | − | ○ | − | − | 1間半 |
| 15 | F-v70小田原屋善兵衛宅絵図 | ○ | − | ○ | − | − | 1間 |
| 16 | F-v72加賀屋清左衛門宅絵図 | ○ | − | × | − | − | 棟木 |
| 17 | F-v74□□屋六兵衛宅絵図 | ○ | − | ○ | − | − | 半間 |
| 18 | F-v80仏師与左衛門宅絵図 | ○ | − | × | − | − | 1間 |
| 19 | F-v81山崎屋長兵衛宅絵図 | ○ | − | ○ | − | − | 半間 |
| 20 | F-v93つのくに屋六兵衛借家絵図 | ○ | − | ○ | − | − | − |
| 21 | F-v100町屋絵図 | ○ | − | × | − | − | 半間 |
| 22 | F-v101借家絵図 | ○ | − | ○ | − | − | 半間 |
| 23 | F-v102町屋絵図 | ○ | − | × | − | − | 1/4間 |
| 24 | F-v104町屋絵図 | ○ | − | ○ | − | − | 半間 |
| 25 | F-v107町屋絵図（梁組図） | ○ | − | ○ | − | − | 棟木 |
| 26 | F-v108町屋絵図 | × | − | ○ | − | − | − |
| 27 | F-vi31寺町西側会所絵図 | ○ | − | ○ | − | − | 棟木 |
| 28 | 万寿寺五条問之町東入北側会所絵図 | ○ | − | ○ | − | − | 棟木 |
| 合計 | | 26/28 | 1/1 | 24/28 | 0/1 | − | 棟木　1/4間　半間　1間　1間半 |
| | | | | | | | 6　1　6　7　6　/26 |
| 割合 | | 93% | 100% | 85% | 0% | − | 23　4　23　27　23　(%) |

指標②は、二階平面図のあるもののみをもちいる。これら二つの指標に即して、「田中吉太郎家文書」と遺構図面をそれぞれ二分する。

## 三―一―一　遺構にみる土間側妻面

指標①　土間側妻面において半間ごとに柱がはいっているものが二二軒中一五軒である。これは、全体の六八％にあたる数字である。このことから、多数派を土間側妻面には半間ごとに柱がはいる、とかんがえることができる。

指標②　土間側妻面の柱筋がえがかれている二階平面図は、二二軒中八軒である。そのうち、一階と同位置に柱がはいっているものは、六軒であった。これは、全体の七五％にあたる。

指標①において、土間側妻面の一階では半間ごとに柱がはいっており、二階にもそれらの柱と同位置に柱がはいっていることから、土間側妻面において、二階にも一階と同様に半間ごとに柱がはいる、とかんがえることができる。また、平屋のものもふくめ、指標①と指標②を同時にみたしている事例は、二二軒中一三軒（五九％）であった。

土間側妻面を描写した断面図（図4）[17]をみると、半間ごとにはいっている柱が屋根面の水平材を直接ささえているのがわかる。平屋のものもふくめると、指標①と指標②を同時にみたしている事例は、六三％と多数派に属している。さらに、図4から京都のマチヤの土間側妻面は、一階の柱が、二階の柱と一本の柱でとおされており、屋根面までとどいているのがわかる。以上より、明治期以降の京都のマチヤの土間側妻面は、半間ごとの柱が屋根面の水平材を直接ささえていた、とかんがえることができる。

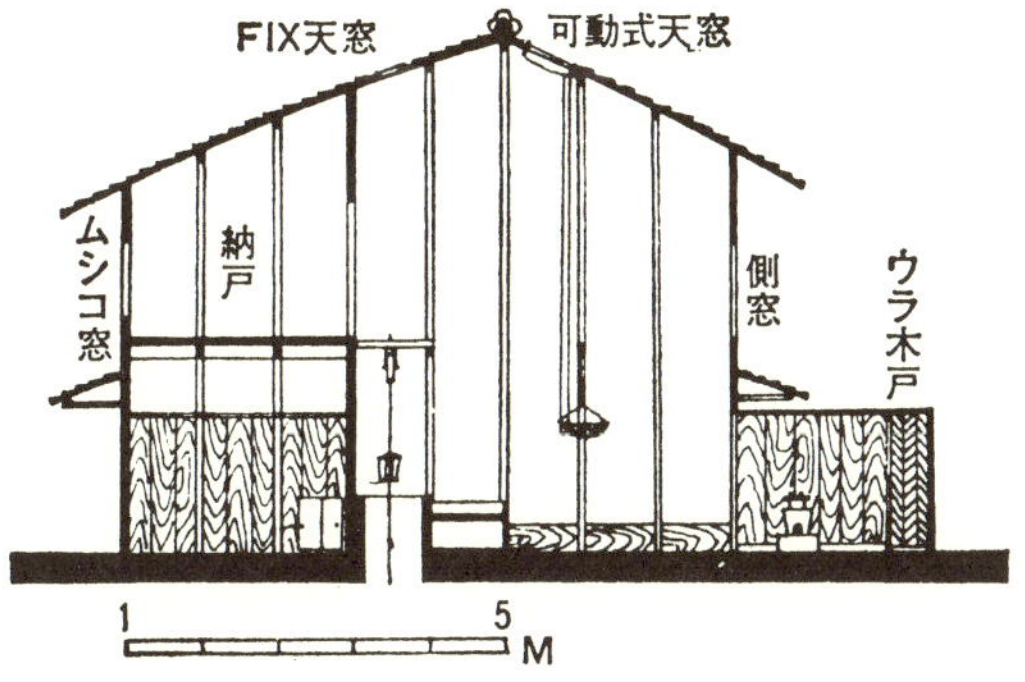


**図4**　土間側妻面断面図（『京の町家』1994、123頁より）

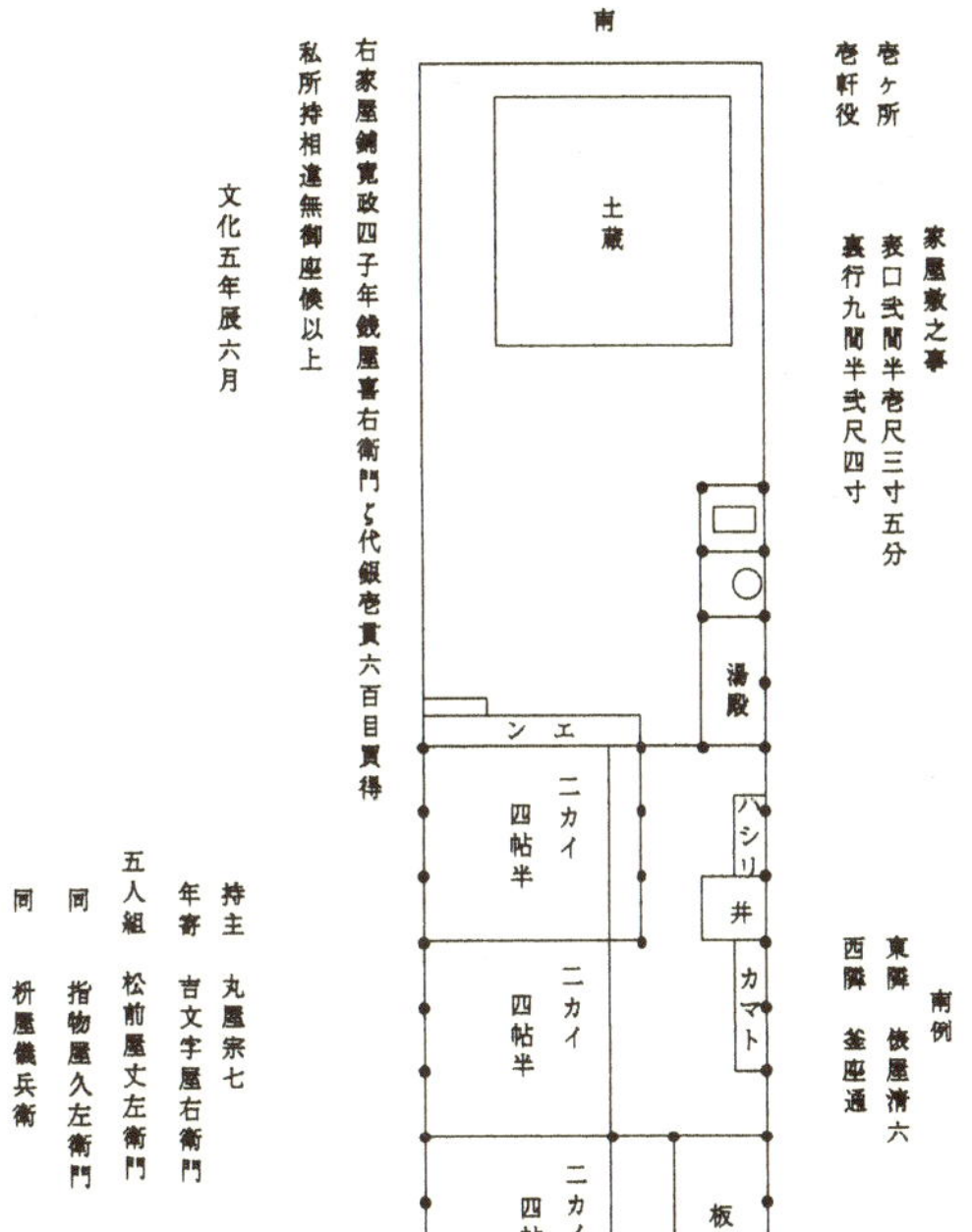


**図5**　「指物屋町文書」所収　「地面家建之図」

## 三―一―二　「田中吉太郎家文書」にみる土間側妻面

指標①　土間側妻面において半間ごとに柱がはいっているものは、二八軒中二六軒であった。これは、全体の九三％にあたる。このことから、土間側妻面の柱筋には半間ごとに柱がはいる、とかんがえることができる。

指標②　二階平面図のあるものは、二八軒中一軒しかない。その一軒について指標②をつかって分析すると、一階とおなじ位置に柱がはいっているのがわかる。

「田中吉太郎家文書」の平面図をみると、遺構図面と同様に半間ごとに柱がはいっていることがわかる。また、「指物屋町文書」所収の文化五年辰六月の「地面家建之図」（図5）をみる。この史料をもとに竹屋町通りに面する指物屋町の連続平面図が復元され、通りに面したマチヤが短冊形地割のなかに規則ただしくたちならぶ様子がうかがえる。[18] この連続平面図にえがかれるマチヤの主屋部分に着目すると、柱が不規則にならぶ絵図も若干みられるが、ほとんどの絵図で半間ごとに柱が妻面の柱筋にはいっているのがわかる。「田中吉太郎家文書」には、二階平面図が一点しかないが、その一点には、一階と同位置に柱がはいっている。さらに、図6をみる。これは「田中吉太郎家文書」の絵図のひとつである。この絵図は、平面図に屋根面とともに柱が表記されている。これらの柱は、柱の

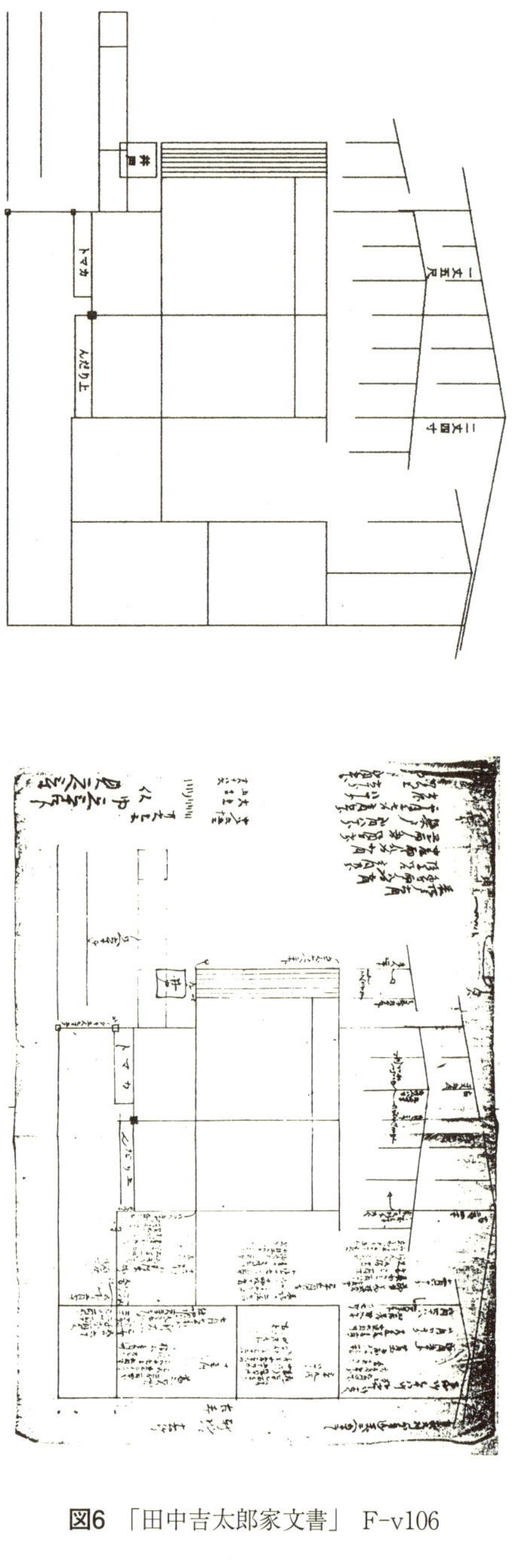

**図6**　「田中吉太郎家文書」 F-v106

はいり方と屋根面のかかる部分から、土間側妻面と床上側妻面の柱筋を表記している、と判断できる。つまり、絵図の上方にえがかれている柱と屋根面が土間側妻面を表記したもので、下方が床上側妻面を表記したものである。この絵図をみると、半間ごとの柱が屋根面の水平材を直接ささえるようにえがかれているのがわかる。また、棟木をささえている柱の横に「二丈四寸」と表記されており、棟木から二間離れた柱の横に「一丈五尺」と表記されている。これは、柱のながさをしるしたものであるとかんがえられる。このながさから、土間側妻面の柱が屋根面の水平材を直接ささえていたことがわかる。以上より、近世の土間側妻面は、半間ごとに柱がはいり、屋根面の水平材を直接ささえていた、と判断することができる。

### 三―一―三　土間側妻面のまとめ

以上、京都のマチヤにおける土間側妻面の近世から明治以降にかけての架構について、のべた。遺構図面と「田中吉太郎家文書」との双方の土間側妻面において、半間ごとの柱が屋根面の水平材を直接ささえていたことから、明治以降の架構は、近世からの架構を承け継ぎ、その形態を持続させた、とかんがえることができる。

## 三―二　床上側妻面

床上側妻面と土間側妻面は、床上空間と床下空間に関連する妻面である。そこで、床上側妻面の指標を土間側妻面の指標と同様のものをもちいる。

指標③　床上側妻面における一階の柱間隔が半間

指標④　指標③の柱と二階の柱のたつ位置がおなじ

床上側妻面の指標を土間側妻面とおなじものにすることで、土間側妻面と床上側妻面を比較することが可能になる。

### 三―二―一　遺構にみる床上側妻面

指標③　遺構図面の一階において、床上側妻面に半間ごとに柱がはいるものは、二一軒中四軒であった。これは、全体の一九％にあたる。このことから、床上側妻面において柱は半間ごとにはいらない、とかんがえることができる。

指標④　床上側妻面の柱筋がえがかれている二階平面図は、二五軒中二一軒である。そのうち、一階と同位置に柱がはいっているものは、四軒であった。これは、全体の三八％にあたる。指標③で床上側妻面は半間ごとに柱のはいるものがすくないということがわかっている。さらに、二階の柱が一階とおなじ位置にはいっているものがすくないことから、一階と二階の柱位置は、同位置にならない、とかんがえられる。

遺構図面に関しては、一階の平面図をみると、半間ごとに柱がはいらず、その居室にあわせた柱の配置である、といえる。例をあげると、基本的に半間ごとに柱がはいっているが、一カ所だけ柱がぬけているものがある。これは半間ごとに柱をいれるより、種々の理由を優先させたため、半間ごとの規則ただしい柱間隔をたもてなかった、とかんがえられる。実測上の採り忘れでなければ、基本的に半間ごとに柱がはいっているものにおいて、柱間隔が半間にならない部分は、トコでもっともおおい。平面図から判断するかぎり、半間幅のトコはあまり存在せず、どうしても半間以上の幅になってくる。ここで、もし、半間ごとに柱をいれていくと、トコの内側に柱がみえてくることになる。これは意匠的に不自然であるため、この部分はトコの幅にあわせて柱をいれていった、とかんがえられる。そうすると、柱の間隔が不規則になり、半間ごとに柱がはいらなくなった、とかんがえられる。同様のことは、遺構図面の二階にもいえる。二階も厨子二階であった頃とはことなり、居住空間として利用するようになると、一階と同様に部屋の配置に応じた柱間隔になってきた、とかんがえられる。また、居室境などには、かならず柱がはいる。

### 三―二―二　「田中吉太郎家文書」にみる床上側妻面

指標③　床上側妻面において半間ごとに柱がはいるものは、二八軒中二四軒であった。これは、全体の八六％にあたる。このことから、床上側妻面の柱筋には半間ごとに柱がはいる、とかんがえることができる。

指標④　指標②のときと同様で、二階平面図のあるものは、一軒である。これに指標④をもちいて分析すると、二階平面図は一階平面図と同位置に柱がはいらないことがわかる。

「田中吉太郎家文書」の平面図をみると、半間ごとに柱がはいっているのがわかる。土間側妻面のときと同様に図5の「指物屋町文書」をみても、床上側妻面に半間ごとに柱がはいっている。指標④より、一点の二階平面図に半間ごとに柱がはいらなかったが、指標③より、大部分の平面図に半間ごとに柱がはいることがわかった。

また、図6からも床上側妻面の柱は、半間ごとにはいり、屋根面の水平材を直接ささえていることが指摘できる。以上より、近世京都のマチヤにおける床上側妻面の柱は、半間ごとにはいり、屋根面の水平材を直接ささえていた、とかんがえることができる。

### 三―二―三　床上側妻面のまとめ

以上は、京都のマチヤにおける床上側妻面の近世から明治以降にかけての架構について、のべた。これらから、近世から明治期にかけて架構が変化していったことがわかる。近世においては床上側妻面に半間ごとに柱がはいり、明治になると半間ごとに柱がはいっていないことから、近世において半間ごとに柱がはいっていたものが明治になり半間ごとにはいらなくなってきた、とかんがえられる。

また、町田本（歴博甲本）の洛中洛外図屏風にえがかれている「建設中の洛中町屋」[19]（図7）の左端にえがかれているマチヤに注目する。まず、土間が図の家屋間口の中心付近にえがかれていることから、このマチヤは、中土間型のマチヤである、と理解できる。つまり、その家屋にえがかれている妻面は、左右ともに床上側妻面である、と判断できる。この床上側妻面には、等間隔に柱がはいり、それが屋根面の水平材を直接ささえている。近世京都のマチヤの床上側妻面にはいる半間ごとの柱が屋根面の水平材を直接ささえていたことを考慮すると、床上側妻面の架構は、柱が屋根面の水平材を直接ささえるという中世の形態を近世まで承け継いだことを示唆するものである。

## 三―三　土間・床上境

土間・床上境には、構造上、主要な柱がならぶ。なかでも大黒柱は、構造の要となっているものである。土間・床上境については、とくに大黒柱に注目する。ここで大黒柱についてであるが、『建築大辞典』[20]に、「民家において平面の中央付近、特に土間と表と勝手関係の境目にある太い柱をいう」と記述されている。これより、大黒柱は、遺構図面においては平面中央付近のふとい柱をさすものとする。「田中吉太郎家文書」においては大黒柱のふとさがよくわからない。中村昌生は、マチヤの土間・床上境には構造上主要な柱として「中戸柱・大黒柱・小黒柱・裏口柱」がならぶ、とのべている。ただし、これは比較的規模のおおきいマチヤの場合であり、規模のちいさいものになると中戸柱が大黒柱になる、とのべている[21]。ここで、中戸柱とは、土間・床上境における柱筋の第一室（ミセ）と第二室（ナカノマ）の境にたつ柱のことをいう。本論であつかうマチヤは、間口が三間から四間であるから、規模がおおきいとはいえない。よって、「田中吉太郎家文書」では中戸柱を大黒柱として分析する。大黒柱に関する指標として以下の二つを設定する。

指標⑤　土間・床上境の大黒柱が屋根面の水平材を直接ささえる

指標⑥　大黒柱が棟木を直接ささえる

### 三―三―一　遺構にみる土間・床上境

指標⑤　土間・床上境を描いた断面図は、二五軒中二四軒であった。そのうち、大黒柱が屋根面の水平材を直接ささえているものは、二四軒中二二軒であった。これは、全体の九二％にあたる。このことから、大黒柱は屋根面の水平材を直接ささえている、とかんがえることができる。

指標⑥　指標⑤において大黒柱が屋根面の水平材を直接ささえていることがわかったが、指標⑥では大黒柱が棟木そのものをささえるものであったのか、あるいは、棟木ではなく他の部材すなわち母屋をささえるものであったのか、をかんがえる。大黒柱が棟木を直接ささえているものは、二五軒中八軒（三二％）であった。そのほかは、大黒柱が棟木を直接ささえておらず、大黒柱が棟木から半間はなれて母屋をささえているものが六軒（二四％）、大黒柱が棟木から四分の三間はなれているものが四軒（一六％）、大黒柱が棟木から一間はなれて母屋をささえているものが七軒（二八％）であった。

指標⑥において、大黒柱が棟木から四分の三間はなれているものがある。この架構の場合、母屋は半間ごとにならんでいるが、棟木は半間ごとにならぶ母屋と母屋の間に位置することになる。このとき、土間・床上境にならぶ柱間に指物をいれ、その上に束をたてる。これにより、棟木は、その束とその束をささえる指物とその指物の両脇に位置する二本の柱によってささえられる。土間側妻面の柱や床上側妻面の柱も母屋とおなじ位置にはいるため、棟木を直接ささえることができない。このとき、大黒柱が棟木から半間の倍数分はなれるマチヤの架構とは、あきらかにことなることになる。大黒柱と棟木が柱筋方向に四分の三間はなれているもの四軒は、すべて左京区鞍馬のマチヤにあてはまるものであった。鞍馬は、洛中からかなりはなれた場所に位置する。このことから、この架構は、京都においても、とくに鞍馬特有のものである、とかんがえることができる。

このように数値から判断すると偏りがみられないことから、大黒柱は棟木そのものといった特定の部材を支持するなどの役割がさだめられていない、とかんがえることができる。また、棟持柱をもつ建物として有名なものに伊勢神宮の神明造があげられるが、ほかにも、北アルプスの立山連峰に棟持柱をもつ建物がみつかっている。(22)この建物は、「室堂」であるので、神明造以外に棟持柱をもつ建物の遺構が存在することがわかっている。

以上より、明治以降のマチヤにおいて、大黒柱は棟木といった特定の部材をささえるといった明確な役割をもっていなかったが、屋根面の水平材を直接ささえている部材であった、とかんがえることができる。

### 三―三―二 「田中吉太郎家文書」にみる土間・床上境

指標⑤ 大黒柱が屋根面の水平材を直接ささえているかどうかは平面図からだけでは判別できない。

指標⑥ 遺構図面を分析したときと同様に、古文書においても大黒柱が棟木を直接ささえるのかをしらべる。「田中吉太郎家文書」の絵図の平面図には、柱位置のほかに屋根面の形状までえがかれている。そのため、棟木の位置をしっかりと判別することができる。屋根面のえがかれている平面図は、二八軒中二六軒であった。そのうち、大黒柱が棟木の位置にあるものが六軒（二三%）、大黒柱が棟木から四分の一間はなれているものが一軒（四%）、大黒柱が棟木から半間はなれているものが六軒（二三%）、大黒柱が棟木から一間離れているものが七軒（二七%）、大黒柱が棟木から一間半はなれているものが六軒（二三%）であった。大黒柱と棟木が柱筋にそって四分の一間はなれているものは、遺構図面における分析と同様、大黒柱が屋根面の水平材を直接ささえていない、とかんがえられる。そのほかは、半間の倍数分だけはなれ、屋根面の水平材を直接ささえる。数値から判断すると、遺構図面と同様に偏りがみられないことから、大黒柱と棟木の距離は半間の倍数分はなれるが、それは任意である、とかんがえることができる。

「田中吉太郎家文書」の絵図に小田原屋断面図（図7）という絵図がある。これは、比較的規模のおおきいマチヤであったことがみうけられる。この絵図は、近代的な技法でえがかれている図面であ(23)ることから、この絵図の信頼性は、かなりおおきいものとかんがえられる。また、縮尺が二〇分の一で、おおきくえがかれていることも信頼性を向上させる要因のひとつである。さて、この図面の「二」の柱をみると、登り木と柱の線がかさなっていて、どちらが上かわからない。つまり、構造的に通し柱であるのか、指物の部分で柱をいったんきって、その上に母屋や棟木をささえるために束をのせているのか、わからないことになる。しかし、登り木が「イ」と「リ」の柱からのぼり、「二」の柱で連結される部分をみると、柱の両側に指物の断面の一部をみることができる。つまり、柱はこの部分できれていない、と判断できる。すなわち、この柱は、一階の床から屋根面の水平材を直接ささえる通し柱で、この通し柱に接続された指物に登り木をのせている、とかんがえられる。また、小屋組の奥にみえる材は居室の奥にみえる床上側妻面の柱である、とかんがえられる。

「田中吉太郎家文書」に「家注文帳」とよばれる文書がある。日向進によると、これは寛政二年（一七九〇）から同三年にかけてマチヤの建設を受注した大工の記録で、二〇軒のマチヤ普請について、「①規模（間口、梁行、軒高、天井高等各部の寸法）、②木寄（所用部材を部材別にその種類、寸法、数量、価格を列挙したもの）、③工費（材木、大工手間、屋根、左官、建具など費目別内訳)」を記録したものである。(24)この史料から大黒柱であるとかんがえられるものについて、その名称、材種、ながさ、ふとさについてとりあげてみると、「小田原屋角兵衛」木寄から「大極柱」(檜、一丈八尺七寸、六寸□)、「小極」(松、二丈、四寸五分□)をみつけることができる。これについて検討をくわえる。中村達太郎『日本建築辞彙』(25)によると、大黒柱は「俗ニ之ヲ「大極柱」トイフ」と記述されていることから、「大極柱」は大黒柱である。「大極柱」は檜を材種としている。ながさが一丈八尺七寸あり、これは柱としては相当ながいものである。また、断面寸法も六寸あり、この断面寸法は大黒柱級であるといえる。

「田中吉太郎家文書」の絵図をみると、棟高がかかれている絵図が何点かある。そのひとつである「いつみやいわ」絵図(図2)をとりあげ、「小田原屋角兵衛」居宅絵図と比較しながら、大黒柱について検討する。まず、「いつみやいわ」居宅と「小田原屋角兵衛」居宅の家屋規模を比較する。間口規模は、「いつみやいわ」が約三間、「小田原屋角兵衛」が三間半である。梁行方向は、「いつみやいわ」が五間半、「小田原屋角兵衛」が六間である。また、前面軒高は、「いつみやいわ」が一丈三尺九寸、「小田原屋角兵衛」が一丈四尺八寸である。「小田原屋角兵衛」はすこし規模のおおきいマチヤであるが、「いつみやいわ」が片側にトオリドマをもつ一列三室型のマチヤであることから、「小田原屋角兵衛」も同型式のマチヤであり、この二つのマチヤは片側にトオリドマをもつ一列三室型のマチヤである、とかんがえられる。また、たかさ方向に関しても前面軒高の近似より同規模である、とかんがえられる。「いつみやいわ」絵図によると、このマチヤの棟のたかさは「弐丈壱尺八寸」である。また、前面軒高、背面軒高はそれぞれ「壱丈三尺九寸」、「壱丈五尺二

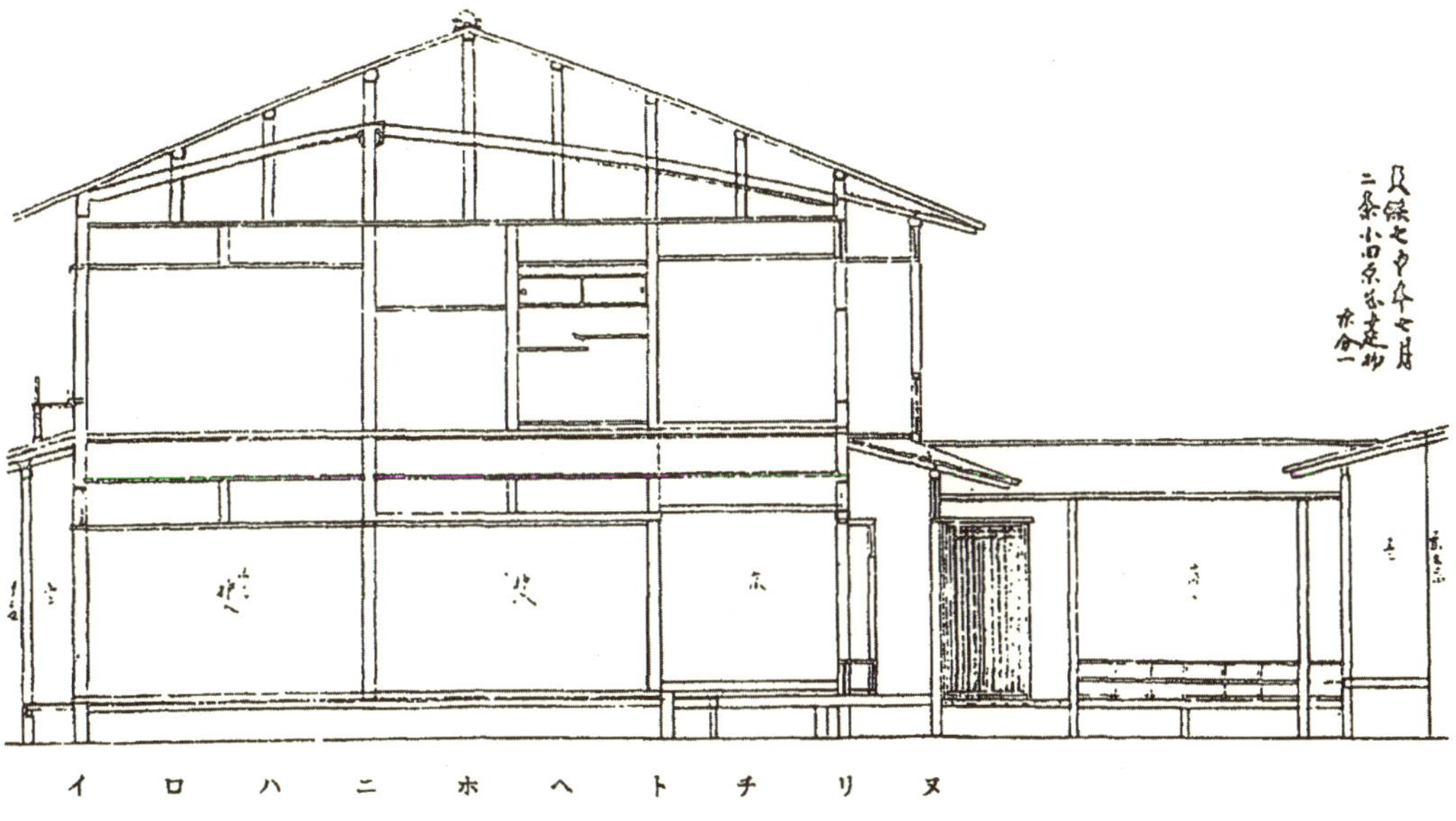


**図7**「田中吉太郎家文書」F-v47　小田原屋断面図

寸七分」である。表3[26]からわかるように、「いつみやいわ」は軒高のかかれている絵図のなかで平均的な軒高をもつマチヤである。そのほかも前面軒高はだいたい一三尺から一五尺の間に分布している。さきほどの「小田原屋角兵衛」木寄によると大黒柱のながさは一丈八尺七寸であったことから、この柱はあきらかに前面軒高以上のながさをもっていることがわかる。日向進は「いつみやいわ」絵図から屋根勾配を算出している[27]。それによると、前流れの屋根面の勾配は〇・四〇五／尺となっている。この〇・四〇五／尺とは、間口方向から奥行方向にむかって一尺すすむと、〇・四〇五尺屋根面がのぼるという意味である。「いつみやいわ」の大黒柱は間口から奥行方向に一間半の位置にある。日向進は一間を六尺五寸で計算しているので、本論もこれにならい計算をすすめると、一間半は九・七五尺になる。絵図より、間口から突出している軒のながさを半間としてかんがえると、軒の先端から大黒柱までの水平方向の距離は一三尺となる。そこでさきほどの屋根勾配〇・四〇五を使用して、大黒柱の位置の前面軒高から屋根面までの鉛直方向のたかさを算出すると、一三×〇・四〇五≒五・二六尺（五尺二寸六分）になる。「いつみやいわ」の前面軒高が一丈三尺九寸であったから、大黒柱の位置の屋根面のたかさは（一丈三尺九寸）＋（五尺二寸六分）＝（一丈九尺一寸六分）で、約一丈九尺となる。「小田原屋角兵衛」の大黒柱のながさは一丈八尺七寸であったから、屋根面の材の断面寸法を考慮すると、この大黒柱はあきらかに屋根面に達しているのがわかる。また、図7より、このマチヤは大黒柱が屋根面の水平材を直接ささえていることがわかっているから、近世のマチヤにおいて大黒柱は棟木をささえるなどの明確な役割をもってはいなかったが、屋根面の水平材を直接ささえるものであった、とかんがえることができる。また、

**表3**　「田中吉太郎家文書」にみる棟のたかさ

（註26「近世中期における京都町屋の建築構成について」より一部抜粋）

| 名称 | 棟高（尺） | 前面軒高（尺） | 背面軒高（尺） | 間口（間,尺.寸） | 奥行（間,尺.寸） |
|---|---|---|---|---|---|
| 天満屋権兵衛 | 23.85 | 14.6 | 17.52 | 4半.0.6 | 4 |
| ナシ | 17.28 | 13.5 | | 2.1.8 | 3 |
| いつみやいわ | 21.8 | 13.9 | 15.26 | 約3 | 5半 |
| きのくにや治兵衛 | 18.4 | 13 | 14.26 | 4.5.2 | 4半 |
| 山崎屋七郎兵衛 | 23.05 | 13.6 | 16.3 | 3.6.2 | 6 |
| ナシ | 19.35 | 12.81 | | | |
| 桔梗屋　吉 | 21.6 | 15.5 | 17.28 | 2.0.7 | 4半 |

「小極」とは、大黒柱と同様に小黒柱のことであるとかんがえられ、ながさが二丈であることから通し柱である、とかんがえられる。ふとさについても「大極柱」ほどではないが、普通のものよりふとめの四寸五分であることから、架構をささえていたものである、とかんがえられる。

『日本民家語彙解説辞典』[28]によると、大阪府松原市の田中家所蔵普請帳のうち、「材木注文ノ写」（宝永六・一七〇九）にみえる語として、「栂、弐間大こく柱一尺四方弐本」がある。「弐本」というのはわからないが、近世に「弐間」のながさの大黒柱が使用されていたのであれば、この大黒柱は屋根面の水平材を直接ささえていた、とかんがえられる。

## 三―二―三　土間・床上境のまとめ

中村昌生によると、京都のマチヤの大黒柱は、規模のちいさいマチヤの場合、中戸柱が大黒柱となる[29]。遺構図面では大黒柱が屋根面の水平材を直接ささえていることが指摘できたが、大黒柱の位置に関していえば、大黒柱をふとい柱としてかんがえると、京都のマチヤにおいて、中戸柱の位置に大黒柱がはいらず、小黒柱の位置にはいるものがいくつかある。これは、現存する遺構の大黒柱がかなら

ずしも中戸柱の位置にはいるとはかぎらないことをしめすものである。

京都のマチヤの造形美をかんがえるうえで「準棟纂冪《ジュントウサンベキ》」と「連台（蓮台）」とよばれる言葉が参考になる。[30]「準棟纂冪」とは、京都のマチヤにおける土間上部の吹き抜け部分の架構のことである。これは、大工の間での呼称である。「準棟纂冪」は、大黒柱から地棟・登りをへて小屋束・貫へと華奢になっていく小屋組が土間の上部に展開する雄大な造形美に対してつけられた呼称である。また、「連台（蓮台）」とは、土間・床上境にたちならぶ「中戸柱・大黒柱・小黒柱・裏口柱」を柱筋にそってつないでいる胴差しのことである。とすれば、「連台（蓮台）」は、「準棟纂冪」を構成する一要素である、とかんがえられる。つまり、「準棟纂冪」と「連台（蓮台）」は、大黒柱を中心とした土間・床上境の架構であり、京都のマチヤの架構の造形美をかんがえるうえでの言葉である、とかんがえることができる。また、『邦訳 日葡辞書』[31]には、「連台」を「釈迦（Xaca）の玉座、あるいは、座席で、それは一つの蓮の花だと考えられている」と解説していることから、大黒柱をふくめた土間上部の架構は神聖視されていた、とかんがえられる。

## 四　結論と展望

近世から近代にかけてみた京都のマチヤの架構（梁行方向にならぶ柱）を統一的に考察した。土間側妻面にならぶ柱は、近世から明治以降にいたるまで、半間ごとに柱がはいり、それらの柱が屋根面の水平材を直接ささえていた、とかんがえられる。床上側妻面は、近世では、土間側妻面と同様に半間ごとに柱がはいったが、明治以降、技術力の向上とともに柱数を省略していった、とかんがえられる。柱の省略は、部屋同士の境など、構造上、重要な位置に柱をのこしていくことでおちついた、といえる。また、町田本（歴博甲本）の洛中洛外図屏風にも柱が屋根面を直接ささえているのがうかがえることから、床上側妻面は中世から承け継いだ架構を近世まで持続させた、とかんがえることができる。大黒柱は、棟木や棟木からあまりはなれない水平材を直接ささえるものがあることから、屋根面の水平材を直接ささえるものの、棟木といった特定の部材をささえるといった明確な役割をもっていなかった、といえる。

これにより、近世から明治以降にかけて、土間側にデザイン性をつよくのこした架構が承け継がれていった、とかんがえられる。それは、土間上部の架構について大黒柱や土間側妻面の柱をふくむ「準棟纂冪」や「連台（蓮台）」などの架構をしめす言葉が発生していることからも、土間上部の空間を重視していたことがうかがえる。それとは対照的に、内部空間を重視した床上側妻面は、半間ごとの規則ただしい柱間隔をくずし、架構を発展させた、とかんがえることができる。

また、京都のマチヤは、従来、軸部と小屋組の関係がはっきりとしていなかったが、以上に分析したように、屋根面の水平材を柱が直接ささえていることなどから、軸部と小屋組は分離されていなかった、といえる。屋根面の水平材を柱が直接ささえる架構をとることで、軸部と小屋組が分離されていない形態は、町田本（歴博甲本）や上杉本などの戦国期の洛中洛外図屏風の描写と合致する。とはいえ、従来、伊藤鄭爾が『中世住居史』でしるしたように、マチヤと農家はおなじ源流をもつ、とみなされてきた。それに対して、野口徹は、『中世京都の町屋』で、農家とはことなるマチヤに固有な源流を建築的にさぐったが、建物の架構を分析するにはいたらなかった。本論がマチヤの架構に関してみちびいた結論は、マチヤが農家とはことなる系譜をもつことを示唆するものである。

## 参考文献および註


(1) 伊藤鄭爾『中世住居史［第二版］』（東京大学出版会、一九五八年）一八八頁

(2) 宮澤智士『日本列島民家史 技術の発達と地域色の成立』（住まいの図書出版局、一九八九年）一六六頁

(3) 註1前掲・伊藤『中世住居史』一三三—一三四頁

(4) 註1前掲・伊藤『中世住居史』一九一頁

(5) 稲垣栄三編『復原日本大観6 民家と町並み』（世界文化社、一九八九年）

(6) 玉井哲雄「都市空間復原の方法とその問題点—絵画史料と「もの」史料—」（網野喜彦・石井進編『帝京大学山梨文化財研究所シンポジウム報告集 中世都市と商人職人—考古学と中世史研究2—』名著出版、六九—九二頁、一九九二年）

(7) 藤井恵介・玉井哲雄『建築の歴史』（中央公論社、玉井哲雄執筆部分、一九九五年）三〇三—三〇四頁参照

(8) 工藤圭章編『日本の民家3 農家Ⅲ』（学習研究社、一九八一年）一三八—一四一頁参照

(9) 註1前掲・伊藤『中世住居史』一三四頁

(10) 野口徹『中世京都の町屋』（東京大学出版会、一九八八年）

(11) 鈴木嘉吉「概説 畿内の町家」（鈴木嘉吉編『日本の民家 第6巻 町家Ⅱ 近畿』学習研究社、一三八—一四五頁、一九八〇年）

(12) 中村昌生『京の町家』（河原書店、一九九四年）七六頁

(13) 京都府教育庁文化財保護課編『京都府の民家 調査報告 第六冊—昭和四四年度京都市内町家調査報告書—』（京都府敵育委員会、一九七一年）一七頁

(14) 日向進「近世中期における京都町屋の建築構成について」（『日本建築学会論文報告集』三一八、一五六—一六五頁、一九八二年）

(15) 註5前掲・稲垣編『復原日本大観6』九一頁（稲垣栄三執筆部分）

(16) 註13前掲・京都府教育庁文化財保護課編『京都府の民家 調査報告 第六冊』三七頁

(17) 島村昇・鈴鹿幸夫ほか『京の町家』（鹿島出版会、一九七一年）一二三頁

(18) 高橋康夫・吉田伸之・宮本雅明・伊藤毅編『図集 日本都市史』（東京大学出版会、二一六頁、一九九三年）の連続平面図を参照していただきたい。

(19) 註1前掲・伊藤『中世住居史』一九二頁

(20) 彰国社編『建築大辞典 第二版』（彰国社、一九九三年）九六八頁

(21) 註12前掲・中村『京の町家』七六頁

(22) 川上貢「総柱建て・棟持柱をもつ建物の遺構—越中立山の室堂—」（京都府埋蔵文化財調査研究センター『京都府埋蔵文化財論集』第一集、五〇九—五一五頁、一九八七年）

(23) 高橋康夫「町屋普請における工費と標準工数」（『建築と積算』七五—三、二五—三五頁、一九七五年）。高橋康夫は図8の絵図についてつぎのようにのべている。「居宅の状況を示す絵図は、残念ながら正面立面図・梁行断面図（居住棟のみ）土蔵西側面図の3枚しか残されていない。図に見られるように、絵図は3枚とも縮尺1／20で描かれており、江戸時代の建築図面として、このように近代的な技法で製作されたものはかなり珍しい。」

(24) 日向進「天明大火直後の京都における町屋普請—寛政2、3年『注文帳』を中心に—」（『日本建築学会論文報告集』三二五、一四四—一五四頁、一九八三年）

(25) 中村達太郎『日本建築辞彙』（丸善、一九〇六年）一〇八頁
(26) 註14前掲・日向「近世中期における京都町屋の建築構成について」
(27) 註24前掲・日向「天明大火直後の京都における町屋普請」
(28) 日本建築学会民家語彙集録部会編纂『日本民家語彙解説辞典』（日本アソシエーツ、一九九三年）四三二頁
(29) 註12前掲・中村『京の町家』七六頁
(30) 註12前掲・中村『京の町家』七六―七七頁。「準棟纂冪」・「連台（蓮台）」という言葉に関する解説も同書を参考としている。
(31) 『邦訳 日葡辞書』（岩波書店、一九八〇年）五二八頁

初出　一九九八年二月　畑智弥・土本俊和

補記1　「田中吉太郎家文書」は京都市立歴史資料館架蔵複写本を参照した。

補記2　生方家住宅は、その後、表側の妻面に棟持柱がある点を確認した。したがって、この建築遺構は軸部と小屋組が分離した構造であるとはいえない。この点は、総論7島崎・土本「棟持柱構造と軸部・小屋組構造を併せ持つ切妻小規模建造物」の註16で言及した。

補記3　中土間型の考古学的発掘遺構が、その後、京都市埋蔵文化財研究所から報告された。これは、各論A京都3で参照した桜井みどり・南孝雄「伏見城跡」（平成一一年度）である。

補記4　図2の左上に「うたち」の文字がみえる。各論A京都2図8上も参照されたい。

補記5　一九八九年初出の本論に先行して、土本が京都のマチヤにおける軸部と小屋組をのべたものがある。土本「京の町家の変遷と特色」（稲垣栄三編『復元日本大観6 民家と町並み』世界文化社、九四頁、一九八九年）である。ここで、京都のマチヤは、たかさ方向へ拡大して、二階屋が普及していく前段に、「柱の基礎に石を置く礎石建になった点」や、「柱と横材で自立した空間を成す下層部（軸組）と、屋根を支持する上層部（小屋組）とに分離された形になる」点があるとしるした。しかし、その後、京都のマチヤは、柱脚部が土台の上にのる点（各論A京都3「京マチヤの原形ならびに形態生成」二〇〇七年初出、考察7「土台と棟持柱」本書初出ほか）や、両妻面で軸組と小屋組が分離していない点（各論A京都1本論文、一九九九年初出ほか）を指摘した。現時点、「京の町家の変遷と特色」にしるしたこの二点を、以下のように訂正する必要がある。すなわち、京のマチヤは、たかさ方向へ規模を拡大して、二階屋が普及していく段階でも、柱脚部を土台の上にのせており、両妻面で軸部と小屋組が分離していない。そもそも、一九八九年三月初出の本論が棟持柱や通し柱という語をもちいずに、軸部と小屋組という語を表題にもちいたのは、この「京の町家の変遷と特色」をひきずっていたからである。とはいえ、一九八九年以前にでていた、京都のマチヤをしるした鈴木嘉吉「概説 畿内の町家」（一九八〇年）を積極的に参照しておく必要があった。一九八九年三月の直後にでた、京都と奈良町を例外とする大場修「奈良盆地における町家の発展過程」（一九八九年九月）にふれてから、棟持柱構造をもつ藤岡家住宅（奈良町、重要文化財）を実見したのは、修理工事がおわった直後の一九九九年であった。そこで発想の転換をしいられた。それから、これらの問題点は、徐々に確実に解消されていった。

# 各論A
# 京都2　与次郎組の系譜—京都のマチヤにおける小屋組構成部材の展開—

## 一　問題の所在

本論は、マチヤの小屋組にもちいられる登り梁に着目し、設定した複数の指標を通して、京都のマチヤにおける架構の原形をさぐることを目的とする。中世京都の町並みをえがいたものに洛中洛外図屏風があるが、室町時代末期の洛中洛外図屏風にすでに二階建てのマチヤがみられる(1)。一六世紀の洛中洛外図屏風（上杉本、町田本・歴博甲本）と一七世紀の洛中洛外図屏風（林原美術館本、舟木本）を比較したとき、両者に共通する形態と共通しない形態がいくつかある(2)。その共通しない形態のなかに、二階屋の家屋数の増加がある。このように二階屋が増加したのは、一六世紀から一七世紀にかけてマチヤが規模を拡大したからであった。この時期のマチヤは、街区の表層にのみたつことをゆるされていたため、マチヤの規模はまず高さ方向に拡大していき、一七世紀の洛中洛外図屏風がえがくような内部の様子がうかがえる二階屋が普及した。二階屋が普及する背景にはつぎのような建築的変化がみられる。すなわち、「規模の拡大は、まず高さ方向への類型としてあらわれる。舟木本や岡山（林原）美術館本など十七世紀前半の『洛中洛外図屏風』に散見される二階屋が、その事例である。この変化の背景には、柱が掘立柱から、柱の基礎に石をおく礎石建になった点」がある(3)。また、横田冬彦によると、「京極通の二階家作事への補助（「京都屋造之初」長刀鉾町文書(4)）」にみられるように、二階屋普及の背景には豊臣秀吉による二階屋の奨励策も要因としてかんがえられる。しかし、その後、京都のマチヤは、背後の土地を利用しながら奥行方向へ規模を拡大し、一列三室型の平面を形成した。その結果、二階屋は、屋根裏を利用したいわゆる厨子二階と呼ばれる軒のひくいものにおちついた。マチヤに対する具体的な規制は、慶安二年（一六四九）の『正宝事録』にみられるものがもっともはやく、そのなかでマチヤの外観に対して華美な作事を禁じている(5)。京都では厨子二階形式のマチヤが通りに面してたちならぶことになり、この形式は江戸時代を通じてまもられた(6)。鞍馬の瀧澤家住宅（重文）も二階を本格的に居室にしたのは、一八世紀末である(7)。

奥行方向に充分な規模をたもちつつ、外観に制約をうけるなか、厨子二階内部をよりひろくつかうため、登り梁をもちいた架構が発生する。登り梁が使用されはじめたのは、一八世紀中期である、とかんがえられている(8)。この登り梁をもちいた架構のひとつに与次郎組とよばれる架構がある。しかし、与次郎組は、文献によりさまざまに解釈されている。『建築大辞典』(9)では、与次郎組は、比較的小規模な民家主屋または土蔵にみられるもので、「棟持柱（中柱ともいう）または地棟と棟木との間に立つ真束（与次郎束ともいう）に対し、左右から登り木（一種の小屋梁）を差し出して鼻栓または込栓としている」架構であるとされており、登り梁と桁との関係が「京呂蟻(10)掛けまたは折置き」であるとされている。また、登り梁の上には束がたち、この束によって母屋がささえられる。『日本民家語彙解説辞典』(11)では、与次郎組は、やはり土蔵や小規模家屋にもちいられ、棟持柱または真束（以下、棟束とよぶ）に登り梁をかけ、それらをつなぐ方法を「栓打ちで止める」とのべられており、『建築大辞典』のように登り梁と桁または母屋との関係については、ふれられていない。また、『日本建築辞彙』(12)では、与次郎組を「棟ト地棟トノ間ニアル束ニシテ、左右ヨリ登木差サリ居ルモノ」とのべられており、『建築大辞典』や『日本民家語彙解説辞典』とことなり、棟持柱という概念がみられない。

与次郎組に関して、『建築大辞典』が小屋組全体を解説しているのに対し、『日本民家語彙解説辞典』や『日本建築辞彙』は、棟持柱または棟束と登り梁との関係についてのみに終始している。また、『日本の民家３』は、文政八年（一八二五）の民家である行永勲家住宅（舞鶴市）を「小屋組は与次郎組」とのべている。(13)しかし、行永家住宅の断面図(14)（図１）をみると、小屋組に登り梁をもちいるものの、棟束や棟持柱に登り梁がじかに接続されるわけではなく、そのため鼻栓または込栓とはなっていない。また、登り梁の勾配が垂木と同程度であるため、登り梁がじかに母屋をささえるので、登り梁の上に束がたつことはない。これは、『建築大辞典』とおおきく矛盾する。これらは、文献により与次郎組がさまざまに解釈されていることをしめしている。ここに、与次郎組について再検証をおこなう必要性がある、とかんがえられる。

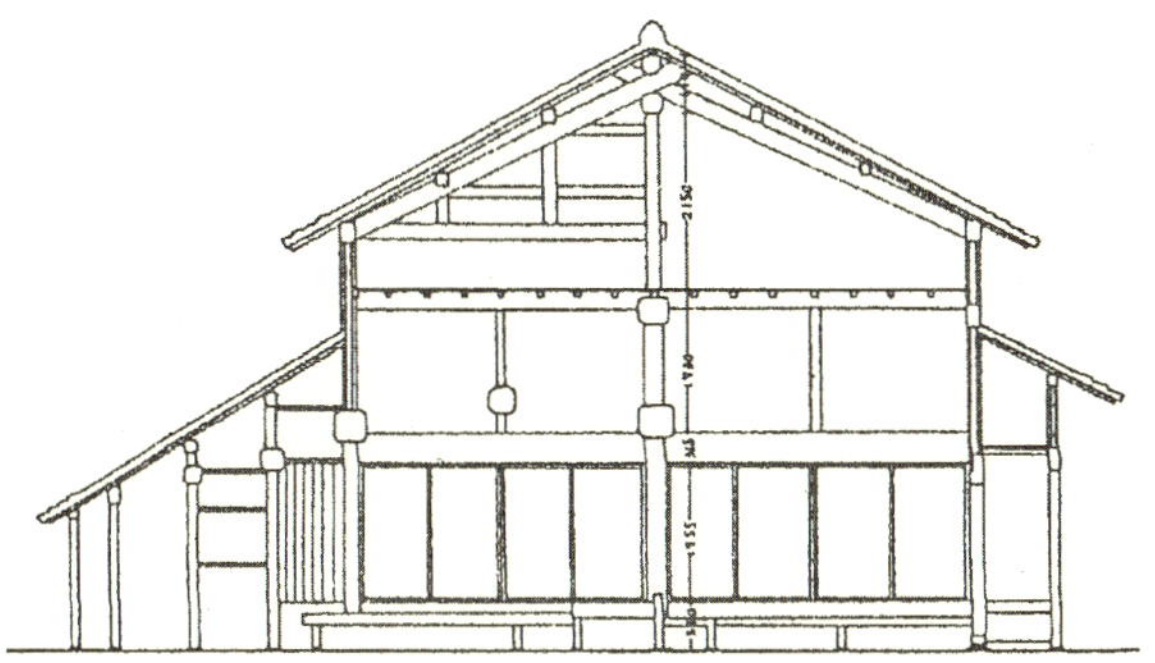

**図1**　行永勲家住宅断面図
（舞鶴市、『京都の民家 調査報告 第七冊』1975、72頁より）

与次郎組の特徴である登り梁は、『建築大辞典』において、「登り木（登り梁）(15)」は、「小屋梁」の一種(16)とのべられている。また、「小屋梁」は、「小屋組の最下にある梁」とのべられている。(17)つまり、小屋梁が軸部と小屋組を分割する基準であるとよみとれるが、洛中洛外図屏風（町田本・歴博甲本）にみられる棟持柱(18)のように地上から棟木までの通し柱によって棟木をささえる場合、棟持柱が軸部から小屋組までとおりぬけるため、登り梁で軸部と小屋組を分離しているとはいいきれない。また、棟束をたてて登り梁をうける架構法をとった場合にも、棟束をうける地棟が登り梁の下方にある。『建築大辞典』では、地棟は、「頭のつかえる小屋梁を省略するために設けられる」(19)とのべられていることから、やはり登り梁で軸部と小屋組を分離しているとはいいきれない。堀江亨(20)は、石川県能登地方の民家を例としてとりあげ、「梁組が複層化した架構では、小屋荷重を受けているという機能的な理由により、さらに下方にある部材を小屋梁と解釈する」ことがあるとのべている。これは、小屋梁の「位置的な概念」と「機能的な概念」が明確にされていないことをしめし、結果、軸部と小屋組の位置関係が不明瞭なまま架構が分析されている、と指摘している。京都のマチヤの両妻面にはいる半間ごとの柱や土間と床上の境にたつ大黒柱に注目したとき、軸部と小屋組は明確には分離していない。(21)つまり、『建築大辞典』では、小屋梁で軸部と小屋組を分離するとのべられているが、これはすべての民家に該当するものではないことがいえる。

以上より、本論では、小屋組に登り梁をもちいる京都のマチヤの架構を分析することで、与次郎組について再検証をおこなうとともに、京都のマチヤの軸部と小屋組の関係をさぐることを目的とする。

## 二　研究の目的と分析対象

本研究の目的は、建築の原初的な形態を把握することにある。とくに、本論は、京都のマチヤにおける架構の原形をさぐることを課題とする。

本論において、分析の対象とするものは、小屋組に登り梁をもちいる架構である。この登り梁をもちいる架構のひとつとして与次郎組がある。しかし、さきにのべたように、与次郎組は、文献によりさまざまに解釈され、明確な定義がなされていない。『建築大辞典』では、与次郎組は、「比較的小規模の民家主屋」にみられる、とのべられている(22)。京都のマチヤの平面の標準型は、一列三室型であり、間口も三間から四間といった小規模のものが大部分である。伊藤鄭爾は、『中世住居史』で、「小住居では棟木を直接に棟持柱でうける」とのべている(23)。また、京都のマチヤは、洛中洛外図屏風にみられる棟持柱の系譜をつぐ架構をもつ、とかんがえることができる(24)。すなわち、本論が課題とする与次郎組の再検証をおこなうにあたり、京都のマチヤを分析対象とするのがもっとも適切である。

本論では、分析にさきだち、『建築大辞典』と『日本民家語彙解説辞典』と『日本建築辞彙』で、与次郎組がどのように解釈されているかを把握した。これらの文献から架構にかかわる文章を抽出し、それらを表1にまとめた。これらの文献に共通する項目は、棟木を支持する部材（棟持柱あるいは棟束）に対して登り梁が直接かかっていることである。『建築大辞典』では、「登り木」は「登り梁」と同義とされているので、本論では登り梁で統一する。『日本建築辞彙』における「差サリ」とは鼻栓か込栓である、とかんがえられる。『日本建築辞彙』に掲載されている付図(25)（図2）をみると鼻栓であることがわかる。京都のマチヤの土間と床上の境にたつ柱、とくに大黒柱は棟持柱の系譜をもつ、とかんがえられるが、その柱は、屋根面の水平材を直接ささえるもの、棟木などの特定の部材をささえるといった明確な役割をもっていなかった(26)。ここでのべる「屋根面の水平材」とは、棟木や母屋や軒桁といった屋根面を構成する部材をさす。よって、本論は、与次郎組を「屋根面の水平材を直接ささえる部材に登り梁が直接かかる架構」であると把握する。つまり、棟木ないし母屋を直接ささえる通し柱ないし棟束に登り梁が直接かかる架構が本論にとっての与次郎組である。また、本論は、「屋根面の水平材を直接ささえる部材に登り梁が直接かかる架構」をもつ京都のマチヤを分析対象とする。この定義のもと、与次郎組とかんがえられる遺構図面を収集する。さらに、前稿「京都のマチヤにお

**表1**　与次郎組の特徴

| | 『建築大辞典』 | 『日本民家語彙解説辞典』 | 『日本建築辞彙』 |
|---|---|---|---|
| （1） | 棟持柱または真束に対し登り梁がかかる | 棟持柱または真束に対し登り梁がかかる | 真束に対し登り梁がかかる |
| （2） | 登り梁は左右からかかる | 登り梁は左右からかかる | 登り梁は左右からかかる |
| （3） | 棟持柱または真束と登り梁の仕口は鼻栓か込栓 | 棟持柱または真束と登り梁の仕口は栓打ち | 真束に対し登り梁は「差サル」 |
| （4） | 登り梁と桁は京呂蟻掛けまたは折置 | | |
| （5） | 登り梁の上に小屋束を立て母屋桁をうける | | |

ける軸部と小屋組(27)と同様、京都のマチヤの平面を「床のある」と「床のない」とでわけたとき、両妻面の柱筋と土間と床上の境の柱筋とに注目することができる。そのとき、図3にしめすように妻面の土間側を「土間側妻面」、床上側を「床上側妻面」、土間空間（床のない空間）と床上空間（床のある空間）の境界を「土間・床上境」と定義する(28)。

つぎに、分析をおこなううえでの指標を設定する。本論は、与次郎組の再定義を目的のひとつとしている。そのため、表1に列挙した各文献の与次郎組にかかわる項目において、与次郎組の内包としてすでに定義した項目以外を分析指標とする。分析の指標は、以下のとおりである。

指標①　登り梁が左右からかかる

指標②　登り梁がかかる部材が通し柱あるいは棟束

指標③　登り梁の上の束で母屋をささえる

指標④　桁と登り梁の関係

それぞれの指標に即して、数のおおいものを多数派、数のすくないものを少数派とすることで、個々の事例を二分する。遺構図面をそれぞれ指標ごとに二つに分類することで、多数派を指標ごとの標準型として把握することにより、与次郎組の標準型を捕捉する。このとき、類型化の指標は、多数派と少数派を明確に分類するものでなければならない。これらを分析の指標とすることで、各文献にのべられる与次郎組について検証することができ、同時に与次郎組を再定義するための指標ともなる。文献をもとに遺構図面をみちびき、つぎに、遺構図面から文献を検証することで、小屋組に登り梁をもちいた京都のマチヤの架構の本質をしることができる、とかんがえる。

分析の対象とするマチヤは、表2にあげる一二軒である。これら一二軒中四軒（立木家、福井家、片岡家、吉田家）は洛中のマチヤであり、残りの八軒は洛外のマチヤである。洛外のマチヤ八軒のうち、七軒（本田家、松本家、林家、石田家、山本（友）家、山本（九）家、弓下家）は左京区鞍馬のマチヤである。残り一軒（大槻家）は京都市外の綾部市のマチヤである。鞍馬のマチヤの建築年代に関しては、ほとんどが不明であるが、現在の鞍馬の景観は江戸末期にはじまるとかんがえら

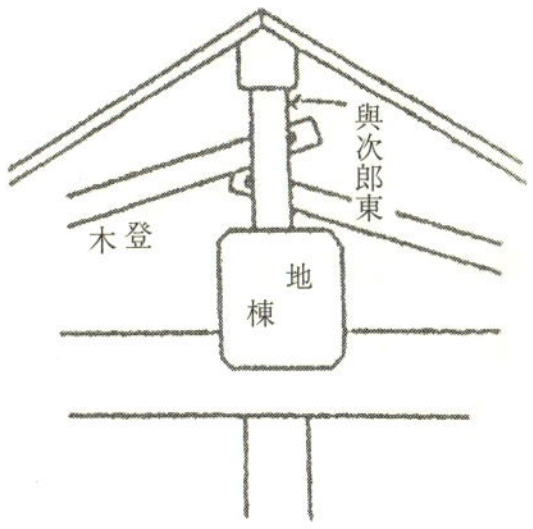


**図2**　与次郎組図
（『日本建築辞彙』1906、104頁より）

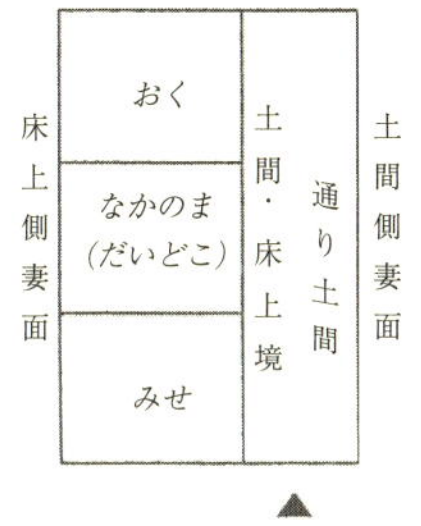


**図3**　柱筋名称図

**表2**　分析対象のマチヤ

| | | 所在地 | 建築年代 | 図面の種類 |
|---|---|---|---|---|
| 1 | 立木伊三郎家住宅 | 北区紫野下門前町 | 享保期（1716-35） | 1階現状平面図、断面図 |
| 2 | 本田四郎家住宅 | 左京区鞍馬 | 不明 | 1階・2階現状平面図、断面図、物置平面図 |
| 3 | 松本勝利家住宅 | 左京区鞍馬 | 不明 | 1階現状平面図、断面図、矩計図 |
| 4 | 林幸太郎家住宅 | 左京区鞍馬 | 不明 | 1階現状平面図、断面図 |
| 5 | 石田憲三郎家住宅 | 左京区鞍馬 | 不明 | 1階現状平面図、断面図 |
| 6 | 山本友一郎家住宅 | 左京区鞍馬 | 不明 | 1階現状平面図、断面図、外観写真 |
| 7 | 福井定次郎家住宅 | 上京区下長者町千本西 | 明治期以前 | 1階・2階現状平面図、断面図、地割図 |
| 8 | 片岡勝三家住宅 | 北区紫竹西南町 | 文化4年（1807） | 1階現状平面図、断面図 |
| 9 | 山本九郎家住宅 | 左京区鞍馬 | 不明 | 1階現状平面図、断面図、納屋平面図、納屋断面図 |
| 10 | 大槻啓吉家住宅 | 綾部市本町 | 嘉永3年（1850） | 1階現状平面図、1階復元平面図、断面図 |
| 11 | 弓下真司家住宅 | 左京区鞍馬 | 不明 | 1階現状平面図、断面図、外観写真 |
| 12 | 吉田秀三郎家住宅 | 上京区今出川智恵光院西 | 明治前半より以前 | 1階現状平面図、断面図 |

れている。(29) ここにあげるマチヤはすべてがさきにのべた与次郎組の本質とかんがえる「屋根面の水平材を直接ささえる部材に登り梁が直接かかる架構」に合致するものである。

## 三　指標による類型化

ここでは、さきにのべた四つの指標をもちいて、一二軒の京都のマチヤに関して、分析をおこなう。「指標①　登り梁が左右からかかる」・「指標②　登り梁がかかる部材が通し柱あるいは棟束」をもちいることで、与次郎組の中心部分である登り梁と屋根面の水平材の関係、または屋根面の水平材と登り梁をつなぐ部材に関して考察することができる。指標②に関して、登り梁がかかる部材は棟束以外は棟持柱をもちいる、と各文献にのべられていた。しかし、前稿「京都のマチヤにおける軸部と小屋組」(30)においてあきらかにしたように、京都のマチヤの土間・床上境の柱は、とくに棟木をささえるなど明確な役割をもっていなかった。そこで、本論では、棟持柱を通し柱の一形式として分析をおこなう。つぎに、「指標③　登り梁の上の束で母屋をささえる」をもちいることで、京都のマチヤの小屋組における水平材と登り梁との関連を考察する。これは、指標①・指標②において考察した屋根面の水平材以外の水平材に関して考察をくわえることになる。さいごに、「指標④　桁と登り梁の関係」をもちい、指標②で考察した登り梁の接合部とは逆端の接合部に関して考察する。これらの指標に即して与次郎組を分析することで、京都のマチヤの軸部と小屋組に関する考察をすすめることができる。また、これにより、京都のマチヤの架構の本質をしることができる。各指標による分析結果を表3にしめす。

### 三―一　登り梁が左右からかかる（指標①）

すべての文献において、与次郎組は棟持柱か棟束に対し左右から登り梁がかかる、とのべられている。しかし、対象とする一二軒のマチヤには、左右から登り梁がかかるものと、どちらか片方だけから登り梁がかかっているものがある。左右から登り梁がかかるマチヤは五軒（片岡家、山本（九）家、大槻家、弓下家、吉田家）である。これは、全体の四二%をしめる。また、登り梁が片方だけのものは七軒（立木家、本田家、松本家、林家、石田家、山本（友）家、福井家）である。これは、全体の五八%をしめる。しかし、登り梁が左右からかかるマチヤも片方だけのマチヤも、登り梁とその周辺の部材との関係は同様の架構である、とかんがえられる。左右から登り梁がかかるマチヤの場合、梁間がおおきいマチヤでは、屋根面をささえる一本の柱や束に対し左右から登り梁がかかるわけではなく、山本九郎家住宅（図

**表3**　指標による分析結果

| 指標 | | 事例 | 計（/総計） |
|---|---|---|---|
| 指標① | 左右 | 片岡家、山本（九）家、大槻家、弓下家、吉田家 | 5　(42%) |
| | 片方 | 立木家、本田家、松本家、林家、石田家、山本（友）家、福井家 | 7　(58%) /12 |
| 指標② | 通し柱 | 立木家、本田家、松本家、林家、福井家、片岡家、山本（九）家、吉田家 | 8　(67%) |
| | 真束 | 石田家、山本（友）、大槻家、弓下家 | 4　(33%) /12 |
| 指標③ | 束がたつ | 立木家、本田家、松本家、林家、片岡家、山本（九）家、大槻家 | 7　(58%) |
| | 束がたたない | 石田家、山本（友）家、福井家、弓下家、吉田家 | 5　(42%) /12 |
| 指標④ | 柱にかかる | 立木家、本田家、松本家、林家、石田家、山本（友）家、福井家、立木家、本田家、松本家、林家、山本（友）家、福井家 | 11　(92%) |
| | 柱にかからない | 石田家 | 1　(8%) /12 |

4）[31]のように屋根面の水平材をささえる二本の柱に対し片方づつ登り梁がかかる場合がある。これは、登り梁が片方だけかかるマチヤと同様の架構をもつことをしめしている。よって、すべての文献が登り梁は左右からかかる、とのべていたが、片方だけから登り梁がかかるマチヤも左右から登り梁がかかるマチヤと同様の架構をもつ、とかんがえられる。この点は、与次郎組を分析するうえで、架構の中心的な役割をになう登り梁に関する考察をおこなうために、片方だけから登り梁がかかるマチヤについても分析の必要があることをしめすものである。

## 三―二　登り梁がかかる部材が通し柱あるいは棟束（指標②）

ここでは、登り梁とそれがかかる部材に関して考察する。本論は、与次郎組を「屋根面の水平材を直接ささえる部材に登り梁が直接かかる架構」である、ととらえた。各文献によると、この屋根面の水平材を直接ささえる部材には二種類あり、ひとつが、棟持柱形式をもつ地上から屋根面までのび、屋根面の水平材を直接ささえる通し柱である（図５）[32]。もうひとつは、棟木と地棟の間に鉛直方向にはいる棟束である（図６）[33]。これは、与次郎束ともよばれている。『建築大辞典』と『日本民家語彙解説辞典』では、これら二種類の部材が存在する、とかんがえられているが、『日本建築辞彙』では、棟束のみがのべられているだけである。これにより、遺構図面から登り梁がかかる部材に通し柱形式のものが存在するのかどうかを検証する必要がある、とかんがえられる。

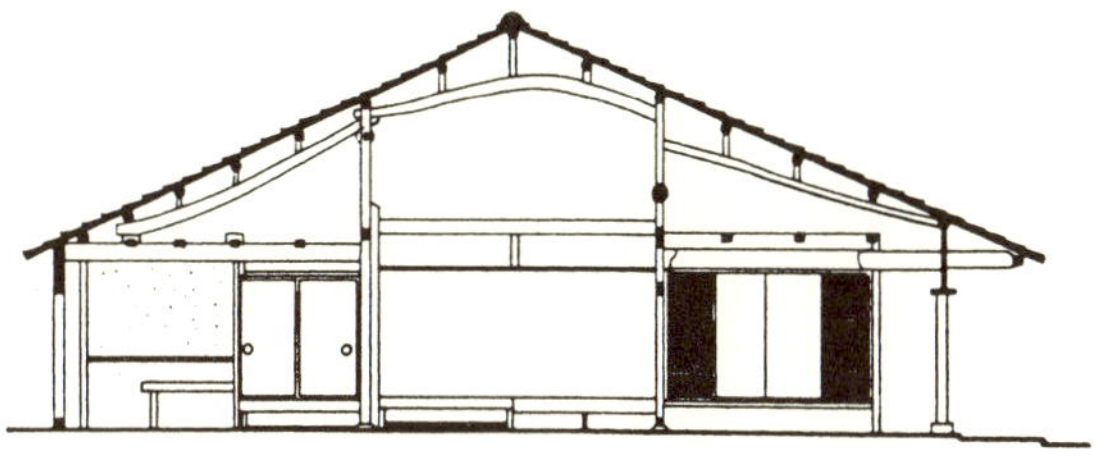

**図4**　山本九郎家住宅断面図
（左京区鞍馬、『鞍馬 町なみ調査報告』1982、36頁より）

指標②に即し、登り梁が通し柱にかかるマチヤと登り梁が棟束にかかるマチヤとに二分する。その結果、登り梁が通し柱にかかるマチヤは八軒（立木家、本田家、松本家、林家、福井家、片岡家、山本（九）家、吉田家）であった。これは、全体の六七％をしめる。また、登り梁が棟束にかかるマチヤは四軒（石田家、山本（友）家、大槻家、弓下家）であった。これは、全体の三三％をしめる。よって、登り梁が通し柱にかかるマチヤを多数派ととらえることができる。

登り梁が通し柱にかかるマチヤは、地面からたちあがり屋根面の水平材を直接ささえる通し柱に登り梁がかかる。つまり、登り梁という小屋組を構成する中心部材の一端が通し柱によってささえられている。また、屋根面の水平材を地面からたちあがる通し柱がささえる形式は、京都のマチヤの土間側妻面の柱筋と床上側妻面の柱筋にみられる半間ごとの通し柱にもみられる[34]。この形式は、町田本の

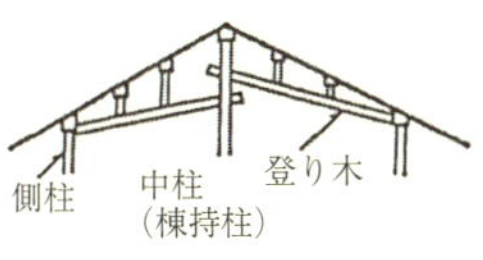


**図5**　棟持柱による与次郎組図
（『建築大辞典』1976、1576頁より）




**図6**　棟束による与次郎組図
（『建築大辞典』1976、1576頁より）

洛中洛外図屏風のマチヤの架構にもみられる。[35]つぎに、登り梁が棟束にかかるマチヤであるが、『建築大辞典』には、棟束をもちいた与次郎組が図解されている（図6）。これをみると、登り梁はまず棟束にかかるが、棟束は地棟によってささえられており、その地棟は胴差しによってささえられる。そして、胴差しはその両側にたつ、屋根面までたちあがっている二本の通し柱によってささえられている。石田憲三郎家住宅と山本友一郎家住宅にも棟束がもちいられているが、やはり、棟束をささえる胴差しは、屋根面まで達する二本の通し柱によってささえられている。つまり、登り梁が棟束にかかるマチヤの場合も、間接的ながら地上から屋根面まで達する通し柱によって登り梁がささえられている、と判断することができる。指標②により、多数派を通し柱のマチヤであるととらえたが、棟束のマチヤも存在した。これは、京都のマチヤの柱が屋根面まで達するため、[36]やはり、土間・床上境にならぶ柱も、例外ではなく、屋根面まで達する通し柱である。小屋組を形成するにあたり、通し柱に登り梁をかけるものが標準型であったが、二本の通し柱の間に胴差しをいれることで棟束をたて、その棟束に対して登り梁をかける形式は、その後に派生的に発生した、とかんがえられる。京都のマチヤは、架構に通し柱をもちいることで、軸部と小屋組を明確に分離しない。近世以降、日本の民家は、「軸組・小屋組構造」をとることを原則とし、軸部と小屋組が分離している、と玉井哲雄はのべているが、[37]これは京都のマチヤにはあてはまらないことがわかる。

　また、『建築大辞典』によると、登り梁と通し柱または棟束との関係は鼻栓か込栓である、とのべられているが、登り梁が通し柱または棟束に直接かかる以上、どちらかの仕口をとっている、とかんがえられる。

## 三―三　登り梁の上の束で母屋をささえる（指標③）

　ここでは、登り梁の上にたつ束に関して考察する。『建築大辞典』の「よじろうぐみ」の項で、「登り木の上に小屋束を立て母屋桁を受ける」とのべられていることから、母屋は登り梁の上にたつ束によってささえられている、とよみとることができる。しかし、『日本民家語彙解説辞典』と『日本建築辞彙』には、母屋に関する記述はない。よって、指標③により、登り梁と母屋の関係について検証をおこなう。

　母屋が登り梁の上にたつ束によってささえられているマチヤは、七軒（立木家、本田家、松本家、林家、片岡家、山本（九）家、大槻家）であった。これは、全体の五八％をしめる。つまり、登り梁の上にたつ束によって母屋がささえられる形式を多数派と把握することができる。のこりの五軒のマチヤのうち四軒（石田家、山本（友）家、福井家、弓下家）は、登り梁で母屋を直接ささえている。つまり、登り梁の勾配が屋根勾配と完全に一致し、『建築大辞典』に図解される与次郎組（図5、図6）にくらべ、登り梁を屋根面によりちかづける架構をとっている。この形式は、冒頭でのべた行永家住宅（図1）の小屋組と同様の小屋組である。これは、与次郎組が二階内部をよりひろく利用するためにうまれた架構である、とかんがえられることから、このように登り梁で母屋を直接ささえる形式は、さらに二階内部をひろく利用するために登り梁の上にたつ束によって母屋をささえていた形式から派生的に発生した架構である、とかんがえられる。のこる一軒（吉田家）は、登り梁がかかるのみで、母屋との関係を確認することができなかった。

京都のマチヤは、両妻面に柱筋があり、土間側妻面と床上側妻面との両妻面には半間ごとの柱がはいっていた。そして、それらの柱は、屋根面までたちあがり、屋根面の水平材を直接ささえる[38]。つまり、土間側妻面と床上側妻面の半間ごとの柱にあわせて、母屋も半間ごとにはいることになる。とすれば、登り梁の上にたつ束も、母屋をささえるために半間ごとにはいらざるをえなくなる。すなわち、登り梁の上にたつ束は、母屋をささえるために半間ごとにはいるが、これは半間ごとにはいる母屋の間隔にあわせた配置である、とかんがえられる。最終的に、登り梁の上にたち、母屋をささえる束に関しても、土間側妻面と床上側妻面にはいる半間ごとの柱間隔に影響をうけていることがわかる。

## 三―四　桁と登り梁の関係（指標④）

指標①により、登り梁の一端が通し柱によってささえられていることがわかったが、ここでは、もう一端が他の部材とどのようにかかわるかをかんがえる。『建築大辞典』では、桁と登り梁の関係は「京呂蟻掛または折置」である、とのべられている。つまり、登り梁のもう一端は屋根面の水平材をささえる部材の上にのる、とかんがえられる。

遺構図面をみると、一一軒（立木家、本田家、松本家、林家、山本（友）家、福井家、片岡家、山本（九）家、大槻家、弓下家、吉田家）のマチヤの登り梁が表口か裏口の柱の上端付近につながる。これらのマチヤの登り梁は、主屋の表口か裏口の柱にかならずかかっている。石田家住宅の登り梁の一端は棟束によってささえられるが、逆端は棟束から一間はなれた土間・床上境上の柱によってささえられている。図面がそれほどこまかくないため、遺構図面から桁との関係まで言及することは不可能であるが、登り梁は主屋の表口あるいは裏口の柱によって支持されていることがわかる。

## 三―五　遺構図面からみた与次郎組

以上、四つの指標より、与次郎組の再検証をおこなった。これらの指標による分析結果からみいだすことのできる与次郎組像は、つぎのとおりである。

京都のマチヤは、本格的に二階の居室化をはかるため、二階内部の空間を拡大する必要があった。しかし、表構えは制限されているため、小屋組に登り梁をもちいることによって外観に変化をあたえることなく二階内部をひろげた。この登り梁は、じかに屋根面まで達する通し柱にかかり、鼻栓あるいは込栓でとまる。事例としては通し柱形式のものがおおくみられる。そのほかにも、登り梁が通し柱に直接かかるもの以外に棟束にかかる場合がある。この棟束は地棟の上にたち、地棟は胴差しによってささえられ、胴差しはその両脇にたつ二本の通し柱によってささえられる。つまり、登り梁を棟束にかけた場合も最終的には通し柱によってささえられている。また、登り梁の上には半間ごとに束がたち、これによって母屋をささえる。この束の位置は、土間側妻面と床上側妻面の半間ごとにはいる通し柱に影響をうけている。登り梁の逆端は、表口あるいは裏口の柱の上に直接のる。つまり、登り梁は、その両端を通し柱によって支持されることになる。

このような与次郎組像にもっとも合致するのは、片岡勝三家住宅[39]（図７）であった。片岡家住宅は、大徳寺門前の建築遺構であり、文化四年（一八〇七）の建築である。(40)登り梁が使用されはじめたのが一八世紀中期頃である、とかんがえられているから、片岡家住宅はこれに合致する。片岡家住宅の小屋組は、土間・床上境の中心に棟持柱がたちあがり、これに左右から登り梁がかかる。また、二本の登り梁の逆端は、表口あるいは裏口にたつ通し柱によってささえられる。登り梁の上には半間ごとに束がたち、母屋をささえる。つまり、片岡家住宅を与次郎組の典型としてとらえることができる。また、大徳寺門前のマチヤの遺構として片岡家住宅のほかに立木伊三郎家住宅があげられる。この二軒の遺構は、大徳寺周辺にたつマチヤである。本論は、これら両遺構を分析対象としている。『京都府の民家 調査報告 第六冊』では、立木家住宅は享保期（一七一六～一七三五）の建築遺構である、とかんがえられており、「小屋裏は物入れになっているが、(41)登り梁を用いてないので梁が邪魔」である、とのべられている。立木家住宅の断面図をみると、勾配はかなりゆるやかで比較的水平にちかいものであるが、登り梁がもちいられている。登り梁の上には束をたて、さらにその束を貫で縦横にかためている。

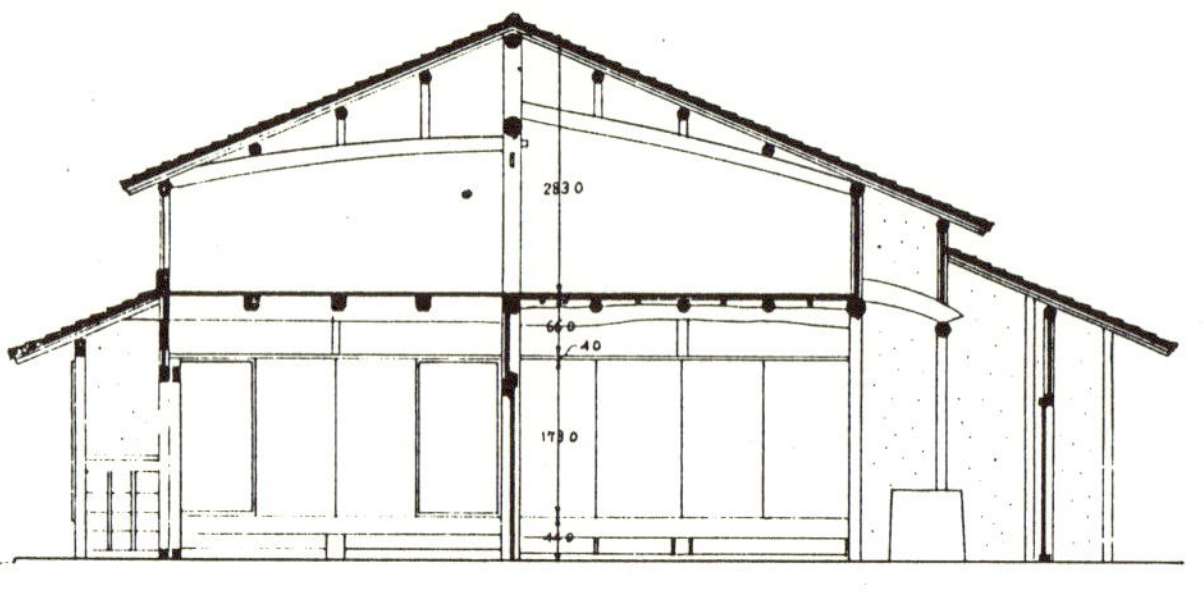

**図7** 片岡勝三家住宅断面図
（京都市北区、『京都府の民家 調査報告 第六冊』1970、58頁より）

　与次郎組にもちいられる登り梁は、棟木と桁高の中程にかかる斜材である。与次郎組は、架構が発展していく過程のなかで、小屋組内部の何らかの水平材を斜材とすることにより、床と登り梁との間の空間を拡大させることで完成した。この登り梁の勾配をかんがえる。ここで、立木家住宅と片岡家住宅の建築年代と登り梁の勾配を比較したとき、立木家住宅の建築年代が享保期で登り梁の勾配が水平にちかく、片岡家住宅の建築年代が文化四年（一八〇七）で登り梁は棟木と桁高の中程にはいる。登り梁がもちいられはじめたのが一八世紀中期頃である、とかんがえられていることから、立木家住宅の登り梁は、登り梁が使用されはじめる直前か使用されはじめた初期のものである、とかんがえられる。つまり、建築年代から、登り梁は、桁高にはいっていた水平材が、二階の居室としての需要がますにつれて上方へのぼり、『建築大辞典』等に図解される形態（図5）におさまったものとかんがえられる。そのほか、登り梁をもちいた架構には、登り梁の上にたつ束と母屋との関係について考察した部分でものべたように、登り梁が棟木の直下にある地棟にかかる場合などもあるが、(42)これは登り梁が上方へ移動する過程のなかで派生的にうまれたものである、とかんがえられる。

　『人倫訓蒙図彙』(43)では、与次郎組は与次郎とよばれる人物によってうみだされた、とかんがえられている。与次郎は、悲田寺に住んでいたとのべられており、祭礼の時には「たたき」(44)をしていた、とものべられている。悲田寺は、病人・孤児を収容した施設であった。これについては、『延喜式』にも同様にのべられている。『京都市の地名』(45)によると、延暦一三年（七九四）の平安京遷都後、東西に二つの悲田寺がつくられた。これらの両悲田寺は、仁安三年（一一九七）の火災にあい焼失するが、合併され、延慶元年（一三〇八）に安居院（跡地は現上京区）付近にうつされた。その後、フロイスの『日本史』では、元亀四年（一五七三）の織田信長の上京放火により焼亡した、とされている。しかし、正保二年（一六四五）に高槻城主永井直清が泉涌寺（現在の東山区）の西にうつし、再興させた、とのべられている。上杉本の洛中洛外図屏風にえがかれている悲田寺をみると、悲田寺の周辺に『人倫訓蒙図彙』に図解される「たたき」とよばれる集団がえがかれている。頭上に飾りのついた花笠をかぶり、太鼓や鼓をうちならしておどる人々と見物人がえがかれている(46)。

つまり、与次郎が悲田寺を住まいとし、その周辺で与次郎組がうまれたのであれば、与次郎組の発生が一八世紀中期から後期であるとかんがえられるため、東山区泉湧寺付近で発生した、とかんがえられる。片岡家住宅が大徳寺周辺にあり、この場所は東山区からかなりはなれた位置である。このことから、与次郎組が東山区を中心として同心円状にひろがった、とかんがえるならば、一九世紀初期には洛中全域にひろがっていた、とかんがえられる。

## 四　史料にみる与次郎組

日向進は、「天明大火直後の京都における町屋普請(47)」において、寛政二年から三年（一七九〇―一七九一）にかけて、近江屋吉兵衛が作成した「注文帳」について、分析をおこなっている。「注文帳」は、代々大黒町で大工をいとなんできた近江屋吉兵衛を襲名している田中家が所蔵する「田中吉太郎家文書」のひとつである(48)。「注文帳」の内容は、寛政二年（一七九〇）から同三年にかけてマチヤの建設を受注した大工の記録で、二〇軒の普請について、「①規模（間口・梁行・軒高・天井高など各部の寸法）、②木寄《きよせ》（所要材木を部材別にその種類・寸法・数量・価格を列挙したもの）、③工費（材木・大工手間・屋根・左官・建具など費目別内訳）」を記録したものである(49)。日向は、これを普請別に表にまとめている。これらの表のひとつである「〈小田原屋〉木寄」に「のほり 松 2間丸太 末7寸」との記載がみられる（表5(50)）。これは、それぞれ用途・材種・長さ・断面寸法をしめしたものであり、日向によると、「のほり」は登り梁をしめしている。つまり、「〈小田原屋〉木寄」に「のほり」の記載がみられることから、「小田原屋角兵衛」居宅の小屋組に登り梁が使用されていた、とかんがえられる(51)。

前稿「京都のマチヤにおける軸部と小屋組(52)」では、「小田原屋角兵衛」居宅の大黒柱について検討をおこなうにあたり、「田中吉太郎家文書」の絵図のひとつである「いつみやいわ」居宅絵図（図8）を分析対象としてもちいた。「いつみやいわ」居宅は、間口規模、

**表4**　〈小田原屋角兵衛〉木寄
（註50「天明大火直後の京都における町屋普請」より抜粋）

| 用途 | 材種 | 長サ | 断面 |
|---|---|---|---|
| 表柱 | 松 | 1丈5尺 | 4寸5分□ |
| 取置はしら | 松 | 1間 | 4寸□ |
| 人見釣 | 松 | 2間 | 1尺1寸×4寸5分 |
| 表桁 | 松 | 1丈4尺 | 8寸×4寸 |
| 表台敷 | 松 | 2間 | 4寸5分×5寸 |
| 地覆 | 松 | 2間 | 4寸×1寸5分 |
| 前包 | 松 | 3間半 | 4寸×1寸5分 |
| 大屋根裏板 | 杉 | | 4分板 |
| 上りかまち | 松 | 2間 | 3寸5分×4寸5分 |
| 大極柱 | 檜 | 1丈8尺7寸 | 2つ割 |
| 小極 | 松 | 2丈 | |
| 中戸間草 | 松 | 3尺8寸 | |
| 椽かわ敷鴨居 | 松 | 1丈 | |
| 側柱 | 杉 | 3間丸太 | |
| 束大引 | 杉 | 3間丸太 | |
| けた | 杉 | 3間丸太 | |
| のほり | 松 | 3間丸太 | 末5寸 |
| 地棟 | 松 | 3間丸太 | 末6寸 |
| 垂木 | 松 | 2間 | 4つ割 |
| 床板 | 松 | 1間 | 6分板 |
| 天井板 | 杉 | 1間 | 4分板、巾1尺 |
| 廻りふち | 杉 | 2間 | 2寸×1寸5分 |
| 椽くれ | 樅 | 2間 | 4寸×8寸 |
| 大たれかまち | 樅 | 3間半8寸 | 3寸5分×2寸 |

奥行規模、そして前面軒高から、「小田原屋角兵衛」居宅とほぼ同規模のマチヤである、と判断した。そして、「小田原屋角兵衛」居宅の大黒柱について検討をくわえた結果、大黒柱が屋根面に達していることがわかった。ここで、大黒柱に関してであるが、中村昌生によると、マチヤにおける大黒柱は、中戸柱の位置にたつ柱のことで、土間・床上境の第一室（ミセ）と第二室（ナカノマ）の境界にたつ柱である。(53) 本論は、さらに、「小田原屋角兵衛」居宅の平面構成に関して検討し、その結果から「小田原屋角兵衛」居宅の小屋組にもちいられたとかんがえられる登り梁に関して考察する。登り梁が小屋組にもちいられたのは、一八世紀中期頃とかんがえられており、通りに面した部分を厨子二階とするため「みせ」上の室に登り梁をもちいた、とされる。(54) 京都のマチヤは、半間ごとのグリッド上に柱がたつ。(55) とすると、「小田原屋角兵衛」居宅においてもちいられた登り梁のながさは二間であるため、第一室の梁間は一間半以下である、とかんがえられる。

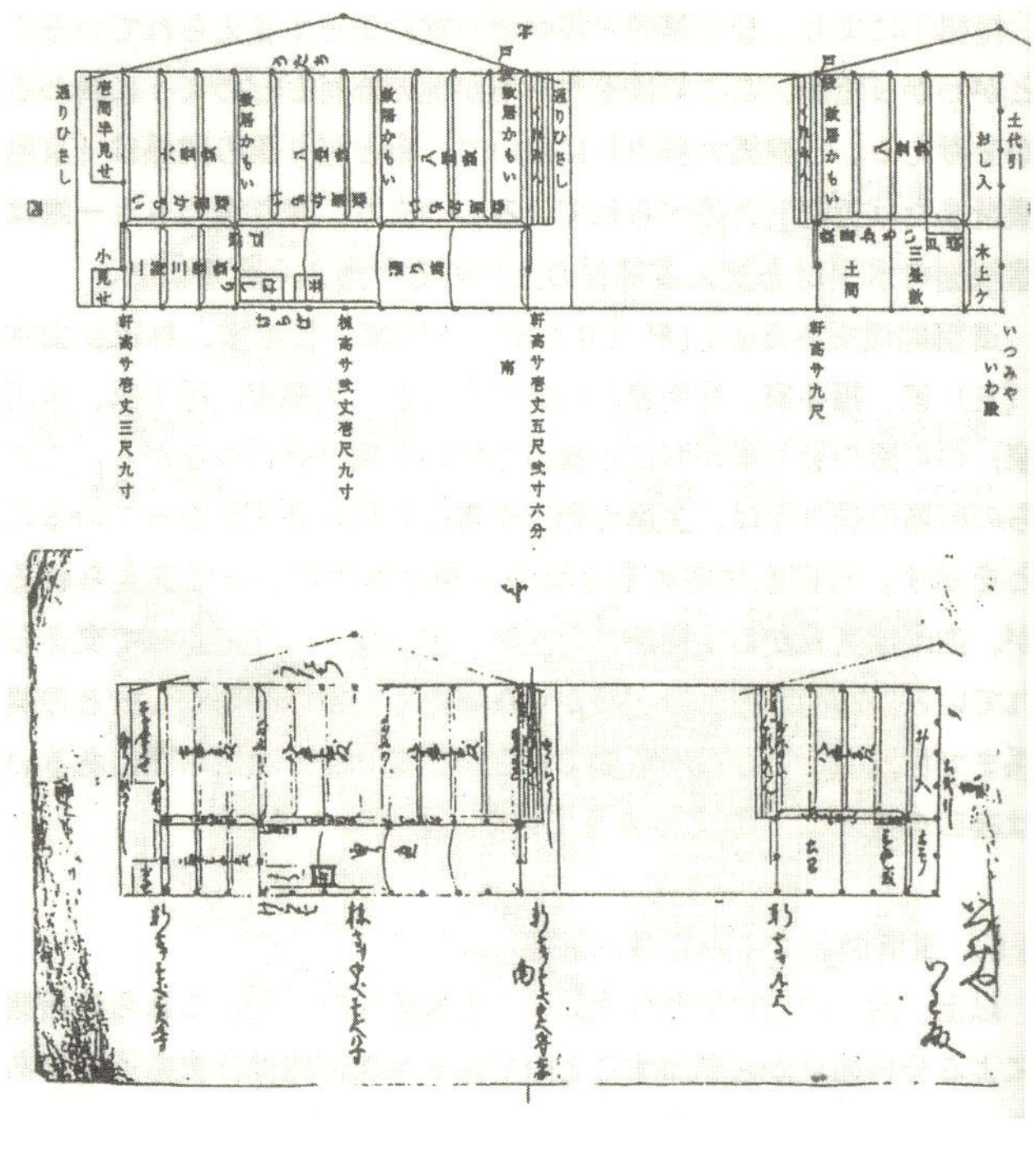


**図8**　「田中吉太郎家文書」 F-v68 「いつみやいわ」居宅絵図

前稿同様に、「小田原屋角兵衛」居宅と「いつみやいわ」居宅の平面構成について検討する。「いつみやいわ」居宅は、京都のマチヤにおける標準的な、通り土間をもつ一列三室型の平面をもつ。平面の詳細は、間口規模が三間、奥行規模が五間半で、間口三間のうち通り土間の桁間が一間、また間口から奥行にかけてならぶ三室の、桁間が二間、梁間が一間半・二間・二間である。「小田原屋角兵衛」居宅は、間口規模が三間半八寸、奥行規模が六間である。(56) ここで「小田原屋角兵衛」居宅と「いつみやいわ」居宅の平面構成がおなじである、とかんがえた場合、つまり「小田原屋角兵衛」居宅も一列三室型の平面をもつと仮定した場合をかんがえる（図9―A）。「いつみやいわ」居宅と「小田原屋角兵衛」居宅は、奥行規模において半間の差がある。「田中吉太郎家文書」の絵図のなかに奥行規模が六間のものとして、「F－v13 丸屋喜八」居宅絵図、「F－v39 山崎七郎兵衛」居宅絵図などがあげられる。これらのマチヤの平面は、一列三室型であり、各居室は、梁間を二間づつ、等間隔に分割した三室をもつ。これは、近江屋吉兵衛が活動した大黒町において、奥行六間の規模のマチヤが一列三室型の平面構成をとった場合、梁間を等間隔に分割し、居室とすることをしめしている。同様に、「小田原屋角兵衛」居宅の平面をかんがえると、梁間二間の三室がならぶ、とかんがえられるが、登り梁が間口にたつ柱と第一室と第二室の境にたつ柱によってささえられたとき、「のほり」のながさが二

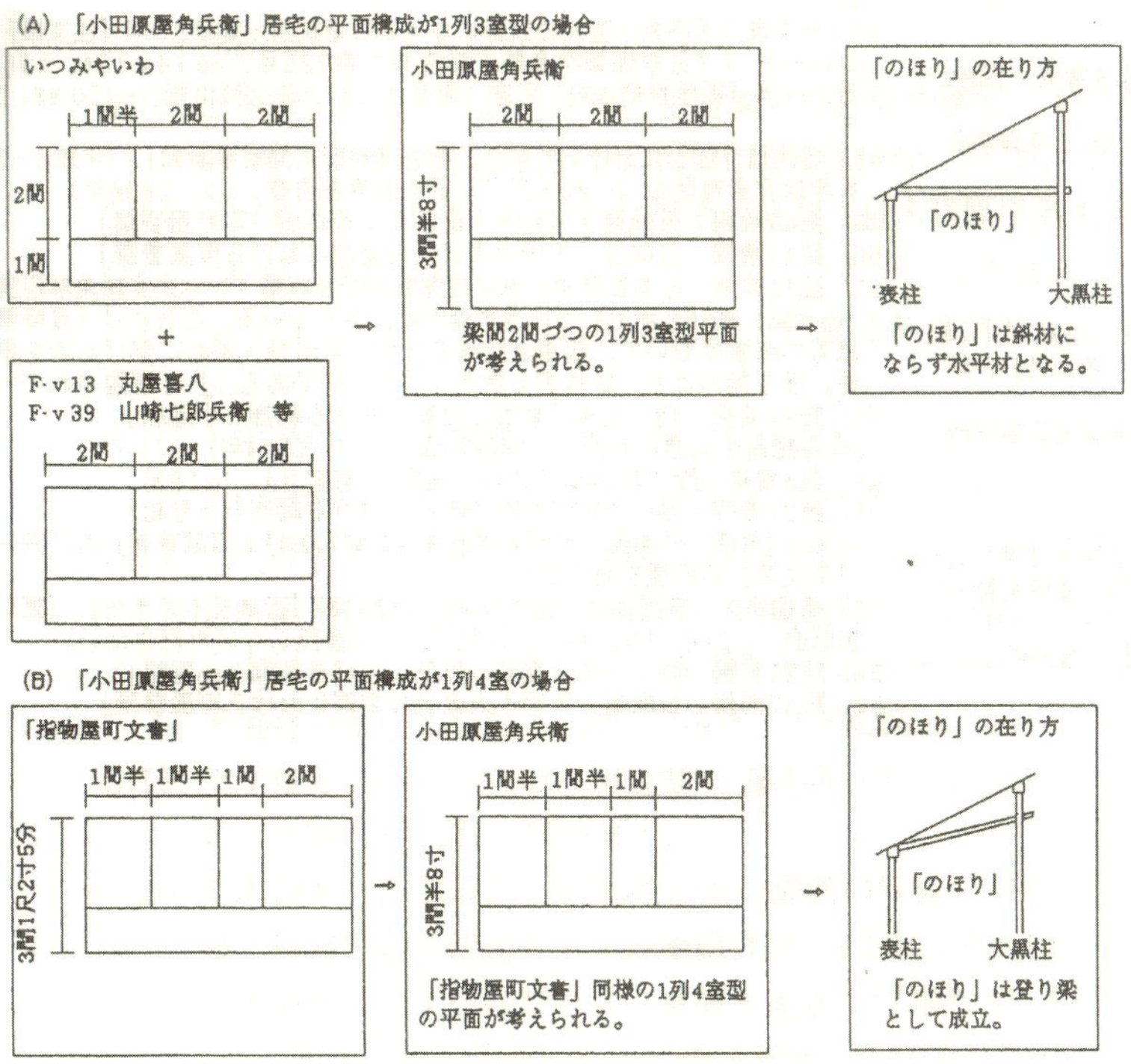

**図9**「小田原屋角兵衛」居宅平面構成概念図

間であるため、斜材とならず水平材になる。これでは登り梁とはいえない。つまり「小田原屋角兵衛」居宅の平面は、「F-v13 丸屋喜八」居宅絵図にみられるような梁間を等間隔に分割した居室の配置ではない、とかんがえられる。そこで、「指物屋町文書」所収の文化五年辰六月の「地面家建之図」をみる（各論A京都1・図5）。この史料をもとに竹屋町通りに面する指物屋町の連続平面図が復元され、通りに面したマチヤが短冊形地割のなかに規則ただしくたちならぶ様子がうかがえる。[57] そのなかに間口規模が三間、奥行規模が六間の「小田原屋角兵衛」居宅と平面的に同規模のマチヤがある。このマチヤの平面は、片側通り土間で、居室が間口から奥行にむかって桁行で二間、梁行で一間半・一間半・一間・二間の四室がならぶ。「小田原屋角兵衛」居宅の平面はこのような構成であった、とかんがえられる。第一室の梁間が一間半であることで、第一室上部の小屋組において登り梁がもちいられた、とかんがえられる（図9—B）。また、「小田原屋角兵衛」居宅にもちいられる大黒柱や小黒柱のながさは、それぞれ一丈八尺七寸・二丈である。大黒柱や小黒柱が屋根面に達していることから、[58] 登り梁は間口にたつ柱と大黒柱とによって支持された、とかんがえられる。「注文帳」がつくられたのは一八世紀後期であるから、「小田原屋角兵衛」居宅も一八世紀後期にたてられたものである、とかんがえられる。つまり、年代からみても、「小田原屋角兵衛」居宅の小屋組は与次郎組としては、初期のものである、とかんがえられる。

そのほかにも、日向進「天明大火直後の京都における町屋普請」[59] のなかに、「〈津国屋六兵衛〉木寄」、「天保7年（一八三六）〈小田原屋〉木寄」、「『算用書』（年不詳）による〈某〉普請木寄」などに「のほり」の記載がみられる。

以上より、京都のマチヤにもちいられる登り梁は、屋根面を直接ささえる柱にかかることがわかる。これにより、京都のマチヤの小屋組が軸部とともに柱を中心として展開しており、マチヤを形成するうえで屋根面の水平材を直接ささえる柱が架構の中心的役割をはたしていたことがうかがえる。

## 五　結　論

京都のマチヤを対象とし、これまでさまざまに解釈されてきた与次郎組に関して、再検証をおこなった。また、同時に、京都のマチヤの架構に関する考察をおこなった。京都のマチヤにおいて、与次郎組にもちいられる登り梁は、通し柱を中心とした部材にかかる。登り梁が通し柱に直接かかる場合は、小屋組が通し柱を中心として形成されていることが非常によくわかる。また、登り梁が棟束にかかる場合は、その棟束が地棟を介して胴差しによってささえられ、その胴差しがその両側にたつ二本の通し柱によってささえられる。登り梁の上には半間ごとに束がたち、これらの束によって母屋がささえられている。京都のマチヤの土間側妻面には半間ごとに柱がはいり、それらの柱が母屋をささえている。つまり、登り梁の上にたつ束は、母屋の間隔にあわせてはいるが、土間側妻面にたつ半間ごとの通し柱から影響をうけている、とかんがえられる。このように、登り梁がかかる部材が、通し柱であれ、棟束であれ、最終的には登り梁が通し柱によってささえられていることがわかる。これらは、京都のマチヤの小屋組が通し柱を中心として展開していることをしめす。また、登り梁の上にたつ束が土間側妻面の通し柱に影響をうけている点に関しても、京都のマチヤの小屋組が通し柱を中心として形成されていることをしめし、通し柱が架構の中心的な役割をもっている、とかんがえることができる。同時に、通し柱が屋根面に達する点を考慮すると、通し柱を中心とした架構は、中世後期の洛中洛外図屏風にみられる棟持柱の系譜を承け継いでいる、とかんがえられる。上杉本や町田本（歴博甲本）のように中世後期の洛中洛外図屏風にえがかれるマチヤは、棟持柱をもち、軸部と小屋組が明確に分離していない。京都のマチヤが軸部と小屋組を明確に分離しない形態をもっているのは、上杉本や町田本（歴博甲本）の洛中洛外図屏風にみられる棟持柱の系譜を近世まで承け継いだことをしめしている。

### 参考文献および註


（1）岡見正雄・佐竹昭広編『標注 洛中洛外図屏風 上杉本』（岩波書店、一九八三年）
（2）土本俊和「近世京都にみる「町なみ」生成の歴史的前提」（『日本建築学会計画系論文集』四七九、二〇七―二一五頁、一九九六年）、土本『中近世都市形態史論』各論12所収
（3）稲垣栄三編『復元日本大観6 民家と町並み』（世界文化社、一九八九年）九四頁（土本俊和執筆部分）
（4）横田冬彦「近世社会の成立と京都」（『日本史研究』四〇四、五〇―七〇頁、一九九六年）
（5）鈴木嘉吉編『日本の民家6 町家Ⅱ』（学習研究社、一九八〇年）一八二頁
（6）鈴木嘉吉「概説 畿内の町家」（註5前掲・鈴木編『日本の民家第6巻 町家Ⅱ 近畿』学習研究社、一三八―一四五頁、一九八〇年）
（7）京都府教育庁指導部文化財保護課編『重要文化財 瀧澤家住宅修理工事報告書』（京都府教育委員会、一九八五年）一八頁
（8）註5前掲・鈴木編『日本の民家6 町家Ⅱ』一八三頁
（9）彰国社編『建築大辞典〈縮刷版〉』（彰国社、一九七六年）一五七六頁
（10）註9前掲・彰国社編『建築大辞典〈縮刷版〉』（九九六頁）による

と、「束」は「短い垂直材の総称。古くは束柱と称す。」とあるようにに柱の意味をもっていたようである。

(11) 日本建築学会民家語彙集録部会編『日本民家語彙解説辞典』（日外アソシエーツ、一九九三年）七八一頁

(12) 中村達太郎『日本建築辞彙』（丸善、一九〇六年）四〇一―四〇二頁

(13) 工藤圭章編『日本の民家3　農家Ⅲ』（学習研究社、一九八一年）二一〇頁

(14) 京都府教育庁文化財保護課編『京都府の民家　調査報告　第七冊―昭和48年度京都府民家緊急調査報告―』（京都府教育委員会、一九七五年）七二頁

(15) 註9前掲・彰国社編『建築大辞典〈縮刷版〉』（一一九七頁）によると、「登り木」は「登り」・「登り梁」ともよばれることがわかる。

(16) 註9前掲・彰国社編『建築大辞典〈縮刷版〉』一五七六頁

(17) 註9前掲・彰国社編『建築大辞典〈縮刷版〉』五三七頁

(18) 伊藤鄭爾『中世住居史［第二版］』（東京大学出版会、一九五八年）一九二頁所載の「第42図　建設中の洛中町屋」参照

(19) 註9前掲・彰国社編『建築大辞典〈縮刷版〉』六六五頁

(20) 堀江亨「日本の伝統的民家の架構配置に関する分析術語の定義―木造軸組構法の空間構成に関する方法論的研究　その1―」（『日本建築学会計画系論文集』五〇一、一一七―一二四頁、一九九七年）

(21) 畑智弥・土本俊和「京都の町屋における軸部と小屋組」（『日本建築学会計画系論文集』五一三、二五九―二六六頁、一九九八年一一月）、各論A京都1同「京都のマチヤにおける軸部と小屋組」

(22) 註9前掲・彰国社編『建築大辞典〈縮刷版〉』一五七六頁

(23) 註18前掲・伊藤『中世住居史』一三四頁

(24) 註21前掲・畑ほか「京都のマチヤにおける軸部と小屋組」

(25) 註12前掲・中村『日本建築辞彙』四〇二頁

(26) 註21前掲・畑ほか「京都のマチヤにおける軸部と小屋組」

(27) 註21前掲・畑ほか「京都のマチヤにおける軸部と小屋組」

(28) 註21前掲・畑ほか「京都のマチヤにおける軸部と小屋組」

(29) 京都市都市計画局『鞍馬　町なみ調査報告』（京都市都市計画局、一九八二年）一九頁

(30) 註21前掲・畑ほか「京都のマチヤにおける軸部と小屋組」

(31) 註29前掲・京都市都市計画局『鞍馬　町なみ調査報告』三六頁

(32) 註9前掲・彰国社編『建築大辞典〈縮刷版〉』一五七六頁

(33) 註9前掲・彰国社編『建築大辞典〈縮刷版〉』一五七六頁

(34) 註21前掲・畑ほか「京都のマチヤにおける軸部と小屋組」

(35) 註18前掲・伊藤『中世住居史』一九二頁所載の「第42図　建設中の洛中町屋」参照

(36) 註21前掲・畑ほか「京都のマチヤにおける軸部と小屋組」

(37) 藤井恵介・玉井哲雄『建築の歴史』（中央公論社、一九九五年）三〇三―三〇六頁（玉井哲雄執筆部分）

(38) 註21前掲・畑ほか「京都のマチヤにおける軸部と小屋組」

(39) 京都府教育庁文化財保護課編『京都府の民家　調査報告　第六冊―昭和44年度京都市内町家調査報告書―』（京都府教育委員会、一九七一年）五八頁

(40) 註39前掲・京都府教育庁文化財保護課編『京都府の民家　調査報告　第六冊』五七頁

(41) 註39前掲・京都府教育庁文化財保護課編『京都府の民家　調査報告　第六冊』五七頁

(42) 註9前掲・彰国社編『建築大辞典〈縮刷版〉』（六六五頁）。「地棟」の解説に「軒桁または本柱上端から登り梁を立上げ、この地棟にかけ」る架構についてのべられている。

(43) 朝倉治彦『人倫訓蒙図彙』（平凡社、一九九〇年）二七九頁

(44) 中村幸彦・岡見政雄・板倉篤義編『角川古語大辞典　第四巻』（角

川書店、一九九四年）一三四—一三五頁に、「たたき」は、「敲与次郎（たたきのよじらう）の配下の者が門付けのときにうたった歌。また、その者たち。」とのべられている。

(45) 平凡社地方資料センター編『日本歴史地名大系第二七巻 京都市の地名』（平凡社、一九七九年）二九三頁

(46) 註1前掲・岡見ほか編『標注 洛中洛外図屏風 上杉本』一九—二一頁

(47) 日向進「天明大火直後の京都における町屋普請—寛政2・3年『注文帳』を中心に—」（『日本建築学会論文報告集』三二五、一四四—一五四頁、一九八三年）、同『近世京都の町・町家・町家大工』（思文閣出版、五〇—八八頁、一九九八年）所収

(48) 日向進『近世における町家大工の営業形態に関する研究 平成6・7年度科学研究費補助金（一般研究C）研究成果報告書—田中家文書「大福工数帳」を中心に—』（研究代表者・日向進（京都工芸繊維大学工芸学部教授）、一九九六年）二頁

(49) 註47前掲・日向「天明大火直後の京都における町屋普請」

(50) 註47前掲・日向「天明大火直後の京都における町屋普請」

(51) 註11前掲・日本建築学会民家語彙集録部会編纂『日本民家語彙解説辞典』（五九六頁）に「ノボセ」という言葉が紹介されている。これには「長野県木曽地方の町家において、板葺き屋根で、桁から地棟へ斜めに架ける梁を指す呼称。登り梁のこと。屋根裏を使うためのものである。」と解説されている。

(52) 註21前掲・畑ほか「京都のマチヤにおける軸部と小屋組」

(53) 中村昌生『京の町家』（河原書店、一九九四年）七六頁

(54) 註5前掲・鈴木編『日本の民家6 町家Ⅲ』一八三頁

(55) 註21前掲・畑ほか「京都のマチヤにおける軸部と小屋組」

(56) 註47前掲・日向「天明大火直後の京都における町屋普請」の「表—1『注文帳』の町屋普請」より。

(57) 高橋康夫・吉田伸之・宮本雅明・伊藤毅編『図集 日本都市史』（東京大学出版会、一九九三年）二一六頁の連続平面図を参照していただきたい。

(58) 註21前掲・畑ほか「京都のマチヤにおける軸部と小屋組」

(59) 註47前掲・日向「天明大火直後の京都における町屋普請」

初出 二〇〇五年五月 畑智弥・土本俊和

# 各論Ａ
# 京都３　京マチヤの原形ならびに形態生成

## 一　目的、方法、対象

本研究の目的は、建物と土地の関係を都市のなかで歴史的に考察することである。この目的をはたすためには、建築遺構、発掘遺構、絵画史料、文献史料、古絵図などを通じて、うしなわれた形態を共時態として、復元的に把握する方法が前提となる。さらに、うしなわれた形態を一定の都市域を年代のことなる複数の共時態として把握すれば、形態の段階的な変化を通時態として概観することができる。しかしながら、通時態と共時態の二極に観点が乖離してきた結果、形態の漸進的な変容すなわち形態生成が不問に付されてきた[1]。

形態生成が不問に付されてきたもうひとつの背景は、共時態の把握そのものにある。すなわち、共時態といっても、その姿は、静態のみではなく、動態をふくむ[2]。この動態のなかに、形態生成にいたる一連のいとなみがある。旧来の方法にかけていたのは、このいとなみをよみとる観点であった。

本論の対象は、原形と形態生成である。とりわけ、京都のマチヤすなわち京マチヤに関する原形と形態生成をあつかう。ここでマチヤという表記をもちいるのは、現代の研究者が路に面してたつ建物をさす場合に用例をかぎるためである。たしかに、マチヤは、町屋あるいは町家として文献史料にしるされている。しかし、歴史的用語としての町屋（ないし町家）と現代の研究者がもちいるマチヤは、ことなる。ここでもちいるマチヤは、後者に対応する。さらに、本論は、遺構や遺物を包含した地下の土層である考古学的発掘遺跡のうち、遺構に注目する。この遺構を発掘遺構と位置づけ、建築遺構と区別する。建築遺構は、過去にたてられ現在のこっている地上の構築物である。

以上、建物と土地の関係を都市のなかで歴史的にあきらかにするために、本論は、共時態のなかに動態をみる方法をもちいることによって、京マチヤの原形および形態生成を発掘遺構に即して捕捉する。

## 二　問題の所在　―共時態と通時態の間―

考古学的発掘遺構に即して、形態生成をとらえるうえで、一つの発掘遺構面を共時態としてのみ、とどめておくことは、もはやできない。一つの発掘遺構面は、動態をふくむ。よって、共時態のなかに動態をみる方法が必要になる。

まず、この発掘遺構をその総体としてみれば、遺構包含層と了解される、一定のあつみをもつ地層に注目しなければならない。この地層は、複数の層がそれぞれのあつみをもって、下から上へつみかさなりあって、できたものである。この地層の最小の単位が単層である。また、この地層から、地層累重の法則を前提として、時間的な先後をよみとることができる。発掘現場においても報告書のなかにおいても、地層の新旧の序列をしめす層序断面がしめされる。時間的にみれば、この姿は、通時態をしめす。

つぎに、発掘遺構を総体ではなく部分としてみれば、複数の層がつみかさなった遺構包含層のなかから一つの面をとりあげた発掘遺構面に注目しなければならない。これは、時間的には共時態をしめす、とさしあたり判断することができる。このように、層序断面が通時態をあらわすのに対して、発掘遺構面は共時態をあらわす、という対比的な解釈がなりたつ。

　このとき、問題になるのは、微視的な動態をどうとらえるか、という点である。この動態は、通時態の一部にふくまれる。しかし、遺構包含層という長期にわたる通時態は、比較的短期にとどまる微視的な動態をとらえることができない。つまり、遺構包含層は、時系列上の巨視的な把握であるため、微視的な動態を把握するにはふさわしくない。くわえて、遺構包含層は、断面形として図示されるにとどまり、いまだ二次元さらには三次元といった空間として捕捉されるにいたっていない。

## 三　発掘遺構の共時性

　本論は、共時態として了解される発掘遺構面に即して、微視的な動態を捕捉し得る、との観点に立脚する。この観点を提示するにさきだち、発掘遺構面の共時性を検討する。

### 三―一　基本層序と鍵層

　地層のちがいを手がかりに年代を区別する層位学的方法に依拠する場合、同一地点で下層がふるく、上層があたらしい、と判断するとともに、当該地域における地層の新旧の序列を、基本となる地層に即して、基本層序を把握する。では、基本層序に即して、整地層をまず概観し、火災層・洪水砂礫層と盛土整地層をおって概観する。

#### ①整地層　―切土整地層と盛土整地層―

　整地層には、盛土によるものと切土によるものがある。切土による整地層は、よりふるい遺構面をけずっている。そのため、時系列にそった変容過程をとらえるには、盛土による整地層を基本整序層としてあつかうほうがよい。しかし、土地が区画されはじめた以降の整地層は、切土によるものも盛土によるものも、個々の敷地のなかで個別に形成されるため、個々の敷地をこえた範囲をおおっているのではない。このため、整地層は、当該の敷地をこえた範囲で共時態をしめすことにならない。ここに、整地層の非共時性がある。つまり、局限されて分布する複数の整地層は、たがいに共時であるとはかぎらない。

#### ②火災層・洪水砂礫層と盛土整地層

　他方、盛土整地層に対して、火災層や洪水・砂礫層をあつかう際、災害がかぎられた時間内で広範囲をおそうという一般的な場合、火災層や洪水・砂礫層は、盛土整地層とおなじく、整地層と対照的に、土地が区画されはじめた状況をこえて、共時態をしめす。すなわち、盛土による単層に注目したとき、共時態をしめすという点で信頼性がたかいのは、火災層や洪水・砂礫層である。自然災害によるこの単層と対照的に、人為的な単層に対しては、土地利用が区分されはじめた以降、小片化されつつあるそれぞれの土地に非共時性を想定しておく必要がある。

## 三—二　柱穴　—その共時性と非共時性—

基本層序のほか、発掘遺構として注目すべきは、掘、溝、柱穴である。これらは、盛土による遺構整序層と対照的である。というのも、掘、溝、柱穴は、切土によってかたちづくられた発掘遺構であるからである。したがって、一定のひろがりをもって局限されて分布する盛土整地層にて、掘、溝、柱穴などが検出された場合、その掘、溝、柱穴は、当該の単層が形成された時期とおなじなのか、あるいは、それよりもあとからきりとられたものなのか、といった判断がくだされるべきである。とはいえ、従来、一定のひろがりをもつ盛土整地層で、掘、溝、柱穴が検出されれば、これらは盛土遺構面と同時期である、と解釈されがちであった。すなわち、研究者や現場によって厳密さの程度がことなるとはいえ、掘、溝、柱穴などをふくむ発掘遺構のすべてが当該遺構面と共時である、とア・プリオリに想定されてきた。

別な見方をすれば、発掘遺構が平面として図化された際、その平面にもりこまれた異時同図というべき非共時性を想定したうえで、複数のことなるモノが順をおって、土地の上に構築されていった過程を、微視的な動態として捕捉するといった観点が、従来の報告にみられなかった。従来の報告にみられた遺構変遷図は、年代のことなる、複数の遺構面を、平面として併記した図であった。これは、平面として図化された共時態を前提としつつ、全体として段階的な通時態をしめすが、形態生成をよみとる観点をふくまない。

では、一つの単層ＡＢをつらぬく柱穴Ｐと柱穴Ｑを例にとりあげ、模式的に図示しながら、この問題の詳細を以下にのべる。

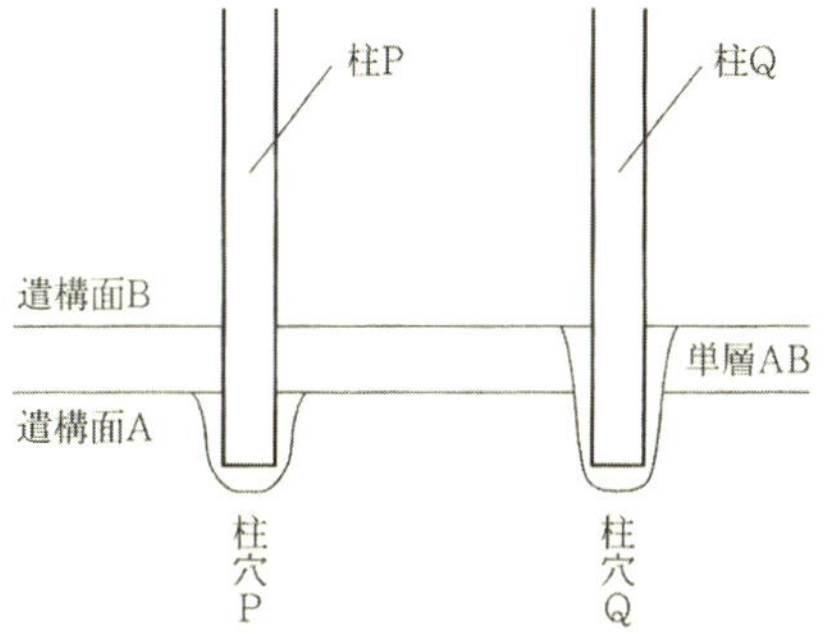

**図1**　単層と柱穴

図１は、単層ＡＢと柱穴（ＰおよびＱ）の関係を断面で模式化したものである。まず、図１左では、柱Ｐをたてるための柱穴Ｐは遺構面Ａよりも下の土をきりとる形になっている。柱Ｐの脚部はその柱穴Ｐにいれられ、その周囲に土が遺構面Ａまでうめもどされる。その後、遺構面Ｂまで時間的なあつみをともなって土がつみあげられた。対して、図１右では、柱Ｑをたてるための柱穴Ｑは遺構面Ｂより下の土をきりとる形になっており、さらに遺構面Ａの下の土まできりとる形になっている。遺構面Ａを平面としてみるかぎり、柱穴Ｐと柱穴Ｑがおなじ平面形で看取されるだけで、両者に差異をみとめがたい。しかし、遺構面Ｂをみれば、柱Ｐ（柱穴Ｐではない）と柱穴Ｑは、ことなる平面形をなす。柱穴Ｐは、遺構面Ａと共時であり、柱穴Ｑは、遺構面Ｂと共時である。したがって、柱穴Ｑは、遺構面Ａよりあたらしい。柱穴Ｐは、遺構面Ａと共時であるから、柱穴Ｑは、柱穴Ｐよりあたらしい。

図１のように柱穴がきられている単層を的確に捕捉できる場合、

柱穴（PとQ）の新旧を区別することができる。しかし、単層との関連で柱穴を捕捉できない場合、柱穴の新旧を区別するにいたらない。この場合、遺構面Bを検出せずに遺構面Aのみを検出した場合、遺構面Aに看取される柱穴Pおよび柱穴Qは、遺構面Aと共時あるいは遺構面Aより後と判断すべきである。つまり、この場合、柱穴はPもQも遺構面A以後である。

これまでの研究にて遺構面と柱穴に関する新旧が厳密に判別されていなかった(3)。その理由は、単層を断面としてみたときに、その形を帯ではなく単線としてみてしまう点にあった。しかし、単層の断面形をあつみをもつ帯としてみるならば、その単層が形成されるには一定の時間を要する、とただちに想起される。したがって、単層は、あつみをもつからこそ、幅のある年代をしめす基準になる。対して、単層が図化される過程でそのあつみが捨象された結果、単層が線として表記された場合、その断面線を鍵層とみれば、この断面線は、あつみをしめさないために、時間的なあつみをともなわない年代に対応している、と判断されやすい。しかし、現実には、あつみをもたない単層はないから、あつみをもたない鍵層もない。別な言葉でいえば、単層は、鍵層をふくめて、すべてが平面ではなく平板として把握されるべきである。この平板は、起伏も凹凸もあるから、たいらでない。よって、単層は、平板よりむしろ波うつ板とみなしたほうがよい。発掘遺構面は、このような姿にて時間的なあつみをもつ単層にしたがっているため、柱穴と共時であるとかぎらない。

単層がしめすこの非共時性は、土地の上にたつ、建物や塀といった構築物が個別に更新されていく過程を通じて、ふるいものとあたらしいものとが混在していった姿と対応している。よって、発掘遺構面に対して非共時性を想定する観点に立脚すれば、つぎの姿勢が妥当である。すなわち、発掘遺構面に即して、漸進的な変容の内実をとらえ、その範囲や速度をあきらかにする観点を探究することは、妥当である。この観点は、発掘遺構面を通じて、形態生成を捕捉することにほかならない。ここに、発掘遺構と形態生成の接点がある。

## 四　沓石と土台　―掘立と礎石のほかに―

形態生成にくわえて、これから積極的にとりいれなければならない観点は、沓石《くついし》と土台である。沓石と土台は、木造骨組の最下部に注目したものである。旧来の調査報告は、掘立と礎石という観点のみにて、柱脚部を捕捉していた。たしかに、小礎石という観点が近年とりいれられた(4)。小礎石にくわえて、さらに沓石と土台という観点をとりいれることによって、柱脚部のささえ方をより包括的に捕捉することができる(5)。

### 四―一　沓　石

まず、沓石は、長野県飯山市にある小菅《こすげ》にて、総合調査（平成一五―一六年度）における調査発掘で、平成一六年（二〇〇四）秋に考古学的発掘遺構として捕捉した(6)。この調査発掘は、現在、講堂と称されている宗教建築のまわりにひろがる、文献史料で「堂庭」としるされた土地にて、おこなった。検出された沓石は、四つか五つの石で「ロ」の字型にくみ、その中央に三寸角ほどの柱がさしこまれるようになっていた。祭りの際に仮設される小屋に対応する、とかんがえられる。

この調査発掘をおこなうにさきだって、確認していた事柄は、三点ほどある。まず、祭りの際に柱をたてる地点の表土のすぐ下、あるいはアスファルト舗装された道路の脇にもうけられた升の下に、現在、沓石とよばれている石がすえられていた。その石は、上面の中央が正方形をなしてくぼんでいた。その穴に柱の脚部がさしこまれ、楔がうちこまれる。おおきな構築物の場合、鳥居のように、柱の前後に控柱がすえられる場合もある。いまも祭りでつかわれている沓石すべてをヒアリングと現地調査にて記録し、その布置を図化した。また、この調査発掘をおこなうにさきだって、天明年間と想定される絵図を把握していた。この絵図には、「飛さや」としるされた建物が「堂庭」にえがかれている。この「飛さや」は市立ての際にかりそめにかまえられた小屋であろう。この小屋に対応する発掘遺構を検出するために、この調査発掘をおこなった。この調査発掘にさきだって、想定されていたのは、毎年すこしづつ場所をずらしてかまえられた小屋の柱脚が、無数の柱穴として、検出される姿であった。しかし、発掘の結果、検出されたのは、四つないし五つの石でくまれた沓石であった。この沓石は、固定端として柱の脚部をささえる姿である。その姿は一方で掘立柱構造の柱脚と類似し、他方で一つの石でできている沓石と類似する。この二方から想定される点は、四つないし五つの石でくまれたこの沓石が、掘立柱構造から発展した姿であるとともに、一つの石でしあげられた沓石の祖形であるということである。中世あるいは近世さらには近代の考古学的発掘にて、おおく検出されているのは、無数の柱穴である[7]。この種の発掘遺構は、くりかえしすこしづつ場所をずらしながら、幾度もたてられた非堅固建造物群である、と想定することができる。この柱穴は、寝殿造などの柱脚にて検出された古代の柱穴とことなる。古代の上層建築における柱穴は、検出された建物群がたがいにかさなりあうことがまれで、当初から堅固建造物として構築された姿に対応する。

つまり、中世の発掘遺構で検出される無数の柱穴は、一方で古代の上層建築における柱穴と連続しておらず、他方で一つの石でしあげられた沓石と連続している、といえる。つまり、小規模な非堅固建造物としての仮設建物は、その柱脚が固定端としてささえており、原初的には掘立柱構造であった。その掘立柱の底部には土にうもれた姿で「小礎石」がすえられる場合もあった[8]。この柱穴は、あらたに建物をたてるたびにつくられた穴であったろう。対して、その後にあらわれる、四つないし五つの石でくまれた沓石は、掘立柱の底にすえられていた石が掘立柱の脚部の側面にすえられていったものである、とかんがえられる[9]。そして、その後にあらわれる、一つの石からなる沓石は、四つの石でくまれていた沓石を一つにまとめたもので、あたかも礎石のようにみえる。ただし、礎石の場合、柱の脚部は、回転端である。対して、一つの石からなる沓石の場合、柱の脚部は、固定端である。両者は、構造力学的にことなる。

このような沓石が京都にて、看取されているのだろうか。たしかに、掘立や礎石との差異のもとで「小礎石」が解釈されている[10]。石がロの字にくまれた姿の中央に柱がさしこまれていた可能性は、いまだ厳密にはたしかめられていないだろう。同時に、たとえば祭礼に際して、柱がたてられる場合、その脚部に注目することによって、沓石を積極的に検出していく作業がこれから必要となろう。複数の石でくまれた沓石よりも一つの石からなる沓石は、容易に看取される。

長野県飯山市小菅にて、四つの石でくまれた沓石が発掘遺構として検出され、一つの石でつくられた沓石が現状遺構として悉皆的に記録された現在、掘立と礎石の二項目の間に「小礎石」をくわえた三項目のみにて、柱脚を考察する時代はおわった。あらたにつけくわえるべき項目は、沓石と土台の二項目である。

## 四—二　土　台

土台[11]に関して、平山育男が歴史的なその変遷について、簡潔にまとめている。すなわち、

　もともと土台は神社本殿や玉垣下に用いられ、中世には城郭建築の天守に採用された。民家にはまず建物の外周に、次いで一九世紀中期頃からは部屋境にも用いられるようになった[12]。

ここで平山は、土台と民家の関係に言及している。さらに、土台とマチヤの関係に、日本建築学会編『日本建築史図集 新訂版』（彰国社、一九八〇年）が言及している。「中世末期の町家」の図版解説は、初期洛中洛外図屏風のうち、とくに町田本（歴博甲本）を参照して、「土台はまだ見られない」としるす[13]。しかし、初期洛中洛外図屏風をみると、町田本（歴博甲本）でも小川という川の上にすえられた建物に土台が確認される。くわえて、川の上ばかりではなく、土地の上に土台をもつ建物がえがかれている[14]。東博模本では、土台をもつマチヤが数軒あつまってえがかれている。したがって、町田本（歴博甲本）をふくめ、それ以降の初期洛中洛外図屏風をふまえて、「土台はまだ見られない」、と指摘することはできない。

　さらにまた、東博模本には、妻に土台がみえるものの、平に土台がみえない描写がある（図2）。これは、妻の二辺のみに土台がある例であって、妻と平をあわせた計四辺に土台がある例ではない。実際、民家と了解されている建物に土台が普及したのは、いままで、『日本建築史図集 新訂版』のさきの記述が示唆するように、近世にはいって、ある程度の年代をへてからであった、とみなされてきた。とはいえ、初期洛中洛外図屏風の描写が土台に関して的確であるならば、一六世紀の京マチヤと了解される建物が土台をもっていたことになる。

　土台をもつ建物は、ふるくは小規模な神社建築として確認される。鎌倉初期の建物である円成寺春日堂および白山堂（奈良市）がその具体例である。これも、『日本建築史図集 新訂版』に掲載されている[15]。「きわめて保存がよい」点がこの図版解説にて指摘されている。そこでは指摘されていないが、この二つの建物は、これを実見したことのあるものなら、おそらくだれもがおどろくであろうほど、ちいさい。土台は、直角座標形にもとづいて、「井」の字をなして四辺にくまれている。

　ここでもっとも注目しなければならない観点は、『中世住居史〔第二版〕』にて伊藤鄭爾が指摘した角水《すみず》解消技術である[16]。伊藤は、まず城郭建築をとりあげ、きずかれた人工地盤面である石積みの上面が不整形であることを指摘したうえで、不整形な敷地に対応するために、角水を解消しなければならない必要性をとく。注目すべきは、角水を解消するために、土台が城郭にもちいられた、とする点である。具体例として、松本城と松江城をあげた。伊藤は、松本城について、以下のようにしるす。

　石垣は通常角の部分を中央部より目立たない程わずかに小高くしてある。極端にいえば石垣の上端線を横からみると中だるみの線を描いている。この石垣の線上に土台をおき、「同じせい」の柱をたて、梁をかけ桁をおき、屋根を架構すると、必然的に櫓の軒線両端に「反り」を与える。この反りが建物に緊張と均

**図2**　妻に土台がみえるものの、平に土台がみえないマチヤ（右から一軒目と四軒目）
（洛中洛外図屏風・東博模本・左隻２扇）

衡感を与える。(17)
石垣でつくられた人工地盤面は、「角の部分を中央部より目立たない程わずかに小高くしてある」ばかりでなく、直交座標系にのらない不整形な土地すなわち角水をもつ。伊藤が注目したのは、この種の土地の上にたつ建物としての城郭建築であった。重要なのは、角水がマチヤのもつ土地条件に合致する、という点である。厳密にいえば、マチヤにあたえられた原初的な土地条件ではなく、マチヤがたてこんできた結果としての土地条件をさす。

城郭建築の一部が土台をもっていたことから、角水解消技術のひとつとして、土台が城郭建築に採用された、といえる。この論点を敷衍して、伊藤が指摘したように、マチヤに対しても、角水解消技術のひとつとして、土台が採用された、といえる。

ここで注目しなければならない点は、建物の規模である。円成寺春日堂および白山堂も、初期洛中洛外図屏風にえがかれたマチヤも、ちいさかった。対して、城郭建築は、おおきかった。城郭建築というおおきい建物に土台が採用されたことは、土台をもちいた構法の転換をしめすだろう。のちに、マチヤも、一七世紀後半になれば、十分な奥行をもつ姿にかわる。つまり、マチヤは、かつてよりもおおきい建物になる。

土台は、原初的にちいさい建物にみられたであろう。その建物は、土台をふくめて直交座標系にのる。つまり、土地条件に制約されない建物で、具体例として、石積みの上にすえられた円成寺春日堂および白山堂がある。また、初期洛中洛外図屏風にあらわれるマチヤもその具体例として位置づけられる。しかし、厳密にいえば、初期洛中洛外図屏風にあらわれるマチヤで、土台をもつもののなかには、直交座標系にのらないものもあった、と想定される。その例は、妻の二辺のみに土台をもつ建物などで、東博模本に具体例がみえる。

では、一七世紀後半以降、奥行規模が拡大されたマチヤの土台は、城郭というおおきい建物につかわれた土台と関連性があるだろう、と指摘することができる。とくに、角水の解消のために、土台がつかわれたという点が城郭の立地する石積み上端部とつよく関連している。

さいごに、一七世紀後半以降のマチヤに特徴的なのは、ながい土台をもちいたばかりでなくて、さらに妻の二辺のみに土台をもちいたという点にある。厳密にいえば、まず妻の二辺のみに土台をもちいて[18]柱をたて、その後に妻方向に対して直角に水平材をつけくわえた、とかんがえられる。妻側二辺のみに土台をもちいる必要性は、かぎられた間口規模にある。この零細な間口規模は、たしかに間尺による寸法で表現され得る類であったが、現実には両隣の壁にかぎられた規模であったろう。現場で、ぎりぎりまで、間口規模を確保する必要があった、と想定される。もうひとつは、この零細な間口規模は、表から裏までおなじ規模であるとはかぎらない、という点である。つまり、敷地が不整形である場合、その土地の上に、その形状に即して不整形な建物をたてるには、角水解消技術が是非とも必要であった。マチヤは、土台をもちいて角水を解消した。

土台は、ふるくはちいさい建物のみに対してもちいられており、鎌倉初期からその用例が確認されるが、くだっては一六世紀の初期洛中洛外図屏風がえがくマチヤに散見される。不整形な土地の上におおきい建物がたつ場合として、四辺に規定されている、おおきい規模の非直交座標系を城郭建築が採用した。さらに、二辺のみに規定されている、奥行のみ規模のおおきい非直交座標系をマチヤが採用した。この二辺とは妻側の壁で、この壁は通し柱からなる棟持柱構造であった。これが土台からみた近世マチヤの成立過程である、と帰結できる。この成立過程と同時にすすんでいたのは、マチヤが非堅固建物から堅固建物へかわっていった過程である。それは、部材の接合部における強度や屋根の耐久性（つまりは桟瓦の普及）などがある。

以上を要約すると、以下になろう。すなわち、マチヤは、奥行に関するかぎり、小規模から大規模になり、土地の形状に制約された非直交座標系にも対応できるようになり、そのために二つの妻壁のみに土台をもちい、その土台にのる垂直材をおもに通し柱とし、妻壁をひとつのパネルとしてあつかった。マチヤは、せまい間口規模とふかい奥行規模をもちつつ、しばしば不整形な敷地に対応しながら、非堅固建物から堅固建物へと変容していった、と通時的に総括することができる。

## 五　京マチヤの原形

学術用語としてのマチヤは、文献史料にしるされた、文言としての町屋とことなる。ここでも前者をあつかう。学術用語としてのマチヤの外延をひろくとって、その内包をせまく規定すると、マチヤは、①路にじかに面してたち、②路に対して口をひらいた建物である、と定義することができる（定義A）。定義Aで、マチヤは、住居であるか、店舗であるか、店舗併用住居であるか、をとわない。また、定義Aにて、マチヤが、独立屋であるか、割長屋《わりながや》であるか、をとわない。ただ、過去の研究をふりかえると、マチヤの原形は、住居であるか、店舗であるか、あるいは店舗併用住居であるか、によって、その見解がわかれる。また、マチヤの原形は、独立屋であるか、割長屋であるか、によって、その見解がわかれる。本研究は、文献史料にしるされた、文言としての町屋が原初的には割長屋を意味していた、と判断してきた[19]。

この問題であつかう際、まず、参照しておきたいのは、『琉陽』にしるされた尚敬一六年（一七二八）の条である。

始メテ人宅ヲ以テ垣トナシ、並ニ開店スルコトヲ許ス。往昔ノ時ヨリ、本国ノ人宅、或ハ石ヲ築キテ垣トナシ、或ハ竹ヲ栽シテ囲トナス。而シテ家ヲ以テ垣トナシ、並ニ開店貿易スルヲ許サズ。コノ年ニ至リ、始メテ開店並ニ家垣ヲ免スル[20]。

「開店並ニ家垣ヲ免スル」との記載にみえる「家垣」が定義Ａで規定したマチヤにふくまれる。この条では、店舗を意味する「開店」と住居を意味する「家垣」が併記されているので、店舗併用住居を意味する、と推断することができる。建物は、「開店並ニ家垣ヲ免スル」以前、「開店貿易スルヲ許サズ」とあるように、店舗としての用途がゆるされていなかった。建物は、「本国ノ人宅、或ハ石ヲ築キテ垣トナシ、或ハ竹ヲ栽シテ囲トナス」とあるように、石や竹で囲繞された形をなしていた。囲繞された建物は、独立屋であったろう。『琉陽』尚敬一六年条に即して提起されるべき問題は、マチヤが店舗か住居か店舗併用住居か、そして、独立屋か割長屋か、という二点にある。以下では、マチヤの原形は、独立屋か、割長屋か、という問題からあつかう。

マチヤの原形を独立屋とみる高橋康夫は、その根拠として、「高壁」、「面壁」、「壁」に注目した[21]。「高壁」、「面壁」、「壁」は、「高塀」とも称されていた。「高塀」は、『邦訳 日葡辞書』によれば、「Tacabei. タカベイ（高塀）警備と防火のための、丈の高い塀」である[22]。「高壁」、「面壁」、「壁」、あるいは「高塀」は、卯建との関連にて、高橋が参照した概念であった。本研究は、卯建[23]の成立に関する、高橋の指摘を再検討した結果、棟持柱としてのウダツと「高塀」の二つが合体したものが卯建である、と判断した[24]。ここでは、ふたたび高塀について検討をくわえる。その作業を通じて、さきにふれた土台との関連にて、あらたな見方をしめす。

高塀と了解される形態は、初期洛中洛外図屏風にみえる。その頂部には草がふかれている。『邦訳 日葡辞書』は、「塀の覆ひ」を、「Feino vouoi.（塀の覆ひ）土塀などの上に、板とかその他の物とかで作りかぶせた覆い[25]」、とするす。すなわち、高塀と称された土壁の頂部にふかれた草は、「塀の覆ひ」であった。

この「塀の覆ひ」をふまえて、ふたたび初期洛中洛外図屏風をみると、「塀の覆ひ」をもつ土壁にかこまれた、路にむかって口をもつ小規模建造物は、数がすくないものの、確実に散見される（図３）。ただし、圧倒的多数の、路に面した小規模建造物すなわちマチヤは、「塀の覆ひ」をもつ土壁にかこまれているわけではない。「塀の覆ひ」を頂部にもつ、土壁でかこまれた小規模建造物は、四辺がかこまれたものと四辺がかこまれていないものとがある。四辺がかこまれていないものとして、建物の妻の二辺のみが「塀の覆ひ」によってはさまれているものがあり、また、建物と建物の境目が一辺の「塀の覆ひ」によってくぎられているものがある。

四辺がかこまれたものは、すくなくとも表側に関するかぎり、路に面して口をひらく。また、二辺ではさまれたものは、表側と裏側がそれぞれ路と背戸《せど》にじかに接している。さらに、二つの建物の境目が一辺でくぎられたものも、表側と裏側がそれぞれ路と背戸にじかに接している。

高橋康夫は、マチヤの原形が独立屋であるとの主張と平行して、

**図3** 「塀の覆ひ」をもつ土壁にかこまれた、路にむかって口をもつマチヤ（中央の右）
（洛中洛外図屏風・東博模本・左隻２扇）

マチヤのふるい事例として、垣を介して水路に面し、さらに復元想定された橋を介して道路に面した建物をとりあげた(26)。このマチヤは、水路に面した垣に口がひらかれていた、と推定されているとともに、水路に橋がわたされていた、と推定されている。つまり、この建物は、垣と水路を介して路に通じていた、と解釈されている。したがって、通り、水路、垣、建物といった、表から奥への配列のなかで、垣に開口部があり、橋が水路をまたいで通りにいたっていた、との解釈をゆるす。よって、建物が通りにむかって口をひらく姿、さらには建物が通りに面する姿が想定される。ここでも、これはマチヤの原形である、という判断を高橋は追記する。

この判断をもうすこし柔軟にときほぐすことができる。すなわち、まず、建物があって、それを囲繞するモノがあって、その後に、囲繞するモノの、路に面した部分に口がひらかれた姿があった、とかんがえられるだろう。いまあつかっている発掘事例が高橋の推定するとおりの姿であったとすれば、この種の建物は、古代の京都にあった、といえる。

さきにみた琉球の場合、もともとは市が限定された場にかぎられていたために、個々の建物が路とじかに関連をもって、「開店貿易」といった商いをおこなうことが禁じられていた。京都の場合も、高橋が指摘したように、もともとは平安京にても計画された西市と東市において市場が限定されており、「店家（マチヤ）」という建物が『倭名類聚抄』にしるされていた(27)。この「店家（マチヤ）」は、純粋な店舗である。高橋は、これをマチヤの原形からしりぞけている。この点について、本論も同感である。また、京都の場合も、東市と西市でありつづけていたのではない。市場が限定されつづけていなかったことがただちにそれ以外の場で店がたつことを意味しないだろう。しかし、京都の場合、琉球とは対照的に、「家垣」なすこと、あるいは家を囲繞する境界をうがつことが禁じられてはいなかった。禁じられていなかったからこそ、街路、水路（これはなくてもよいが）、囲繞する境界（垣、壁など）、建物といった配列のなかで、囲繞する境界の一部をうがつことがゆるされてきた。高橋が具体例としてかかげる発掘遺構は、古代京都のこのような背景をふまえた姿である、とかんがえられる。とはいえ、高橋が「京町家の誕生」として具体例をあげる発掘遺構は、路にじかに面するマチヤとくらべるなら、その類例は、圧倒的にすくないだろう。しかし、その類例は、路にじかに面するマチヤとともに、近世にいたってマチヤが形をなすにいたる過程のひろい流域のなかの、一つの源流に位置づけることができるだろう。

つまり、通時的にみたとき、マチヤの系譜には、おもにこの二つの源流がかんがえられる。すなわち、垣や壁で囲繞された建物と路にじかに面する建物である。なお、路にじかに面する後者は、独立屋でもよく割長屋でもよい。同様に、垣や壁で囲繞された建物も、独立屋でもよく割長屋でもよい。ただし、垣や壁で囲繞された建物は、時代をくだって、初期洛中洛外図屏風をみるかぎり、独立屋である。

よって、マチヤの原形は、独立屋でもよく、割長屋でもよい。いずれもが路に対して口をひらくものの、マチヤの原形は、垣や壁で囲繞された建物と路にじかに面する建物とにわかれる。したがって、マチヤの源流は、この二つである。

初期洛中洛外図屏風をみた場合、マチヤと了解される小規模な建物は、すべて切妻・平入りである。それらのうち、路にじかに面する建物が垣や壁にかこまれた建物よりはるかにおおい。また、路にじかに面する建物は、独立屋でもあるし、割長屋でもある。対して、初期洛中洛外図屏風が作成された一六世紀において、垣や壁にかこまれた建物は、独立屋である。初期洛中洛外図屏風が作成された一六世紀以降に展開した変化とは、建物を囲繞する境界（高塀、壁、塀）と建物の妻壁の一体化であった。この変化をひもとけば、以下のようになる。

すなわち、数はすくないながら、四辺が塀や垣で囲繞されていた独立屋ないし割長屋は、表に口をうがつことによって、路に面していた。のちには、四辺が囲繞された独立屋のみが、一六世紀の初期洛中洛外図屏風がえがくように、散見されるようになった。同時に、妻にて二辺のみが塀ではさまれた独立屋もみられるようになった。また、割長屋の房と房の境目を一辺の塀がくぎる姿もみられるようになった。

この状況下、路にじかに面した、囲繞装置をもたない独立屋は、圧倒的多数をしめしつつ、妻の二辺のみが塀ではさまれた独立屋をモデルとして、この二つの妻に高塀、壁、塀をかまえた。同様に、囲繞装置をもたない割長屋も、この二つの妻壁ばかりでなく、個々の房をわかつ界壁 party wall[28]にも、壁や塀をもうけるにいたった。このことによって、マチヤは、卯建[29]をもつにいたった。

その結果、一七世紀前半の洛中洛外図屏風（林原美術館本や舟木本など）から確認し得るように、マチヤは、独立屋であれ、割長屋であれ、ことごとく卯建をもつにいたる。この卯建は、近世にはいって公法化された町人の身分を表徴する建築形態である、と了解することができる[30]。このとき、町人身分とは、家持（原初的には、土地を所持せずに、家のみを所持するもの）として家主であるとともに、他方では町人足役（のちの軒役）の負担者で、町共同体の構成員であった[31]。のちに、桟瓦が普及するにつれ、この卯建は、姿をすくなくしていく[32]。

すなわち、独立屋であれ、割長屋であれ、路にじかに面したものと、塀や垣でかこまれて路にじかに面しないものとの二つがあった。のちに、塀や垣でかこまれて路にじかに面しないものは、もっぱら独立屋として位置づけられるべきものであり、これが初期洛中洛外図屏風がえがくように、中世末にみられるようになった。これが、近世マチヤの形成に一翼をになった。境界装置でかこまれたものは、周囲の四辺がかこまれたもののほかに、妻方向の二辺のみがかこまれたものがあった。とくに、妻側の二辺のみに高塀がある姿において、建物の棟木を地面から直接ささえる棟持柱であるウダツが高塀と合体した。このとき、高塀の上にある「塀の覆ひ」は、マチヤの屋根よりたかかった。それがのちの卯建になる。この卯建をもつ建物が成立した直接の背景は、妻壁の二辺のみに高塀をもつ独立屋であった。妻壁の二辺のみに高塀をもつ独立屋の原形は、四辺に高塀をもつ独立屋であったろう。さらに、四辺に高塀をもつ独立屋の原形は、四辺に囲繞装置をもつ建物で、その建物は独立屋でも割長屋でもよかった。独立屋でも割長屋でもよい、四辺に囲繞装置をもつ建物は、その具体例をさぐると、高橋康夫がとりあげる古代京都の発掘遺構にいきあたるだろう。それは、平安京八条二坊二町に位置した[33]。これは、路に面して口がひらかれているので、この発掘調査を高橋は以下のようにしるした。

> 町家は先に述べたように、小屋と桟敷と店家の機能を合わせもち、道に面して立地する特異な複合建築であるが、その本質は小屋が道に面することに求められる。このような意味で、町家の成立にかかわる貴重な成果が得られた平安京右京八条二坊二町における近年の発掘調査が注目される[34]。

他方、この卯建をもつ建物が応用されていった建物は、路にじかに面した建物で、それは、独立屋でもあり、割長屋でもあった。その結果、一七世紀前半には、林原美術館本などがしめすように、マチヤの屋境には卯建がことごとくみられるようになった。このように卯建があまねく存在するようになった背景は、いままでのべてきたような建築構造上の変革が一斉にみられたことにある、と想定される。それは、近世初頭に町人身分が、家主として、そして町人足役の負担者として、析出されていった過程と対応している。

では、マチヤの源流として位置づけられる割長屋と独立屋の、原形としての差異は、なにか。

京都のマチヤは、一貫してことごとく切妻の平入りである。そして、一七世紀前半の洛中洛外図屏風をみるかぎり、当該期の京マチヤは、ことごとく妻に卯建をもつ。前者は、源流としての割長屋に対応する姿であり、野口徹説に対応し、マチヤ割長屋説にふくまれる。後者は、源流としての独立屋に対応する姿であり、高橋康夫説に対応し、マチヤ独立屋説にふくまれる[35]。この両者がおちあうのが、先述のごとく、近世初頭であった。

両者が近世初頭におちあうのであれば、両者がおちあう前の状況はどうか。割長屋は、そのなかの個々の房もふくめて、ことごとく切妻の平入りである。しかし、割長屋のなかの個々の房をわかつ界壁は、かならずしも堅固ではない。対して、独立屋は、切妻でもそれ以外（寄棟や入母屋）でもよく、平入りでなくともよい。しかし、独立屋を独立屋として規定するのは、囲繞するモノ（のちの高塀、高壁）である。というのも、囲繞されていない独立屋は、割長屋の一断片つまり一房の割長屋であるとみなし得るからである。した

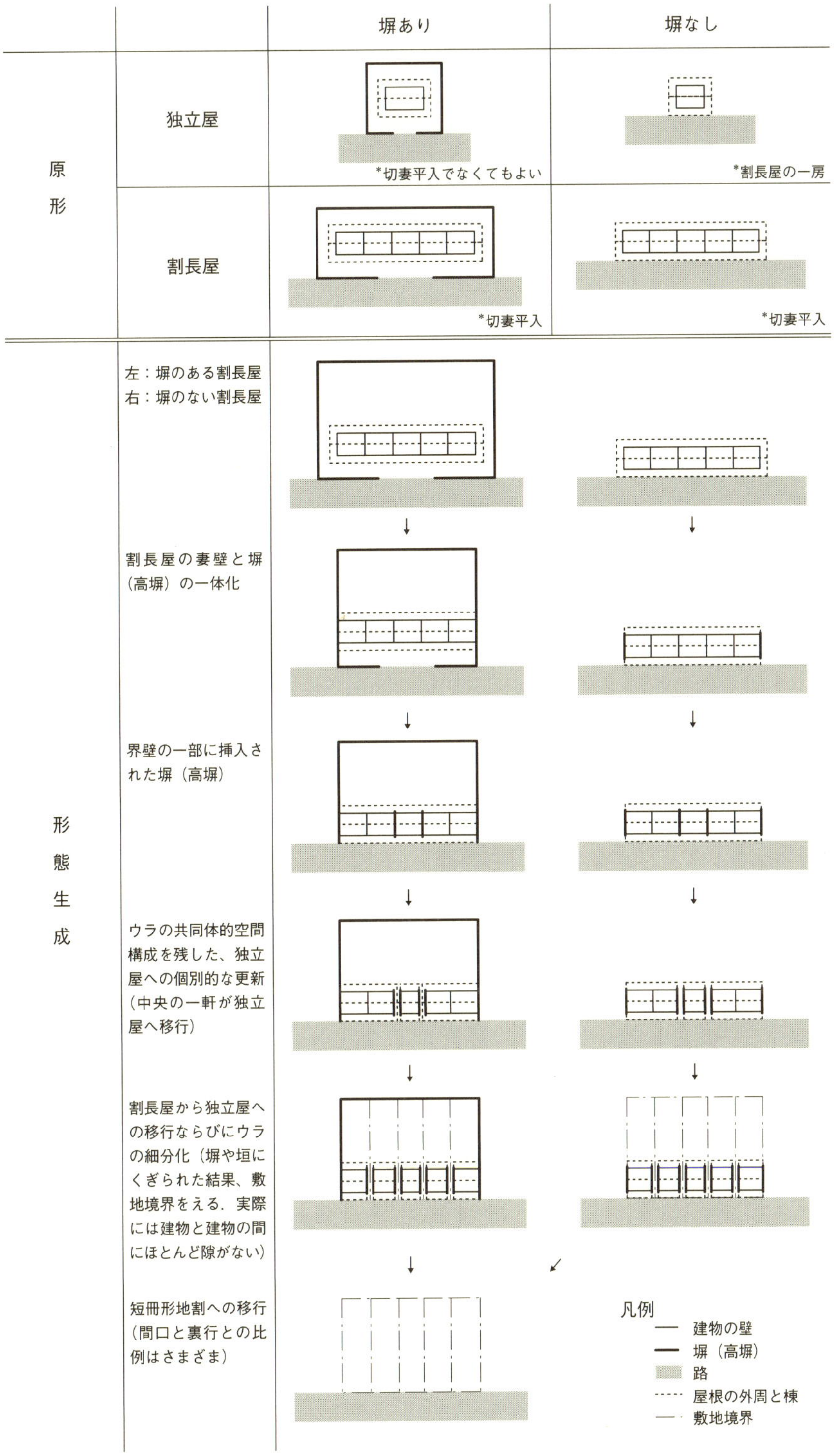
塀あり
塀なし
原形
独立屋
*切妻平入でなくてもよい
*割長屋の一房
割長屋
*切妻平入
*切妻平入
形態生成
左：塀のある割長屋
右：塀のない割長屋
割長屋の妻壁と塀（高塀）の一体化
界壁の一部に挿入された塀（高塀）
ウラの共同体的空間構成を残した、独立屋への個別的な更新（中央の一軒が独立屋へ移行）
割長屋から独立屋への移行ならびにウラの細分化（塀や垣にくぎられた結果、敷地境界をえる．実際には建物と建物の間にほとんど隙がない）
短冊形地割への移行（間口と裏行との比例はさまざま）
凡例
建物の壁
塀（高塀）
路
屋根の外周と棟
敷地境界

**図4**　京マチヤの原形ならびに形態生成に関する模式図

がって、マチヤ独立屋説において、マチヤの源流として注目すべき原形は、独立屋そのものではけっしてなく、のちに高塀ないし高壁としるされた囲繞装置そのものである。つまり、路に面した箇所にて口がひらかれた囲繞装置がマチヤの原形の一部に位置づけられる。

以上をまとめると、以下になろう。すなわち、マチヤは、そのすべてではなく、その一部が、歴史的用例としての「町屋」からはじまった。それは割長屋であったろう、と本研究は判断してきた(36)。しかし、京都の近世マチヤの成立に役だったのは、独立屋をかこむ高塀とよばれた囲繞装置であった。厳密にいえば、切妻・平入りの形をなすマチヤの妻壁二つに接してたつ高塀であった。なぜ、京都のマチヤは、ことごとく切妻・平入りなのか。それは、マチヤの原形の一つが原初的に割長屋であったからであろう。マチヤの原形が、割長屋でなく、独立屋であったのであれば、切妻でもよく、切妻でなくてもよい。しかし、京都のマチヤは、まさに原初的に割長屋であったからこそ、切妻で平入りの形が一貫してたもたれた、といえる。この形に対して、一六世紀から一七世紀前半にかけて、二つの高塀が房と房の間や妻面にとりついた。これにより、路に面し、切妻・平入りをなし、卯建をもつという近世マチヤが京都にて成立した。この近世マチヤが地方に伝播した(37)。この形は、さらに展開して、割長屋を無理なく独立屋へ変容させた。マチヤの背後にある土地がことごとく分割されるのは、卯建があまねくひろがってからのことである。

マチヤが割長屋を原形としていなければ、マチヤは、切妻・平入りで軒を接してつらねる姿には、ならなかったであろう。マチヤが高塀という自立するあつい壁をその妻面にとりこまなければ、マチヤは、いつまでも割長屋のままであったろう。割長屋をマチヤの原形としたのは、野口徹であった。他方、妻の二辺の高塀をウダツの原形としたのは、高橋康夫であった。二人が想定してきたこの二つの原形は、近世初頭の京都でおちあった。つまり、棟持柱と高塀という二種の原形は、妻壁にて合体する形をえることによって、近世初頭の京都でおちあった。

以上を厳密にのべるために、マチヤの定義を再確認する。まず、マチヤの内包をちいさくとれば、マチヤは、①路にじかに面してたち、②路に対して口をひらいた建物と定義できる（定義A）。他方、マチヤは、町田本（歴博甲本）以降の姿をみると、③切妻、④平入り、⑤個々の房の間に隙がない、⑥棟持柱構造、⑦柱脚部に土台をすえる、といった属性をもつ。とくに、③切妻、④平入り、⑤個々の房の間に隙がない、といった属性は、古代後期をえがいたとされる年中行事絵巻にみえるマチヤにも妥当する。よって、マチヤの内包をひろくとれば、切妻・平入りで個々の房の間にほとんど隙がない、土台をもつ棟持柱構造（①②・③④⑤・⑥⑦）と定義できる（定義C）。この定義は、町田本（歴博甲本）以降のマチヤに該当する。他方、さかのぼって、年中行事絵巻以降のマチヤに該当する定義の内包を定義づけると、切妻・平入りで個々の房の間に隙がない（①②・③④⑤）と定義できる（定義B）。

さらに、近世以降のマチヤをみるなら、その属性に⑧独立屋をふくめなければならない。したがって、①②・③④⑤・⑥⑦・⑧という属性をもつ（定義D）。

このように、定義A、定義B、定義C、定義Dの順に応じて内包が拡大するが、その順に応じて外延が縮小する。ここでは、形態に即してマチヤを定義したので、店舗であるか住居であるか店舗併用住居であるかといった用途をあつかっていない。このように、形態に即した場合、すくなくとも、定義Aにしたがえば、マチヤは、①

路にじかに面してたち、②路に対して口をひらく。しかし、京のマチヤの最大の特徴は、③切妻、④平入り、⑤個々の房の間にほとんど隙がない点であり、この形態の延長として、⑥棟持柱構造、⑦土台を柱脚部にすえる、という属性がふくまれてくる。とはいえ、近世中期以降から確認されるマチヤは、⑧独立屋である。そうであるならば、マチヤの原形は、遡及的に判断して、独立屋とかんがえるべきである、といえる。

そうではなく、マチヤの原形は、建物を囲繞するモノと割長屋との二つでよいのである。というのも、もし、京のマチヤの原形が独立屋であれば、それは、切妻でなくてもよく、平入りでなくてもよいからである。また、もし、京のマチヤの原形が独立屋であれば、個々の建物の間に隙がある姿が自然であろう。さらに、もし、京のマチヤの原形が独立屋であれば、棟持柱構造である必要もなく、土台を柱脚部にすえる必要もないであろう。

京のマチヤが、①②③④⑤⑥⑦の属性をもつにいたった経緯は、その建物が原初的に割長屋であったからであろう。割長屋を原初と想定した場合、なお想定される独立屋は、一房の割長屋であって、これは、割長屋の一断片である。

建物を囲繞するモノがマチヤの妻面二辺にとりいれられなければ、マチヤは、割長屋から連続的な変容過程をへて独立屋にうつりかわることができなかったであろう。その意味で、建物を囲繞するモノは、京マチヤの原形の一つといえる。

よって、京マチヤの原形は、路にじかに面してたつ、路に対して口をひらいた割長屋、および建物を囲繞するモノであった。京マチヤの支配的な原形は、前者であった。対して、後者がなければ、京マチヤは、近世マチヤへと連続的に変容し得なかった。

# 六　京マチヤの形態生成

前節では、マチヤの原形の一つとして位置づけ得る古代後期の考古学的発掘遺跡として、平安京八条二坊二町を、野口徹説と高橋康夫説に即して、批判的に検討した。ここでは、京都のマチヤが近世に形成される前段階に位置する考古学的発掘遺跡を三つとりあげる。

## 六―一　平安京左京二条四坊1～3区（平成五年度）

まず、平安京左京二条四坊1～3区（平成五年度）について、のべる。ここで参照する発掘報告は、堀内明博・内田好昭・久世康博・丸川義広「平安京左京二条四坊」（平成五年度一九九三）である。[38]この「調査地は、平安京左京二条四坊十一町に想定され、北は大炊御門大路、南は冷泉小路、東は富小路、西は万里小路に囲まれた宅地の北半にあたる」[39]。この発掘事例については、推定復元図のみちびき方があやしいことを、すでに土本『中近世都市形態史論』（二〇〇三年）の二ヶ所で批判した。この批判に対して、なお責任をもつためにも、一部を引用し、その論拠を再確認する。

織豊期京都下京を推定復元するに際して、この発掘報告の一部を以下のように批判した。

> 実際、近年の都市考古学は、町境と家境の差異を抽出する。たとえば「平安京左京二条四坊」と題された、堀内明博らによる発掘調査報告は、大名屋敷との境界装置を指摘しており、これが本論のいう町境にあたる。この境界装置は、「桃山時代から江戸時代前期」に「布掘柱列」であったが、江戸時代中期以降

では「三段以上の石垣に変わる」。他方、「町屋間の境界は、当初の掘立柱列であったが江戸時代に入ると礎石間を繋いだ河原石列となる」と指摘する。また、この報告は、一九軒の「町屋」を指摘するが、それらがもつ家屋敷の隣地境界線を遺構配置図に重ねて描く。この隣地境界線から成る形態は短冊形地割を示す。しかし、この線に対応する、発掘に基づく物は、「江戸時代中期・後期」についてはいくつかあるが、「桃山時代から江戸時代前期」にかけてはほとんどない。このため、発掘された街区全域を零細区分する線は、「桃山時代から江戸時代前期」に関する限り、やや書き過ぎであろう。むしろ、この線はより新しい時代の情報から得られる形を遡及的に古い時代の遺構配置図の上にあてはめたものといえる[40]。

以上で批判したのは、あたらしい時代に看取される形態を段階的によりふるい時代にあてはめていくという、形態の遡及的な推定復元というべき方法である。一般に、考古学は、うしなわれたものをあつかう。しかし、この発掘事例の場合、うしなわれたものにくわえて、後代につたえられた都市形態をたよりにして、遡及的に当該の遺構面にあてはめているのである。この種の方法は、おなじく考古学分野では前川要による、いわゆる初期・前川要説にみえる[41]。

この方法に依拠するかぎり、ととのった形が最初からあったという大前提からぬけだすことができない。平安京左京二条四坊1～3区（平成五年度）の発掘遺構は、堀内らにとって、隣地境界あるいは短冊形地割といった観点がまずさきにあっての対象であった。ぎゃくに、形は最初から徐々に姿をなしてきた、という前提が必要なのである。平安京左京二条四坊1～3区（平成五年度）の発掘遺構は、堀内らにとって、建物先行型による形態生成、なかでも隣地境界線の生成といった観点[42]がともなわなかった対象であった。建物先行型による形態生成、とりわけ隣地境界線の生成という観点をともなわず、推定復元図を発掘遺構面からみちびいた例として、平安京左京二条四坊1（平成一〇年度）がある[43]。

平成一〇年度の調査報告でも、隣地境界線の生成という観点がみられない。しかし、平成一〇年度の調査報告では、非常にきめこまかい形態が検出されており、発掘の緻密さにおいて目をみはるものがある。このきめこまかさが、後述するように、微視的な形態生成をよみとる手がかりをあたえてくれる。まさに、この発掘成果が発掘遺構と形態生成に関する萌芽をなりたたせた、といえる。

## 六―二　伏見城跡（平成一一年度）

では、平成一〇年度の発掘事例をあつかうにさきだって、伏見城跡（平成一一年度）に目をむけたい。桜井みどり・南孝雄「伏見城跡」（平成一一年度一九九九[44]）で、平成一五年（二〇〇三）三月に報告されたこの発掘事例は、堀内明博「市・町の形態と展開―平安京・京都を中心として―[45]」で、平成一四年三月に堀内が、口頭説明資料を註にしるすことによって、言及していたものであった。内田による口頭発表をうけ、『平成一一年度　京都市埋蔵文化財調査概要』（二〇〇二年）に掲載された、桜井・南による「伏見城跡」の発掘事例をみると、そこにも目をみはる形態がある（図5　1トレンチ第三面遺構平面図・伏見城跡）。

まず、この発掘事例は、火災層が鍵層になり、この単層の絶対年代が確実に推定されている。マチヤの背後のウラ地は、細分化されておらず、ウラ地をかぎる石積みも、発掘されている。すなわち、調査の結果、一トレンチでは慶長一〇年（一六〇五）の火災によって焼失した町屋跡と、その後の変遷を明らかにした。二トレンチでは、この北側に存在したと考えられる武家屋敷との境界が判明した(46)。

とある。また、

第三面は、慶長一〇年の火災面である。礎石建物六棟、井戸、立売通路面・北側側溝などを検出した。遺構面では火災の跡を示す多量の炭と共に、熱を受けて赤く変色した割れた礎石と、赤く焼けしまった土間を検出した。この遺構面は、伏見城城下町造営当初の遺構面である(47)。

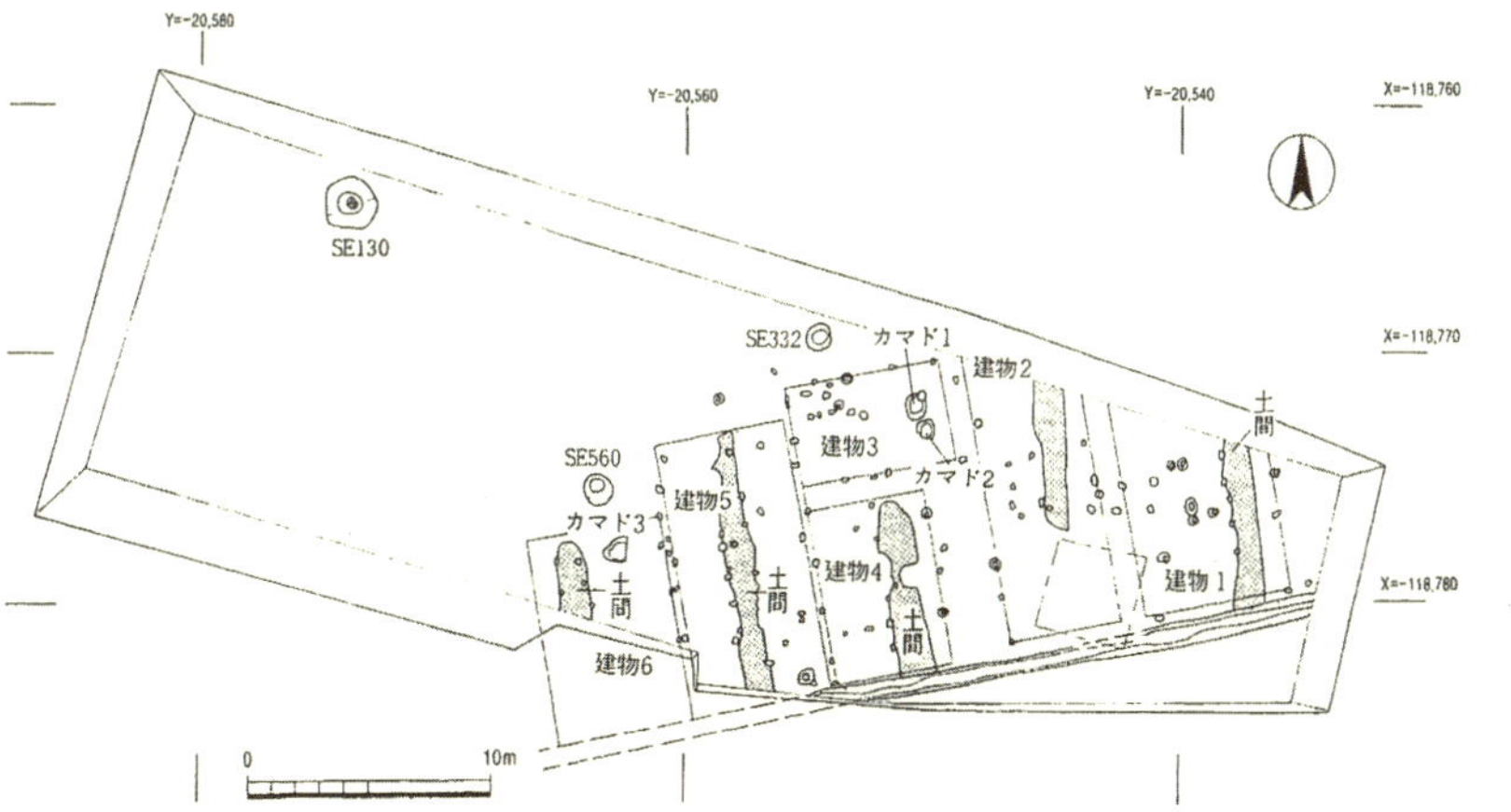


**図5**　1トレンチ第3面遺構平面図・伏見城跡（平成11年度）
（桜井みどり・南孝雄「伏見城跡」京都市埋蔵文化財研究所編『平成11年度 京都市埋蔵文化財調査概要』京都市埋蔵文化財研究所，109-113頁，2002年，110頁より）

この「第三面」が鍵層である。これは、火災層であるから、人為的な形態生成をふくまない。さらに、マチヤの奥行規模について、

この石垣は、立売通と平行しており、立売通からの距離は約三〇mを測る。これが、町屋の奥行の規模となる(48)。

とある。この指摘から、マチヤのウラは、いまだ細分化されていなかった、といえよう。また、マチヤは、いずれも路に面した独立屋であるが、たがいに壁を接していた。その壁が土壁であった、と推定されている。すなわち、

建物の壁際では厚さ〇・二mの土壁の痕跡を検出しており、土壁作りの建物と考えられる(49)。

という。「土壁作りの建物」というこの推定をふまえれば、林原美術館本などがえがくような、路に面した切妻・平入りの建物の両妻面にある「塀の覆ひ」をもつ高塀が、このときすでに妻壁の通し柱と一体化された大壁を形成していた、との推測がなりたつ。

もうひとつこの発掘事例で注目すべき事柄は、発掘されたマチヤが中土間型住居である可能性がたかい、という点である。すなわち、

建物五は、間口五・六m・奥行一一mを測る。土間は建物中央に位置し、幅一mを測る(50)。

建物中央に位置する幅一メートルの土間は、この「建物五」が、中土間住居であった可能性をしめすものである。中土間住居について、伊藤鄭爾が『中世住居史』のなかの「第四章　室町時代の町屋」のなかの「第三　平面形式」で、言及している。すなわち、

長屋や独立住居をとわず、平面形式としては大きくふたつにわけて考えることができる。ひとつは近世にまで継承される片側

> 土間の住居であり、他のひとつは近世においては姿を没しさってしまう中土間住居である。[51]

「建物五」は、伊藤鄭爾のいう、「近世においては姿を没しさってしまう中土間住居である」可能性がある。なお、伊藤がしるしたように、「中世町屋の遺構は全く存在しないので、屏風絵・扇面絵・文学等によって平面形式を辿るより外ない」。このような状況下で、「建物五」は、中世マチヤの姿をとどめる中土間住居の平面形式をしめす発掘遺構である可能性がたかい。この場合、発掘遺構から中土間住居の平面を看取した最初の具体例であると「建物五」を位置づけることができる。

このように、桜井・南「伏見城跡」（平成一一年度）は、目をみはる学術情報を登載している。第一に、年代を特定することのできる火災層が鍵層となるため、絶対年代の把握が可能である。第二に、通りに平行する町境として検出された石垣と路に面したマチヤの間にあった土地は、いまだ細分化されていない一体のウラ地であった。第三に、「建物の壁際では厚さ〇・二mの土壁の痕跡」は、林原美術館本などにえがかれているような、マチヤの妻面にみられる大壁に対応する可能性がある。第四に、発掘された「建物五」は、中世マチヤの姿をひきつぐ中土間住居である可能性がある。

全体として、桜井・南「伏見城跡」（平成一一年度）から想定される姿は、林原美術館本などの一七世紀前半の洛中洛外図屏風がえがく景観とほぼおなじである、といえる。両者の差異は、マチヤの奥行規模にあって、絵画資料よりも発掘遺構の方がおおきい点にある。すなわち、林原美術館本などの絵画資料では、一七世紀前半の時点でも奥行がいまだ二間であるが、この発掘事例はそれ以上の規模をしめしている。

マチヤの奥行規模に関して、織豊期京都の史料である大中院文書に「家の分」がみえる点に注目したい。本研究は、この「家の分」を「家に準じて家持の処分権の及ぶ土地である」[52]、と理解した。平成一一年度の発掘成果が図示する奥行は、マチヤという建物全部の規模と対応しているのか、それとも路に面したマチヤとマチヤの背後にある「家の分」との双方を合わせた規模なのか。「家の分」という空間が織豊期にすでに登場している以上、今後、この点について厳密な検討が必要である。

## 六―三　平安京左京二条四坊１（平成一〇年度）

では、さいごに、内田好昭・高正龍・堀内寛昭「四　平安京左京二条四坊１」（平成一〇年度一九九八）[53]をみる。この「調査地は、平安京左京二条四坊三町の西端部にあたり、西側は東洞院通、東側は間之町通に面している」[54]。平安京左京二条四坊１（平成一〇年度）の考古学的発掘遺跡も、さきにみた伏見城跡（平成一一年度）と同様に、あたらしい知見を多数もたらす。まさに、この発掘成果が、発掘遺構と形態生成に関する萌芽になる。この芽をそだてるには、内田・高・堀内「四　平安京左京二条四坊１」（平成一〇年度）に対して、若干の批判をくわえなければならない。批判すべき核は、

> 江戸時代初期から近代にいたるまで、町家割が基本的に変更なく継承されていることを確認し、基本的な町家構造の変遷を明らかにできた。[55]

という、この調査報告がくだした結論である。「町家割が基本的

に変更なく継承されている」のではなく、それは、徐々に形成されていったのである。つまり、それは、形態生成の結果である。

では、まず、発掘遺構面を確認する。

調査は、天明大火（一七八八）に伴う焼土層下の洪水砂礫層（砂礫①）中位、現地表下一ｍまで重機で掘削し、これ以下を人力で行った。平面的な調査は、砂礫①の下面（第一面）、宝永大火（一七〇八）に伴うと思われる火災面（第二面）、江戸時代初期の最初の町家面と思われる面（第三面）、遺跡の基盤である黄褐色シルト～砂礫層上面（第四面）を調査したのち、同じ層順で部分的に残る平安京以前の遺構を調査した（第五面）[56]。

以上、計五面のうち、ここでは、第一面、第二面、第三面をあつかう。とくに第三面は、「江戸時代初期の最初の町屋面と思われる」とされ、その特徴は、第二面や第一面とは対照的に、路に面した建物が検出されていない点にある（図6　第三面遺構平面図・平安京左京二条四坊1）。すなわち、

> 第一面から第三面を通じて、町家空間のオモテ側（道路側）半分には常に建物跡がある。建物跡は第一面と第二面では礎石建物、第三面では明確な礎石は検出できていない。第一面・二面では建物跡の南半部に道路に面した玄関部分から屋敷奥に通じる土間部分（通り庭）がある。……通り庭には井戸、竈跡を検出する。……第三面では、土間部分は明確に検出されず、各町家ごとの井戸も明確ではない[57]。

とあるように、「第三面では明確な礎石は検出できていない」。この記述は、平成一二年（二〇〇〇）に刊行された調査報告書にみえる。その二年後に、内田は、内田好昭「京都—近世都市京都と町家—」（二〇〇二年）で、この第三面に礎石がない姿を礎石がとりはらわれた結果であるとしたうえで、これを「礎石建ち」であった、と推断している。すなわち、

> 主屋部分に柱穴が検出されておらず、礎石建ちの建物であることも間違いない[58]。

としるした。この指摘をよむと、柱穴が検出されなければ、ただちに礎石建になるのか、という疑問が生じる。そもそも、柱穴も礎石もなければ、建物に言及できないはずである。また、柱穴か礎石かという二分法にもとづくのではなく、先述のごとく、土台をふくめた考察がなされるべきである。

この調査では、路に面した主屋部分から柱穴が検出されなかったが、切土として、「背割溝二四六」が検出されている。すなわち、町境として、街区の中央を横断する「背割溝」が検出されている。さらに、「背割溝二四六」に近接してマチヤにちかいほうに、杭と板塀が個々の敷地規模に応じてくぎられている。とくに、個々の屋敷地の規模に応じてくぎられたとされる、背割溝に近接した杭と板塀を根拠に、短冊形地割が推定復元されている。検討を要するのは、この短冊形地割が、当該の遺構面と共時であるのか、という点である。そもそも、共時としてあつかってよい発掘遺構は、なにとなになのか、という判断がもとめられる。盛土整地層に関して、内田らは、

> 江戸時代の堆積層は、主として人為的な整地層の細かな重なりからなる。整地は各町家単位で個別に行われるため、各整地層は町家境を超えて広がることはない。……これらの整地層を、調査区全域にわたって累積する基本層序として記載することはできない[59]。

としるす。すなわち、人為的な整地層における非共時性をこの発

掘遺構に対して指摘する。同様に、内田らは、

各町家の整地層の重なりはそれぞれ、数枚の火災層と洪水砂礫層を挟んでいる。これらは町家境を超えて広がる堆積層であり、相互の先後関係と出土遺物に留意すれば、鍵層として評価できる。(60)

とするす。すなわち、盛土整地層とは対照的に、共時態としての数枚の火災層と洪水砂礫層が鍵層になる。

数枚の火災層と洪水砂礫層が鍵層になり、それぞれが共時態をしめすものの、盛土整地層は鍵層にならず、「整地は各町家単位で個別に行われるため」、それぞれの整地層が非共時性をしめす。ここで問題になるのは、マチヤや隣地境界をなす板や垣や背割溝が、鍵層あるいは各町家単位の盛土整地層とどのような関係にあるのか、という点である。

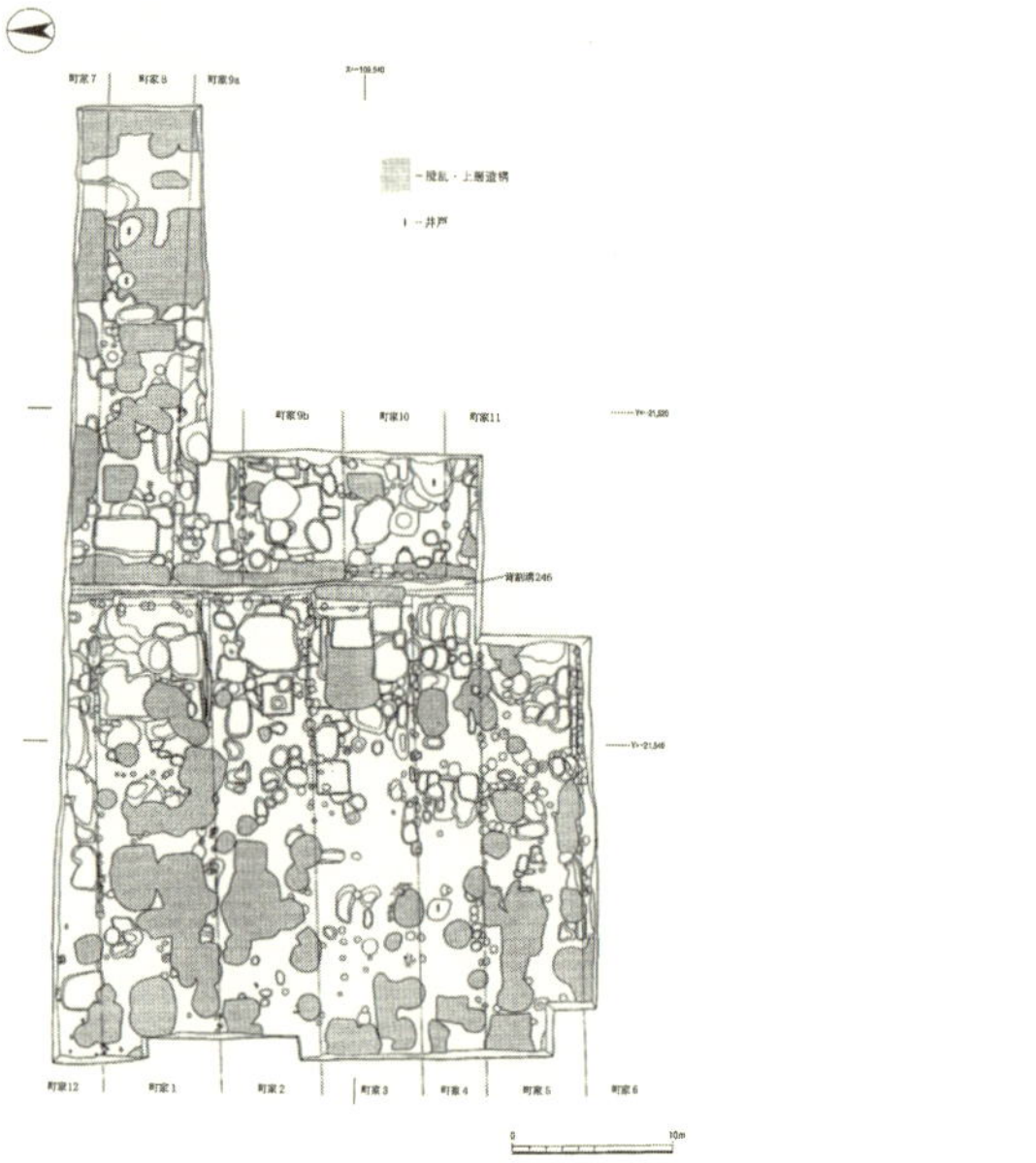

**図6**　第３遺構平面図・平安京左京二条四坊１（平成10年度）
（内田好昭・高正龍・堀内寛昭「４　平安京左京二条四坊１」京都市埋蔵文化財研究所編『平成10年度 京都市埋蔵文化財調査概要』京都市埋蔵文化財研究所、20-29頁、2003年、24頁より）

背割溝は、直線とはいえないが、筋のとおった線の上にのっている。対して、隣地境界をなす板や垣は、各マチヤに応じて、こまかい凹凸をもつ。(61)おのおののマチヤの間口規模は、不明であるが、それに応じるかのように、こまかい凹凸をもつ隣地境界が看取された。第三面にて看取された隣地境界は、「木製の杭と板を用いた護岸の痕跡」および「柱列」もしくは「整地土の違い」であった。(62)

くわえて、先述したように、単層を柱穴がつらぬいている場合、単層の下面（図１の面Ａ）のみに柱穴が検出されるのであれば、柱穴は、下面と共時あるいは下面以降となる。単層の下面ばかりではなく、単層の上面（図１の面Ｂ）にも柱穴が検出されるのであれば、柱穴は下面と共時ではなく、上面と共時あるいは上面以降となる。

「平安京左京二条四坊１」（平成一〇年度一九九八）の第三遺構面における柱穴は、盛土遺構面をつらぬいている。そして、その盛土遺構面は、整地にもとづく。その「整地は各町家単位で個別に行われるため、各整地層は町家境を超えて広がることはない」。そして、各整地層はたがいに非共時である。検出された柱穴は、この非共時性をしめす各整地層をつらぬく形をなしていた。

## 六―四　発掘遺構と形態生成

以上のように、表から裏へならぶものの成立は、共時でない。つまり、マチヤ、その背後の板や塀、さらにその背後の背割溝にもう

けられた木製の杭や板といったものは、成立がけっして共時ではない。想定されるのは、町のウラ境を一体的にくぎる形で背割溝が形成され、その後に、表にたつマチヤの規模に応じて、隣との境をしめす板や塀がきずかれた、という過程である。

　このように、発掘遺構に即して、形態生成を看取することが可能である。このことは、平安京左京二条四坊１（平成一〇年度）からできる。このことは、伏見城跡（平成一一年度）からできない。というのも、伏見城跡（平成一一年度）の場合、精緻な発掘遺構をもつが、火災のために形態生成が慶長一〇年（一六〇五）でとまっているからである。伏見城跡の場合、火災層が、層序のもっとも上に位置し、鍵層をなし、共時態をしめす。対して、平安京左京二条四坊１（平成一〇年度）の場合、鍵層にふくまれた時間帯そのもの、および二つの鍵層にはさまれた時間帯における非共時性が形態生成をつたえている。ただし、平安京左京二条四坊１（平成一〇年度）の調査報告は、先述のごとく、平安京左京二条四坊１～３区（平成五年度）と同様に、マチヤと短冊形地割のセットという観点から出発していた。この観点と連動して、この調査報告も、当該遺構面を静態としてのみ、あつかっていた。

　しかし、調査報告を通じて、発掘遺構そのものに目をむければ、それに即して形態生成を看取することができる。すくなくとも、マチヤ、隣地境界、背割溝といった、表から裏へ配された三点については、先後関係を想定することができる。隣地境界は、背割溝のあとであろう。また、隣地境界は、マチヤのあとであろう。しかし、マチヤと背割溝のどちらがさきにできたかわからない。しかし、隣地境界より、マチヤと背割溝は、先行している。よって、いまだ細分化されていないウラを想定することが妥当になる。

　問題は、その後の形態生成である。隣地境界は、マチヤと背割溝の後から形成された。まず、隣地境界とマチヤについては、平安京左京二条四坊１（平成一〇年度）の場合、マチヤは検出されていないが、ウラにおける隣地境界の幅から推して、路に面したマチヤの間口規模に対応したおおきさで、隣地境界が垣で形づくられた。垣については、その柱脚が掘立としてきずかれた。つぎに、隣地境界と背割溝については、背割溝に平行して、マチヤにちかいほうへこの背割溝に近接して、板をきずくとともに、板と直角方向に、表のマチヤの間口規模に対応するおおきさで、垣がきずかれた。この板と垣が隣地境界をなす。結果的に、背割溝は筋のとおった姿であったが、隣地境界の地尻には凹凸が生じた。その理由は、整地が各町家単位で個別におこなわれたように、隣地境界を形づくる垣も各町家単位で個別におこなわれたことによる。この隣地境界から構成される形を現代の研究者が短冊形地割とよぶにいたる。

　路に面した建物と背後の背割溝にはさまれた土地にて形成されたこの短冊形地割は、個々の家々によるいとなみからはじまった。このいとなみは、ウラに柵や塀をきずくことからはじまり、ウラにて盛土整地をおこない、土蔵や小屋などをたて、「背割溝の両側を石積で護岸する」[63]といった一連の個別的ないとなみに展開していった。このいとなみをつうじて、隣地境界が生成された。生成された隣地境界は、のちに、鰻の寝床を細胞とする短冊形地割として、あまねくうけいれられるにいたる。とはいえ、短冊形地割は、その当初、形成の途上にあった。そもそも隣地境界を形づくるという、建物と土地のあたらしい関係は、一連の個々の家々のいとなみではじまった。

## 七　結論　―京マチヤの原形と形態生成―

京マチヤの原形は、路にじかに面してたつ、路に対して口をひらいた割長屋、および建物を囲繞するモノである。近世マチヤが京都で成立したのは、この両者が近世初頭におちあったことによる。このことにより、建物と土地のあたらしい関係が展開する。すなわち、このころ、京都で展開した形態生成は、マチヤのウラにおける隣地境界の形成である。この形態生成は、マチヤの立地および背割溝の敷設のあとに展開し、家々の個別的ないとなみにもとづく。のちに、この形態は、短冊形地割として、ひろく京都のなかで共有されるにいたる。

### 参考文献および註

（1）小林英夫訳　F・ソシュール『一般言語学講義』（岩波書店、一九七二年）

（2）田中克彦・かめいたかし訳　E・コセリウ『うつりゆくこそ　ことばなれ　サンクロニー・ディアクロニー・ヒストリア』（クロノス、一九八一年）

（3）たとえば、以下は、遺構面と柱穴に関する反省点をあらわしている。「図面整理の段階で、明らかに一つの建物を構成すると考えられる柱穴を、必ずしも同じ面で確認できていないということに気づきました。調査時に、整地層の各面で、その面から掘り込まれた遺構を捉え切れていなかったことが明白です。」関根達人「建物跡の年代は明確になるか」（東北中世考古学会編『東北中世考古学叢書2　掘立と竪穴　中世遺構論の課題』高志書院、八〇―九六頁、二〇〇一年）八三頁引用

（4）小礎石について、ふるくは、藤島亥治郎「江戸時代民家の文献的研究―特に信濃佐久の民家について―」（『建築史研究』一四、一二―二六頁、一九五四年）で、藤島は、「本柱の多くは後入れの小礎石を有する」（一二頁引用）という表現をもちいている。これは、柱脚部が掘立から礎へ、すなわち固定端から回転端へかわることを示唆する。他方、近年では、網伸也・山本雅和「平安京左京八条三坊の発掘調査」（『日本史研究』四〇九、六六―八一頁、一九九六年）にて、「小礎石を持つ柱穴の構造では、一、若干地面を掘りくぼめて礎石を据えたもので、礎石の上面が地上に出ていたと考えられるもの、二、やや深めに穴を掘り礎石を据えたもので、礎石は見えず、柱の根本が若干地中に埋まるもの、三、深い穴を掘り礎石を据えたもので、柱は地中に埋まり掘立柱の様相を呈するもの、の三種類が確認できる。ただ、同一建物と想定できる柱列でも異なった構造の柱穴が混在しており、柱材をどのように建てて建物を構築したのか興味ある問題である。また、各建物が独立して建てられていたかどうかは明らかでないが、南北の柱筋が通っている部分が多い。建物の柱材は地盤が砂礫層のため残っていないが、小礎石が大きくても三〇センチメートル前後であり掘立柱の痕跡も非常に小規模なことから、上部構造が簡易な建物であったことがわかる。」（七一頁引用）とある。

（5）なお、掘立と礎を二極に分ける観点には無理がある。掘立と礎の双方をあわせもつ架構があるという観点があらたに必要となる。さらに、管柱と棟持柱をあわせもつ架構があるという観点もあらたに必要となる。以上に関する一連の問題点を以下にまとめた。土本俊和編『中世後期から近世に至る掘立棟持柱構造からの展開過程に関する形態史的研究　二〇〇一年度～二〇〇三年度　科学研究費補助金（基盤研究C（2））研究成果報告書』（研究代表者・

土本俊和（信州大学工学部教授）、二〇〇五年）。

(6) 長野県飯山市教育委員会編『長野県飯山市小菅総合調査報告書―市内遺跡発掘調査報告 第二巻 調査・研究編―』（飯山市教育委員会、二〇〇五年）、土本俊和「小菅のいとなみをはかる」（信州大学・飯山市小菅研究グループ編『飯山小菅の地域文化』しなのき書房、二〇〇五年）、梅干野成央・岡本茂・土本俊和「仮設建造物の脚部に据えられた石組みの柱穴」（『二〇〇五年度日本建築学会大会（近畿）学術講演梗概集F―2』九九―一〇〇頁、二〇〇五年）、梅干野成央・岡本茂・土本俊和「仮設構築部の脚部に据えられたクツイシと石組柱穴―長野県飯山市小菅の祭礼空間を彩る仮設構築物の実態―」『日本建築学会計画系論文集』（五九八、一七七―一八四頁、二〇〇五年）

(7) 註3前掲・東北中世考古学会編『掘立と竪穴』参照

(8) 註4でみた小礎石に関する分類は、沓石にくまれた姿に言及していない。

(9) 長野県飯山市小菅の講堂周辺における調査発掘では、掘立柱の脚部の底面には石がない場合もみられた。

(10) 駐4前掲・網ほか「平安京左京八条三坊の発掘調査」

(11) ここでは、紙面の関係上、土台に関して詳細に論述するにいたらないかわりに、土台に関するおもな研究を以下に紹介する。①瀧本義一「木造建築の土臺を緊結することの可否に就て」（『建築学研究』一〇―五九、一九三二年）、②三田克彦「土台の起源」（『日本建築学会論文報告集』四四、一九五二年）、③伊藤鄭爾「城郭と茶室における問題」（同『中世住居史［第二版］』東京大学出版会、一九八四年・一九五三年初版）、④稲垣栄三「土台の意味」（同『原色日本の美術 第一六巻 神社と霊廟』小学館、一九六八年、稲垣栄三『稲垣栄三著作集二 神社建築史研究Ⅰ』中央公論美術出版、二〇〇八年所収）、⑤稲垣栄三「神社建築の起源」（下中邦彦編『平凡社大百科事典七』平凡社、一九八五年）、⑥井上朝雄・松村秀一「木造戸建住宅における基礎および土台の変遷に関する研究―昭和二〇年代の都市部の事例を中心として―」（『二〇〇〇年度日本建築学会大会（東北）学術講演梗概集E―1』二〇〇〇年）、⑦平山育男「民家のしくみ 民家の構造 基礎」（日本民俗建築学会編『図説 民俗建築大事典』柏書房、二〇〇一年）、⑧滝澤秀人「土台を持つ棟持柱構造の変遷」（『二〇〇三年度日本建築学会大会（東海）学術講演梗概集F―2』二〇〇三年）、⑨金石健太「土台を持つ建物の系譜」（信州大学工学部修士学位論文、二〇〇四年）、⑩土本俊和「土台と玉石」（長野県建築士事務所協会編『しなの』一二九、二〇〇五年、註5前掲・土本『中世後期から近世に至る掘立棟持柱構造からの展開過程に関する形態史的研究』所収）。なお、このほかにも、土台に言及したものは、多々ある。

(12) 註11⑦前掲・平山「民家のしくみ 民家の構造 基礎」八一頁引用

(13) 日本建築学会編『日本建築史図集 新訂版』（彰国社、一九八〇年）一三九頁引用、稲垣栄三『稲垣栄三著作集二 神社建築史研究Ⅱ』（中央公論美術出版、二〇〇八年）二七〇頁引用

(14) 註11⑧前掲・滝澤「土台を持つ棟持柱構造の変遷」

(15) 註13前掲『日本建築史図集 新訂版』一二〇頁引用、註13前提・稲垣『稲垣栄三著作集二』二二四頁引用

(16) 註11③前掲・伊藤「城郭と茶室における問題」

(17) 註11③前掲・伊藤『中世住居史［第二版］』四一頁引用。なお、松本城保存工事事務所編著『国宝松本城 解体・調査編』（松本市教育委員会、一九五四年）は、松本城の土台について、「土台は一部に明治の修理の際の補修材が認められるが、殆んど創建当初のものである」とする（一九頁引用）。このほか、住田正・中川治雄・古川寿一解説『定本・国宝松本城』（郷土出版社、一九八八年）一九三頁を参照した。

（18）柱は、すべて通し柱でなければならない。したがって、これらの柱は、棟持柱をふくむ。また、妻壁をまずたてるという京マチヤに特有の構法については、以下で言及されている。鈴木嘉吉「概説 畿内の町家」同編『日本の民家 第6巻 町家Ⅱ 近畿』（学習研究社、一九八〇年、一四三頁）、玉井哲雄「日本建築の構造」（藤井恵介・玉井哲雄『建築の歴史』中央公論社、一九九五年、三〇三―三〇八頁）など。

（19）土本俊和「各論4 織豊期京都の小屋と町屋―割長屋を原型とする短冊形地割の形成過程―」（土本俊和『中近世都市形態史論』中央公論美術出版、二〇〇三年）

（20）桑江克英訳注『琉陽』（三一書房、一九七一年）引用、土本俊和「首里の町と首里城」（高橋康夫ほか編『図集 日本都市史』東京大学出版会、一九九四年）

（21）土本「総論4 ウダツ」（註19前掲・土本『中近世都市形態史論』）、高橋康夫「京都の町と住まいの歴史」（京都新聞社編『京の町家考』京都新聞社、一九九五年）、高橋康夫「洛中洛外図屏風 下京隻」（註20前掲・高橋ほか編『図集 日本都市史』）

（22）『邦訳 日葡辞書』（岩波書店、一九八〇年）五九五頁引用

（23）ひろい意味での〈卯建〉は、「ウダツ」・「卯建」・「袖卯建」の三つにわかれる。以下では、棟持柱としての〈卯建〉を「ウダツ」とよび、大場修による以下の整理にしたがって、「卯建」と「袖卯建」をもちいる。「本論で卯建と呼ぶのは、室町時代以降の民家、特に町家において、妻側の小屋を屋根より高く突き出して小屋根をつけたものを指している。小屋根付きの袖壁を庇屋根上に置いたものや、二階部分の正面両側に付けられた袖壁などもいわゆる袖卯建と呼ばれたりするが、本論で呼ぶ卯建とは区別される。」（大場修「京都モデルの町家形成―卯建と土蔵造―」（同『近世近代町家建築史論』中央公論美術出版、二〇〇四年、五〇〇頁引用）

（24）註21前掲・土本「総論4 ウダツ」

（25）註22前掲『邦訳 日葡辞書』七二三頁引用

（26）高橋康夫「京町家の誕生」（同『京町家・千年のあゆみ』学芸出版社、二〇〇一年）、辻裕司・近藤智子「16 平安京右京八条二坊」（京都市埋蔵文化財研究所編『平成五年度京都市埋蔵文化財調査概要』京都市埋蔵文化財研究所、一九九六年）

（27）註26前掲・高橋「京町家の誕生」三六頁引用、高橋康夫「中世都市空間の様相と特質」（高橋康夫・吉田伸之編『日本都市史入門 Ⅰ空間』東京大学出版会、一九八九年）参照

（28）英国の界壁party wallに関して、つぎの貴重な論考がある。Scarse, A. J., Development and change in burgage plots: the example of Wells, Journal of Historical Geography, 15(4), pp. 349-365, 1989. この論文では、party wallの所有権をめぐる証文が紹介されており、共有された界壁が隣接する住居の片方のみに帰属している、というすこぶる興味ぶかい例を指摘している。

（29）「ウダツ」、「卯建」、「袖卯建」に関する定義は、註23による。

（30）土本「各論13 近世京都にみる「町なみ」生成の歴史的前提」（註19前掲・土本『中近世都市形態史論』）

（31）土本「各論19 地子と地租の間―近世京都の賦課形態における町人足役の位置―」（註19前掲・土本『中近世都市形態史論』）

（32）丸山俊明「一八～一九世紀の京都の町並景観と瓦葺規制―江戸時代の京都の町並景観の研究（その二）―」（『日本建築学会計画系論文集』五八七、一六三―一六九頁、二〇〇五年）

（33）註26前掲・辻ほか「16 平安京右京八条二坊」

（34）註26前掲・高橋「京町家の誕生」五九頁引用

（35）野口徹説に関しては、野口徹『中世京都の町屋』（東京大学出版会、一九八八年）を参照されたい。また、野口徹説と高橋康夫説の対

比に関しては、註19前掲・土本『中近世都市形態史論』および西山良平『都市平安京』（京都大学学術出版会、二〇〇〇年）を参照されたい。

(36) 註19前掲・土本「各論4　織豊期京都の小屋と町屋」

(37) 註23前掲・大場「京都モデルの町家形成」

(38) 堀内明博・内田好昭・久世康博・丸川義広「3　平安京左京二条四坊」（京都市埋蔵文化財研究所編『平成五年度　京都市埋蔵文化財調査概要』同、九―一七頁、一九九六年）。なお、この発掘調査に関する図は、註19前掲・土本『中近世都市形態史論』九五頁・図31にて引用掲載したので、ここでは掲載しない。

(39) 註38前掲『平成五年度　京都市埋蔵文化財調査概要』九頁引用

(40) 土本「各論7　天正一一―一六年・京都下京・古町」（註19前掲・土本『中近世都市形態史論』）二六三―二六四頁および註6引用

(41) 土本「総論7　短冊形地割」（註19前掲・土本『中近世都市形態史論』）でのべた。その後、初期・前川要説以後の展開について、藤田裕嗣から以下の論文にて批判がすでにあったことを早見洋平からしった。藤田裕嗣「考古学との接点としての地割―前川要報告によせて―」（『歴史地理学』四一―一、六五―六八頁、一九九九年）。藤田による、前川に対する批判に同感である。

(42) 建物先行型という論点を、隣地境界線の生成過程に即して、本研究が公表したのは一九九四（平成六）年であった。「各論9　近世京都における祇園御旅所の成立と変容―領主的土地所有の解体と隣地境界線の生成―」（註19前掲・土本『中近世都市形態史論』）。

(43) 内田好昭・高正龍・堀内寛昭「4　平安京左京二条四坊1」（京都市埋蔵文化財研究所編『平成一〇年度　京都市埋蔵文化財調査概要』京都市埋蔵文化財研究所、二〇―二九頁、二〇〇〇年）。なお、この発掘事例は、二〇〇四年七月一〇日・京都大学・内田好昭による口頭発表〈遺跡から見た中世後期から近世の町家〉にて言及され、発表レジュメにて図が提示された。

(44) 桜井みどり・南孝雄「伏見城跡」（京都市埋蔵文化財研究所編『平成一一年度　京都市埋蔵文化財調査概要』京都市埋蔵文化財研究所、一〇九―一一三頁、二〇〇二年）。なお、この発掘事例も、二〇〇四年七月一〇日・京都大学・内田による口頭発表にて言及され、発表レジュメにて図が提示された。図5は、財団法人京都市埋蔵文化財研究所提供。

(45) 堀内明博「市・町の形態と展開―平安京・京都を中心として―」玉井哲雄編『考古学発掘資料による建物の復原方法に関する基盤的研究　一九九八年度～二〇〇〇年度科学研究費補助金（基盤研究A（1））研究成果報告書』（研究代表者・玉井哲雄（千葉大学工学部教授）、八一―九一頁、二〇〇一年）

(46) 註44前掲『平成一一年度　京都市埋蔵文化財調査概要』一〇九頁引用

(47) 註44前掲『同』一一〇頁引用

(48)(49)(50) 註44前掲『同』一一一頁引用

(51) 註11③前掲・伊藤『中世住居史』一八六頁引用

(52) 早見洋平・土本俊和「細川殿から御三間町へ―一六世紀末・上京焼討後の都市形成―」（『日本建築学会計画系論文集』五六二、二五三―二六〇頁、二〇〇二年）

(53) 註43前掲『平成一〇年度　京都市埋蔵文化財調査概要』。図5は財団法人京都市埋蔵文化財研究所提供。

(54) 註43前掲『同』二〇頁引用

(55) 註43前掲『同』二九頁引用

(56) 註43前掲『同』二〇頁引用

(57) 註43前掲『同』二六頁引用

(58) 内田好昭「京都―近世都市京都と町家―」（赤坂憲雄ほか編『あらたな歴史へ　いくつもの日本史Ⅱ』岩波書店、一一一―一三〇

頁、二〇〇二年）一二三頁引用
(59)(60) 註43前掲『同』二〇頁引用
(61) 平安京左京二条四坊1（平成一〇年度）の発掘遺構から、地尻に凹凸がみられる事例が捕捉された。本論は、この凹凸が形成される背景も指摘した。個々の家々に応じてウラが細分化されていくという個別的ないとなみが地尻を不揃いにするのであろう。地尻の凹凸は、個々の家々のいとなみの結果である。このいとなみに先行する時点で、共同体的な利用がみられたウラでは、地尻を不揃いにする理由は、みあたらないだろう。したがって、形態生成の原初にさかのぼるとき、地尻に凹凸がない姿を想定するのは、妥当である。なお、註40前掲・土本「各論7」では、地尻に凹凸がない場合を想定して、復原をこころみた。その根拠は、天正二―一六年の京都下京古町でウラは、いまだことごとく細分化されておらず、共同体的な利用がみられた、との判断にもとづく。
(62) 註43前掲『同』二六頁引用
(63) 註43前掲『同』二一頁引用。なお、この石積みによる護岸は、第一面の背割溝にほどこされたもので、「各町家単位で石の積み方が異なっており、個別の町家世帯を越えた協業によるものではなく、整地層の積み重ねに応じた各町家単位での作業である」（二一頁・二六頁引用）。

初出　二〇〇七年二月　土本俊和

補記1　山本雅和「中世京都の街路と町屋」（高橋康夫編『中世のなかの「京都」―中世都市研究12』新人物往来社、二〇〇六年）をえた。中世京都のマチヤに即して、山本は「調査例では町屋と考えられる建物は、すべて独立した建物で長屋は見つかっていません」とし、「長屋があったとすると、今までに見つかっていないか、あるいは従来の調査法では見つけられない形態であったと考えられます」との見解をしめしている（一九七頁引用）。この点に対して、各論A京都4「京マチヤの原形・変容・伝播」の一八三頁でこたえた。

補記2　平安京左京二条四坊1（以下、竹間事例）について、内田好昭「中世後期から近世の町屋」（西山良平・藤田勝也編著『平安京の住まい』（京都大学学術出版会、一六七―一九四頁、二〇〇七年）は、註14で、「竹間事例についていえば、面路部分に一棟の町屋が建てられると同時にウラの占有が個別になされるのであり、面路町屋群といまだ細分されない裏の共存という景観は想定できない」とするす。ただし、本論でのべたように、人為的な整地層ならびに検出された柱穴の非共時性からみて、「表から裏へならぶものの成立は共時ではない」（本書一六八頁）。また、この註14で、「竹間事例では、道路に面する町屋群と並存し、いまだ細分されないウラの過程で形成された遺構群を検出していない」とする。これは、竹間事例では、共同の便所や井戸などを介した、路に面したマチヤ群による、ウラの共同体的利用がこの調査では明確には看取されなかったことを意味するだろう。内田のいう、「新たな「形態生成」のモデルが求められるもの」という、註14にみえる指摘にあえてこたえるなら、竹間事例は、建物をおって地割があとからすぐに形成された建物先行型である、といえる。この建物先行型は、註19・土本『中近世都市形態史論』で、すでにいくつかの具体例を提示している。それゆえ、あらたなモデルをもとめる必要はないものの、建物先行型をふかめていく作業がもとめられる。竹間事例を建物先行型とみる有効性は、この形態生成が「家々の個別的ないとなみにもとづく」（同一七〇頁）という観点を提示した点にある。

# 各論A
# 京都4　京マチヤの原形・変容・伝播

## 一　はじめに

### 一—一　研究の概略

本研究の目的は、京マチヤの原形と変容と伝播を理論的かつ実証的に捕捉することにある。京マチヤは、日本のミヤコである京都にて、古代から現代にいたるまで、連綿と形成されてきた都市型住居である。この京マチヤを対象に、本研究は、形態史的な分析をくわえる。ここにいう形態史とは、形態が徐々に生成されていく過程を通時的に捕捉する方法のひとつである。

形態史的な方法をもちいる際、理論的な骨組みとして本研究がもちいるのは、①建物先行型論ならびに②棟持柱祖形論の二者である。①建物先行型論とは建物先行型に関する論考をさし、建物先行型とは地割が土地にほどこされる前に建物が土地の上に立地するという都市形成のひとつをさす。中世後期から近世前期にいたる京都では、建物先行型による都市形成が広汎にみられた点を、すでに論証した。(1)他方、②棟持柱祖形論とは民家の支配的な源流が棟持柱構造をもつという論考をさし、棟持柱構造とは地面からたちあがる棟持柱がじかに棟木をささえる構造をさす。京マチヤが棟持柱祖形論に該当する典型的な民家であることも、すでに論証した。(2)

以上の研究蓄積をふまえて、本研究は、原形と変容と伝播といった三つの相をあつかう。これらをあつかう際、本論は、材料や部材や構法や構造や装飾といった、建築を構成するもろもろの要素に分解したうえで、それらの部分的な解体と部分的な再構築の過程として一連の形態生成をとらえる。このとき本研究が立脚する観点は、多種多様なもろもろの要素のコラージュ collage によって建築が成立するとともに変容していく、というものである。すなわち、三次元的な物体がよせあつめられて立体的な建築が成立し、その後も部分的に三次元的な物体が更新されていく、という観点に本論は立脚する。この観点は、生命体において形態生成がもっぱら遺伝的に規定されるという観点、あるいは、言語学における形態論が三次元的なモノにかかわらないという観点と対照的である。建築における形態生成は、コラージュという概念をえてはじめて合理的に説明され得る。

以上のように、本研究は、一連の京都研究ならびに民家研究の総括を目指し、その対象として京都の民家である京マチヤを選択し、その原形と変容と伝播の概略を捕捉する。

この研究は、一九八五年に着手した京都研究からはじまる。一九八七年には、①建物先行型論を着想し、これを都市史研究の根幹として発展させてきた。一九九九年には、②棟持柱祖形論を着想し、これを民家研究の根幹として発展させた。さらに、③建築遺産に関する調査研究、ならびに、④伝統的建造物保存技術に関する調査を実施してきた。

以上の研究蓄積をふまえ、このたび、原形と変容と伝播を合理的に捕捉し得る概念をつけくわえる。その概念がコラージュである。

## 一―二　研究の方法と具体的な内容

本研究は、理論的なアプローチと実証的なアプローチからなる。

まず、理論的なアプローチとして、コラージュという概念を整理する必要があろう。現時点であきらかなのは、第一に、コラージュが二〇世紀初頭にあらわれた美術の一技法およびその作品をさしていた、という点である。第二に、都市におけるコラージュがコラージュをもちいてえがかれた理想都市であるコラージュ・シティをさしており、伝統都市というふるい要素とユートピア都市というあたらしい要素がいりまじる姿として提示された、という点である(3)。実際、理想都市ばかりでなく、現実の都市も旧と新がいりまじり、現実の建築も、ふるい要素とあたらしい要素を併せ持つ。都市と同様に、ふるいものとあたらしいものとからなる建築の姿は、断片が付加されていく一連のいとなみの結果である。このいとなみを建築におけるコラージュと定義することができる。と同時に、断片が付加されてできた建築全体もコラージュと定義することができる。前者が一技法としてのコラージュ、後者が作品としてのコラージュといえる。

従来の研究は、一方で、純粋にまったくあたらしい建築に関心が集中し、歴史的な造形に無関心でいた。これは、モダニストによる建築設計を規定した。他方で、増改築の過程を無視した原形復旧に関心が集中し、形態生成に無関心でいた。これは、建築史家による復原を規定した。これら二つの難点を克服するために、コラージュという概念を建築につけくわえる。

コラージュという概念を加味したうえで、つぎに、原形と変容と伝播を京マチヤに即してあつかう。この実証的なアプローチは、一見すると、膨大な対象をあつかうようにみえるだろう。しかし、本研究は、これまでの京マチヤ研究の蓄積を十分にいかすものであり、原形と変容と伝播をコラージュ概念に即してとらえなおすものである。すでに、京マチヤの原形は、「路にじかに面してたつ、路に対して口をひらいた割長屋、および建物を囲繞するモノである」とし、「近世マチヤが成立したのは、この両者が近世初頭におちあったことによる」という結論を提示した(4)。すなわち、本研究は、京マチヤの原形と変容に関しては、一定の研究の方向性をすでに提示した。さらに、京マチヤの伝播に関して、二〇〇五年より上越市高田城下町のマチヤに即して棟持柱構造と吹き抜けをもつ建築遺構を実測するなど、地方都市のマチヤが、京マチヤの姿と色濃く類似しながらも、地域の特性に合致した断片が付加されている点を捕捉している(5)。

このように、本研究は、これまでの研究蓄積をふまえつつ、あらたにコラージュ概念を導入し、京マチヤに即して、原形と変容と伝播を形態史的な観点からとらえなおすことを目的とする。

## 一―三　建築コラージュ形態史

本研究の特色は、建築コラージュ形態史というべき論点を、京マチヤに即して、提出することにある。

今日、建築の保存・再生・改修のたかまりは、現代日本の社会的な要請である。これまで、スクラップ・アンド・ビルドをくりかえしてきた日本社会が建築物の保存・再生・改修を積極的にうけいれはじめた点は、時代の転換期を意味しよう。この転換期をむかえた今、保存・再生・改修への総合的な判断力がもとめられる。

保存と再生と改修のうち、保存という手法は、建築遺産の概念をともなっており、とりわけ純真性 authenticity という価値概念をともなって、形成されてきた。この価値概念は、ヨーロッパの建築文化を基盤としていた。他方、日本において、保存の概念は、伊勢神宮にみられる式年遷宮のように、純真性に合致しない場合もある。伊勢の場合、当初の形態はつたえられるとしても、当初の部材はたもたれない。再生という手法も、建築の原初的な形態に改変をくわえる場合が多々あるので、純真性という価値概念に合致しない。改修という手法も、純真性という価値概念に誠実であるとはいえない。

保存とは対照的に、建築の歴史をふりかえった場合、純真性を保持していることが建築遺産の価値づけには有効ではあるとしても、圧倒的多数の建築的ないとなみは純真性をそこなう方向へむかう一連の変容にある。

本研究の特徴は、建築形態の変容を、純真性という価値概念に対比させることにより、これまでの保存の概念を拡大し、再生・改修の概念を充実させる点にある。

すなわち、断片がよせあつめられることによってできあがった建築、そして、断片がつけくわえられたり、とりはがされたり、とりかえられたりして、つねに変容していく建築は、純真性をかくという意味でさげすまされるべきものではなく、むしろ、コラージュといういとなみの結果、できた建築として積極的な価値づけがなされるべきである。この重要な方向性を本研究は提示する。

建築のコラージュは、建築の純真性と対照的である。建築のコラージュという側面を積極的に評価するために、京マチヤに即して、原形と変容と伝播をあつかっていく。その際、本論に特徴的なのは、①建物先行型論と、②棟持柱祖形論という、二つの有力な先行研究をふまえる点にある。両者は、ともに、建物の原形を探究していく上で有効な観点であった。さらに、両者は、建築の発展していく姿（変容と伝播）を探究していくうえでも有効な観点となる。①建物先行型論は、建物と土地の関係に着目し、おもに地割という建築的な要素（そして都市的な要素）に着目してきた。②棟持柱祖形論は、棟持柱という建築的な要素に着目してきた。この二つのほか、さまざまな建築的な要素を代替可能な断片として捕捉したうえで、建築形態に即して、分析することができる。建築のコラージュ概念に即した分析と総合が本研究の特徴である。

## 二　マチヤの定義

### 二―一　「町屋」ないし「町家」とマチヤ

ここでもちいるマチヤは、路に面して口をひらいてたつ建物である。これは、文献史料に散見される文言としての「町屋」ないし「町家」とかならずしも対応しない。文献史料にみえる「町屋」ないし「町家」は、歴史的な用語である。それが具体的になにをさしているのか。この点が検証されなければならない。

他方、路に面して口をひらいてたつ建物が、「町屋」あるいは「町家」とよばれていたか否かをとう前に、路に面して口をひらいてたつ建物をマチヤと定義することによって、その建築を具体的に考察することができる。

従来、歴史的な用語としての「町屋」ないし「町家」と路に面して口をひらいてたつ建物すなわちマチヤとを、これまでの研究は、ながい間、区別してこなかった。前者は、文献史料を渉猟する作業が前段となる。対して、後者は、まず建築類型を限定し得る定義をあらかじめ設定する作業が前段となる。すくなくとも、この前者と後者が区別されなければ、言葉がなにをさしているのか、ぎゃくに、なにが言葉と対応しているのか、といった能記と所記の区別が成立しない。(6)

能記と所記の区別が明確でなかったこれまでの研究分野のなかで、混乱がみられた分野に中世住居史があろう。近世住居史の場合、とくにマチヤをあつかってきた民家史あるいは都市史の分野では、わずかながらも、建築遺構や考古学的発掘資料や古絵図や絵画資料や文献史料に即してモノを捕捉するという作業を通じて、復原的にマチヤを想定することができたからである。他方、中世住居史の場合、たとえば、伊藤鄭爾による『中世住居史』(7)が提示した論点を再検討していく作業のなかで、中世のマチヤを具体的なモノとして捕捉する作業に困難がともなう。絵画として初期洛中洛外図屏風が戦国期の資料としてあるものの、建築遺構や古絵図の遺存は、ほぼ皆無である。このため、復原的考察は、考古学的発掘資料にたよらざるを得ない。しかしながら、かぎられた考古学的発掘資料と建築的考察の限界のために、考古学分野における復原案にしばしば飛躍がみられる。(8)この状況を克服する第一歩として、能記と所記の区別がもとめられる。

## 二―二　京マチヤの定義

路に面して口をひらいてたつ建物というマチヤの定義に即して、さらに京マチヤを定義することができる。以下に列挙した八つの属性は、京マチヤが中世的マチヤから転換した後に成立した近世的マチヤにみられるものである。したがって、下記の八つの属性をすべてもつマチヤは、近世的京マチヤである、と定義することができる。同時に、建築遺構や考古学的発掘資料や古絵図や絵画資料に即しても、下記の八つの属性を近世初頭遺構の京都のマチヤのなかに確認することができる。

①路にじかに面してたつ
②路に対して口をひらく
③切妻
④平入り
⑤個々の房の間に隙がない
⑥棟持柱構造
⑦妻壁の柱脚部に土台をすえる
⑧独立屋

路に面して口をひらいてたつ建物というマチヤは、属性①と属性②を内包として定義づけられる。対して、近世的京マチヤは、属性①から属性⑧までを内包として定義づけられる。(9)マチヤ（属性①―②を内包）と近世的京マチヤ（属性①―⑧を内包）との間には、前者から後者への発展的な変容がみられ、後者が変容の最終段階に位置する。かたや、ある時代を限定して共時的にかんがえれば、後述するように、近世初頭に属性①から属性⑧までを内包にもつ近世的京マチヤの他の地域への伝播がみられた。

このように、変容と伝播をかんがえるうえで、核となる地域が京都であり、核となる時代が近世初頭である。まず、地域に即してかんがえた場合、京都から「京都型町家」(10)が伝播したという大場修による論点に注目する必要がある。かたや、時代に即してかんがえた場合、中世的マチヤから近世的マチヤへの転換を指摘した伊藤鄭爾による論点に注目する必要がある。[11]

# 三　京マチヤの原形

## 三―一　京マチヤの二つの原形

近世的京マチヤが属性①から属性⑧までをもつにいたる変容のなかで、原形となる二つの形態を指摘することができる。ここにかかげる二つの原形は、それぞれが、マチヤ割長屋説とマチヤ独立屋説に対応する。

まずひとつは、路にじかに面してたつ、路に対して口をひらいた割長屋（原形X）である。いまひとつは、建物を囲繞するモノ（原形Y）である。

前者は、野口徹が提示したマチヤ割長屋説に対応する。[12] なお、路に面してたつ切妻で平入りの独立屋は割長屋ではない、とすることもできる。しかし、路に面してたつ切妻で平入りの独立屋は、割長屋の一房である、ととらえることができる。このため、これをあえて独立屋としてとらえる必要がない。路にじかに面してたつ、路に対して口をひらいた割長屋（原形X）は、属性①―②を内包とするマチヤの定義に対して、割長屋という属性をつけくわえたものとして定義づけられている。割長屋という属性は、京マチヤの原形のなかにふくめることができる。しかし、これは、京マチヤ以外をふくめた場合のマチヤ全般をあつかう際、その原形のなかにふくめることができない。というのも、京マチヤは、ことごとく平入り（属性④）であるが、京マチヤ以外のマチヤは、路に面して口をひらいてたつものの（属性①―②）、平入りであるとはかぎらず、割長屋でない場合もあるからである。

対して、後者は、建物を囲繞する牆壁であって、築地と土塀をあげることができる。[13] 囲繞する牆壁すなわち築地ないし土塀は、京マチヤの八つの属性のなかにない。これは、京マチヤの属性というより、京マチヤを、つねにではなく、しばしば、とりまく属性である。つまり、京マチヤは、しばしば、牆壁によって囲繞されている。京都における牆壁は、ふるくは築地がみられ、のちに土塀がみられる。築地にとってかわって、土塀が京都に散見されるようになるのは、初期洛中洛外図屏風に即して判断すると、戦国期以降である。土塀は、「壁」、「高壁」、「面壁」、「塀」、「高塀」などとよばれ、事例こそすくないものの、路に面して口をひらく建物を囲繞している事例がある。[14] このことは、初期洛中洛外図屏風を通じて看取される。また、囲繞する牆壁の内側には、割長屋が立地することも想定され得るものの、実際は建物の独立性を牆壁が規定しているとみるのが現実的であるという意味で、建物を囲繞する牆壁は、マチヤ独立屋説に関連する。

割長屋と独立屋は、割長屋の一房を割長屋にふくめた場合、建築的にまったくことなる。では、なぜ、両者が近世的京マチヤの原形である、といえるのか。すなわち、路にじかに面してたつ、マチヤ割長屋説に対応する、路に対して口をひらいた割長屋（原形X）と、マチヤ独立屋説に対応する、建物を囲繞するモノ（原形Y）の両者が、なぜ、近世的京マチヤの原形である、といえるのか。

この理由は、土本「京マチヤの原形ならびに形態生成」

（二〇〇七）でのべたように、「近世マチヤが京都で成立したのは、この両者が近世初頭に落ち合ったことによる」[15]。「落ち合った」という建築的ないとなみがコラージュを意味する。

## 三―二　形態の均一化

京マチヤの原形は、原形Xと原形Yからなる。その両者が「近世初頭に落ち合ったこと」によって、近世的マチヤが京都で成立した。それ以前の京マチヤは、属性①から⑥までを有していたが、属性⑦（妻壁の柱脚部に土台をすえる）と属性⑧（独立屋）を有していなかった。

一般に、概念の内包が拡大すると、その外延が縮小する。属性①から属性⑧までを有するにいたった近世的京マチヤは、その内包のひろさゆえに外延がせまい。つまり、京マチヤは、内包がひろがるにつれ、外延をせばめた。このことは、別なことばでいえば、京マチヤがよりおおくの属性をかかえこめば、かかえこむほど、その形態的な多様性がとぼしくなっていったことを意味する。これは、建築形態の均一化を意味する。

このような、にかよった姿をもつ京マチヤが近世京都という巨大都市のなかで無数に存在したという意味で、広域の都市域が建築的に均一化された、といえる。

このような均一化の過程は、遺伝的な作用によるのではなく、さまざまな建築構成要素がマチヤの属性としてつけくわえられていったという通時的な展開過程の結果にほかならず、つけくわえられていくというこの過程にみられたのがまさにコラージュであった点に留意しなければならない。つまり、この場合のコラージュは、多様な形態を生成させる方向にあったのではなく、コラージュがもつ一般的なイメージとは対照的に、均一の形態を実在化させる方向にあったのである。

# 四　戦国期の京マチヤ

## 四―一　戦国期の京マチヤの位置

京マチヤの二つの原形をふまえたうえで、マチヤの変容と伝播をかんがえる際、地域的にも時代的にも、戦国期の京マチヤに関して考察をふかめるのが的確である。というのも、「京都型町家」が京都から地方に伝播したという大場修の論点や、中世的マチヤから近世的マチヤへの転換を指摘した伊藤鄭爾の論点を視野におさめると、マチヤが中世から近世へ転換した前段に位置するのが、戦国期の京マチヤであるからである。

戦国期の京マチヤには、建築コラージュ形態史的な観点からして、二つのおおきな変容がみられた。第一が、掘立と土台を併せ持つマチヤである。第二が、妻壁ないし界壁に牆壁（土塀としての牆壁）をとりこんだマチヤである。

まず、第一のコラージュとしての側面は、以下のとおりである。掘立は、柱脚部が固定されている。対して、土台は、もともと基礎に固定されておらず、地面ないし玉石の上にのるだけである。土台が基礎に堅結されるのは、近代にはいってからのことである。土台の上にすえらえた柱脚部は、その下部にある、基礎に固定されていない土台とともに、基礎に固定されていない。すなわち、脚部が掘立である柱と脚部が土台である柱とを併せ持つマチヤが戦国期の京都で姿をあらわした。この姿は、掘立と土台とのコラージュの結果、えられたものである。

つぎに、第二のコラージュとしての側面は、以下のとおりである。都市域をくぎる牆壁の支配的な姿が築地から土塀にかわったのは、戦国期の京都である、と初期洛中洛外図屏風から看取され得る。土塀は、築地にとってかわる囲繞装置であって、本来は都市域を物的に区分するためにもちいられた。もともとは都市的な囲繞装置であった土塀が、京マチヤをくぎるようになる。すなわち、妻壁ないし界壁に土塀をとりこんだマチヤが戦国期の京都で姿をあらわした。この姿は、土塀という牆壁と妻壁ないし界壁とのコラージュの結果、えられたものである。

## 四―二　掘立と土台を併せ持つ戦国期の京マチヤ

初期洛中洛外図屏風は、戦国期の絵画資料である。そこには、掘立と土台を併せ持つ建物が、路に面して口をひらいた建物すなわちマチヤとして、えがかれている。すなわち、掘立と土台を併せ持つマチヤが初期洛中洛外図屏風に散見される。掘立は、建物の下部が、地面のなかにうめこまれている。対して、土台は、建物の下部が、地面の上にすえられているにすぎない。掘立と土台は、たがいに対照的である。この両者を一つの建物のなかに併せ持つ小規模建造物として、京マチヤをとりあげ、その建築史的な意義をあきらかにする。

まず、土台をもつ建物と考古学的発掘調査との関連にふれる。

京マチヤは、建築遺構をみると、土台をもつばかりでなく、初期洛中洛外図屏風の描写から判断して、一六世紀にはすでに土台をもっていた可能性がたかい[16]。初期洛中洛外図屏風（東博模本など）によると、小川《こかわ》という川の、その上にたつ家が土台をもっていた。この二本の土台は、川の上にかけられた二本の橋桁の役割をはたしている。橋桁の役割をはたす二本の土台は、切妻で平入りのマチヤの妻壁の最下部に位置している。土台がすえられているのは、妻壁の最下部だけである。マチヤの平は、口をひらいている。その口は、Π《ラージ・パイ》の形をなす。二本の垂直材の上に一本の水平材がマグサ（楣）としてのる。二本の垂直材の脚部に土台がみえないので、その脚部は掘立である、と判断してよい。

このように、初期洛中洛外図屏風によると、小川という川の上にたつマチヤは、妻壁の最下部のみに土台をすえており、その土台は、妻壁の最下部を規定するとともに、川の上にかかる橋桁という役割もはたしていた。

このような姿は、川の上にたつマチヤにかぎられたものではなかったことが、初期洛中洛外図屏風（東博模本）から、あきらかである。東博模本は、川の上ではないところに二本の土台を妻壁の最下部のみにもつマチヤをえがく。したがって、初期洛中洛外図屏風に散見されるこの姿からして、一六世紀に京マチヤは、川の上という立地条件にかぎられることなく、二本の土台をすでにもっていた。したがって、おそくとも一六世紀以降のマチヤにはその概念の内包に土台（属性⑦）をふくめることができる。

## 四―三　妻壁ないし界壁に土塀をとりこんだ戦国期の京マチヤ

京都にみられた牆壁は、もともとは築地であった。築地は、寝殿造などの上層住宅を囲繞する装置であった。この築地は、版築という、土をつきかためる工法によるので、牆壁を自立させるために芯柱や控柱をともなうことがないが、牆壁の頂部に覆いをのせる。対して、土塀は、築地にとってかわる囲繞装置として、応仁の大乱以降の戦国期にみえるようになる。この土塀は、築地と対照的に牆壁を自立させるために芯柱や控柱をつかうが、築地と同様に牆壁の頂部に覆いをのせる。

築地と土塀は、ともに、都市域を囲繞する装置でその頂部に覆いをもつが、上層住宅を囲繞した前者が版築によるもので掘立によらないが、庶民住宅を囲繞した後者が版築によらないものの掘立による。さらにいえば、築地は壁があつくその面に勾配があるに対して、土塀は壁がうすくその面に勾配がなく垂直をなしている。

奈良の法隆寺境内では、いまも、築地の室町時代の遺構がある。京都では、築地は、応仁の大乱のあとに姿をけしはじめ、土塀にとってかわられた。築地と土塀はともに頂部に覆いをもつ牆壁であるものの、両者はことなる形態をもっていた。

このように築地と土塀は異質な属性をふくみもつ。これら二つのうち、マチヤのなかにとりこまれたのが土塀であった。たしかに、マチヤは、中世前期において、築地にもたれかかりながら、あるいは、それをつきくずしながら、「都市にできた様々な隙間を利用して」、立地した、といえる。[17] このように、築地は、マチヤの立地とかかわる。その後、マチヤという建物の本体のなかにとりこまれたのは、築地ではなく、土塀であった。その時代は、応仁の大乱以降であった。その根拠は、初期洛中洛外図屏風と一七世紀前半の洛中洛外図屏風（林原美術館本、舟木本など）である。

では、「壁」、「高壁」、「面壁」、「塀」、「高塀」とよばれていた土塀が都市域をくぎるばかりでなく、マチヤという建物をもくぎるにいたった変容とは、具体的に、どのようであったか。

端的にいえば、「壁」、「高壁」、「面壁」、「塀」、「高塀」とよばれていた土塀は、戦国期に京マチヤにとりこまれることによって、卯建になった。[18] このとき、卯建ないしウダツにある二つの意味を把握する必要がある。今日、京マチヤにかぎらず、マチヤの妻壁にみえる壁は、ぶあつくて、その頂部がマチヤの屋根よりもたかい。屋根よりたかい、ぶあついこの妻壁が卯建ないしウダツの意味するひとつである。いまひとつは、ウダツが棟持柱を意味していた、ということである。京マチヤは棟持柱構造（属性⑥）であり、この構造は妻壁にあらわれる。原初的に、この構造は、掘立柱構造にささえられていたが、のちには妻壁の最下層に土台をすえることによって、この部分が掘立柱構造ではなくなったものの、先述のごとく、マチヤの平にすえられたⅡ字型の口が掘立柱構造として自立するために、マチヤ全体として、構造的な安定をたもっていた。

棟持柱構造をなす妻壁（割長屋の場合は界壁をふくむ）は、柱の脚部が掘立であっても土台であっても、柱の列からなる姿であってもよく、壁体としてぬりこめられている必要がない。

そもそも、住居がむれひろがる場のなかに塀が登場したのは、「垣は外から覗かれるのが普通で、是が出来ないといふ新たな特徴が、別に新たに塀といふ漢語を採用しなければならなかつた理由であらう」、[19] と『居住習俗語彙』が「ヘイオイ」の項でしるすように、のぞかれないという要請からであったろう。「ヘイオイ」は、もともとは『邦訳 日葡辞書』にみえる「塀の覆い」であったろう。塀は、都市空間のなかでのぞかれないという要請のために、壁という言葉と別にあらわれ、京マチヤにおいては、妻壁のなかにとりこまれた。

じつは、土塀の芯柱が掘立であるとともに塀の頂部にまで芯柱が達していた姿が、妻壁の柱が下部から棟木（ないし母屋桁）まで達していた京マチヤの姿にまさに合致していたのである。

「壁」、「高壁」、「面壁」、「塀」、「高塀」とよばれていた土塀は、京マチヤの妻壁と合体した。さらに、割長屋の姿をのこしていた京マチヤの界壁とも合体した。合体した壁（妻壁ないし界壁）は、棟持柱構造であった。棟持柱は、ウダツ（オダツ、オダチなどの転訛あり）とよばれていた。よって、土塀と一体となった妻壁は、卯建ないしウダツとよばれつつ、棟持柱を意味するウダツをその音にのこしつつ、屋根よりたかい、ぶあつい妻壁を意味するにいたった。

この変容は、まさに、都市域の囲繞装置のひとつである土塀と京マチヤの妻壁（割長屋の姿をのこしている場合は界壁をふくむ）とのコラージュによる。

土塀が妻壁ないし界壁にとりこまれるという、以上の変容をふまえると、路にじかに面してたつ、路に対して口をひらいた割長屋というマチヤの原形（原形X）と近世的京マチヤの属性である独立屋（属性⑧）との関連を合理的に説明することができる。

つまり、京マチヤの原形は割長屋である。この割長屋を構成する個々の房が個別に更新する過程をへて、独立屋が出現する。割長屋からの個別的な更新過程の結果、姿をえた独立屋は、すでにある割長屋の残存との関係にて、間口規模が規定されることになる。ここに伊藤鄭爾が『中世住居史［第二版］』にてのべた問題が生じることになる。しかし、伊藤が想定していたような地割が建物を規定するという過程[20]は、京マチヤが中世後期から近世初頭にかけて変容するときにみられなかった、と推断することできる。建物が規定されたとしたら、それは、地割との関係からではなく、隣の建物との関係から規定されたのである。しかし、隣の家は、独立屋から出発したのではなく、割長屋を構成する個々の房として出発した。この姿は、建物先行型である。

## 四―四　戦国期京都における割長屋とウラ

では、京マチヤの全貌を単体の建物あるいは建物の集合だけでなく、建物の周辺の土地をふくめた領域に即して、戦国期の京マチヤを捕捉する。

建築遺構や考古学的発掘資料や古絵図や絵画資料や文献史料を参照すべきであるが、建築遺構が遺存していないので、考古学的発掘資料や絵画資料や古絵図や文献史料が資料となる。

まず、考古学的発掘資料として、山本雅和からの指摘がある。山本は、「調査例では町屋と考えられる建物は、すべて独立した建物で長屋は見つかっていません」と指摘し、「長屋があったとすると、今までに見つかっていないか、あるいは従来の調査方法では見つけられない形態であったと考えられます」と指摘している[21]。

戦国期の京マチヤが妻壁の最下部に土台がすえられていた場合、土台の下に石がしかれていなければ、考古学的発掘は土台があった位置に何も看取することができないであろう。看取されるとすれば、京マチヤの平のオモテとウラにあるΠ字型の口を形づくる部材のうち、二本の垂直材の脚部にあたる、二つの柱穴のみであろう。したがって、戦国期の京マチヤが妻壁の最下部に土台をもつ場合、その京マチヤは割長屋であった可能性がある。つまり、山本が指摘するように、「従来の調査方法では見つけられない形態であった」ために、考古学的発掘で長屋がみつかっていない、とかんがえることができる。

一般に、ウラが細分化されていることは、かならずしも路に面してたつマチヤが独立屋であることを意味しない。逆に、路に面してたつマチヤが独立屋であることは、かならずしもウラが細分化されていることを意味しない。つまり、以下の四つの場合を想定することができる。

・路に面してマチヤが独立屋としてたち、個々の間口規模に応じてウラが細分化されている。

・路に面してマチヤが割長屋としてたち、個々の房の間口規模に応じてウラが細分化されている。

・路に面してマチヤが独立屋としてたつが、ウラが細分化されておらず、一体的な利用をとどめる。

・路に面してマチヤが割長屋としてたつが、ウラが細分化されておらず、一体的な利用をとどめる。

現実には、路に面してマチヤがたちならぶ姿には、独立屋と割長屋が混在する姿も想定される。同様に、ウラには、独立屋の個々の間口規模、あるいは割長屋の個々の房の間口規模に応じて、細分化されている箇所もあれば、細分化されずに一体的な利用をとどめている箇所もある、と想定される。

以上にくわえ、独立屋と割長屋がまじる場でウラが細分化されていたり細分化されていなかったりしていた場合を想定すると、現実の姿はさらに多様であったろう。

## 五　建築的な合理性からの検討ならびに仮説の提示

### 五―一　建築的な合理性

考古学的発掘資料と絵画資料を概観したあとでは、古絵図や文献史料を概観すべきである。しかし、古絵図や文献史料は、さほど明確にモノないし形をつたえないので、ここでは、建築的な合理性という観点から、戦国期の京マチヤの全貌を捕捉する。

### 五―二　掘立柱構造と土台構造を併せ持つこと

京マチヤは、もともと掘立柱構造であったが、戦国期には妻壁の最下部に土台構造をもつようになった。しかし、京マチヤの妻二辺と平二辺からなる計四辺について、すべて壁の最下部土台をすえた場合、上部の部材の接合に剛性がたもたれていないと、安定をたもちにくい。

しかしながら、平二辺にはΠ字型をなす口がオモテとウラにそれぞれあって、Π字型を構成する三本の部材のうち、二本の垂直材はその脚部が掘立であった。このことにより、掘立柱構造をもつ平二面は自立し、それにともなって、妻二面と平二面の計四面から壁が構成される京マチヤは、安定性をえている。

したがって、掘立柱構造と土台構造を併せ持つ戦国期の京マチヤは、安定であり、建築的にみて合理的である。

## 五―三　妻面が軸部と小屋組に分離していない土台構造

京マチヤは、近世的京マチヤに変容する前から棟持柱構造（属性⑥）であり、妻壁の柱脚部に土台をすえている（属性⑦）。つまり、戦国期の京マチヤは、妻面が軸部と小屋組に分離していない土台構造である。当該期の土台は、基礎ないし地面に緊結されていないので、土台から上の構造物は、地面からはなれて、あるいは地面の上をすべって、移動することができる。まず、軸部と小屋組に分離していない妻壁は、それが一体的なパネルとしてあつかわれるうえでの大前提である。他方、土台は、狭小な間口規模の土地のなかで、マチヤが個別に更新する際、隣家の境目のぎりぎりまで間口規模をひろげるために、地面の上をすべる土台は、すこぶる有効である。同時に、この際、すべる土台の上にある妻壁は、土台とともに一体的なパネルでなければならない。そもそも、伊藤鄭爾が指摘したように、土台は、不整形な土地に建物をたてる上で有効である。角水解消技術としての土台の役割は、おおきい[22]。

以上にみたように、妻面が軸部と小屋組に分離していない土台構造は、建築的にみて合理的である。

## 五―四　桁のない姿

戦国期の京マチヤに桁のない姿が初期洛中洛外図屏風にえがかれていることを指摘した伊藤鄭爾は、この姿を疑問視した。すなわち、「室町時代の町屋」に言及して、「この構造には不審な点も多く、第一桁がない」[23]としるした。

しかし、この姿は、不合理な建築形態というわけではけっしてない。というのも、戦国期のマチヤの場合、棟木や母屋桁といった屋根面にある水平材は、登り梁の上にのっており、これら以外の水平材は、なくてもよいからである。妻壁では、土台の上に三本の通し柱（中柱が棟持柱）がのり、その上に二本の登り梁がのって、それが妻壁の一面をなす。そして、左右一対の妻壁のそれぞれの頂部に位置する登り梁の上に、棟木と母屋桁がのる。これにくわえて、平の面が掘立柱構造として自立すれば、京マチヤは全体として安定である。平の面にはオモテとウラにΠ字型の口があり、二本の垂直材は、掘立であるばかりでなく、屋根面まで達しておらず、頂部で水平材をうけている。二本の垂直材と一本の水平材は、鳥居の形をなして、口を形づくっている。

すなわち、初期洛中洛外図屏風の描写のとおり、梁がなくても、京マチヤは安定しており、かつ建築的にみて合理的である。

## 五―五　中土間形式とアイヤ

オモテの口とウラの口の間が土間になっていて、土間の両脇が床上になっている場合、これを中土間とよぶ。戦国期の京マチヤが中土間である点を、伊藤鄭爾が指摘してきた[24]。近年、中土間をもっていたマチヤの発掘遺構と解釈され得る遺構面が検出され、桜井みどり・南孝雄「伏見城跡」で報告された[25]。そもそも、マチヤが中土間形式である点は、不自然ではない。近世にはいると、この中土間形式がみられなくなり、片側土間形式に変容する。片側土間形式は、近世的京マチヤと定義づけられるマチヤが併せ持つ属性である。問題は、戦国期のマチヤがなぜ中土間形式を採用していたのか、という点にある。

中世後期奈良をあつかった伊藤は、「屋敷を分割譲渡している例」に注目し、「半分に切断して二住戸を形成できる住居が存在する。それは中土間住居である。」と指摘した[26]。また、「有力家主層が分家・別家による同族団を形成したのにたいして、中小家主層は諸子分割相続をしながらも別の屋敷に別棟の住居を構えることは少なかったようである。彼等の間では住居とそれに伴う屋敷を空間的に二分して相続することが行われた。当時の奈良ではかかる住居を相家または合家と書いている[27]。」と指摘し、「この相家（合家）なる言葉は、現在の奈良市民のなかに全く伝承されていないし、また半分売却して一住戸を構成できる住居形式は二軒長屋を除けば存在しない[28]」と指摘した。しかし、アイヤとの呼称は現代でも富山県や新潟県にみられ[29]、ここでみられる姿は、一つの建物を分割して、二つの住居として利用するものである。これとは対照的に、小五月銭納帳にみられる姿は、一つのアイヤに複数の者がいる姿であって、一名の家主をもつ一つの家族からなる姿ではない。端的にいえば、すくなくとも土間の両脇にある左右の床上を利用するものは、同族を形成している必要がない。そこには、両脇に他人がいてもよい。

一つの家に一人の家持をさだめて、その人を町人足役（のちに代銀納による軒役へ移行）の負担者に位置づけたのは、天正一九年（一五九一）の洛中地子免除以降である。それをさかのぼる時代において、一つの家に一人の家持をさだめていない姿があっても、不思議ではない。

したがって、中土間とアイヤがあっても、不自然ではない。

## 五―六　オモテ構えとウラ構えの類似

マチヤは、その属性に面路性すなわち路にじかに面してたつ点（属性①）が強調される。路に面したオモテばかりでなくウラもみると、戦国期の京マチヤには、オモテの構えとウラの構えがほとんどおなじ形である描写が、初期洛中洛外図屏風に多々ある。じつは、路に面したオモテ構えは、ウラに面したウラ構えと、形態的にすこぶる類似している。よって、オモテ構えにみられる一連の形態的な特徴は、オモテ構えにかぎられたものではなく、ウラ構えにもあてはまる。したがって、オモテ構えとウラ構えの差異は、形態的な差異ではなく、位置的な差異にある。つまり、オモテ構えはオモテにあるからオモテ構えであり、ウラ構えはウラにあるからウラ構えである。中世的マチヤの原初的な形態は、ウラとオモテの構えを形態として区別していない。

とくに、Π字型の口はオモテにもウラにもあって、これが中土間のオモテとウラに位置している。平面は、二つのΠ字型の口ではさまれた土間（つまり中土間）とその両脇の床上からなる。路に対してミセをひらく姿あるいは路に面してタナをだす描写もある。しかし、路に面してタナをだしておらず、路に対してミセをひらいていない姿もある。この姿をもつマチヤは、シモタヤである、と解釈されてきた[30]。路に対してミセを開く姿あるいはタナを路に面して出す姿のマチヤは、商いをいとなんでいる、と理解してよいだろう。

しかし、従来、解釈されてきた、路に面してタナをだしておらず、路に対してミセをひらいていない姿は、はたして、シモタヤを意味していたのであろうか。シモタヤとは、店がならぶマチのなかにあって、商業をいとなまない住み家をさす。このような姿のマチヤでも、オモテの口に暖簾がかけられており、その暖簾に文字紋がみえ、それらは、なにかを意味していたはずである。(31) このような暖簾と文字紋は、路に対してミセをひらく姿あるいはタナを路に面してだす姿のマチヤにもみえる。

つまり、路に対してミセをひらいているマチヤとそうではないマチヤは、ともに、路に面したΠ字型の口に文字紋をもつ暖簾をかけている。もし、暖簾ならびに文字紋が商人ないし職人をしめしているとすれば、路に対してミセをひらいていないマチヤがシモタヤであるという指摘は、ただちに謬説となる。

マチヤのオモテとウラにかまえられたΠ字型の入り口は、鳥居の形をなしている。連釈之大事「修験山伏の市立図」(32) は、市立ての場として、二つの鳥居にはさまれた場をえがいている。この姿から推すと、鳥居の形をなすオモテの口とウラの口にはさまれた場は、市立ての場を意味していた。

この解釈がただしければ、二つの鳥居形の口にはさまれた中土間が市立ての場であった。戦国期の京マチヤはいまだ割長屋の姿をのこしており、その個々の房は中土間をもっていた。二つの鳥居形にはさまれた中土間そのものが市立ての場であった可能性がある。この場合、マチヤの個々の房が最小単位の市立ての場すなわちマーケットであった。

マチヤの個々の房が最小単位のマーケットであったとするならば、マチヤの個々の房が立地した場所そのものがマーケットとしてみとめられても、何の不思議もない。というのも、戦国期の京都では、いたるところにマチヤが立地しており、そのおおくが商いをいとなんでいる、という姿を、初期洛中洛外図屏風から、みてとることができるからである。

当該期の京都は、すでに限定された領域のなかだけに市立てすなわちマーケットの立地を限定しておらず、都市全域にマーケットを散在させていた。このことを合理的に説明することができるのは、戦国期の京マチヤの二つの鳥居とそれにはさまれた中土間がマーケットとして最小の単位をたもっていた、という仮説である。

## 五―七　シモタヤという従来の解釈と中土間形式

中土間形式をもつ戦国期の京マチヤが最小単位のマーケットであって、従来、それはシモタヤである、と解釈されてきた、路に対してミセをだしていないマチヤも中土間を介して商いをいとなんでいた可能性がある。この解釈がただしければ、戦国期の京マチヤは、住み家よりもミセという側面を多分にもつことになる。したがって、つねにすむための住み家すなわち常住のための家として、個々の房が、火をあつかうカマドや水をあつかうナガシあるいは寝間や便所などの生活に不可欠な要素をいまだそなえるにいたっておらず、そのためにウラにそなえられた要素（便所、井戸、土蔵など）を共有することによって、生活に不可欠なもろもろの要素が確保されていた、とかんがえることができる。路に面してたつマチヤは、ウラを共有することで、個々の房のなかにはない必要な要素を、ウラでおぎなっていた可能性がたかい。

## 六　京マチヤにみられる移動性と仮設性の背景

京マチヤは、移動性と仮設性とを保持している。

マチヤが土地に定着している姿を保証するのは、第一に平面における掘立柱構造であり、第二に妻面における土台構造である。さかのぼれば、すべてが掘立柱構造であっても、それが土地に定着する姿をただちにしめすわけではない。

無数の柱穴が考古学的発掘資料として提示されている点に注目しなければならない。無数の柱穴は、一定範囲内の場所ですこしずつ位置をかえながら、くりかえしたてられた小規模建造物群を示唆するであろう。無数の柱穴は、建物の仮設性をしめす。他方、土台をもちいた構造は、移動を前提とした建物にふさわしい。

戦国期京都のマチヤのなかで、初期洛中洛外図屏風に散見される、妻面が土台構造、平面が掘立柱構造という形態は、掘立による仮設性と移動性をかねそなえたものである。

では、なぜ、住居と了解されるマチヤが仮設性と移動性をかねそなえる必要があったのか。その必要性は、ミセをもつという側面にあった、と想定することができる。しかしながら、ミセの姿には、路に面してタナをだす姿ばかりではなく、中土間の両側にミセをもつ姿をも想定することができる。後者の場合、先述のように、二つの鳥居にはさまれた中土間そのものが市立ての場をしめし、中土間の両脇の床上がミセであった可能性がある。と同時に、表の鳥居と裏の鳥居にはさまれた中土間をもつ姿のマチヤは、市の最小単位であった可能性がある。

この判断がただしければ、戦国期の市は、平安京にみられた、東市や西市といった領域が限定された土地のなかで展開した市ではけっしてなく、領域が限定されることなく、土地の上にたつことができるちいさい建物が都市域のひろい範囲にわたって散在したものであった。比喩的にいえば、戦国期京都の市は、かこまれた領域のなかでの経済活動ではなく、ごく小規模な箱が経済活動をなしえる場として、ちりばめられていた。さらに比喩的にいえば、戦国期京都のマーケットは、ケシ粒のようにちいさいマーケットが蜘蛛の子をちらすかのように、領域が限定されることなく、ひろがったものであった。そのひろがりをささえたのが、当該期のマチヤがもっていた建築形態であった。その姿は、仮設性と移動性をもち、Π字型をなす二つの鳥居にかこまれた場を形態的にしめす外観と内観をもっていたのである。

のちに、豊臣期に洛中地子免除にて旧来の領主的土地所有が洛中にて解体され、家主が家持として公認された後、マチヤは、私的処分権のおよぶ対象になっていった。それに先行してマチヤの背後には、「家の分」と表記された、私的処分権のおよぶ土地をふくみもつようになっていた(33)。マチヤのウラ地における共同体的利用が解体して、私的に細分化されはじめるのは、天正年間である(34)。このとき、京都という都市における市場の形成は、あらかじめ限定されて設定された領域をこえてひろがっていった結果としての市場が都市全域をおおいつくしたのではなく、市場の最小単位そのものを形づくる、ごく小規模な建物であるマチヤが、最小単位の市として、ちらかるようにあまねく土地の上にひろがった結果としての市場である、といえる。

## 七　コラージュの結果としての建築形態とその合理性

木に竹をつぐのは、無理のない建築的ないとなみである。

戦国期の京マチヤが掘立と土台を併せ持つのは、掘立柱構造と土台構造とのコラージュであった。これは、合理的な建築的いとなみであった。同様に、戦国期の京マチヤが妻壁ないし界壁に土塀をとりこんだのも、妻壁ないし界壁と土塀と棟持柱構造のコラージュであった。これも合理的な建築的いとなみであった。また、妻壁ないし界壁と土塀と棟持柱構造のコラージュの結果、棟持柱を意味したウダツがマチヤの妻壁をも意味するようになり、近世的京マチヤが成立した点も確認した。

　必要に応じて寄せ集めるのが手法としてのコラージュとしたら、作品としてのコラージュは、近世的京マチヤのように、複数の部材や意味の寄せ集めによって、あたらしくできた建築をさすだろう。

　ここでくりかえし指摘したいのは、建築コラージュにうながされた一連の変容が多種多様な姿をうみだす過程であるとはかぎらない、という点である。本研究があつかってきた京マチヤの場合、近世初頭には属性①から属性⑧までをもつにいたって、近世的京マチヤとしてその姿をはっきりさせたものの、その過程は、まさに均一な姿をうみだす過程であった。建築コラージュという一連の変容のおわりとして、変容の停止があり、多様な形態からなる都市域ではなく、均一な形態からなる都市域ができあがる。近世京都は、無数の近世的京マチヤからなる、よくいえば統一感のある都市であり、わるくいえば均一化された都市であった。

## 八　建物条件付き都市という伝播

では、さいごに、伝播について、考察する。

　形態の変容がとまれば、形態はみずからを模倣する形態のクーロン化がはじまるだろう。建築形態の変容がコラージュによるとの立場にたてば、建築形態の変容の停止は、建築コラージュの停止をさす。

　大場修が指摘する「京都型町家」が京都から伝播したとすれば、それは、京マチヤが近世初頭にいたって、属性①から属性⑧までも内包をひろげた結果、建築形態の変容が停止したあとの出来事であった。その伝播された建物は、形態のクーロン化によって再生産されたもので、大枠はおなじ姿の建物のくりかえしであった、といえる。

　内包をひろくとれば、外延がせまくなり、それに対応して具体的な例がへるので、形態に即していえば、外延をせまくした定義に規定された形態は、にたような姿になるだろう。属性①から属性⑧までをえた近世的京マチヤは、ほぼ瓜ふたつの建築形態をなし、それが数のうえで支配的になって、都市域をおおいつくすことになる。

　では、「京都型町家」と了解される建物が、なぜ、安芸国宮島のマチヤや上越市高田城下町のマチヤとして遺存するにいたったのであろうか。と同時に、「京都型町家」ではないと了解されるマチヤが地方都市にあるのか。さらに、京マチヤはナカノマが吹き抜けでないが、宮島や高田城下町のマチヤはナカノマが吹き抜けであるように、なぜ、京マチヤは地方の「京都型町家」と差異をもっているのか。

　まず、考慮すべきは柳田國男が提唱した周圏分布ないし方言周圏論である。藤田盟児は、周圏に即しつつ、「吹き抜けがある町家の歴史的展開に関する仮説」として、「吹き抜け型町家の分布図」をふまえつつ、その「分布からみると、柳田国男が提唱した「文化周圏」に該当するようである」とし、「オウエという部屋の機能、形態、名称に注目すると、宮島の町家は中世末期の町家の残像である可能性が高い」とした[35]。

柳田が提唱した周圏のあとに、宮本常一が提唱した世間師も、伝播の一翼をになっていた。さまざまな地域をあるきまわって地元の村にもどってその知見をつたえたものとして了解される世間師が、「村を新しくしていくためのささやかな方向づけをしたことはみのがせない」(36)。

ナカノマが吹き抜けか否かといった差異が「京都型町家」と京マチヤにみられる場合がある。しかし、建築形態の差異ではなく、大枠に注目すると「京都型町家」という定義に合致するよくにた建築形態が都市域をおおいつくす過程は、周圏に即しても世間師に即しても、説明に無理が生じる。

「京都型町家」と了解されるよくにた建築形態が都市域をおおいつくす過程を、唯一、説明することができる概念は、おそらく、建物条件付き都市しかない。建物条件付き都市とは、都市形成の初期の段階で、一定の範囲をもってひろがる都市域に特定の建築のみしか立地し得ないようにあらかじめ条件付けられた都市である。このことが可能な都市は、ニュータウンしかない。

城下町は、ニュータウンであった。都市と農村を分離し、それに身分制を対応させ、都市では、武士の領域と町人の領域を区分した。このことは、都市が徐々に形づくられた結果ではけっしてなく、都市形成の初期の段階で条件付けられた都市計画であった。すなわち、条件づけられた建物（たとえば「京都型町家」）が中央から地方へ伝播したというよりも、その建築形態が都市形成の初期段階で、ある特定の都市域にうえつけられたのである。

そのことは、中央からでた要素が地方へ伝播して周圏をかたちづくるという周圏分布とことなる。また、実際、京都型マチヤがもっとも典型的に遺存している地域は、京都という都市そのものである。京都型マチヤが京都以外の地方でみられるのは、定型化された京都型近世的マチヤが、都市の形成されていく過程のはやい段階に、特定の都市域にうえつけられていたからにほかならないであろう。

局限してひろがる一定の都市域をあらかじめ設定し、そのなかに、これから立地していく建物に対して、あらかじめ形態上の条件をあたえておくことは、当該期の当該地の権力構造や所有形態によるだろうが、不可能ではない。その条件は、都市形成が初期の段階であればあるほど、建物に対して、あたえやすいだろう。そして、建物にあたえられたその条件が、大場のいう「京都型町家」という、路に面してたち、トオリドマにそって三室が一列にならぶ通し柱型の建物の形であっても、不思議はなかろう。

このとき、「京都型町家」は、建物条件の具体例として京都以外でつかわれた、と想定することができる。その機能は、商いと常住にあり、それが適用された場は、城下町などの、近世初頭にあたらしくつくられたマチであった。

実際、あたらしい土地にあたらしい建築がたったのがニュータウンとしての城下町である。しかし、近世松本城下町(37)のように、近世初頭の都市形成に建物先行型が看取されるとしても、「京都型町家」がみられない場合がある。これは、「京都型町家」が建物条件の具体例として松本城下町につかわれはじめる前に都市形成が松本ではじまっていたからであろう。

一定の領域に建物条件が付されたと想定される近世城下町とは対照的に、近世的京マチヤが生成される母体となった京都は、ニュータウンではなく、古代と中世をへてきた都市である。京都における連綿とした建築的いとなみ、あるいは都市的いとなみの結果、本研究の立場によれば、おもに建築コラージュといういとなみを通じて、近世初頭に近世的京マチヤが生成された。この姿は、属性①から属性⑧までをもつ定型化された建築形態をなし、他都市へ建物条件として移植された際には、みずからの姿を再生産するクーロン化を通じて、商いと常住の双方を機能としてになう容器を提供した。

しかし、なお、疑問視しなければならないのは、近世的京マチヤの母体が中世京都とりわけ戦国期京都であったと判断してよいものの、「京都型町家」の母体は京都であったのであろうか。かつて、藤島亥治郎は、「住家構成の発生史的汎性[38]」と題して、条件があれば、どこでもおなじ類型をもつ建築形態が生成され得るモデルを提示した。では、本当に「京都型町家」は、京都という都市を単一の起源とするのだろうか。それとも建物条件としてニュータウンにうえつけられた「京都型町家」は、その起源が京都ではなく、また別の起源、あるいは複数の起源がかんがえられるのだろうか。

応仁の大乱以降の京都は、築地を解体したように古代的側面をうすめていったが、その後の近世社会は、那覇、対馬、松前、長崎出島などのかぎられた窓口を外にひらくだけの鎖国社会を形成した。鎖国下のあたらしい社会のあたらしい都市が城下町であった。城下町の経済基盤は、貿易利潤ではなく、土地生産であった。

いま問題にしているマチヤは、色濃く商いにかかわるとともに、マーケットにかかわる。商いないしマーケットにふかくねざす経済基盤は、土地生産よりむしろ貿易利潤であろう。その意味で、ほとんど外に対してとざしていた近世社会をむかえる前段の社会がもっていた、商いないしマーケットにねざす、たとえば貿易利潤に即した経済システムを念頭におく必要がある。

同時に、大航海時代以降、東アジアやヨーロッパをふくめた領域での建築コラージュを想定する必要がある。というのも、建築コラージュは、異質なものが、物理的にはなれていても、文化的にはなれていても、たがいにであえば、たがいによせあつめられ、ある形をなすにいたるからである。

## 九　おわりに—京マチヤに関する二つの仮説—

京マチヤに関する一連の考察を以下の仮説に整理して論をむすぶ。すなわち、京マチヤは市立ての最小単位であり、その地方への伝播は都市形成の最初期に特定の都市域に対する建物条件として京マチヤが採用されたことによる。

註

（1）土本『中近世都市形態史論』（参考文献9、以下、参9）

（2）土本『中世後期から近世に至る掘立棟持柱構造からの展開過程に関する形態史的研究』（参11）

（3）C・ロウほか『コラージュ・シティ』（参4）

（4）土本「京マチヤの原形ならびに形態生成」（参13）

（5）三村卓也・善田健二・土本俊和「上越市高田地区にみる棟持柱と歴史的町屋建築—今井染物店を事例として—」（『日本建築学会北陸支部研究報告集』四九、三七九—三八二頁、二〇〇六年）、考察8三村卓也・善田健二・土本俊和「近世地方マチヤにおける吹き抜けと棟持柱構造」

（6）小林英夫訳　F・ソシュール著『一般言語学講義』（岩波書店、一九四〇年）

（7）伊藤『中世住居史［第二版］』（参1）

（8）この点は、土本「京マチヤの原形ならびに形態生成」（参13）にて論じた。この論文で批判した堀内らあるいは内田らの報告がほころびをみせたそもそもの背景は、累積的な過程にはいった段階での考察を停滞的な過程と区別しなかったことにあろう。すなわち、先史や古代をあつかった考古学的発掘を中世後期から近世にいたる時代に無批判に応用した場合に生じたほころびであった。すなわち、クロード・レヴィ・ストロースが『人種と歴史』（みすず書房、一九七〇年）で言及した停滞的社会と累積的社会との差異を考古学的発掘もふまえる必要があった。先史や古代は概して停滞的社会である。その社会がのこした土地を、地質学の手法を応用して、地層累重の法則をあてはめ、層序として時代を判定した場合、柱穴がなければ、問題はすくなかろう。問題が生じるだろうと想定されるのは、社会的変動がはげしく、それにともなって、土地の上の建物の姿の変動もはげしく、その結果、比較的うすい地層のなかに短時間でのはげしい変化が埋蔵されている場合である。この場合、すこぶるうすい地層の差異をとらえないかぎり、みじかい時間でのはげしい変化を時系列でとらえることができず、みじかい時間でのはげしい変化を、一つの共時態としてとらえる危険性がある。堀内らあるいは内田らの報告はまさにこのあやまりをおかしたものであった。応仁の大乱以降の京都は累積的社会であり、みじかい期間内ではげしい変化があり、それが時系列で展開した。この変容過程を考古学的発掘で把握するには、おのおのの単層を抽出していく必要があろう。

（9）土本「京マチヤの原形ならびに形態生成」（参13）にて八つの属性をしめした。なお、内包、外延、属性に関しては、粟田賢三・古在由重『岩波哲学小辞典』（岩波書店、一九七九年）参照。

（10）大場『近世近代町家建築史論』（参10）

（11）伊藤『中世住居史［第二版］』（参1）

（12）野口『中世京都の町屋』（参6）、西山良平『都市平安京』（京都大学学術出版会、二〇〇四年）参照

（13）新川竜悠・土本俊和・早見洋平「築地と土塀—土を用いた牆壁の諸形態に関する基礎的研究—」『日本建築学会計画系論文集』六〇四、一七五—一八二頁、二〇〇六年）

（14）高橋康夫ほか編『図集 日本都市史』（東京大学出版会、一九九三年）一〇八頁参照。土本『中近世都市形態史論』（参9）総論4参照

（15）土本「京マチヤの原形ならびに形態生成」（参13）二三四頁引用

（16）土本「京マチヤの原形ならびに形態生成」（参13）

（17）五味文彦「京に中世を探る」（五味文彦編『都市の中世』吉川弘文館、二四—四六頁、一九九二年）二三頁引用

（18）土本『中近世都市形態史論』（参9）「総論 4ウダツ」四五—五九頁参照

（19）柳田国男・山口貞夫共編『居住習俗語彙』（国書刊行会、一九七五年）六頁引用。このほか、森脇太一『邑智郡誌』（森脇太一、一九三七年）、土本『中近世都市形態史論』（参9）「総論 4ウダツ」四五—五九頁参照。

（20）伊藤『中世住居史［第二版］』（参1）「類型の成立と零細土地所持」一七五—一七九頁参照

（21）山本雅和「中世京都の街路と町屋」（高橋康夫編『中世のなかの「京都」—中世都市史研究12—』新人物往来社、一八〇—二〇〇頁、二〇〇六年）。なお、この指摘は、土本「京マチヤの原形ならびに形態生成」（参13）でもふれた。

（22）伊藤『中世住居史［第二版］』（参1）土本「京マチヤの原形ならびに形態生成」（参13）

（23）伊藤『中世住居史［第二版］』（参1）一九一頁引用

（24）伊藤『中世住居史［第二版］』（参1）「平面形式」一八六—一九一頁参照

（25）桜井みどり・南孝雄「伏見城跡」（京都市埋蔵文化財研究所編『平

成一一年度 京都埋蔵文化財調査概要』京都市埋蔵文化財研究所、二〇〇二年）

(26) 伊藤『中世住居史［第二版］』（参1）八七頁引用

(27) 伊藤『中世住居史［第二版］』（参1）八三頁引用

(28) 伊藤『中世住居史［第二版］』（参1）八七頁引用

(29) 森内昭光・黒野弘靖「高岡市金屋町における世帯数の増減にともなう住戸の空間的変容過程に関する研究」（『日本建築学会北陸支部研究報告集』四五、三〇三―三〇六頁、二〇〇二年）

(30) 高橋康夫「京都の町と住まいの歴史」（京都新聞社編『京の町家考』京都新聞社、一四―三九頁、一九九五年）。「しもたや」に関する指摘（30頁）など。

(31) 久野俊彦「商人の絵巻にみる民俗」（国立歴史民俗博物館編『中世商人の世界―市をめぐる伝説と実像』日本エディタースクール出版、四四―六二頁、一九九八年）

(32) 伊藤正義「市庭の空間」（国立歴史民俗博物館編『中世商人の世界―市をめぐる伝説と実像』日本エディタースクール出版、一〇九―一三九頁、一九九八年）。連釈之大事「修験山伏の市立図」は、同書の一二六頁および二四一―二四三頁参照。

(33) 早見洋平・土本俊和「天正期京都における高密化の過程―「大中院文書」による微視的景観の復原―」（『都市計画論文集』四〇―二、二一四―二二四頁、二〇〇五年）

(34) 土本『中近世都市形態史論』（参9）「各論7 天正二一―一六年・京都下京・古町」二六二―三〇三頁参照

(35) 藤田盟児「安芸国の港町―宮島と呉の町家―」（『日本民俗建築学会シンポジウム 瀬戸内の小島に残る港町の保存の意義と活性のあり方』平成一九年度文部科学省科学研究費補助金研究成果公開促進費補助事業、八―九頁、二〇〇七年）

(36) 宮本常一『忘れられた日本人』（岩波書店、一九八四年）

(37) 畑林真之・土本俊和「近世松本城下町における都市の原景―水系と町割からみた都市域の形成過程―」（『日本建築学会計画系論文集』四八三、二二一―二三〇頁、一九九六年）

(38) 藤島亥治郎「住家構成の発生史的汎性」（竹内芳太郎編『今和次郎先生古稀記念文集』相模書房、一九五九年）

## 参考文献


(1) 伊藤鄭爾『中世住居史［第二版］』（東京大学出版会、一九八四年・一八五八年初版）。理論と実証の双方を提示する民家研究の古典であり、京マチヤ研究の原点に位置する。

(2) Richard Weiss, Häuser und Landschaften der Schweiz, Eugen Rentsch Verlag, 1959. 原形と変容と伝播をあつかった民家研究であり、本論がすすむべき方向性をしめす。

(3) Aldo Rossi, L'architettura della Città, CittàStudiEdizioni, 1965. Aldo Rossi, The Architecture of the City, The MIT Press, 1982. アルド ロッシ著・大島哲蔵 福田晴虔訳『都市の建築』（大龍堂書店、一九九一年）。建築形態の変容を都市のなかで捕捉した理論的な大著であり、本論の理論的な源泉の一つである。

(4) Colin Rowe, Fred Koetter: Collage City, The MIT Press, 1978. C・ロウ、F・コッター著・渡辺真理訳『コラージュ・シティ』（鹿島出版会、一九九二年）。コラージュでえがかれた理想都市コラージュ・シティが都市と建築にコラージュ概念をあたえる。

(5) 高橋康夫『京都中世都市史研究』（思文閣出版、一九八三年）。建築史家による本格的な京都研究の大著であるが、建物先行型の概念をもたない。

(6) 野口徹『中世京都の町屋』（東京大学出版会、一九八八年・

一九八二年初出）。建物先行型論に関連する先駆的な大著であるが、小規模建造物を対象にふくまない。

(7) 谷直樹・増井正哉編『まち祇園祭すまい 都市祭礼の現代』（思文閣出版、一九九四年）。京マチヤをふくむ祭縁空間の総合的研究であり、できた建築にともなう建築のいとなみをしめす。

(8) Jukka Jokileht. A History of Architectural Coversation, Elseviewer, 1999. ユッカ・ヨキレット著・益田兼房監修・秋枝ユミ イザベル訳『建築遺産の保存 その歴史と現在』（アルヒーフ、二〇〇五年）。純真性の概念にもとづいた、建築の歴史と建築遺産に関する大著であるが、コラージュ概念をもたない。

(9) 土本俊和『中近世都市形態史論』（中央公論美術出版、二〇〇三年）。中世後期から近世にいたる京都の形態史的研究の集大成であるが、京マチヤへの考察が十分ではない。

(10) 大場修『近世近代町家建築史論』（中央公論美術出版、二〇〇四年）。京マチヤを核とする体系的な学術図書であり、京マチヤの伝播を「京都型町家」として指摘する。

(11) 土本俊和編『中世後期から近世に至る掘立棟持柱構造からの展開過程に関する形態史的研究、二〇〇一年度～二〇〇三年度科学研究費補助金（基盤C（2））研究成果報告書』（研究代表者・土本俊和（信州大学工学部教授）、二〇〇五年）。棟持柱祖形論に即した研究の集大成で、京マチヤの形態生成をあつかう本論の前提に位置する。

(12) Toshikazu Tsuchimoto. Unfixed Capital Kyoto. International Conference on East Asian Architectural Culture. Kyoto 2006. Proceedings II. pp.464-474. 2006. 京都の町並みと京マチヤの非不動産性を指摘したうえで、都市全域にマーケットが成立する過程と京マチヤがもつ建築形態の関連を指摘した。

(13) 土本俊和「京マチヤの原形ならびに形態生成」（西山良平・藤田勝也編『平安京の住まい』京都大学学術出版会、一九五―二四一頁、二〇〇七年）、各論A京都3同「同」。考古学的発掘資料に即して京マチヤの原形と形態生成を論じているが、京マチヤの伝播に関する考察をふくまない。

(14) 土本俊和「民家のなかの棟持柱」（『民俗建築』一三二、一〇二―一一二頁、二〇〇七年）、総論8同「同」。棟持柱の建築的意義をあつかった、棟持柱祖形論の核をなす考察である。

(15) 民家小委員会編『東アジアから日本の都市住宅（町家）を捉える』（日本建築学会、二〇〇七年）。東アジアからマチヤをとらえたパネルディスカッション資料である。

初出　二〇〇八年三月　土本俊和・坂牛卓・早見洋平・梅干野成央

補記1　土地生産と貿易利潤とを対比させる観点は、安良城盛昭『新沖縄史論』（沖縄タイムス社、一九八〇年）からえた。

補記2　一七六頁や一八九頁や註5（一九一頁）で言及した上越市高田城下町のマチヤについては、「考察8 近世地方マチヤにおける吹き抜けと棟持柱構造」で詳述した。

補記3　「考察9 建物先行型と棟持柱祖形論―日本中近世都市の土地と建物」で、本論が提示した仮説を、よりおおきい枠組のなかで位置づけた。

補記4　「町屋」と「町家」を併記した絵図に、一七世紀前半の洛中絵図のほか、「善光寺境内見取図」（土本「中世善光寺の変容と寛容」（『善光寺の中世』高志書院、二〇一〇年、一九二頁）がある。

# 各論Ｂ　信州１　信州の茅葺民家にみる棟束の建築的意義

## 一　問題の所在

中世の民家が近世の民家へ転換する過程には、不明な点がおおい。その理由は、建築遺構がかぎられていることにある。農家のふるい遺構は、箱木家住宅と古井家住宅が神戸市北部にあり、堀家住宅が吉野村にある(1)。これらは、軸部と小屋組が分離した姿をしめすふるい事例である。また、農家にかぎらず、民家の架構は、一般に軸部と小屋組が分離した形である。たとえば、奈良盆地のマチヤの場合、大場修によれば、「18世紀前期までの古い町家（旧奈良町を除く）は、和小屋（本瓦葺）と扠首組（茅葺）の違いはあるにせよ、小屋組を支持する架構形式は農家と同じ」である(2)。ただ、旧奈良町に位置する藤岡家住宅（江戸中期）は、大場がのぞいたように、軸部と小屋組が分離しておらず、妻面の側柱が棟木や母屋を直接ささえている。また、京都の場合、たとえば、鞍馬のマチヤをみると、妻側の側面で柱が棟木ないし母屋まで達しているものがみられる(3)。さらに、京都のマチヤは、「田中吉太郎家文書」や一六世紀の『洛中洛外図屏風』から判断して、軸部と小屋組が分離していない姿をその原形にもとめることができる(4)。この意味において、京都や旧奈良町といった中世に成立がさかのぼるふるい都市およびその周辺域では軸部と小屋組が分離していない架構をその祖形に想定し得る。

対して、農家の場合、その遺構の圧倒的多数は、軸部と小屋組が分離したものである。それゆえ、関口欣也が『山梨県の民家』(5)で提示した棟持柱をもつ構造は、民家遺構の少数派に位置づけられる。つまり、農家の架構は、一般に軸部と小屋組が分離した形として理解される。ここで矩勾配を基本とする茅葺農家にしぼったとき、その小屋は、オダチ組と扠首組の二つが支配的な形となる。箱木家にみられるオダチ組は、近畿地方周辺部におおくみられ、扠首組は、全国的にみられる。さらに、信州では扠首組の茅葺農家が支配的である(6)。この扠首組は、光井渉の言葉をかりれば、一般に、「長い民家建築の歴史のなかでいきついた最も洗練された形式であり、現存遺構の分布から、戦国期から江戸時代初期の間に、近畿地方から中国・東海・北陸地方の各地で発生し、各地に伝播していったと考えられて」おり、「民家建築のなかでは最も技術的に進んだものの一つなのである」(7)。

とすると、信州の茅葺農家について、中世から近世への転換過程をかんがえたとき、戦国期ないし近世にひろくいきわたった扠首組よりさきに、すでにある別の架構が存在していたはずである。すなわち、扠首組に先行する形でオダチ組が存在しないと想定される信州において、扠首組ではない建物が、戦国期から近世前期にかけて、扠首組の建物へとかわっていった。その過程があきらかにされなければならない。このとき、扠首組に先行した架構は、扠首組が成立する過程で、扠首組にいかなる影響をおよぼしたのか。

以上、信州の茅葺民家に即して抽出すべき問題とは、第一に、扠首組に先行する架構のあり方にあり、第二に、その架構が扠首組の成立過程で扠首組にあたえた影響にある。

## 二　研究の目的と方法

本論の目的は、以上の二点を究明するために、信州の茅葺民家にみられる棟束の建築的な意義をさぐることにある。信州の茅葺民家は、むかしから、ひろく一般の庶民によってたてられた家である。その材料は、地域によってことなり、大茅や小茅や麦殻などがもちいられる[8]。屋根は、寄棟が一般的である。その小屋組は、扠首組のみのもの、扠首と扠首の間に横材をいれるもの、扠首と扠首の間に垂直材すなわち棟束をいれるものなどがある[9]。一般に、茅葺屋根の小屋組は、オダチ組と扠首組にわかれる[10]。しかし、信州の場合、確実にオダチ組と断定される民家はなく[11]、扠首組のみが確認される。

本論は、扠首組の小屋組にある棟束の意義をみいだすために、オダチ組と扠首組の差異に着目する。オダチとは、「卯立（うだつ）の訛」で、「草葺き民家において棟木を支える小屋束をいう」とされている[12]。扠首とは、「棟木を支えるための合掌形の斜材」とされている[13]。垂木構造とされるオダチ組は、梁の上部にたつオダチが棟木を直接ささえ、棟木に垂木がのり、垂木が屋根面の荷重をうけるものである。他方、扠首組は、扠首と扠首の交叉する部分で棟木をささえ、扠首の上に母屋をとりつけ、その上に垂木をのせて屋根面の荷重をうけるものである。オダチ組と扠首組とがちがう点は棟木のささえ方にある。梁と二本の扠首が二等辺三角形のトラスを形成している扠首組は、屋根面の荷重をささえるための簡潔な構造である。とはいえ、その二等辺三角形の垂直二等分線となる位置に棟束が垂直材としてはいる場合がある。このとき、棟束は、二本の扠首の交叉部を介して棟木をささえる（図9右）[14]。この形で棟束をもちいることに、どのような意義があるのか。

このことをかんがえるうえで、ウダツは、以下の点ですこぶる示唆的である。第一、ウダツは、ところによって、オダチ、オダツなどとよばれる[15]。第二、享保一八年（一七三三）の信州福沢村で「有立家」が一九棟みられる[16]。第三、ウダツヤは、「農家において、梁を用いず、棟を支える柱を地面まで通した家屋を指す呼称。主として小住居または付属小屋の構造である」とされる[17]。第四、「一八世紀以降の甲府盆地東部の近世民家は棟持柱が共通の特色となり」、「ウダツ造と呼ばれる」[18]。第五、『邦訳 日葡辞書』には、「ムナバシラ（棟柱）家の棟木をその上に据える支柱、または、柱」とある[19]。これは、ウダツバシラと同様で、神明造の社殿や一六世紀の洛中洛外図屏風のなかにみられる[20]。第六、信州飯山地方では棟木を通し柱で直接ささえる形式の民家を「タテノボセ」といい[21]、北アルプスの立山連峰では棟持柱をもつ建物が実見されている[22]。すなわち、オダチは、ウダツの転訛であるとみなすことがゆるされ、しばしば地方によってことなる方言となる。

以上の点から、ウダツは、地面から直接に棟木をささえていた部材が軸部と小屋組に分離した結果、梁上にて棟木を直接にささえた部材となってオダチ組のオダチとしてのこったのではないか、というみとおしがなりたつ。他方、扠首組がおおくみられる地方では、この種の部材が、棟木を直接ささえはしないものの、棟束としてのこったのではないか、というみとおしがなりたつ。この意味から、オダチと棟束を、建築遺構の広域的な相違点に即して究明する必要がある。

くわえて、茅葺民家は、一般に、防火の観点から都市ではないところにおおく存在するようになった。と同時に、農村のなかで発生した特権階級は、そのおもなものが公事屋や庄屋や名主となっていった。公事屋葺という草屋根に注目した永島福太郎は、「公事家は自治村落の組織単位と考へられ、近世に至つたものであるが、近世社会の固定は、ま、公事家を特権化せしむるものであり、これを表徴する為に、公事家葺と称する家屋敷構造さへも成立せしめたところがある」とする。[23] また、伊藤鄭爾は、「クジヤは公事屋であり、公事を勤仕する家という意味である。室町時代には、誰もがこの公事を負担したわけではない。公事を負担するのは特別な家だけであった」とし、「農村ならば名主層が公事を負担した」とする。[24] このとき、公事屋が自治村落の中で特権化されていたがゆえに、それを表徴するために家屋の架構にも何らかの変化がみられたのではないか、と想定することができる。

このことから、信州の茅葺民家についても、家格と架構とをてらしあわせた考察が必要になる。現時点、信州の茅葺民家における棟束の意義を、構造的、地域的、身分的な意味合いをふくめて、統一的な観点にてあきらかにした研究はない。そこで、本論は、この棟束がどのような意義をもっていたのかを、建築遺構および文献史料から考察し、補足的にヒアリング調査でえた情報も考察にくわえる。[25]

## 三　茅葺民家における棟束の形態

信州の茅葺民家における棟束を、以下に検討する。このとき、遺構民家にもとづくデータをもとに棟束の実態を抽出する。[26] データは断面図を中心に収集した。収集した図面は、七二点である。安藤邦廣や宮澤智士がのべたように、小屋組がオダチ組から扠首組へ転換していったとすれば、信州にも、オダチ組の建築遺構が確認されるはずである。しかし、七二棟を通じて、オダチ組と断定し得る小屋組を確認することができなかった。[27]

### 三―一　構造的にみた棟束

棟束の建築的な意義を理解するためには、まず、小屋組の構造を把握しなければならない。茅葺民家のデータの七二棟のなかで、扠首組で棟束のある小屋組をもつ民家は、一九棟である。その一九棟のなかで二棟が判定できないものの、のこる一七棟の茅葺民家は棟束が扠首と扠首の交叉した部分でとまっており、棟木に達していない（図9右）。棟束は、扠首組のなかで、棟木を直接にささえている部材ではない。また、扠首の頂部の接合は、交叉させて縄でまいて固定するもの、両方の扠首をたがいにかいてくみあわせた相欠き、枘《ほぞ》差しの三通りの方法がとられている。[28] つまり、扠首と扠首は、滑節点である、といえる。さらに、小屋組において構造的に棟束が存在する場合を把握する。実際に存在する扠首組の茅葺民家の扠首尻は、枘によって連結されているか（図1）、扠首の先端を鉛筆のようにとがらせて、梁にあけた穴につきさしている（図2）。[29] つまり、扠首と梁との接合は、回転端とかんがえられ、トラスをくんでいる、と判断できる。側柱と梁との接合には、以下の二つの場合がかんがえられる。

①両端の支点が回転端である場合
②両端の支点が回転端と移動端である場合

一般に構造物の安定・不安定および静定・不静定を判別する式として、式(1)がもちいられる。[30]

$$m=(n+s+r)=2k \quad 式(1)$$

m<0のとき不安定
m≧0のとき安定
（m=0のとき静定。m>0のとき不静定……mを不静定次数という。）
n：支点の反力数の和、s：部材数、r：剛接部材数（各節点で一つの部材を基準にとり、これと剛に接合されている部材の数の総和）、k：節点数（自由端、支点も節点にかぞえる）

このとき、図3〜4の模式図が想定され、先述の式をもちいて判定する。この結果、図3―1はm=1より安定、図3―2はm=2より安定、図4―1はm=0より安定、図4―2はm=1より安定となる。梁と扠首尻の接合部がくさったりおれたりすることは、まれである。この種の破壊がおこらないかぎり、上記の検討から、図3〜図4の姿は安定である。この場合、棟束の存在はトラスの終局耐力の向上に寄与する可能性はあるが（図3―2・図4―2）、棟束がなくても扠首組は構造的に成立する（図3―1・図4―1）。ならば、棟束が存在するためのなんらかの意義がほかにあるのではないか。

## 三―二　上屋梁のながさと棟束の関係

扠首組にもちいられる棟束は、民家の上屋梁の上にもちいられている。上屋梁がながくなるにつれ、扠首自体もながくなる。上屋梁のながさと扠首のながさとは比例関係にある、といえる。扠首がながくなれば、扠首が屋根面からうける荷重もおおきくなってくる。この場合の上屋梁のながさと小屋組は、どのような関係になっているのか。ここでは、七二棟の民家の小屋組を図5〜図9の五つのタイプに分類する。そして、それぞれのタイプについて、上屋梁のながさの平均をみちびきだす。ただし、上屋梁のながさは、尺であらわし、平均値をだすにあたり、小数点第二位を四捨五入とする。五つのタイプは、以下を指標にして分類する。

タイプ1　扠首組のみの小屋組
タイプ2　梁の上に二本以上の束をたて、その束の上に横材をいれて、屋根面の荷重をささえるもの
タイプ3　扠首と扠首の間に横材をいれて屋根面の荷重をささえるもの
タイプ4　梁の上に束をおき、その束が両側の扠首をささえて、屋根面の荷重をささえているもの
タイプ5　扠首組で棟束がはいっているもの

以上のことから分類したものを表1〜表5にしめす。

表1から、タイプ1の上屋梁のながさの平均値は、一八・八尺であった。表2から、タイプ2の上屋梁のながさの平均値は、二七・七尺であった。表3から、タイプ3の上屋梁のながさの平均値は、三〇・六尺であった。表4から、タイプ4の上屋梁のながさの平均値は、二七・三尺であった。表5から、タイプ5の上屋梁のながさの平均値は、一九・一尺であった。タイプ2〜タイプ4の上屋梁のながさの平均値は、二七・〇尺以上であった。このタイプは、梁の上に束をたてて扠首を補強するか、扠首と扠首の間に横材をいれて扠首を補強するものである。このことから、タイプ2〜タイプ4の扠首組は、梁の上の束や扠首の間の横材をおぎなうことで、上屋梁を拡大させる形態をとった、とかんがえられる。タイプ1とタイプ5の上屋梁のながさの平均値は、一八・八尺と一九・一尺で、ほぼおなじである。棟束をもつ小屋組の上屋梁のながさは、扠首のみで屋根面の荷重をささえる小屋組の上屋梁のながさとかわらない。つまり、小屋組の棟束は、上屋梁を拡大させるためにもちいられた

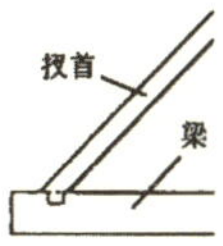


**図1**　扠首尻部の模式図1

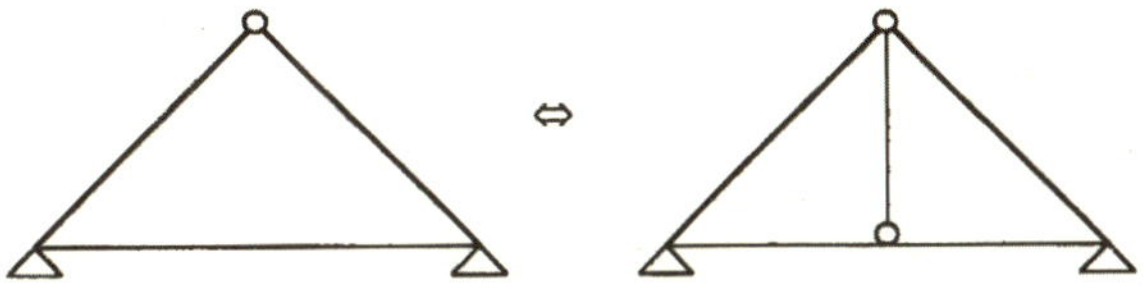

**図3-1**　安定（一次不静定）　　**図3-2**　安定（二次不静定）

**図3**　①両端の支点が回転端である場合

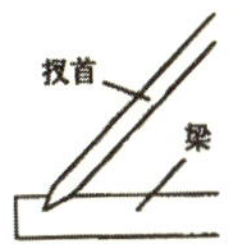


**図2**　扠首尻部の模式図2

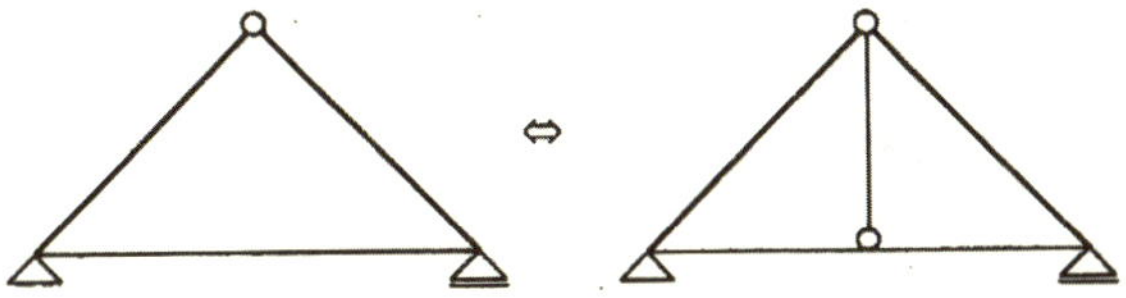

**図4-1**　安定（静定）　　**図4-2**　安定（一次静定）

**図4**　②両端の支点が回転端と移動端である場合

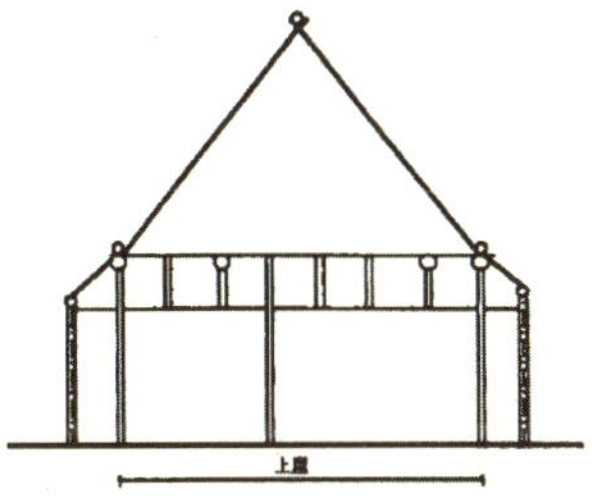


**図5**　タイプ1の模式図

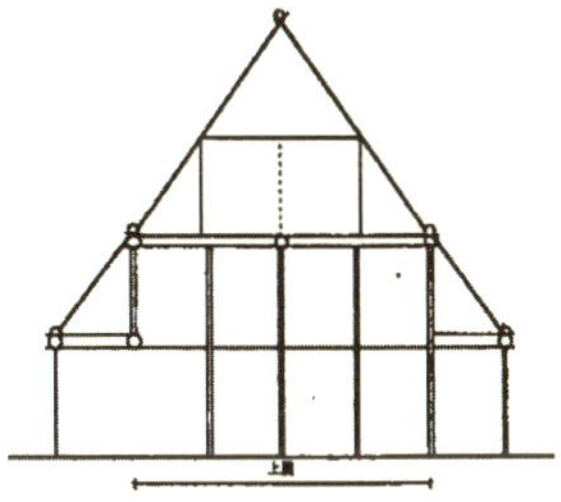


**図6**　タイプ2の模式図

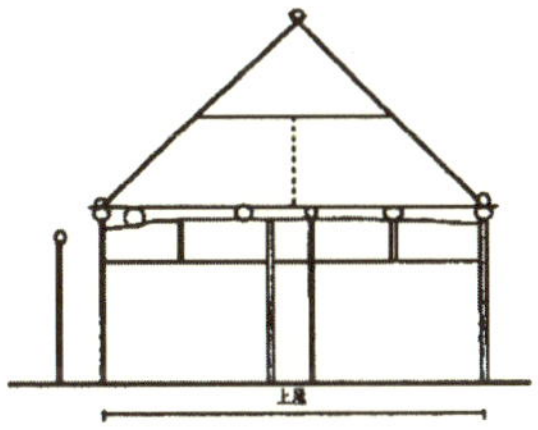


**図7**　タイプ3の模式図

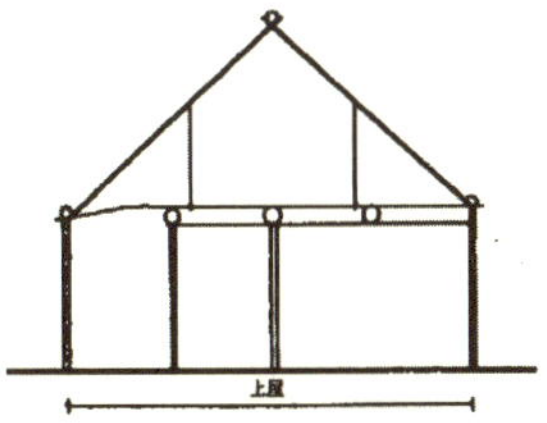


**図8**　タイプ4の模式図

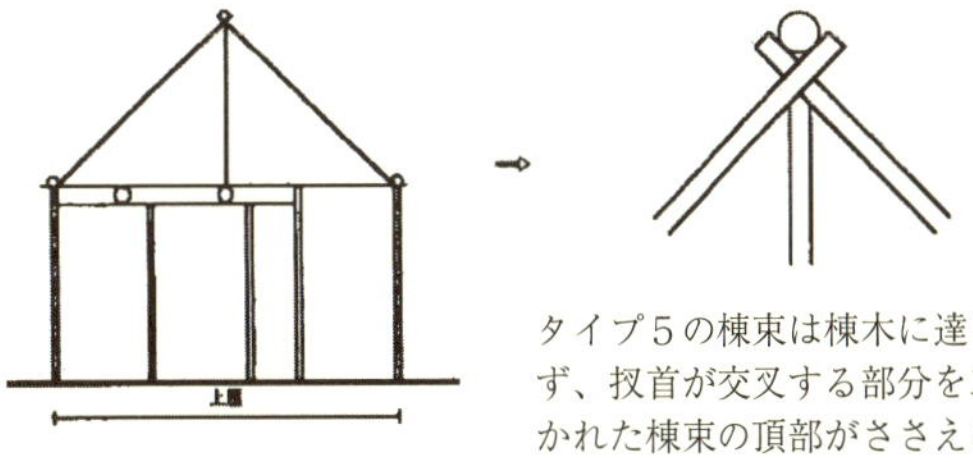


**図9**　タイプ5の模式図

タイプ5の棟束は棟木に達しておらず、扠首が交叉する部分を二股にわかれた棟束の頂部がささえる事例がある（今井家住宅・長野市立博物館内）。

**表1　タイプ1の分析結果**

| | 住宅名 | 上屋梁の長さ（尺） | 資料記号 | 地域 |
|---|---|---|---|---|
| 1 | 旧山田家住宅 | 22.2 | A | 北信 |
| 2 | 山田一義氏宅 | 19.0 | A | 北信 |
| 3 | 阿部滝義氏宅 | 19.6 | A | 北信 |
| 4 | 関吉男氏宅 | 21.0 | A | 北信 |
| 5 | 山田久八氏宅 | 17.7 | A | 北信 |
| 6 | 原淳造氏宅 | 12.0 | A | 北信 |
| 7 | 瀧澤真家住宅 | 15.0 | B | 北信 |
| 8 | 松沢徳衛氏宅 | 14.8 | A | 中信 |
| 9 | 太田滋男氏宅 | 17.7 | A | 中信 |
| 10 | 高橋秀忠氏宅 | 15.2 | A | 中信 |
| 11 | 松沢律氏宅 | 18.1 | A | 中信 |
| 12 | 長沢要氏宅 | 12.0 | A | 中信 |
| 13 | 平林正美氏宅 | 18.4 | A | 中信 |
| 14 | 太田信一氏宅 | 20.0 | A | 中信 |
| 15 | 西沢寛治氏宅 | 18.0 | D | 中信 |
| 16 | 山本麻人氏宅 | 24.0 | D | 中信 |
| 17 | 松沢直城氏宅 | 21.0 | D | 中信 |
| 18 | 降籏親男氏宅 | 25.0 | D | 中信 |
| 19 | 降籏英三氏宅 | 20.0 | D | 中信 |
| 20 | 松倉忠美氏宅 | 15.0 | D | 中信 |
| 21 | 山本巖氏宅 | 15.0 | D | 中信 |
| 22 | 郷津晴三氏宅 | 20.0 | D | 中信 |
| 23 | 山本傳氏宅 | 22.9 | D | 中信 |
| 24 | 中山賢造氏宅 | 12.0 | A | 東信 |
| 25 | 伊藤敬良氏宅 | 18.9 | A | 南信 |
| 26 | 藤沢喜重氏宅 | 24.0 | A | 南信 |
| 27 | 中川泰氏旧宅 | 24.0 | J | 南信 |
| 28 | 小木曽隼人氏宅 | 24.4 | I | 南信 |
| 29 | 宮下節氏宅 | 18.4 | I | 南信 |
| 上屋梁の寸法平均 | | 18.8 | | |

**表2　タイプ2の分析結果**

| | 住宅名 | 上屋梁の長さ（尺） | 資料記号 | 地域 |
|---|---|---|---|---|
| 1 | 下川太門氏宅 | 24.1 | A | 中信 |
| 2 | 横沢栄一氏宅 | 34.3 | A | 中信 |
| 3 | 武田豊氏宅 | 24.0 | A | 中信 |
| 4 | 山本友衛氏宅 | 28.0 | D | 中信 |
| 5 | 降籏隆司氏宅 | 27.0 | D | 中信 |
| 6 | 松倉広氏宅 | 28.0 | D | 中信 |
| 7 | 松倉善寅氏宅 | 28.0 | D | 中信 |
| 8 | 西沢唯利氏宅 | 28.0 | D | 中信 |
| 9 | 平林盛人家住宅 | 21.0 | B | 中信 |
| 10 | 木下志げ乃氏宅 | 34.1 | I | 南信 |
| 上屋梁の寸法平均 | | 27.7 | | |

**表3　タイプ3の分析結果**

| | 住宅名 | 上屋梁の長さ（尺） | 資料記号 | 地域 |
|---|---|---|---|---|
| 1 | 穴波羅利一氏宅 | 30.7 | A | 南信 |
| 2 | 春日鶴亀氏宅 | 27.0 | A | 南信 |
| 3 | 旧渡辺家住宅 | 30.0 | H | 南信 |
| 4 | 中村宗一郎氏宅 | 30.0 | I | 南信 |
| 5 | 下平広文氏宅 | 30.4 | I | 南信 |
| 6 | 矢沢長治氏宅 | 35.1 | I | 南信 |
| 7 | 下島宏登氏宅 | 30.7 | I | 南信 |
| 8 | 市村義一氏宅 | 34.0 | I | 南信 |
| 9 | 小田切良明氏宅 | 24.8 | I | 南信 |
| 10 | 木下健一氏宅 | 33.6 | I | 南信 |
| 上屋梁の寸法平均 | | 30.6 | | |

**表4　タイプ4の分析結果**

| | 住宅名 | 上屋梁の長さ（尺） | 資料記号 | 地域 |
|---|---|---|---|---|
| 1 | 小松家住宅 | 27.2 | G | 中信 |
| 2 | 柴万太郎氏宅 | 24.6 | A | 南信 |
| 3 | 白鳥忠良氏宅 | 24.1 | A | 南信 |
| 4 | 旧竹村家住宅 | 33.4 | B | 南信 |
| 上屋梁の寸法平均 | | 27.3 | | |

**表5　タイプ5の分析結果**

| | 住宅名 | 上屋梁の長さ（尺） | 資料記号 | 地域 |
|---|---|---|---|---|
| 1 | 今井家住宅 | 19.0 | K | 北信 |
| 2 | 鶴田良忠氏宅 | 14.6 | A | 北信 |
| 3 | 竹内一夫氏宅 | 17.4 | K | 北信 |
| 4 | 横田家住宅 | 15.7 | C | 北信 |
| 5 | 旧中村家住宅 | 24.0 | E | 中信 |
| 6 | 小穴朝昭氏宅 | 18.0 | F | 中信 |
| 7 | 佐々木嘉幸氏宅 | 11.9 | A | 東信 |
| 8 | 中山盛利宅 | 11.4 | A | 東信 |
| 9 | 井出雅一氏宅 | 21.0 | A | 東信 |
| 10 | 今井五郎次氏宅 | 18.0 | A | 東信 |
| 11 | 井出西松氏宅 | 25.2 | A | 東信 |
| 12 | 佐々木いちじ氏宅 | 21.1 | A | 東信 |
| 13 | 佐々木与三次氏宅 | 24.2 | A | 東信 |
| 14 | 与良義昭氏宅 | 18.0 | K | 東信 |
| 15 | 春原家住宅 | 15.0 | B | 東信 |
| 16 | 猿谷眞弘氏宅 | 33.0 | K | 東信 |
| 17 | 瀬下家住宅 | 15.0 | J | 東信 |
| 18 | 倉沢健次氏宅 | 16.0 | J | 東信 |
| 19 | 武井富貴男氏宅 | 25.3 | A | 南信 |
| 上屋梁の寸法平均 | | 19.1 | | |

**表6　上屋の梁上に形成された壁の有無**

| | 住宅名 | 建築年代 | 壁の有無 | 資料記号 | 地域 |
|---|---|---|---|---|---|
| 1 | 春原家住宅 | 17世紀中期～後期 | 有 | B | 東信 |
| 2 | 与良義昭氏宅 | 17世紀後期 | 有 | K | 東信 |
| 3 | 旧中村家住宅 | 17世紀後期 | 無 | E | 中信 |
| 4 | 倉沢健次氏宅 | 17世紀後期 | 有 | J | 東信 |
| 5 | 小穴朝昭氏宅 | 17世紀後期 | 有 | F | 中信 |
| 6 | 武井富貴男氏宅 | 17世紀後期 | 無 | A | 南信 |
| 7 | 佐々木嘉幸氏宅 | 18世紀中期 | 有 | A | 東信 |
| 8 | 中山盛利宅 | 18世紀中期 | 有 | A | 東信 |
| 9 | 井出雅一氏宅 | 18世紀中期 | 有 | A | 東信 |
| 10 | 今井五郎次氏宅 | 18世紀中期 | 有 | A | 東信 |
| 11 | 瀬下家住宅 | 18世紀中期 | 有 | J | 東信 |
| 12 | 横田家住宅 | 18世紀後期 | 有 | C | 北信 |
| 13 | 鶴田良忠氏宅 | 18世紀後期～19世紀前期 | 有 | A | 北信 |
| 14 | 竹内一夫氏宅 | 19世紀前期 | 無 | K | 北信 |
| 15 | 井出西松氏宅 | 19世紀前期 | 有 | A | 東信 |
| 16 | 佐々木いちじ氏宅 | 19世紀前期 | 有 | A | 東信 |
| 17 | 今井家住宅 | 19世紀中期 | 有 | K | 北信 |
| 18 | 佐々木与三次氏宅 | 19世紀中期 | 有 | A | 東信 |
| 19 | 猿谷眞弘氏宅 | 19世紀中期 | 有 | K | 東信 |

ともかんがえにくい。

## 三―三　棟束と上屋の梁上に形成された壁との関係

長野県上田市に在住の茅葺職人・島田俊栄氏へのヒアリングにおいて、「間仕切りで防火対策に壁を作るときに棟束があったほうがよかった」という回答をえた。[31] これは、柱筋にある上屋部分の梁とその上の二本の扠首で三角形をなす部分に壁をつくることで防火対策をおこなった、ということであろう。七二棟をとおしてみると、棟束がもちいられていない民家には小屋のなかに壁がなかった。棟束のはいっている民家一九棟のうち、実際に上屋の梁上の三角形をなす部分に壁がはいっているか否かを建築年代のふるい順に表6でしめす。[32]

この壁の形態を『信濃の民家』所載の架構図や修理報告書や現地取材によって確認した。この壁は、棟束に貫穴をあけて貫をとおし小舞をもちいて形づくられている。たしかに、棟束をもつ民家にはそこに壁がはいる傾向がある。とはいえ、この壁がその当初から防火壁であるとはいいきれないだろう。つまり、茅葺民家の屋根は茅や麦殻などの可燃材料であるから、柱筋にある梁上にこの壁があっても、防火の効果はかんがえにくい。

では、この壁は、どのような目的でつくられたのか。一例として、表6から井出雅一氏宅の架構図（図10）と、建立時の復原平面図（図11）を考察する。[33] まず架構図（図10）では、右から三番目と五番目の柱筋に壁がもちいられている。これは、建立時の復原平面図（図11）では、右から三番目と五番目の柱筋にあたり、部屋をくぎっている部分となる。つまり、おくざしき・ざしきとこざ・ちゃのまの部屋境の柱筋の梁上の部分と、こざ・ちゃのまとどまとの境の柱筋の梁上の部分に壁がもちいられている。ざしきとは、民家において、「畳敷きの室は客用の室として初めに現れたので客間の称になった」とされている。[34] 民家において、ざしきとおくざしきは、客間としての特別な空間であったはずである。井出雅一氏宅では、ざしき・おくざしきという特別な空間と、普段生活しているちゃのまの空間を分離するために、上屋の梁上の部分に壁をもちいた、とかんがえるのが自然である。つまり、棟束をもちいて上屋の梁上の三角形をなす部分に形成された壁は、塗壁の技術の普及とともに内部空間の一部をくぎるために採用されたものであろう。このとき、土壁の下地をつくるうえで棟束の存在が有効であるとのちにみなされるようになった、と想定できる。とはいえ、小屋組のなかに小壁をつ

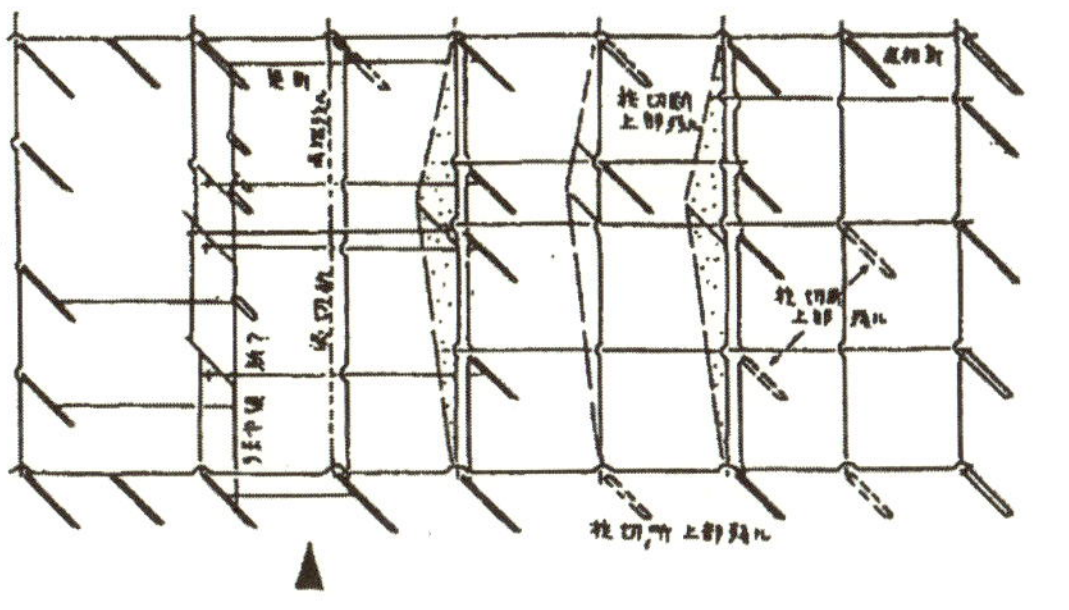

**図10**　井出雅一氏宅架構図（点部は壁をしめす）

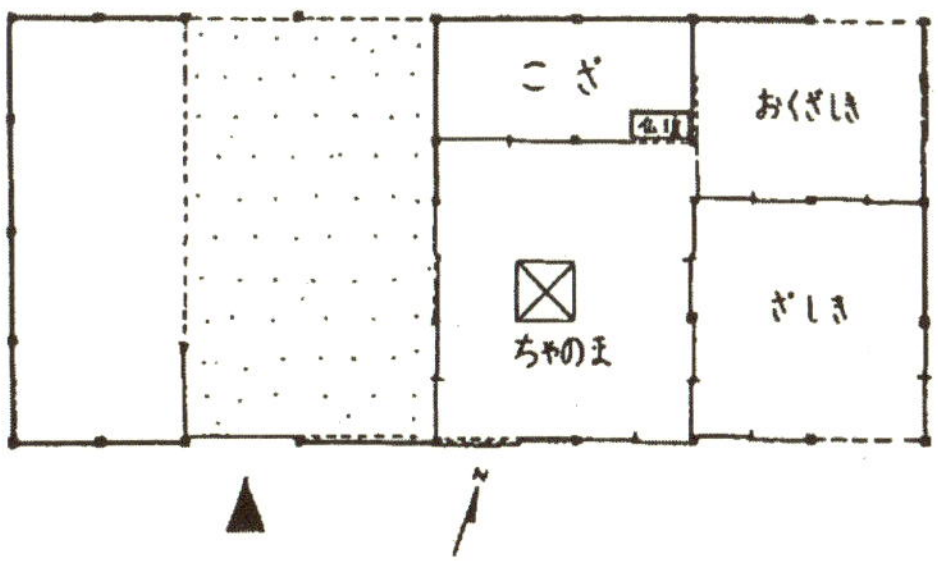


**図11**　井出雅一氏宅復原平面図（点部は土間をしめす）

くる目的のために当初から棟束が採用されたともかんがえにくい。

## 三―四　棟束・上屋梁の端部のおさめ方・建築年代の関係

一般に、上屋梁の端部のおさまりには、折置組と京呂組がしられている。折置組と京呂組では、千年家といった古民家の遺構などから推して、折置組のほうが京呂組よりふるい、とされている(35)。また、宮澤智士は、神奈川県秦野の民家において、「棟束は梁間が狭いものでは用いないが、梁間三間のものでは棟木をサスのみで受けるものと、棟束とサスを併用しているものとがある。同規模のものでは棟束を用いるもののほうが古い傾向を示す」としるしている(36)。本論でとりあげる七二棟の民家のうち、一九棟は扠首に棟束が併用されている。宮澤の指摘をふまえ、信州ではどのような傾向があるのか。では、棟束の有無、および、上屋梁の端部が折置組か京呂組かを区別して建築年代順に表7にしめす。

表7によると、棟束がはいっている民家は、一七世紀中期から一八世紀中期にかけてたてられたものにおおい。これらは、近世前期から中期にかけて建築されたものであり、棟束をもつ民家一九棟のうち、一一棟をしめ、全体の約五八%にあたる。さらに、この表で、上から六棟は、一七世紀中期から一七世紀後期に建築された民家であるが、すべて棟束がもちいられている。このことから、棟束がもちいられている民家は、ふるいものほど、おおくみられる傾

**表7**　棟束有無と上屋の端部のおさめ方の関係

| | 住宅名 | 建築年代<br>(前・中・後) | 棟束の有無 | 上屋<br>折置 or 京呂 | 資料記号 | 地域 |
|---|---|---|---|---|---|---|
| 1 | 春原家住宅 | 17世紀中期～後期 | 有 | 折置 | B | 東信 |
| 2 | 与良義昭氏宅 | 17世紀後期 | 有 | 折置 | K | 東信 |
| 3 | 旧中村家住宅 | 17世紀後期 | 有 | 折置 | E | 中信 |
| 4 | 小穴朝昭氏宅 | 17世紀後期 | 有 | 京呂 | F | 中信 |
| 5 | 倉沢健次氏宅 | 17世紀後期 | 有 | 京呂 | J | 東信 |
| 6 | 武井富貴男氏宅 | 17世紀後期 | 有 | 折置 | A | 南信 |
| 7 | 旧竹村家住宅 | 17世紀後期～18世紀前期 | なし | 折置 | B | 南信 |
| 8 | 瀧澤真家住宅 | 18世紀前期 | なし | 京呂 | B | 北信 |
| 9 | 小松家住宅 | 18世紀前期 | なし | 京呂 | G | 中信 |
| 10 | 柴万太郎氏宅 | 18世紀前期 | なし | 折置 | A | 南信 |
| 11 | 旧山田家住宅 | 18世紀中期 | なし | 京呂 | A | 北信 |
| 12 | 佐々木嘉幸氏宅 | 18世紀中期 | 有 | 折置 | A | 東信 |
| 13 | 中山賢造氏宅 | 18世紀中期 | なし | 折置 | A | 東信 |
| 14 | 中山盛利宅 | 18世紀中期 | 有 | 折置 | A | 東信 |
| 15 | 井出雅一氏宅 | 18世紀中期 | 有 | 折置 | A | 東信 |
| 16 | 今井五郎次氏宅 | 18世紀中期 | 有 | 折置 | A | 東信 |
| 17 | 瀬下家住宅 | 18世紀中期 | 有 | 折置 | J | 東信 |
| 18 | 伊藤敬良氏宅 | 18世紀中期 | なし | 折置 | A | 南信 |
| 19 | 白鳥忠良氏宅 | 18世紀中期 | なし | 京呂 | A | 南信 |
| 20 | 旧渡辺家住宅 | 18世紀中期 | なし | 折置 | H | 南信 |
| 21 | 中川泰氏旧宅 | 18世紀中期 | なし | 折置 | J | 南信 |
| 22 | 市村義一氏宅 | 18世紀中期 | なし | 京呂 | I | 南信 |
| 23 | 木下健一氏宅 | 18世紀中期 | なし | 京呂 | I | 南信 |
| 24 | 松沢徳衛氏宅 | 18世紀中期～後期 | なし | 折置 | A | 中信 |
| 25 | 太田滋男氏宅 | 18世紀中期～後期 | なし | 折置 | A | 中信 |
| 26 | 原淳造氏宅 | 18世紀後期 | なし | 京呂 | A | 北信 |
| 27 | 横田家住宅 | 18世紀後期 | 有 | 京呂 | C | 北信 |
| 28 | 平林盛人氏宅 | 18世紀後期 | なし | 京呂 | B | 中信 |
| 29 | 中村宗一郎氏宅 | 18世紀後期 | なし | 京呂 | I | 南信 |
| 30 | 鶴田良忠氏宅 | 18世紀後期～19世紀前期 | 有 | 京呂 | A | 北信 |
| 31 | 六波羅利一氏宅 | 18世紀後期～19世紀前期 | なし | 折置 | A | 南信 |
| 32 | 山田一義氏宅 | 19世紀前期 | なし | 京呂 | A | 北信 |
| 33 | 竹内一夫氏宅 | 19世紀前期 | 有 | 京呂 | K | 北信 |
| 34 | 井出酉松氏宅 | 19世紀前期 | 有 | 折置 | A | 東信 |
| 35 | 佐々木いちじ氏宅 | 19世紀前期 | 有 | 折置 | A | 東信 |
| 36 | 春日鶴亀氏宅 | 19世紀前期 | なし | 京呂 | A | 南信 |
| 37 | 小木曽隼人氏宅 | 19世紀前期 | なし | 京呂 | I | 南信 |
| 38 | 下平広文氏宅 | 19世紀前期 | なし | 京呂 | I | 南信 |
| 39 | 下島宏登氏宅 | 19世紀前期 | なし | 京呂 | I | 南信 |
| 40 | 高橋秀忠氏宅 | 19世紀前期～中期 | なし | 折置 | A | 中信 |
| 41 | 松沢律氏宅 | 19世紀前期～中期 | なし | 折置 | A | 中信 |
| 42 | 長沢要氏宅 | 19世紀前期～中期 | なし | 折置 | A | 中信 |
| 43 | 下川太門氏宅 | 19世紀前期～中期 | なし | 折置 | A | 中信 |
| 44 | 矢沢長治氏宅 | 19世紀前期～中期 | なし | 京呂 | I | 南信 |
| 45 | 佐々木与三次氏宅 | 19世紀中期 | 有 | 折置 | A | 東信 |
| 46 | 阿部滝義氏宅 | 19世紀中期 | なし | 京呂 | A | 北信 |
| 47 | 関吉男氏宅 | 19世紀中期 | なし | 京呂 | A | 北信 |
| 48 | 山田久八氏宅 | 19世紀中期 | なし | 京呂 | A | 北信 |
| 49 | 平林正美氏宅 | 19世紀中期 | なし | 折置 | A | 中信 |
| 50 | 太田信一氏宅 | 19世紀中期 | なし | 折置 | A | 中信 |
| 51 | 横沢栄一氏宅 | 19世紀中期 | なし | 折置 | A | 中信 |
| 52 | 武田豊氏宅 | 19世紀中期 | なし | 折置 | A | 中信 |
| 53 | 山本麻人氏宅 | 19世紀中期 | なし | 折置 | D | 中信 |
| 54 | 降籏英三氏宅 | 19世紀中期 | なし | 折置 | D | 中信 |
| 55 | 郷津晴三氏宅 | 19世紀中期 | なし | 折置 | D | 中信 |
| 56 | 猿谷眞弘氏宅 | 19世紀中期 | 有 | 京呂 | K | 東信 |
| 57 | 藤沢喜重氏宅 | 19世紀中期 | なし | 京呂 | A | 南信 |
| 58 | 小田切良明氏宅 | 19世紀中期 | なし | 京呂 | I | 南信 |
| 59 | 木下志げ乃氏宅 | 19世紀中期 | なし | 京呂 | I | 南信 |
| 60 | 今井家住宅 | 19世紀中期 | 有 | 京呂 | K | 北信 |
| 61 | 西沢寛治氏宅 | 19世紀後期 | なし | 折置 | D | 中信 |
| 62 | 西沢唯利氏宅 | 19世紀後期 | なし | 折置 | D | 中信 |
| 63 | 宮下節氏宅 | 19世紀後期 | なし | 京呂 | I | 南信 |
| 64 | 松沢直城氏宅 | 20世紀前期 | なし | 折置 | D | 中信 |
| 65 | 山本友衛氏宅 | 20世紀前期 | なし | 折置 | D | 中信 |
| 66 | 降籏隆司氏宅 | 20世紀前期 | なし | 折置 | D | 中信 |
| 67 | 降籏親男氏宅 | 20世紀前期 | なし | 折置 | D | 中信 |
| 68 | 松倉広氏宅 | 20世紀前期 | なし | 折置 | D | 中信 |
| 69 | 松倉忠美氏宅 | 20世紀前期 | なし | 折置 | D | 中信 |
| 70 | 松倉善寅氏宅 | 20世紀前期 | なし | 折置 | D | 中信 |
| 71 | 山本巖氏宅 | 20世紀前期 | なし | 折置 | D | 中信 |
| 72 | 山本傳氏宅 | 20世紀前期 | なし | 折置 | D | 中信 |

向にある。さらに、上屋の端部のおさまりは折置組と京呂組がほぼ半々でもちいられていることもわかる。つまり、信州においては、ふるい時期に建築された民家ほど棟束がもちいられているが、上屋の端部のおさまりは、建築年代に関係なく、折置組と京呂組の双方がもちいられている傾向がある、といえる。

### 三―五　まとめ

以上のように、信州の茅葺民家における扠首組で棟束が併用されている小屋組について、多面的な考察をおこなった。構造的な側面からみた場合、棟束がもちいられていることは、合理的ではある。しかし、棟束がなくても扠首組は成立する。では、なぜ、一本の梁と二本の扠首によって形成されるトラスの中央に棟束がもちいられているのか。この点を、これまでの視点からでは明確な解答をみちびくことができなかった。しかし、棟束は、近世の前期から中期にかけて建築されたふるい民家の遺構におおく存在する、という傾向をえることができた。さらに、棟束がもちいられた明確な理由をえるために、次節では、別の視点から棟束を考察する。

## 四　棟束の建築的な意義

棟束は、どのような意義をもち、過去においてどのように位置づけられていたのか。

### 四―一　オダチ組と扠首組における棟木のささえ方

オダチ組と扠首組において、棟木のささえ方には、どのようなちがいがあるのか。安藤邦廣『茅葺きの民俗学』は、「オダチ組が分布するのは近畿地方に限られ、サスを併用するオダチ組を含めるとその分布はその周辺部に広がる」とする。しかし、その「小屋組の分布図」では、扠首とオダチを併用している民家は、近畿地方が中心になることなく、東北地方にまでひろがっている。[37]オダチ組のオダチは、京都府丹波地方の草葺民家において、棟木をささえる小屋束をいう。[38]つまり、棟木は、オダチによって直接ささえられている。他方、扠首組の頂部の接合は、二本の扠首を交叉させて縄でまいて固定するもの、両方の扠首をたがいにかいてくみあわせた相欠き、枘《ほぞ》差しの三通りがある。このため、棟木は、扠首と扠首の交叉した部分の上方にのることになる。このことからも、棟木のささえ方は、オダチ組と扠首組でまったくことなる、といえる。つまり、オダチ組と扠首組は、たがいにことなるかんがえ方にもとづく小屋組である。ただ、オダチと扠首が併用される小屋組は、近畿地方にまれに存在する。このとき、オダチと扠首は、柱筋をたがいにずらしたり、おなじ柱筋にあるが棟木をささえる部分をたがえたりしている。[39]

### 四―二　オダチ、ウダツ、ウダチの地方性と歴史

オダチ組のオダチは、棟木を直接ささえる垂直材で、梁上にたち、ウダツの転訛とされている。事実、先述のように、ウダツは、方言によって、オダチ、オダツとよばれているところがある。[40]また、享

保一八年（一七三三）の信州福沢村家数書上帳には、「うだつ家」・「うたつ家」・「有立家」といった文字がみられ、総計五三軒の家々のうち、「有立家 拾九軒」としるされている。[41]これらの「有立家」は、ほかの家のように規模の記載がないことから、小規模の家である可能性がたかい。[42]さらに、ウダツヤは、「千葉県下や宮城県下・静岡県下・山梨県下・長野県下、京都府下・大阪府下・和歌山県下などの農家において、梁を用いず、棟を支える柱を地面まで通した家屋を指す呼称。主として小住居または付属小屋の構造である」とされている。[43]さらにまた、『山梨県の民家』には、「一八世紀以降の甲府盆地東部の近世民家は棟持柱が共通の特色となり」、「ウダツ造と呼ばれる」としるされている。[44]なお、『邦訳 日葡辞書』は、「Muna-baxira. ムナバシラ（棟柱） 家の棟木をその上に据える支柱、または、柱」とする。[45]これは、ウダツバシラと同様の部材をさす。この部材は、現代では一般に棟持柱とよばれ、神明造の社殿や一六世紀の洛中洛外図屏風（町田本・歴博甲本、上杉本）にえがかれたマチヤや農家にみられる。[46]「菅浦文書」のなかの「近江菅浦棟別掟」にも、「むなはしらや七十文事」とある。[47]さらに、信州飯山地方では、棟木を通し柱で直接ささえる「タテノボセ」がみられる。[48]さらにまた、北アルプスの立山連峰に棟持柱をもつ建物がみつかっている。[49]このように、地方によってさまざまな呼び名や意味合いでつかわれている、オダチ、ウダツ、ウダチは、方言としてつたえられながらも、基本的に、地面からじかに、棟木をささえる柱や棟木をささえる部材をさしていることがわかる。

　くわえて、宮澤智士によると、近世初期の民家がそれより以前の住まいと区別されるもっとも重要な点は、掘立から礎石の建物へと転換したことにある。[50]さらに、宮澤は、一七世紀の民家の住居跡から掘立の柱穴が検出されたことをあげ、「長辺の中央外寄には棟持柱のものとみられる柱穴があ」ることを指摘している。[51]

　以上、各地の方言としてのオダチ、ウダツ、ウダチ、福沢村の「有立家」の文字、住居跡からの棟持柱とみられる柱穴から推して、近世以前の民家の架構の一つの潮流が、掘立柱である棟持柱をもつ小規模なウダツ小屋であった、と仮定することができる。

　掘立柱の場合、「柱の足元を地中に埋めて、大地に固定するから、それ自体で安定し、貫などの水平材は構造上さほど重要ではなかった」とされる。[52]また、永井規男は、「棟持柱を中心にして梁行に対称形に一間々隔で柱をたてるとすれば、二間または四間という梁行間が定まってくる」としている。[53]これをふまえて、本論では、図12から図16の模式図を梁行二間という最小規模の断面に即して説明する。掘立柱は、棟持柱となる場合、そのおおくが棟木を直接ささえる。このとき、その小屋組は、垂木構造となり、図12のような断面になる。このほかに、掘立柱である柱が二本の扠首の交叉部をささえ、その交叉部の上に棟木がのる場合も想定できる（図14）。これらの形は、ともに軸部と小屋組が分離していない（図12・図14）。

　つぎに、近世にはいり、民家においても礎石の上に柱をたてるようになると、水平材である貫、大引、差物、長押、梁、桁を、柱と緊結して外力にたえる構造に移行する。この時期に軸部と小屋組が分離する（図13・図15）。軸部と小屋組が分離すると、棟持柱のように丈夫なながい部材をもちいることなく建築することができるオダチ組ないし扠首組へと移行した、とかんがえられる。[54]そして、この移行期に、ウダツヤのときの棟持柱のなごりを小屋組のなかにのこしたものがオダチ（図13）ないし棟束（図15）であるとの仮説をもうけることがゆるされよう。

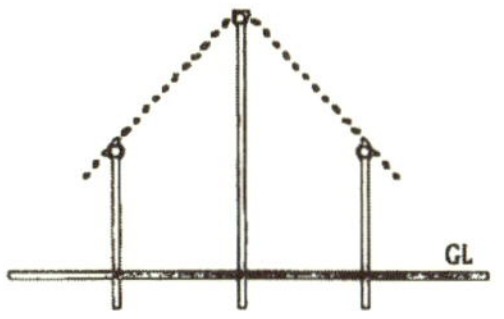


**図12**　棟持柱をもつ小屋組の模式図（のちにオダチ組へ移行）

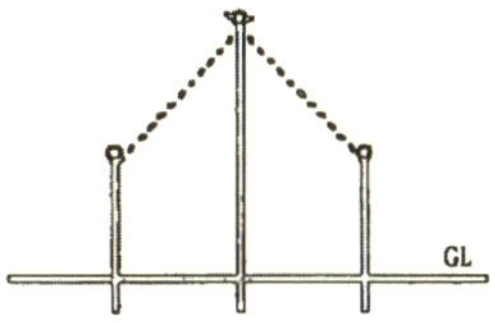


**図14**　棟持柱をもつ小屋組の模式図（のちに扠首組へ移行）

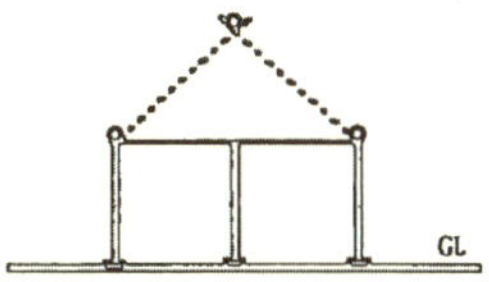


**図16**　礎石建へ移行後の扠首組の模式図２

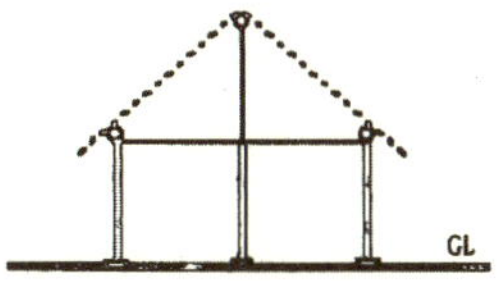


**図13**　礎石建へ移行後のオダチ組の模式図

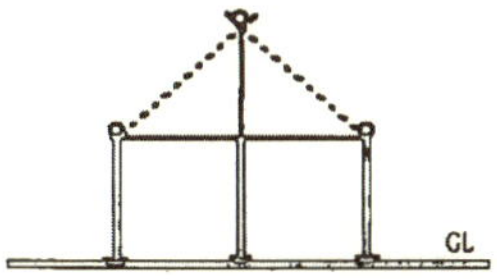


**図15**　礎石建へ移行後の扠首組の模式図１

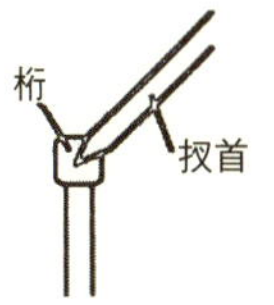


**図17**　桁差しの模式図

**図12～図16の凡例**　点線：垂木、扠首、シングルライン：オダチ・棟束・梁、ダブルライン：柱、長方形（柱下）：礎石、白丸：棟木・桁

この移行期以後の小屋組は、民家の二階で養蚕をおこなうためや、物置のスペースが必要となったために、棟束がつかわれなくなっていった、とかんがえられる（図16）。

## 四―三　扠首組へ移行する前の架構（図14）の判別

ここでは、図14の棟持柱をもつ小屋組の模式図（のちに扠首組へ移行）の静定・不静定の判別をおこなう。掘立柱は、その「根元を火にて焼、壱尺五六寸も土中へ掘こ」むという[55]。したがって、掘立柱の脚部は、支点としては固定端と判断できる[56]。図14の場合に扠首と桁の仕口は、とがらした端を桁にもうけた穴にさす「桁差し」であり、回転端と判断できる（図17[57]）。これらをふまえると、図18のような構造図となる。いまかりに、二本の側柱の脚部を回転端と評価した場合、その構造図は、図19になる。さきにもちいた式(1)[58]で安定・不安定および静定・不静定を判別すると、図18は、m=2より安定となる。図19でさえも、m=0より安定となる。以上から、図18・19において構造体に破壊がおきないかぎり、側柱が外へひろが

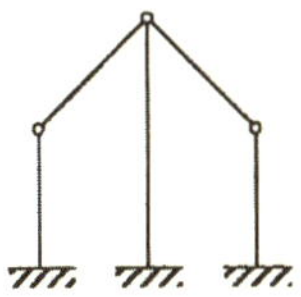

**図18**　すべての柱が掘立柱の場合の構造図（安定・二次不静定）

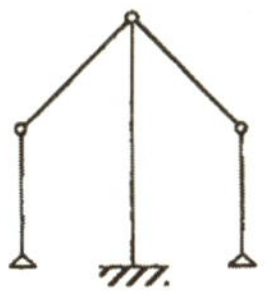

**図19**　側柱の脚部が回転端の場合の構造図（安定・静定）

るといった現象は生じない、と判定することができる。つまり、図14の礎石建てへの移行前の姿は、水平材などをとくにもちいなくても成立する架構であることがわかる。

## 四―四　棟束と家格の関係

では、信州の茅葺民家が建築された時期の時代背景はどのようであったか。伊藤鄭爾は、「信州には他の地方よりもおそくまで中世的な隷農が残存していた」とのべ、身分によって家構えがきまっていたことを指摘し、地主と小作人、水呑百姓の関係が存在したとのべている。[59] また、奈良地方の「クジヤ葺」について、伊藤は、「クジヤであることは部落の支配者層であ」り、「屋根の葺き方はクジヤ葺といって、他の被官百姓などの葺き方とはたしかにちがっていた」とのべている。[60] 永島福太郎も、先述のとおり、クジヤについて、「公事家は自治村落の組織単位と考へられ、近世に至つたものであるが、近世社会の固定は、ま丶公事家を特権化せしむるものであり、これを表徴する為に、公事家葺と称する家屋敷構造さへも成立せしめたところがある」とのべている。[61] このように、信州の茅葺民家が建築された時期は、身分社会であり、村落における支配者層とそれ以外の人々では、屋根のふき方や家構えがことなる場合があった。このことから、棟束の有無が身分社会と関連するのではないのか、という疑問がうかびあがってくる。そこで、春原家住宅、武井富貴男氏宅、平林盛人家住宅といった具体例をとりあげて、考察する。

春原家住宅は、長野県の東部町にあり、『長野県史』によると、一七世紀なかばないし後期の建築と推定されており、さらに「屋号が「庄屋」とよばれているので、江戸時代には庄屋（名主）をつとめた有力な農家であったと考えられるが、その資料はのこされていない」[62]。江戸時代には支配者層の家がらであったとかんがえられる春原家住宅の小屋組は、扠首組で、棟束がもちいられている。

武井富貴男氏宅は、長野県の伊那市にあり、一七世紀後期か、くだっても一八世紀初めの建築とかんがえられており、武井氏の先祖は、新山村柴尾の六人衆の一人で名主もつとめていたという。[63] 武井富貴男氏宅も江戸時代には、支配者層の家がらであった、とかんがえられる。この家の小屋組は、扠首組で、棟束がもちいられている。

平林盛人家住宅は、長野県の豊科町にあり、その建築年代が一八世紀後期と推定されており、庄屋ではなかったが、享保一五年（一七三〇）や延享三年（一七四六）の位牌がある旧家であるという。[64] 平林盛人家住宅は、庄屋ではないことから、村落においては庄屋や名主などの支配者層ではなかった、とかんがえられる。平林盛人家の小屋組は、扠首組で、棟束はもちいられていない。つまり、棟束の有無は、地域的な差がみられるものの、支配者層の家構えと支配者層ではない人々の家構えとの差異に呼応する可能性がみえる。

## 四―五　まとめ

以上のことから、オダチ組と扠首組は、別の架構であり、オダチ組と扠首組を併用している民家はけっして主流とはいえない。また、近世以前の民家の架構の一つの潮流が、軸部と小屋組が分離していない、掘立柱である棟持柱構造だったと仮定した場合、扠首組に併用される棟束は、棟持柱をもちいていた近世以前の民家の形態をその小屋組にとどめたものではないか、とかんがえられる。また、この棟束は、近世の身分社会のなかの、支配者層の家々のなかでも、とくに近世前期のふるい遺構におおくみられる傾向が確認することができた。

## 五　結　論

　では、なぜ、ウダツヤといった小規模な建物にみられた棟持柱が、支配者層のふるい遺構のおおくに、棟束として、その名残りを小屋組のなかにとどめたのだろうか。その理由は、中世から近世へと転換する過程で、支配者層の家々のみが軸部と小屋組に分離した、規模の拡大した形に移行しえたのに対して、それ以外の人々の家々は、軸部と小屋組が分離しない小規模な形にとどまらざるをえなかったからではないか。すなわち、二本の扠首の交叉部を介して棟木を地面からささえていた棟持柱（図14）は、その後、支配者層の家々においては上屋梁の上にのる棟束（図15）へかわったのに対して、それ以外の人々の家々においては棟持柱のままであった（図14）。さらにその後、支配者層の家々は、小屋組から棟束をぬきさった静定トラス（図16）へと移行したのに対して、それ以外の人々の家々は、棟束を介することなく棟持柱構造から直接的に静定トラスの小屋組（図16）へ移行したのではないか。一本の上屋梁と二本の扠首からなる静定トラス（図16）が戦国期から近世前期にかけて信州の茅葺農家に普及する過程は、以上のとおりである、とかんがえられる。

　ふりかえって、軸部と小屋組に分離した茅葺民家は、オダチ組か扠首組しかなく、信州の茅葺民家は、扠首組ばかりでオダチ組が確認されなかった。また、扠首組は、戦国期から近世前期に普及したあたらしい架構であった。であるならば、中世信州の茅葺民家は、軸部と小屋組が分離していない棟持柱構造のみを想定せざるをえない。したがって、信州の茅葺民家は、中世から近世にかけて、棟持柱構造から扠首構造へと変容したことになる。このとき、信州の茅葺民家の遺構に散見される棟束は、棟持柱構造と扠首構造をつなぐミッシング・リンクに位置する。

### 参考文献および註

(1) 最新の概説書として、平山育男『近畿農村の住まい　日本列島民家の旅④近畿Ⅰ』（INAX、一九九四年）を参照した。

(2) 大場修「奈良盆地における町家の発展過程—架構形式の変容を通して—」（『日本建築学会計画系論文報告集』四〇三、一三三—一四七頁、一九八九年）

(3) 林幸太郎氏宅（京都市都市計画局編『鞍馬 町なみ調査報告』同、一九八二年）二七頁参照

(4) 畑智弥・土本俊和「京都の町屋における軸部と小屋組」（『日本建築学会計画系論文集』五一三、二五九—二六六頁、一九九八年）、各論A京都1同「京都のマチヤにおける軸部と小屋組」

(5) 関口欣也執筆・山梨県教育委員会編『山梨県の民家』（山梨県教育委員会、一九八二年）

(6) 太田博太郎『信濃の民家』（長野県文化財保護協会、一九七六年）などを参照。詳細はおってしるす。

(7) 光井渉「「合掌造」について」（『月刊文化財』三七八、四—一四頁、一九九五年）八頁引用

(8) 信州における茅場の調査は、一九九七年と一九九八年にわたって、四回おこなった。おもな調査の対象は、小谷村の親沢北観光委員会が所有、管理しているものである。茅場の管理、運営を中心に調査し、その内容は、『棟柱 第1号』（信州伝統的建造物保存技

術研究会、一九九八年）一一―一四頁にしるした。また、茅葺屋根の民家にすむ人々へのヒアリング調査を一九九八年に一四回おこない、屋根の維持や管理を中心に調査した。その内容は、『棟柱 第2号』（信州伝統的建造物保存技術研究会、一九九九年）三一―四〇頁にしるした。

（9）註8前掲『棟柱 第2号』四二―六〇頁参照

（10）安藤邦廣『茅葺きの民俗学 生活技術としての民家』（はる書房、一九八三年）七九―八六頁参照

（11）註6前掲・太田『信濃の民家』に所載の「八千穂村の民家」の「中山盛利氏宅断面図」一二九―一三二頁と「今井五郎次氏宅断面図」一三四―一三六頁は、オダチ組ともみえるが、文言での具体的な説明がなく、遺構も確認しえないので、オダチ組と断定することができない。

（12）彰国社編『建築大辞典 第二版〈普及版〉』（彰国社、一九九三年）二〇七頁引用

（13）註12前掲『建築大辞典』六三四頁引用

（14）信州における小屋組の模式図は、上田小県誌刊行会編『上田小県誌』（小県上田教育会、一九七三年）の二八四頁・図69①、および長野県編『長野県史 美術建築資料編 全一巻（二）建築』（長野県史刊行会、一九九〇年、大河直躬分筆部分）の一八六頁の図3・Iにすでにしめされている。その具体例として、前者は、赤羽家・芹沢家・吉原宅などをあげ、後者は、春原家・佐々木家などをあげている。

（15）日本建築学会民家語彙集録部会編『日本民家語彙解説辞典』（日外アソシエーツ、一九九三年）一三〇頁参照

（16）長野県編『長野県史 近世史料編 第三巻 南信地方』（長野県史刊行会、一九七五年）四九七―四九八頁参照

（17）註15前掲『日本民家語彙解説辞典』七四―七五頁引用

（18）註5前掲・関口『山梨県の民家』九五頁引用

（19）『邦訳 日葡辞書』（岩波書店、一九八〇年）四三二頁引用

（20）註4前掲・各論A京都1畑ほか「京都のマチヤにおける軸部と小屋組」

（21）飯山市誌編纂専門委員会編『飯山市誌 歴史編 上』（飯山市、一九九三年）八一一―八二二頁（吉澤政己分筆部分）参照

（22）川上貢「総柱建て・棟持柱を持つ建物の遺構―越中立山の室堂―」（京都府埋蔵文化財調査研究センター編『京都府埋蔵文化財論集』第一集、五〇九―五一五頁、一九八七年）

（23）永島福太郎「公事家考―「家」を中心とする村落構造の一研究―」（『史学雑誌』六三―三、二七―五〇頁、一九五四年）三六頁引用

（24）伊藤ていじ『民家は生きてきた』（美術出版社、一九六三年）二一七頁引用

（25）註8前掲『棟柱 第1号』、註8前掲『棟柱 第2号』参照

（26）信州における茅葺民家の七二点の断面図は、註6前掲・太田『信濃の民家』、註14前掲・長野県編『長野県史 建築』、文化財建造物保存技術協会編『重要文化財 旧横田家住宅修理工事報告書』（長野市、一九九一年）、宮澤智士編『長野県北安曇郡白馬村 白馬桃源郷青鬼の集落』（財団法人日本ナショナルトラスト、一九九七年）、長野県美麻村教育委員会編『長野県宝 中村家住宅修理工事報告書』（長野県美麻村、一九九七年）、三郷村教育委員会編『三郷村の民家』（三郷村教育委員会、一九九三年）、文化財建造物保存技術協会編『重要文化財 小松家住宅修理工事報告書』（重要文化財小松家住宅修理委員会、一九七八年）、岡谷市教育委員会編『旧渡辺家住宅修理復元工事報告書』（岡谷市教育委員会、一九九二年）、「駒ヶ根市の民家」編集委員会編『駒ヶ根市の民家』（駒ヶ根市教育委員会、一九九二年）に記載されているもの、および実測調査によりえたものである。今井家住宅（長野市立博物

館内）は、一九九九年八月に調査をおこない、このデータもとりいれた。なお、個々の断面図の出典は、註8前掲『棟柱　第1号』、註8前掲『棟柱　第2号』を参照されたい。本論でとりあつかった断面図は、土間・居室境の一点でとったものであり、建築年代の判定は、調査者の報告によるものである。

(27) 註11参照

(28) 註10前掲・安藤『茅葺きの民俗学』七九頁参照

(29) 註10前掲・安藤『茅葺きの民俗学』七九・八二頁参照

(30) 武藤清・辻井静二・梅村魁・青山博之『大学課程　建築構造力学』（オーム社、一九七八年）四九―五〇頁、および、笹川明・安宅信行『建築構造』（市ヶ谷出版社、一九八〇年）八―九頁参照

(31) 註8前掲『棟柱　第2号』の取材において、長野県の茅葺職人である一〇名の方々に修業時代や茅葺の材料や茅葺の施工のしかたなどを中心にヒアリングをおこなった。そのなかで、棟束の有無について調査したところ、「棟に束が立っている民家はなぜあのようにするかわからない。もっと扠首の途中に入っていた方が、扠首がしなったときに良いはずだ」という回答や「束がないと足場をつくることができない。棟束がなければ針受けがやりずらい。（中略）束は入っていた方が良い。扠首だけの家は弱いってことだね」という回答や「真束が入っている方が家がしっかりする」などの回答をえることができた。

(32) 註11前掲の「中山盛利氏宅」と「今井五郎次氏宅」も、上屋の梁上の三角形をなす部分の壁の有無を確認できるので、表6にふくめる。

(33) 註6前掲・太田『信濃の民家』一三二―一三四頁参照

(34) 註12前掲『建築大辞典』六三二頁引用

(35) 伊藤鄭爾『中世住居史［第二版］』（東京大学出版会、一九五八年）

(36) 宮澤智士『日本列島民家史　技術の発達と地方色の成立』（住まいの図書館出版局、一九八九年）一一二頁引用

(37) 註10前掲・安藤『茅葺きの民俗学』八二―八三頁参照

(38) 註12前掲『建築大辞典』二〇七頁参照

(39) 奈良国立文化財研究所・神戸市教育委員会編『神戸の茅葺民家・寺社・民家集落―神戸市歴史的建造物実態調査報告書―』（神戸市、一九九三年）一三二―一五八頁には、柱筋をずらして、オダチ組の形式と扠首組の形式とをもちいている小屋組をもつ民家が一例ある。神戸市西区岩岡町にある碓永秀夫家である。これは、一九世紀中期に建築された民家で、比較的にあたらしい。碓永秀夫家の同地域（神戸市西区）では、同家の建築年代と同時期に建築されたとされている扠首組の小屋組をもつ民家がおおくみられる。また、京都府教育庁文化財保護課編『京都府の民家　調査報告　第四冊』（京都府教育委員会、一九七〇年）三〇頁では、「美山町では、サス組導入後も、サス組単独で用いることは少なく、棟束組と組合わせることが普通であり、棟束組系統の伝統力が如何に根強いかを示している」としるされている。また、川島宙次『滅びゆく民家―間取り・構造・内部―』（主婦と生活社、一九七三年）一三六頁では、おなじ柱筋にオダチと扠首があるが、棟木をささえる部分をたがえている京都府京北町の河原畑家住宅などの民家をあげている。この種の架構の意義は、今後の課題としたい。

(40) 註15前掲『日本民家語彙解説辞典』一三〇頁参照。なお、岩本由輝「梲（ウダツ）と沽券（コケン）」（『シリーズ比較家族6　家・屋敷地と霊・呪術』早稲田大学出版部、一九九六年）一一八―一二三頁、は、ウダツの語源などに言及している。

(41) 註16前掲『長野県史　南信地方』四九七―四九八頁参照

(42) 茅野市教育委員会誌『茅野市の民家』（茅野市教育委員会、一九七三年）四六―五〇頁参照

(43) 註15前掲『日本民家語彙解説辞典』七四―七五頁引用
(44) 註5前掲・関口『山梨県の民家』九五頁引用
(45) 註19前掲『邦訳 日葡辞書』（岩波書店、一九八〇年）
(46) 註4前掲・各論A京都1畑ほか「京都のマチヤにおける軸部と小屋組」
(47) 笠松宏至・佐藤進一・百瀬今朝雄『中世政治社会思想 下』（岩波書店、一九八一年）二四〇頁引用、伊藤裕久『中世集落の空間構造―物的結合と住居集合の歴史的展開―』（生活史研究所、一九九二年）三九頁および註35前掲・伊藤『中世住居史』一三四頁参照
(48) 註21前掲『飯山市誌 歴史編 上』八一一―八二二頁参照
(49) 註22前掲・川上「総柱建て・棟持柱を持つ建物の遺構」五〇九―五一五頁参照
(50) 宮澤智士「近世民家の地域的特色」（永原慶二・山口啓二代表編集『講座・日本技術の社会史 第七巻 建築』日本評論社、一五一―一八二頁、一九八三年）一五四頁参照
(51) 註50前掲・宮澤「近世民家の地域的特色」一六四頁引用
(52) 註50前掲・宮澤「近世民家の地域的特色」一五五頁引用
(53) 京都府教育庁文化財保護課編『京都府の民家 調査報告 第七冊』（京都府教育委員会、一九七五年、永井規男執筆部分）一二頁引用
(54) 註8前掲『棟柱 第2号』のヒアリングにおいて、長野県松川村の茅葺職人である白沢初男氏は、「ここらでは、規模が大きくなれば短い木をつかって小屋を組んでいった」とのべられた。
(55) 「きりもぐさ」（『新編 信濃史料叢書 第十巻』信濃史料刊行会、一九七四年）三七二頁引用。藤島亥治郎「江戸時代民家の文献的研究―特に信濃佐久の民家について―」（『建築史研究』一四、一二一―一二六頁、一九五四年）一二二頁で藤島は「きりもぐさ」を引用している。
(56) 註12前掲『建築大辞典』五七八頁参照
(57) 具体的な事例として、石原憲治『日本農民建築の研究』（南洋堂書店、一九七六年）一〇九頁に「桁差し」が類型化されている。また、長野県信濃町の佐藤家住宅（この資料は信濃伝統建築研究所長・和田勝所蔵）では、桁ではないが、梁に桁差しのような手法で扠首が固定されている。さらに、註10前掲・安藤『茅葺きの民俗学』八〇頁に記載されている扠首組も小屋組の両端の梁には扠首が桁差しのような形でおさめられている。くわえて、「越中でギヤ又はギヤエベといふのは、古風なクズヤ建ての、桁の上にすぐに「さす」を載せた低い家のことである（富山市近在方言集）」（柳田国男・山口貞夫共編『居住習俗語彙』国書刊行会、一九七五年、二六八頁引用）とある。なお、扠首と桁は、屋根材と縄結いによって緊結されるため、はずれることはなく、その接合部は回転端と判断できる。
(58) 註30前掲参照
(59) 註24前掲・伊藤『民家は生きてきた』一二七―一三一頁参照
(60) 註24前掲・伊藤『民家は生きてきた』二一八頁引用
(61) 註23前掲・永島「公事家考」三六頁引用
(62) 註14前掲『長野県史 建築』二〇二頁引用。なお、既存の調査研究の一覧は、同書に収録されており、おおいに参照した。
(63) 註6前掲・太田『信濃の民家』二九五―二九九頁参照
(64) 註14前掲『長野県史 建築』二四一頁参照

資料記号一覧

（A）註6前掲『信濃の民家』
（B）註14前掲『長野県史 建築』

（C）註26前掲『重要文化財　旧横田家住宅修理工事報告書』
（D）註26前掲『長野県北安曇郡白馬村　白馬桃源郷青鬼の集落』
（E）註26前掲『長野県宝　中村家住宅修理工事報告書』
（F）註26前掲『三郷村の民家』
（G）註26前掲『重要文化財　小松家住宅修理工事報告書』
（H）註26前掲『旧渡辺家住宅修理復元工事報告書』
（I）註26前掲『駒ヶ根市の民家』
（J）信濃建築史研究室（所長・吉澤政己）所蔵
（K）信州大学工学部土本研究室所蔵

初出　二〇〇〇年六月　遠藤由樹・土本俊和・吉澤政己・和田勝・西山マルセーロ・笹川明

補記1　各論B信州1「信州の茅葺民家にみる棟束の建築的意義」は、二〇〇〇年六月の初出後、浅川滋男・箱崎和久編『埋もれた中近世の住まい』（同成社、二〇〇一年）にとりあげられた。そこでうけたコメントに対しては、総論6「棟持柱構造から軸部・小屋組構造への展開過程」（二〇〇二年六月初出）の冒頭でこたえた。

補記2　註39で言及した架構の意義は、総論4「掘立から礎へ」や総論5「日本の民家の架構法」などでのべた。

# 各論B
# 信州2　赤柴のタキモノ小屋

棟柱は、棟木を地面から直接ささえる柱であって、『邦訳 日葡辞書』にその語がみえるが、現在では一般的に棟持柱とよばれる。伊勢神宮の場合、この柱が掘立で独立しているから、独立掘立棟持柱構造といわれる。この構造をもつ建築の成立過程や性格がいまなお問題になっている。この柱は、前近代の建物にしばしばみられたが、近代にはいっても、伊勢神宮にかぎらず、小規模な建物にみられた。

一八八七年に大森貝塚を発見したモース（一八三八—一九二五）は、一八八七年に『日本のすまい 内と外』（Japanese Homes and their Surroundings）をあらわした。そのなかに、棟持柱に関する指摘がある。

せまい家の、しかも屋根が切妻であるばあい、建物のそれぞれの妻面の中央の柱が、直接、棟木をささえ、これからタルキが軒まではしっている。

For a narrow house, if the roof be a gable, a central upright at each end of the building gives support to the ridge-pole from which the rafters run to the eaves.

軸部と小屋組が分離していないこの形は、まさに棟持柱構造である。この形が「せまい家の、しかも屋根が切妻であるばあい」にみられる、とモースは指摘した。

くだって、一九三七年発行の『熊狩雑記』（金子總平『南會津北魚沼地方に於ける熊狩雑記』アチックミューゼアム、一九三七年、後に谷川健一編『サンカとマタギ 日本民俗文化資料集成 第一巻』三一書房、一九八九年所収）に、センダツとよばれる棟持柱をもつ「熊狩り小屋」が記録されている。

此小舎は普通二間に二間半位で、十人位はくらす事が出来る。この小舎をヲダツ小舎といふ。熊狩小舎のみでは無く、かゝる作りの小屋をヲダツ小屋と称するのである。

このほか、棟持柱をもつ建物は、石原憲治『日本農民建築 第五輯（北陸、中部I）』（南洋堂書店、一九七三年復刻）や関口欣也執筆・

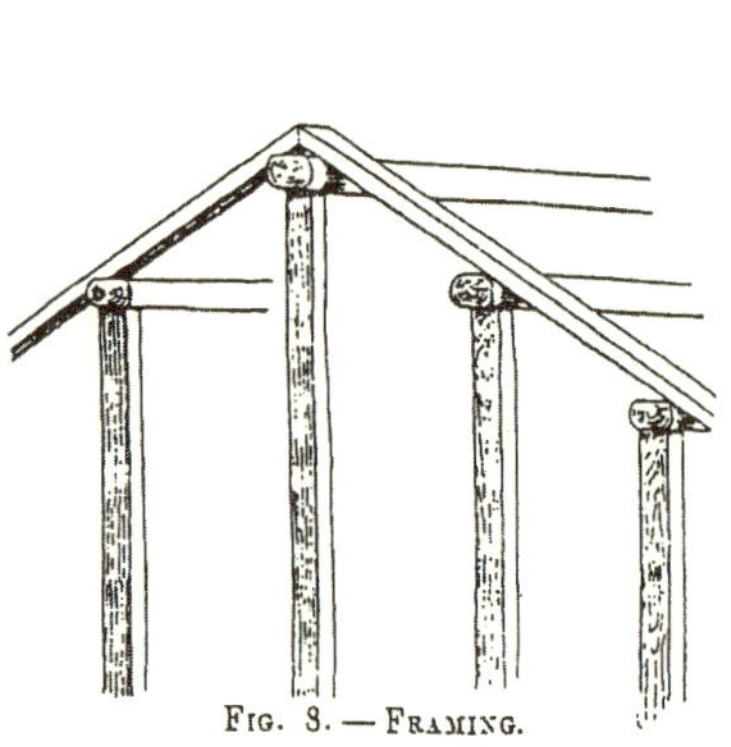


**図1**　『日本人のすまい 内と外』（Edward S. Morse, Japanese Houses and their Surroundings, 1887, p.17より）

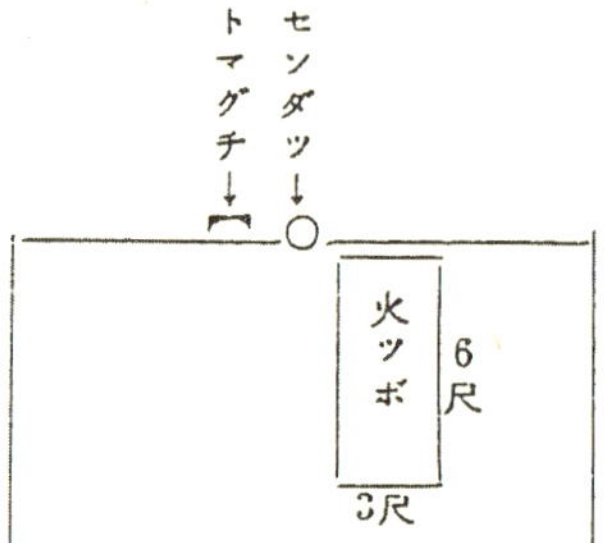


**図2**　『熊狩雑記』（金子總平『南會津北魚沼地方に於ける熊狩雑記』1937年、9頁より）

山梨県教育委員会編『山梨県の民家』（山梨県教育委員会、一九七三年）に記録されている。

ここにあらたに紹介するのは、旧松代城下町の南に位置する旧豊栄村を調査したとき、赤柴という集落で平成一二年（二〇〇〇）八月九日に発見した独立の棟持柱をもつ建物である。八〇歳になる御当主によれば、この建物は、明治三七年（一九〇四）にあった火事のずっと前にたっていて、「タキモノゴヤ」とよばれ、ここらあたりでは「タキモノゴヤ」というのがとおりがいい、とのことであった。以前、仕事でこのちかくにきていたある大工がながい間この建物をみていて、めずしいから大切にとっておいてほしい、と御当主にいってのこしたらしい。この建物の棟持柱はその脚部が土にうまっていたが、ほってみると、柱の最下端の下に石があった。これは、掘立柱の根石ではなく、土砂でうまった礎石であろう。なお、柳田国男・山口貞夫共編『居住習俗語彙』（図書刊行会、一九三九年）に「タキモノクベヤ　薪小屋（東牟婁）。タキモノ即ち燃料を置くへヤである」とみえる薪小屋とこの建物は類似する。

すなわち、棟持柱構造は、モースが切妻のせまい家にみられるとし、金子が熊狩小屋にてききとり、石原が信州の小規模な付属建物にて実見し、関口が山梨県下の調査で多数の遺構を記録した。このたび、旧豊栄村の赤柴で、掘立ではないが、独立の棟持柱をもつ現存遺構を確認した。

以上より、棟持柱をもつ構造は、近代にはいっても、伊勢神宮のほか、小規模な付属建物や一部の民家に承け継がれていた、と判断することができる。

初出　二〇〇一年三月　土本俊和

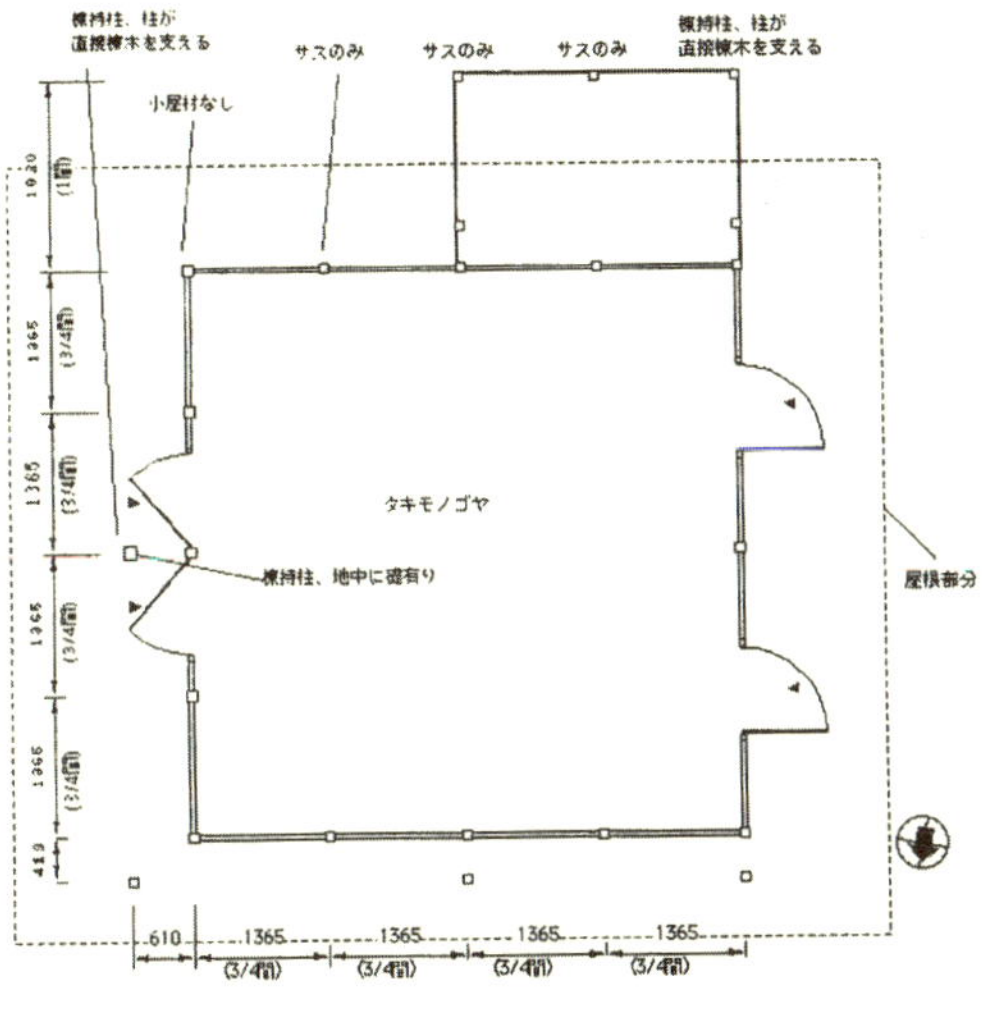


**図3**　タキモノゴヤ平面図　s=1/100

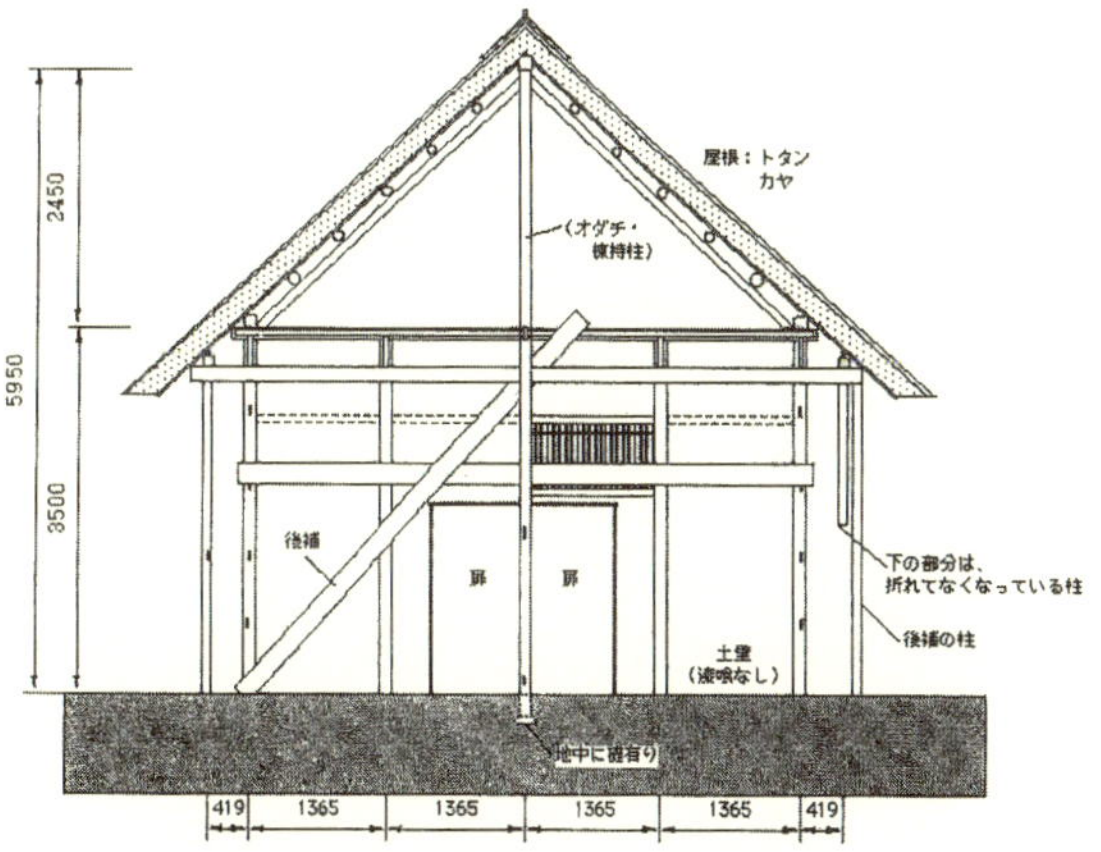


**図4**　タキモノゴヤ東側立面図　s=1/100

**図5**　タキモノゴヤ全景

**図6**　タキモノゴヤ棟持柱

**図7**　タキモノゴヤ東側

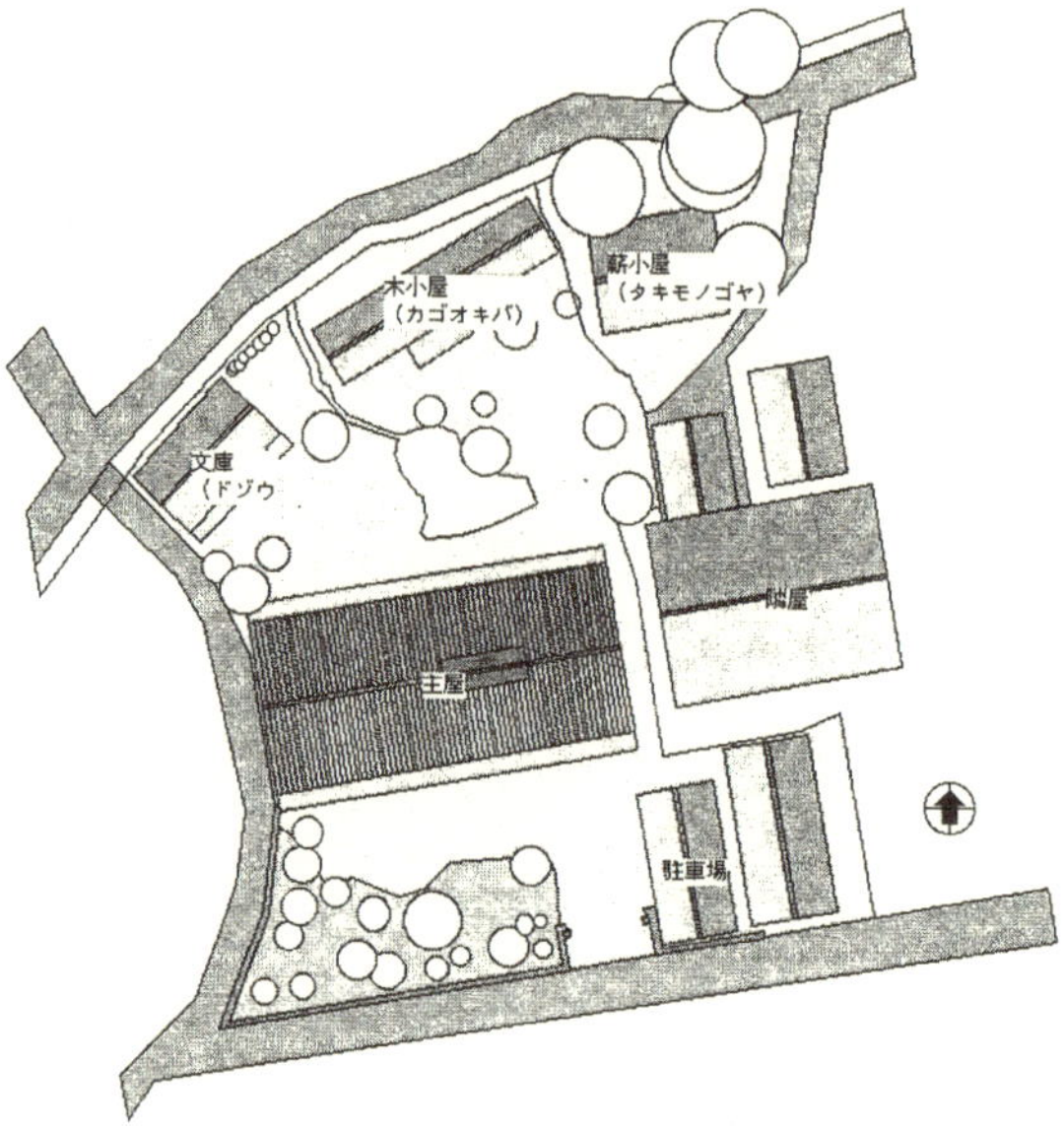


**図8**　タキモノゴヤ配置図　s=1/100

# 各論B
# 信州3　国見の掘立棟持柱

一九九七年―九八年のシンポジウム「掘立柱建物はいつまで残ったか」の成果として、『埋もれた中近世の住まい』が二〇〇一年五月に刊行された。一九九八年に出版された『先史日本の住居とその周辺』の姉妹版と位置づけられる本書は、先史・古代史の建築学・考古学・歴史学の知見をふまえた学際的な論集である。とりわけ、これまで蓄積されてきた民家研究の成果を批判的に継承しつつ、中近世の掘立柱建物に焦点をあてることで、学問のさらなる発展をうながす好書になっている。

その冒頭で、「掘立柱の小屋程度のものは今でもたくさんありますが、本格的な住居としていつまで残るのか」（田中琢筆）という問題点がのべられている。ただ今日、「掘立柱の小屋程度のもの」をさがしても、その現存遺構にであえる機会は、いちじるしくすくないだろう。つまり、この種の建物が、「今でもたくさんあります」とはいえない。ぎゃくに、今日、「小屋程度のもの」をないがしろにするわけにはいかない。すなわち、今日、掘立柱からなる小屋のもつ学問的な価値は、おおきい。

まず、伊藤鄭爾が一九五五年にまとめた「第二回奈良市民家調査報告」は、掘立式の住居を都市のなかでみいだしている。すなわち伊藤は、『未解放部落の實証的研究』（一九五三年）を参照しつつ、A地区では、「昭和二七年三月現在総住宅数二八二戸のうち、掘立《ママ》、仮小屋のものは二八戸ある」（五二頁）とするす。事実、『未解放部落の實証的研究』は、土台をもつ建物を掘立と区別しているから、掘立に関するこの指摘は、単なる比喩ではないだろう。ただ、この掘立が棟持柱構造であるか否かは、不明である。

他方、川崎市立日本民家園（多摩区桝形）に掘立式の棟持柱構造の建物が移築保存されている。『棟持柱の木小屋』と題された同園の資料（A4サイズ一頁、一九九六年）によれば、その旧所在地は多摩区生田で、その建築年代は「関東大震災後間もない頃」で大正一三年（一九二四年）頃とされる。また、「昭和二五年頃の屋根葺替時に桁以上の部材を取替えたようで」、「柱の根元が腐朽してしまったために飼石していた箇所も見受けられた」が、「日本民家園に移築するにあたり、柱を掘立式に復し」た。この復元された「建物の特徴は、柱がすべて掘立式で、棟持柱を持つ垂木構造となる点である」。

この『棟持柱の木小屋』と類似する建物を今年度の調査で発見した。その後、実測調査とヒアリング調査をおこなったので、ここに報告する。この建物は、長野市の西に位置する国見《くにみ》という山村の大字山鍋にあった。建物の特徴も生田の木小屋とおなじ掘立棟持柱構造であった。しかし、この建物は、柱の頂部が股木になっており、柱が丸太でも皮のついた丸太であるから、生田の木小屋より古風にみえる。

この建物の所有者であるS.Shiさん七五歳（国見生まれで五〇年前に結婚）へのヒアリング（平成一三年九月）によれば、この建物をタキモノゴヤとよぶとのことであった。この呼称は、『棟柱　第4号』表題解説（二―三頁、各論B信州2）で紹介した、棟持柱をもつ「赤紫のタキモノ小屋」とおなじである。国見の場合は、柱のすべてが掘立である。現在は、トタンで屋根をふき、針金や釘で部材をかためているが、以前はクズヤ（茅葺）で部材を縄でしばっていた、という。壁は、現在、茅を縄でしばったり、板でおさえたりしている。この建物は、「おじいちゃん」（S.Yさん、明治三三年生・平成八年没、S.Shiさんの義父）がつくったもので、「だんな」（S.Syuさん七五歳、S.Shiさんの夫）もいっしょにつくった、とのことである。したがって、大正一三年頃とされる生田の木小屋よりもこの建物は、あたらしい。その建築年代は、二〇世紀の中期以降といえるだろう。さらにまた、この建物には専門の大工がはいっていないとの貴重な証言もえることができた。

以上にみた三例は、都市のまずしい地区に掘立式の極小住居が限定的にみられ、農村ないし山村で肥料や薪をためておく小規模で粗末な倉庫に掘立棟持柱がみられることをしめす。かたや、現代の掘立棟持柱は、伊勢にもみられる。それは、最高級の宗教建築である。

大局的にみて、先史・古代にはあまねくみられた掘立棟持柱は、中近世にてふるいにかけられたあと、近代化の過程で徐々にその姿をへらした、とかんがえられる。この掘立棟持柱は、現代では、一方で最下級の建築としてつたえられ、他方で最高級の建築としてつたえられている。いわば、乞食と王子が対照的でありながらもともに人間であるように、現代では対比的に捕捉されるこの二者もおなじ母体から生成された歴史的な建物である、とのみとおしがなりたつ。

参考文献および註

（1）奈良県民生労働部同和問題研究所編『未解放部落の實証的研究』（同、一九五三年）
（2）伊藤鄭爾「第二回奈良市民家調査研究報告」（『住宅研究』八・九全本、一九五五年）
（3）川崎市立日本民家園『棟持柱の木小屋』（同園資料、一九九六年）
（4）浅川滋男『先史日本の住居とその周辺』（同成社、一九九八年）
（5）土本俊和・遠藤由樹「掘立から礎へ―中世後期から近世にいたる棟持柱構造からの展開―」（『日本建築学会計画系論文集』五三四、二六三―二七〇頁、二〇〇〇年）、総論4同「同」
（6）浅川滋男・箱崎和久編『埋もれた中近世の住まい』（同成社、二〇〇一年）

初出　二〇〇二年三月　土本俊和

**図1**　長野県長野市国見

**図2**　国見のタキモノゴヤ

**図3**　同掘立柱柱頭

**図4**　同掘立柱柱脚

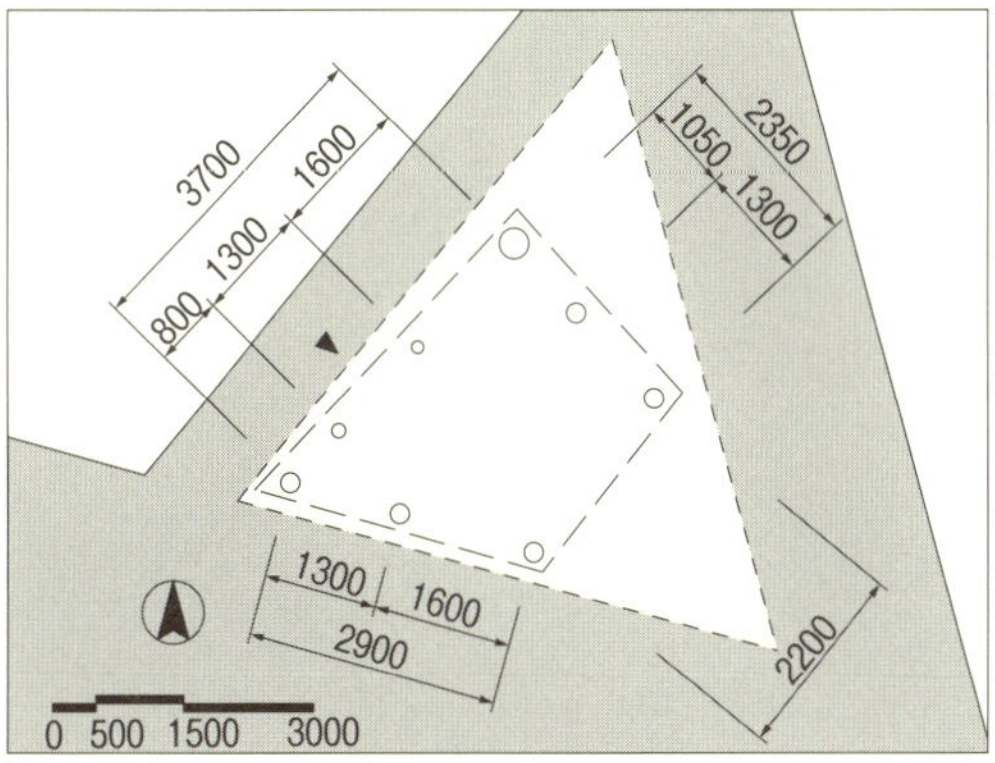


**図5**　同平面図

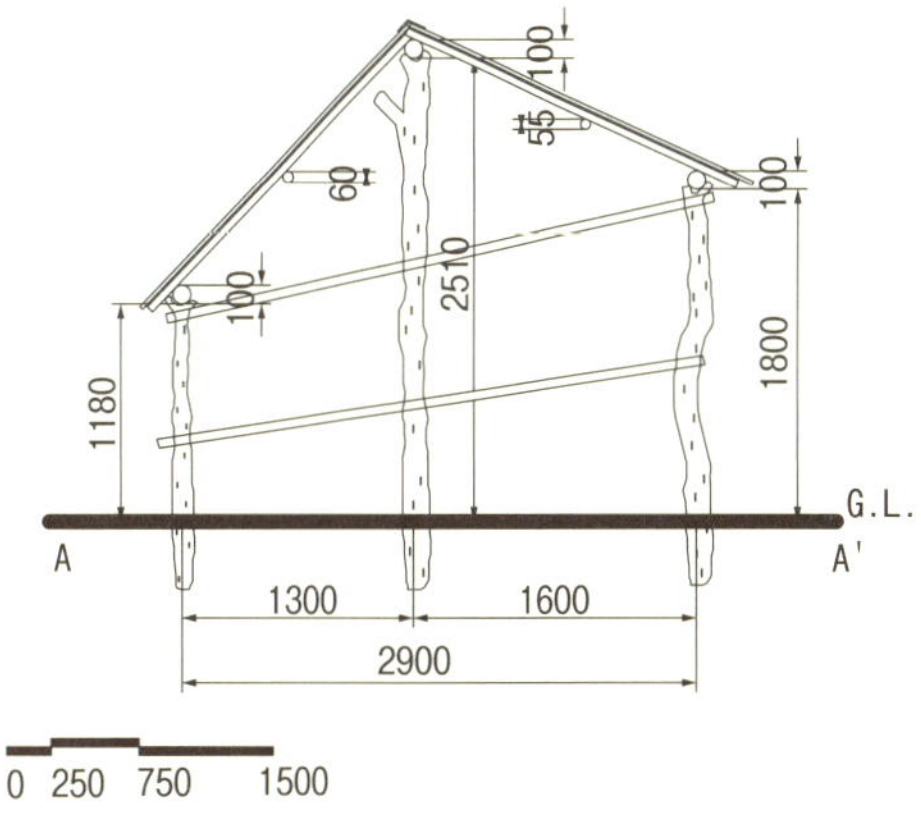


**図6**　同断面図

# 各論B
# 信州4　棟持柱をもつ諏訪の穴倉

平成一六年（二〇〇四）六月一九日、善光寺山門の修理工事現場見学会に、ややおくれて現場に到着した村松健敏氏（信州伝統的建造物保存技術研究会・会員、茅野市）から、藤森照信監修『諏訪の建築』（二〇〇二）をいただいた。そこには、「下槻木の穴倉／茅野市泉野／昭和三五年」（『同』五二—五三頁）と題された建築写真五点が解説付きで紹介されていた。この穴倉は、棟持柱をもつ妻入り茅葺きの竪穴であったので、たいへん興味ぶかく拝見した。内部をうつした写真には、「槻木錬成塾」としるされた額があった。また、そのときに、今和次郎「信濃諏訪地方の民家」（一九二九）や三澤勝衛「南信地方の民家風景—特に天竜川流域に就いて—」（一九三六）などのコピーも、村松氏からいただいた。三澤勝衛は、村松氏の母校である諏訪清陵高校の先生であったとのことであり、実際、三澤勝衛と今和次郎の論文コピーに「三沢先生記念文庫」の印があった。この穴倉は、いまでもみることができるとのことだったので、現地を調査しなくてはならない、とかんがえていた。

その間、今和次郎「信濃諏訪地方の民家」（一九二九）が註にしるす三澤勝衛「八ヶ岳山麓（裾野）地理研究」（一九二七）でも「穴倉」がみえる点を確認したり、藤島亥治郎「信濃建築五論」（一九五四）でも「諏訪の室」がみえる点を発見したり、石原憲治『日本農民建築　第五輯』（一九七三復刻）でも「諏訪郡地方に見られる半地下の室」がみえる点を確認したりしていた。

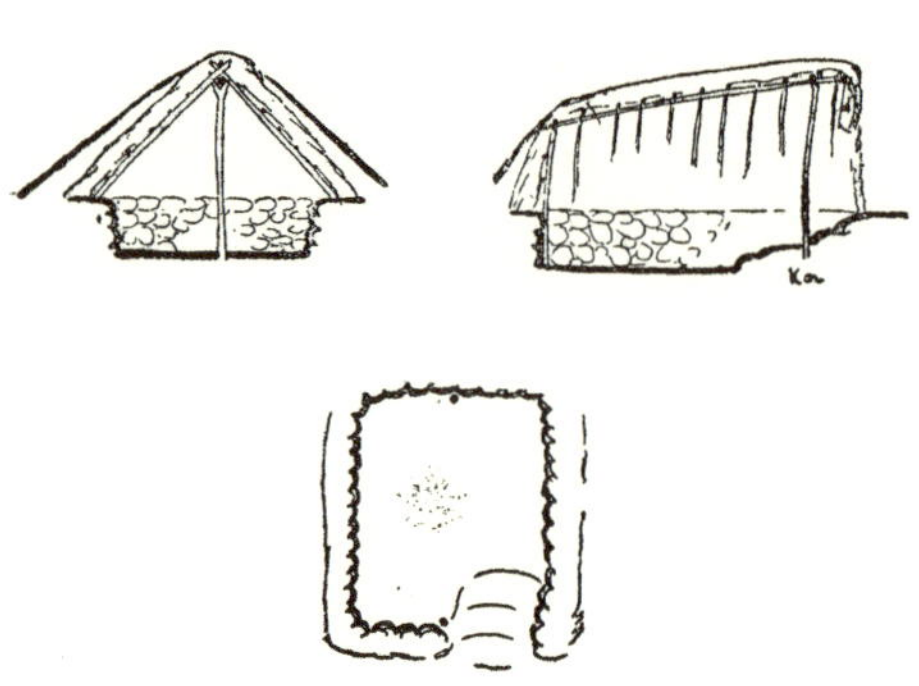

図1　窖

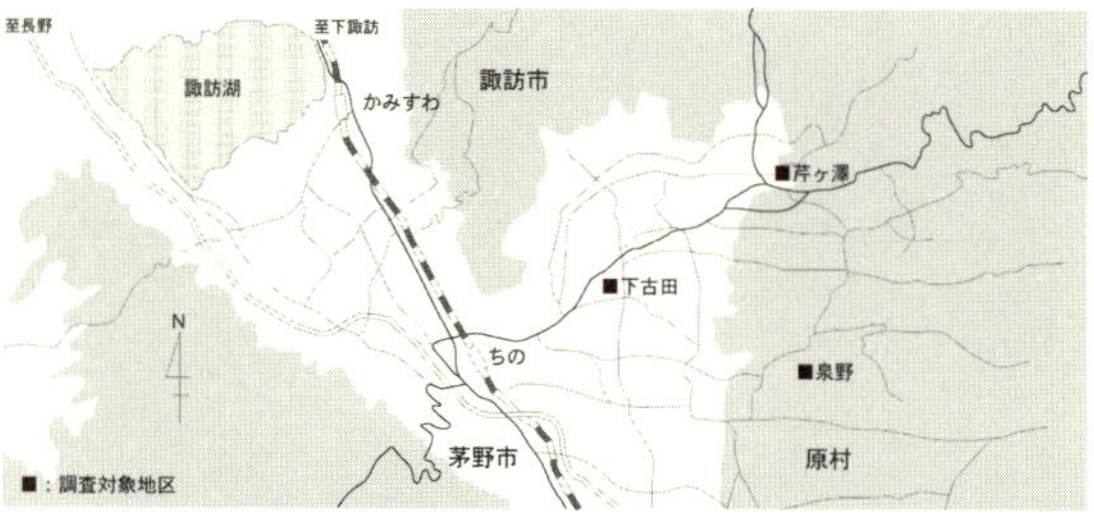


図2　調査対象地域

現地調査は、諏訪出身で土地勘のある長崎真也氏（信州大学工学部土本研究室）に依頼した。穴倉の存在確認を目的として、対象地区の選定には、以下の文言を参照したという。

・「第5図は諏訪郡北山村字芹ヶ澤に臨地見学中偶然見る事の出来た常設的の窖であるが、それは冬季以外の季節には漬物置場に使用される。」（今「信濃諏訪地方の民家」一九二九、六頁）

・「そしてそこには第3図のやうな、さながら「天地根元造り」のそれにも等しい藁葺屋根の「堀《ママ》立て小屋」此の地方での俗称「穴窖」というのが現はれて来る。（中略）写真は茅野驛から八ヶ岳への登山道に近い、豊平村字下古田のものである。」（三澤「南信地方の民家風景」一九三六、五頁）。

・「下槻木の穴倉／茅野市泉野／昭和三五年」（『諏訪の建築』

二〇〇二、五二頁）

　これら三地区を中心とした茅野市山浦地方で穴倉の存在を確認することとし、穴倉の存在確認はまず現地の方への聞き込みをもとにおこなったという。

　平成一七年（二〇〇五）一月一五日、穴倉の調査を長崎氏がおこなった際、「最近、最後の一つの穴倉が取り壊された。新聞に載っていた。」という長田吉二氏の証言をもとに、新聞記事をさがしたところ、『長野日報』（二〇〇四年一二月二四日一五面）にとりこわしの記事が掲載されていたという。その記事によると、とりこわされた穴倉は、山ろく一帯で最後にのこったものであった。穴倉が存在する可能性はすくない、と判断された。実際、今回の現地調査で穴倉の現存は確認できず、撮影・場所の特定・周辺の環境調査にいたらなかった。

　とはいえ、茅野市八ヶ岳総合博物館館長の小池春男氏により、近年まで穴倉をつくっていた方を、長崎氏は紹介していただいた。その方は、茅野市泉野下槻木の平沢忠由氏で、さきの『長野日報』の記事において、明記されていた。同記事によれば、農閑期の冬場の、わら細工作りをつづけていたお年寄りがこれまで作業所としてつかってきた伝統的建物「穴倉」が平成一六年一二月七日にとりこわされた。そして、「山ろく一帯で最後に残った穴倉だっただけに、「観光客も来て、伝統文化としてだいぶ知られていた。穴倉で続けられれば一番いいんだが」と富田さん。同塾（七〇―八〇代の男性六人でつくる「錬成塾」、括弧内・土本）の平沢忠由さん（八三）らは用地確保も検討しているが、候補地は見つかっていない」。

　平成一七年二月八日、ある会議の休憩時間中に、『諏訪の建築』で紹介されている穴倉について、藤森照信氏にお話をしたところ、すぐさま、それと了解してもらえた。「おじいさんが庭につくっていた」、「あったかかったのをよくおぼえている」などとこたえていただけた。地元紙よると、最後の穴倉が最近とりこわされたらしいとつたえたら、「おじいさんにいえば、いい」とのことであった。おじいさんにいえば、いつでも、また、穴倉をつくってもらえるという意味である。

　専門家が最初に穴倉に注目したのは、昭和二年（一九二七）の三澤勝衛で、人文地理学の観点からであった。その後、今和次郎、石原憲治、藤島亥治郎、松沢かね、藤森照信、村松健敏といった専門家によって、この穴倉は、連綿と注目され、さまざまな本で言及されてきた。

　「諏訪建築史」（『諏訪の建築』四―五頁所収）で藤森氏は、「多くは存在すら知られていない状態にある」諏訪の民家について、「こういうすばらしい民家を後世にどう伝えていくかという問題が、現代のわれわれに課せられているが、その一つの方法として〝諏訪民家村〟の設立が必要なのではないだろうか」としるしている。

　錬成塾のお年寄りが検討している、穴倉の用地確保にまず期待したい。同時に、お年寄りがおこなってきたわら細工が、たとえば、〝諏訪民家村〟の、農閑期の冬場の穴倉にて、つづけられていくことになったら、いいだろう。

参考文献

（1）三澤勝衛「八ヶ岳山麓（裾野）地理研究」（『人文地理』一（二）、二一一―三六頁、一九二七年）
（2）今和次郎「信濃諏訪地方の民家」（『早稲田建築学報』六、一一―

一〇頁、一九二九年）

（3）三澤勝衛「南信地方の民家風景―特に天竜川流域に就いて―」（『山小屋』五六、一一―一四頁、一九三六年）

（4）石原憲治『日本農民建築 第五輯（北陸、中部Ⅰ）』（南洋堂書店、一九七三年、石原憲治『日本農民建築 第十輯』聚楽社、一九三七年初出）

（5）今和次郎「諏訪地方の民家」（同『新版 草屋根』乾元社、五六―七三頁、一九四六年）

（6）藤島亥治郎「信濃建築五論」（一志茂樹先生還暦記念会編『地方研究論叢』一志茂樹先生還暦記念会編集、三五九―三六三頁、一九五四年）。このなかの「一 平村上っ原遺址の復原と諏訪の室」（三五九―三六三頁）。

（7）長野県茅野市湖東・湖東公民館編『湖東村史 上』（長野県茅野市湖東・湖東公民館、一〇九―一一一頁、一九六一年）

（8）信濃毎日新聞社編集局編『信濃の民俗〈特装本〉』（信濃毎日新聞社、一九七一年）三二一―三二三頁

（9）茅野市教育委員会編『福沢の民俗』（茅野市教育委員会、一九七四年）五七―五八頁

（10）長野県史刊行会民俗資料調査委員会編『長野県諏訪郡原村 払沢民俗誌稿』（長野県史刊行会民俗資料調査委員会、一九七八年）二三頁・三五頁

（11）矢澤大二編『三沢勝衛著作集一［全三巻］郷土地理研究』（みすず書房、一九七九年）カバー写真とカバー写真解説および一一―一三頁

（12）原村編著『原村誌 下巻』（原村役場、一九九三年）一一〇六―一一〇九頁

（13）松沢かね「ワラ（藁）と人々の暮らし～ワラ細工の聞きとり調査について」（『茅野市八ヶ岳山麓総合博物館紀要』七、三三―三九頁、一九九八年）

（14）茅野市編『茅野市史 下巻 近現代 民俗』（茅野市、一九九八年）九七四―九七八頁

（15）藤森照信監修『（社）長野県建築士会諏訪支部五〇周年記念誌 諏訪の建築～諏訪之國のＤＮＡ～』（長野県建築士会諏訪支部、二〇〇二年）

（16）「門松作り 今年は自宅 茅野の下槻木 穴倉取り壊しで分業」（『長野日報』二〇〇四年一二月二四日一〇面）

初出 二〇〇五年三月 土本俊和

# 各論Ｂ
# 信州５　タテノボセと土台からみた小規模建造物

## 一　はじめに

民家史研究において棟持柱構造は、国家神道とむすびついたという先入主から、とくに戦後、民家の原初的な形態としての位置づけがさけられる傾向にあった。その結果、民家史研究は、戦後、棟持柱構造といった属性への関心をよわめ、ぎゃくに軸部と小屋組が分離した姿が一般的である、とみなしてきた[1]。玉井哲雄（一九九五）は、『建築の歴史』[2]のなかで棟持柱をもつ民家を、「現在は普通見られない単純な構造形式」とした。しかし、棟持柱構造を小規模建造物に即して列挙すれば、諏訪の「アナグラ」[3]、「国見のタキモノゴヤ」[4]、今和次郎が採取した「きこり小屋」[5]や「山人足の小屋」[6]、石原憲治が採取した「ケミヤ」[7]や長野県安曇郡の「ウダツ屋」[8]など、枚挙にいとまがない。また、戦後の民家史研究が対象としたのは、住居としての民家であった。それは、おもに中規模ないし大規模な建造物であったので、小規模の建造物は、その対象からはずされがちであった。これについて、土本俊和は、「戦前の棟持柱祖形論」のなかで、戦後、「小規模な建造物としての小屋を民家の対象として積極的にあつかう視点をうしなっていた」[9]とし、「梁行二間の掘立棟持柱構造の小規模建造物を日本の民家の支配的な源流」[10]とした。

この指摘がしめすように、長野県飯山市には、梁行二間程度の棟持柱構造の小規模建造物（図１）が散見されるが、これらの建造物は、これまで、民家史研究の積極的な対象とされてこなかった。

飯山市は、長野県の最北端に位置し、新潟県などの北陸地域とおなじく、日本有数の多雪地帯としてしられている。そのため、ふるくから、雪と生活は密接な関係にあり、雪に対応した特色のあるいとなみをうかがうことができる。本論があつかう、棟持柱構造の小規模建造物に関する知見[11]は、これまで郷土誌などで、飯山市における分布や棟持柱の雪に関する構造的な解釈がしめされていたが、建築図面に即した棟持柱とそのほかの部材との関係がとらえられていなかった。

そこで、あらためて、飯山市における棟持柱構造の小規模建造物に関する文献を収集するとともに、雪国の地域性をとらえるためのヒアリング調査と建物の架構を全体でとらえるための実測調査とを実施した。本論は、これらの調査結果にもとづき、雪国という地域性に即して、現在も遺存する棟持柱をもつ小規模建造物の建築的意義を構造的な観点から捕捉・検証するものである。

なお、ヒアリング調査によると、この小規模建造物にみる棟持柱は、とくに「タテノボセ」とよばれていた[12]。また、飯山市の地理についてふかく言及した『深雪地下水内郡の地理的考察』（一九五四）では、「草葺切妻の屋根を持つた建物の側面即ち切妻側の中央部の柱は梁の処でおわらずに棟木までとおす一本の長大な材を使用し直接棟木を受け」[13]る「多雪地帯特有の建築相」[14]を「タテノボセ造り」[15]、と紹介した。この「タテノボセ造り」という言葉は、今回のヒアリング調査からは聴取することができなかった。以上をふまえ、本論は、「タテノボセ造り」という文言を文献からの引用にかぎってもちい、飯山市に遺存する棟持柱構造の建造物を、タテノボセをもつ小規模建造物とよぶ。

## 二　調査と結果

長野県飯山市に遺存するタテノボセをもつ小規模建造物を対象として、二〇〇四年一一月から一二月にかけて、実測調査とヒアリング調査をおこなった。ヒアリング調査をおこなった二五人の方が所有する建物のうち、二四棟について平面・断面・配置図を採取することができた。実測調査をおこなった全二四棟の建物を、表1にしめす。これらの調査結果より、研究の対象とする建造物は、そのおおくが物置として使用されていた。タテノボセをもつ小規模建造物の建築年代は、ヒアリング調査[16]によれば、「慶應年間」(23番)から「昭和二八年頃」(7番)までであり、建物内にしるされた文言[17]によれば、明治三年(一八七〇)から明治一七年(一八八四)までであった。新築と移築をふくめてひろくとらえると、タテノボセをもつ小規模建造物は、一八六〇年代から一九五〇年代までの遺構を今日に

**図1**　タテノボセをもつ小規模建造物

**図2**　タテノボセ物置

**表1**　実測調査建物リスト

| 番 | 所有者氏名 | 所在地 | 使用用途 | はいり方 | 屋根材 | 梁行長 | 桁行長 | 1階における棟通の柱位置 | 土台 | 建築年代 |
|---|---|---|---|---|---|---|---|---|---|---|
| 1 | 中原正司 | 飯山市常盤 | 物置小屋 | 妻入 | 茅葺 | 2間 | 2間 | 北 ●―● 南 | 有 | 不明 |
| 2 | 内堀ふみの | 飯山市瑞穂 | 物置小屋、紙漉 | 平入 | 茅葺 | 2間 | 2間半 | 北 ―● 南▽ | 有 | 不明 |
| 3 | 廣瀬喜作 | 飯山市瑞穂 | 物置小屋 | 平入 | 茅葺 | 2間 | 2間半 | 東 ●―● 西 | 有 | H：約70年前に移築 |
| 4 | 永津寿雄 | 飯山市瑞穂 | 物置小屋 | 平入 | 茅葺 | 2間 | 3間 | 北 ○―○ 南 | 有 | 不明 |
| 5 | 増山保範 | 飯山市瑞穂豊 | 物置小屋 | 妻入 | 茅葺 | 2間 | 3間 | 東 ●―● 西 | 有 | 不明 |
| 6 | 川久保とよえ | 飯山市瑞穂豊 | 物置小屋 | 平入 | 茅葺 | 2間 | 3間 | 北 ―○―● 南▽ | 有 | H：昭和10年頃 |
| 7 | 滝沢　昇 | 飯山市常盤 | 物置小屋 | 平入 | 茅葺 | 2間 | 3間 | 北西 ●―● 南東 | 有 | H：昭和28年頃 |
| 8 | 田中修二 | 飯山市小沼 | 物置小屋 | 平入 | 茅葺 | 2間 | 3間 | 北 ●―● 南 | 有 | 不明 |
| 9 | 宮川サヨ子 | 飯山市常盤 | 物置小屋 | 妻入 | 茅葺 | 2間 | 3間半 | 北東 ●―●―● 南西 | 有 | H：明治29年以前 |
| 10 | 梨本行信 | 飯山市常盤 | 物置小屋 | 平入 | 茅葺 | 2間 | 3間半 | 北 ●―●―● 南 | 有 | H：約150年前 |
| 11 | 木内順一 | 飯山市常盤 | 物置小屋 | 平入 | 茅葺 | 2間 | 4間 | 北東 ●―● 南西 | 有 | 不明 |
| 12 | 木原庄治 | 飯山市豊田 | 物置小屋 | 平入 | 茅葺 | 2間 | 不明 | 不明 | 有 | 不明 |
| 13 | 丸山 満 | 飯山市瑞穂豊 | 物置小屋 | 平入 | 茅葺 | 2間半 | 3間半 | 北 ●―●―● 南 | 有 | H：約150年前 |
| 14 | 梨元作治 | 飯山市常盤 | 物置小屋 | 平入 | 茅葺 | 2間半 | 3間半 | 東 ●―●―● 西 | 有 | B：明治8年＊1) |
| 15 | 曽根 進 | 飯山市常郷 | 物置小屋 | 妻入 | 茅葺 | 2間半 | 3間半 | 北東 ●―●―● 南西 | 有 | 不明 |
| 16 | 佐藤精一 | 飯山市常盤 | 物置小屋 | 平入 | 茅葺 | 2間半 | 4間 | 東 ●―●―● 西 | 有 | B：明治17年＊2) |
| 17 | 市村のり | 飯山市豊田 | 物置小屋 | 妻入 | 茅葺 | 2間半 | 4間半 | 東 ●―●―● 西 | 有 | 不明 |
| 18 | 高橋春富 | 飯山市豊田 | 物置小屋 | 妻入 | 茅葺 | 2間半 | 4間半 | 北東 ●―●―● 南西 | 有 | H：約100年前 |
| 19 | 高橋博文 | 飯山市太田 | 物置小屋 | 平入 | 茅葺 | 2間半 | 4間半 | 東 ●―●―● 西 | 有 | B：明治6年＊3) |
| 20 | 中原正司 | 飯山市常盤 | 物置小屋 | 平入 | 茅葺 | 2間半 | 4間半 | 東 ●―●―● 西 | 有 | H：約120年前 |
| 21 | 久保田勝 | 飯山市常郷 | 物置小屋 | 妻入 | 茅葺 | 2間半 | 4間半 | 東 ●―●―● 西 | 有 | H：昭和13年頃に移築 |
| 22 | 清水重右ヱ門 | 飯山市豊田 | 物置小屋、住宅 | 妻入 | 茅葺 | 2間半 | 7間 | 北 ●―○―○―●―● 南 | 有 | B：明治3年＊4) |
| 23 | 上原瑛一郎 | 飯山市豊田 | 物置小屋 | 妻入 | 茅葺 | 3間 | 4間半 | 北西 ●―●―● 南東 | 有 | H：慶應年間 |
| 24 | 滝沢三夫 | 飯山市常盤 | 住宅 | 平入 | 板屋根 | 4間 | 不明 | 不明 | 有 | 不明 |

棟通の柱位置の欄における●は棟持柱、○は棟持柱ではない柱、目盛は半間を意味する。／建築年代の欄におけるHはヒアリング、Bは建物内に記された文言から建築年代を把握したことを意味する。／▽1階において、一方の妻面に棟通の柱がない建物。／＊1）入口の戸への墨書「明治三年 梨元仁右衛門」＊2）柱への墨書「明治十七年 大工丸山金蔵 十一月十五日 佐藤佐左衛門四十六才作」＊3）柱への墨書「明治六年 造立倉」＊4）入口の戸への墨書「明治八年設立ス、清水重右ェ衛門四拾九才ニテ、之建ル」

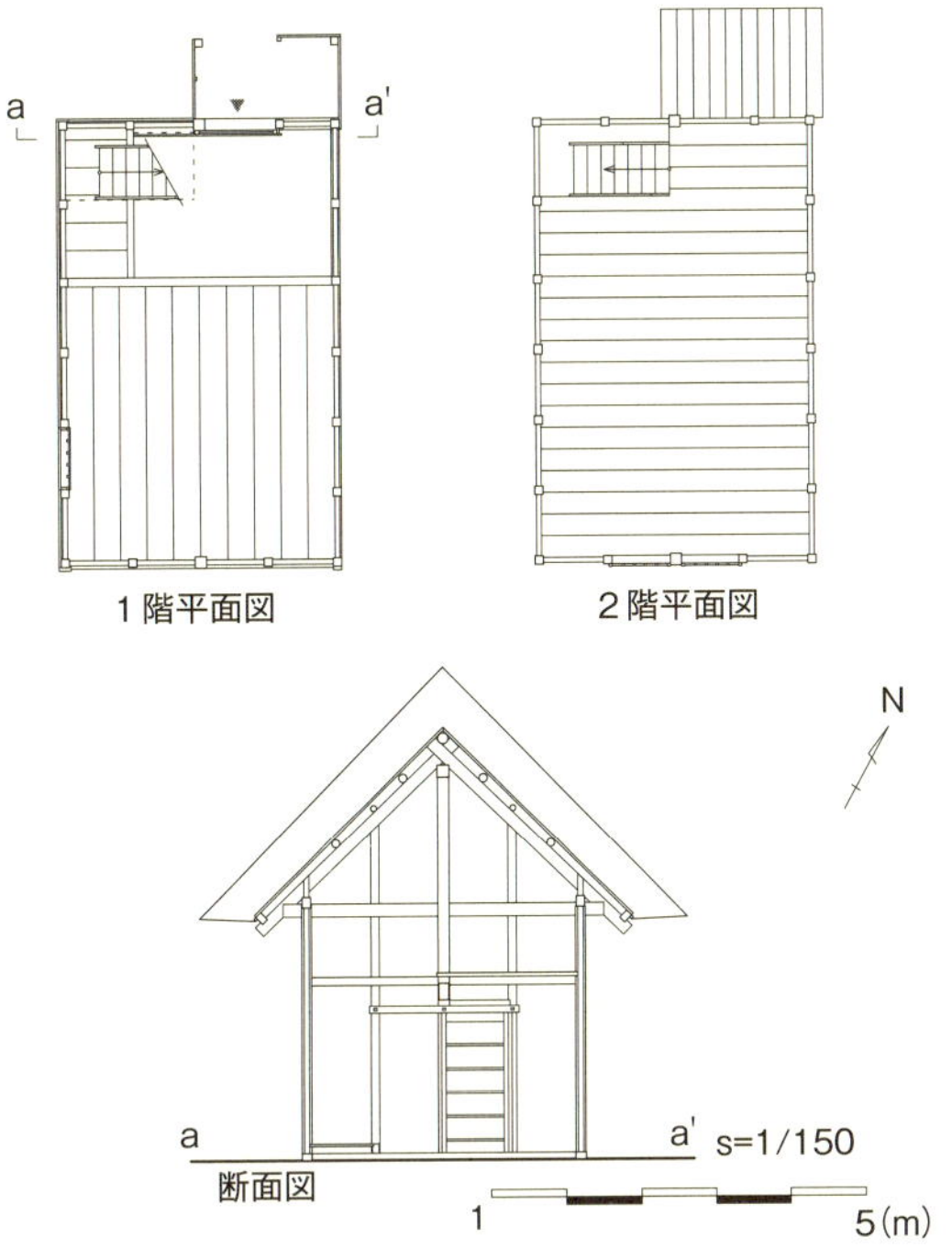


**図3**　実測図面 増山範保氏所有の小屋（5番）

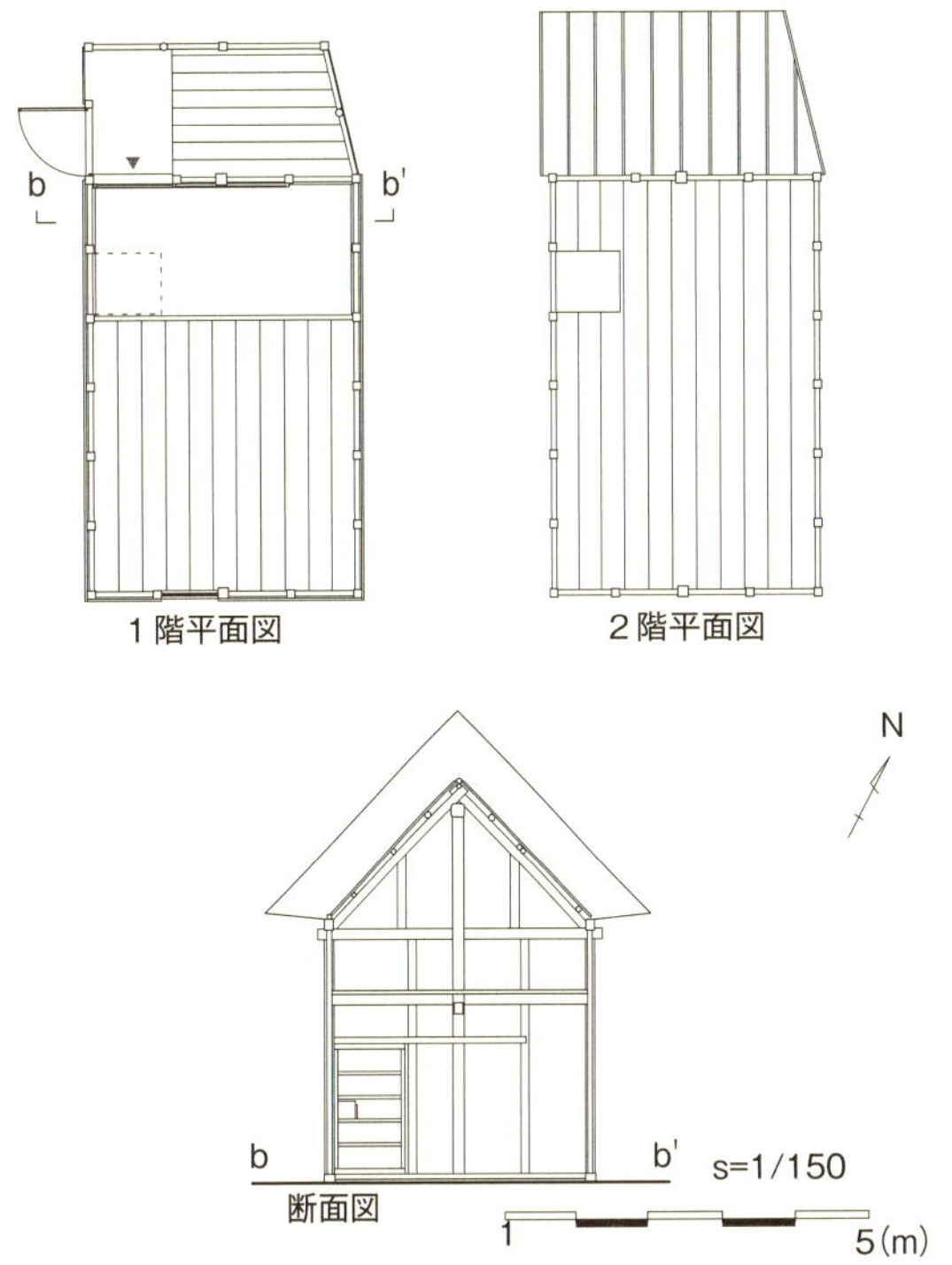


**図4**　実測図面 滝沢昇氏所有の小屋（7番）

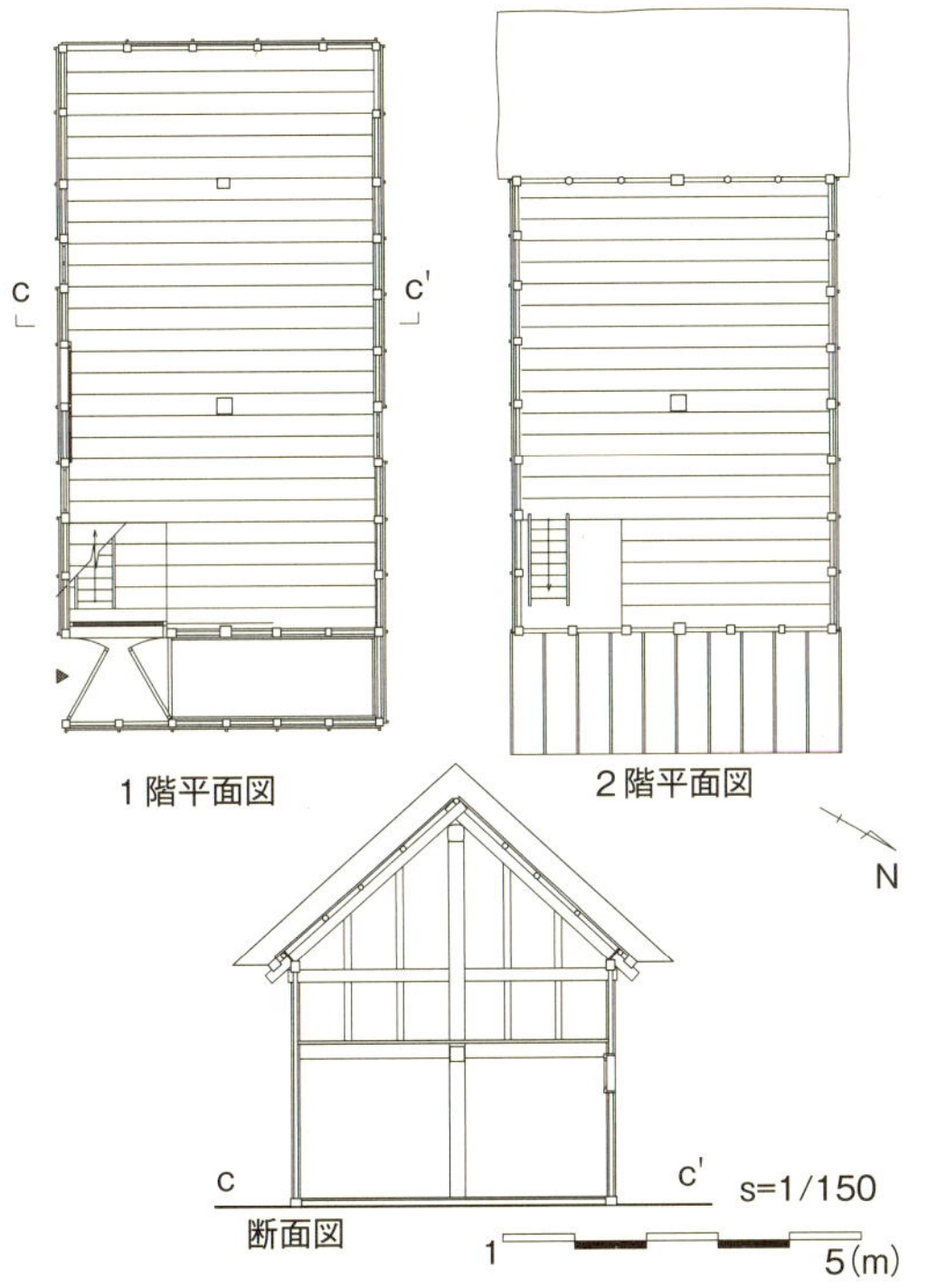


**図5**　実測図面 曽根進氏所有の小屋（15番）

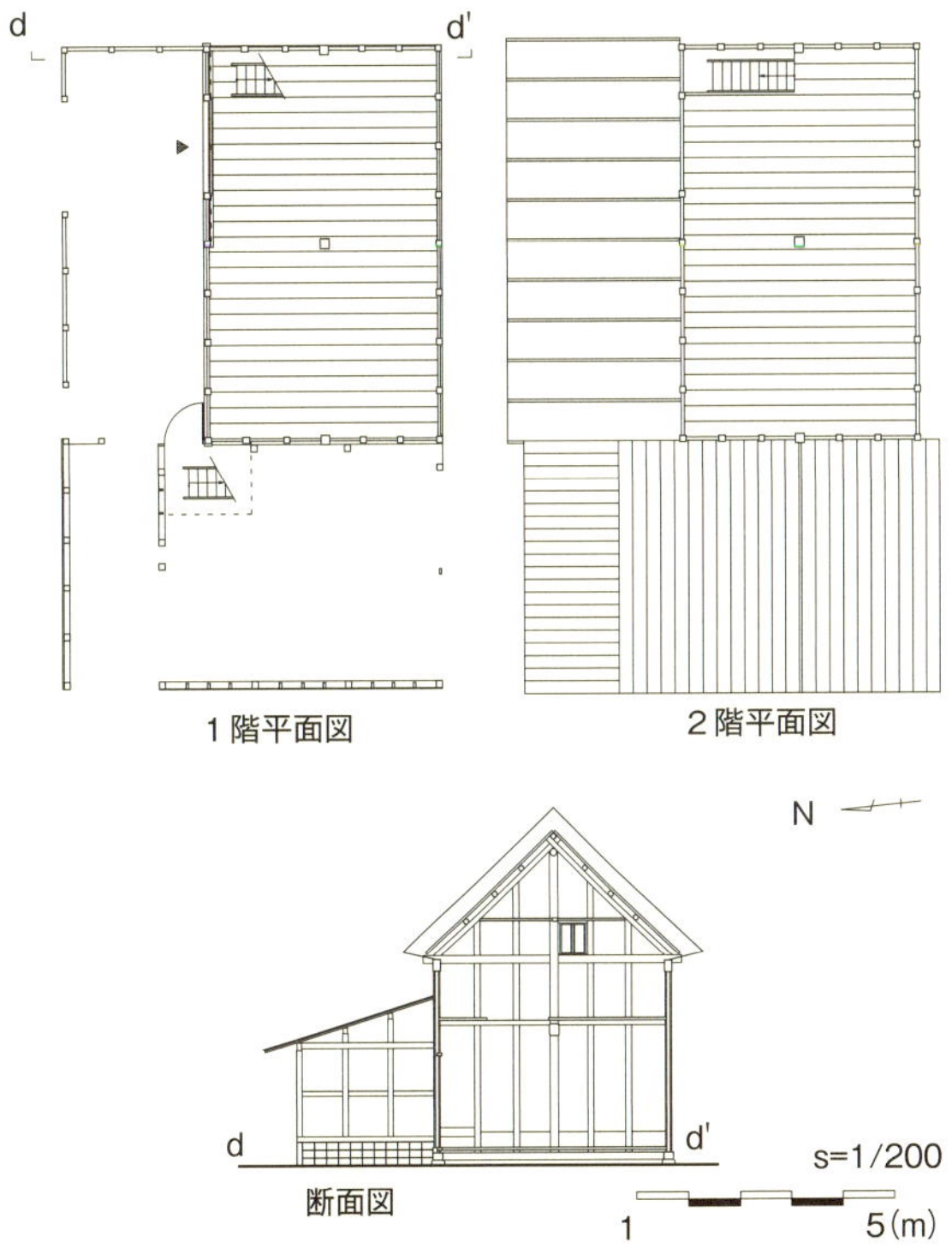


**図6**　実測図面 佐藤精一氏所有の小屋（16番）

つたえている点を確認した。

タテノボセをもつ小規模建造物は、おもに二階建てで、棟持柱の柱長は三間程度で、両妻面にそれぞれ一本のタテノボセとよばれる棟持柱をもちい（図3〜図6）、棟持柱とそれ以外の管柱を貫でつなぐ。また、桁行規模がおおきくなると、さらに、建物内に一本の棟持柱を配している。また、側柱は、半間よりもみじかい間隔で配されることがおおい。実測調査をおこなったすべての建物に土台を確認でき（表1）、既往研究に記載された図面にも土台を確認できるものがあった（図2）[18]。タテノボセをもつ小規模建造物は、桁行規模にばらつきがあるものの、梁行が二間から二間半程度のものがおおく、階高、建物の背が非常にたかく、屋根勾配が急である、という特徴をもつ。

## 三　発掘遺構にみる棟持柱構造

では、棟持柱をもつ小規模建造物は、いかなる姿を支配的な源流としているか。先述したように、棟持柱構造の小規模建造物は、これまで、民家史研究の積極的な対象とはされてこなかった。そこで、発掘遺構や既往研究より、棟持柱をもつ小規模建造物がいかなる過程によって形づくられたのかを、飯山市に即して考察する。

飯山市では、活発に発掘調査がおこなわれ、数おおくの集落遺跡が検出されている。これらの発掘調査報告書を通覧した結果、棟通りをささえる柱が妻面に配された柱穴をもつ梁行二間程度の小規模建造物の遺構を、北原遺跡[19]、南條遺跡[20]、有尾遺跡[21]などで確認した。これらの遺跡で発掘された梁行二間程度の建築遺構の平面規模は、実測調査をおこなったタテノボセをもつ小規模建造物と、平面規模がほぼひとしい。これらの遺跡のうち、有尾遺跡では、先史時代から近世までのはばひろい時代の遺構が複合遺跡として検出されている（図7）。有尾遺跡から検出された遺構のいくつかに、梁行二間程度の小規模で、棟通りをささえる柱が妻面に配された近世の遺構が散見された。この梁行二間の小規模建造物は、どのような構造をしていたか。

一般に、このような発掘遺構面にみられる柱穴は、掘立柱を示唆している。土本俊和らは、「掘立柱は自立するから上屋梁がなくてもよい架構を示唆する。したがって、草戸千軒の室町後期の遺構面にみられるような梁行二間の柱穴は掘立棟持柱構造を示唆する。」[22]とした。また、滝澤秀人らは、「笛吹川流域の民家」で掘立柱の小規模建造物を戦国期の洛中洛外図屏風（町田本・歴博甲本、上杉本）や室町後期を代表とする草戸千軒[23]から、梁行二間の掘立建物を抽出し、棟持柱構造とした[24]。本論も、双方の論考を継承する。すなわち、有尾遺跡で多数発掘された遺構のうち、棟通りをささえる柱を両妻面にもつ梁行二間の発掘遺構は、掘立棟持柱構造である、と解釈することができる。したがって、近世まで掘立棟持柱構造の建物が存在し、飯山市における民家の原初的な構造のひとつに掘立棟持柱構造があった、とかんがえることができる。

この有尾遺跡にみられる小規模な掘立棟持柱構造の建物は、どのような移行の過程をたどったのか。『深雪地下水内郡の地理的考察』（一九五四）に興味ぶかい記述がある。すなわち、「常盤平、外様平の農家の古い物置は大部分がたてのぼせ式であるが、母屋までたてのぼせの農家が太田村北条にある。その家は萱葺切妻平入の農家である。間取は寄棟平入の農家と全く同じ形式の四間取りである。（中略）たてのぼせ式は古い住居のたて方の一つと思われる。[25]」とする

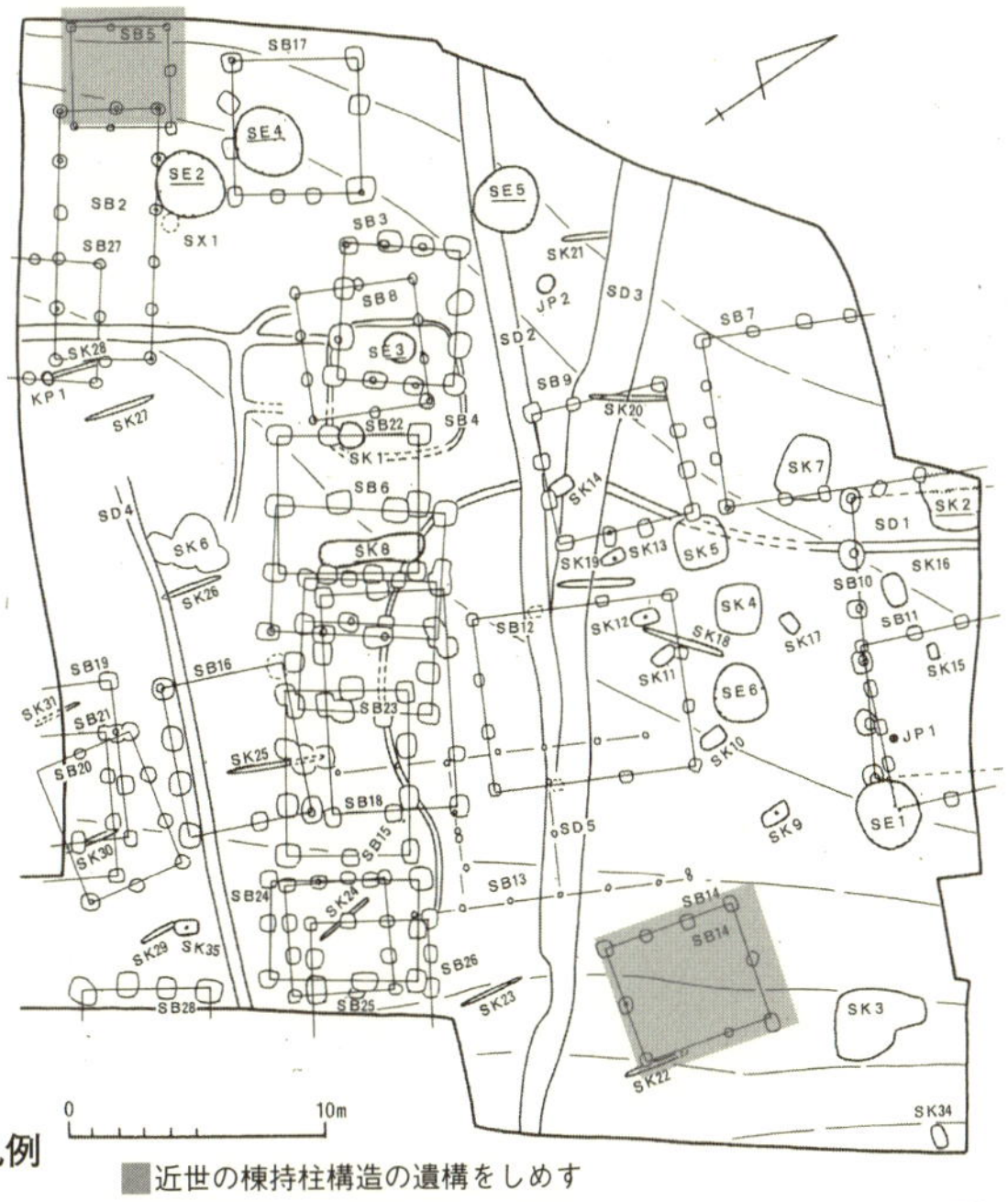


凡例
■近世の棟持柱構造の遺構をしめす

なお、有尾遺跡発掘調査団編『有尾遺跡』(飯山市教育委員会、1992)でしめされた遺構のうち、先史から近世まで幅ひろくとらえると、SB2・SB5・SB6・SB8・SB14・SB15・SB18・SB20・SB22・SB24・SB25が棟持柱構造の発掘遺構とかんがえられる。

**図7**　有尾遺跡発掘図面

**図8**　タテノボセをもつ民家（外観）

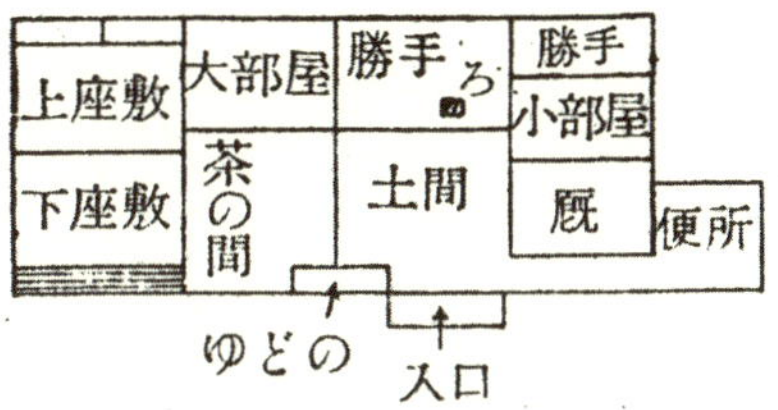


**図9**　タテノボセをもつ民家（間取り）

されている（図8・図9）。この農家は、タテノボセをもつ中規模ないし大規模の、住居としての建造物である、といえる。よって、棟持柱構造をもつ建造物はすべてが小規模にとどまっていたわけではない(26)。この農家の遺構を実地調査にて、確認することができず、また、図8と図9から土台の有無を判別しえない。このため、この農家の柱脚部について、不明であるものの、以下にしるすように、タテノボセをもつ小規模建造物の遺構に即して、柱脚部を捕捉することができる。

掘立柱構造の建物は、建物のサイクルがみじかいため、より長期的に建物を維持するためには、柱脚部の腐朽を防止する必要がある(27)。金石健太（二〇〇五）は、土台の役割について、「従来考えられていた柱の不同沈下や柱脚部の保護という土台の役割は、むしろ土台建構造が建物にもたらした二次的な効果を建物に取り入れた系譜であると判断すべき(28)」と指摘した。また、『豊田村誌』（一九六三）は、飯山周辺地域で土台が採用された時期について、「江戸時代になつても田舎には土台のない家が到る所に見られ、たまたま土台のある家は珍しいといつて遠方からわざ〳〵見に来たという話をきく(29)」、とするす。これらより、飯山において、腐朽防止を目的とする土台は、比較的あたらしく、近世以降に導入された技術であることがわかる。

さらに、藤島亥治郎（一九五四）は、「江戸時代民家の文献的研究(30)」で、礎石を柱脚部へ挿入し、掘立から礎へ移行する事例を柱脚部の補修の方法のひとつとしてしめした。補修のために、土台を挿入する方法は、礎石を挿入する方法とは対照的に、個々の柱脚部に対処することができないうえ、仕口などの加工技術や建物全体をもちあげる技術(31)といった高度な技術が要求される、と想定されるため、その応用がかぎられるだろう。したがって、飯山において、柱脚部の腐朽防止を目的とした土台の技術は、補修ではなく新築における技術として近世以降に導入された、とかんがえられる。したがって、近世の飯山では、柱脚部の構造が掘立から土台へ移行する間、掘立柱構造の建物と土台建構造の建物が共存していた、といえる。

現在、飯山市に遺存するタテノボセをもつ小規模建造物は、建物内にしるされた文言やヒアリングから判断して、およそ江戸末期以降の遺構を今日につたえているものである（表1）。宮澤智士（一九九三）は、「近世の民家では、柱よりも太い横材（梁）を架けわたした軸組が一般的(32)」で、「近世民家は軸組と小屋組が分離するのが一般的であることからみると、両者が分離していないほうが古式とみなされる(33)」、とする。この指摘は、タテノボセをもつ小規模建造物がふるい構造形式を継承しているとの見方と合致する。すなわち、一般的な民家が軸部と小屋組に分離する移行過程をたどるのに対し、飯山市では棟持柱構造が、一方では住居である規模のおきい建造物としてのこり、他方では住居ではない小規模建造物としてのこり、とりわけ後者が多数しめた、とみることができる。したがって、タテノボセをもつ小規模建造物は、近世以前に存在していた掘立棟持柱構造の建物を原初的な形態として、土台や高度な木材成型加工技術を獲得したあとも、軸部・小屋組構造へ移行することなく、古式と目される棟持柱構造を継承しつづけた、といえる。

## 四　雪と構造

つぎに、飯山市に多数遺存するタテノボセをもつ小規模建造物の構造的意義について、考察していく。

飯山市のような多雪地域では、建築と雪がふかくかかわるいとなみに、雪おろしとよばれる作業があることは、ひろくしられている。『長野県史 民俗編 第四巻（一）北信地方 日々の生活』（一九八四）は、「北信の積雪地帯のムラでは、屋根の雪おろしが冬期間の大切な仕事であった。飯山以北の豪雪地帯では、この作業をとくにユキホリと呼ぶ。積雪の多いムラでは、屋根の雪を落とすのではなく、屋根を掘り出す状態になるためである(34)」、とするす。このような多雪地域にあって、タテノボセをもつ小規模建造物は、階高が非常にたかく、それにともない、軒もたかい。このたかさは、飯山市にもたらされる大量の雪に配慮したものである、とかんがえられよう（図10）。

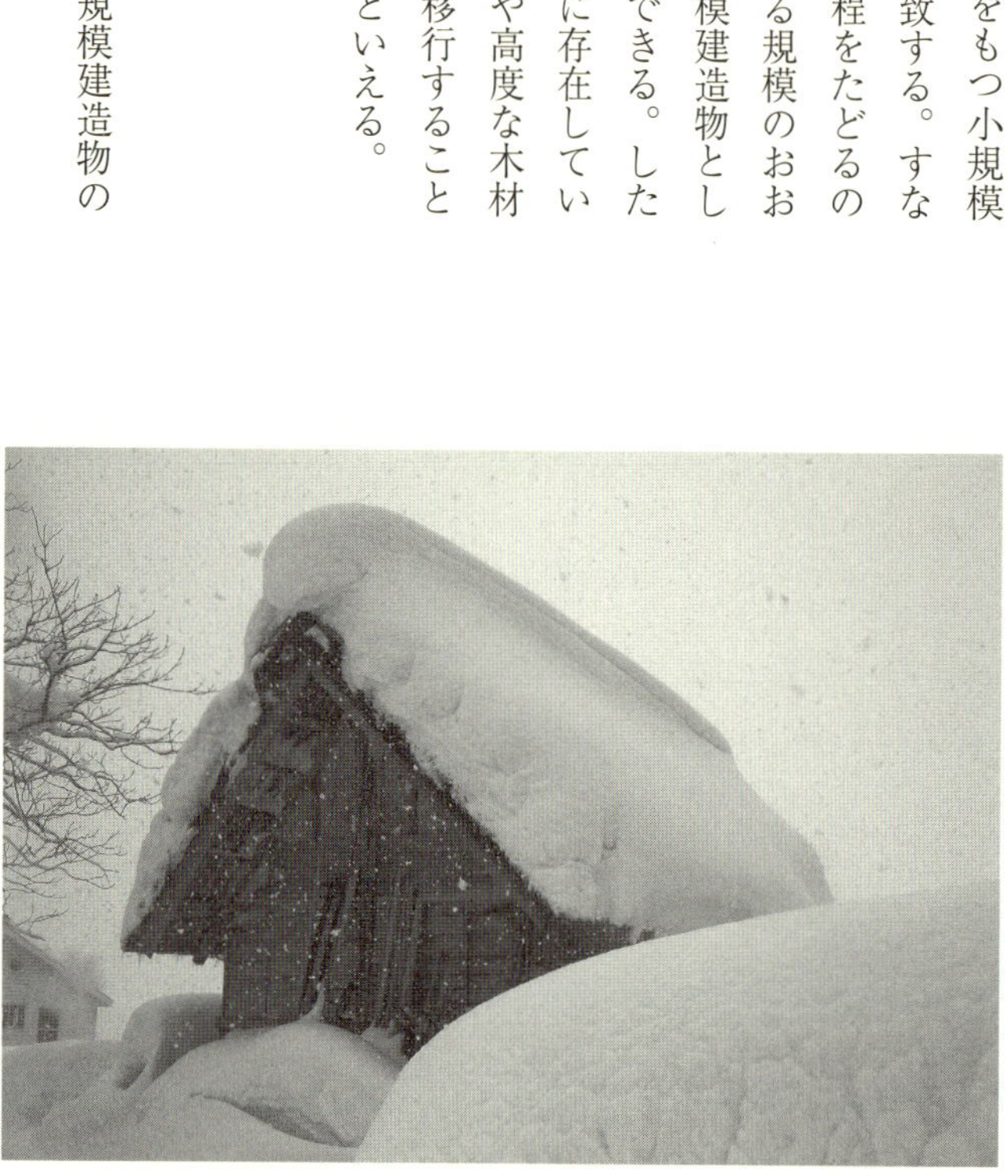

**図10**　雪にうもれたタテノボセをもつ小規模建造物

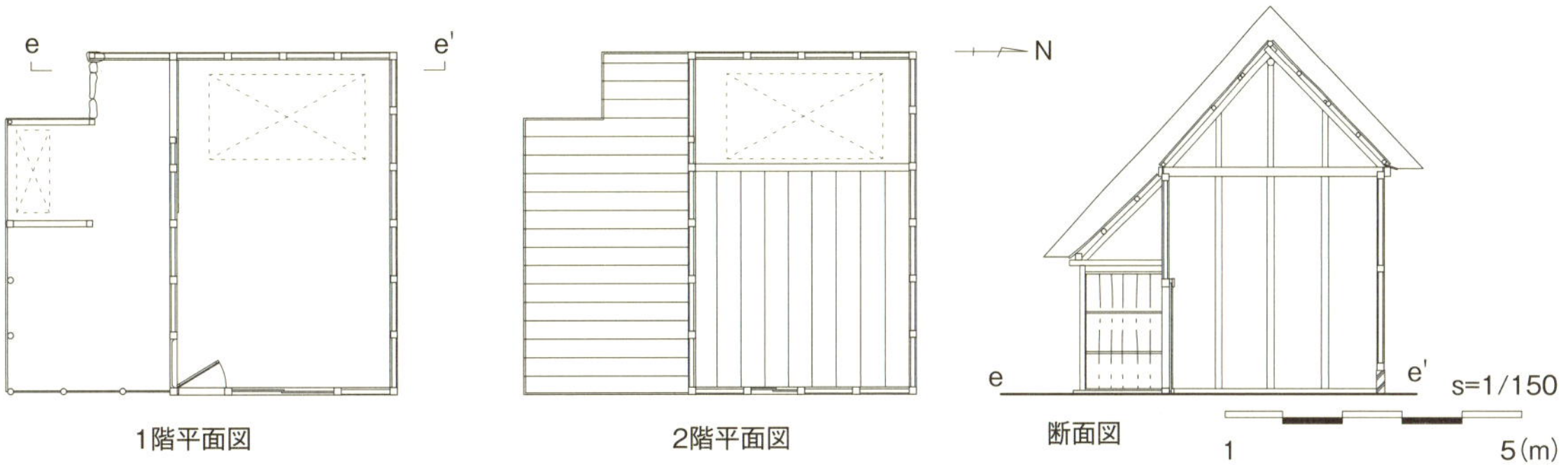


**図11**　実測図面 永津壽男氏所有の小屋（４番）

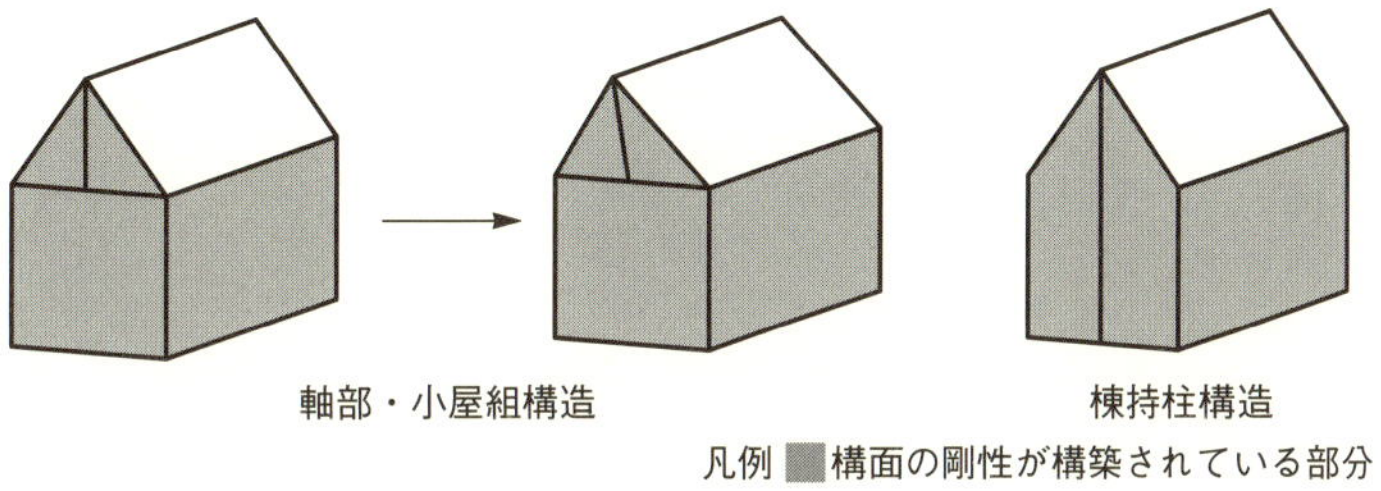


**図12**　水平方向の架構の変形

このような多雪地域において、雪がいかに地域の建築に影響してきたのか。川島宙次（一九七三）は、「雪国では梁組は一般に太く、また複雑である」[35]、とした。川島の指摘のように、軸部と小屋組が分離した民家の場合、雪国ではこのような構造が一般的である、といえる。しかし、軸部と小屋組が分離していないタテノボセをもつ小規模建造物は、川島の指摘に反して、梁組がほそく、比較的単純な架構である。そこで、川島の指摘をもとに、タテノボセをもつ小規模建造物と雪の関係を再検討する。

## 四―一　水平方向の変形への対策

まず、タテノボセをもつ小規模建造物は、積雪荷重をささえるのに有効な構造である、という指摘[36]をもとに考察する。今回、調査させていただいた永津壽雄氏（八二歳、飯山市瑞穂）の所有する物置小屋（図11）は、タテノボセをもつ小規模建造物に酷似するものの、棟木を棟束でささえる軸部・小屋組構造の建物であった。永津氏所有の小屋は、タテノボセをもつ小規模建造物と形態が酷似していることを考慮すると、タテノボセをもつ小規模建造物の名残をとどめた建物である、とかんがえられる。この建物では、建築当初のものか、あとから設置されたものか、わからなかったが、小屋組に筋かい（図13）を看取した。今回、ヒアリングをさせていただいた方のうち、数人が、軸部と小屋組が分離した建物の小屋組が一方へ傾倒することを認識していた[37]。梨元作治氏（七九歳、飯山市常盤）は、小屋組と軸部が分離した切妻屋根の小屋組は、梁行方向の変形につよいが、桁行方向の変形には対応できないので、妻面の小屋部がたおれる、と説明してくださった[38]。また、本論も妻面の小屋部が一方へ傾倒している事例を看取した（図14）。

ここで、他地域における切妻屋根の例をあげる。岐阜県白川村は、飯山市とおなじく多雪地域であり、「合掌造り」とよばれる扠首組の切妻屋根をもつ民家がのこっている。このような大規模建造物の場合、長大になるので、棟持柱をもちいることは、困難である。[39] ブルーノ・タウトは、白川郷の民家に対して、「屋根はヨーロッパ中世のものと同じく、精確な三角結合（合掌屋根）をなし、縦の方向の風圧やまた地震に対しては、巨大な筋違《すじかい》材によって補強せられ、さらにまた屋根の荷重は最下階において、きわめて論理的に側柱に移されているのである。それだから白川の大工は、今日一般の日本家屋に見られるように、壁付けや建具のはめ込みなどをする前に家屋がずれたりあるいは顚倒するのを防ぐために、一時的な筋違補強を施す必要がなかったのである。[40]」とする。また、『滅びゆく民家―間取り・構造・内部―』（一九七三）で、川島宙次は、「切妻造りで追い叉首を組みこむことはできないので、各合掌間に「はがい」と呼ぶ折違を欅型に組みこむことによって合掌の倒壊を防いでいる[41]」、としるした。これらより、小屋組に欅状にかけられた筋かいが、構造的な要求にこたえて存在していることがわかる。

また、『深雪地下水内郡の地理的考察』（一九五四）は、「タテノボセ造りでなく、中央の柱を梁で二分した普通の造りの建物は古くなると雪の重量と強風のため梁から上の切妻の部分が前方へはみ出たり一方に傾いたりすることがある。そのためたてのぼせ造りでない物置の中には屋根が一方に傾くのを防止するため、内側へ支えの柱を斜に両側から梁の上へ特設しておるものもある。[42]」と指摘し、飯山市に遺存する切妻屋根の建造物が倒壊する要因に積雪荷重と強風をあげた。積雪荷重は、長期的にかかる多大な外力となるので、

**図13**　永津壽男氏所有の小屋（４番）小屋組にいれられた筋かい

**図14**　小屋部妻面の傾倒事例

支点からの反力の影響を無視することができない。切妻屋根をもつ軸部・小屋組構造は、妻も平も、構面を構成しているが、妻面が軸部と小屋組に分離している。民家の架構は、厳密に水平・垂直がくまれるわけではないので、多大な積雪荷重という外力をうける場合、支点からの反力の水平成分により軸部・小屋組構造の建物の小屋組は、桁行方向にかたむき、その結果、二つの屋根面は、平行四辺形に変形する（図12左）。この変形がおおきくなれば、小屋組の倒壊にいたる場合がある。おなじく、妻面の小屋部が風圧力をうけると、同様の変形と倒壊をまねく。この変形をふせぐための一つの方法として、筋かいなどの補強部材をいれる場合があった。永津氏所有の建物でみられた小屋組の筋かいは、他地域の事例と同様に、妻面の小屋部が一方へ傾倒することをふせぐために、軸部・小屋組構造の切妻屋根の二つの構面を、剛構面とする補強部材である、といえる。すなわち、切妻の屋根面を構面とみるならば、その剛性が十分であれば、変形をふせぐことができる。

では、タテノボセをもつ小規模建造物は、いかに、この変形に対応しているのか。『下水内郡地理資料　第三輯』（一九三八）は、「本地方特有の建築様式にして主として物置であるが、其の側面即ち切妻側の柱の中、中央部の柱が他の柱のやうに梁の所で終らずに更に其の上方の棟木の處迄延びて直接棟木を受ける。そこで梁がそのために左右に分かれ、神宮造の如き形式をなしてゐる。これも雪の為であって、若しも普通の様式にしておくと、積雪のために梁から上の切妻の部分が前方へはみ出ることがあるからである。(43)」とし、タテノボセの桁行方向への変形に対する有効性をとく。また、島崎広史らは、「棟持柱構造と軸部・小屋組構造を併せ持つ切妻小規模建造物」のなかで、「架構のなかに棟持柱を一本でものこすことが、構造的に重要である、という見通しがなりたつ(44)」とした。タテノボセをもつ小規模建造物は、棟持柱と管柱をつなぐ貫などの水平材によって妻面全体が一体の構面として構築されるので、小屋部のみが傾倒することはない。さらに、タテノボセをもつ小規模建造物は、平側の二つの壁面が構面として構築されているならば、壁と壁の接合部の剛性が十分でなくても、架構の全体を維持することができる（図12右）。したがって、切妻屋根をもつ小規模建造物において、棟持柱構造を採用することは、積雪荷重および風圧力がいざなう水平方向の変形に対して、非常に効果的であった、といえる。

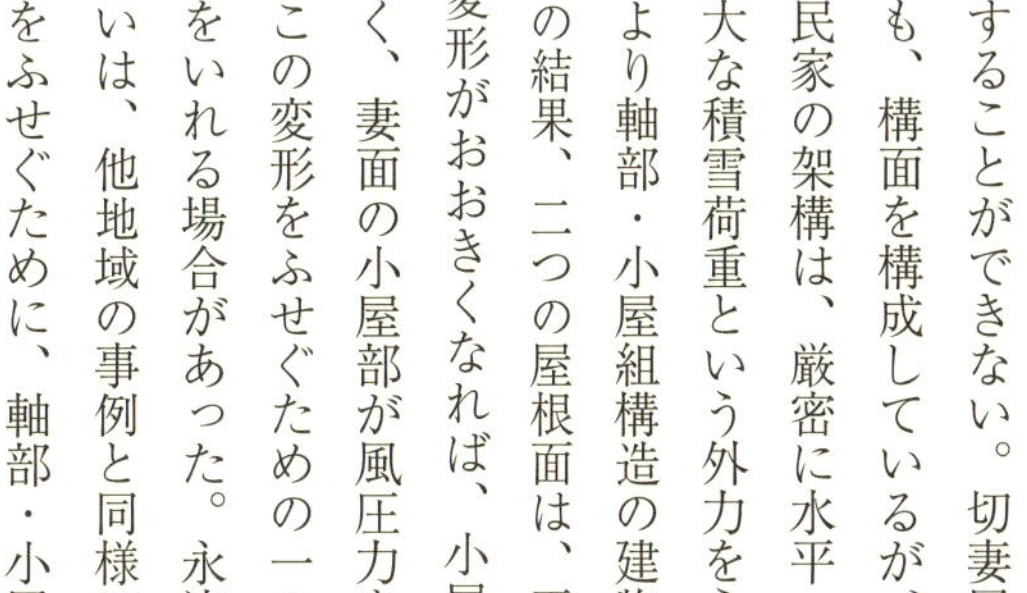


1　桁でとまらず、桁の上にかけてあるもの　　2　桁でとまるもの

■凡例
a. 上の棟木
b. 下の棟木
c. 桁

**図15**　斜材のおさまり

## 四―二　垂直荷重への対策

では、さらに、タテノボセとよばれる棟持柱の構造的意義につい

て、考察をすすめる。タテノボセをもつ小規模建造物は、棟持柱によって棟木をささえ、その上に斜材をかけ、さらにその斜材の交叉部に棟木をのせるという二本の棟木を有する架構をもつ。建物の架構を考察するにあたり、棟持柱によってささえられる棟木を下の棟木、斜材を介してささえられる棟木を上の棟木と呼称する。実測調査を通じて、タテノボセをもつ小規模建造物は、下の棟木にかけられた斜材のおさまり方が多様であることを確認することができた。そこで、この斜材のおさまりに注目したところ、おおきく以下の二つに分類することができた（図15）。

①斜材の下端が梁や桁でとまらず、斜材が垂木のように桁の上にかけてあるもの（図15―1）。

②斜材の下端が梁や桁でとまっているもの（図15―2）。

①（図15―1）は、ヒアリング調査で「ぶっかけ扠首」とよばれていたが、その構造は、屋根にかかる荷重を棟持柱でささえる垂木構造であることがわかる。一方、②（図15―2）に分類される形態は、一見、扠首組にみえるが、土本俊和らが、「梁と二本の扠首が二等辺三角形のトラスを形成している扠首組は、屋根面の荷重を支えるための簡潔な構造」(45)としたように、扠首組は、扠首と梁で形成されるトラスが屋根にかかる荷重をささえる構造をさす。したがって、②（図15―2）にあたる架構は、棟持柱が土台を介しつつ地面から棟木までとおっており、梁と二本の扠首によるトラスを形成していない。したがって、②（図15―2）は扠首組で屋根をささえているのではない。さらに、下の棟木と上の棟木の断面を比較すると、下の棟木は、一八〇㎜角程度であるのに対し、上の棟木は九〇㎜角程度である。したがって、屋根にかかる荷重は、上の棟木よりも、棟持柱の頂部にじかにのる下の棟木によってささえられている、といえる。これは、棟持柱が地面からじかに棟木をささえ、屋根にかかる荷重をうけていることを意味する。すなわち、タテノボセをもつ小規模建造物は、雪による多大な垂直荷重を垂直材でうけるため、梁組をふとくして荷重をささえる軸部・小屋組構造とはことなり、ほそい柱とほそい横架材でも架構を維持することができた。なお、棟木を二本有する架構について、『京都府の民家　調査報告　第二冊』は、オダチ組から扠首組への変容過程における「過渡的な形式」(46)とした。すなわち、棟木を二本有する架構は、扠首組よりもふるい構造形式で、タテノボセをもつ小規模建造物は、軸部と小屋組に分離した扠首構造よりも、ふるい構造形式をしめしている、といえる。

### 四―三　まとめ

以上、多雪地域である飯山市において、ふるい構造形式を継承したタテノボセをもつ小規模建造物は、桁行方向への変形のみならず、垂直荷重に対しても、有効な構造をもっていた。一方、軸部・小屋組構造の建物は、屋根面に斜材を襷にかけることで、構造的要求にこたえていた。すなわち、棟持柱構造の事例とは対照的に、軸部と小屋組に分離した事例が、梁といった水平材ばかりでなく、「はがい」といった斜材が必要なように、よりおおくの部材を必要とし、より複雑な架構へむかっていた、といえる。

## 五　土台と棟持柱

これまで、タテノボセをもつ小規模建造物が飯山市という多雪地域にいかに対応してきたかを確認してきた。つぎに、棟持柱構造は、いかなる条件で成立し得るかを考察する。

宮澤智士（一九九三）は、「掘立柱では、柱の根元を一ｍほど地中に埋める。そうすると柱は支えがなくとも独立して立つことができる。諏訪大社（長野県）などにある御柱を思い浮かべるとよい。掘立であれば柱は支えがなく立つから、柱と柱とをつなぐ材料は太くする必要がない。[47]」とした。すなわち、掘立柱は、それ自体が自立するために、梁などの横架材がなくとも成立する。もしくは、胴差し、貫、長押などの、柱を切断することのない横架材のみでよい。くわえて、宮澤は、「柱が太く横材が細い構造手法は古いと考えられる。なぜかといえば、掘立柱の名残を伝えている[48]」とした。

さらに、土本俊和らは、「掘立柱構造の建物は、その支点が固定端であるかぎり、安定とみなすことができるが、柱の根元が腐朽したり柱の脚部が礎にかわったりした場合、その支点はもはや固定端とはいえず、回転端とみなされる。そして、柱の脚部がすべて回転端になった場合、その構造は不安定になる。[49]」とする。礎はその下端が構造力学的にピンであるとみることができるから、柱の上部は梁などのふとい横架材によってかためられていなければならないため、棟持柱は梁の上下で分断される。このため、軸部と小屋組に分離する。

一方、比較的簡素な架構のタテノボセをもつ小規模建造物は、礎石建ではなく、土台をもつ棟持柱構造である[50]。では、土台は、タテノボセをもつ小規模建造物にいかに作用しているか。

金石健太（二〇〇五）は「土台を持つ建物の系譜」で、「通常、建物の柱脚部は何らかの処理によって柱根が移動しないように工夫されており、掘立棟持柱構造においては柱根を固定する大地、（中略）土台建構造においては土台がそれぞれの役割を果たす。しかし、建物を持ち上げた状態を想定すると、掘立柱構造は柱根を固定する大地が無くなることを意味し、柱根の移動によって建物が構造力学的に不安定な状態に陥る。（中略）対して、建物の全荷重が土台に集中する土台建構造は、土台を下から持ち上げることにより容易に建物を大地から切り離すことが可能である。さらに建物を持ち上げた状態においても、大地に固定されている状態となんら変わることなく安定を保つ。[51]」とした。この指摘は、小規模な建物における土台の効果を考察するうえで示唆をあたえる（図16）。

ここで、タテノボセをもつ小規模建造物について、金石の指摘に即して考察する。土台に枘《ほぞ》をほった接合部分は、構造力学的には

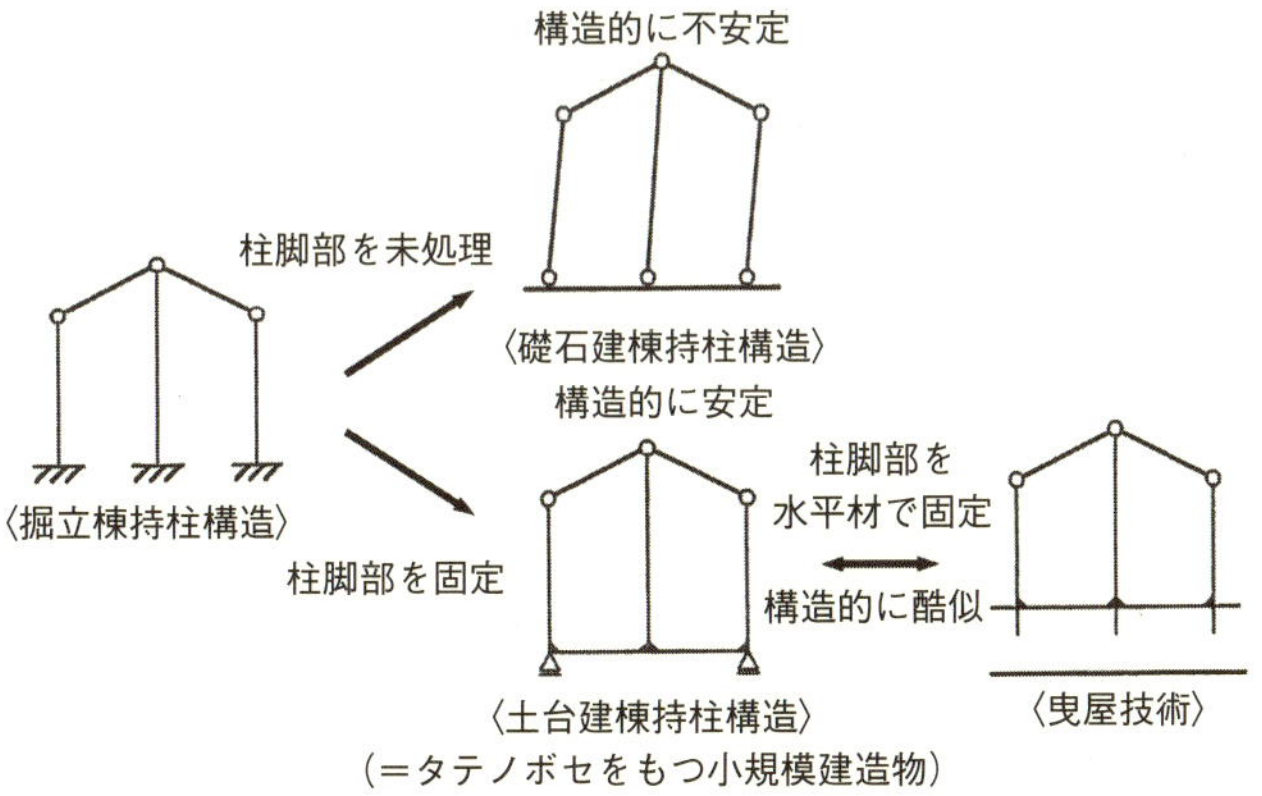


**図16**　棟持柱構造図

「剛」の固定端として十分でないにしても、固定端にちかい「緩い剛」である、とかんがえられる。「緩い剛」は、「固定端」ではないため、柱一本で自立を十分に維持しえないが、先述したように、棟持柱と管柱を水平材でつないだ「パネル」が架構全体でくまれて安定するので、土台の「緩い剛」接合とのくみあわせによって、十分に建物の架構が成立し得る[52]。すなわち、礎石建構造のように、軸部を強固にかためなくても架構を維持できるので、軸部・小屋組構造に移行する過程は、生じない。したがって、タテノボセをもつ小規模建造物は、その柱脚部に土台を採用したため、棟持柱を継承することができたので、現在、雪につよい構造として飯山市に多数遺存している、とかんがえられる。

以上、土台には、柱脚部の保護という目的のほかに、伊藤鄭爾(一九八四)[53]や土本俊和(二〇〇五[54]、各論A京都3)が指摘する角水解消技術、あるいは、谷重雄(一九四〇)[55]や稲垣栄三(一九六八)[56]や金石健太(二〇〇五)[57]が指摘した移動を前提とした用途があった。一方、タテノボセをもつ小規模建造物は、柱脚部の保護という目的を前提として土台を採用し、副次的に棟持柱構造を維持する効果をえた。すなわち、土台が採用された結果、礎石建の軸部・小屋組構造のように軸部を強固にかためなくても、架構が維持できたので、積雪荷重に対応する構造として、棟持柱構造を継承することができた。その結果、小屋組と軸部に分離した姿に移行する過程が広汎に生じなかった、とかんがえられる。

## 六 結論

本論は、小規模建造物における棟持柱の建築的意義を構造の観点から、長野県飯山市のタテノボセをもつ小規模建造物を例にとり、考察してきた。タテノボセをもつ小規模建造物は、掘立棟持柱構造の住居を原形として、積雪荷重などの外力に対する構造的な有効性をかねそなえていたことで、現在は、物置小屋の建築遺構として飯山市に遺存しており、さかのぼれば、民家の構造形式のひとつとして採用されていた。

### 参考文献および註

(1) 土本俊和「主題解説(1)民家史研究の総括と展望—棟持柱祖型論に即して—」(日本建築学会民家小委員会編『二〇〇五年度 日本建築学会大会 歴史・意匠部門 パネルディスカッション 民家研究五〇年の軌跡と民家再生の課題』日本建築学会、五—三七頁、二〇〇五年)、総論1同「民家史研究の総括と展望—棟持柱祖形論に即して—」

(2) 玉井哲雄「日本建築の構造」(藤井恵介・玉井哲雄『建築の歴史』中央公論社、三〇三—三〇八頁、一九九五年)三〇四頁引用

(3) 三澤勝衛「八ヶ岳山麓(裾野)地理研究」(『人文地理』一(二)、二一—三六頁、一九二七年)、土本俊和「表題解説—棟持柱をもつ諏訪の穴倉—」(信州大学工学部土本研究室編『棟柱 第8号』信州伝統的建造物保存技術研究会、二—三頁、二〇〇四年)、各論C信州4同「棟持柱をもつ諏訪の穴倉」

(4) 土本俊和「表題解説—国見の掘立棟持柱—」(信州大学工学部土本研究室編『棟柱 第5号』信州伝統的建造物保存技術研究会、二—三頁、二〇〇二年)、各論C信州3同「国見の掘立棟持柱」

(5) 今和次郎『今和次郎集 第4巻 住居論』(ドメス出版、一九七一年)三五五—三六〇頁参照

(6) 註5前掲・今『住居論』三五五―三六〇頁参照

(7) 石原憲治『日本農民建築 第五輯（北陸、中部Ⅰ）』（南洋堂書店、一九七三年）一七六―一七八頁、一九三―一九六頁参照

(8) 註7前掲・石原『日本農民建築 第五輯』一九三―一九六頁参照

(9) 土本俊和「表題解説―戦前の棟持柱祖型論―」（信州大学工学部土本研究室編『棟柱 第7号』信州伝統的建造物保存技術研究会、二―三頁、二〇〇四年）、総論3同「戦前の棟持柱祖形論」四二頁引用

(10) 土本俊和・遠藤由樹「掘立から礎へ―中世後期から近世にいたる棟持柱構造からの展開―」『日本建築学会計画系論文集』五三四、二六三―二七〇頁、二〇〇〇年）、総論4同「同」六〇頁引用参照。さらに、内田ら（二〇〇二）は、「この源流が支配的と想定し得るのは、建造物の数のおおさにかかわるとともに、建築構造の骨格にかかわる。すなわち、圧倒的多数をしめていたのは、梁行二間の小規模建造物であり、「掘立棟持柱構造」という大枠の骨格が徐々に変容しつつ近世民家のさまざまな架構へと発展していった。」とした（内田健一・土本俊和「棟持柱構造から軸部・小屋組構造への転換過程」『日本建築学会計画系論文集』五五六、三二三―三三〇頁、二〇〇二年、総論6同「同」七三頁引用）。たしかに、現在みられる民家の架構は、おおくが軸部と小屋組に分離しており、軸部・小屋組分離構造にはさまざまな架構がある。また、軸部と小屋組が分離していない棟持柱構造は、京都府や山梨県では多数存在することが、ひろくしられている。

(11) タテノボセをもつ小規模建造物は、①下水内郡地理研究舎『下水内郡地理資料 第三輯―常盤村・柳原村・外様村・太田村誌―』（下水内郡地理研究舎、一九三八年）、②弓削春穏『深雪地下水内郡の地理的考察』（下水内教育会、一九五四年）、③飯山市土建産業労働組合編『職人がつづる職人史』（銀河書房、一九七九年）などで紹介されている。また、④滝澤秀人「土台を持つ棟持柱構造の変遷」（『二〇〇三年度日本建築学会大会（東海）学術講演梗概集F―2』一〇七―一〇八頁、二〇〇三年）や、⑤島崎広史・土本俊和「棟持柱構造と軸部・小屋組構造を併せ持つ切妻小規模建造物」（『日本建築学会計画系論文集』六〇三、一七五―一八二頁、二〇〇六年、総論7同「同」）でタテノボセをもつ小規模建造物を〈土台をもつ棟持柱構造〉としてあつかった。

(12) 土本俊和編『中世後期から近世に至る掘立棟持柱構造からの展開過程に関する形態史的研究 二〇〇一年度～二〇〇三年度科学研究費補助金（基盤研究C（2））研究成果報告書』研究代表者・土本俊和（信州大学工学部教授）、二〇〇五年）二七七、二九〇、二九六頁参照。なお、『建築大辞典 第二版』では、「立て登せ柱」は、「木造二階以上の建物で土台から軒桁まで一本物で通した柱」（一一七六頁引用）である。この解釈は、棟持柱を意味していないため、飯山でひろくしられる「タテノボセ」とことなる。

(13) 註11②前掲・弓削『深雪地下水内郡の地理的考察』五〇頁引用

(14) 註11②前掲・弓削『深雪地下水内郡の地理的考察』五〇頁引用

(15) 註11②前掲・弓削『深雪地下水内郡の地理的考察』五〇頁引用

(16) 鵜飼浩平・早川慶春『タテノボセと土台からみた小規模建造物』（平成一六年度信州大学工学部社会開発工学科卒業論文（土本研究室）、二〇〇五年）七三―一〇四頁参照、註12前掲・土本編『中世後期から近世に至る掘立棟持柱構造からの展開過程に関する形態史的研究』二七〇―三〇二頁参照

(17) 註16前掲・鵜飼ほか『タテノボセと土台からみた小規模建造物』一六頁参照

(18) 註11②前掲・弓削『深雪下水内郡の地理的考察』五〇頁参照

(19) 飯山市教育委員会編『長野県飯山市旭町遺跡群 北原遺跡調査

報告書』（飯山市教育委員会、一九八〇年）

（20）飯山市教育委員会編『南條遺跡』（飯山市教育委員会、二〇〇〇年）

（21）有尾遺跡発掘調査団編『有尾遺跡』（飯山市教育委員会、一九九二年）一七―二四頁参照

（22）註10前掲・土本ほか「掘立から礎へ」、総論4同「同」五五頁引用

（23）広島県草戸千軒町遺跡調査研究所編『草戸千軒町遺跡発掘調査報告Ⅴ―中世瀬戸内の集落遺跡―』（広島考古学研究会、一九九六年）

（24）滝澤秀人・島崎広史・土本俊和・遠藤由樹「笛吹川流域の民家―四建ないしウダツ造に至る掘立棟持柱構造からの展開―」（『日本建築学会計画系論文集』六〇四、一六七―一七四頁、二〇〇六年）、各論C甲州1同「同」参照

（25）註11②前掲・弓削『深雪地下水内郡の地理的考察』一六八―一六九頁引用

（26）棟持柱をもつ、中規模ないし大規模な住居としての建造物を註24前掲・各論C甲州1滝澤ほか「笛吹川流域の民家」であつかった。

（27）註11⑤前掲・総論7島崎ほか「棟持柱構造と軸部・小屋組構造を併せ持つ切妻小規模建造物」参照

（28）金石健太「土台を持つ建物の系譜」（註12前掲・土本編『中世後期から近世に至る掘立棟持柱構造からの展開過程に関する形態史的研究』一〇九―一一二頁）一一二頁引用

（29）豊田村誌刊行会『豊田村誌』（豊田村誌刊行会、一九六三年）五〇七頁引用。なお、豊田村は一八八九年に常郷村と合併し、大田村が発足した。大田村は、一九五六年に飯山市に編入された。

（30）藤島亥治郎「江戸時代民家の文献的研究―特に信濃佐久の民家について―」（『建築史研究』一四、二二―二六頁、一九五四年）参照

（31）建物をもちあげ土台をすえる技術は、民家再生の手法にみる現代技術であり、土台をすえることで、建物の水平・垂直がたもたれるようになる。この手法については、降幡廣信『古民家再生ものがたり』（晶文社、二〇〇五年）四六―四七頁のなかにしるされている。

（32）宮澤智士「農家の中世から近世へ」（伊藤ていじほか編『日本名建築写真選集一七 民家二 農家』八三―一二五頁、新潮社、一九九三年）八六頁引用

（33）註32前掲・宮澤「農家の中世から近世へ」一〇六頁引用

（34）長野県史刊行会編『長野県史 民俗編 第四巻（一）北信地方 日々の生活』（長野県史刊行会、一九八四年）三六六―三七〇頁引用

（35）川島宙次『滅びゆく民家―間取り・構造・内部―』（主婦と生活社、一九七三年）一一二頁引用

（36）註11②前掲・弓削『深雪地下水内郡の地理的考察』五〇頁参照

（37）註12前掲・土本編『中世後期から近世に至る掘立棟持柱構造からの展開過程に関する形態史的研究』二七七―二七八頁、二七二頁、二八四―二八五頁参照

（38）註12前掲・土本編『中世後期から近世に至る掘立棟持柱構造からの展開過程に関する形態史的研究』二七七―二七八頁 参照

（39）京都府教育庁文化財保護課『京都府の民家 調査報告 第七冊―昭和四八年度京都府民家緊急調査報告―』（京都府教育委員会、一九七五年）参照

（40）ブルーノ・タウト著・篠田英雄訳『日本美の再発見〔増補改訳版〕』（岩波書店、一九三九年初出・一九六二年改訂）二二頁引用

（41）註35前掲・川島『滅びゆく民家』一三〇頁引用

（42）註11②前掲・弓削『深雪地下水内郡の地理的考察』五〇頁引用

（43）註11①前掲・下水内郡地理研究舎『下水内郡地理資料 第三輯』三三―三四頁引用

（44）註11⑤前掲・島崎ほか「棟持柱構造と軸部・小屋組構造を併せ持つ切妻小規模建造物」、総論7同「同」九三頁引用

（45）遠藤由樹・土本俊和・吉澤政己・和田勝・西山マルセーロ・笹川明「信州の茅葺民家にみる棟束の建築的意義」（『日本建築学会計画系論文集』五三二、二二五―二三二頁、二〇〇〇年）、各論B信州1同「同」一九六頁引用

（46）京都府教育庁文化財保護課編『京都府の民家 調査報告 第二冊』（京都府教育委員会、一九六八年）三五―四〇頁参照・四〇頁引用、京都府教育庁文化財保護課編『京都府の民家 調査報告 第四冊』（京都府教育委員会、一九七〇年）三〇頁参照

（47）註32前掲・宮澤「農家の中世から近世へ」八六頁引用

（48）註32前掲・宮澤「農家の中世から近世へ」八六頁引用

（49）註22前掲・土本ほか「掘立から礎へ」、総論4同「同」五四頁引用

（50）土台をもつ棟持柱構造としては註11④前掲・滝澤「土台を持つ棟持柱構造の変遷」のなかで、タテノボセのほか、川原町の組立式の住居、初期洛中洛外図屏風にえがかれた川の上にたつ家などをあげ、土台をもつ棟持柱構造がすくなくとも中世末期から存在することを指摘した。

（51）註28前掲・金石「土台を持つ建物の系譜」一〇九―一一〇頁引用

（52）註11⑤前掲・島崎ほか「棟持柱構造と軸部・小屋組構造を併せ持つ切妻小規模建造物」、総論7同「同」九七―九八頁参照

（53）伊藤鄭爾「城郭と茶室における問題」（同『中世住居史［第二刷］』東京大学出版、三七―四六頁、一九八四年）参照

（54）土本俊和「発掘遺構からみた京マチヤの原形ならび形態生成」（西山良平編『平安京における居住形態と住宅建築の学際研究 平成一五年度～平成一六年度科学研究費補助金（基盤研究C（2））研究成果報告書』研究代表者・西山良平（京都大学大学院人間環境学研究科教授）、一二七―一五三頁、二〇〇五年）、のちに土本俊和「京マチヤの原形ならびに形態生成」（西山良平・藤田勝也編『平安京の住まい』京都大学学術出版会、一九五―二四一頁、二〇〇七年、各論A京都3同「同」）として改訂増補

（55）谷重雄「上賀茂神社嘉元造替本殿」（建築史研究會編『建築史』第二巻 第四号、二九五―三一六頁、一九四〇年）参照

（56）稲垣栄三「本殿形式の起源」（同『原色日本の美術 第一六巻 神社と霊廟』小学館、一七四―二〇三頁、一九六八年）一九四頁参照、稲垣栄三「神社と霊廟」（稲垣栄三『稲垣栄三著作集 二 神社建築史研究Ⅰ』中央公論美術出版、七―一五二頁、二〇〇六年）三二頁参照

（57）註28前掲・金石「土台を持つ建物の系譜」一〇九―一一二頁参照

出典

（図1）註12・土本編『中世後期から近世に至る掘立棟持柱構造からの展開過程に関する形態史的研究』二五二頁

（図2）註11前掲・弓削『深雪地下水内郡の地理的考察』五〇頁

（図3）註12前掲・土本編『中世後期から近世に至る掘立棟持柱構造からの展開過程に関する形態史的研究』二五〇頁

（図4）註12前掲・土本編『中世後期から近世に至る掘立棟持柱構造からの展開過程に関する形態史的研究』二五二頁

（図5）註12前掲・土本編『中世後期から近世に至る掘立棟持柱構造からの展開過程に関する形態史的研究』二五二頁

（図6）註12前掲・土本編『中世後期から近世に至る掘立棟持柱構造からの展開過程に関する形態史的研究』二六〇頁

（図7）註21前掲・有尾遺跡発掘調査団編『有尾遺跡』四六頁。なお、本図は、本論の意図を明確にしめすために、『有尾遺跡』にお

さめられた図32を、加筆したものである。

（図８）註11②前掲・弓削『深雪地下水内郡の地理的考察』五一頁

（図９）註11②前掲・弓削『深雪地下水内郡の地理的考察』一六八頁

（図10）註12前掲・土本編『中世後期から近世に至る掘立棟持柱構造からの展開過程に関する形態史的研究』三一頁

（図11）註12前掲・土本編『中世後期から近世に至る掘立棟持柱構造からの展開過程に関する形態史的研究』二四六頁

（図12）註12前掲・土本編『中世後期から近世に至る掘立棟持柱構造からの展開過程に関する形態史的研究』二三頁の図３を修正。

（図13）註12前掲・土本編『中世後期から近世に至る掘立棟持柱構造からの展開過程に関する形態史的研究』

（図14）註12前掲・土本編『中世後期から近世に至る掘立棟持柱構造からの展開過程に関する形態史的研究』三三頁

（図15）註12前掲・土本編『中世後期から近世に至る掘立棟持柱構造からの展開過程に関する形態史的研究』三二頁

（図16）註12前掲・土本編『中世後期から近世に至る掘立棟持柱構造からの展開過程に関する形態史的研究』一一〇頁の図３を参考に構造図を作成した。

（表１）註12前掲・土本編『中世後期から近世に至る掘立棟持柱構造からの展開過程に関する形態史的研究』三一頁の表１を増補・修正した。なお、記載した平面規模は下屋などをのぞいた構造体部分の平面規模としている。

初出　二〇〇五年五月　早川慶春・土本俊和・鵜飼浩平・梅干野成央

# 各論Ｂ　信州６　タテノボセをもつ架構の変容過程

## 一　はじめに

これまでなされてきた棟持柱構造に関する研究は、数おおい。なかでも、小規模な建造物をあつかった土本（二〇〇一、各論Ｂ信州２）は、長野県の旧豊栄村の赤柴という集落に現存する棟持柱構造をもつ例を具体的にしめしたうえで、棟持柱が「前近代の建物にしばしばみられたが、近代にはいっても、伊勢神宮にかぎらず、小規模な建物にみられた」[1]ものであるとした。この事例は、棟持柱がおもに小規模な建造物にもちいられてきたことを示唆するものであった。その後、滝澤ら（二〇〇六、各論Ｃ甲州１）は、山梨県の笛吹川流域の集落において、棟持柱をもつ建造物を多数確認している。この地域では、棟持柱を主屋にもちいている。笛吹川流域の事例は、大規模な建造物にも棟持柱がもちいられつづけてきたことを示唆するものであった。つまり、いまとなっては、小規模な建造物におおくみられる棟持柱は、元来、小規模な建造物から大規模な建造物まで、幅ひろくもちいられていた、とかんがえることができる。長野県飯山市においても、棟持柱をもつ建造物を、小規模な建造物から大規模な建造物まで、多数確認することができる（図１、図２）。以上より、長野県飯山市に現存する棟持柱をもつ建造物を調査対象に位置づける意義がうきぼりになる。なお、棟持柱は、全国でさまざまな呼称があるが、飯山市では、タテノボセとよばれている。そのため、ここでは、飯山市に現存する建造物にもちいられている棟持柱をタテノボセとし、棟持柱構造をもつ建造物をタテノボセをもつ建造物とする。

タテノボセをもつ建造物に関する研究は、弓削（一九五四）[2]、早川ら（二〇〇七、各論Ｂ信州５）[3]によるものがある。とりわけ、早川らは、飯山市に現存するタテノボセをもつ建造物の実測調査をおこない、タテノボセだけではなく、タテノボセをもつ建造物にもちいられる土台に着目し、タテノボセをもつ建造物における掘立から土台建への変容過程をしめし、さらに、小屋組部の倒壊事例からタテノボセが積雪荷重などの外力に対して有効であることをしめした[4]。

これまでおこなわれてきた棟持柱構造の架構の変容過程に関する研究のおおくは、棟持柱構造から軸部・小屋組構造への架構の変容過程をのべているが、棟持柱の変容過程に着目したものがおおく、棟持柱以外の部材における架構の変容過程についてふれたものは、管見のかぎり、すくない。したがって、早川らのように他の部材に着目し、棟持柱構造から軸部・小屋組構造への転換過程をしめすことは、棟持柱構造をもつ架構の変容過程を実証的にとらえるうえで

**図1**　太田村の棟持柱をもつ民家

**図2**　タテノボセをもつ建造物

重要である。そこで、ここでは、早川らの成果をふまえ、タテノボセとその他の部材との関係性に着目し、タテノボセをもつ建造物の架構の変容過程を把握する作業を通じて、タテノボセの建築的意義をあきらかにすることを目的とする。

## 二　調査結果

タテノボセをもつ架構の変容過程を把握するにあたり、まず、飯山市におけるタテノボセをもつ建造物の全体像を把握する。そのため、飯山市全域および周辺集落において悉皆調査をおこない、タテノボセをもつ建造物の棟数、架構の把握をおこなう。その後、タテノボセをもつ建造物を対象に実測調査をおこない、タテノボセをもつ建造物の架構の詳細を把握する。悉皆調査および実測調査より把握したタテノボセをもつ建造物に即して、架構を類型化し、それらをもとに架構の変容過程をあきらかにする。さいごに、タテノボセをもつ建造物の架構の変容過程をふまえ、架構別に分布を把握することにより、タテノボセのもつ建築的意義をあきらかにしていく。

### 二—一　悉皆調査

タテノボセをもつ建造物をあつかうにあたり、建造物の現状を把握する必要がある。これまでに飯山市全域のタテノボセをもつ建造物をあつかった調査として、一九五四年に弓削春穏がおこなったものがあり、タテノボセをもつ建造物の棟数が把握されている。しかし、調査後五〇年以上が経過している現在、現状を把握するために、二〇〇九年九月に飯山市全域を対象とした悉皆調査をおこなった。

弓削は、タテノボセをもつ建造物を、「草葺切妻の屋根を持つた建物の側面即ち切妻側の中央部の柱は梁の処でおわらずに棟木までとおす一本の長大な材を使用し、直接棟木を受けておる。そのため梁が二つ分れ一見神宮造りに近い形相を示している」[5]としており、タテノボセをもつ建造物の梁行方向にその特徴があらわれることを示唆した。しかし、タテノボセをもつこと以外にはふれられなかったため、タテノボセ以外の架構が不明であった。そこで、タテノボセをもつ建造物の棟数だけではなく、架構を把握するために、弓削の示唆する、草葺切妻の屋根をもった建造物の妻面の写真撮影をお

図3　タテノボセをもつ建造物のプロット図

こない、タテノボセをもつ建造物を地図上にプロットしていった。

　悉皆調査の結果、現在（二〇〇九）では、一二九棟のタテノボセをもつ建造物が飯山市全域に分布していることがあきらかとなった（図3）。分布の特徴として、飯山市の中部から北部にかけて集中してタテノボセをもつ建造物がおおくのこっており、とりわけ、飯山市内でも標高のたかい岡山地区や太田地区におおく分布していることにくわえ、千曲川沿いの瑞穂地区や常盤地区にもおおく分布している。一方、飯山市内において比較的平野部にあたる飯山地区や木島地区では、今回の調査で確認することができなかった。また、飯山市内におけるタテノボセをもつ建造物には、これまで小屋といった小規模建造物にタテノボセがもちいられていることに着目されてきたが、今回、主屋の付属屋にタテノボセをもちいている建造物や、桁行方向にながくのびた建造物をあらたに確認することができた。また、今回の調査では、飯山市に接する近隣の市町村の集落の調査もおこなった。その結果、タテノボセをもつ建造物は、峠をこえた新潟県ではまったく確認することができず、千曲川の対岸にあたる集落に数棟確認するだけにとどまった。

　以上より、タテノボセをもつ建造物は、飯山市特有のものであり、飯山市を中心として発展してきた建造物であることがうかがえる。

## 二—二　実測調査

　タテノボセをもつ建造物の架構を把握するために、二〇〇四年から二〇〇九年にかけて、タテノボセをもつ建造物三〇棟を対象に実測調査、および所有者へのヒアリング調査をおこなった（表1）。その結果、タテノボセをもつ建造物の梁行方向は、二間から二間半程度のものがおおく、タテノボセの本数は、建造物ごとにことなることがあきらかとなった。

　梁間方向の規模が二間程度の小規模なものであることに対し、桁行方向の規模は、二間から七間であり、桁行方向に比較的大規模なものにもタテノボセがもちいられていた。つまり、飯山市では、小規模な建造物にかぎらず、切妻屋根をもつ建造物には積極的にタテノボセをもちいていた、とかんがえることができる。さらに、タテノボセの位置に着目すると、棟通りの位置にたつタテノボセは、おおくの建造物で両妻面に一本ずつの計二本あり、すくなくとも片妻面には一本あることがあきらかとなった。しかし、桁行方向が四間

**表1**　実測調査建物リスト

| NO. | 所有者名 | 所在地区 | 建物名称 | 屋根材 | 梁間 | 桁行 | 1階における棟通の柱位置 |
|---|---|---|---|---|---|---|---|
| 1 | K・S家 | 太田 | 物置小屋 | 茅葺 | 2間 | 不明 | 不明 |
| 2 | I・N家 | 太田 | 物置小屋 | 茅葺 | 2間半 | 4間半 | ●┼┼┼●┼┼┼┼● |
| 3 | T・H家 | 太田 | 物置小屋 | 茅葺 | 2間半 | 4間半 | ●┼┼┼●┼┼┼┼● |
| 4 | T・H家 | 太田 | 物置小屋 | 茅葺 | 2間半 | 4間半 | ●┼┼┼┼●┼┼┼● |
| 5 | S・H家 | 太田 | 物置小屋、住宅 | 茅葺 | 2間半 | 7間 | ●┼┼○┼┼○┼┼┼●┼┼┼● |
| 6 | U・E家 | 太田 | 物置小屋 | 茅葺 | 3間 | 4間半 | ●┼┼┼┼●┼┼┼● |
| 7 | N・S家 | 常盤 | ハイイバ | 茅葺 | 2間 | 2間 | ●┼┼┼● |
| 8 | T・N家 | 常盤 | 物置小屋 | 茅葺 | 2間 | 3間 | ●┼┼┼┼┼● |
| 9 | T・S家 | 常盤 | 物置小屋 | 茅葺 | 2間 | 3間 | ●┼┼┼┼┼● |
| 10 | M・S家 | 常盤 | 物置小屋 | 茅葺 | 2間 | 3間半 | ●┼┼●┼┼┼● |
| 11 | N・H家 | 常盤 | 物置小屋 | 茅葺 | 2間 | 3間半 | ●┼┼●┼┼┼● |
| 12 | K・J家 | 常盤 | 物置小屋 | 茅葺 | 2間 | 4間 | ●┼┼┼┼┼┼┼● |
| 13 | N・S家 | 常盤 | 物置小屋 | 茅葺 | 2間半 | 3間半 | ●┼┼●┼┼┼● |
| 14 | S・S家 | 常盤 | 物置小屋 | 茅葺 | 2間半 | 3間半 | ●┼┼┼●┼┼┼● |
| 15 | S・S家 | 常盤 | 物置小屋 | 茅葺 | 2間半 | 4間 | ●┼┼┼●┼┼┼● |
| 16 | N・S家 | 常盤 | 物置小屋 | 茅葺 | 2間半 | 4間半 | ●┼┼●┼┼┼┼┼● |
| 17 | K・M家 | 常盤 | 物置小屋 | 茅葺 | 2間半 | 4間半 | ●┼┼┼┼┼●┼┼● |
| 18 | T・M家 | 常盤 | 住宅 | 板屋根 | 4間 | 不明 | 不明 |
| 19 | U・H家 | 瑞穂 | 物置小屋、紙漉 | 茅葺 | 2間 | 2間半 | ●┼┼┼┼● |
| 20 | H・K家 | 瑞穂 | 物置小屋 | 茅葺 | 2間 | 2間半 | ●┼┼┼┼● |
| 21 | N・T家 | 瑞穂 | 物置小屋 | 茅葺 | 2間 | 3間 | ○┼┼┼┼┼○ |
| 22 | M・M家 | 瑞穂 | 物置小屋 | 茅葺 | 2間 | 3間 | ●┼┼┼┼┼● |
| 23 | K・T家 | 瑞穂 | 物置小屋 | 茅葺 | 2間 | 3間 | ├┼┼┼○┼● |
| 24 | M・M家 | 瑞穂 | 物置小屋 | 茅葺 | 2間半 | 3間半 | ●┼┼●┼┼┼● |
| 25 | M・T家 | 柳原 | シモヤ | 茅葺 | 4間 | 2間 | ●┼┼┼● |
| 26 | T・M家 | 柳原 | シモヤ | 茅葺 | 3間 | 2間 | ├┼┼┼┼┼● |
| 27 | Y・T家 | 柳原 | シモヤ | 茅葺 | 3間半 | 2間 | ├┼┼┼┼┼● |
| 28 | Y・H家 | 柳原 | 物置 | 茅葺 | 2間 | 3間 | ●┼┼┼┼┼● |
| 29 | T・I家 | 柳原 | シモヤ | 茅葺 | 3間半 | 2間 | ├┼┼┼┼┼○ |
| 30 | K・T家 | 岡山 | 倉 | 茅葺 | 2間半 | 4間 | ●┼┼┼●┼┼┼● |

棟通の柱位置における●はタテノボセ、○はタテノボセではない柱、目盛りは半間をさす。

以上になる建造物の場合、タテノボセが中柱としてあらわれる。タテノボセとタテノボセの間隔は、ながいものでは四間ちかくあるが、平均して約三間であり、それ以上の場合では、タテノボセを中柱としてたてる場合や、中柱ではなく束をたてて棟木をささえている場合があることがわかった。さらに、実測調査により、タテノボセをもつ建造物には、棟持柱構造と軸部・小屋組構造を併せ持つ建造物を確認することができた。したがって、タテノボセをもつ建造物には、軸部・小屋組構造をもちいた建造物があらわれた際にも、積極的に棟持柱を妻面にもちいていたことがうかがえる。

## 三　各部材による架構の詳細

つぎに、タテノボセをもつ建造物の架構をとらえていく。悉皆調査および実測調査により、桁行方向の架構におおきくことなる点を把握することができなかった。しかし、梁間方向の架構を構成する部材の細部を把握することができた結果、斜材の下部のおさまり方、梁と桁の木組み、梁のおさまり方の三カ所にことなる架構を確認することができた。タテノボセとほかの部材により形成される架構の詳細を把握することは、タテノボセをもつ建造物の架構の変容過程を把握するうえで重要である。そこで、梁行方向に確認できた架構の詳細を以下にしるす。

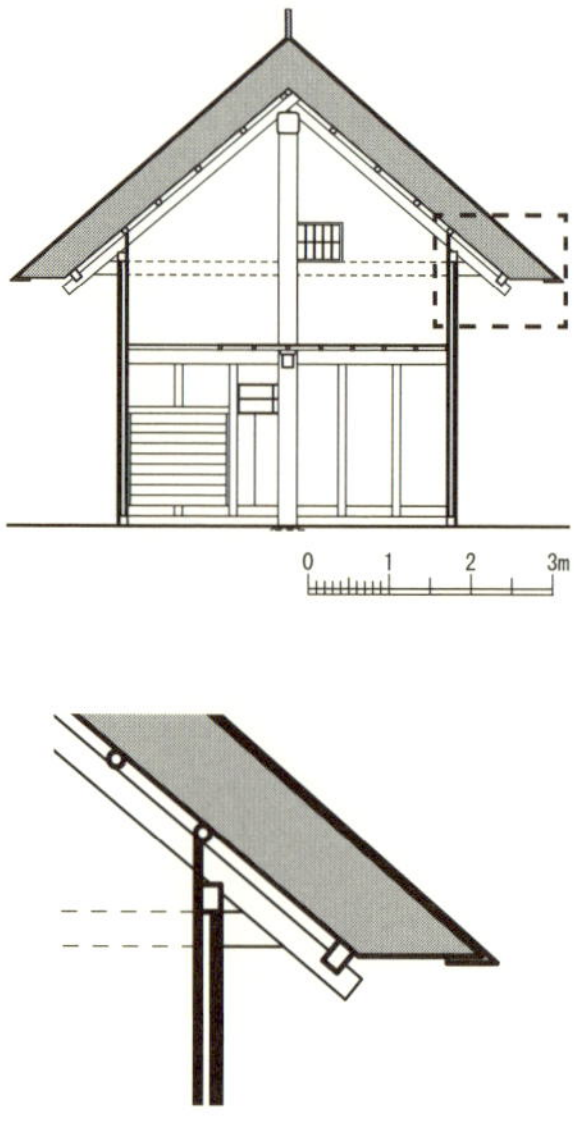


**図4**　ぶっかけ扠首

### 三―一　母屋をささえる斜材の下部のおさまり

建造物の母屋をささえる斜材は、下部を梁や桁にのせるものと、かけおろすものの二種類に大別できた。前者は、ぶっかけ扠首とよばれる架構である（図4）。対して、後者は、一般的な扠首組の扠首材の下部に相当する架構である[6]。しかし、扠首組は、扠首と梁によってトラスを形成する架構をさし、タテノボセをもつ建造物では、タテノボセをもつことにより、扠首と梁でトラスを形成していないため、扠首組とことなる、といえる。そのため、ここでは、タテノボセをもつ建造物にもちいられる扠首組に類似した架構を、扠首組類似とよぶ（図5）。

ぶっかけ扠首の場合は、伊勢神宮などにもちいられている神明造とよばれる社寺建築の構造のように、棟持柱にささえられた棟木から垂木をかけおろした架構であり、垂木に相当する斜材をもちいていることが特徴的である[7]。この場合、斜材にかかる荷重をおもに棟

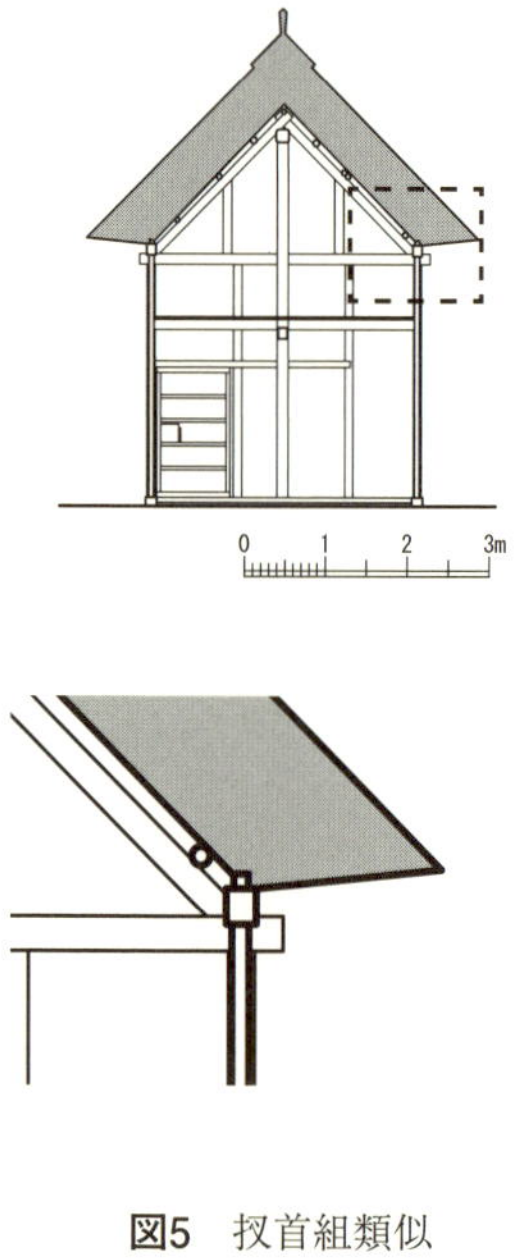


**図5**　扠首組類似

持柱がささえる。一方、扠首組類似の場合、斜材の下方が梁や桁にのるので、棟持柱だけではなく、外側の柱も、斜材にかかる荷重を多分にささえている。そのため、扠首組類似の場合、斜材と棟持柱の二つの部材が屋根および屋根にかかる荷重をささえている、といえよう。[8] つまり、これらの斜材は、母屋をささえる点では二つの形式ともに扠首であり、下部のおさまり方に関しては、扠首組類似の架構は扠首であるが、ぶっかけ扠首の架構は垂木である、といえる。

ぶっかけ扠首の架構は、飯山市内に一九棟、扠首組類似の架構は八二棟確認することができた。

## 三―二　梁と桁の木組み

梁と桁の木組みは、折置組と京呂組の二つにわけることができる。折置組は、「側柱の頂部に直接小屋梁を架し、その上に軒桁を架けるもの」[9]である（図6）。一方、京呂組は、「側柱の上に桁を載せ、この桁の上に渡り腮または蟻掛けで小屋梁を載せるもの」[10]である（図7）。タテノボセをもつ建造物一二九棟中、判別不明な八棟をのぞき、折置組をもつ建造物を五六棟、京呂組をもつ建造物を六五棟確認することができた。

**図6**　折置組の建造物

**図7**　京呂組の建造物

## 三―三　梁のおさまり方

この梁のおさまり方は、以下の二つの架構を確認した。

①タテノボセをはさんで、梁が左右非対称にかかる（図8）。

②タテノボセをはさんで、梁が左右対称にかかる（図9）。

今回確認したタテノボセをもつ建造物一二九棟のうち、梁のかかり方について確認できたものは、九二棟であった。そのうち、一三棟が①の架構を有していた。一方、②の架構を有していた七九棟は、飯山市全域で確認でき、もっともひろく分布した形態であることがわかった。また、①の場合、使用されている材は、あまり製材されていない、湾曲したものがおおく、この二つの形態の差異は、建設当時の技術に関係がある、と推測できる。飯山市内の地域史をあつかった柳原村誌（一九七〇）は、「家は茅ぶきで軒は低く荒壁を塗りたくったまゝで柱は釿で荒削りの板を打つけたに過ぎず鉋はまだ殆

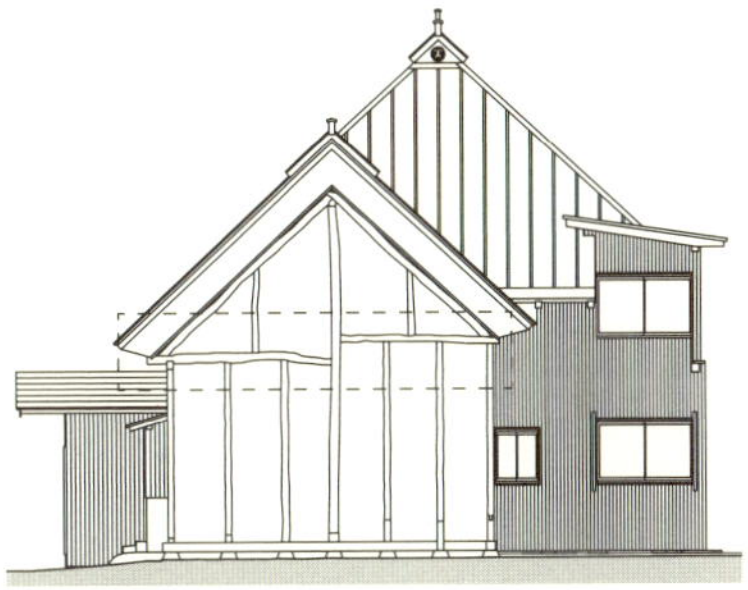
**図8**　梁が左右非対称にかかる

**図9**　梁が左右対称にかかる

んど使ってなく、然も大工職人の手をかけず自分大工で造ったものも多かった様に思われる」[11]としるしている。このように、飯山市内のむかしの建造物は、小規模なものにかぎらず、そのおおくが大工の手をかりることなくたてられていた、とかんがえられる。そのため、①の建造物は、そのおおくが大工の手によらずにたてられたため、製材されることなく、湾曲した材をもちいてたてられた、とかんがえることができる。その後、大工職人の技術がタテノボセをもつ建造物にもちいられはじめ、②の建造物があらわれた、とかんがえられる。

## 四　架構の類型化

タテノボセをもつ建造物の梁行方向は、タテノボセ以外の部材関係により、多様な架構があることがわかった。そこで、タテノボセをもつ建造物の梁行方向を構成する部材を抽出し、モデル化をおこない、類型化をはかった。モデル化にあたり、梁行の架構を構成する、土台、柱、梁、桁、扠首、下の棟木、上の棟木の七部材を抽出した。

飯山市に現存するタテノボセをもつ建造物一二九棟のうち、詳細が不明な二九棟をのぞいた一〇〇棟の建造物の分類をおこない、それぞれの架構をもつ建造物の棟数を把握した。なお、のぞいた二九棟のうち、屋根材が茅葺でない棟持柱構造の建造物を一七棟確認した。これまでタテノボセをもつ建造物は、茅葺屋根をもつことがその特徴としてあげられていたが、茅葺屋根ではない建造物にも棟持柱をもちいる架構があることを把握した。類型化をおこなった結果、タテノボセをもつ建造物は、先述のように、部材による架構の差異から、七つの架構に分類することができた（表2）。

Ⅰ：ぶっかけ扠首　＋　折置組　＋　左右対称の梁
Ⅱ：ぶっかけ扠首　＋　京呂組　＋　左右対称の梁
Ⅲ：ぶっかけ扠首　＋　折置組　＋　左右非対称の梁
Ⅳ：扠首類似　＋　折置組　＋　左右対称の梁
Ⅴ：扠首類似　＋　京呂組　＋　左右対称の梁
Ⅵ：扠首類似　＋　折置組　＋　左右非対称の梁
Ⅶ：扠首類似　＋　京呂組　＋　左右非対称の梁

なお、ぶっかけ扠首＋京呂組＋左右非対称の形態もかんがえることができたが、現在の飯山市ではこの形態が現存しておらず、実在したか不明であったため、類型にふくめなかった。

七つの形態のうち、ぶっかけ扠首をもつⅠ、Ⅱ、Ⅲは、扠首組類似をもつⅣ、Ⅴ、Ⅵ、Ⅶにくらべ、棟数がすくないことがあきらかとなった。さらに、ぶっかけ扠首をもつ架構には、とりわけ折置組をもつⅠがおおいことに対し、扠首組類似をもつ架構には、京呂組をもつⅤがおおいことがあきらかとなった。また、梁のかかり方が左右非対称になるⅢ、Ⅵ、Ⅶでは、ぶっかけ扠首および扠首組類似ともに現存する棟数がすくなく、全体の一〇％程度しかなかった。

## 五　架構の変容過程

タテノボセをもつ建造物の梁行方向では、七つのことなる架構があることがあきらかとなった。そこで、さらに、これらの架構がどのように変容したのかをあきらかにする。そのため、実測調査およびヒアリング調査をおこなった建造物を、ぶっかけ扠首と扠首組類似にわけて、変容過程を考察していく（表3）。ぶっかけ扠首をも

**表2**　梁行方向における架構の類型

| 形態 | Ⅰ | Ⅱ | Ⅲ | Ⅳ | Ⅴ | Ⅵ | Ⅶ |
|---|---|---|---|---|---|---|---|
| モデル図 | 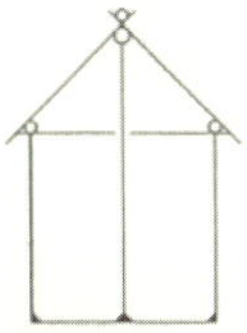 | 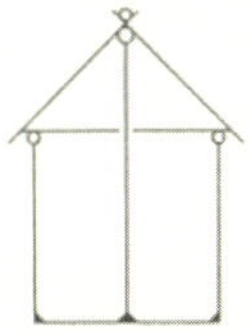 | 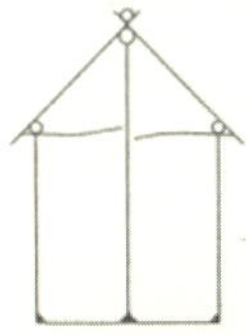 | 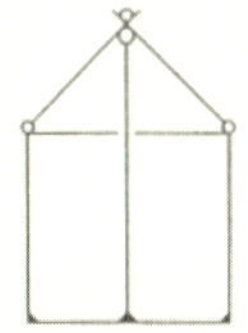 | 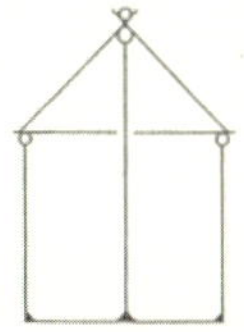 | 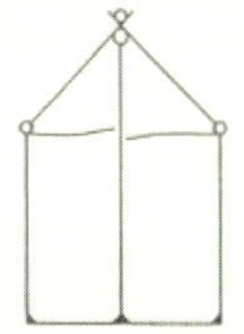 | 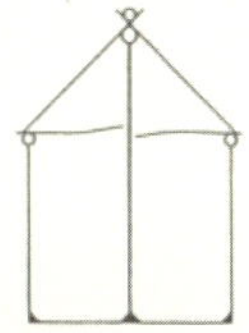 |
| 写真 |  |  |  |  |  |  |  |
| 屋根形式 | ぶっかけ扠首 | ぶっかけ扠首 | ぶっかけ扠首 | 扠首組類似 | 扠首組類似 | 扠首組類似 | 扠首組類似 |
| 木組み | 折置組 | 京呂組 | 折置組 | 折置組 | 京呂組 | 折置組 | 京呂組 |
| 梁の掛かり方 | 左右対称 | 左右対称 | 左右非対称 | 左右対称 | 左右対称 | 左右非対称 | 左右非対称 |
| 棟数 | 13 | 5 | 1 | 27 | 44 | 8 | 2 |

**表3**　実測調査およびヒアリング調査建物リスト

| 番号 | 所有者名 | 所在地区 | 建物名称 | 屋根材 | 梁間 | 桁行 | 屋根形式 | 小屋部の木組み | 梁の掛かり方 | 棟持柱寸法 | 土台 | 建築年代 | 形態分類 |
|---|---|---|---|---|---|---|---|---|---|---|---|---|---|
| 1 | K・S家 | 太田 | 物置小屋 | 茅葺 | 2間 | 不明 | 扠首組類似 | 京呂組 | 左右対称 | - | 有 | 不明 | Ⅳ |
| 2 | I・N家 | 太田 | 物置小屋 | 茅葺 | 2間半 | 4間半 | 扠首組類似 | 京呂組 | 左右対称 | - | 有 | 不明 | Ⅳ |
| 3 | T・H家 | 太田 | 物置小屋 | 茅葺 | 2間半 | 4間半 | 扠首組類似 | 京呂組 | 左右対称 | 220 | 有 | 約100年前 | Ⅳ |
| 4 | T・H家 | 太田 | 物置小屋 | 茅葺 | 2間半 | 4間半 | ぶっかけ扠首 | 折置組 | 左右非対称 | 235 | 有 | 明治6年 | Ⅰ |
| 5 | S・H家 | 太田 | 物置小屋、住宅 | 茅葺 | 2間半 | 7間 | 扠首組類似 | 京呂組 | 左右対称 | 120 | 有 | 明治3年 | Ⅳ |
| 6 | U・E家 | 太田 | 物置小屋 | 茅葺 | 3間 | 4間半 | 扠首組類似 | 京呂組 | 左右対称 | 210 | 有 | 慶應年間 | Ⅳ |
| 7 | N・S家 | 常盤 | ハイイバ | 茅葺 | 2間 | 2間 | 扠首組類似 | 折置組 | 左右対称 | 145 | 有 | 不明 | Ⅲ |
| 8 | T・N家 | 常盤 | 物置小屋 | 茅葺 | 2間 | 3間 | 扠首組類似 | 折置組 | 左右対称 | 150 | 有 | 昭和28年頃 | Ⅲ |
| 9 | T・S家 | 常盤 | 物置小屋 | 茅葺 | 2間 | 3間 | 扠首組類似 | 折置組 | 左右対称 | 160 | 有 | 不明 | Ⅳ |
| 10 | M・S家 | 常盤 | 物置小屋 | 茅葺 | 2間 | 3間半 | ぶっかけ扠首 | 折置組 | 左右対称 | 240 | 有 | 明治29年以前 | Ⅰ |
| 11 | N・H家 | 常盤 | 物置小屋 | 茅葺 | 2間 | 3間半 | 扠首組類似 | 京呂組 | 左右対称 | 140 | 有 | 約150年前 | Ⅳ |
| 12 | K・J家 | 常盤 | 物置小屋 | 茅葺 | 2間 | 4間 | 扠首組類似 | 京呂組 | 左右対称 | 150 | 有 | 不明 | Ⅳ |
| 13 | N・S家 | 常盤 | 物置小屋 | 茅葺 | 2間半 | 3間半 | 扠首組類似 | 折置組 | 左右対称 | - | 有 | 明治8年 | Ⅲ |
| 14 | S・S家 | 常盤 | 物置小屋 | 茅葺 | 2間半 | 3間半 | ぶっかけ扠首 | 折置組 | 左右対称 | 215 | 有 | 不明 | Ⅰ |
| 15 | S・S家 | 常盤 | 物置小屋 | 茅葺 | 2間半 | 4間 | 扠首組類似 | 京呂組 | 左右対称 | 170 | 有 | 明治17年 | Ⅳ |
| 16 | N・S家 | 常盤 | 物置小屋 | 茅葺 | 2間半 | 4間半 | ぶっかけ扠首 | 折置組 | 左右対称 | 185 | 有 | 約120年前 | Ⅰ |
| 17 | K・M家 | 常盤 | 物置小屋 | 茅葺 | 2間半 | 4間半 | ぶっかけ扠首 | 折置組 | 左右対称 | 220 | 有 | 昭和13年頃に移築 | Ⅰ |
| 18 | T・M家 | 常盤 | 住宅 | 板屋根 | 4間 | 不明 | 和小屋組 | 折置組 | 左右非対称 | - | 有 | 不明 | Ⅴ |
| 19 | U・H家 | 瑞穂 | 物置小屋 | 茅葺 | 2間 | 2間半 | 扠首組類似 | 折置組 | 左右対称 | 120 | 有 | 不明 | Ⅲ |
| 20 | H・K家 | 瑞穂 | 物置小屋 | 茅葺 | 2間 | 2間半 | 扠首組類似 | 折置組 | 左右対称 | 105 | 有 | 約70年前に移築 | Ⅲ |
| 21 | N・T家 | 瑞穂 | 物置小屋 | 茅葺 | 2間 | 3間 | 扠首組類似 | 京呂組 | 左右対称 | 120 | 有 | 不明 | Ⅳ |
| 22 | M・M家 | 瑞穂 | 物置小屋 | 茅葺 | 2間 | 3間 | ぶっかけ扠首 | 折置組 | 左右対称 | 150 | 有 | 不明 | Ⅰ |
| 23 | K・T家 | 瑞穂 | 物置小屋 | 茅葺 | 2間 | 3間 | 扠首組類似 | 折置組 | 左右対称 | - | 有 | 昭和10年頃 | Ⅲ |
| 24 | M・M家 | 瑞穂 | 物置小屋 | 茅葺 | 2間半 | 3間半 | ぶっかけ扠首 | 折置組 | 左右対称 | - | 有 | 約150年前 | Ⅰ |
| 25 | M・T家 | 柳原 | シモヤ | 茅葺 | 4間 | 2間 | 扠首組類似折 | 置組＆京呂組 | 左右非対称 | 120 | 有 | 江戸末期から明治初期 | Ⅲ |
| 26 | T・M家 | 柳原 | シモヤ | 茅葺 | 3間 | 2間 | 扠首組類似 | 京呂組 | 左右対称 | 120 | 有 | 約120年前 | Ⅳ |
| 27 | Y・T家 | 柳原 | シモヤ | 茅葺 | 3間半 | 2間 | 扠首組類似 | 京呂組 | 左右対称 | 120 | 有 | 江戸末期から明治初期 | Ⅳ |
| 28 | Y・H家 | 柳原 | 物置 | 茅葺 | 2間 | 3間 | 扠首組類似 | 京呂組 | 左右対称 | 120 | 有 | 約100年前 | Ⅳ |
| 29 | T・I家 | 柳原 | シモヤ | 茅葺 | 3間半 | 2間 | 扠首組類似 | 京呂組 | 左右対称 | 120 | 有 | 不明 | Ⅳ |
| 30 | K・T家 | 岡山 | 倉 | 茅葺 | 2間半 | 4間 | ぶっかけ扠首 | 京呂組 | 左右対称 | 270 | 有 | 江戸末期 | Ⅱ |

つⅠ、Ⅱ、Ⅲでは、墨書などにより正確な建築年代がわかる建造物は、すくない。また、そのおおくがおよそ一二〇年以上前にたてられた建造物であるとのヒアリングをえたことから、明治初期以前までたてられていた架構である、と推測することができる。一方、扠首組類似をもつⅣ、Ⅴ、Ⅵ、Ⅶでは、墨書や口伝により、江戸末期から昭和前期にいたるまで幅ひろい年代でたてられていることがわかった。

## 五—一　ぶっかけ扠首から扠首組類似への変容

ぶっかけ扠首と扠首組類似の変容ついて、検証していく。まず、一般的な扠首組をもつ建造物として有名な白川郷の合掌造りを例にあげる。合掌造りは、これまでさまざまな調査がなされてきた。そのなかで、屋根の架構に関して、光井（一九九五）は、「サス組は垂木構造よりも新しく、さらに合掌造りのサス組は、民家の小屋組の中では最も進んだ構造」[12]としている。これに対して、タテノボセをもつ建造物にもちいられている母屋をささえる斜材について、とりわけ、ぶっかけ扠首をもつ架構について考察していくと、先述したように、ぶっかけ扠首にもちいられている斜材は、扠首としての性質と垂木としての性質をかねそなえている、といえた。一般に、垂木構造は、棟木から桁や梁にかけて斜材をかけおろすだけの架構であり、もっとも単純なものである、とされている[13]。つまり、タテノボセをもつ建造物におけるぶっかけ扠首は、垂木構造の架構と同様の架構をもつことから、垂木構造の架構をもつ、といいかえることができる。一方、扠首組類似は、斜材の下部を一般的な扠首組の扠首の下部と同様の架構をもつ。そのため、斜材だけをみると扠首組の架構をもつ、といいかえることができる。このことは、垂木構造の架構であるぶっかけ扠首が、扠首組の架構である扠首組類似にくらべて、よりふるいことをしめす。すなわち、ぶっかけ扠首から扠首組類似の架構への変容があった、といえる（図10—②）。

## 五—二　架構の祖形

以上、タテノボセをもつ建造物は、ぶっかけ扠首から扠首組類似へ変容したことをしめした。つぎに、変容をとげたぶっかけ扠首の祖形および扠首組類似からの変容を考察していく。

まず、ぶっかけ扠首の祖形を考察していく。先行研究にて、タテノボセをもつ建造物は、掘立柱構造をへて土台建構造へ変容したことがしめされている。つまり、掘立柱構造から現在の土台建ぶっかけ扠首へ移行した、といいかえることができる。ここで、ぶっかけ扠首と扠首組類似の架構にもちいられているタテノボセに着目する。ぶっかけ扠首の架構にもちいられているタテノボセには、六寸から八寸角程度のふとい材がもちいられていた（表3）。さらに、タテノボセによりささえられる棟木には、タテノボセと同寸角以上の材がもちいられており、ほかの部材と比較すると、非常にふとい部材であることがわかった。一方、扠首組類似の形式にもちいられているタテノボセには、ほかの柱と同様の四寸から六寸角程度の材がもちいられており、棟木も同寸角程度のものがもちいられていた。宮澤（一九九三）は、「柱が太く横材が細い構造手法は古いと考えられる。なぜかといえば、掘立柱の名残を伝えている」[14]、としている。タテノボセをもつ建造物の場合、扠首組類似の架構にもちいられる柱と横材にくらべ、ぶっかけ扠首の架構に、よりふとい柱とよりほそい横材がみられた。このことから、ぶっかけ扠首の架構が掘立棟持柱構造から移行したなごりをのこす架構である、とかんがえられる。つまり、掘立棟持柱構造にもちいられた斜材の下部は、ぶっかけ扠首と同様の架構であった、と推測することができる。現在の土台建のぶっかけ扠首の架構の祖形は、掘立柱構造のぶっかけ扠首の架構であった、とかんがえることができる（図10―①）。

## 五―三　扠首組類似からの変容過程

つぎに、扠首組類似の架構からその後の変容について考察していく。土本（二〇〇七、総論8）は、棟持柱をもつ扠首組が、軸部・小屋組構造の扠首組の祖形にあたるとしており、[15] 扠首組をもつ建造物の祖形が棟持柱構造であったことを示唆している。つまり、扠首組類似の架構は、軸部・小屋組構造の扠首組の架構にくらべ、よりふるいものであり、扠首組の架構をもつ建造物の祖形である、といえる。現在、飯山市には、軸部・小屋組構造の切妻屋根の小規模建造物をみることができる。これらの建造物には、小屋組が前方に傾斜するという事例が報告されている。[16] 現地にて実施した悉皆調査時に、この事例の切妻屋根の建造物を確認することができたが、いずれも軸部・小屋組構造の扠首組、または、オダチ・扠首併用の架構をもつ建造物であり、オダチ組の架構をもつ建造物はみられなかった。かりに、ぶっかけ扠首の架構から軸部・小屋組構造へ変容した、とかんがえると、斜材が梁や桁にのらないオダチ組へ変容した、とかんがえることができる。しかし、オダチ組の軸部・小屋組構造をもつ建造物を確認できない点にくわえ、扠首組やオダチ・扠首併用の形式をもつ建造物をみることができる点から、ぶっかけ扠首の架構から軸部・小屋組構造の扠首組の架構へ直接転換したとはかんがえにくい。以上のことから、扠首組類似から軸部・小屋組構造の架構へ転換した、とかんがえられる（図10―③）。

## 五―四　まとめ

以上、現存するタテノボセをもつ建造物の架構から、タテノボセをもつ建造物の架構の変容過程を考察してきた。その結果、掘立柱構造を祖形とし、ぶっかけ扠首から扠首組類似の架構へ変容し、扠首組やオダチ・扠首併用をもつ軸部・小屋組構造へ変容した、とかんがえることができる（図10）。

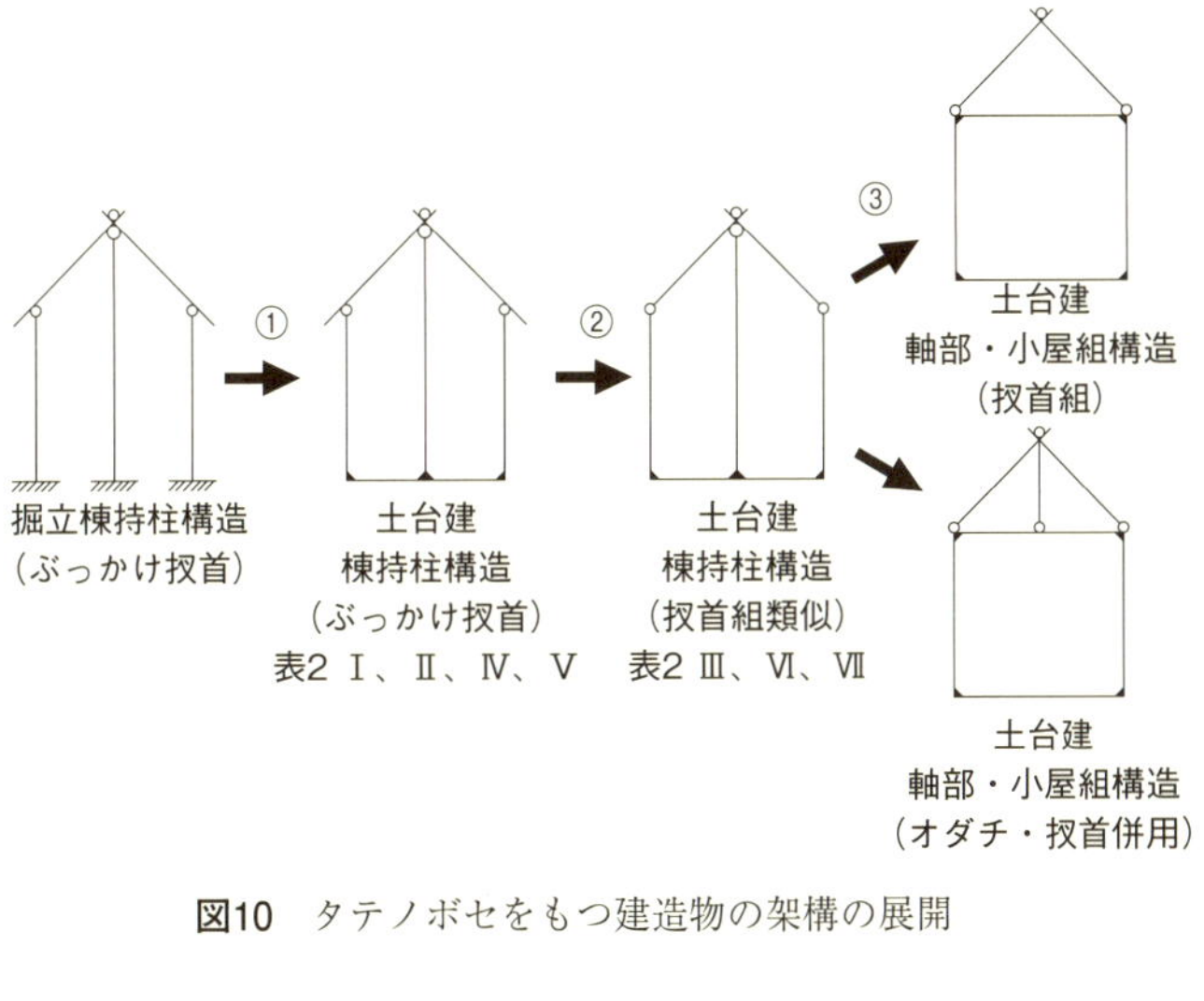


**図10**　タテノボセをもつ建造物の架構の展開

## 六　架構別にみる分布

さいごに、類型化したタテノボセをもつ建造物の分布を把握し、タテノボセのもつ建築的意義について考察していく。

まず、変容過程をしめしたぶっかけ扠首の架構Ⅰ、Ⅱ、Ⅲと扠首組類似の架構Ⅳ、Ⅴ、Ⅵ、Ⅶについて、考察をおこなう。ぶっかけ扠首の架構は、先述したように垂木構造である、とかんがえることができる。垂木構造の斜材の下部に関して、佐伯（二〇〇九）は、「タルキを掛けおろしただけであるから、三角形の底部のふんばりがきかない」[17]としており、垂直にかかる荷重に対してよわいことを示唆している。一方、通常の扠首組はトラスを構成するため、垂直にかかる荷重をやわらげる構造である。[18]したがって、扠首組類似の架構の場合、斜材の下部を梁や桁にのせる架構であるため、すくなからず鉛直にかかる荷重をやわらげている、とかんがえることができる。つまり、ぶっかけ扠首の形式から扠首組類似の架構へ変容したことにより、垂直にかかる荷重に対してより有効な架構に変容した、とかんがえることができる。類型化した架構の分布から、ぶっかけ扠首の架構Ⅰ、Ⅱ、Ⅲは、かぎられた地域におおく分布している。一方、扠首組類似の架構Ⅳ、Ⅴ、Ⅵ、Ⅶは、平野部や山間部に関係なく飯山市全域に分布している。つまり、飯山市全域が特別豪雪地帯に指定されるほどの豪雪地であることを考慮すると、ぶっかけ扠首から扠首組類似の架構へ変容したことにより、この架構は、積雪荷重に対してより有効となり、平野部や山間部に関係なく、飯山市全域でたてられるようになった、とかんがえることができる。

これらの分布は、架構の分類の指標とした小屋梁の木組みや梁のおさまり方によって詳細にわけることができる。しかしながら、ぶっかけ扠首の形式から扠首組類似の架構への変容にかかわらず、さらに、梁と桁の木組みや梁のおさまり方には影響されずに、飯山市全域に各架構が分布していた。いいかえると、これは、積雪に対応するためにぶっかけ扠首から扠首組類似の架構へ変容をたどったタテノボセをもつ建造物が、梁や桁の木組みや梁のおさまり方に左右されていないことをしめしている、とかんがえられる。その結果、現在飯山市では、七つの架構がある、といえる。

島崎・土本（二〇〇六、総論7）は、棟持柱構造に関し、「架構のなかに棟持柱を一本でものこすことが、構造的に重要である、とい

**図11**　形態別分布図

うみとおしがなりたつ[19]」としており、棟持柱構造において、棟持柱を一本もつことが、建造物としての構造をなりたたせているということをしめしている。つまり、タテノボセをもつ建造物は、両妻面にタテノボセをもつことから、建造物の構造として十分なりたっていた、とかんがえることができる。そのため、梁行方向の架構は、制限されることなく、多様な架構をもちえた、とかんがえることができる。

以上、飯山市におけるタテノボセをもつ建造物の架構別分布を把握した結果、タテノボセをもつことから、梁行方向には、多様な架構をもち得ることがあきらかになった。その結果、飯山市全域では、梁行方向に七つの架構をもつことがわかった。つまり、棟持柱構造は、これまで棟持柱をもつことだけに着目されてきたが、棟持柱をもつことにより、その架構が一つにきまることなく、棟持柱以外の部材のくみ方やおさまり方といった点で多様な形態をもち得るようになった、という点を指摘することできる。

## 七　結論

本論は、棟持柱構造の架構の変容過程を長野県飯山市に現存するタテノボセをもつ建造物を例にとり、考察してきた。架構の比較から、タテノボセをもつ建造物は、掘立棟持柱構造を祖形とし、土台建棟持柱構造へと変容したが、架構の変容は、これだけにとどまらず、母屋をささえる斜材の下部をぶっかけ扠首から扠首組類似の架構へ変容させていった。その結果、この架構が、とりわけ豪雪地帯である飯山市全域に分布していった、と推測される。その後、扠首組類似の棟持柱構造の架構は、そのほかの地域では、軸部・小屋組構造へと変容し、現在にいたった、とかんがえることができる。さらに、タテノボセ以外の部材による架構の差異と架構別分布から、ぶっかけ扠首の形式から扠首組類似の架構への変容にかかわらず、そのほかの架構は、その影響をうけず、多様な架構をもち得ることをしめした。これは、タテノボセという棟持柱をもちいていたため、建造物としての構造がなりたち、梁行方向の架構に制限がなかったためである、とかんがえることができる。タテノボセをもつ建造物のなかに、七つの架構を飯山市内で確認することができたのは、このためである、とかんがえることができる。すなわち、棟持柱構造は、棟持柱があることにより、梁行方向には多様な架構をもち得ることができる構造である、といえる。

### 参考文献および註

(1) 土本俊和「表題解説―赤柴のタキモノ小屋―」(信州大学工学部土本研究室編『棟柱　第4号』信州伝統的建造物保存技術研究会、二―三頁、二〇〇一年)、各論B信州2同「赤柴のタキモノ小屋」二一二頁引用

(2) 弓削春穏『深雪地下水内郡の地理的考察』(下水内教育会、一九五四年)。図1は、同『同』第三八図(五一頁)をリライトしたものである。

(3) 早川慶春・鵜飼浩平・土本俊和・梅干野成央「タテノボセと土台からみた小規模建造物」(『日本建築学会計画系論文集』六一六、一六七―一七四頁、二〇〇七年)、各論B信州5同「同」参照

(4) 註3前掲・早川ほか「タテノボセと土台からみた小規模建造物」

(5) 註2前掲・弓削『深雪地下水内郡の地理的考察』五〇頁引用

（6）川島宙次『滅びゆく民家―間取り・構造・内部―』（主婦と生活社、一九七三年）一二六頁参照

（7）註2前掲・弓削『深雪地下水内郡の地理的考察』五〇頁、および、遠藤由樹・土本俊和・吉澤政己・和田勝・西山マルセーロ・笹川明「信州の茅葺民家にみる棟束の建築的意義」（『日本建築学会計画系論文集』五三二、二一五―二二二頁、二〇〇〇年）、各論B信州1同「同」参照

（8）飯山市土建産業労働組合編『職人がつづる職人史』（銀河書房、一九七九年）七九―八〇頁など参照

（9）彰国社編『建築大辞典 第二刷〈普及版〉』（同、一九九三年）二二一頁引用

（10）註9前掲・彰国社編『建築大辞典』三九七頁引用

（11）江口善次『柳原村誌』（柳原村誌編纂委員会、一九七〇年）四九七―四九八頁引用

（12）光井渉「『合掌造』について」（『月刊文化財』三七八、四―一四頁、一九九五年）七頁引用

（13）註12前掲・光井「『合掌造』について」参照

（14）宮澤智士「農家の中世から近世へ」（伊藤ていじほか編『日本建築写真選集 第17巻 民家Ⅱ 農家』新潮社、八三―一二五頁、一九九三年）八六頁引用

（15）土本俊和「民家のなかの棟持柱」（『民俗建築』一三一、一〇二―一一二頁、二〇〇七年）、総論8同「同」参照

（16）註3前掲・早川ほか「タテノボセと土台からみた小規模建造物」、註2前掲・弓削『深雪地下水内郡の地理的考察』、註8前掲・飯山市土建産業労働組合編『職人がつづる職人史』など、軸部・小屋組構造の切妻屋根をもつ建造物の傾斜事例が幅ひろく紹介されている。

（17）佐伯安一『合掌造り民家成立史考』（桂書房、二〇〇九年）一四頁引用

（18）註6前掲・川島『滅びゆく民家』一二六頁参照

（19）島崎広史・土本俊和「棟持柱構造と軸部・小屋組構造を併せ持つ切妻小規模建造物」（『日本建築学会計画系論文集』六〇三、一七五―一八二頁、二〇〇六年）、総論7同「同」九三頁引用

初出 『棟持柱祖形論』坪井章訓・土本俊和・梅干野成央

# 各論C　甲州１　笛吹川流域の民家
## ―四建ないしウダツ造に至る掘立棟持柱構造からの展開―

## 一　研究の目的と方法

中世にさかのぼる民家の形態をかんがえるうえで、宮澤智士は、「近世民家の地域的特色」（一九八三）で、貴重な指摘を提示した。すなわち、

甲府盆地の棟持柱をもつ切妻造の民家について、関口欣也は、その分布が古代中世以来、早くから開けた盆地の東部笛吹川流域にのみ分布し、中世地侍の系譜をひく家に多いことから、その発生は戦国期に遡るであろうことを指摘する（山梨県の民家）[1]。

棟持柱構造は、地面から棟木を直接ささえる棟持柱をもった構造であり、軸部と小屋組が分離しない。つまり、宮澤による『山梨県の民家』の解釈は、甲府盆地東部笛吹川流域において、軸部と小屋組の分離しない棟持柱構造を、中世後期の姿とするものである。宮澤が参照した『山梨県の民家』（一九八二）は、関口欣也らを中心に実施された民家調査の結果であり、茅葺切妻の棟持柱構造を豊富な図面とともにおさめた調査報告書である[2]。これがまとめられるまでに、つぎの経緯があった。

まず、昭和三七年度（一九六二）文部省科学試験研究費による「中部地方以西における近世民家の研究」の一部として、とりわけふるい民家ののこる牧丘町と塩山市を中心に予備調査が実施された。その結果が関口「甲府盆地東部の近世民家」（一九六三）として発表された[3]。

「甲府盆地東部の近世民家」は、四建という「四本の柱をたてて四角な枠をつくり、この枠から四周に梁をだして側をつくる」[4]構造がふるいたて方という伝承から、梁の上に束をたてて棟木をささえる構造をふるい形式とし、のちに、棟持柱をもった構造であるウダツ造へ移行する、という論点を提示した[5]。この論点にしたがえば、この地域の民家は、梁の上に束をたてて棟木をささえる構造から軸部と小屋組に分離しない棟持柱構造に移行したことになる。

「甲府盆地東部の近世民家」をもとに、山梨県全域について本格的な民家調査をおこなったものが『山梨県の民家』であった。これは、「甲府盆地東部の近世民家」の論点を継承したものである。つまり、「近世民家の地域的特色」（一九八三）は、「甲府盆地東部の近世民家」（一九六三）および『山梨県の民家』（一九八二）と論点がことなる。

なお、『上条集落の切妻民家群』（二〇〇五）は、切妻の棟持柱構造を特徴とする山梨県塩山市の上条集落を調査した、笛吹川流域に関連するもっともあたらしい報告書である。その論点は、四建を古制とし、そこからウダツ造へ移行するという点で、「甲府盆地東部の近世民家」と同様である[6]。

以上のような、四建をウダツ造に先行する架構形式とする論点を、本論では四建先行説と命名する[7]。

四建先行説には、その論点や調査方法に、いくつかの難点がある。第一、軸部と小屋組に対する視点をかいていた。第二、四建と棟持柱構造が一つの架構の中で混在する形式をひとくくりにしていた。

第三、小規模建造物を除外していた。第四、掘立構造との関連をしめさなかった。以上の四点を克服し、四建先行説を再検討する必要がある。

　四建先行説にかぎらず、戦後の民家研究は、戦前との対比でとらえたときに、「軸部と小屋組が分離していない棟持柱構造への関心が弱かった」(8)。すなわち、「甲府盆地東部の近世民家」や『山梨県の民家』が、おおくの棟持柱構造を採集しながら、棟持柱構造にあまり関心をしめさなかったのは、戦後の民家研究のおおくにみられた傾向であった。対して、戦前の民家研究は、石原憲治が、『日本農民建築』で、山梨県のウダツ・ウダチなどと称される棟持柱について、豊富に言及していた(9)。とりわけ、甲府盆地東部の笛吹川流域は、宮澤が指摘するように、戦国期にさかのぼる系譜をもつとかんがえられる、中世の民家の形態をあきらかにするうえできわめて貴重な地域である。そのため、この地域は、ことさら厳密に再検討されなければならない。

　中世民家の形態に関する考察のなかに、棟持柱祖形論に即した一連の研究がある(10)。このうち、土本・遠藤「掘立から礎へ」（二〇〇〇）は、中世後期の段階に梁行二間の掘立棟持柱構造があまねく存在していた、と推断した(11)。先述の宮澤による『山梨県の民家』の解釈は、まさに棟持柱祖形論である、といえる。本論は、これらの先行研究をふまえ、中世の民家の形態をあきらかにするために、とくに四建先行説を再検討する。また、本論は、笛吹川流域の建築遺構を、宮澤にならい「笛吹川流域の民家」と定義したうえで、実測調査をおこなう。さらに、これによってえられた建築遺構図面にくわえて、文献史料(12)、絵画史料、発掘遺構史料、ヒアリングをもちいて、四建先行説を再検討し、あらためて中世にさかのぼる民家の姿をあきらかにしていく。

## 二　笛吹川流域の民家

### 二―一　調査の概要

山梨県の甲府盆地東部をながれる笛吹川流域に塩山市（現・甲州市）と牧丘町（現・山梨市）がある。塩山市は、棟持柱構造の重要文化財高野家住宅があることで著名である。また、牧丘町は、一九六三年八月実施の予備調査のなかでとりわけふるい棟持柱構造がおおくのこっていると関口らが指摘した、「甲府盆地東部の近世民家」の母体となった地域である。

　実測にさきだち、まず笛吹川流域について棟持柱構造の残存状況を調査した。この予備調査は、二〇〇三年三月から七月にかけて計三回、五日間にわたって実施した。その結果、笛吹川流域のなかでも、東山梨郡の牧丘町（現・山梨市）と塩山市（現・甲州市）、さらに三富村（現・山梨市）いったいにかけて、おおくの棟持柱構造の民家が残存していることを捕捉した。これをうけて、まず可能なかぎり、外観から棟持柱構造と判別できる建物のリストを作成した。このリストをもとに、各家庭に返信用の封筒を同封した実測調査依頼書を送付した。その結果、計二四件から調査の了承をえた。日程調整をおこなったあと、二〇〇三年八月から九月にかけて、一部は一〇月と一一月に、建物の実測調査およびヒアリングによる本調査を実施した。表1は、民家調査によって採集した棟持柱構造のリストである。

表1にしめすように、実測調査の結果、計二八棟の棟持柱構造の建物を採集した。実測した建物の用途は、民家（一八棟）、小屋（七棟）、門（一棟）、蔵（一棟）、堂（一棟）であった。以下、さまざまな観点より実測調査した笛吹川流域の民家について考察をおこなう。

まず、民家の構造をみると、ほとんどが図1の三枝行雄家住宅（表1・1番）のように、一本の柱が棟木を直接ささえる棟持柱構造であり、その棟持柱から側柱へふとい梁をかける。この棟持柱構造は、虹梁造として『山梨県の民家』でも数おおくみられ（図2）、「梁を野物とせず、ゆるく弓形にそらせた形状に木取るか、丈を大黒柱側で大、側柱上で小にして、下端を弓形に木取り、社寺建築の虹梁《こうりょう》に似た角断面の梁が広まってゆく。この種の棟持柱構造を牧丘町の辺では虹梁造と呼び[13]」、とある。さらに、『山梨県の民家』は、これに先行する構造にウダツ造をあげている（図3）。これは、虹梁造における梁が野物になっているものである。つまり、虹梁造は、構造的にウダツ造とかわらないので、広義のウダツ造といえる。したがって、本論は、この虹梁造もウダツ造としてあつかう。四建先行説にしたがえば、このウダツ造に先行して四建がある。しかし、この説には、さきにのべたいくつかの難点がある。

では、笛吹川流域にみられる民家の架構は、さかのぼれば、どのような姿であったのか。まず、四建先行説の難点を確認し、つぎに、それらを克服する見方を提示する。

**表1**　実測した28棟の棟持柱構造

| 番 | 建物名 | 所在地 | 建築年代 | 種別 | 梁行(間) | 脚部 |
|---|---|---|---|---|---|---|
| 1 | 三枝行雄家住宅 | 牧丘町北原 | 1800年頃 | 民家 | 4.50 | 礎 / 土台 |
| 2 | 三枝雪江家オクラ | 牧丘町北原 | 20世紀前期 | 蔵 | 2.00 | 土台 |
| 3 | 三枝貞晴家住宅 | 牧丘町北原 | 115年前 | 民家 | 4.00 | 礎 / 土台 |
| 4 | 淡路栄家住宅 | 牧丘町北原 | 明治29年頃 | 民家 | 4.50 | 礎 / 土台 |
| 5 | 古屋古福家住宅 | 牧丘町北原 | 不明 | 民家 | 4.00 | 礎 / 土台 |
| 6 | 古屋茂富家住宅 | 牧丘町北原 | 明治29年以前 | 民家 | 4.50 | 礎 / 土台 |
| 7 | 若宮八幡宮堂 | 牧丘町北原 | 不明 | 堂 | 2.00 | 土台 |
| 8 | 佐藤一郎家住宅 | 牧丘町牧平 | 不明 | 民家 | 4.50 | 礎 / 土台 |
| 9 | 佐藤一郎家便所 | 同上 | 不明 | 小屋 | 不明 | 土台 |
| 10 | 佐藤一郎家物置小屋 | 同上 | 不明 | 小屋 | 不明 | 不明 |
| 11 | 戸田政守家住宅 | 牧丘町西保中 | 1700年頃 | 民家 | 4.00 | 礎 / 土台 |
| 12 | 奥山朝則家住宅 | 牧丘町西保中 | 不明 | 民家 | 4.25 | 礎 / 土台 |
| 13 | 戸田千恵子家便所 | 牧丘町西保中 | 不明 | 小屋 | 2.00 | 土台 |
| 14 | 今井秀郎家住宅 | 牧丘町西保中 | 不明 | 民家 | 4.00 | 礎 / 土台 |
| 15 | 直売処（奥山国良氏） | 牧丘町西保中 | 平成11年 | 小屋 | 2.00 | 掘立 |
| 16 | 小田切幹雄家住宅 | 牧丘町西保下 | 150年前頃 | 民家 | 4.50 | 礎 / 土台 |
| 17 | 高原左門家住宅 | 牧丘町西保下 | 100年前頃 | 民家 | 4.50 | 礎 / 土台 |
| 18 | 山下政英家住宅 | 牧丘町西保下 | 不明 | 民家 | 5.00 | 礎 / 土台 |
| 19 | 山下牧郎家住宅 | 牧丘町西保下 | 明治初期 | 民家 | 4.00 | 礎 / 土台 |
| 20 | 山下牧郎家ヤギゴヤ | 同上 | 5年前頃 | 小屋 | 不明 | 掘立 |
| 21 | 妣田圭子家便所 | 牧丘町倉科 | 不明 | 小屋 | 2.00 | 土台 |
| 22 | 藤原達男家住宅 | 牧丘町倉科 | 100年前移築 | 民家 | 4.00 | 礎 / 土台 |
| 23 | 赤池栄人家住宅 | 牧丘町倉科 | 不明 | 民家 | 4.00 | 礎 / 土台 |
| 24 | 赤池栄人家門 | 同上 | 不明 | 門 | 2.50 | 礎 / 土台 |
| 25 | 藤原金雄家住宅 | 牧丘町倉科 | 150年前 | 民家 | 4.50 | 礎 / 土台 |
| 26 | 水上重兵衛家住宅 | 牧丘町千野々宮 | 明治以前 | 民家 | 4.50 | 礎 / 土台 |
| 27 | 宮原久巳家住宅 | 塩山市小屋敷 | 文久 or 慶応 | 民家 | 4.50 | 礎 / 土台 |
| 28 | キャンプ場スイジバ | 三富村広瀬 | 不明 | 小屋 | 2.00 | 掘立 |

＊建築年代はヒアリング調査によって得た。

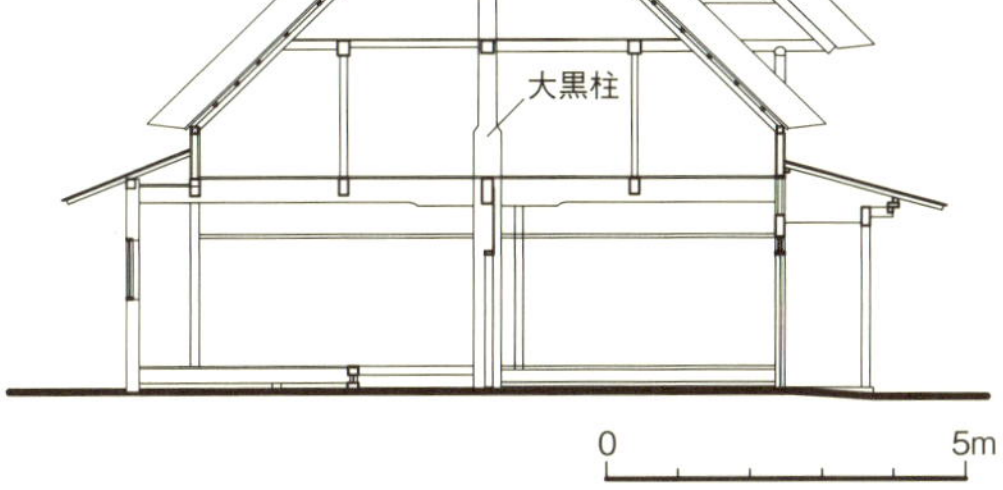


**図1**　三枝行雄家住宅（表1・1番）断面図

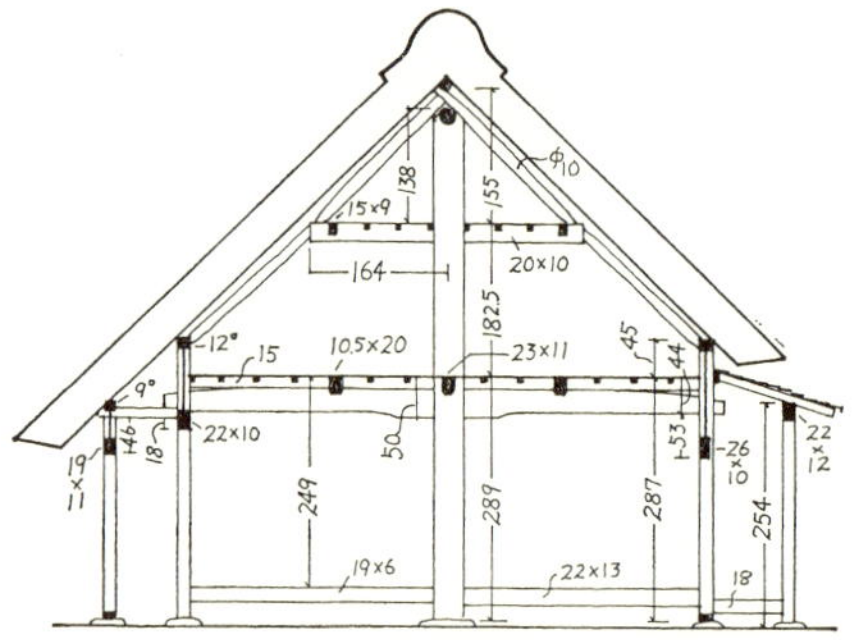

**図2**　虹梁造（高野正根家住宅）

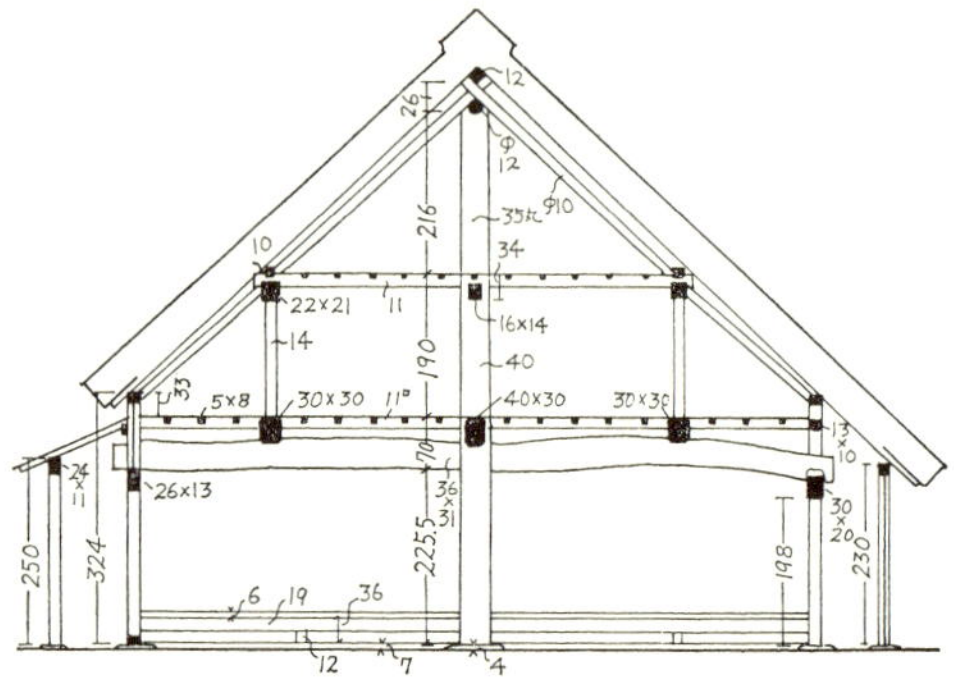

**図3**　ウダツ造（西川古寿家住宅）

## 二―二　四建とウダツ造

四建先行説の第一の難点は、「軸部と小屋組に対する視点をかいていた」点であった。この説は、「四本の柱をたてて四角な枠をつくり、この枠から四周に梁をだして側をつくる」構造がふるいたて方であるという伝承を根拠の一つとし、この四建から発展して、ウダツ造という中柱が棟持柱となった棟持柱構造へ移行したとする。

ここで、ウダツ造と四建について、軸部と小屋組の関係でみると、ウダツ造は、一本の柱が棟木を直接ささえる棟持柱構造であり、軸部と小屋組に分離していない。対して、四建は、二本の上屋柱が直接に母屋桁をささえるものの、棟木をささえる材は梁の上にのる棟束であるから、中柱筋が軸部と小屋組に分離している。このように、二つの構造は、ことなる。しかし、「甲府盆地東部の近世民家」は、四建がウダツ造に先行すると推断する際に、四建とウダツ造の構造的な差異をほとんど説明しない。本論は、この難点を克服するために、梁行四間に即して、ウダツ造と四建の差異を構造的な観点から検証する。

建物のかわり方には、二通りある。第一は、建物がたてかえられる場合であり、第二は、部分的な改修による場合である[14]。ここで、四建先行説にみるごとく、四建からウダツ造へと移行すると仮定した場合、この二通りのかわり方は、四建からウダツ造に移行する際に、どのような影響をおよぼすのか。

まず、建物がたてかえられて、四建からウダツ造へと移行する場合、四建の建物が一度とりこわされ、あらたにウダツ造の建物がたてられるので、なんら構造的な制約はなく、四建からウダツ造へは、容易に移行する。しかし、部分的な改修によって、四建からウダツ造へと移行する場合、つぎにしめすように、その移行は、容易でない。

図4は、四建先行説に即して、四建からウダツ造への変容過程を示した模式図である。四建がAタイプ、ウダツ造がDタイプにあてはまる。建物が、たてかえられるのではなく、部分的な改修によって、徐々に四建からウダツ造へ移行するには、まず、四建（Aタイプ）において、梁上で棟木をささえる棟束は、棟持柱となって、梁は左右に分断される（Bタイプ）。つぎに、母屋桁を直接ささえていた柱は、棟持柱と側柱をつなぐ梁がはいることによって、小屋組における母屋束と軸部の柱に分断される（Cタイプ）。さいごに、これら二本の柱がとりはらわれることによって、ウダツ造（Dタイプ）へ移行する。すなわち、四建（Aタイプ）からウダツ造（Dタイプ）への移行は、建物が部分的な改修による場合、一足飛びにはいかず、

BタイプやCタイプの過渡的な形式をへる必要がある。実際、このBタイプについて、『山梨県の民家』は、「多くの実例があり、県下古民家の構造の主流形式である」(15)と注目するものの、架構の変遷について論じた際、この構造に言及することなく、四建（Aタイプ）をふるい構造としている。

　また、Bタイプの構造は、『山梨県の民家』が数おおくかかげることから、その部分だけみれば、AタイプからBタイプとCタイプをへてDタイプへと徐々に移行しているようにみえる。しかし、Aタイプ（四建）は、BタイプやCタイプやDタイプ（ウダツ造）に先行する架構ではなく、これらは、みな、ひとつの架構のなかで混在していた。これは、四建先行説の第二の難点であって、先述のごとく、四建と棟持柱構造がひとつの架構のなかで混在する形式がひとくくりにされている。

　次節では、ひとつの建物のなかでさまざまな構造が混在している架構について分析をすすめつつ、笛吹川流域において、中世にさかのぼる民家の形態をあきらかにしていく。

## 二―三　棟持柱構造と楣梁構えの双方を併せ持つ架構

『山梨県の民家』が四建をふるい構造と判断したもうひとつの根拠は、江戸初期の民家に二本の上屋柱の間にまぐさ梁をかけて棟束をたてた「楣《まぐさ》梁構え」がおおい点にある。(16)この楣梁構えが二面あると、「四本の高い柱を結ぶ堅固な枠組」ができて、「まさに四建と呼ぶにふさわしい構造である」とし、この構造が江川家住宅の四天柱構造に通じると指摘したうえで、この楣梁構えをもつ民家が近世初期にさかのぼる古民家におおいことをあげ、四建をふるい構造形式と判断している。(17)

　一方、『山梨県の民家』は、棟持柱に関する記述も数おおくとりあげ、このうち、数はおおくないものの、屋根が緩勾配の板葺民家をのせる。『山梨県の民家』は、「板葺古家では棟持柱が室町末から一七世紀末にわたって使われたようである」(18)とし、棟持柱構造が戦国期までさかのぼることを指摘する。対して、屋根が矩勾配の茅葺切妻の民家については、「棟通りに柱をたてる必要がない梁行三間のものを除き、ほとんどの場合に棟持柱がたつ」(19)とする。実際、『山梨県の民家』にある平面図と断面図をみると、もっとも古式とされる江戸初期の上野正氏宅（一七世紀前期）は、楣梁構えであるとともに、片側妻面に棟持柱をもつから棟持柱構造でもある。さらに、「他の古例をみても、棟持柱は内部と外部各一本程度のものが多い」(20)ともしるす。しかし、この記述のあとで、『山梨県の民家』は、棟持柱をもたない楣梁構えの民家二棟に注目し、「この地域では内部に棟持柱をたてないのが古制であろう」(21)、とむすぶ。しかしながら、内田・土本「棟持柱構造から軸部・小屋組構造への転換過程」（二〇〇二）が、「棟持柱構造とそうでない構造を併せもつ架構を多数報告し」(22)たように、民家は、架構ひとつのなかで梁行によってことなるさまざまな構造を併せ持つ姿が一般的なのである。

　では、この指摘をふまえ、棟持柱構造、楣梁構え、棟持柱構造と楣梁構えの双方を併せ

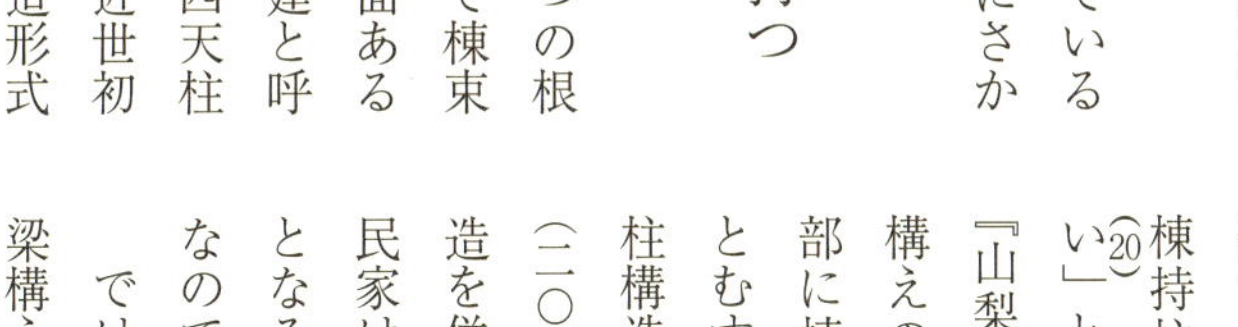


**図4**　四建先行説にみる四建からウダツ造への変容モデル

持つ架構は、笛吹川流域にそれぞれどのように分布しているのか。この点を『山梨県の民家』に即してたしかめる。

『山梨県の民家』は、楣梁構えの実例として一四棟の民家(23)をとりあげ、実測調査した民家をプロットした「山梨県民家分布図」(24)を巻末にのせる。これをもとに、棟持柱構造と楣梁構えの分布をしめした図5は、以下の分類にしたがって、「山梨県民家分布図」をリライトしたものである。■は棟持柱構造と楣梁構えの双方を併せ持つ架構、●は棟持柱構造をもつ架構で楣梁構えをふくまない架構、□は楣梁構えをもつ架構で棟持柱構造をふくまない架構、○は棟持柱構造も楣梁構えもない架構である。

図5をみると、宮澤の指摘したように、棟持柱構造をもつ架構■●が笛吹川流域に集中し、そのほとんどが棟持柱構造をもつ架構で楣梁構えをふくまない架構●であることがわかる。また、『山梨県の民家』は一四棟の民家が楣梁構えと指摘するが、その半数の七棟は棟持柱構造と楣梁構えの双方を併せ持つ架構■であった。さらに、笛吹川流域についてみれば、楣梁構えと指摘された一〇棟のうち、楣梁構えをもつ架構で棟持柱構造をふくまない架構□は三棟のみで、棟持柱構造と楣梁構えの双方を併せ持つ架構■は七棟であった。

もし、建物の梁行すべてについて楣梁構えが確認できるなら、それに先行する架構として四建を想定することは、可能であろう。しかし、実際は、純粋な楣梁構えはすくなく、棟持柱構造を併せ持った架構やそれに分類されないさまざまな構造が混在する架構がおおい。とりわけ、笛吹川流域は、棟持柱構造と楣梁構えの双方を併せ持つ架構が半数以上をしめる。したがって、『山梨県の民家』のように四建がよりふるい架構である、と推断することはできない。

このように、笛吹川流域の民家は、楣梁構えよりも棟持柱構造のほうが圧倒的におおく、楣梁構えとされている民家も、そのおおくが棟持柱構造を併せ持つ架構であった。たしかに、楣梁構えは、笛吹川流域において特徴的な構造である。とはいえ、笛吹川流域において多数派に位置づけられるのは、棟持柱構造の民家である。

また、民家の架構について言及する際、既往研究は、おもに一断面のみに考察をかぎっていた。とりわけ、おおくの民家研究は、土間と床上境の断面が、建物の構造がもっともよくしめされるという判断から、そこに考察を集中させてきた。しかし、笛吹川流域の民家にみられるように、民家の架構は、純粋な棟持柱構造や楣梁構えより、むしろ、さまざまな構造を併せ持った架構の方が大半をしめていた。そのため、民家の架構について言及する際、一断面のみの考察では、民家の架構の一部分だけをあつかうことになってしまう

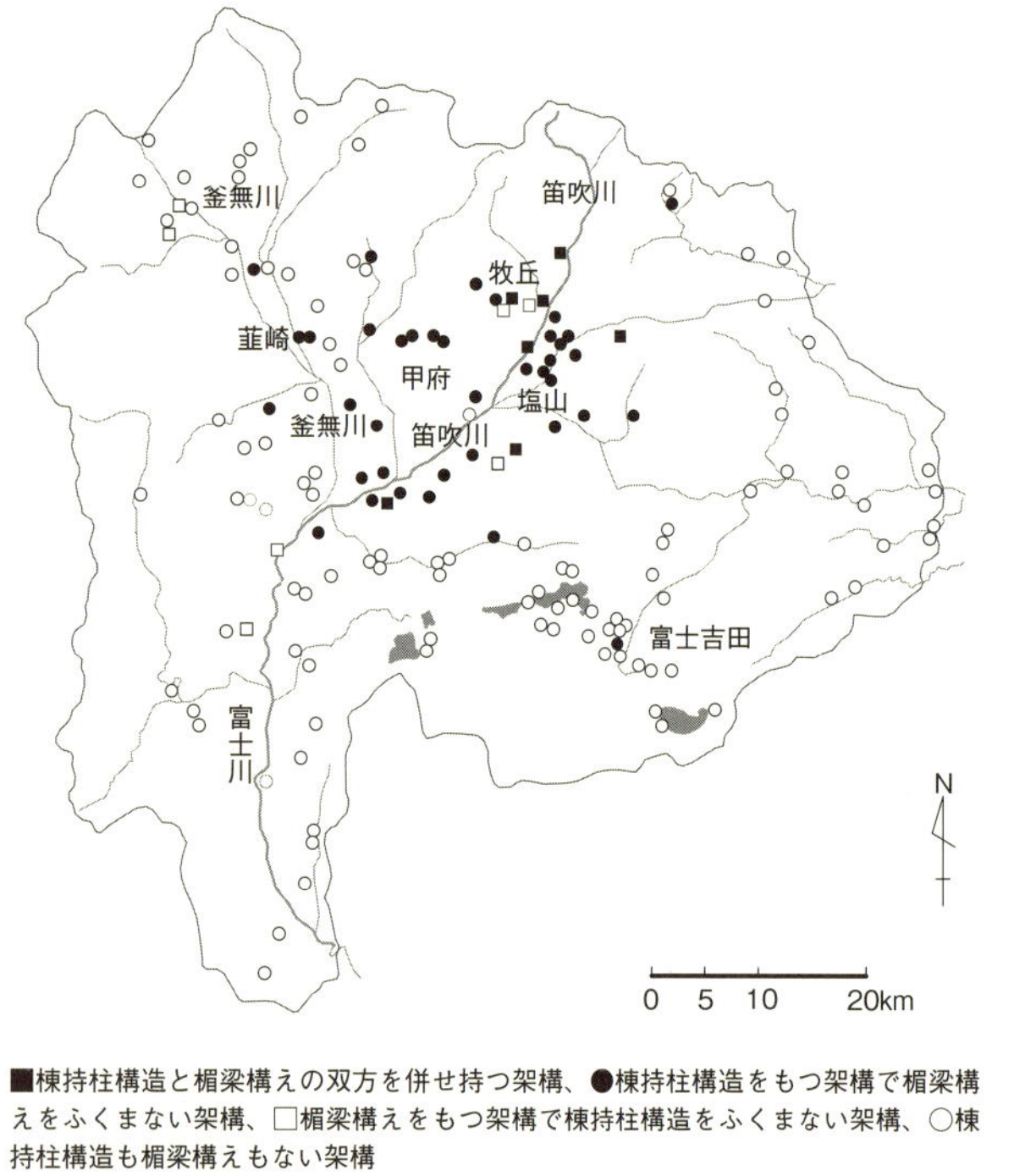


■棟持柱構造と楣梁構えの双方を併せ持つ架構、●棟持柱構造をもつ架構で楣梁構えをふくまない架構、□楣梁構えをもつ架構で棟持柱構造をふくまない架構、○棟持柱構造も楣梁構えもない架構

**図5** 棟持柱構造と楣梁構えの分布図

ので、論証にかたよりがでてしまう。そこで、本論は、この難点を克服するために、梁行の断面において、いくつかの面の断面図を参照した、架構全体による考察をおこなう。この考察をすすめるうえで、架構図が有効である。『山梨県の民家』は、いくつかの民家において断面図だけではなく、架構図もかかげる。本論は、この架構図のなかから、もっともふるい事例を四棟とりあげる。これらは、一七世紀のものである。これら四棟の架構図から、梁行四間に即した計四面の模式図を作成する。以下では、これらの模式図をもとに、四建先行説を再検討する。

　図6をみると、棡梁構えにあたるものが1dと2cである。さらに、ウダツ造は4bにあたる。くわえて、『山梨県の民家』は、2bにあたる広瀬保氏宅の断面図を参照しつつ、この構造を「県下古民家の構造の主流形式である[25]」としており、棡梁構えやウダツ造とは別に注目する。この棟持柱構造（2b）を、本論は図4のBタイプとしてすでに指摘した。これにあたるものは、図6中の2bのほかに2dと3dと4aがある。また、そのほかに、これらに分類されないさまざまな構造が存在する。このように、棡梁構えやウダツ造ばかりでなく、それらに分類されないさまざまな構造が一棟の民家のなかでくみあわさって民家の架構を形成している。さらにいえば、そのおおくに棟持柱構造がふくまれている。

　以上をふまえ、中世後期にさかのぼる架構として、どのような構造が想定されるのか。この点をかんがえるうえで、永井規男の北山型に関する説明を参考にする。永井は、北山型でもっともふるい石田家住宅とこれとはややことなるふるい小屋組の形式である木戸家住宅を論じながら、以下の仮説を一九七五年に提示した。すなわち、

　近世に入って、一般に家屋規模が大きくなってくると、それに応じて家のかたちが高くなり、棟持柱構造にすると相当に長い柱が必要になる。これを避けて、できるだけ短い柱で済むように、まず木戸家のような構造が考えられ、ついで「おだち・とりい」組みへと発展したのではないかと推定される[26]。

以下では、この永井説に賛同しつつ、中世後期にさかのぼる笛吹川流域の民家形態について考察をすすめる。

## 二―四　棟持柱構造から四建ないしウダツ造へ

　永井にしたがえば、石田家住宅に先行する構造として、すべての柱が棟木や母屋をじかにささえる棟持柱構造が想定される。この構

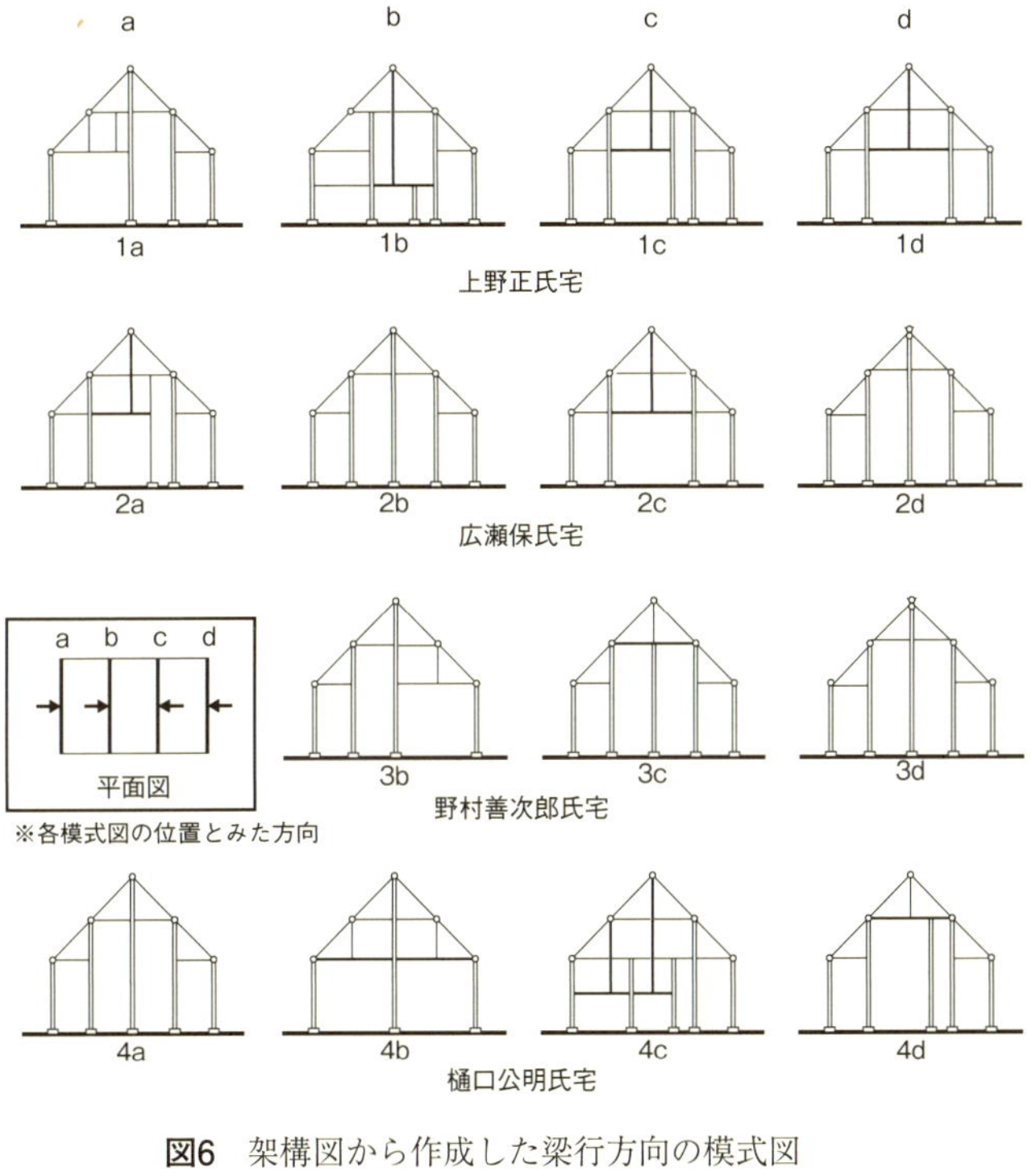


**図6**　架構図から作成した梁行方向の模式図

造は、笛吹川流域では、まさに図7にしめす広瀬保氏宅であり（図6・2b）、そのほかに図6の2dと3dと4aがある。実際、本研究の実測調査では、土間と床上境である建物内部では、そのほとんどがウダツ造であったのに対し、建物の妻壁部分では、図7の広瀬保氏宅のような構造が多数みられた。つまり、石田家住宅に即して永井が推定した架構は、実際に山梨県の民家における近世前期の民家の架構にみいだすことができるから、すべての柱が棟木や母屋をじかにささえる棟持柱構造を中世後期の段階に想定することができる。

では、この梁行四間の棟持柱構造が楣梁構えやウダツ造に先行するならば、その変容過程は、どう説明され得るのか。その過程を、内田・土本「棟持柱構造から軸部・小屋組構造への転換過程」（二〇〇二）に即して説明する。(27) すなわち、楣梁構えは、棟持柱構造の中柱である棟持柱が梁によって上下に分離されたあとに、梁上の棟束として、かつての棟持柱の位置に垂直材がのこった構造である。対して、ウダツ造は、母屋をじかにささえる二本の通し柱が、梁によって上下に分断されたあとに、梁上の母屋束として、かつての通し柱の位置に垂直材がのこったものである（図8）。さらに、楣梁構えやウダツ造に分類されないそのほかの構造は、棟持柱構造から軸部と小屋組に分離していくなかの過渡的な構造である、とかんがえられる。

さらに、この変容過程を立体的にかんがえると、中世後期に、梁行のおおくは棟持柱構造であったが、この架構は、中世後期から近世前期にかけて、各々の梁行が徐々に軸部と小屋組に分離していった、といえる。その結果、図6のように、梁行によってことなるさまざまな構造がひとつの建物のなかにあらわれる。くだっては、楣梁構えを二面あわせた四建は、その過程で生じた架構であろう。つまり、四建とウダツ造の双方に先行して中世後期に棟持柱構造を想定することができる。また、「甲府盆地東部の近世民家」（一九六三）が、四建をふるい構造と判断する際に参照した江川家住宅は、近世初期の建築遺構であった。さらに、生柱のほかに四本の掘立柱が発掘遺構から発見された。掘立柱をもつ前身建物は、現在みられる構造とはことなったものである、とかんがえられる。(28)

さらにまた、棟持柱構造から四建ないしウダツ造への移行過程を裏づけるものとして、中世後期にさかのぼる茂木家住宅が注目される。茂木家は、「大永七年（一五二七）の建築であることがほぼ間違いない」(29)取葺の棟持柱構造である。しかし、茂木家住宅は、後世の

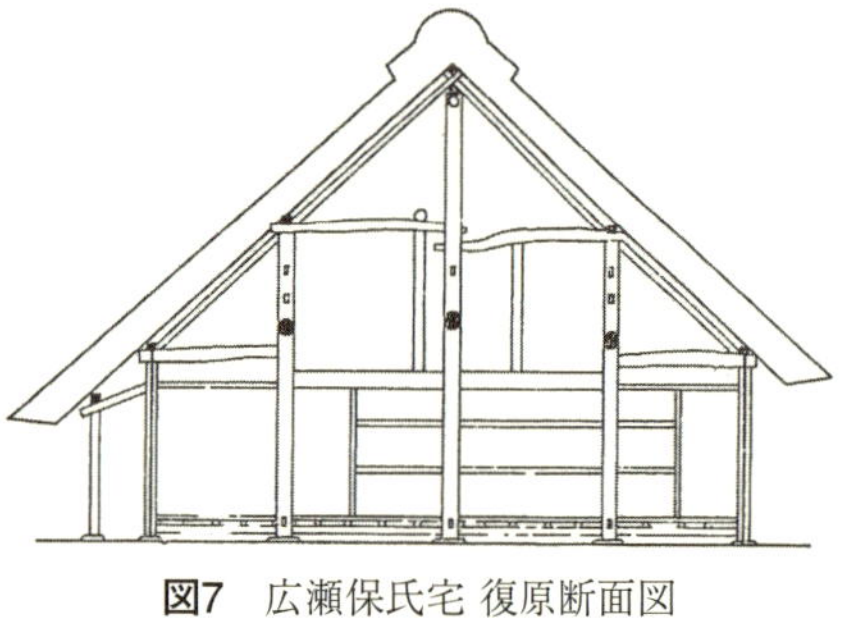

**図7**　広瀬保氏宅 復原断面図

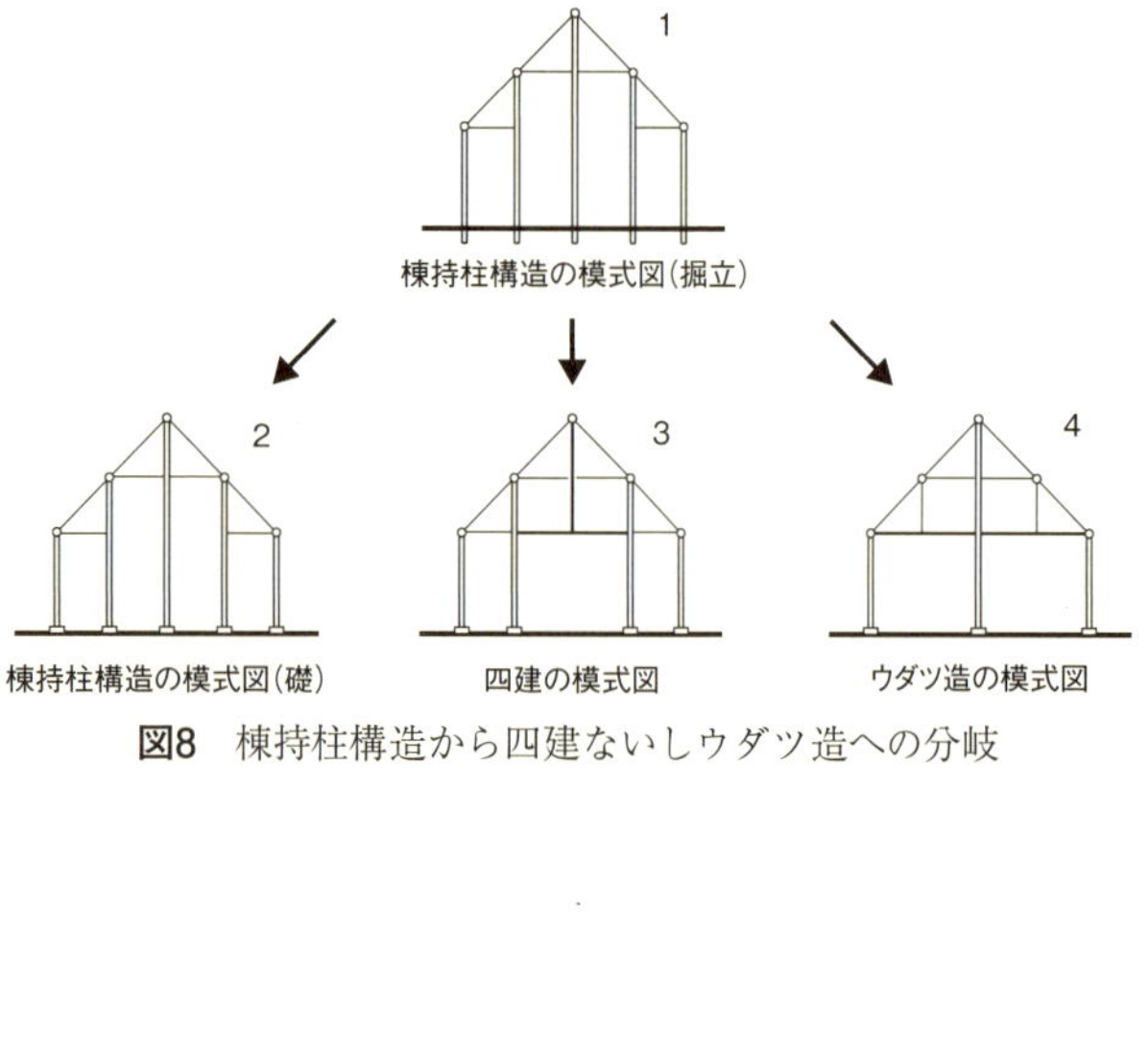


**図8**　棟持柱構造から四建ないしウダツ造への分岐

改造がおおきいため、「昭和五十一年に実施された移築修理のさいに、中世の住宅として復原されず、江戸時代中期の姿に復原された」ので、現在の遺構は、当初の姿ではない[30]。建築当初として注目されるのは、宮澤智士が一九九三年に提示した推定復原図である（図9）。梁行四間、取葺、礎であるほか、すべての柱が母屋や棟木をじかにささえる棟持柱構造である。この推定復原図は、広瀬保氏宅復原断面図（図7）とそっくりである。つまり、四建もウダツ造も、ともに、中世後期における梁行四間の棟持柱構造をその母体に想定することができる。

以上、笛吹川流域の民家において、四建がウダツ造に先行したのではなく、双方に先行する構造形式として、すべての柱が棟木や母屋をじかにささえる棟持柱構造が中世後期にあったことを本論は指摘した。この棟持柱構造は、中世後期から近世にかけて、徐々に軸部と小屋組に分離した構造へと移行していく。四建やウダツ造は、すべての柱が棟木や母屋を直接ささえる棟持柱構造が軸部と小屋組に分離した構造へ移行するに際して、それぞれことなった方向へ分岐していった結果、成立した姿である、とかんがえられる。

## 二―五　笛吹川流域の民家にみる小規模建造物の形態

ここまで考察の対象は、茅葺切妻の民家であった。しかし、本研究の実測調査でもあきらかなように、棟持柱構造は、民家ばかりでなく、小規模建造物にもおおくみられる。さきに参照した『京都府の民家 調査報告 第七冊』で、永井は、棟持柱構造の規模について、つぎのように指摘した。すなわち、

棟持柱を中心にして梁行に対称形に一間々隔で柱をたてるとすれば、二間または四間という梁行間が定まってくる[31]。

さきにしめした表1の梁行をみると、民家では、梁行四・五間（九棟）がもっともおおく、つづいて梁行四間（七棟）がおおい。民家全一八棟のうち、この二種が大半をしめる。これら梁行の平均は、四・三二間であった。つまり、永井の指摘した梁行四間の棟持柱構造は、笛吹川流域ではおもに民家に分類される。つぎに、民家以外では、赤池家門をのぞき、すべて梁行が二間であった。ただ、赤池家門も、二間に半間の下屋をだしているから、構造体としては梁行二間に分類される。しかし、「甲府盆地東部の近世民家」（一九六三）は、調査の対象のなかから、「小規模民家は精査の対象より除外[32]」していた。『山梨県の民家』（一九八二）も同様に、梁行二間程度の小規模建造物を報告せず、梁行四間以上の民家ばかりを報告した。これは、冒頭で指摘した四建先行説の第三の難点にあたる。しかし、棟持柱構造は、梁行二間の小規模建造物においても多数実見することができるから、おおきい民家のみをあつかっていては、棟持柱構造の全貌をとらえることができず、形態生成の巨視的な潮流を捕捉するにいたらない。これら梁行二間の小規模建造物についても、民家と同様に、考察をふかめる必要がある。

では、つづいて、笛吹川流域にみられる梁行二間に分類される小規模建造物について、考察をおこなう。

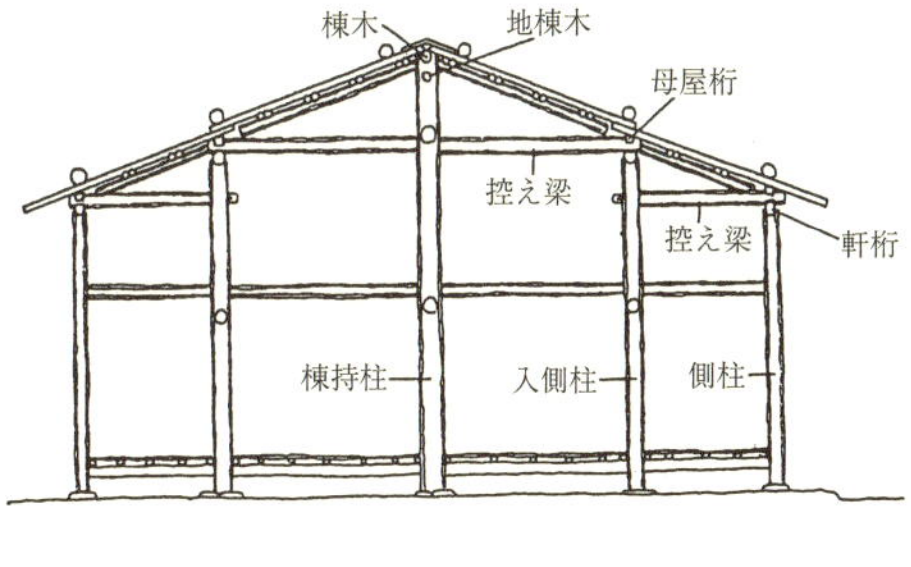


**図9**　茂木家住宅梁間断面図（推定復原）

まず、民家と非常ににかよっている小規模建造物として、赤池栄人家門に注目する（図10・表1の24番）。これは、梁行二間、草葺切妻の棟持柱構造であり、梁行が二間か四間かという規模をのぞいて、図1の三枝行雄家住宅と類似している。なお、門といっても、その脇には部屋があり、ご主人の話によれば、以前は住まいとしても利用されていたとのことである。

三枝行雄家住宅に代表される民家や赤池栄人家門は、屋根が草屋根で矩勾配となる。対して、笛吹川流域の棟持柱構造には、屋根が三寸五分から五寸くらいの緩勾配となるものもある。(33) 表1では、茅葺となって屋根が矩勾配となるものは、多数派をしめるが、屋根が緩勾配となるものは、戸田千恵子家便所（図11・表1の13番）のように、梁行二間の小規模建造物にかぎられる。屋根が緩勾配となるものは、おもにマチヤにおおい。とくに、京都のマチヤには、軸部と小屋組が分離しない棟持柱構造となる事例がおおい。実際、『山梨県の民家』をみると、矢崎徹之介氏宅などは、梁行四間に分類される板葺の棟持柱構造であり、少数派ながら屋根勾配が緩勾配になる棟持柱構造もある。(34)

戸田千恵子家便所は、柱の脚部が土台であった。ほかにも柱の脚部が土台となるものは、三枝雪江家オクラ（表1の2番）、妣田圭子家便所（表1の21番）、若宮八幡宮（表1の7番）がある。これらは、いずれも、梁行二間の小規模建造物である。また、本研究で実測調査した民家でも、建物内部の大黒柱などの柱のふとさが一尺にちかいもの以外、土台は外周など一部に使用されていた。『山梨県の民家』も指摘したように、おおくは柱の脚部が礎であるが、外周などの一部には土台がもちいられている。(35) 民家の柱の脚部の工法として、ほかに掘立と礎があるが、土台は一般にこれら二つにくらべ比較的あたらしいとされてきた。ただ、滝澤秀人「土台を持つ棟持柱構造の変遷」（二〇〇三）が指摘したように、戦国期の洛中洛外の描写としてしられる町田本をみると、川をまたいだ建物に土台が確認される。(36) さらに、東博模本にみるように、地面の上に土台をもつ建物が描写されている例が確認される。(37) また、金石健太も、土台の系譜として、別のものがあることを指摘している。(38)

とはいえ、戦国期の洛中洛外図屏風をみると、柱の脚部に土台が確認されるのは、わずかである。それ以外のおおくでは、貴族住宅や武家住宅といった上層住宅に関して、柱の脚部に礎が確認される。対して、マチヤに関しては、柱の脚部に礎が確認されない。つまり、戦国期のマチヤの柱の脚部は、大半が掘立であり、まれに土台がみられた、と想定される。

戦国期のマチヤの柱の脚部は大半が掘立であるとの想定をふまえ、ふたたび、笛吹川流域の民家に関する考察にもどる。さきにのべたように、『山梨県の民家』にみえる事例は、楣梁構えやウダツ造も

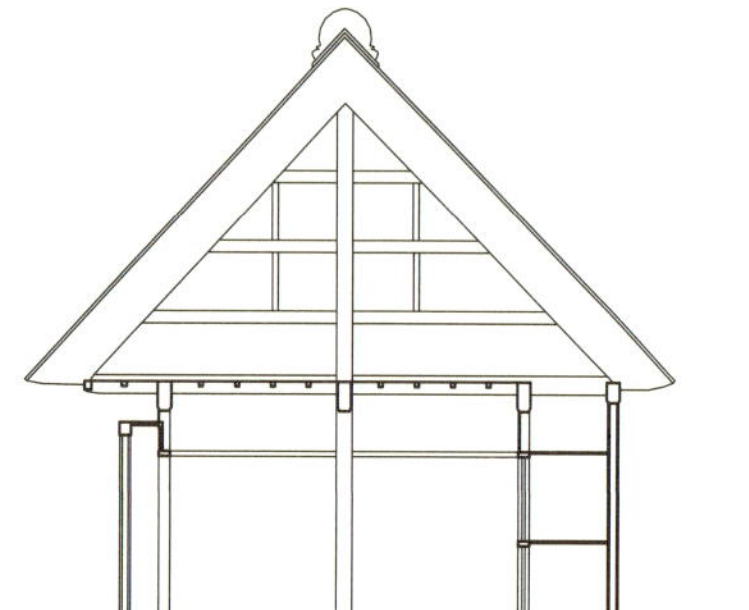


**図10**　赤池栄人家門 断面図

**図11**　戸田千恵子家便所 北立面図

ふくめ、そのほとんどが礎の建物であり、掘立柱が確認されていない(39)。しかし、戦国期の洛中洛外図屏風にみられるように、中世後期には、礎に先行して掘立の柱をもつ建物が数おおくえがかれていることから、中世にさかのぼる形態をあきらかにするには、掘立構造との関連において説明されなければならない。しかし、四建先行説は、掘立構造との関連での説明をかく。これは、冒頭で指摘した四建先行説に関する第四の難点にあたる。以上をふまえつつ、掘立柱との関連で、中世後期にさかのぼる笛吹川流域の民家の形態について、分析をすすめる。

## 二―六　掘立棟持柱構造からの展開

平山育男は、掘立構造について、つぎのようにしるしている。

> 民家が古くは掘立であったことは考古学の発掘成果が明らかにしている。掘立は竪穴住居以来用いられ、関東地方で十八世紀中期頃、沖縄では一九世紀末―二〇世紀初頭頃までみられた技法とされるが、現在は実際に掘立柱をもつ民家は、豊中市の日本民家集落博物館に移築された信濃秋山の民家の山田家住宅主屋など、きわめてわずかな数しかない(40)。

本論の対象域である笛吹川流域にて、礎や土台のほかに、掘立の棟持柱構造をもつ二例（笛吹小屋キャンプ場スイジバ、山下牧郎家ヤギゴヤ）を採集し、実測することができた。

まず、笛吹川キャンプ場スイジバは、内部と外部に計三本の棟持柱とトタン葺きで緩勾配の屋根とをもつ掘立棟持柱構造である（図12・表1の28番）。建築年代はさだかでないが、建築部材のあたらしさからみて、ごく最近の建築であろう。さらに、この建物は、キャンプ場を管理するご主人がみずからたてたものである。このご主人は、ある程度の技術はもっているが、専門の大工ではない。宮澤智士は、このような専門の大工ではない方による技術を、職人の高度な技術に対して中間技術とよんだ(41)。山下牧郎家ヤギゴヤも、牧郎氏によってたてられたもので、現在物置として使用されている掘立棟持柱構造である（図13・表1の20番）。牧郎氏は、たてやすさゆえに、自然とこのような構造になった、とはなされていた(42)。

このような梁行二間の掘立棟持柱構造は、笛吹川流域の民家ばかりでなく、信州においても確認されており、国見のタキモノ小屋（長野県長野市）がその具体例である(43)。また、石原憲治も、柱の上端が股木になった掘立棟持柱構造について、つぎのようにしるす。すなわち、

> 南安曇郡安曇村の山中鈴蘭小屋附近で畑中に建つて居た掘立小屋に就て調べた所によると土地の人達は是を叉小屋と呼んで居る。是は棟柱の上端が叉木になつて居るものを建て、是に棟木を支えさせて居る。此の柱の事を又ウダツとも言ふて居つた(44)。

さらに、宮本常一がしるす「木地屋の小屋」のたて方も、その内容から、梁行二間の掘立棟持柱構造である。

> 山を歩いて木地に適する立木のあるところを見つけると、住居に適当な場所を見つけて小屋掛けする。掘立小屋である。木の柱を二本たて、これに棟木をのせる。つぎに軒まわりの柱をたて庇木をわたし、棟木と庇木の間に棰木をわたし、屋根をふく。屋根はカヤをつかうこともあればスギ皮をつかうこともある。板葺の屋根もまれにあったという。壁はカヤで囲うことが多かった。入口にはカヤ菰をたらした。土間の隅にはイロリをつくり、土間にはカヤなどをしきならべ、その上に筵をしいた。

これで小屋ができあがる。(45)

笛吹川流域にみられたヤギゴヤ、国見のタキモノ小屋、石原の実見した叉小屋は、いわば物置のようなものであって、住居ではない。しかし、この「木地屋の小屋」は、人がすむための小屋である。このような、梁行二間の掘立棟持柱構造で住居として利用されているものはほかにも実例がある。住居の具体例は、今和次郎のスケッチ(46)のなかの掘立棟持柱構造の小屋にある。武蔵・西多摩郡の山人足の小屋は(47)、梁行二間・桁行二間半の小規模な建物で、柱の上端が股木になって、棟木をささえる掘立棟持柱構造である。平面も単純で土間と板間に二分されるのみで、すこぶる簡素なつくりをしている。

このように、笛吹川流域にみた梁行二間の掘立棟持柱構造は、石原の実見した叉小屋、宮本が見聞した木地屋の小屋、今が採集した山人足の小屋から、笛吹川流域ばかりでなく、ある程度ひろく分布していた、と理解できる。ただ、このような小規模で粗末な建物は、建築遺構として、きわめてのこりにくい。

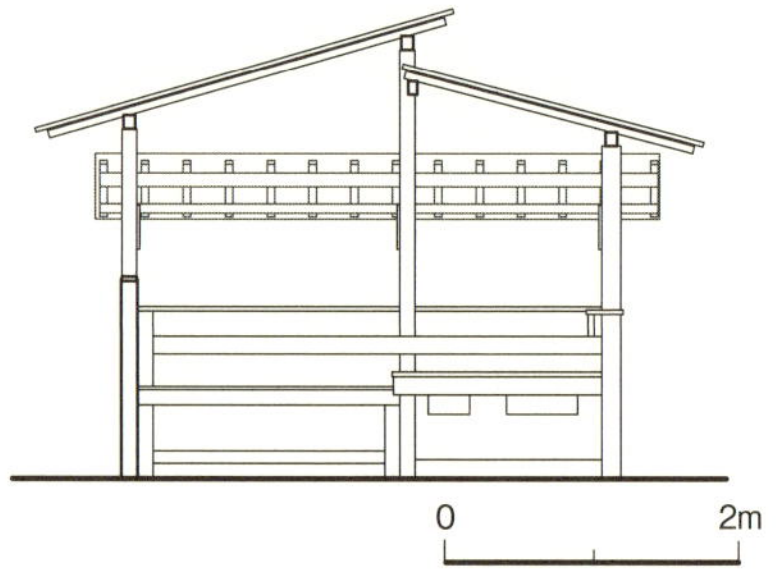


**図12**　笛吹小屋キャンプ場スイジバ 断面図

**図13**　山下牧郎家 ヤギゴヤ

以上をふまえ、中世にさかのぼる民家に、どのような姿を想定することができるのか。先述の中世後期にさかのぼる茂木家は、かつて名主をつとめた家柄であった。また、近世初期の上野正氏宅は、「戦国末の地侍を出自とし(48)」ている家系であった。さらに、『山梨県の民家』は笛吹川流域の民家が中世の名主、地侍層の影響をうけていた、とする(49)。つまり、これら梁行四間に分類される棟持柱構造は、ふるくは支配者層の建物であった、と想定される。

対して、数のうえでは多数をしめる支配者層でない人々の家は、どのような姿であったのか。この点について宮澤は、「大多数の中世の民家は、掘立柱の小屋程度のものであったから、長い年月に耐えうるものではなかった(50)」と指摘する。では、「掘立柱の小屋程度の建物」とは、具体的にどのような構造が想定されようか。

戦国期の洛中洛外図屏風（町田本・上杉本）は、柱の脚部に礎のない梁行二間の民家、すなわち、梁行二間の掘立棟持柱構造を多数えがく。さらに、室町後期を代表とする草戸千軒の場合、梁行二間をしめす柱穴が多数発掘されている(51)。この梁行二間の柱穴は、掘立棟持柱構造を示唆する。

以上の具体例から推して、梁行二間の掘立棟持柱構造は笛吹川流域においてある時期まで、はばひろく存在していた民家の形態と想定されるとともに、山下牧郎家ヤギゴヤ（図13）は中世の姿を現在までとどめた形態である、と想定される。

## 三　家格の関係—笛吹川流域の場合—

『建築大辞典　第2版』（一九九三）のうだつの項に、「近世の山梨県・長野県の農家において妻側にある棟持ち柱。主として付属建物、居住用建物ならば社会的地位は低いものとされ、既に一七三三年諏訪郡福沢村の書上帳にその名が見える。「うだち」ともいう(52)とある。とくに、「主として付属建物、居住用建物ならば社会的地位は低いもの」という指摘は、石原憲治『日本農民建築　第五輯』(一九三七)(53)にみえる。また、「既に一七三三年諏訪郡福沢村の書上帳にその名が見える」という指摘は、「福沢村家数書上帳」(54)にある「うだつや」、「うたつや」、「有立屋」に即したものである。(55)

ここで注目すべき点は、「近世の山梨県・長野県の農家において(中略)居住用建物ならば社会的地位は低いものとされ」、という内容である。たしかに、長野県において、この点はあてはまるかもしれない。しかし、実測調査で採取した笛吹川流域の棟持柱構造は、そのおおくが一般の農家である。さらに、予備調査では、かつて地主であったという大規模な棟持柱構造の民家が実見された。それゆえ、「社会的地位は低いもの」という「うだつ」に関する指摘は、「居住用建物」であっても、笛吹川流域の「妻側にある棟持ち柱」に対して、あてはまらない。

## 四　結論

以上のように、笛吹川流域の民家にみる棟持柱構造は梁行二間と梁行四間に大別される。梁行二間のものは、主として、付属小屋等の簡素な小規模建造物であった。対して、梁行四間のものは、笛吹川流域の場合、大規模な草葺き民家であった。さかのぼれば、これら梁行二間と梁行四間の棟持柱構造は、ともに中世段階にひろく存在していた掘立であった(図14、P・Ⅱ中、P・Ⅳ)、とかんがえられる。

これら二者のうち、梁行二間の掘立棟持柱構造(図14、P・Ⅱ中)

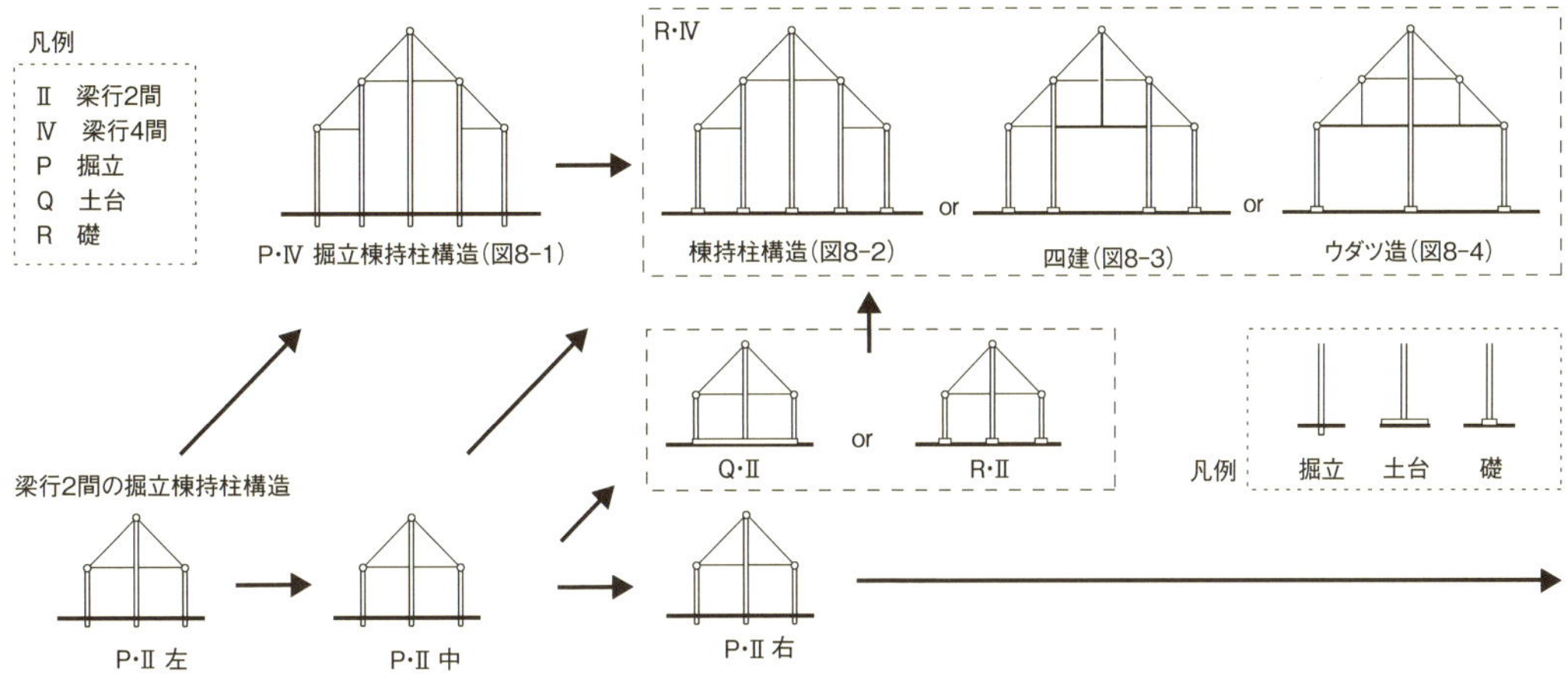


**図14**　梁行２間の掘立棟持柱構造から四建ないしウダツ造へ分岐する模式図

は、中世後期から近世にかけて、山下牧郎家ヤギゴヤ（図13）のような簡素な小規模建造物（図14、P・Ⅱ右、Q・Ⅱ、R・Ⅱ）としてのこる一方、梁行四間の堂々とした民家（図14、P・Ⅳ、R・Ⅳ）へ発展した、とかんがえられる。

他方、梁行四間の掘立棟持柱構造（図8―1、図14、P・Ⅳ）は、中世後期から近世にかけて、掘立柱に依存する架構をよわめつつ、四建（図8―3）ないしウダツ造（図8―4）へ分岐するか、あるいは棟持柱構造（図8―2）の姿をとどめた、とかんがえられる。さらに、この梁行四間の掘立棟持柱構造は、規模が拡大されたものとかんがえられ、さかのぼれば、梁行二間の掘立棟持柱構造（図14、P・Ⅱ左）を祖形としていた、と想定することができる。

以上、笛吹川流域の民家について考察してきた本論の結論は、以下の通りである。すなわち、笛吹川流域の民家は、梁行二間の掘立棟持柱構造（図14、P・Ⅱ左）を祖形として展開していた。

## 参考文献および註

（1）宮澤智士「近世民家の地域的特色」（永原慶二・山口啓二代表編集『講座・日本技術の社会史 第七巻 建築』日本評論社、一五一―一八二頁、一九八三年）一七〇頁引用

（2）関口欣也執筆・山梨県教育委員会編『山梨県の民家』（第一法規出版、一九八二年）、その後、『日本の民家調査報告書集成9 中部地方の民家3』（東洋書林、一九九八年）

（3）関口欣也「甲府盆地東部の近世民家」（『日本建築学会論文報告集』八六、四八―五九頁、一九六三年）参照

（4）註3前掲・関口「甲府盆地東部の近世民家」四九頁引用

（5）註3前掲・関口「甲府盆地東部の近世民家」参照。また、註2前掲『山梨県の民家』（一九八二）で関口は、板葺民家と茅葺民家の双方に言及し、板葺民家については、「板葺古家では棟持柱が室町末から十七世紀末にわたって使われていたようである」としている。しかし、茅葺民家が、四建から後に棟持柱構造であるウダツ造へと移行するなかで、板葺古家の棟持柱構造は、この茅葺民家にみるウダツ造の影響をうけて棟持柱構造へ移行したとする。すなわち、関口は、茅葺民家においても板葺民家においても、この地域の民家の源流に四建を想定している。

（6）日本ナショナルトラスト編『平成16年度観光資源保護調査 上条集落の切妻民家群』（財団法人 日本ナショナルトラスト、二〇〇五年）参照。そのほか、山梨県の棟持柱構造をもつ切妻民家に関する研究に、柏崎亜矢子・斉藤知恵子「山梨県国中における山間集落の民家について―その4 三富村徳和集落の民家形態―」（『一九九八年度日本建築学会大会（九州）学術講演梗概集 F―2』三七―三八頁、一九九八年）、斉藤知恵子・柏崎亜矢子「山梨県国中における山間集落の民家について―その5 四建（ヨツダテ）と大黒柱構造―」（『一九九八年度日本建築学会大会（九州）学術講演梗概集 F―2』三九―四〇頁、一九九八年）がある。

（7）ここでいう四建先行説とは、笛吹川流域において四建をウダツ造りに先行する架構形式とする関口の論点をさす。本論では、関口にならい、「四建」をもちいている。このほか、富山博「尾張の四つ立て民家」（『民俗建築』八八、五―一〇頁、一九八五年）は、「四建」と同様の構造を「四つ立て」とし、尾張地方北部でふるい構造としている。「四つ立て」形式の民家は、「鳥居建て」ともよばれるが、富山は、「四つ立て」が「その住居に居住した生活者が使用していた言葉」であり、「鳥居建て」が「研究者が作成

した」用語であるとし、「四つ立て」が適正な用語であるとしている。本論は、結論にしるすように、笛吹川流域において梁行二間の掘立棟持柱構造が祖形である、と結論づけている。今後、そのほかの地域における祖形についても、再検討がもとめられる。

(8) 土本俊和「表題解説―戦前の棟持柱祖型論―」（信州大学土本研究室編『棟柱第7号』信州伝統的建造物保存技術研究会、二―三頁、二〇〇四年）、総論3同「戦前の棟持柱祖形論」参照。土本「主題解説（1）民家史研究の総括と展望―棟持柱祖型論に即して―」（日本建築学会民家小委員会編『二〇〇五年度 日本建築学会大会 歴史・意匠部門 パネルディスカッション民家研究50年の軌跡と民家再生の課題』日本建築学会、五―三七頁、二〇〇五年）、総論1同「民家史研究の総括と展望―棟持柱祖形論に即して―」。

(9) 石原憲治『日本農民建築 第一輯―第八輯』（南洋堂書店、一九七二―一九七三年）。石原は、一九三一年一一月、建築学会大会で「日本農民建築の研究」を発表し、これが翌年学会誌に掲載された。その後、一九三四年から一九四三年にかけて、各論ともいうべき各都道府県の地方的調査をまとめた『日本農民建築』を第一輯から第一六輯まで発行した。戦後、「日本農民建築の研究」に加筆、修正をくわえたものが一九七六年に、また、『日本農民建築』が第一輯から第八輯にあらためられ、改訂復刻版として一九七二年と一九七三年に、ともに南洋堂出版から発行された。

(10) 畑智弥・土本俊和「京都の町屋における軸部と小屋組」（『日本建築学会計画系論文集』五一三、二五九―二六六頁、一九九八年）、各論A京都1同「京都のマチヤにおける軸部と小屋組」。遠藤由樹・土本俊和ほか「信州の茅葺民家にみる棟束の建築的意義」（『日本建築学会計画系論文集』五三二、二一五―二二二頁、二〇〇〇年）、各論B信州1同「同」。土本俊和・遠藤由樹「掘立から礎へ―中世後期から近世にいたる棟持柱構造からの展開―」（『日本建築学会計画系論文集』五三四、二六三―二七〇頁、二〇〇〇年）、総論4同「同」。内田健一・土本俊和「棟持柱構造から軸部・小屋組構造への転換過程」（『日本建築学会計画系論文集』五五六、三二三―三三〇頁、二〇〇二年）、総論6同「同」。土本俊和「総論6 掘立棟持柱構造」（同『中近世都市形態史論』中央公論美術出版、七四―八七頁、二〇〇三年）。

(11) 註10前掲・土本ほか「掘立から礎へ」参照

(12) 主として、註3前掲・関口「甲府盆地東部の近世民家」および註2前掲・関口『山梨県の民家』を中心に使用する。論点の基礎は、「甲府盆地東部の近世民家」（一九六三年）であるが、より詳論され、図版等も豊富な『山梨県の民家』（一九八二年）を、本研究は中心的な文献として使用する。

(13) 註2前掲・関口『山梨県の民家』九七頁引用

(14) 註10前掲・土本ほか「掘立から礎へ」参照。ここでは、掘立から礎への展開過程として、このような二通りのかかわり方について言及している。

(15) 註2前掲・関口『山梨県の民家』九二頁引用

(16) 註2前掲・関口『山梨県の民家』九四―九六頁参照

(17) さらに、註2前掲・関口『山梨県の民家』九七頁に、「甲府盆地東部では、棟持柱のような際立った柱があるのに、古民家の構造を四建というのは、梁行前後両端の上屋柱を結ぶ棡梁構えによって一層よく理解することができる。とくに山梨市上野正氏宅（№.5）や中富町秋山とく子氏宅（№.68）のように現在のイドコの両面に棡梁構えをもつものを見れば、家の中央部に、四本の高い柱を結ぶ堅固な枠組があり、これが構造の中心となっている。まさに四建と呼ぶにふさわしい構造であることが知られる。」とある。

(18) 註2前掲・関口『山梨県の民家』九五頁引用

(19) 註2前掲・関口『山梨県の民家』九五頁引用

（20）註2前掲・関口『山梨県の民家』九五頁引用
（21）註2前掲・関口『山梨県の民家』九五頁引用
（22）註10前掲・内田ほか「棟持柱構造から軸部・小屋組構造への転換過程」参照
（23）註2前掲・関口『山梨県の民家』九五―九六頁参照
（24）註2前掲・関口『山梨県の民家』四六五頁参照
（25）註2前掲・関口『山梨県の民家』九二頁引用
（26）京都府教育委員会編『京都府の民家 調査報告 第七冊―昭和四八年度京都府民家緊急調査報告―』（京都府教育委員会、一九七五年）一一―一二頁引用。のちに『日本の民家調査報告書集成11 近畿地方の民家1』（東洋書林、一九九七）。この点は、註10前掲・土本ほか「掘立から礎へ」および註10前掲・内田ほか「棟持柱構造から軸部・小屋組構造への転換過程」ですでに指摘されている。
（27）註10前掲・内田ほか「棟持柱構造から軸部・小屋組構造への転換過程」参照
（28）重要文化財江川家住宅修理委員会編『重要文化財江川家住宅修理報告書』（重要文化財江川家住宅修理委員会、一九六三年）参照。前身建物については、宮澤智士「農家の中世から近世へ」（伊藤ていじほか編『日本名建築写真選集 第17巻 民家Ⅱ 農家』新潮社、八三―一二五頁、一九九三年）九六―九七頁参照。
（29）取葺に関しては、土屋直人・西山哲雄・早見洋平・土本俊和「取葺と呼ばれた板屋根の系譜」（『日本建築学会計画系論文集』五九四、一五五―一六二頁、二〇〇五年）にて詳論した。
（30）註28前掲・宮澤「農家の中世から近世へ」八六頁参照
（31）註26前掲『京都府の民家 調査報告 第七冊』一二頁引用
（32）註3前掲・関口「甲府盆地東部の近世民家」四八頁参照。ここに「小規模民家は精査の対象より除外」とある。この姿勢は、のちの註2前掲・関口『山梨県の民家』にもひきつがれた。
（33）棟持柱構造を、緩勾配屋根と矩勾配屋根に大別し、言及したものに、註10前掲・土本「総論6 掘立棟持柱構造」（同『中近世都市形態史論』）がある。
（34）註2前掲・関口『山梨県の民家』一八二―一八四頁および三〇五頁参照
（35）たとえば、註2前掲・関口『山梨県の民家』一三九頁。三枝聡氏旧宅「構造は、側廻りに土台をまわし」とある。
（36）滝澤秀人「土台を持つ棟持柱構造の変遷」（『二〇〇三年度日本建築学会大会（東海）学術講演梗概集F―2』一〇七―一〇八頁、二〇〇三年）
（37）土本俊和「発掘遺構からみた京マチヤの原形ならびに形態生成」（西山良平編『平安京における居住形態と住宅建築の学際研究 平成15～平成16年度科学研究費補助金（基盤研究（C）（2））研究成果報告書』研究代表者・西山良平（京都大学大学院人間環境学研究科教授）、一二七―一五三頁、二〇〇五年）、各論A京都3「京マチヤの原形ならびに形態生成」
（38）金石健太「土台を持つ建物の系譜」（『信州大学大学院社会開発工学専攻 修士論文梗概集』一八、一三―一六頁、二〇〇四年）に、土台に関する言及がある。
（39）註2前掲・関口『山梨県の民家』参照
（40）日本民俗建築学会編『図説 民俗建築大事典』（柏書房、二〇〇一年）八〇頁引用
（41）宮澤智士『日本列島民家史 技術の発達と地域色の成立』（住まいの図書館出版局、一九八九年）四三頁参照。この点は、註10前掲・内田ほか「棟持柱構造から軸部・小屋組構造への転換過程」にても言及されている。
（42）牧郎氏によれば、この小屋は、もともとヤギをかうためにたてられた。しかし、ヤギの「メェー、メェー」というなき声が、あま

りにもうるさいだろうという判断から、ヤギをかうことを断念した。しかし、断念したのは、すでにこの小屋ができあがってしまったあとだったため、現在のように物置として使用することになった。また、奥山国良氏の直売処（表1の15番）は、間伐材や廃材をもちいて、地元の大工さんとご主人が共同でたてられた棟持柱構造の建物である。一見、掘立の棟持柱構造にみえるが、実際は、柱の脚部は地中にうめこまれたコンクリートに連結されている。

(43) 土本俊和「表題解説―国見の掘立棟持柱―」（『棟柱　第5号』信州伝統的建造物保存技術研究会、二―三頁、二〇〇二年）、各論B信州3同「国見の掘立棟持柱」参照。註10前掲・内田ほか「棟持柱構造から軸部・小屋組構造への転換過程」参照。なお、先方の事情により実測調査はできなかったが、笛吹川流域においても、このような柱の先端が股木になった、梁行二間の掘立棟持柱構造を調査中に実見した。

(44) 石原憲治『日本農民建築　第五輯』（南洋堂書店、一九七三年）一九六頁引用（一九三七年初出）

(45) 宮本常一『山に生きる人びと／双書・日本民衆史2』（未来社、一九六四年）九二頁引用

(46) 今和次郎『日本の民家』（岩波書店、一九八九年）、今和次郎『民家採集　今和次郎集　第3巻』（ドメス出版、一九七一年）、今和次郎『住居論　今和次郎集　第4巻』（ドメス出版、一九七一年）などを参照した。そのほか、今の著作は数おおいが、この三点に参照をとどめる。

(47) 註46前掲・今『住居論』三五六頁参照

(48) 註2前掲・関口『山梨県の民家』一一頁引用

(49) 註2前掲・関口『山梨県の民家』一一頁参照

(50) 註28前掲・宮澤「農家の中世から近世へ」八四頁引用

(51) 広島県草戸千軒町遺跡調査研究所編『草戸千軒町遺跡調査報告V―中世瀬戸内の集落遺跡―』（広島考古学研究会、一九九六年）参照

(52) 彰国社編『建築大辞典　第二版〈普及版〉』（彰国社、一九九三年）一二八頁引用

(53) 註44前掲・石原『日本農民建築　第五輯』一九六頁引用

(54) 長野県編『長野県史　近世資料編　第三巻　南信地方』（長野県史刊会、一九七五年）四九七―四九八頁参照

(55) 以上、ともに註10前掲・土本ほか「掘立から礎へ」で指摘されている。

出典　（図1）（図10）～（図13）土本俊和『中世後期から近世に至る掘立棟持柱構造からの展開過程に関する形態史的研究　二〇〇一年度～二〇〇三年度科学研究費補助金（基盤研究C（2））研究成果報告書』研究代表者・土本俊和（信州大学工学部教授）、二〇〇五年）、（図2）（図3）（図5）（図7）註2前掲・関口『山梨県の民家』九二頁、（図4）（図6）（図8）新規作成、（図9）註28前掲・宮澤「農家の中世から近世へ」八八頁

初出　二〇〇五年五月　滝澤秀人・島崎広史・土本俊和・遠藤由樹

# 各論C 甲州2 ウダツと大黒柱
## ―切妻民家の中央柱列における棟持柱の建築的差異―

### 一 研究の目的と方法

本論の目的は、「ウダツ」と「大黒柱」の双方に着目し、その変遷を通時的に把握する作業を通じて、民家の変容過程の一端をあきらかにすることにある。

石原憲治は、『日本農民建築の研究』で、山梨県塩山市（現・甲州市）の中村有国氏宅を実見し、「ウダツ」と「大黒柱」について、つぎの興味ぶかい内容をしるす。すなわち、「この家の構造を見ると、中央の大黒柱が地上から一本の柱で棟木まで通っていて、直接にこれを支えていることである。私はこの柱を仮に「棟持柱」と称しておく。この棟持柱のことを八代郡御代咲村で調べた例によると、「ウダツ」または「ウダチ」と称している」(1)。つまり、山梨県では、棟持柱のことを、「大黒柱」や「ウダツ」という。

まず、「ウダツ」は、石原の実見した棟持柱の意味とは別に、マチヤにおいてみられる妻壁を屋根よりたかくつきだした小屋根や建物の両側にもうけられた小屋根付きの袖壁等が、一般的にしられている。そのため、現在、棟持柱のことを「ウダツ」と称しているところは、山梨県のほか、長野県などの一部の地域にかぎられる(2)。しかし、土本俊和は、これら「ウダツ」のいくつかの意味を、太田博太郎（一九七二）(3)・高橋康夫（一九九三、および一九九五）(4)らの指摘をふまえ、「総論4 ウダツ」（二〇〇三）にて明解に説明した。土本によれば、ウダツの原形は、「棟木を直接支える垂直材」であり、「「壁」であり、「塀」ないし「高塀」であった」。そして、「近世にて、この二種類のモノ（棟持柱と高塀）が町屋の妻壁において一体化したとき、棟持柱ばかりでなく、屋境としての高塀をもウダツという言葉で呼ぶに至ったと判断することができる」(5)。本論も、この説を継承する。

対して、「大黒柱」は、石原が「わが国の民家の大黒柱は梁で止まって」(6)いるとしているように、軸部と小屋組の分離した構造のなかにあるのが一般的であり、棟持柱構造のような軸部と小屋組が分離しない構造のなかにあるのは、むしろ少数派である。また、「大黒柱」は、「一家の大黒柱」のごとく、その言葉の一般性から、過去の民家研究においても数おおく論じられてきた。まず、伊藤鄭爾は、『中世住居史［第二版］』（一九五八）で、「天文以降とくに民間に広がったらしい大黒信仰のなかで、大黒の木像または絵を祭りこんだ柱を大黒柱といったのではないかと思われる。そのような習俗が流行している時代に、大黒柱が前述のような構造技術の発達に伴い太くなり、ついには大黒柱といえば太い柱とみなすようになったものではないだろうか。」(7)、としている。つまり、伊藤は、「大黒柱」と「大黒信仰」を区別したうえで、「大黒柱」の起源は、「大黒信仰」にあり、のちに、構造的な側面が付加されて、ふとい柱になった、と指摘する。伊藤とは対照的に、野村孝文は、その翌年に、「鹿児島県民家の「ナカエ」に就いて」（一九五九）で、「大黒柱」について、つぎの見解をしるす。すなわち、「先づ民家構造に於て特別な取り扱いを受けている中柱、大黒柱はその取り扱いを受ける充分な理由がなければならぬことは勿論であるが、それには㈠構造柱、㈡伝統又は信仰の対象としての二つがある。㈠は最も根本的なものであるが、㈡は先づ㈠があつて初めて伝統が生じ、信仰的なものがこれに凭るものであり、且つ㈠の意味を失えば一般的にはそれも亦次第に退化して行くと考える。[8]」モノとしての構造的側面を信仰に先行させるこの発生史的観点に、本論も同感である。

伝統や信仰が生じるためにも、まず、「大黒柱」とよばれるようになった柱に、モノとしての構造的な理由があったはずである。しかし、のちの大黒柱に関する論考にこの観点に言及したものは、ほとんどない。たとえば、川島宙次（一九七三）は、「本来は大黒を祀った柱のことを指す言葉であったが、今では家の中のもっともかなめの柱を指していう[9]」と指摘する。さらに、牧田茂「大黒柱の精神性」（一九八三[10]）や吉田桂二「古いようで意外に新しい大黒柱の歴史」（一九八七[11]）も、もっぱら信仰面に言及するのみで、「大黒柱」をモノとしてはとらえておらず、そのふとい柱がある理由を説明しない。

しかし、伊藤（一九五八）以後の「大黒柱」に関する記述とは対照的に、三田克彦「大黒柱の淵源とその変遷」（一九四二）は、原始住居や農民建築などにおいて、重要な柱が中心軸上におおいことなどをあげ、「大黒柱の類が嘗て構造上重要なる役割を為してゐたことを證するものであり、それは嘗てそれが棟持柱（中略）であつたことを物語るものであらう[12]」、としていた。三田は、「大黒柱」の起源に、地上から一本の柱で棟木を直接ささえる棟持柱を想定していた。「大黒柱」をモノである垂直材としてとらえた、この指摘は、すこぶる示唆にとむ。また、三田の論考は、棟持柱をもつ建物を民家の支配的源流とする棟持柱祖形論に合致する[13]。しかし、伊藤をはじめとした戦後の「大黒柱」に関する言及に、三田の論考はまったく参照されていない。そして、戦後の「大黒柱」に関する論考は、一部をのぞき、「大黒柱」をモノとしてとらえる建築的な視点をうしなっていた。この点をかんがえるうえで、土本「戦前の棟持柱祖形論[14]」が参考になる。すなわち、「今日、戦前の民家研究との対比でとらえたとき、戦後の民家研究は、まず第一に軸部と小屋組に分離していない棟持柱構造への関心がよわかった」。さらに、「戦後日本の民家研究が、戦前日本の民家研究との対比において、再検討されなければならない」。この指摘は、まさに「大黒柱」についてもあてはまる。よって、「大黒柱」は、戦前の民家研究もふくめた総合的な観点にて、再検討される必要がある。

では、棟持柱が共通点として想定されうる「ウダツ」と「大黒柱」の差異は、なにか。『建築大辞典』に、「うだつ 近世の山梨県・長野県の農家において妻壁にある棟持柱[15]」とある。つまり、「ウダツ」は、棟持柱のなかでも、とくに建物妻面の柱をさす可能性がある。対して「大黒柱」は、『建築大辞典』に、「だいこくばしら［大黒柱］民家において平面の中央付近、特に土間と表と勝手関係の境目にある太い柱をいう[16]」とあるから、ウダツとは対照的に、建物内部の柱をさす。以上から、「ウダツ」は建物外壁の棟持柱をさし、「大黒柱」は建物内部の棟持柱をさしていた、という見通しがなりたつ。

しかし、既往研究において、「ウダツ」と「大黒柱」の差異を具体的にあきらかにしたものはない。たとえば、石原は、山梨県において、「ウダツ」と「大黒柱」がともに棟持柱であることを指摘するものの、その差異に関心をしめしていない[17]。また、「大黒柱」を中心に論じていた三田も、「方言より考へると大黒柱のことを「オタチ柱」「オダツ柱」とか言ふ地方がある。又棟持柱を有する小屋のことを「ウダツ屋」といふ地方もある。この事は大黒柱が棟持柱であることを更に裏書きするものであらう[18]」とし、棟持柱としての「ウダツ」に多少ふれるものの、その差異にふれない。さらに、小林昌人『民家と風土』（一九八五）は、「埼玉県秩父地方から群馬県富岡地方にかけては、大黒柱は棟までの通し柱になっているのが通例である。ところが一般的には大黒柱の高さは二階の床下までのものが多い。[19]」とし、山梨県以外でも「大黒柱」が棟持柱となる例をしめし、山梨県の「ウダツ」にもふれる。しかし、既往研究は、「ウダツ」と「大黒柱」の紹介程度にとどまっており、いま一歩、ふみこんだ考察がおこなわれていない。

つまり、既往研究は、「ウダツ」と「大黒柱」を棟持柱に即して散発的にとりあげる程度で、両者にある共通点と相違点を体系的には論じていない。そもそも、「ウダツ」と「大黒柱」に関する既往研究は、両者を別々のものとして論じることがおおかったため、棟持柱という共通点にあまりふれず、まして、両者の相違点に無関心であった。しかし、戦後における「大黒柱」の論考が、戦前の論考にくらべ、建築的な考察がすくないことをふくめ、「ウダツ」と「大黒柱」は、マチヤにも農家にも確認されるきわめてはばひろい概念であるゆえに、とりわけ両者の差異が厳密に考察されるべきである。

以上をふまえ、本論は、「ウダツ」と「大黒柱」の共通点と相違点を究明する。この際、まず、建物の「内部」や「外壁」といった平面的な差異をあきらかにするために、平面図をもちいた水平方向の考察が必要である。また、棟持柱構造か軸部・小屋組構造かを区別するためには、断面図による垂直方向の考察が必要である。さらに、用語による考察も必要である。さらにまた、現在、一般的にみられる、小屋根としての卯建（ウダツ）と梁の下でとまった「大黒柱」が、歴史的に、どのような移行過程をへて、この一般的な姿にいたったのか、という点に関する通時的な考察も必要である。よって、本論は、建築遺構、文献史料、さらにヒアリング調査の結果ももちいながら、総合的な判断をくわえ、「ウダツ」と「大黒柱」の差異をあきらかにしていく。

## 二　用語による考察

それでは、まず、「ウダツ」と「大黒柱」がどのような関係にあるのか、その共通点と相違点を言葉の用例より考察する。

### 二―一　ウダツ、ウダチ、八方ウダツ

まず、「ウダツ」を言葉から考察するうえで、土本・遠藤「掘立から礎へ」（二〇〇〇）[20]がすでにいくつかとりあげた「ウダツ」の用例などの先行研究をふまえつつ、あらたに入手した文献史料をつけくわえる。

・うだつ、うだち：『建築大辞典［第二版］』に、「うだつ［卯立、卯建、梲］①『倭名抄』（九三〇年代）によれば梁の上の柱を指すとあり、妻側の棟束を指すものと考えられる。『日本書紀』では「うだち」と発音する。②前者に由来して妻壁。③室町時代の民家、特に町屋において妻壁を屋根より高く突き出して小屋根を付けたもの。（中略）④近世民家において建物の両側に設けられた小屋根付きの袖壁。（中略）⑤近世の山梨県・長野県の農家において妻壁にある棟持ち柱。（中略）⑥（略）[21]」とある。また、『民俗建築　第一一・一二合併号』に、「ウダツ　山梨県。切妻造り、両端にある

棟持柱をいう。八方ウダツともいう[22]」とある。これらは、「妻壁」や「両端」とあるから、建物外壁の棟持柱をさす。さらに、石原『日本農民建築の研究』は、冒頭で指摘した点のほか、つぎのようにしるす。「殊に甲斐では、中央の中心柱だけでなく側柱まで全部がウダツ柱となった例を見て、私は驚いたことがある[23]」。この場合、石原は、「ウダツ」を建物外壁の棟持柱にかぎるのではなく、すべての棟持柱を「ウダツ」と理解している。

・八方ウダツ：『日本農民建築の研究』に、「この甲州の切破風造りは、本来構造は切妻であって、切妻のところにも棟持柱が両側に二本立つことになるわけである。この中村有国氏の家にも両妻に、現にこのような棟持柱が見えている。このような切妻の棟持柱を「八方」または「八方ウダツ」と呼んでいる。[24]」とある。つまり、八方ウダツは、妻側の外壁にある棟持柱をさす。

## 二—二　ウダツバシラ、ウダチバシラ

『民俗建築　第二一・二二合併号』に、「ウダツハシラ　信州、山梨県の切妻の棟持柱をいう[25]」とある。また、土橋里木・大森義憲『日本の民俗　山梨』に、「ウダツバシラ　東山梨郡勝沼町上岩崎では、二階や三階まで通る欅や栗材の柱をウダツバシラ（卯建柱）とかウダチバシラと呼んでいる。いわゆる大黒柱に相当するものである。街道に面した家では、棟までとどく柱を残して壁を塗り、この柱をウダツバシラといっている。韮崎市の宿場通りでは、隣り合った家の二階と二階をさえぎるように張り出して作られた部分をウダツとよんでいる。[26]」とある。つまり、東山梨郡勝沼町（現・甲州市）において、ウダツバシラは、棟持柱であり、大黒柱のことでもある。さらに、『綜合日本民俗語彙』にも、「ウダツバシラ　普通大黒柱の位置にある柱の別称。[27]」とある。しかし、これらの記述から「ウダツ」と「大黒柱」の差異をみいだすことはできない。

## 二—三　ダイコクバシラ

・だいこくばしら、大黒柱：『建築大辞典』に、「①→いみばしら　②大社造りの社殿において平面中央にある柱。③民家において平面の中央付近、特に土間と表と勝手関係の境目にある太い柱をいう。戦国時代（十七世紀前半）ごろに始まる名称か。その名称については、この柱に大黒を祀ったためと考える人もいる。近世になって柱間を一間以上大きくとるに従い、構造上の必要があって特に中央付近の柱が太くなったのに始まると考えられる。初めは柱筋の真に納めてあったが、これでは畳間に出張って畳を欠く必要が生じてくるので、後にはそれを避けるために大黒柱の真を土間側に外すことが行われるようになった。忌柱とされたり家格の象徴とされる場合が多い。「心の柱」、「役柱」、「中柱」、「亭主柱」ともいう。④（中略）四間取りの中心にある柱を指す場合もある。愛知県日間賀島の民家がこの例[28]」とある。「中央付近」や「四間取りの中心」とあるから、大黒柱は、建物内部の柱である。しかし、以上の説明は、もっぱら平面のみの記述で、垂直材としての構造的特性にふれない。また、『居住習俗語彙』にも、「ダイコクバシラ　大黒柱。家の中で一番太い念入りに磨いた柱で、普通は上り端の中央、土間と表内両間との三合ひに在るものときまつて居るが、土地によつて別の柱に此名を付けた例もある。[29]」とある。ここでも、垂直方向への記述はない。しかし、『日本民俗事典』

をみると、大黒柱の項に、「全国的に土間と床張の部分の境界にある中心柱を大黒柱という。大黒柱は棟をうける大切な柱である」(30) とあるように、「大黒柱」が建物内部の棟持柱であることをしるすものもある。

## 二―四　ナカバシラ、ミバシラ、テイシュバシラ、ウシモチバシラ

また、「大黒柱」は、地方によって、その名称もさまざまである。『居住習俗語彙』をみると、「ナカバシラ　陸前牡鹿の島では中柱は大黒柱のこと」。「ミバシラ　陸奥五戸附近で大黒柱、又は之を中にした三つの柱ともいふ。新築の時この三柱が立つと、萱三把をもつて来て是に結はへ附け、又大小三本の幣束を是に立て添へる」。「テイシュバシラ　内庭と勝手と上り口の間との三合ひに立つ柱、即ち他の地方で大黒柱といふものを、尾張日間賀島では亭主柱といひ、上の四間の四合ひの所の柱を、此島では大黒柱と謂つて居る」。「ウシモチバシラ　東北では仙臺以北、北上川の中流地方などで、臺所土間の中央にある柱。（中略）或は此柱が大黒柱だといふ者もある（登米郡史）(31)」とある。さらに、野村孝文は、このように、「大黒柱」の名称がさまざまあることについて、つぎのようにのべる。「大黒柱の名称は全国的に用いられて居り、又その類縁の名称も甚だ多く三〇―四〇種は下るまいと思う。然しどの様な柱を大黒柱と呼んでいるかに就いて見るとその内容は複雑で一定していない。(32)」

以上、言葉の用例より、「ウダツ」と「大黒柱」の考察をおこなった。まず、「ウダツ」は、その用語として、二種類の意味をもつ。一つ目の意味は、棟持柱そのものを「ウダツ」とする場合である。これは、『日本農民建築の研究』における石原の記述でわかるように、内部も外壁も区別なく、すべての棟持柱を「ウダツ」とするものである。対して、二つ目の意味は、『建築大辞典』や『民俗建築』にあるような、本論が問題とする建物外壁の棟持柱である。前者がよりひろい意味として広義の「ウダツ」であるのに対し、後者は狭義の「ウダツ」である、といえよう。ただ、言葉の用例のみでは、「ウダツ」の意味が二つある理由はわからない。これとは対照的に、「大黒柱」の場合、床と土間の境にたつ、建物内部の柱を「大黒柱」とよぶことはあっても、建物外壁の柱を「大黒柱」とよぶことはない。

また、「大黒柱」は、棟持柱であることをしめすものもあるが、一般的に建物内部の柱であることがわかるのみで、言葉の用例からは構造的な内容をしるすことはできない。さらに、「大黒柱」は、野村が指摘するように、その用例があまりにも多岐にわたり、用例からその構造的特性をみいだすことがきわめて困難である。よって、「大黒柱」の構造的特性をあきらかにするためにも、建築遺構による平面図や断面図をもちいて考察する必要がある。以下では、石原が指摘した山梨県が「ウダツ」と「大黒柱」の双方がみられる地域であることから、両者の共通点と相違点をあきらかにするために、山梨県の民家に即して、考察をすすめる。

# 三　建築遺構にみるウダツと大黒柱

## 三―一　笛吹川流域の民家

棟持柱のことを「ウダツ」や「大黒柱」と称していると石原が指摘した山梨県の中央盆地は、切妻茅葺の棟持柱構造がおおく分布す

る地域である。戦後、この地域の民家調査を集中的におこなった関口欣也は、その調査結果を『山梨県の民家』にまとめ、数おおくの棟持柱構造の民家を豊富な図版とともに掲載し、「甲府盆地東部」にこの形式の民家がおおいことを指摘した(33)。また、宮澤智士は、『山梨県の民家』を参照し、とくに甲府盆地東部の「笛吹川流域」に棟持柱構造がおおく分布している、と指摘した(34)。実際、『山梨県の民家』をみてわかるように、笛吹川流域には棟持柱構造がおおく分布している。よって、本論は、宮澤の指摘にならい、茅葺切妻の棟持柱構造を特徴とするこの地域の民家を、「笛吹川流域の民家」と定義する。

　では、笛吹川流域の民家に即した考察にはいる。過去の研究において、笛吹川流域の民家の実測調査をまとめたものとして、先述の石原『日本農民建築の研究』（一九七六）と関口『山梨県の民家』（一九八二）がある。まず、『日本農民建築の研究』は、「ウダツ」と「大黒柱」との双方の用語をかかげるものの、「ウダツ」と「大黒柱」の共通点と相違点を考察するだけの史料にかける。対して、平面図や断面図を豊富に掲載する『山梨県の民家』は、棟持柱や大黒柱を記述するものの、「ウダツ」を記述しない。そのため、『山梨県の民家』をもちいて、「ウダツ」と「大黒柱」の差異を考察することはできない。よって、既往研究より両者の差異を考察することはできない。そこで本研究は、この状況を克服するために、「平成一五年度科学研究費補助金基盤研究」の一環として笛吹川流域の民家の調査をおこなった(35)。その際、平面図や断面図を採集することができ、ヒアリングによって「ウダツ」と「大黒柱」に即した柱の名称を確認することができた。そこで、本節では、笛吹川流域の民家調査によって採集した実測図面とヒアリングをもちいて、「ウダツ」と「大黒柱」の共通点と相違点を考察する。

## 三—二　平面にみるウダツと大黒柱

笛吹川流域の民家調査では、三一棟の建造物を実測調査した。そのうち、棟持柱構造の民家は一八棟であり、この一八棟すべてについて柱の名称を、住まい手からのヒアリングを通じて、確認することができた。このヒアリングで確認した柱の名称は、ウダツ、大黒柱、小黒柱であった。とりわけ、大黒柱の名称は、すべての民家で確認することができた。

　つぎに、ウダツと大黒柱が建物の平面上でそれぞれどのように配置されているのか、また、棟持柱なのか、そうでないのか、を考察する。そのために、以下の分類法によって、棟通りの柱を分類したものを表1にしめす。まず、ヒアリングに即して、ウダツを☆、大黒柱を□、そのほかの柱を○に分類する。さらに、構造的特性に即して、棟持柱であるものを黒塗りにし、そうでないものを白抜きにする。まず、大黒柱とのヒアリングをえた柱は、17番の水上重兵衛家住宅をのぞく一七例（九四％）が棟持柱であり、ほとんどの大黒柱が棟持柱であった。ひとつの建物のなかにある棟持柱の数は、三本が一一例と、もっともおおく、全体の六一％をしめる。つぎに、二本が五例で、二八％をしめる。全体で平均は二・七本であった。また、棟持柱が三本の建物をみると、そのすべてにおいて、大黒柱と両妻面二本の柱が棟持柱になっていた。さらに、棟持柱が二本の建物においても、妻面のどちらか一方の柱と大黒柱とが棟持柱になっていることから、棟持柱は、妻側の外壁にある柱と大黒柱を中心に配されていることがわかる。ただ、10番の小田切幹雄家住宅は、外壁の柱と大黒柱のほか、小黒柱もふくめ計四本の柱が棟持柱であった。これだけおおくの柱が棟持柱となっているのは、ほかに例がなく、きわめて興味ぶかい。つぎに、ウダツとのヒアリングをえた柱についてであるが、表1にみるように、四例の建物からウダツの名称を確認することができた（5、6、8、17番）。さらに、そのいずれもが、妻壁に位置する二本の柱が棟持柱となり、ともにウダツとよばれていることがわかる。以下に、実測調査時のヒアリングで確認した、ウダツと大黒柱に関する三氏からの貴重な証言をしめす。

・両妻面の「棟を通っている柱」を「俗にウダツと昔の人は言う」といい、おなじ棟木をささえる柱でも大黒柱とことなる。（佐藤氏談／男性／七〇代後半／二〇〇三年九月一二日調査／表1・6番）(36)

・「大黒柱は真ん中」の柱で、「両脇の柱はウダツ」。（奥山氏談／男性／八〇代後半／二〇〇三年九月二日調査／表1・8番）(37)

・ウダツは今でこそあまり呼ばれなくなってきた言葉だが、七〇歳過ぎの人であったらほとんど知っているくらいよく使われていた言葉。（水上氏談／男性／七〇代前半／二〇〇三年八月六日調査／表1・17番）(38)

では、表1に即した分析とヒアリングをふまえ、笛吹川流域の民家に即してウダツと大黒柱の関係をまとめる。第一、棟持柱は、建物のなかでも、妻壁二本、内部一本の計三本がもっともおおい。第二、大黒柱は、棟持柱となることがおおい。さらに、建物内部の柱

**表1**　笛吹川流域の民家にみるウダツと大黒柱

| 番 | 建物名 | 所在地 | 建築年代 | 桁行（間） | 梁行（間） | 棟持柱配置 |
|---|---|---|---|---|---|---|
| 1 | 三枝行雄家住宅 | 牧丘町北原 | 1800年頃 | 10.00 | 4.50 | 西？○○■○○○○東 |
| 2 | 三枝貞晴家住宅 | 牧丘町北原 | 115年前 | 7.50 | 4.00 | 西●■○○○●東 |
| 3 | 淡路栄家住宅 | 牧丘町北原 | 明治29年頃 | 8.50 | 4.50 | 西●○■○○○○東 |
| 4 | 古屋古福家住宅 | 牧丘町北原 | 不明 | 8.00 | 4.00 | 西●○○■●東 |
| 5 | 古屋茂富家住宅 | 牧丘町北原 | 明治29年以前 | 8.00 | 4.50 | 西★○○○■○○★東 |
| 6 | 佐藤一郎家住宅 | 牧丘町牧平 | 不明 | 9.00 | 4.50 | 西★○○○■○○○★東 |
| 7 | 戸田政守家住宅 | 牧丘町西保中 | 1700年頃 | 8.00 | 4.00 | 西●○○○■●東 |
| 8 | 奥山朝則家住宅 | 牧丘町西保中 | 不明 | 8.50 | 4.25 | 西★○○○■○○○○★東 |
| 9 | 今井秀郎家住宅 | 牧丘町西保中 | 不明 | 8.50 | 4.00 | 西●○○○■○●東 |
| 10 | 小田切幹雄家住宅 | 牧丘町西保下 | 150年前頃 | 8.00 | 4.50 | 西●○○●○■○○●東 |
| 11 | 高原左門家住宅 | 牧丘町西保下 | 100年前頃 | 9.00 | 4.50 | 西●○■○○○○○●東 |
| 12 | 山下政英家住宅 | 牧丘町西保下 | 不明 | 12.00 | 5.00 | 西●○○■●東 |
| 13 | 山下牧郎家住宅 | 牧丘町西保下 | 明治初期 | 9.00 | 4.00 | 西○○○■○●東 |
| 14 | 藤原達男家住宅 | 牧丘町倉科 | 100年前移築 | 7.00 | 4.00 | 西○○○○■●東 |
| 15 | 赤池栄人家住宅 | 牧丘町倉科 | 不明 | 不明 | 4.00 | 北●○○○■　　　南 |
| 16 | 藤原金雄家住宅 | 牧丘町倉科 | 150年前 | 8.50 | 4.50 | 西●■●東 |
| 17 | 水上重兵衛家住宅 | 牧丘町千野々宮 | 明治以前 | 9.50 | 4.50 | 西★○○○○□○★東 |
| 18 | 宮原久巳家住宅 | 塩山市小屋敷 | 不明 | 9.50 | 4.50 | 西●○○○○■○●東 |

■棟持柱で「大黒柱」とよばれるもの　★棟持柱で「ウダツ」とよばれるもの
●棟持柱であるが特に呼称はないもの
□棟持柱でないが「大黒柱」と呼ばれているもの　○棟持柱でなく、とくに呼称もないもの
＊建築年代はヒアリング調査によってえた。

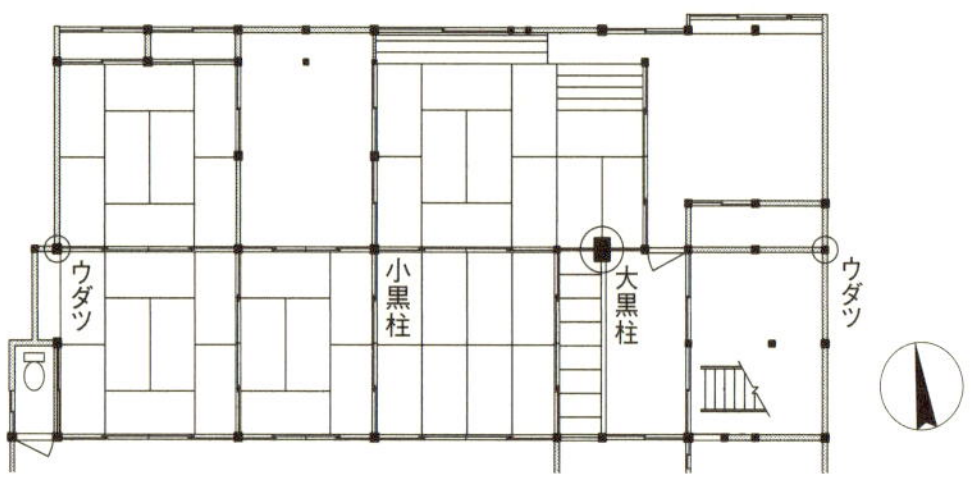

＊○印のついた柱は棟持柱をしめす
**図1**　佐藤一郎家住宅1階平面図　s=1/300

**図2**　佐藤一郎家住宅 断面図　s=1/200

のもうひとつの名称である小黒柱も、棟持柱になるものもある。第三、妻壁の棟持柱のことをウダツといっている建物は、四例で、妻壁に棟持柱をもつ一八例からみれば少数派であった。とはいえ、ヒアリングの内容では、「七〇過ぎの人であったらほとんど知っているくらいよく使われた言葉」であるウダツは、棟木まで達した「両脇の柱」をさしており、昔から「大事な柱」とされていた。また、信州にあるような、袖壁をウダツということは、この地域にはない、とされた。以上から推せば、さかのぼると、おおくの家で妻側の外壁にある棟持柱をウダツと称していた、とかんがえられる。

以上、笛吹川流域の民家について、ウダツと大黒柱を考察した結果、「ウダツ」と「大黒柱」は、棟持柱という共通点をもつとともに、建物内部の棟持柱を「大黒柱」、建物外壁の棟持柱を「ウダツ」というように、平面における差異が明確である、とかんがえられる。

## 三―三　ウダツから大黒柱へ

すでに、「大黒柱」の用例については言及しているが、用語としての「大黒柱」は、時代としてどのくらいにまで、さかのぼるのか。『建築大辞典』の大黒柱の項をみると、「戦国時代（一六世紀前半）ごろに始まる名称か[39]」とある。また、さきに引用した伊藤の指摘によれば、天文年間（一五三二―一五五五）以降にひろがった大黒信仰が、用語としての「大黒柱」の起源となる[40]。さらに、『日本民俗事典』は、天文・永禄（一五三二―一五六九）ころの大黒信仰が影響して、「大黒柱が用いられるようになったのは桃山時代から近世初期といわれる[41]」とする。さらにくわえて、野村孝文は、大黒柱について、「構造柱として発達したものであるが、原始時代又は古代に溯るものでは無く、江戸時代に入つてからではないかと思う。大黒天信仰の点からもまた日本の民間住宅が構造的に進歩したのも江戸期に入つてからである点からもそのように考えられる[42]。」とする。つまり、これらから推すと、用語としての「大黒柱」があらわれてきたのは、はやくとも中世末期であり、一般的に、この用語は、近世にはいってから徐々にひろがってきた、とかんがえられる。ただ、モノとしての「大黒柱」は、これ以前から存在していた、とかんがえられる。そして、このモノとしての「大黒柱」をかんがえるうえで、つぎにしめす宮本常一の指摘がすこぶる興味ぶかい。すなわち、

この寺の柱に見られるような柱は山梨県下の古い農家にも見かけるところであり、この柱をウダチ柱といっている。（中略）この柱がのちには大黒柱とよばれるようになるが、大黒柱は棟まで達していなければならないと信じられているところは多い[43]。

つまり、宮本は、ウダチ柱がのちに大黒柱とよばれるようになったことをのべている。

さらに、宮本の指摘にしたがって、すでに言及した広義の意味での「ウダツ」と狭義の意味での「ウダツ」とをてらしあわせると、つぎのようにかんがえることができる。すなわち、そもそも、棟持柱そのものをさしていた広義の「ウダツ」や「ウダチ」は、近世以後の「大黒柱」という名称の出現にともない、他の地方と同様、床と土間境という主要な位置である建物内部の「ウダツ」や「ウダチ」のみが、「大黒柱」と称されるようになった。ただ、このとき、建物外壁の「ウダツ」や「ウダチ」は、そのような影響がおよばなかったため、いまでも、わずかながらその名称をとどめるにいたった。そして、この建物外壁の「ウダツ」が、さきに指摘した狭義の意味での「ウダツ」であり、本研究が実測調査した結果とも合致する。

以上より、さかのぼれば、建物の内部も外壁も区別なく、棟持柱そのものを「ウダツ」とよんでいた、とかんがえられる。ただ、時代がくだり、「大黒柱」の名称がひろがってくると、外壁の棟持柱は、「ウダツ」の呼称をそのままのこすものの、内部の棟持柱は、「大黒柱」とよばれるようになった、とかんがえられる。さらに、しだいに、「ウダツ」の名称は、あまりもちいられなくなったため、現在では、「大黒柱」の名称のみがのこっている、とかんがえられる。

### 三―四　棟持柱構造と軸部・小屋組構造にみる大黒柱

大黒柱とよばれた柱をもつ一八例の笛吹川流域の民家は、17番の一例をのぞいて、大黒柱が棟まで一本の柱でとどく棟持柱であった（表1）。しかし、一般に、「わが国の民家の大黒柱は梁で止まって」[44]いて、大黒柱が棟持柱になっている例は、すくない。また、大黒柱が棟まで一本の柱でとどく棟持柱構造は、軸部と小屋組の分離しない構造である。対して、梁下でとまった大黒柱の場合、軸部と小屋組が分離した構造である。この軸部と小屋組の分離した構造のひとつに、永井規男が言及した「おだち・とりい」組みとよばれた北山型の民家がある。永井は、北山型に即して、棟持柱構造と関連して、つぎのような仮説を提示した。すなわち、「近世に入って、一般に家屋規模が大きくなってくると、それに応じて家のかたちが高くなり、棟持柱構造にすると相当に長い柱が必要になる。これを避けて、できるだけ短い柱で済むように、まず木戸家のような構造が考えられ、ついで「おだち・とりい」組みへと発展したのではないかと推定される。」[45]さらに、この仮説をおしすすめた論考が棟持柱祖形論である。さらにまた、内田・土本「棟持柱構造から軸部・小屋組構造への転換過程」（二〇〇二）は、棟持柱構造から軸部・小屋組構造への変容過程に言及した。[46]本論は、以上の説を継承し、文献史料や遺構図面をもとに、とりわけ大黒柱の変容過程をあきらかにする。

笛吹川流域の民家で、ウダツは棟持柱のことをさしていた。また、『建築大辞典』に、「おだち　卯立（うだつ）の転訛。京都府丹波地方の草葺き民家において棟木を支える小屋束をいう」[47]とあるように、地方によってウダツは、オダチともよばれ、棟束をさすものもある。実際、さきに言及した北山型の民家のなかに、小屋束にウダツと註がふられた断面図をみることができるし、[48]「丹波民家調査報告」のなかに、小屋束にオダチと註がふられた断面図をみることができる。[49]くわえて、信州の茅葺民家では、この小屋束のことを棟束といい、遠藤ほか「信州の茅葺民家にみる棟束の建築的意義」（二〇〇〇）では、この棟束が棟持柱のなごりではないか、と指摘する。[50]

このように、軸部・小屋組構造にも、小屋束にウダツやオダチなどの名称を確認することができる。ただ、軸部・小屋組構造において確認できるウダツやオダチは、なにも小屋束などの梁上の材ばかりではない。小林昌人によれば、伊豆半島の南端石廊崎付近にシモオダツとよばれる、ほかの地域で大黒柱の位置にたつ柱があり、「この両柱の上部は天井で止っており、棟まで伸びてはいない」[51]とある。つまり、このシモオダツは、軸部・小屋組構造の大黒柱をさす。さらに、『綜合日本民俗語彙』に、「オダツバシラ　伊豆の南崎村で、下図のごとき場所にある二本の柱をいう（沿海手帖）」[52]とあり、その平面図は、笛吹川流域の民家にみる大黒柱の配置とそっくりである。また、『居住習俗語彙』に、「オタチバシラ　伊豆の南崎村で、上り端の二間とニヤ即ち土間との境に立つ柱、他の土地でいふ大黒柱である」とある。(53)くわえて、『尾瀬と檜枝岐』に、「ウダツ　小屋の柱。尖端を股木に取り、梁を受けて居る」(54)とある。「梁を受けて居る」この柱は、棟持柱でも小屋束でもなく、伊豆半島にみるシモオダツと同様に、軸部と小屋組に分離した構造における梁下の材である。

　このように、伊豆半島にみるシモオダツ・オダツバシラ、さらに会津の檜枝岐《ひのえまた》にみられるウダツの実例から、軸部と小屋組が分離した構造において、梁上の材である小屋束ばかりでなく、梁下の材にも、ウダツやオダチの名称を確認することができる。そして、これらウダツやオダチの名称は、かつて棟持柱構造であったものが軸部・小屋組構造にそのなごりをとどめたものである、とかんがえられる。さらに、「他の土地でいふ大黒柱」とあることは、軸部と小屋組に分離した構造にみられる梁でとまった一般の大黒柱も、さかのぼれば、棟持柱であったことを如実にしめしている。

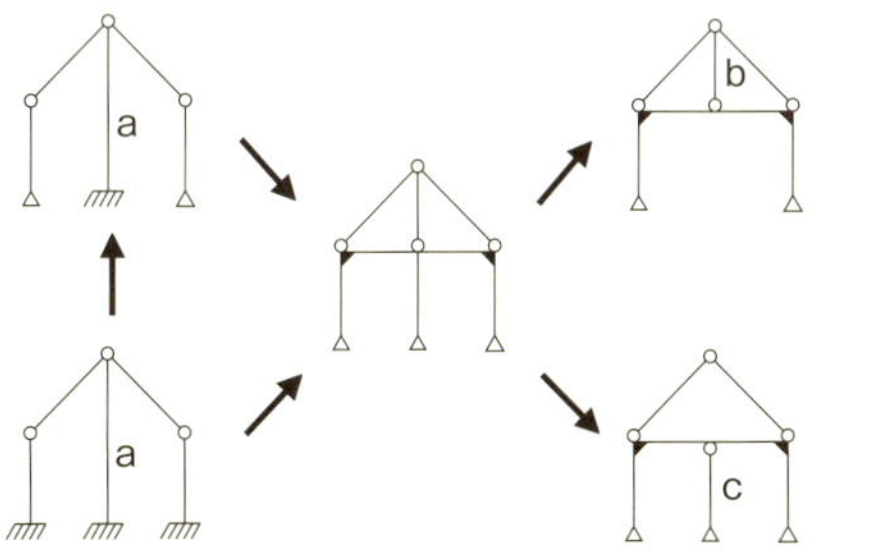


a：ウダツ　b：ウダツ、オダチ、棟束
c：ウダツ、シモオダツ、オダツバシラ、オタチバシラ

**図3**　梁行２間の棟持柱構造に即した構造変遷図

　以上をまとめると、棟持柱構造から軸部・小屋組構造へと分離していく過程で、棟持柱としてのウダツは、梁の上下で分断された。このとき、梁上の材は、北山型のウダツや、丹波民家にみるオダチ、さらに信州茅葺民家にみられる棟束としてのこった。対して、梁下の材は、伊豆半島にみられるオダチ柱やオダツ柱に棟持柱のなごりがみられる。くだっては、この梁下のオダツに、のちの大黒信仰がくわわって、ひろく一般的にみられる大黒柱となったのだろう。つまり、原初的に、ウダツやオダツとよばれた棟持柱が、モノとしての「大黒柱」の原形である、とかんがえられる（図３）。

　ただ、その一方で、笛吹川流域の民家にみられる棟持柱となった大黒柱は、ほかの地域にみられるような、軸部と小屋組に分離するという過程をへなかった。そのため、大黒柱は、梁の上下で分離することなく、棟持柱のまま、現在までのこりつづけた、とかんがえられよう。つまり、笛吹川流域の民家にみる棟持柱となった大黒柱も、軸部と小屋組に分離した構造における梁の下でとまった大黒柱も、ともに、さかのぼれば、ウダツという棟持柱であった、とかんがえられる。

## 三―五　ウダツと大黒柱の差異

　では、以上をふまえて、ふたたび、「ウダツ」と「大黒柱」の差異に関する考察にもどる。ここまでの考察から、「ウダツ」と「大黒柱」の共通点は、棟持柱であり、双方の相違点は、外壁の棟持柱と内部の棟持柱であった。さらに、外壁の棟持柱も内部の棟持柱も、さかのぼれば、双方とも区別なく、ウダツなどとよばれていた可能性がある。では、現在の笛吹川流域の民家にみられるように、「ウダツ」と「大黒柱」の差異が内部と外壁の棟持柱にあるのは、なぜか。そもそも、なぜ、内部の棟持柱のみが「大黒柱」とよばれるようになったのか。この疑問を解決するために、以下にしめす佐藤一郎氏（表1・6番）の証言が非常に興味ぶかい。すなわち、

> そう、ウシ（大黒柱に差し込まれている縦梁、横梁）といいますね。（中略）俗に言うウシ。それだら、もし大地震がきても、もしこうゆう木造の場合じゃ、ここ（大黒柱）の辺にいればね、命に影響ねえぞと、つぶされんぞと、（中略）よく昔の人は言ったですね。これが、よくしてあるようですよ。折り込んでね。これもみんなもとでしめてね。だから、ボシンと倒れることのないようにはしてあるようだね。（中略）ほんで向こうとこっちで通っているからね。ここが二間半、こっちが二間一尺寸と、だからこれが、この大黒柱のほうに立ってれば、これがコウモリを畳んだように、こうなるような原理らしいやね。[55]

また、今和次郎も、「山梨県の富士五湖沿いの足和田村が、えらい鉄砲水の災難で、一村全滅したことがあった。被災した一軒の農家のおばあさんが、「大黒柱の下にいればだいじょうぶだというので、大黒柱の根元のところにすわっていて、くずれた家のなかにいたのに助かった」ということだった」[56]、としるしており、佐藤一郎氏の証言と同様な内容を記録している。これら、佐藤氏の証言と今和次郎の記録から理解できることは、大黒柱が構造のかなめになっている、ということである。では、なぜ、これほどまでに、大黒柱中心の構造にしなければならないのか。

江川家住宅に、生柱という掘立柱がある。報告書によると、「玄関背後土間境にたつ生柱は掘立柱であり、これは前身建物のものであって、現建物の建築にあたって、記念としてのこされたものである。発掘調査の結果、生柱のほか四本の掘立柱の柱根を発見している。[57]」江川家住宅は、現況では軸部と小屋組が分離している。前身建物がどういう建物かわからないが、発掘調査からすくなくとも掘立柱をふくんでいた、とかんがえられる。この柱が棟持柱かどうかは不明であるものの、現況では、この生柱は、構造的な役割を一切になっておらず、象徴的意味合いのみをもつ[58]。このように、生柱は、家の継続性を記念としてのこされた、と理解される。さらに推せば、この掘立柱は、前身建物における、大黒柱のような内部の柱であって、脚部の劣化が比較的おそかったために、のこった、とかんがえられる。これを笛吹川流域の民家に即してかんがえれば、狭義のウダツのような外壁にある棟持柱は、雨水に年中さらされているので、柱の脚部が劣化しやすい。対して、大黒柱のような内部の棟持柱は、雨水にさらされることはないので、外壁の棟持柱にくらべ、脚部の劣化はあきらかにおそくなる。すなわち、このような、建物内部と外壁における柱脚部の劣化の差異から、外壁の棟持柱にくらべ、脚部が劣化しにくい内部の棟持柱に対して、しだいに構造的要求がたかまり、結果として、ヒアリングでえたような、大黒柱を中心とした構造がうまれてきたのではないか、とかんがえられる。

以上をまとめると、笛吹川流域において、原初的には、内部も外壁も区別なく、棟持柱のことをウダツとよんでいた。しかし、「外壁のウダツ」と対照的に、「内部のウダツ」は、雨水にさらされないなどの理由によって、柱の脚部の劣化がおそかった。そこに構造的によりながい耐久年数がたもたれていき、「内部のウダツ」におおきく依存するような構造になっていった。そして、建物の荷重を一手にうけることになった「内部のウダツ」は、よりふとい材の独立柱として内部空間を象徴した。そこに、伊藤がのべたような天文

以降の大黒信仰が付着して、「内部のウダツ」は、「大黒柱」とよばれるようになった、とかんがえられる。と同時に、「内部のウダツ」にくらべて構造的要求がよわくなった「外壁のウダツ」は、その名称をしだいにうしなっていった、とかんがえられる。

また、ヒアリングのように大黒柱を中心として「コウモリを畳んだように」なるためには、柱が自立していなければならない。つまり、大黒柱の脚部は、固定端である必要性から、掘立柱でなければならない。しかし、今回の調査では、民家の柱の脚部は礎石か土台かであり、掘立を確認することができなかった。さらに、大黒柱の脚部がすべて礎になっていた。ただ、江川家住宅の前身建物が掘立柱をもつように、掘立が礎よりもふるい形式であることから推せば、さかのぼれば、大黒柱の祖形はその脚部が掘立であろう。つまり、ヒアリングの内容は、大黒柱がかつて掘立の棟持柱であったことをしめしている、とかんがえられる。以上より、大黒柱の原初的形態に、建物内部の掘立棟持柱が想定される。

## 四　マチヤにみるウダツと大黒柱

笛吹川流域の民家は、茅葺切妻の農家で、屋根勾配が矩勾配となる棟持柱構造である。対して、マチヤのように、屋根勾配が三寸五分から五寸までとなる緩勾配の建物においても、大黒柱が棟持柱になっているものが確認される。たとえば、京都のマチヤについて、軸部と小屋組の関係から論じた畑ほか「京都のマチヤにおける軸部と小屋組」（一九九八初出）は、近世史料である「田中吉太郎家文書」(59)をもちいて、軸部と小屋組に分離しない構造について、豊富に言及する。この論考のなかで、「大黒柱が棟木を直接ささえているものは、二五軒中八軒（三二%）であった」(60)とあるように、大黒柱のおよそ三分の一が棟持柱であることがわかる。また、『京都府の民家』も、大黒柱が棟持柱になるものをのせる。(61)さらに、中村昌生は、『京の町家』で、京都のマチヤの大黒柱が棟木や母屋までのびていることを指摘する。(62)さらにくわえて、京都からはなれた越前大野のマチヤにも、「中柱」と呼ばれる大黒柱が棟持柱になっている例が紹介されている。(63)

以上より、笛吹川流域の民家のような、屋根勾配が矩勾配になる草葺の農家ばかりでなく、京都のマチヤのような、屋根勾配が緩勾配となる建物にも、大黒柱が棟持柱になるものが多数存在している、と理解することができる。しかし、笛吹川流域に分布する、建物外壁の柱がウダツとよばれる棟持柱をもつ民家は、これまでのところ、ほかの地域にて確認することができなかった。ただ、マチヤのような緩勾配の建物の場合、つぎにしめすように、「ウダツ」は、棟持柱でなく、屋根境に卯建（ウダツ）として散見される。「京都府の民家」で報告されている亀井重幸氏宅は、丹後半島にある漁家で、「上大黒、下大黒の二本の柱は直接棟木を支承している」という。(64)さらに、ここで注目すべきことは、「平入の切妻造で両端に卯建を上げ桟瓦葺とする」(65)という点である。このような屋根境に小屋根をつけたウダツは、近世の洛中洛外図屏風にも多数散見することができる。(66)そして、この卯建は、「総論4 ウダツ」（二〇〇三）にて土本が説明したように、「塀」ないし「高塀」が妻面の棟持柱、つまり建物外壁のウダツと一体化したあとの姿であることから、京都のマチヤにみられる屋境としてのウダツも、原初的に棟持柱のことをさしていた、(67)とかんがえられる。事実、土本が指摘するように、戦国期の洛中洛外図屏風（町田本・歴博甲本、上杉本）をみると、梁行二間、掘立、取葺の棟持柱構造の建物を多数散見することができる。(68)したがって、マチヤにおいても、さかのぼれば、笛吹川流域の民家とおなじように、「ウダツ」と「大黒柱」の共通点は棟持柱にあり、さらに、両者の差異は外壁の棟持柱と内部の棟持柱にあった、とかんがえられる。ただ、笛吹川流域の民家の場合、ウダツは建物外壁の棟持柱であったが、京都のマチヤの場合、棟持柱と高塀が妻壁において一体化したために、屋境の小屋根をもウダツと混同されるようになった、とかんがえられる。

## 五　小規模建造物にみるウダツ

永井規男によれば、棟持柱構造は、梁行二間と四間に大別される。(69)笛吹川流域の農家や京都のマチヤに代表されるマチヤは、梁行四間に分類される棟持柱構造である。対して、梁行二間の棟持柱構造は、以下のように、山小屋や付属屋等の小規模建造物に散見される。

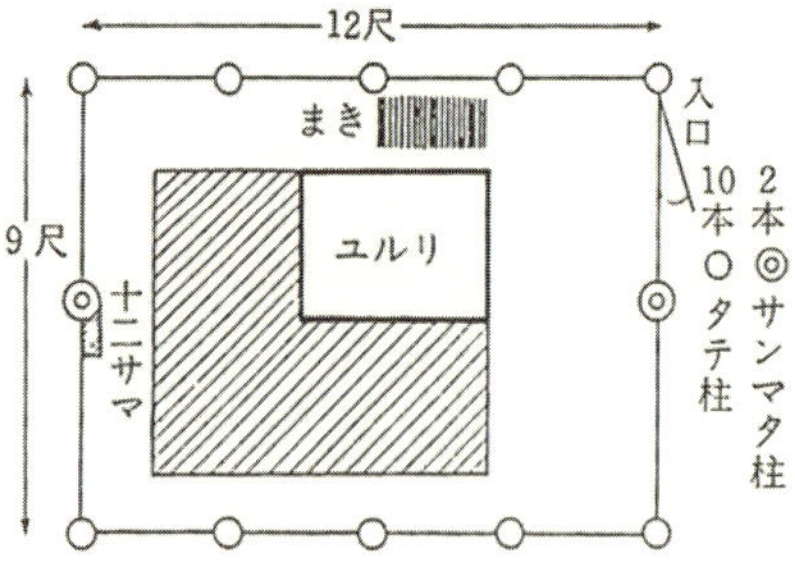


**図4**　オタツゴヤ平面図

・樵小屋：石原『日本農民建築の研究』に、奥日光の山中、塩谷郡川俣村の樵小屋の図がある。これをみると、ウダツとよばれる、先端が股木になった二本の棟持柱が棟木をささえている。(70)

・ウダツゴヤ、オダツゴヤ：『民俗建築 第二一・二二合併号』に、「ウダツ小屋　遠田郡篦岳地方、粗末な小屋という意である。（宮城県）(71)」とある。『綜合日本民俗語彙』に、「ウダツゴヤ　掘立小屋をウダツまたはウタという例は東海の諸縣の他、千葉縣にも宮城縣にもあるが、極めて粗末な家をそういうのは戯れの誇張らしく、本物の構造は確め難い。（中略）新潟縣北魚沼郡で、オダツゴヤという山中の掛小屋も、センダツ、オダツという二種の柱があって、前者に棟木を載せ後者へ桁を渡すといい、いずれも小屋の周邊に立てた柱と見えるから（熊狩雑記）、或は中柱のないのがウダツの特徴だつたかも知れぬ。(72)」とある。『熊狩雑記』は、土本「総論4 ウダツ」(73)で指摘済みである。ここで、「熊狩り小舎」と「山小屋の構造」の棟持柱構造の小屋が紹介されている。「熊狩り小舎」は、センダツという二本の棟持柱があり、ヲダツ小屋ともいう。対して、「山小屋の構造」は、ウダツという二本の棟持柱がある。(74)また、『民俗資料選集 六』に、「オタツゴヤ 小赤坂のオタツゴヤは山小屋で、上図のようなものである。間口九尺（二・七メートル）、奥行二間（三・六メートル）、高さ中央で八尺（二・四メートル）ぐらいで、柱はいずれも地べたにつきさすオッタテ柱である。まず、サンマタという長さ二間ぐらいの丸太を、間口の中央に一本ずつたてる。この柱の先が二またになっており、その上に十四、五尺（四・五メートル）のムナギをわたす。この高さが八尺ぐらいである。次に奥行のほうは、三尺（九〇センチ）おきぐらいに、タテ柱と称する木をムナギにたてかける。根もとは土にうめる。このタテ柱に、ヨコトと称して、細い木を横に何段にも結びつける。その上を木の皮や笹でふいて、屋根ができる。間口のほうも同様にふくが、いっぽうに三尺ほどの入り口をつける。なおこの入り口を北に向けると、災難ごとがあるといってきらう」[75]とある（図４）。

・ウダツヤ：信州福沢村家数書上帳に、「うだつ家」・「うたつ家」・「有立家」が記載され、「拾九軒　うだつ屋」とある。[76]また、『建築大辞典』に、「うだつや　静岡・山梨・長野・千葉・宮城各県地方の農家において梁がなく、棟を支える柱が地面にまで通っているもの。主として小住宅または付属小屋の構造として使われた。『鼠の夜噺』に梲小屋の文字が現れているのを見ると、近世初期の近畿地方の町家では小住宅に使われていた例も知られる。」とある。[77]

しかし、以上にみた小規模建造物において、「大黒柱」に関する記述を確認できなかった。ただ、これらの建物は、梁行二間というおおきさゆえに、桁行方向も二本の棟持柱で棟木をささえるきわめて単純な構造で、図４のように、そもそも建物内部に柱がない。つまり、「大黒柱」の原形となるような内部空間を象徴する独立柱がない。そのため、「大黒柱」という言葉そのものを、これらの小規模建造物のなかに確認することができなかった、とかんがえられる。

## 六　結　論

以上、本論は、「ウダツ」と「大黒柱」の共通点と相違点を論証してきた。まず、棟持柱構造が豊富に確認される笛吹川流域の民家は、建物外壁の棟持柱が「ウダツ」とよばれ、建物内部の棟持柱が「大黒柱」とよばれていた。さらにさかのぼれば、内部も外壁も区別なく、棟持柱そのものを「ウダツ」としていた、とかんがえられた。そして、雨水にさらされやすい「外壁のウダツ」よりも柱の脚部が劣化しにくい「内部のウダツ」が「大黒柱」として構造のかなめになった。また、現在、一般的にみられる棟持柱でない梁下でとまっている「大黒柱」も、ウダツやオダツといった名称が残存していることから、その祖形に棟持柱が想定された。

また、京都のマチヤでは、「大黒柱」は建物内部の棟持柱となっているが、建物の外壁では、高塀と妻壁にあるウダツが一体化したために、「屋境のウダツ」となった。このように、笛吹川流域の民家やそのほかの草葺き民家とはことなる移行過程が想定された。とはいえ、さかのぼれば、笛吹川流域の民家と同様に、建物外壁の棟持柱をウダツとしていた、とかんがえられる。かたや、「熊狩小屋」、「山小屋の構造」、「ウダツヤ」などの、梁行二間の棟持柱構造は、小規模ゆえに、建物内部に棟持柱がなかった。そのため、この種の小規模な建物に、「ウダツ」という言葉は確認されるが、「大黒柱」という言葉は確認されなかった。

大黒柱の祖形は、三田が戦前に指摘したように、棟持柱であろう。そもそもは棟持柱というふとい構造材があり、とりわけ力づよく建物をささえる内部の独立柱に対して、あとになって象徴的な意味合いが付加されて、建物の中心的な存在である「大黒柱」がうまれてきた、とかんがえられる。

以上、ウダツと大黒柱は、農家にもマチヤにも存在し、さかのぼれば、ともに棟持柱であったが、妻側の外壁に位置するか、内部に位置するか、という点に根本的な差異があった。

### 参考文献および註

（1）石原憲治『日本農民建築の研究』（南洋堂書店、一九七六年）五二頁引用。石原は、一九三二年一一月、建築学会大会で「日本農民建築の研究」を発表し、これが翌年学会誌に掲載された。その後、一九三四年から一九四三年にかけて、各論ともいうべき各都道府県の地方的調査をまとめた『日本農民建築』を第一輯から第十六輯まで発行している。これらは戦後、「日本農民建築の研究」はこれに加筆、修正をくわえたものが一九七六年に、また、『日本農民建築』は、第一輯から第八輯にあらためられ、改訂復刻版として一九七二年と一九七三年に、ともに南洋堂出版から発行されている。

（2）彰国社編『建築大辞典 第二版〈普及版〉』（彰国社、一九九三年）一二八頁参照

（3）太田博太郎「「うだち」について」（一志茂樹先生喜寿記念会編『一志茂樹博士喜寿記念論集』同、五一九—五三〇頁、一九七一年）、のちに、太田博太郎「「うだち」について」（同『日本建築の特質 日本建築史論集Ⅰ』岩波書店、四六一—四七二頁、一九八三年）所収

（4）高橋康夫・吉田伸之・宮本雅明・伊藤毅編『図集 日本都市史』（東京大学出版会、一九九三年）、高橋康夫「京都の町と住まいの歴史」（京都新聞社編『京の町家考』京都新聞社、一四—三九頁、一九九五年）参照

（5）土本俊和「総論4 ウダツ」（同『中近世都市形態史論』中央公論美術出版、四五—五九頁、二〇〇三年）五二—五三頁参照

（6）註1前掲・石原『日本農民建築の研究』五六頁引用

（7）伊藤鄭爾『中世住居史〈第二版〉』（東京大学出版会、一九五八年）二四三頁引用

（8）野村孝文「鹿児島県民家の「ナカエ」に就いて」（『日本建築学会論文報告集』六一、一二〇—一二六頁、一九五九年）一二六頁引用

（9）川島宙次『滅びゆく民家—間取り・構造・内部—』（主婦と生活社、一九七三年）一〇四頁参照

（10）牧田茂「大黒柱の精神性」（ミサワホーム総合研究所出版制作室編『日本人 住まいの文化誌』ミサワホーム総合研究所、六二—六三頁、一九八三年）六三頁参照

（11）吉田桂二『民家ウオッチング事典』（東京堂出版、一九八七年）一二六頁参照

（12）三田克彦「大黒柱の淵源とその変遷」（住宅改良會『住宅』二七、五七—五九頁、一九四二年）五八頁引用。すでに、土本俊和「表題解説—戦前の棟持柱祖型論—」（信州大学工学部土本研究室編『棟柱 第7号』信州伝統的建造物保存技術研究会、二—三頁、二〇〇四年、総論3同「戦前の棟持柱祖形論」）で言及された。

（13）畑智弥・土本俊和「京都の町屋における軸部と小屋組」（『日本建築学会計画系論文集』五一三、二五九—二六六頁、一九九八年）、各論A京都1同「京都のマチヤにおける軸部と小屋組」。遠藤由樹・土本俊和・吉澤政己・和田勝・西山マルセーロ・笹川明「信州の茅葺民家にみる棟束の建築的意義」（『日本建築学会計画系論文集』五三二、二一五—二二二頁、二〇〇〇年）、各論B信州1同「同」。土本俊和・遠藤由樹「掘立から礎へ—中世後期から近世にいたる棟持柱構造からの展開—」（『日本建築学会計画系論文集』五三四、二六三—二七〇頁、二〇〇〇年）、総論4同「同」。内田健一・土本俊和「棟持柱構造から軸部・小屋組構造への転換過程」（『日本建築学会計画系論文集』五五六、三一三—三二〇頁、二〇〇二年）、総論6同「同」。

（14）註12前掲・土本「表題解説—戦前の棟持柱祖型論—」（総論3同「戦前の棟持柱祖形論」）参照。戦後の民家研究でも、永井規男の

論考（京都府教育庁文化財保護課編『京都府の民家 調査報告 第七冊―昭和四八年度京都府民家緊急調査報告―』京都府教育委員会、一九七五年、京都府教育委員会編『日本の民家調査報告書集成11 近畿地方の民家1 京都』東洋書林、一九九七年再録）や先述の野村の論考などに棟持柱祖形論といえる論点が提示されている。

(15) 註2前掲『建築大辞典 第二版〈普及版〉』一二八頁引用

(16) 註2前掲『建築大辞典 第二版〈普及版〉』九六八頁引用

(17) 註1前掲・石原『日本農民建築の研究』五八―五九頁引用

(18) 註12前掲・三田「大黒柱の淵源とその変遷」五八―五九頁引用。また、三田は、一九三八年に、三田克彦「卯建の起源とその変遷に就て」（『東洋建築』二―二、九―一五頁（一〇五―一一一頁）、一九三八年）を発表している。そこでは、もっぱら小屋根としての卯建（ウダツ）についてのべられているのみで、棟持柱としての「ウダツ」については言及されていない。

(19) 小林昌人『民家と風土』（岩崎美術社、一九八五年）三六二頁引用

(20) 註13前掲・土本ほか「掘立から礎へ」

(21) 註2前掲『建築大辞典 第二版〈普及版〉』一二八頁引用

(22) 民俗建築学会編「民俗建築 第二一・二二合併号 日本民俗建築語彙集」（日本民俗建築学会編『民俗建築 第二巻』柏書房、四四一―五二四頁、一九八六年）四六七頁引用

(23) 註1前掲・石原『日本農民建築の研究』五二頁引用

(24) 註1前掲・石原『日本農民建築の研究』五四頁引用

(25) 註22前掲「民俗建築 第二一・二二合併号 日本民俗建築語彙集」四六七頁引用

(26) 土橋里木・大森義憲『日本の民俗 山梨』（第一法規出版、一九七四年）四〇―四一頁引用

(27) 民俗学研究所編『改訂 綜合日本民俗語彙 第一巻』（平凡社、一九七〇年）一五〇頁引用

(28) 註2前掲『建築大辞典 第二版〈普及版〉』九六八―九六九頁引用

(29) 柳田国男・山口貞夫共編『居住習俗語彙』（国書刊行会、一九三九年）八一―八二頁引用

(30) 大塚民俗学会編『日本民俗事典』（弘文堂、一九七二年）四一三頁引用

(31) 註29前掲・柳田ほか編『居住習俗語彙』八〇―八四頁引用

(32) 註8前掲・野村「鹿児島県民家の「ナカエ」に就いて」一二五頁引用

(33) 関口欣也執筆・山梨県教育委員会編『山梨県の民家』（山梨県教育委員会、一九八二年）参照

(34) 宮澤智士「近世民家の地域的特色」（永原慶二・山口啓二編『講座・日本技術の社会史 第七巻建築』日本評論社、一五一―一八二頁、一九八三年）一七〇頁参照

(35) 研究代表者・土本俊和「平成一五年度科学研究費補助金基盤研究（C）（2）中世後期から近世に至る掘立棟持柱構造に関する形態史的研究」。なお、建築遺構の実測図と所有者へのヒアリングは、土本俊和『中世後期から近世に至る掘立棟持構造からの展開過程に関する形態史的研究 二〇〇一年度～二〇〇三年度科学研究費補助金（基盤研究C（2））研究成果報告書』研究代表者・土本俊和（信州大学工学部教授）、二〇〇五年）におさめた。

(36) 註35前掲・土本『中世後期から近世に至る掘立棟持構造からの展開過程に関する形態史的研究』二一六―二一七頁参照

(37) 註35前掲・土本『中世後期から近世に至る掘立棟持構造からの展開過程に関する形態史的研究』二二一―二二二頁参照

(38) 註35前掲・土本『中世後期から近世に至る掘立棟持構造からの展開過程に関する形態史的研究』二四〇―二四一頁参照。水上氏の

ヒアリングによれば、「ウダツ」は妻壁にある棟持柱をさす。

(39) 註2前掲『建築大辞典 第二版〈普及版〉』九六八―九六九頁引用

(40) 註7前掲・伊藤『中世住居史〈第二版〉』二四三頁参照

(41) 註30前掲・大塚民俗学会編『日本民俗事典』四一三頁引用

(42) 註8前掲・野村「鹿児島県民家の「ナカエ」に就いて」一二六頁引用

(43) 宮本常一『山に生きる人びと 双書 日本民衆史2』（未来社、一九六四年）六六―六七頁引用

(44) 註1前掲・石原『日本農民建築の研究』五六頁引用

(45) 註14前掲『京都府の民家 調査報告 第七冊』一一―一二頁引用

(46) 註13前掲・内田ほか「棟持柱構造から軸部・小屋組構造への転換過程」

(47) 註2前掲『建築大辞典 第二版〈普及版〉』二〇七頁引用

(48) 京都府教育庁文化財保護課編『京都府の民家 調査報告 第四冊―北桑田郡美山町の民家調査報告―』（京都府教育委員会、一九六八年）一八頁参照

(49) 「丹波民家調査報告 昭和三五年度実施」（註14前掲『日本の民家調査報告書集成11』）二頁参照

(50) 註13前掲・遠藤ほか「信州の茅葺民家にみる棟束の建築的意義」参照

(51) 小林昌人「南伊豆のオダツ柱」（『民俗建築』六八、八四頁、一九七四年。のちに、日本民俗建築学会編『民俗建築 第五巻』柏書房、一九八六年）一九六頁引用。

(52) 註27前掲『改訂 綜合日本民俗語彙 第一巻』二五三頁引用

(53) 註29前掲・柳田ほか編『居住習俗語彙』八六頁引用

(54) 川崎隆章編『尾瀬と檜枝岐〈覆刻版〉』（木耳社、一九七八年）四三一頁引用

(55) 註35前掲・土本『中世後期から近世に至る掘立棟持構造からの展開過程に関する形態史的研究』二一六―二一七頁引用

(56) 今和次郎『民家採集 今和次郎集 第3巻』（ドメス出版、一九七一年）四一八頁引用

(57) 宮澤智士編『日本の民家 第2巻 農家Ⅱ 中部』（学習研究社、一九八〇年）一八〇―一八三頁、重要文化財江川家住宅修理委員会編集『重要文化財江川家住宅修理工事報告書』（重要文化財江川家住宅修理委員会、一九六三年）参照

(58) 現況の民家の構造は、軸部と小屋組が分離した形式が大半であり、その脚部は礎となる。掘立である大黒柱は、柱自体が自立し、構造的なかなめとなり得る。しかし、礎の上にのる大断面の大黒柱は、むしろ水平材によって垂直をたもつ。また、構造技術の発展、すなわち継手・仕口技術の発達などによって、柱はほそくすることが可能となるから、軸部と小屋組の分離した架構における大黒柱（礎）の大断面は、構造的というより、むしろ象徴性によってそのすがたをたもっている、とかんがえられる。

(59) 「田中吉太郎家文書」は、元治の大火以前

(60) 註13前掲・畑ほか「京都のマチヤにおける軸部と小屋組」（各論A京都1）一二七頁引用

(61) 註14前掲『日本の民家調査報告書集成11』参照

(62) 中村昌生『京の町家』（駸々堂出版、一九七一年）参照。のちに、図版をのぞいたものとして、中村昌生『京の町家』（河原書店、一九九四年）がある。

(63) 松井郁夫「日本列島伝統構法の旅 第四回 越前大野の町家」（『建築知識 一九九八年四月号』エクスナレッジ、二四〇―二四三頁、一九九八年）参照

(64) 註14前掲『京都府の民家 調査報告 第七冊』七〇頁引用

(65) 註14前掲『京都府の民家 調査報告 第七冊』六八頁引用

(66) 京都国立博物館編『洛中洛外図 都の形象―洛中洛外の世界』（淡

交社、一九九七年）参照

(67) 註5前掲・土本「総論4 ウダツ」

(68) 註66前掲『洛中洛外図 都の形象—洛中洛外の世界』参照

(69) 註14前掲『京都府の民家 調査報告 第七冊』一二頁参照

(70) 註1前掲・石原『日本農民建築の研究』、石原憲治『日本農民建築 第五輯』（南洋堂書店、一九七三年）参照

(71) 註22前掲「民俗建築 第一一・一二合併号 日本民俗建築語彙集」四六五頁引用

(72) 註27前掲『改訂 綜合日本民俗語彙 第一巻』一五〇頁引用

(73) 註5前掲・土本「総論4 ウダツ」

(74) 金子總平『アチックミユーゼアムノート 第十三 南會津北魚沼地方に於ける熊狩雑記』（アチックミユーゼ、一九三七年）八頁引用。のちに、谷川健一編『サンカとマタギ 日本民俗文化資料集成 第一巻』（三一書房、三四七—四〇〇頁、一九八九年）所収。

(75) 文化庁文化財保護部編『民俗資料選集六 狩猟習俗Ⅱ』（財団法人国土地理協会、一九七八年）一三五頁引用

(76) 長野県『長野県史 近世資料編 第三巻 南信地方』（長野県史刊会、一九七五年）四九七—四九八頁参照

(77) 註2前掲『建築大辞典 第二版』一一八頁引用

出典　（図1）（図2）註35前掲・土本編『中世後期から近世に至る掘立棟持構造からの展開過程に関する形態史的研究』、（図3）新規作成、（図4）註75前掲『民俗資料選集六 狩猟習俗Ⅱ』一三五頁

初出　二〇〇五年五月　滝澤秀人・土本俊和・島崎広史・遠藤由樹

補記　大黒柱に関する直近の研究に、堀江亨・安藤邦廣・後藤治・藤川昌樹・黒坂貴裕・中野茂夫「つくば市の農家における軸組架構の変遷—オカマ柱架構の成立と大黒柱架構への転換—」（『日本建築学会計画系論文集』五九四、三九—四六頁、二〇〇五年）があるが、オカマ柱の独自の系譜を論じるものの、本論の問題のひとつである大黒柱の系譜にはふれていない。

# 考察

## 考察1　ウダツとムナバシラ

梁をもちいずに棟木を直接ささえる柱は、一般に棟持柱とよばれている。この柱は、『邦訳 日葡辞書』（一六〇三年編纂）をみると、ムナバシラ（棟柱）とよばれていたことがわかる。また、ムナバシラは、『日本民家語彙解説辞典』にもみえる。すなわち、

　棟柱。明治初年（一八八〇頃）の東京の下町について記した長谷川時雨の「旧聞日本橋」のなかに見える用語。彼女の生家の「三階の棟柱」とあるから、三階まで通して棟を支持している太柱を指しているらしい。

とある。さらに、「菅浦文書」のなかに、一五世紀末から一六世紀前半にかけて成立したと推定される「近江菅浦棟別掟」があって、「むなはしらや七十文之事」という文言がみえる。

　ムナバシラが妻壁にみられる典型的なマチヤは、奈良町の元興寺町にある藤岡家住宅（重要文化財、江戸中期）であろう。また、家の棟木を直接ささえる柱は、町田本（歴博甲本）や上杉本といった一六世紀の洛中洛外図屏風がえがくマチヤの妻壁にみられる。他方、林原美術館本や舟木本といった一七世紀前半の洛中洛外図屏風は、マチヤの妻壁を大壁にしているから柱がみえないものの、妻壁の上に卯建をことごとくえがいている。

　卯建（ウダツ）は、一般に切妻平入のマチヤの妻壁を塀のようにつきあげたもので、京都にかぎらず、信州の海野宿など、各地の町並みにみられる。『日本民家語彙解説辞典』に、ウダツの興味ぶかい説明がある。ウダツヤは、「千葉県下や宮城県下・静岡県下・山梨県下・長野県下・京都府下・大阪府下・和歌山県下などの農家において、梁を用いず、棟を支える柱を地面まで通した家屋を指す呼称」で、「主として小住居または付属小屋の構造である」。また、ウダツバシラは、「山梨県東山梨郡勝沼町付近の農家において、二階や棟木まで通る柱を指す呼称」である。すなわち、ウダツは、棟木ないし母屋を地面から直接ささえる柱を意味する場合があった。

　このように、かつては、ウダツとムナバシラに何らかのふかい関連があった、と想定することができるのである。

参考文献および註（初出順）

（1）伊藤鄭爾『中世住居史［第二版］』（東京大学出版会、一九五八年）
（2）『邦訳 日葡辞書』（岩波書店、一九八〇年）
（3）伊藤裕久『中世集落の空間構造―物的結合と住居集合の歴史的展開―』（生活史研究所、一九九二年）
（4）日本建築学会民家語彙集録部会編『日本民家語彙解説辞典』（日外アソシエーツ株式会社、一九九三年）
（5）土本俊和「近世京都にみる「町なみ」生成の歴史的前提」（『日本建築学会計画系論文集』四七九、二〇七―二一五頁、一九九六年）、土本俊和『中近世都市形態史論』各論13所収
（6）畑智弥・土本俊和「京都の町屋における軸部と小屋組」（『日本建築学会計画系論文集』五一三、二五九―二六六頁、一九九八年）、各論A京都1同「京都のマチヤにおける軸部と小屋組」

初出　一九九九年三月　土本俊和

# 考察2　私は此の柱の事を斯く呼ぶ事にして居る

農民建築の研究者として知られる石原憲治（一八九五―一九八四）は、一九三四年（昭和九）から一九四三年（昭和一八）にいたる九年の歳月をかけて、『日本農民建築』を出版した。これを戦後一九七二―一九七三年に復刻した。一九七六年（昭和五一）には、『日本農民建築の研究』を出版した。この二つをみると、石原が棟柱という語をもちいていたことがわかる。一九三一年（昭和六）の日本建築学会秋期大会講演で農民建築の調査方法をのべた文章に、以下がみえる。

第十七、小屋組みの構造を書きまして、それに名称を入れます。前にも申しましたように、できれば屋根の裏に必ず入って見ることが必要であります。屋根裏がどうなっているか、束の有無、二階三階になっているもの、大黒柱が棟を支えているものなどいろいろありこれは構造上極めて重要であります。このような大黒柱を、私は仮に「棟柱」と名づけておきますが、これをある地方では「うだつ柱」といっております。「うだつ」という言葉を調べてみますと、短い柱すなわち「束」となっておりますが、漢字でこれを「梲」と書いてあります。だがしかし実際ウダツと呼んでいる棟柱があるのであります。[1]

その後、『日本農民建築　第五輯（北陸、中部Ｉ）』にても、石原は、棟柱をもちいている。

更に此の構造法が特殊の立派な形式に發達したものが甲州の所謂「切破風造り」といふて両端が切妻屋根作りになり此の妻の壁面に八方ウダツといふ棟柱（私は此の柱の事を斯く呼ぶ事にして居る）を建て、棟木を支えて居るのである。[2]

石原は、ほかの箇所で棟持柱という語もつかっているが、これらの引用文のように棟柱の語をえらぶのは、おそらく神明造や大社造などをイメージしやすい棟持柱から距離をとるためであろう。

一九七五年（昭和五〇）にしるした「回顧と展望」で石原は、「わが国では、その頃までは伝統というものはすべて宮邸《ママ》建築に源を発して、上から下へ伝えられるものという信仰的思想があった」とのべ、そのことをつたえる一例をあげた。千木に方言的名称があることを石原がある雑誌に発表したところ、「ある建築史家が日本の尊い伝統の千木を否定する人間は非国民であるという意味の文章を書いていたのを読んだ」とし、「これはほんの一例であるが、「大極柱」と同じ心理で宮邸《ママ》発生説の良い例として挙げておきたい」と指摘した。[3]

なお、石原憲治生誕百年にあたって、その生涯の概要をしるした「石原憲治論稿」が、石田頼房と昌子住江により、まとめられた。[4]

参考文献

（1）石原憲治『日本農民建築の研究』（南洋堂書店、一九七六年）八頁引用
（2）石原憲治『日本農民建築　第五輯（北陸、中部Ｉ）』（南洋堂書店、一九七三年復刻）一七八頁引用
（3）註1前掲・石原『日本農民建築の研究』四頁引用
（4）石田頼房・昌子住江「『石原憲治論』稿―建築家・都市計画家、

基督者石原憲治について―」(『総合都市研究』五五、一一三―一四八頁、一九九五年)

初出　二〇〇〇年三月　土本俊和

# 考察3　真墨と矩と下げ振り

中世の掘立柱と竪穴をあつかった『掘立と竪穴』（二〇〇一）に、玉井哲雄は、以下のコメントをしるした。

・まず、奈良の平城京で開発された柱穴の発掘方法は、中世の発掘に通用するかしないかという問題が論じられました。私の乏しい経験からしても基本的には通用しないと思った方がいい。

・つまり律令の建物を作っていた専門の技術者集団によって成り立つ建物と、必ずしも専門の技術者ではない人たちが建てる、おそらく圧倒的多数であろう中世の建物は明確に区別したほうが良い。

ここで玉井は、中世遺構の発掘にもちいることのできる方法をのべていないが、羽柴直人「柱間寸法が語るもの」（二〇〇一）に即して、基準単位に言及している。すなわち、

・約30㎝を基準とする尺という単位が果たして普遍的なものかどうかという問題は、建築史の立場からも一応検討した方がいいかもしれない。

・古代中国からの系譜をもっているはずの、普遍的であったと信じていた尺という基準単位を使わないような技術の系譜（あるいはそうした集団）が実際にあった可能性はあるかもしれない。

「必ずしも専門の技術者ではない人たち」による建築は、宮澤智士（宮澤一九九六）や網野善彦（網野二〇〇一）によって、中間技術ないし百姓的建築として提唱されてきた（土本二〇〇四）。とりわけ簡素な掘立柱建物の場合、玉井の指摘のとおり、尺といった基準単位はもちいられていなかった、とかんがえられる。

　ここでは、基準単位としての尺をあつかうのではなく、建物をたてるためにしばしば要求される直交座標をあつかう。真墨は、木にうたれた墨で中心線を意味する。矩は、直角を意味する。下げ振りないし下げ墨は、鉛直を意味する。すくなくともこの三つがあれば、三軸からなる直交座標がなりたつ。単線である中心線は、設計ばかりでなく、施工のための補助線である。この単線に直角の概念である矩がくわわれば、直交座標がえられる。さらに、この直交座標に鉛直の概念である下げ振りがくわわれば、ＸＹＺの三軸からなる直交座標がえられる。

　直交座標といえば、デカルトなどが導入したとされる空間がただちに想起される。デカルト座標は、建築技術から発展したのではなく、古代ギリシアにさかのぼる場所的記憶術が世界劇場として中世ヨーロッパに流布した後、普遍数学の考え方に影響して成立したとの見解がある（ロッシ『普遍の鍵』）。対して、日本建築の場合、中心線と直角をふくみもつ観点から類推される直交座標は、古代に大陸から日本へ伝来していた技術の一部であったろう。したがって、日本建築における直交座標の原点は、中国大陸から古代に伝来した技術にあって、デカルト座標にない。実際、真墨や矩や下げ振りからなる三軸は、それぞれの部材のくせにしばられていたと想定されるので、普遍的な空間とはいえない。そもそも、建築は、場所に規定されていた。

　いま、建築の直交座標が、「必ずしも専門の技術者ではない人た

ち」にもちいられていなかったであろうとの仮説のもとに、掘立柱と京都のマチヤをとりあげる。

掘立柱は、柱脚が地中にうめられることによって、自立する。この姿は、脚部が固定端であるために、天にむかって材がまっすぐにたつ形である、と想起されやすい。しかしながら、電信柱は、木からコンクリートにかわりつつある現代でも、まっすぐにたっている例がほとんどなく、いずれかの方向にかたむいている。そもそも、鉛直の良否が、糸の先に錘をつけた下げ振りによって、柱の頂部から、しらべられているわけではない。たとえ、柱の頂部から下げ振りなどで鉛直を確認しようとしても、鉛直と対応する中心線が真墨として材の表面にしるされているわけではない。たとえ、柱がまっすぐにたっていたとしても、あるいは、たとえ、真墨がその表面にうたれていたとしても、電信柱は、木であれ、コンクリートであれ、下端から上端へむけて、徐々にほそくなっているので、その鉛直の良否を柱頂部から下げ振りなどにて確認することは、むずかしいだろう。

京都のマチヤは、考古学的発掘資料や一六世紀の絵画資料から、もともとは掘立柱構造であった、とかんがえられる。しかし、町田本（歴博甲本）には、土台をもつ建物が小川の上にみえる。この建物の土台は、妻側の二辺のみにあって、この川をまたいでいる。この土台の上に妻側の三本の柱がのっている。対して、平側の二辺には土台がなく、入口の左右にたつ二本の垂直材が土中からたちあがって、楣《まぐさ》を上端でささえている。しかし、この二本の垂直材は、この楣でとまっており、屋根面に達していない。妻側の二辺のみに土台をもつ建物は、東博模本などをみると、川の上以外でも散見される（土本二〇〇五）。

川の上の場合、川に橋桁をかけるように、二本の水平材を川の両岸にかけた結果、土台が成立した、とかんがえられる。他方、川の上ではない場合、不整形な敷地が問題になる。伊藤鄭爾は、「敷地の角が直角をなさないのを大工用語では角水になっているという。木割建築では角水の問題はおきない。土地条件に制約される城郭と町屋に主としておきる。」（伊藤一九五八、四六頁）、と指摘し、城郭の例として、石垣の上に土台をおいた松本城天守閣をとりあげた。城郭と同様にマチヤも、不整形な敷地に対応していった結果、土台がマチヤにとりいれられていった、とかんがえられる（土本二〇〇五）。

他方、マチヤは、そもそもが木割建築ではなく、掘立柱構造であったため、角が直角をなさない敷地に対しても対応できていたであろう。マチヤに導入された妻側二辺の土台は、原初的には川の上に家をたてるためであったろう。その後、妻側の土台は、土台を底辺とした一枚のパネルを隣地境界のぎりぎりまでよせるために都合のよい部材であった、とかんがえられる。対して、平側に掘立柱がのこされたのは、掘立柱を芯材にもつ塀のように、平側の面に自立する壁が必要であったからであろう。というのも、土台を底辺とする妻側の壁は、自立し得ないからである。

実際、京都のマチヤの建築遺構は、妻面に土台をもち、妻面の柱が通し柱という特異な姿をもつ。おそらく、原初的に京都のマチヤは、柱のすべてが掘立柱で、中柱が棟木を直接ささえる棟持柱構造であった。さらに、京都のマチヤがマロヤであった、とする記述もある（土本二〇〇三）。マロヤは、丸太でつくられた建物である。すなわち、掘立柱、棟持柱、マロヤ、不整形な敷地といった、マチヤの原初的な特徴は、土地に制約されない木割建築が直交座標をふくみもつ姿から、ほどとおい。

では、マチヤが「必ずしも専門の技術者ではない人たち」による建物でありつづけたかといえば、そうでない。京都のマチヤがもつ建築形態は、近世にはいると、地方へ伝播していった（大場二〇〇三）。とはいえ、マチヤは、もともとは「専門の技術者ではない人たち」が模索しつづけた結果、えられた建築形態のひとつであった、とかんがえられる。その原初の工程には真墨も矩も下げ振りもなかったであろう。

さきに参照した『掘立と竪穴』（二〇〇一）は、中世の遺構面から検出される無数の柱穴群が問題になっている。その巻頭に宮本長二郎「中世集落遺跡　建築遺構のまとめ方」があって、宮本による遺構図がみられる。その図にて、無数の柱穴の一部が直線でかこわれている。おそらく古代平城京の発掘方法に規定されている宮本の方法は、はたして中世の遺構面に対してどれほど有効でありつづけるか。そもそも、中世の遺構面における無数の柱穴を前にして、なにを客観的に看取すべきか。この際、いたずらに、遺構面に対して、直線と直角をもとめるのは、当該の建物に想定される技術から推して、的確ではないだろう。

宮本長二郎「日本中世住居の形式と発展」（一九九九）は、興味ぶかい論考である。この論文は、古代の考古学的発掘成果に造詣のふかい宮本が、「対象遺構を掘立柱建物に絞り、時期的には平安後期から鎌倉・室町時代までの資料を集収《ママ》し、建築学上の検討を加えつつ分析を進めた」ものである。越中立山の室堂（川上一九八七、土本一九九八）をとりあげつつ、「この構造形式から、当地方の中世総柱型掘立柱建物の構造を推定すると、繋梁や軸部固めの貫を使わずに、入側柱は屋根まで立ち上げて直接母屋を受ける形式が考えられる」とするす。これはまさに棟持柱祖形論である。こう指摘していた宮本が『埋もれた中近世の住まい』（二〇〇一）で土本のいう棟持柱祖形論に同感的でなかったのは、扠首組の展開過程に関する仮説を誤解していたからであろう（内田ほか二〇〇二）。

参考文献および註（初出順）

（1）伊藤鄭爾『中世住居史［第二版］』（東京大学出版会、一九五八年）
（2）清瀬卓訳　パオロ・ロッシ著『普遍の鍵』（国書刊行会、一九八四年）
（3）川上貢「総柱建て・棟持柱を持つ建物の遺構越中立山の室堂」（京都府埋蔵文化財調査研究センター編『京都府埋蔵文化財論集』一、五〇九―五一五頁、一九八七年）
（4）宮澤智士「庶民住宅　堂と小屋の観点から」（小泉和子・玉井哲雄・黒田日出男編『絵巻物の建築を読む』東京大学出版会、一〇五―一二八頁、一九九六年）
（5）土本俊和「表題解説」（『棟柱　第1号』信州伝統的建造物保存技術研究会、三頁、一九九八年）、同「はじめに」
（6）宮本長二郎「日本中世住居の形式と発展」（関口欣也先生退官記念論文集刊行会編『建築史の空間―関口欣也先生退官記念論文集―』中央公論美術出版、三一―三三頁、一九九九年）
（7）網野善彦「百姓と建築」（同編『中世民衆の生業と技術』東京大学出版会、一五一―一六三頁、二〇〇一年）
（8）浅川滋男・箱崎和久『埋もれた中近世の住まい』（同成社、二〇〇一年）
（9）玉井哲雄「コメント1　柱穴の掘り方と建築について」（東北中世考古学会編『東北中世考古学叢書2　掘立と竪穴　中世遺構論の課

題』高志書院、一四九―一五一頁、二〇〇一年）

(10) 羽柴直人「柱間寸法が語るもの」（註9前掲・東北中世考古学会編『東北中世考古学叢書2』五九―七九頁）

(11) 宮本長二郎「中世集落遺跡 建築遺構のまとめ方」（註9前掲・東北中世考古学会編『東北中世考古学叢書2』九―一八頁）

(12) 内田健一・土本俊和「棟持柱構造から軸部・小屋組構造への転換過程」（『日本建築学会計画系論文集』五五六、三一三―三二〇頁、二〇〇二年）、総論6同「同」

(13) 土本俊和「総論5 小屋と町屋」（同『中近世都市形態史論』中央公論美術出版、六〇―七三頁、二〇〇三年）

(14) 大場修「卯建・京都モデルの町家形成―近世町家の在来形式と新興形式 後編―」（『建築史学』四一、三〇―七五頁、二〇〇三年）

(15) 土本俊和「エーティーあるいは百姓的建築」（『しなの』一二八、七―九頁、二〇〇四年）

(16) 土本俊和「発掘遺構からみた京マチヤの原形ならびに形態生成」（西山良平編『平安京における居住形態と住宅建築の学際研究 2003〜2004年度科学研究費補助金（基盤研究（C）（2））研究成果報告書』研究代表者・西山良平（京都大学大学院人間環境学部研究科教授）、二〇〇五年）

初出　二〇〇五年三月　土本俊和

補記　註16・土本「発掘遺構からみた京マチヤの原形ならびに形態生成」は、のちに、大幅に改訂増補し、同「京マチヤの原形ならびに形態生成」（西山良平・藤田勝也編『平安京の住まい』京都大学学術出版会、一九三―二四一頁、二〇〇七年）におさめた。さらに、各論A京都3同「同」へ改訂した。

# 考察4　大黒柱の根元のところにすわっていて、くずれた家のなかにいたのに助かった

一九六七年に今和次郎は、「大黒柱」と題した小論にて、「荷重の重み」、「経済的な重み」、「精神的な重み」にふれ、「越後の高田市近在のある農家」と、「昭和四一（一九六六）年秋に、山梨県の富士五湖沿いの足和田村《あすわだ》」で、「えらい鉄砲水の災難」で「罹災した一軒の農家」（引用①参照）をとりあげた。

足和田村をおそった災害をとらえた写真は、そのすさまじさをつたえる（山梨県県民室編一九七一）。ここで注目したいのは、「大黒柱の下にいればだいじょうぶだというので、大黒柱の根元のところにすわっていて、くずれた家のなかにいたのに助かった」という「罹災した一軒の農家のおばあさん」のはなしである。これに対して、今は、「大黒柱のご信心」（引用①）という言葉をそえた。しかし、大黒柱の根元にいてたすかったのが、「大黒柱のご信心」にとどまらず、大黒柱にまつわる特性にもとづいていた、ともかんがえられる。以下、その仮説に関する展望をのべる。

「今日発掘されている原始家屋の例で見ると、一本の中心柱をもつものは少なく、たいてい四本の柱で固める式である」と今はしるす。しかし、建物内部の中央柱列に独立柱をもつ考古学的発掘遺構は、しらべてみると、「原始家屋の例」にかぎらず、おもいのほか、たくさんの記録がある。さらに、現在、大黒柱は、信仰が付着した格段にふとい柱という側面だけでなく、その原形が建物の内部にたつ独立掘立棟持柱である、という見方もあり得る（滝澤ほか二〇〇六）。このことは、二〇〇三年から二〇〇五年にかけて、山梨県の北東部に位置する笛吹川流域の民家調査（土本編二〇〇五）からえた。ここは、足和田村から北へおよそ三〇㎞はなれる。さらに、二〇〇六年に越後の高田城下町のマチヤに即して棟持柱構造を調査した（善田・三村二〇〇六）。これらを通じて、一九六〇年代後半に今がえたヒアリング（引用①）と同様のヒアリングをえた（引用②③）。なかでも、引用②は、決定的である。

実測調査でとらえたS．I．家住宅は、「三本の棟持柱がこの家を支える。ご主人へのヒアリングでは、両側の柱がウダツ、建物内部の土間境の棟持柱を大黒柱と呼んでいた」。また、「大黒柱に差し込まれている梁をウシと呼び、大地震の時などでは、大黒柱の中心にウシがコウモリを畳んだようになり、大黒柱の傍にいる人は助かるという」（土本編二〇〇五、一五五頁）。

高田のマチヤの実測調査でえた引用③は、高田からはなれた東頸城が話題だが、「越後の高田市近辺のある農家」とかかわるだろう。

足和田村の民家や「越後の高田市近辺のある農家」や東頸城の民家がどのような姿であったか、今後の課題である。対して、笛吹川流域の民家は、建物内部土間床上境の格段にふとい棟持柱が、大黒柱と称されている点をすでに確認した。とりわけ、S．I．氏（七〇代後半男性）がかたられた内容は、掘立ではないものの棟持である大断面の大黒柱とその四方にさしつけられたウシという水平材とからなる架構が、倒壊に際して、他の一般的な架構とことなる姿をしめす、というものである。

一般的な架構の倒壊は、以下であろう。すなわち、軸部と小屋組が分離した架構のうち、軸部は、単純化すると、垂直材と水平材でできる計六面の直方体をなす。この直方体の六つの面のうち四つの

側面は、壁か、開口部か、壁と開口部を併せ持つか、である。この架構は、おおきい水平力を外からうけると、四つの側面のうち、相対する二つの面が、長方形から平行四辺形へと形をくずしていき、最後には完全につぶれる。この場合、軸部にいた人は、屋根の荷重をもろにうける。二階があれば、さらにその荷重がくわわる。この種の倒壊をふせぐために、壁率をたかめたり、筋かいをいれたり、水平材と垂直材の接合部の剛性をたかめたりする。しかし、この架構にひそむ危険は、空スペースをのこすことなく、軸部が完全につぶれさる、という点にある。

対して、棟持柱をもつ架構は、軸部と小屋組が分離していない。この架構が、軸部と小屋組が分離した一般的な架構とことなる姿で倒壊する、というのがS.I.氏の証言であった。氏によれば、大黒柱にさしつけられたウシの、外側の端部は、脱出して地面におちるものの、大黒柱にさしつけられた端部は、大黒柱から脱出することなく、全体として大黒柱を中心としてコウモリ傘をたたんだような姿になり、その結果、大黒柱のかたわらに空スペースがのこり、そこにいた人は、たすかる。

今日の木造はほとんどが軸部・小屋組構造であるが、京都のマチヤや高田のマチヤや笛吹川流域の農家のような棟持柱構造も現代に遺存する。大黒柱は、その祖形が掘立棟持のふとい柱があったとしても、その発展型がかならずしも掘立や棟持ではない。しかし、大黒柱が掘立であったのか棟持であったのかをとうことなく、大黒柱の根元にいればたすかるという諒解は、むかしの人から承け継がれていた。このことが引用②とともに引用①③からわかる。建物の倒壊に際して大黒柱が命をすくうというこの諒解は、掘立で棟持のふとい柱という大黒柱の祖形がもっていた特性から、でてきたのではないか。

最大級の災害は、その破壊力がはかりがたい。それに対して建物が無傷であることは、むずかしい。おおきい災害に際して建物がこわれる場合があるのであれば、こわれても人がたすかる見込みのたかい構造のほうがよい。昔の人が信心にくわえてこの旨を承知していたとすれば、棟持柱構造は、いまあらためて、検討にあたいする。

## 引用文

引用①［今一九七一、四一八頁］

昭和四一（一九六六）年秋、山梨県の富士五湖沿いの足和田（あすわだ）村が、えらい鉄砲水の災難で、一村全滅したことがあった。被災した一軒の農家のおばあさんが「大黒柱の下にいればだいじょうぶだというので、大黒柱の根元のところにすわっていて、くずれた家のなかにいたのに助かった」ということだった。大黒柱のご信心も、まんざらでないという印象を多くの人たちに与えたようだった。

引用②［土本編二〇〇五、二一六―二一七頁］

S.I.氏

日時：平成一五年九月一二日

場所：S.I.氏宅

―ウダツについて―

問：この大きな柱は何ていいますか？

答：普通はね、わしらのほうじゃ大黒柱っていってどこの家も、今は、ケヤキを使って、新しい場合はね、ケヤキをほとんど使うようにしてるけど。それはクリのようですね。

問：妻面の東と西の柱が？

答：そう、向こうとね。あれは上まで通ってる。

問：それの柱の名前が、ウダツというんですか？

答：そう、俗に言うウダツと昔の人いうじゃんね。うん、ウダツ、ウダツというけんどね。その棟通っている柱ね。よく考えたものだと思うよ。それで、これウシだとかなんとかね。（大黒柱に差し込んである太い梁を指して）

問：この水平材、ウシですか？

答：そう、ウシというですね。

問：こっちは何ていいますか？

答：これは別にないけど、普通はほら、こういうのはもう梁というですけんどね。縦梁、横梁ね。それをこう梁というですね。それこうやってこっちは横梁を入れてあとは垂木転ばしって言うね。

問：特に、この大黒に向かって両側に伸びているのがウシ？

答：そう、ウシといいますね。俗に言うウシ。それだら、もし大地震がきても、もしこうゆう木造の場合じゃ、ここの辺にいればね、命に影響ねえぞと、つぶされんぞと、家の周りはみんなおっても、このウシの下はね、これは最後まで残ってこうゆう風につぶれるという、そうゆうことで、でかい大地震の時でもこの側にいれば、これが（ウシを指して）ピシャンと落ちてしまうときにゃ、周り中がね、みんな畳んだようになるけど、ここにいれば助かると、よく昔の人は言ったですね。これが、よくしてあるようですよ。折り込んでね。これもみんなもとでしめてね。だから、ボシンと倒れることのないようにはしてあるようだね。だから昔の人は、ほんで向こうとこっちで通っているからね。ここが二間半、こっちが二間一尺寸と、だからこれが、この大黒柱のほうに立ってれば、これがコウモリを畳んだように、こうなるような原理らしいやね。

問：へえ。

答：だから、つぶれた時にはね。これはつぶれん、落ちんじゃい最後までね、柱は。周りは落ちるらしいやね。ほら、もちだしはね。だから、今までの建築で順に足してったものはね。どんどん端から壊れていくけんどね。

問：そうなんですか。

答：だから、この根っこにいればね。地震が来たときでも助かるぞと昔の人は言ってたね。今のほら、釘付けなんかのもんじゃペシャンといっちまうけんね。これは、これはこう縦横通ってるからね。こうゆう梁もね、みんなこう向こうまで通ってる。ここで繋いでねえからね。ここで繋いであれば、いつパシャンと落ちるか分からんけどね。そこまでは、2間半から2間半はみんな梁も繋がっているから、落ちる場合にはそのはじっこから落ちるからね。そういう理屈らしいよ。

引用③〔善田・三村二〇〇六、九四頁〕

S．S．夫妻邸ヒアリング

日時：二〇〇五年一二月一三日（火）　一三時三〇分―一六時三〇分

場所：S．S．邸にて

（※※※：聞き取り不能）

S氏：それからあの、この東頸城っていうまあ十日町に半分なって、半分は高田の方へ合併しましたけど。＊＊その辺はね。古いうちでもね、そこのうちは3箇所切ったな。大黒柱みたいなね、1番でっかいやつが、＊＊3本あるんだよ。で、そこのうちは、割に低いからね、そこのところもし、大地震にあって※※出来なくなったら、＊＊その、三本の三角形の中に住んでいれば、寝ていれば、あの、潰れても、生きていられるというのが親からのいわれた言葉です。ということだね。だから、この辺の柱のね、一・五倍くらいあったかな。＊＊まあ、勘ですけどね。まあ太いなあと思ったんですけどね。だいたい囲炉裏があるような部屋とかで、座敷の寝るとこの部屋とかそういうところがすごい太かったですね。

　註：＊＊は聞き手の相づちを略したことをしめす（土本）

参考文献および註（初出順）

（1）今和次郎「大黒柱」（同『民家採集 今和次郎集 第3巻』ドメス出版、四一八―四二〇頁、一九七一年）。『ニューハウス』（ほがらか出版社、九二―九三頁、一九六七年初出）

（2）山梨県県民室編『昭和四十一年災害誌』（公聴広報担当主幹小林虎郎発行、一九七一年）。『同』二八〇頁に「復興状況は、特に誌面をダイナミックにするため、航空機を利用した写真を使用し、永久に貴重な資料集となるよう心掛けた」とある。『同』一頁上掲載の航空写真が山梨県土木部建築指導課編『建築基準法 土砂災害防止法関連規定』同発行（遠藤由樹提供）の表紙写真に転載されている。

（3）「S．I．氏へのヒアリング―ウダツについて―」（土本俊和編『中世後期から近世に至る掘立棟持柱構造からの展開過程に関する形態史的研究 二〇〇一年度～二〇〇三年度 科学研究費補助金（基盤研究C（2））研究成果報告書』研究代表者・土本俊和（信州大学工学部教授）、二一六―二二〇頁、二〇〇五年）

（4）善田健二・三村卓也『上越市高田地区にみる棟持柱と歴史的町屋建築』（平成一七年度信州大学工学部社会開発工学科建築コース卒業論文（土本研究室）、二〇〇六年）

（5）滝澤秀人・島崎広史・土本俊和・遠藤由樹「ウダツと大黒柱―切妻民家の中央柱列における棟持柱の建築的差異―」（『日本建築学会計画系論文集』六〇四、一五一―一五八頁、二〇〇六年）、各論C甲州2同「同」

初出　二〇〇六年三月　土本俊和

補記　上越市高田地区のマチヤについては、考察8「近世地方マチヤにおける吹き抜けと棟持柱構造」で論じた。

# 考察5　掘立と棟持と丸太

山梨県北東部の笛吹川《ふえふきがわ》流域に切妻平入の大型民家が遺存しており、そのおおくが棟持柱をもつ（関口一九八二）。ここでは、建物の内部に配された棟持柱が大黒柱ないし小黒柱とよばれ、ウダツとはよばれない。とくに、土間と床上の境に配された棟持柱が大黒柱とよばれる。対して、建物の外壁の妻面に配された棟持柱は、大黒柱とも小黒柱ともよばれず、ウダツとよばれる。小黒柱よりもウダツよりもふとい大黒柱は、土間床上境にたつ格段にふとい棟持柱である。この地域以外では民家遺構がつたえる大黒柱のおおくが棟持柱でないので、笛吹川流域は民家の祖形をたもちつづけた一地域である、といえる（滝澤ほか「笛吹川流域の民家」二〇〇六、同「ウダツと大黒柱」同）。

　この柱の原初的な姿は、建物内部にたつ、独立、掘立、棟持柱であろう。この柱に、まっすぐでないものがおおく、その表面に凹凸をのこすものがおおい、という点が原初の姿を今日につたえている。以下では、伊藤鄭爾『中世住居史［第二版］』にみえる指摘を参照しつつ、大黒柱と指物との関係を再検討する。

　伊藤は、まず、指物を貫との対比でとらえた。

> 　指物の場合は枘差しにして栓でとめ仕口の型で抵抗しているので柱と指物との間がゆるむ危険は少い。しかしこの場合、指物の切断面と柱の表面との接触部とは密着していないと構造力学的には効果的でない。千年家をみてもわかるように室町時代の柱は手斧仕上げできわめて凹凸がはげしく、いかに鋸で指物の断面を平坦に切断し、精巧な仕口を施したとしても密着させることはむつかしい。したがって台鉋の使用は指物の効果的使用を可能ならしめたものといえよう。（『同』二四一頁）

「指物の切断面と柱の表面との接触部とは密着していないと効果的でない」とし、「台鉋の使用は指物の効果的使用を可能ならしめた」とする。この指摘は、なお的確である。

　また、大黒柱について、以下のように指摘した。

> 　指物を《ママ》大梁によって柱をぬきとる結果、全荷重は残された小数の柱に集中することとなった。この荷重がとくに集中するのは建物中央部の柱であることは言をまたない。なぜなら、梁と指物とが集中するからである。大黒柱と恵比須柱なるとくに太い柱はこのような建築的要求にしたがって生れでたものであろう。
> （『同』二四二頁）

「柱をぬきとる結果」、「荷重がとくに集中するのは建物中央部の柱である」とし、「大黒柱と恵比須柱なるとくに太い柱はこのような建築的要求にしたがって生れでた」と伊藤は推断した。しかしながら、「このような建築的要求」をともなうことなく、「建物中央部の柱」が原初的に格段にふとい例もある。中世後期にさかのぼる茂木家住宅（宮澤一九九三、八六頁）がその姿をしめす。伊藤によるこの指摘でさらにあやしいのは、「この荷重がとくに集中するのは建物中央部の柱である」、という点にある。この指摘は、富山博が定義した「四つ立て」（富山一九八五）を考慮すると、的確でない。なぜなら、「四つ立て」は、指物をもち、四本の柱を四隅にもつが、「建物中央部の柱」をもたないからである。また、「建物中央部の柱」をもつ建物にて、指物をもちいて、ほかの柱をぬいた結果、荷重がのこされた「建物中央部の柱」に集中した場合でも、「建物中央部の柱」が以前からふとかった例もある。したがって、この指摘のあてはまらない例がおおかろう。

さらに、伊藤は、大黒柱の原初を、「とくに太い柱」ではなく、「大黒を祭りこんである柱」とした。

元来大黒柱というものはこのようにとくに太い柱をさしたものではなく、大黒を祭りこんである柱をさしたもののようである。（『同』二四三頁）

「大黒を祭りこんである柱」は、「とくに太い柱」でもかまわないし、まっすぐでなくても、表面の凹凸がはげしくても、独立でも、掘立でも、棟持でも、かまわない。「大黒を祭りこんである柱」の存在を中世後期にさかのぼる過去に想定することに無理はないものの、「大黒を祭りこんである柱」と「とくに太い柱」との関係に問題がある。おそらく、指物が民家に導入された当初、指物が接合されるべき柱は、「大黒を祭りこんである柱」や「とくに太い柱」といった特定の柱に限定されていたのではなかろう。指物は、その当初、「大黒を祭りこんである柱」以外の柱に対しても、「とくに太い柱」以外の柱に対しても、もちいられた、と想定される。

時代がくだれば、以下の指摘のように、「大黒を祭りこんである柱」と「とくに太い柱」とが、大黒柱という名のもとに近接していく。

このように天文以降とくに民間に広がったらしい大黒信仰のなかで、大黒の木像または絵を祭りこんだ柱を大黒柱といったのではないかと思われる。そのような習俗が流行している時代に、大黒柱が前述のような構造技術の発達に伴い太くなり、ついには大黒柱といえば太い柱とみなすようになったものではないだろうか。（『同』二四三頁）

しかしながら、茂木家住宅のように、指物の導入といった「構造技術の発達」の以前から、ふとかった柱もあった。このため、「大黒柱が前述のような構造技術の発達に伴い太くなり」、との指摘はあやしい。

では、さらに、「大黒柱の建築的重要性」について、伊藤による、以下の指摘を参照する。

近世中期以後大黒柱が構造的に必ずしも太い必要がなくなり、事実比較的細くなること、現存の農村の間でも大黒柱の太さを競う風潮のあることは、ひとつには大黒柱の建築的重要性が弱まったからであろう。この弱化の理由のひとつには京呂組の発生が考えられる。京呂組では折置とちがって柱の上に桁をのせるので梁の位置は必ずしも柱の上である必要はない。これはそれだけ荷重の分散が可能なことを示している。（『同』二四三―四頁）

時代がくだって、大黒柱が「事実比較的細くなる」のは、「ひとつには大黒柱の建築的重要性が弱まったからであろう」とする。しかし、その理由である「京呂組の発生」や「荷重の分散」があやしい。なぜなら、京呂組をもちいて荷重を分散しても、総重量にかかわりはなく、むしろ、荷重を分散した結果、ある特定の柱に荷重が集中する場合もあるからである。この場合、荷重が集中した特定の柱は、逆にふとい方がよい。大黒柱が「事実比較的細くなる」という変化は、大黒柱の「建築的重要性が弱まった」結果といえる。しかし、厳密にいえば、この変化は、棟木をじかに地面からささえ、ふとく、まっすぐでなく、表面に凹凸をのこすという、掘立柱という原初の姿から、この柱が、「構造技術の発達に伴い」、はなれていった結果であろう。掘立でなくなり、棟持でなくなれば、もはや、この柱は、ふとさをたもちつづける必要がなく、たいらな面をもつ角柱としてまっすぐに成形加工されていくことになる。しかし、この柱がなにかを象徴しつづける場合、この柱は、とくにふとい姿をたもつだろう。

　民家の架構は、軸部・小屋組構造へことごとく移行するのではなく、架構のなかに棟持柱をとどめることによって、軸部・小屋組構造と棟持柱構造を併せ持つものもあらわれる（内田ほか二〇〇二、島崎ほか二〇〇六）。この場合、建物の内部に棟持柱がのこる。この柱は、建物が小規模であれば、ふとくなくてよいが、大規模であれば、ふといほうがよい。実際、笛吹川流域の大規模の民家には、格段にふとい棟持柱が土間床上境に遺存している。

　原初からみた場合、柱の「建築的重要性」は、一般に柱脚にあったろう。柱が掘立であれば、柱脚の劣化は建物外壁より内部のほうがおそく、内部の掘立柱に期待される度合いもほかの柱よりたかかったろう。江川家住宅の「生柱」（江川家一九六三、五三―四頁）のように、建物内部に掘立柱をもつ架構から出発した場合、その掘立柱は、その強度が期待されていたため、当初からふとく設定されていただろう。指物はふとい柱にもほそい柱にもつけられるので、内部のとくにふとい柱はさしつけ技術が発達するより前からふとかった、といえる。のちに、土間床上境のとくにふとい柱が大黒柱との名称をえたのは、「大黒を祭りこんである柱」がこのふとい柱に限定された結果であろう。掘立柱は、のちに、現・旧山田家住宅（旧・山田芳法氏宅）の「上屋をささえる大柱が二本掘立になつて残つている点」（太田一九七六、五六―五八頁）にくわえて柱脚より上では角であるように、角柱に加工されるようになる。それよりはるか以前、柱は、掘立にかぎらず、丸太であったろう。現代につたえられた、丸太による木組は、貫も指物ももちいず、垂直材と水平材を縄か針金でしばるだけで、部材に成形加工をほどこさない（土本二〇〇六）。

　木造の原形を考察するために、掘立と棟持に、丸太をくわえる。木造のさらにひろい見地は、丸太の建築的意義を歴史的に検証する作業から、えられる。

参考文献および註（初出順）

（1）伊藤鄭爾『中世住居史［第二版］』（東京大学出版会、一九五八年）
（2）「生柱と地下遺構」（江川家住宅修理委員会編『重要文化財江川家住宅修理工事報告書』同、五三―五七頁、一九六三年）
（3）「秋山郷の民家」（太田博太郎『信濃の民家』長野県文化財保護協会、一―一〇頁、一九七六年、一九六三年初出）
（4）関口欣也執筆・山梨県教育委員会編『山梨県の民家』（山梨県教育委員会、一九八二年）
（5）富山博「尾張の四つ立て民家」（『民俗建築』八八、五―一〇頁、一九八五年）
（6）宮澤智士「農家の中世から近世へ」（伊藤ていじほか編『日本名建築写真集 民家Ⅱ 農家』新潮社、一九九三年）
（7）内田健一・土本俊和「棟持柱構造から軸部・小屋組構造への転換過程」（『日本建築学会計画系論文集』五五六、三一三―三二〇頁、二〇〇二年）、総論6同「同」
（8）土本俊和編『中世後期から近世に至る掘立棟持柱構造からの展開過程に関する形態史的研究 二〇〇一年度～二〇〇三年度 科学研究費補助金（基盤研究C（2））研究成果報告書』（研究代表者・

土本俊和（信州大学工学部教授）、二〇〇五年）
（9）土本俊和「丸太による木組」（長野県建築士事務所協会編『しなの』一三二、九—一一頁、二〇〇六年）
（10）浦恵子『結びを有する構築物に関する研究』（平成一七年度信州大学工学部卒業論文（土本研究室）、二〇〇六年）
（11）島崎広史・土本俊和「棟持柱構造と軸部・小屋組構造を併せ持つ切妻小規模建造物」（『日本建築学会計画系論文集』六〇三、一七五—一八三頁、二〇〇六年）、総論7同「同」
（12）滝澤秀人・島崎広史・土本俊和・遠藤由樹「ウダツと大黒柱—切妻民家の中央柱列における棟持柱の建築的差異—」（『日本建築学会計画系論文集』六〇四、一五一—一五八頁、二〇〇六年）、各論C甲州2同「同」
（13）滝澤秀人・島崎広史・土本俊和・遠藤由樹「笛吹川流域の民家—四建ないしウダツ造に至る掘立棟持柱構造からの展開—」（『日本建築学会計画系論文集』六〇四、一六七—一七四頁、二〇〇六年）、各論C甲州1同「同」

初出　二〇〇六年三月　土本俊和

補記　丸太に関する調査研究として、以下の三点がある。①横溝正夫編「丸太仮設」（同編『ガラス glass & architecture』綜建築研究所、七七—一〇、一九七七年）、②丸山穂波「鳶職の丸太仮設の技術—山車小屋の例から—」（『日本建築学会技術報告集』一三、二三七—二四二頁、二〇〇一年）、③丸山穂波「鳶職の丸太仮設の技術—上屋（素屋根）の例から—」（『日本建築学会技術報告集』一五、三二九—三三四頁、二〇〇二年）。

# 考察6　基壇と棟持柱—古典主義建築の系譜と住家構成の発生史的汎性—

洋の東西をとわず、記念碑的な古建築に基壇がある。模範となる古建築がもつさまざまな要素のひとつが基壇である。端的にいえば、建築の古典的概念の内包に基壇がある。日本では、模範となる古建築が法隆寺と伊勢にある。両者のうち、法隆寺が建築の古典的概念を日本建築史にあたえる。

ジョン・サマーソンの"Classical Language of Architecture"(1966)は、『古典主義建築の系譜』として日本語に訳された（鈴木一九七六）。日本建築史に即して、この系譜をみた場合、法隆寺金堂、唐招提寺金堂、長弓寺本堂、霊山寺本堂、興福寺東金堂をあげることができる。飛鳥から奈良にいたり、平安前期と後期をへて、鎌倉初期に達したとき、建築は大仏様や禅宗様の影響をうけるものの、長弓寺本堂や霊山寺本堂といった保守的な中世和様が奈良でたもたれた。くだって、応永二二年（一四一五）再建の興福寺東金堂は、唐招提寺金堂を模範とした、復古的意図をともなう建築であった。興福寺東金堂は、古典主義建築の代表例といえる。

この系譜を想定し得る五者とは対照的に、伊勢は、古典主義建築の系譜をもたない。戦国期の中断をへながらも式年遷宮を通じて、現代に古代の形をつたえるとされる伊勢は、唯一神明造と位置づけられる。伊勢とほぼ同形式の建築が仁科にある。唐招提寺金堂と興福寺東金堂との関係が、伊勢神宮と仁科神明宮との関係ににている。しかし、中世和様として現代につたえる奈良北部の地域的まとまりと、伊勢と仁科を同列にあつかうわけにはいかない。

伊勢と仁科は、ともに棟持柱をもち、ともに基壇をもたないが、両者の差異は、屋根と柱脚にある。その屋根は、伊勢が茅であり、仁科が檜皮である。その柱脚は、伊勢が掘立であり、仁科が礎である。伊勢と仁科の二者が法隆寺建築以降の古典主義建築とおおきくことなるのは、基壇の有無にある。

基壇をもたない掘立棟持柱は、伊勢にみられ、その姿は、その後、保守的ないし復古的な系譜をきずいたのではなく、おおきく二極にわかれた。基壇をもたない掘立棟持柱は、その成立が先史にさかのぼるだろう。この姿は、一方で、伊勢で継承され、仁科に伝播し、他方で、民家や小屋に伝承され、様々な地域に伝播した。伊勢をさかのぼる、基壇をもたない掘立棟持柱は、先史の建物のなかにみられたと想定するなら、伊勢と仁科は、民家や小屋とともに、おなじ系譜を先史からもつ、とかんがえることができる。ただ、その系譜の出発点は、あきらかになりえない。建築形態の生成がはじまる時代と場所がはっきりしないからである。おそらく、さまざまな時代とさまざまな場所でこの建築形態が生成されていたのであろう。「住家構成の発生史的汎性」（藤島一九五九）というべきこの初発の姿は、仏教伝来とともにはじまった法隆寺建築以降の系譜とすこぶる対照的である。

古典主義建築は建築の概念によって規定される。その概念は、言語にたとえられ、語彙と文法に比喩されていく。他方、古典主義建築のもうひとつの特徴は、イタリアルネサンス期以降にみられるように、宗教建築の世俗化にある。パラディオが模した古代建築は宗教建築であり、彼が設計した建築は世俗化された非宗教建築であった。

伊勢は、古典主義建築の系譜をきずかず、住家構成の発生史的汎性に属する。唯一神明造として、民家や小屋とわかれたあとの伊勢は、世俗化される過程を徹底的にこばみつづけた点にもうひとつの特徴がある。

図1は、基壇の上に棟柱をもつ建築がたつ姿を想定したものである。しかし、この姿を具体的な事例にみいだすことは、むずかしいだろう。とくに、日本建築史をみわたした場合、基壇をもつ棟持柱構造は、みあたらないのではないか。

基壇と棟持柱がたがいに排他的であったのは、寺院と神社がたがいに排他的であった時期があったからといえるかもしれない。しかし、神仏習合の時期をとらえても、基壇と棟持柱が建築形態としてコラージュされるのは、一貫して忌避されてきたのであろう。

建築形態のコラージュは、歴史的建造物のなかにみられ、現代建築の一手法でもあり得る。しかし、特定の建築語彙がその文法において、かたくなに併記されなかったのは、技術の問題ではなく、文化の問題である。この文化は、列島のなかで伊勢と法隆寺という二つの原初が一つの建築のなかに併記されることをこばみつづけてきた。同時に、この列島のなかには、二つの併記をこばまない寛容な場所がなければならなかった。

**図1**　基壇の上にたつ、棟持柱をもつ建築の図


参考文献（初出順）

（1）藤島亥治郎「住家構成の発生史的汎性」（竹内芳太郎編『民家 今和次郎先生古稀記念文集』相模書房、一〇三―一三四頁、一九五九年）

（2）John Summerson "The Classical Language of Arctitecture" Thames and Hudson, 1980, the first edition in 1963.

（3）ジョン・サマーソン著・鈴木博之訳『古典主義建築の系譜』（中央公論美術出版、一九七六年）

（4）土本俊和・坂牛卓・早見洋平・梅干野成央「京マチヤの原形・変容・伝播に関する形態史的研究―建物先行型論と棟持柱祖形論にもとづく建築コラージュ形態史論―」（『住宅総合研究財団研究論文集』三四、一六一―一七二頁、二〇〇八年）、各論A京都4同「京マチヤの原形・変容・伝播」

（5）土本俊和「善光寺の概略」（信州大学土本研究室編『善光寺とその門前町―善光寺周辺伝統的建造物群保存予定地区調査報告書―』長野市教育委員会文化財課、九―一二頁、二〇〇九年）



初出　二〇〇八年三月　土本俊和


補記　末尾にしるした「この列島のなかには、二つの併記をこばまない寛容な場所がなければならなかった」という点の具体例として、執筆当時から、善光寺を念頭においていた。参考文献（5）に土本「善光寺の概略」をかかげたのは、この点を示唆するためであった。その後、善光寺に関する寛容性を、建築と都市の変容過程との関係に即して考察した結果、土本俊和「中世善光寺の変容と寛容」（笹本正治・土本俊和編『善光寺の中世』高志書院、一七九―二〇八頁、二〇一〇年）がうまれた。

# 考察7　土台と棟持柱—中世後期から近世にいたる土台をもつ棟持柱構造の系譜—

## 一　目的と方法

土台について、平山育男は、「もともと土台は神社本殿や玉垣下に用いられ、中世には城郭建築の天守に採用された。民家にはまず建物の外周に、次いで十九世紀中期頃からは部屋境にも用いられるようになった[1]。」としるす。民家と土台について、川島宙次は、「土台敷きが民家に普及したのは江戸後期のことである」[2]、とする。東北地方の民家を研究した草野和夫も、「主屋の柱下に土台が通されるのはほぼⅣ期（19世紀後半）建立以降であるが、中二階建てなどの上屋高の大きいものや特権層の住居においては、遺構からみると、Ⅲ期（19世紀前半）の建立でも土台が使用されたらしい」[3]、としるす。このように、過去の記述をみると、民家における土台の導入時期は、一般的に、近世後期以降とみられている。

しかしながら、戦国期の京都のマチヤの様子をえがいた初期洛中洛外図屏風をみると、小川をまたいでたてられた建物に土台を確認することができる[4]。すなわち、洛中洛外図屏風の描写がただしければ、すくなくとも、中世後期において民家に土台がもちいられていた可能性がある。とりわけ、中世にさかのぼる民家の遺構は、箱木家、古井家、茂木家といったわずかしかないため、中世後期から近世にいたる民家と土台の関係をあきらかにするには、洛中洛外図屏風にみられる土台をもつ建物を厳密に検証する必要がある。

なお、土台をもつ建物の考察にあたって、柱の脚部のみを分析していては土台の全貌をあきらかにすることはできない。その上部構造である架構全体をとらえた上で土台を考察する必要がある。民家の構造は、棟持柱構造と軸部・小屋組構造に大別される。戦国期の洛中洛外図屏風にえがかれた建物は、一般に、柱の脚部が掘立で、軸部と小屋組が分離しない棟持柱構造である。また、小川をまたいでたてられた土台をもつ建物にも、柱脚に差異はあるものの、棟持柱構造は散見される。この棟持柱をもつ建物を民家の支配的な源流とするのが棟持柱祖形論であり、土本編『中世後期から近世に至る掘立棟持柱構造からの展開過程に関する形態史的研究』（二〇〇五）に、一連の研究成果が報告された[5]。それ以前、たとえば、玉井哲雄が『建築の歴史』で棟持柱をもつ民家を「現在では普通みられない単純な構造形式」[6]としていたように、戦後日本の民家研究は、棟持柱構造に対する関心がひくかった[7]。そこで、ここでは、民家の架構として棟持柱構造に着目し、架構全体で土台をとらえる。

また、土台に関する従来の記述は、おもに住居としての民家を対象としており、小規模建造物を対象としていなかった。この点について、戦前の民家研究と戦後の民家研究を概観すると、戦後の民家研究が、「小規模な建造物としての小屋を民家の対象として積極的にあつかう視点をうしなっていた」[8]と指摘することができる。実際、先行研究により、信州飯山や山梨県笛吹川流域に、物置小屋として使用されている、土台と棟持柱が一体となった梁行二間の小規模建造物が、多数報告されている[9]。これは、建物用途に差異はあるものの、梁行二間という規模に関してみれば、戦国期の洛中洛外図屏風の妻壁にみられる土台と棟持柱が一体となった構造とそっくりである。つまり、絵画史料にくわえ、小規模建造物も対象としつつ、幅ひろく建築遺構を捕捉したうえで、土台と棟持柱が一体となった構造を検証していかなければならない。

この土台と棟持柱が一体となった構造を、「土台をもつ棟持柱構造」と定義する。そのうえで、まず、絵画史料として、洛中洛外図屏風から土台をもつ棟持柱構造の建物を捕捉し、その建物の特徴を分析することで、中世後期から近世にいたる土台をもつ棟持柱構造の変容過程を検証する。つぎに、建築遺構図面と文献史料をもちいて、土台をもつ棟持柱構造を、おもに構造的な観点から検証する。さらに、これによってえられた分析結果に、総合的な判断をくわえ、土台と棟持柱の建築的意義をあきらかにしていく。

## 二　絵画史料にみる土台と棟持柱

### 二―一　絵画史料の捕捉方法について

洛中洛外図屏風にえがかれた建物の妻壁に着目し、土台と棟持柱がえがかれた建物を捕捉する。まず、注意すべき点を確認する。

土台とよくにた柱脚部の水平材として、地覆と地長押がある。土台は柱の荷重をうける構造材であるのに対し、地覆と地長押は柱の荷重をうけない水平材である[10]。ここでは、柱の荷重をうける土台を対象とする。また、架構全体でとらえるため、棟持柱構造なのか、それとも軸部・小屋組構造なのか、この点にも注意が必要となる。このとき、垂直材と水平材の交点が問題となる。注意すべき交点は、二つある。第一が棟木を直接ささえる柱と土台の交点であり、第二が棟木を直接ささえる柱と梁との交点である。

第一の場合、土台は、柱の荷重をうける構造材であるから、水平材が垂直材の下にえがかれる。対して、地覆は、柱の荷重をうけないため、水平材は地面の上にすえられるものの、垂直材の下にはえがかれない。

第二の場合、棟木を直接ささえる柱と梁の関係において、さらに二つのタイプがある。一つは、棟持柱が垂直にとおり、水平材が棟持柱とぶつかる両側できれているタイプである。もう一つは、垂直材と水平材が交叉するタイプである。棟持柱がとおっている場合、その左右の水平材は、おもに胴差しや貫である。この場合、妻壁を外からみても内からみても、まちがいなく棟持柱構造として抽出できる。対して、交叉するタイプは、水平材が垂直材の後面にくる場合と前面にくる場合がある。垂直材の後面に水平材が交叉している場合、妻壁を外からみるだけで、あきらかに棟持柱構造として抽出できる。対して、垂直材の前面に水平材が交叉する場合、垂直材が棟まで一本でとおっているのか、水平材によって分断されているのか妻壁を外からみるだけでは不明であるため、棟持柱構造であるか、軸部・小屋組構造であるか、判別ができない。絵画史料からはこれ以上の判別ができないため、ここでは、垂直材の前面に水平材が交叉しているものを絵画史料からあえて抽出しない。以上をふまえ、土台をもつ棟持柱構造の建物を抽出していく。

### 二―二　洛中洛外図屏風にみる土台をもつ棟持柱構造の建物

表1は、一〇点の洛中洛外図屏風から抽出した一八点の土台をもつ棟持柱構造の建物の一覧である[11]。まず、土台をもつ棟持柱構造は、

町田本（歴博甲本）の川の上にたつ建物から、京都国立博物館本（一七世紀）の土地の上にたつ建物まで、戦国期から近世初頭の景観を描く計一〇点の屏風に確認できた。

洛中洛外図屏風を史料として、個々の建物を分析した先行研究に、松尾さつき「洛中洛外図にみる町屋の形態」(12)がある。松尾は、伊藤鄭爾の「天正—慶長を境として住居はその様相を急速にかえる」(13)という、天正—慶長期（一五七三—一六一五）の転換期に留意しつつ、洛中洛外図屏風からマチヤを抽出し、その形態の変化について考察をおこない、中世末期から近世初頭にかけて、柱の脚部は、掘立から礎に移行し、架構は、「棟持柱構造が主流」から「軸部と小屋組に分離した構造のものが併存」(14)している、と指摘した。では、さらに、土台をもつ棟持柱構造の場合を検討する。ここでは、これらの指摘をふまえ、天正—慶長期以前の景観をえがいた町田本（歴博甲本）と東博模本と上杉本の三点を戦国期の洛中洛外図屏風とし、天正—慶長期以後の景観をえがいた池田本（林原美術館本）以降の一四点を近世初頭の洛中洛外図屏風として双方の形態の差異に注意しつつ検証をおこなう。

戦国期の景観をえがいた洛中洛外図屏風から、四点の土台をもつ棟持柱構造の建物を抽出した。これらは、すべてが切妻平入で梁間二間の平屋という特徴をもつマチヤであり、そのうち三点が川の上にたつ（図1）。注目すべきは、東博模本に、川の上でなく、土地の上に土台をもつ棟持柱構造がみられることである（図2）。

つぎに、近世初頭の景観をえがいた洛中洛外図屏風を検証する。土台をもつ棟持柱構造を一四点抽出した。これをみると、戦国期は平屋のみであったが、近世初頭になると二階建てのもの（29％）が

**表1**　洛中洛外図屏風から抽出した土台をもつ棟持柱構造の建物の一覧

| 番 | 資料名 | 景観年代 | 資料の位置 | 規模 | 梁行 | 備考 |
|---|---|---|---|---|---|---|
| 1 | 町田本（歴博甲本） | 1525-1536 | 右隻4扇中 | 平屋 | 二間 | 川の上にたつ建物 |
| 2 | 東博模本 | 1539- | 右隻5扇下 | 平屋 | 二間 | 川の上にたつ建物 |
| 3 | 東博模本 | 1539- | 左隻1扇下 | 平屋 | 二間 | |
| 4 | 上杉本 | 1532-1555 | 右隻3扇中 | 平屋 | 二間 | 川の上にたつ建物 |
| 5 | 池田本（林原美術館本） | 1615-1623 | 右隻5扇中 | 平屋 | 二間 | |
| 6 | 池田本（林原美術館本） | 1615-1623 | 左隻3扇中 | 平屋 | 二間 | |
| 7 | 萬野A本 | 1625- | 左隻1扇下 | 2階建 | 二間 | 川の上にたつ建物 |
| 8 | サントリー美術館本 | 1626 | 左隻3扇中 | 平屋 | 二間 | |
| 9 | 個人本 | | 右隻4扇中 | 平屋 | 四間 | |
| 10 | 個人本 | | 左隻2扇中 | 2階建 | 四間 | |
| 11 | 個人本 | | 左隻2扇下 | 2階建 | 四間 | |
| 12 | 個人本 | | 左隻6扇上 | 不明 | 四間 | 川の上にたつ建物 |
| 13 | 歴博D本 | -1640 | 左隻2扇下 | 2階建 | 二間 | |
| 14 | 京都国立博物館本 | 17世紀 | 左隻1扇中 | 平屋 | 二間 | |
| 15 | 京都国立博物館本 | 17世紀 | 左隻1扇下 | 平屋 | 二間 | |
| 16 | 京都国立博物館本 | 17世紀 | 左隻2扇下 | 平屋 | 二間 | |
| 17 | 京都国立博物館本 | 17世紀 | 左隻4扇中 | 平屋 | 二間 | |
| 18 | 個人本 | 17世紀末期 | 左隻3扇下 | 平屋 | 二間 | |

**図1**　町田本（歴博甲本）右隻4扇中（1番）

**図2**　東博模本 左隻1扇下（3番）

**図3**　個人本 左隻２扇中（10番）

**図4**　池田本 左隻３扇中（６番）

みられる。くわえて、戦国期には梁行が二間の小規模な建物のみであったが、近世になると、梁行が四間のもの（29％）がみられる（図3）。さらに、二階建てで梁行が四間のもの（14％）もあった。天正―慶長期をさかいに、二階建てや梁行四間といった大規模な建物が増加してくることは、松尾によって指摘されている[15]。土台と棟持柱を対象としたこの考察でも、この傾向は確認され、近世初頭には、土台をもつ棟持柱構造の建物は、おおきさにかかわらず幅ひろくえがかれていることがわかる。また、戦国期の洛中洛外図屏風と同様に、近世の屏風からは、川の上にたつ建物が二点（14％）確認された。一方、戦国期では一点のみであった土地の上にたつ建物は、一二点（86％）と大半をしめる。これは、戦国期の建物のおおくが掘立であり、土台をもつ建物が少数派であったのに対し、近世になり土台を採用する建物がふえてきたものである、とかんがえられる。さらに、近世初頭の屏風には、マチヤ以外の建物にも土台をもつ棟持柱構造の建物がえがかれていた（図4）。

以上より、洛中洛外図屏風を分析した結果、土台をもつ棟持柱構造は、ふるくは戦国期の川の上の建物にみられた。また、少数派ながら、土地の上においても、土台をもつ棟持柱構造の建物がえがかれていた。土台をもつ棟持柱構造は、さらに近世になると、梁行二間の小規模建造物ばかりでなく、二階建てや梁行四間といった大規模建造物にもみられたばかりでなく、マチヤ以外の建物にもみられた。さらにくわえて、近世の洛中洛外図屏風をみると、大半が土地の上にたつ建物であることから、中世から近世にかけて土台をもつ棟持柱構造は、より一般的な構造として普及し、建物の種類や規模にかかわらず採用されるにいたった、といえる。

## 三　小規模建造物にみる土台と棟持柱

ここまで、中世後期から近世にいたる土台をもつ棟持柱構造の変容過程を洛中洛外図屏風に即して、考察してきた。では、近世以降の土台をもつ棟持柱構造の変容過程は、どういうものが想定されるのか。この点を、文献史料と建築遺構図面より、考察する。

永井規男によれば、棟持柱構造は、梁行二間と四間に大別される[16]。洛中洛外図屏風にみた土台をもつ棟持柱構造の建物も、梁行が二間のものと四間のものとがあった。また、梁行二間の棟持柱構造は、小屋といった類の小規模建造物に散見され、梁行四間の棟持柱構造は、中規模ないし大規模な民家に分類される[17]。先述したように、梁行二間に分類される小規模建造物は、いままで民家研究の対象からはずされがちであった。そこで、ここでは、まず、小規模建造物を対象に、土台をもつ棟持柱構造について考察し、その後に、大規模建造物に即して考察をおこなう。

## 三—一　川原町の仮設建物

まず、小規模建造物の土台をもつ棟持柱構造の例として、新宮川原町の組立式住居をみる。新宮川の河口から約二㎞ほど上流の川原に、木材運搬の拠点としてさかえた川原町がある。現在ここに町はないが、昭和二五年（一九五〇）ころまでは住居として建物が存在していた。この建物は、「組立構法による幻の集落—川原町」（一九七七）[18]によると、切妻・平入り・平屋・間口二～三スパン・奥行二スパンの規模をもつ、土台をもつ棟持柱構造である（図5）。この形は、洛中洛外図屏風にみられた姿とそっくりである。さらに、この建物の特徴として、急な河川の増水時には、建物を解体して陸の安全な場所に避難し、くみたてるという、移動を前提とした仮設建築という点がある。

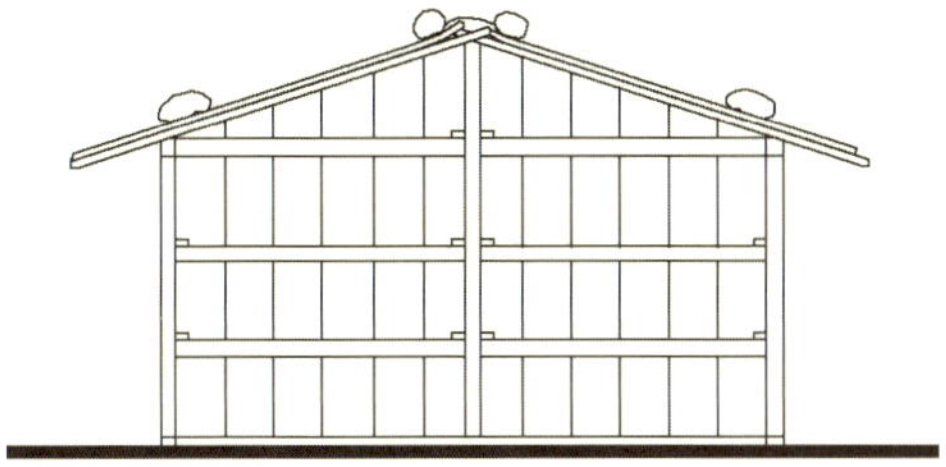

**図5**　川原町の仮設建物 立面図
（「組立構法による幻の集落」よりリライト）

そのたて方は、土台をすえ、棟持柱をふくむ柱を長柄差しで土台にさす。このとき、容易に分解しやすいように栓をうたない。貫、桁、棟木といった水平材をとりつけ、壁板や建具をとりつける。さらに、垂木・野地板・葺き材が一体化した屋根パネルをとりつけ、棟まわりの処理をほどこし、石でおさえれば、完成である。川原町の建物は、部材の加工こそ専門の大工によるが、組立と解体は、専門の大工ではない人々により、おこなわれた。そのため、急な河川の増水時においても、すばやく組立・解体ができるように、単純なシステムでつくられている。

仮設建物の組立と解体を、柱の脚部の構法に即してかんがえたときに、掘立構造は、専門の大工でない人でも可能であるが、柱脚部を固定する地面に穴をほらなければならないため、施工に手間がかかる。また、掘立ゆえに、柱脚部の耐久性に問題がある。つぎに、礎構造は、柱が石の上にのるため、耐久性が向上する。一方、柱の脚部が固定されないため、専門の大工でないと組立がかなりむずかしい。かりに、くみたてられたとしても、施工にかなりの時間を要する、と想定される。川原町にとって、この問題は致命的であろう。これらに対して、土台は、柱の脚部を地面にうめる必要がないので、柱脚部の耐久性は比較的たかまる。また、島崎・土本（二〇〇六、総論7）で指摘されたように、礎構造とはことなり、土台構造は、柱の脚部があらかじめ加工された枘によりくまれるから、構造的に安定し、専門の大工でない人々でも組立と解体が容易である。[19]また、金石健太は、土台の建築的意義について、従来の柱脚部の保護や建物の不動沈下といった理由とは別に、移動を前提とした建物や仮設建築にある、と推測した。[20]したがって、川原町のように、短時間に建物の解体と組立をおこなったり、部材をくりかえし使用する必要がある場合、土台は、部材の耐久性と建物の施工性をたかめる、うってつけの構法である、といえる。

## 三—二　笛吹川流域にみる小規模建造物

では、つぎに、小規模建造物における土台をもつ棟持柱構造とし

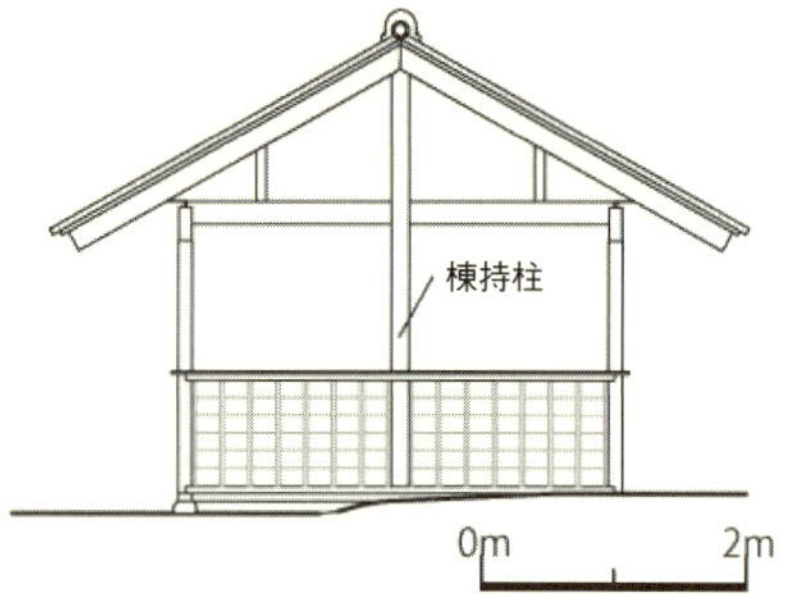


**図6**　妣田圭子家便所　北側立面図

て、山梨県牧丘町（現・山梨市）の実例をみる。実測調査した、土台をもつ棟持柱構造の小規模建造物が土本編（二〇〇五）に四例報告されている。[21] そのうち二例は、島崎・土本（二〇〇六、総論７）で、一方の妻壁が棟持柱構造で、もう一方の妻壁が軸部・小屋組構造である「棟持柱構造と軸部・小屋組構造を併せ持つ切妻小規模建造物[22]」として指摘された（図６）。また、内田・土本（二〇〇二、総論６）は、棟持柱構造と軸部・小屋組構造を併せ持つ構造を棟持柱構造から軸部・小屋組構造への転換過程における過渡的な姿と指摘したのに対し、[23] 島崎・土本（二〇〇六、総論７）は、棟持柱構造と軸部・小屋組構造を併せ持つ切妻小規模建造物は、「もはや過渡的な姿にとどまらない、合理的な姿をなす一体の架構形式[24]」と指摘した。ここで、島崎・土本（二〇〇六、総論７）は、切妻小規模建造物が安定するために、すくなくとも一本の棟持柱をのこすことが構造的に重要であるとし、さらに、これが土台をもつことで、掘立にちかい脚部の安定をえることができる、とした。[25] この指摘は、棟持柱構造に即して、土台を構造的側面からみた、きわめて重要な論考である。

### 三―三　長野県飯山市のタテノボセ

では、さらに、長野県飯山市の土台をもつ棟持柱構造を考察する。『職人がつづる職人誌』（一九七九）は、この構造を「立登せ」構造といわれる、中心柱が棟まで貫いている方式」とし、さらに、「この方式による住宅としての民家は比較的少なく、作業場、物置きとしての建築物が多い。建築面積は主に二間×三間くらいで、中二階づくりの小民家といえよう。飯山地方では山間部の積雪量の多い地域にたくさん見られる方式[26]」としている。

この記述にもとづき、二〇〇二年に、長野県飯山市蓮地区にある高橋芳枝氏宅で、タテノボセをもつ建物を実測調査した。建築年代は、ヒヤリングによると、すくなくとも明治以前で、現在は物置として使用しているが、以前はたばこの保存小屋であった。建物の構造は、切妻平入の二階建てで、梁行二間に片側四尺の下屋をだし、桁行がおよそ二間で、茅葺きの上にトタンがかぶせてある。東側中央の柱が土台からで棟木まで一本でとおる、土台をもつ棟持柱構造の建物である（図７）。

その後、二〇〇五年に、土本らを中心に飯山地方のタテノボセをもつ建物について、実測調査がおこなわれた。[27] この実測調査は、計二四棟のタテノボセをもつ小規模建造物を採取している。さらに、

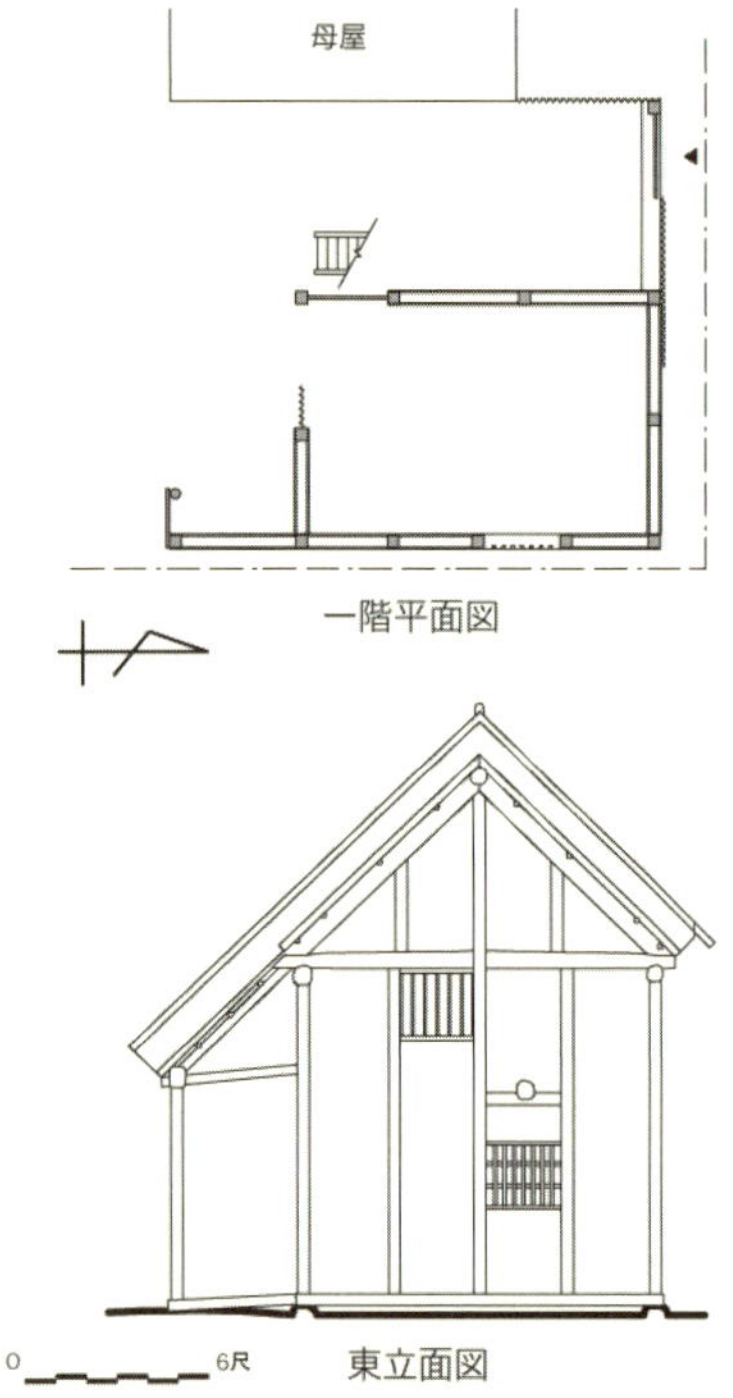


**図7**　高橋芳枝氏宅　一階平面図・立面図

すべての建物に土台があり、二二棟が土台をもつ棟持柱構造であることが確認されている。くわえて、そのほとんどは、妻壁二辺が棟持柱構造であり、建物規模がおおきいものには内部にも棟持柱をもつものもある。

一般的な民家は、中世から近世にかけて、棟持柱構造から軸部・小屋組構造に移行する過程をたどる。その過程で柱の脚部は、掘立から礎へ移行する。対して、飯山市のタテノボセをもつ小規模建造物は、軸部と小屋組に分離する過程をたどらなかった。では、なぜ、飯山市では、軸部と小屋組に分離せず、土台をもつ棟持柱構造としてのこるのか。この問いに対して、早川ほか（二〇〇七、各論B信州5）は、雪国という地域性に即して、つぎのように説明する。

> 雪による多大な垂直荷重を垂直材でうけるため、梁組をふとくして荷重をささえる軸部・小屋組構造とはことなり、ほそい柱とほそい横架材でも架構を維持することができた(28)。

とし、つづけて、

> 土台が採用された結果、礎石建の軸部・小屋組構造のように軸部を強固にかためなくても、架構が維持できたので、積雪荷重に対応する構造として、棟持柱構造を継承することができた。その結果、小屋組と軸部に分離した姿に移行する過程が広汎に生じなかった(29)。

とした。このように、土台をもつ棟持柱構造は、積雪荷重という外力に対して、きわめて有効な構造である、とかんがえられる。

以上、文献史料および建築遺構図面により、梁行二間の土台をもつ小規模建造物は、洛中洛外図屏風にみえる民家としては確認されないものの、物置といった附属建物にその存在が確認された。小規模建造物における土台と棟持柱の建築的意義は、島崎ほか（二〇〇五、総論7）や早川ほか（二〇〇六、各論B信州5）で指摘されたように、柱脚部の保護といった理由のみでなく、土台と棟持柱が「緩い剛」で接合されることで、掘立にちかい安定をえることができ、一枚のパネルのように構成される構造的側面があった。すなわち、土台をもつ棟持柱構造は、きわめて有効な構造形式である。

# 四　大規模建造物にみる土台と棟持柱

## 四―一　妻籠宿、上越市高田地区、京都

つぎに、梁行四間に代表される大規模建造物に即して、土台をもつ棟持柱構造を考察する。

信州の妻籠宿に、土台をもつ棟持柱構造の実例が確認できる(30)。藤原一穂氏宅をみると、この建物は、建築年代が江戸末期で、切妻平入の間口六間・奥行五間の二階建てで、架構図より妻壁二辺の中央柱が棟持柱となり、断面図より側廻りに土台をしいていることを確認することができる（図8）。つまり、この建物は、土台をもつ棟持柱構造である。屋根は板葺の三寸勾配で、棟高がひくく、棟持柱のながさが約一五尺（四五四五㎜）である。つぎに、藤原久七氏宅は、妻壁二辺にくわえ平面中央柱も棟持柱であり、断面図より、棟持柱の下部に土台をすえていることがわかる。棟持柱のながさは約一三尺（三九三九㎜）であり、さらにひくくなっている。

また、上越市高田地区においても、妻面が土台をもつ棟持柱構造となる建物が報告されている(31)。これら妻籠宿や上越市高田地区における土台をもつ棟持柱構造の特徴は、切妻平入で屋根勾配が二～三

寸程度の緩勾配という点にある。

さらに、妻籠宿や上越市高田地区と同様な建築的特徴をもつ建物に、京都のマチヤがある。京都のマチヤは、柱が直接に母屋や棟木をささえる構造であり、棟持柱構造となる建物が多数現存している。ここで、鈴木嘉吉「概説 機内の町家」に指摘されている、京都のマチヤ特有のたて方が興味ぶかい。

その施工法をみると隣家境の柱列を斜めに倒した形で組み立て、その外側に壁を塗ってから建て起こす場合が多い。隣家の壁と接近するため普通に柱を立てた後では壁がつけられないためであり、妻壁全体を一つの面として扱うには梁がなく、長い柱と貫で格子状の骨組とするほうが都合がよい。京都型は狭い敷地を最も有効に利用するように工夫された本当の町家らしい建築といえよう。(32)

このように、京都のマチヤは、建物をたてるうえで、まず妻壁の施工を先行させる。妻壁は、土台をもちいて柱をたてる形である。このとき、柱は棟持柱をふくむ通し柱型となるから、妻壁は土台をもつ棟持柱構造となる。(33) そして、妻壁二辺がたちあがってから、土台や桁といった桁行方向の水平材を施工した、とかんがえられる。

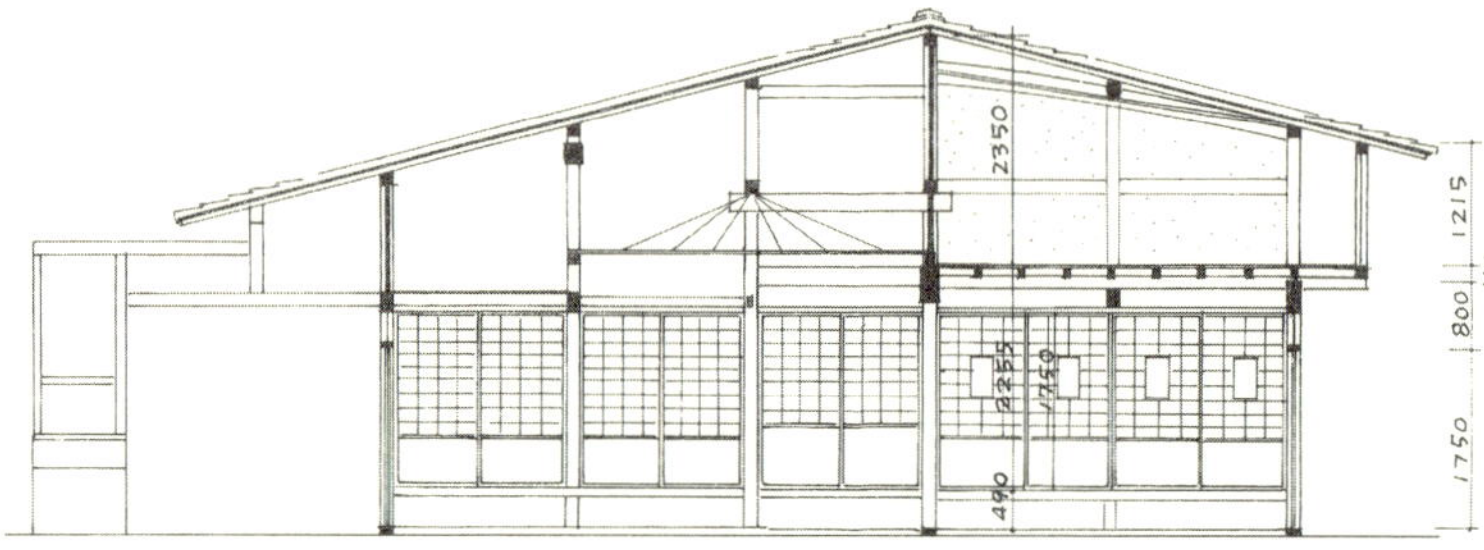

**図8** 藤原一穂氏宅 断面図

これは、京都のマチヤのかぎられた間口規模のなかで、可能なかぎり間口規模を確保しようとした結果により生じた、京都のマチヤ特有の構法である、とかんがえられる。さらに、この構法からできあがる、土台をもつ棟持柱構造は、小規模建造物と同様に、大規模建造物においても、妻壁を一つのパネルとしてあつかうことができるという特徴がある、とかんがえられる。

## 四―二　笛吹川流域の民家

民家は、マチヤと農家に大別される。これまで考察してきた妻籠宿や上越市高田地区や京都における大規模建造物の実例は、マチヤであった。では、つぎに、農家における土台と棟持柱を考察する。かつては、民家は、軸部と小屋組が分離しない構造が一般的であり、軸部と小屋組が分離しない棟持柱構造は、少数派である、とされた。(34) しかし、山梨県笛吹川流域には、切妻平入の茅葺を特徴とする棟持柱構造の民家が多数現存する。まず、関口欣也らを中心に実施された民家調査の結果を豊富な図面とともにおさめた『山梨県の民家』(一九八二)(35)を参照し、土台と棟持柱の関係を考察する。

『山梨県の民家』におさめられた図面および記述から、土台と棟持柱の双方をもつ民家を二例抽出した。三枝聡氏旧宅をみると、主屋は明治前期頃の建立で、図面は平面図のみがおさめられていた。建物の説明に、「構造は、側廻りに土台をまわし、表と裏の側柱高を十尺五寸にとる。東西の妻の中央柱と大黒柱および小黒柱は棟持柱」(36)とある。つぎに、小池久寿氏宅をみると、「十八世紀中期頃の建立であろう」とあり、これも図面は平面図のみで、ここから妻壁二辺に棟持柱の記載を確認することができる。さらに、「現在、側廻りには土台が入っているが、もとは石据で、柱間の下に五寸位の石が沢山散らばっていたという」(37)とあり、礎から土台へ移行する事例をしめした。

この二例に共通する事項は、妻壁二辺に棟持柱を有する点と「側廻り」に土台をまわしている点である。一般に、「側廻り」は建物外周をしめすから、『山梨県の民家』に記述された建物の妻壁は、棟持柱の下に土台をすえた土台をもつ棟持柱構造である可能性がある。この仮説をもとに、二〇〇三年に笛吹川流域の民家一八棟を実測調査した際、外観から柱脚を確認できる建物については、側廻りの土台の有無について調査をおこなった。しかし、長手方向には土台を確認することができたものの、妻面に土台を確認することはできなかった。妻壁の柱脚部は礎であり、水平材は土台ではなく地覆がすえられていた（図9）(38)。したがって、笛吹川流域の民家は、土台をもつ棟持柱構造である、とはいいきれない。この調査結果から、『山梨県の民家』の「側廻りに土台」という記述に疑問が生じた。

先述したように、小規模建造物において土台をもつ棟持柱構造は、土台による柱脚の保護といった理由のほか、施工や構造における有効性という二つの側面がかんがえられた。また、大規模建造物である京都のマチヤは、その特有の構法に、土台をもつ棟持柱構造を採用した積極的理由をみいだすことができた。

では、切妻の茅葺で矩勾配の特徴をもつ笛吹川流域の民家の場合、棟持柱の下に土台をすえない理由は、

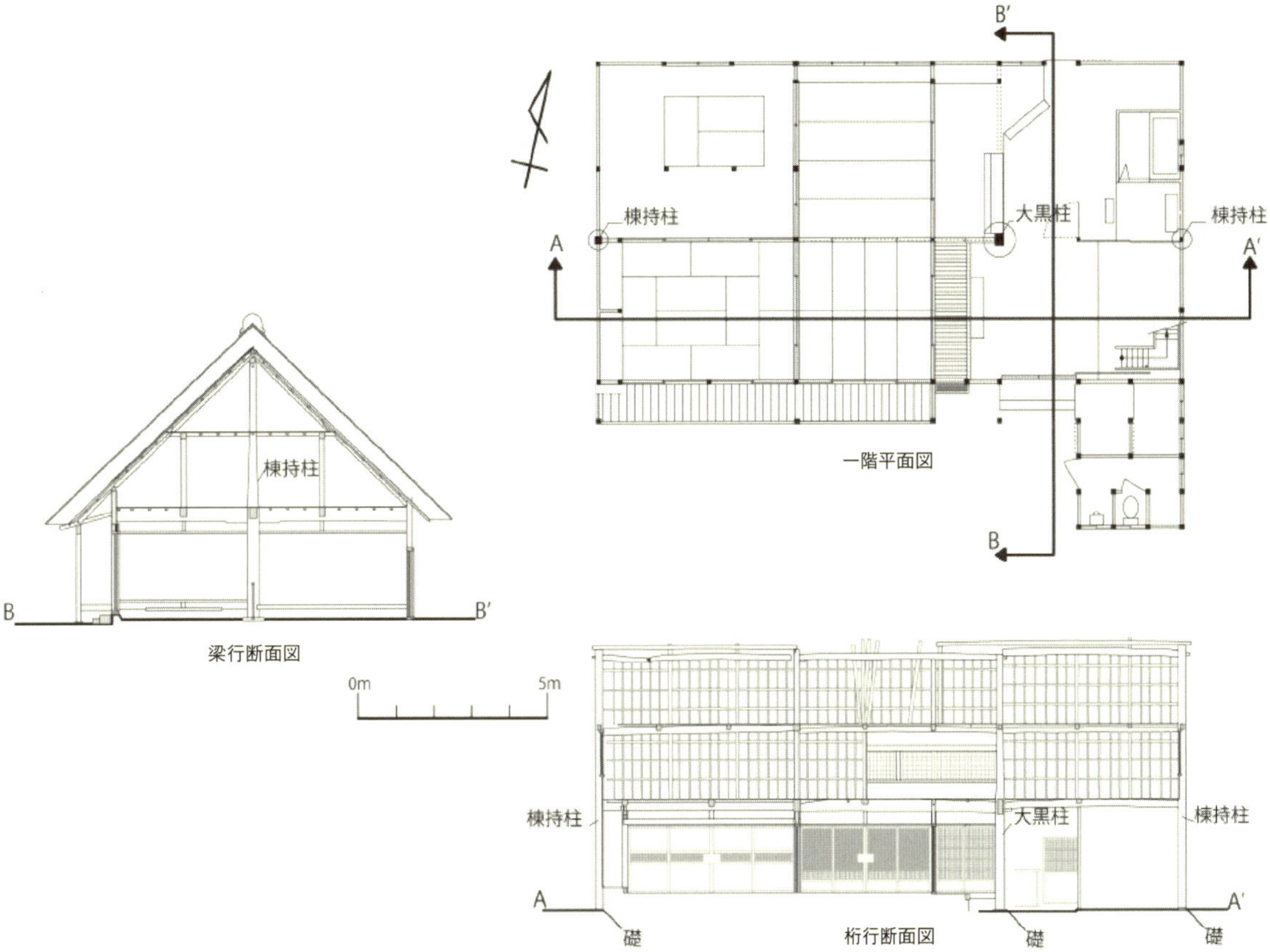


**図9**　今井秀郎家住宅　一階平面図・断面図

なにか。

笛吹川流域の民家は、屋根勾配が矩勾配となるため、棟持柱は相当にながい。そのため、棟持柱の径をみたときに、棟木をささえる先端部にくらべると、柱脚部分は、かなりふとくなっている。実際、実測調査した今井秀郎家住宅をみると、妻壁の棟持柱は、棟木をささえる先端部で一五〇×一五〇であるものの、柱脚においては、二〇〇×二〇〇となる。この下に土台をすえる場合、最低でも柱の幅以上の土台幅が必要となるから、土台は、かなりおおきな部材になってしまう。そのため、柱脚の保護といった理由のみで、土台をすえるとはかんがえにくい。このとき、もし施工や構造における有効性といった理由があれば、土台をすえていただろう。しかし、笛吹川流域の民家にはそれがなかった。

笛吹川流域の民家の構造をかんがえるうえで、片入母屋のたてのぼしに関する妻面の記述が参考になる。すなわち、

> 柱脚部が掘立であれば、このパネルは、それだけで自立することができ、安定であるが、「たてのぼし」の柱脚部は礎である。礎はローラーとかんがえることができ、パネルはそれだけでは自立できない。しかし、架構全体でとらえたとき、このパネルは、棟木、桁、梁行方向の壁面にもちいられる貫および地貫によって、一体の架構としてくまれるため、安定となる。[39]

これは、笛吹川流域の民家にもあてはまる。笛吹川流域の民家の妻壁は、棟持柱の脚部を礎としつつも、胴差しや貫といった水平材を密にいれることによって、土台がなくとも一枚の堅牢なパネルとして構成することができた。つまり、構造的に土台を採用する積極的理由がなかったため、妻面には土台が採用されていない、と推測される。したがって、『山梨県の民家』（一九八二）の「側廻り」に土台をまわすという記述も、おそらく、長手方向の柱脚部のみをみて判断していたのだろう。以上より、笛吹川流域の民家の場合、棟持柱構造であるものの、妻面には土台は採用されず、柱脚の保護といった理由で長手方向のみに土台が採用された、とかんがえられる。

## 五　結　論

ここでは、民家における土台の建築的意義をあきらかにするため、土台と棟持柱が一体となった、土台をもつ棟持柱構造に対象をしぼり、考察してきた。まず、洛中洛外図屏風に即した考察から、土台をもつ棟持柱構造の建物は、戦国期には、梁行二間の小規模建造物として描写が確認され、近世には、梁行四間の大規模建造物としても描写が確認された。さらに、文献史料および建築遺構図面による考察では、小規模建造物として、川原町の仮設建物や笛吹川流域の切妻小規模建造物や飯山のタテノボセをもつ小規模建造物に土台をもつ棟持柱構造が確認された。これら小規模建造物における土台の建築的意義は、柱脚部の保護とは別に、柱脚部の安定という構造性や建てやすさという施工性があった。

また、大規模建造物における考察では、妻籠宿や上越高田および京都のマチヤに、屋根勾配が緩勾配の土台をもつ棟持柱構造の例が確認された。とりわけ、京都のマチヤでは、かぎられた間口規模のなかでかんがえだされた、妻壁を一つのパネルのようにしてたてる特有の構法に、土台と棟持柱の建築的意義がみいだされた。かたや、矩勾配の屋根をもつ笛吹川流域の民家は、柱脚部が礎の棟持柱構造であるものの、多数の水平材によって一体の架構を形成しているため、柱脚部に土台をもちいなくても構造的に安定となった。さらに、

棟持柱がすこぶるながいたため、柱脚で柱の径が土台に対してふとくなりすぎてしまい、柱脚部の保護といった理由のみでは土台を採用しなかった、と想定された。

以上、土台をもつ棟持柱構造は、ふるくは、中世後期に川の上にたつ建物としてあらわれ、構造的ないし構法的な有効性をかねそなえたことで、現在までとだえることなく、小規模建造物から大規模建造物にいたるまで幅ひろく、民家の構造形式のひとつとして採用されてきた。

参考文献および註

（1）日本民俗建築学会編『民俗建築大辞典』（柏書房、二〇〇一年）八一頁引用。この点は、各論A京都3「京マチヤの原型ならびに形態生成」一五四頁でもふれた。

（2）川島宙次『滅びゆく民家—間取り・構造・内部—』（主婦と生活社、一九七三年）八四頁引用

（3）草野和夫『近世民家の成立過程—遺構と史料による実証—』（中央公論美術出版、一九九五年）九五頁引用

（4）日本建築学会編『日本建築史図集 新訂版』（彰国社、一九八〇年）一三九頁に、中世末期のマチヤをえがいた洛中洛外図屏風のうち、町田本（歴博甲本）を参照して「土台はまだ見られない」とされている。稲垣栄三『稲垣栄三著作集 二 神社建築史研究Ⅱ』（中央公論美術出版、二〇〇八年）二七〇頁にこの指摘がおさめられている。なお、この点に、各論A京都3「京マチヤの原型ならびに形態生成」一五四頁でもふれた。

（5）土本俊和編『中世後期から近世に至る掘立棟持柱構造からの展開過程に関する形態史的研究 二〇〇一～二〇〇三年度科学研究費補助金（基盤研究C（2））研究成果報告書』研究代表者・土本俊和（信州大学工学部教授）、二〇〇五年）

（6）玉井哲雄「日本建築の構造」（藤井恵介・玉井哲雄『建築の歴史』中央公論社、三〇三—三〇八頁、一九九五年）三〇四頁引用

（7）土本俊和「表題解説—戦前の棟持柱祖型論—」（信州大学工学部土本研究室編『棟柱 第7号』信州伝統的建造物保存技術研究会、二—三頁、二〇〇四年）、総論3同「戦前の棟持柱祖形論」

（8）註7前掲・総論3土本「戦前の棟持柱祖形論」四二頁引用

（9）島崎広史・土本俊和「棟持柱構造と軸部・小屋組構造を併せ持つ切妻小規模建造物」（『日本建築学会計画系論文集』六〇三、一七五—一八二頁、二〇〇六年）、総論7同「同」参照。早川慶春・土本俊和・鵜飼浩平・梅干野成央「タテノボセと土台からみた小規模建造物」（『日本建築学会計画系論文集』六一六、一六七—一七四頁、二〇〇七年）、各論B信州5同「同」参照。

（10）土本俊和「土台と玉石」（長野県建築士事務所協会編『しなの』一二九、八—一一頁、二〇〇五年）参照

（11）景観年代は、京都国立博物館編『洛中洛外図 都の形象 洛中洛外の世界』（淡交社、一九九七年）を参照した。

（12）松尾さつき『洛中洛外図屏風にみる町屋の形態』（信州大学工学部社会開発工学科建築コース卒業論文（土本研究室）、二〇〇〇年）

（13）伊藤鄭爾『中世住居史［第二版］』（東京大学出版会、一九八四年・一九五八年初版）二五〇頁引用

（14）（15）註12前掲・松尾「洛中洛外図屏風にみる町屋の形態」参照

（16）京都府教育庁文化財保護課編『京都府の民家 調査報告 第七冊—昭和四七年度京都府民家緊急調査報告—』（京都府教育委員会、一九七五年）（永井規男執筆部分）参照

（17）註5前掲・土本編『中世後期から近世に至る掘立棟持柱構造からの展開過程に関する形態史的研究』参照

(18) 本多昭一・野口徹アドバイザー「組立構法による幻の集落―川原町」（横溝正夫編『ガラス glass & architecture』綜建築研究所発行、七七―二、一一―一五頁、一九七七年）

(19) 註9前掲・総論7島崎ほか「棟持柱構造と軸部・小屋組構造を併せ持つ切妻小規模建造物」参照

(20) 金石健太「土台を持つ建物の系譜」（『信州大学工学部社会開発工学専攻建築コース修士論文梗概集』一八、一三―一六頁、二〇〇四年）

(21) 註5前掲・土本編『中世後期から近世に至る掘立棟持柱構造からの展開過程に関する形態史的研究』参照

(22) 註9前掲・総論7島崎ほか「棟持柱構造と軸部・小屋組構造を併せ持つ切妻小規模建造物」参照

(23) 内田健一・土本俊和「棟持柱構造から軸部・小屋組構造への転換過程」（『日本建築学会計画系論文集』五五六、三一三―三二〇頁、二〇〇二年）、総論6同「同」参照

(24)(25) 註9前掲・総論7島崎ほか「棟持柱構造と軸部・小屋組構造を併せ持つ切妻小規模建造物」参照

(26) 飯山市土建産業労働組合編『職人がつづる職人誌』（銀河書房、一九七九年）七七頁引用

(27) 註5前掲・土本編『中世後期から近世に至る掘立棟持柱構造からの展開過程に関する形態史的研究』参照

(28) 註9前掲・各論B信州5早川ほか「タテノボセと土台からみた小規模建造物」二三〇頁引用

(29) 註9前掲・各論B信州5早川ほか「タテノボセと土台からみた小規模建造物」二三三頁引用

(30) 太田博太郎・小寺武久『妻籠宿 その保存と再生』（彰国社、一九八四年）参照

(31) 三村卓也・善田健二・土本俊和「上越市高田地区にみる棟持柱と歴史的町屋建築」（『日本建築学会北陸支部研究報告集』四九、三七九―三八二頁、二〇〇六年）

(32) 鈴木嘉吉「概説 畿内の町家」（同編『日本の民家 第6巻 町家Ⅱ 近畿』学習研究社、一三八―一四五頁、一九八〇年）一四三頁引用

(33) 土本俊和「京マチヤの原形ならびに形態生成」（西山良平・藤田勝也編『平安京の住まい』京都大学学術出版会、一九五―二四一頁、二〇〇七年）、各論A京都3同「同」参照。また、通し柱型については、大場修『近世近代町家建築史論』（中央公論美術出版、二〇〇四年）参照。

(34) 註6前掲・玉井「日本建築の構造」参照

(35) 関口欣也執筆・山梨県教育委員会編『山梨県の民家』（第一法規出版、一九八二年）

(36) 註35前掲・関口『山梨県の民家』一三九頁引用

(37) 註35前掲・関口『山梨県の民家』一二一頁引用

(38) 註5前掲・土本編『中世後期から近世に至る掘立棟持柱構造からの展開過程に関する形態史的研究』一七一―一七四頁参照

(39) 註9前掲・総論7島崎ほか「棟持柱構造と軸部・小屋組構造を併せ持つ切妻小規模建造物」九五頁引用

初出　『棟持柱祖形論』　滝澤秀人・土本俊和

補記　三〇八頁および註18で言及した川原町について、丸山奈巳「大水から逃げる街―新宮川原町」（藤井恵介編『建築の移築に関する研究 二〇〇二（平成一四）年度～二〇〇四（平成一六）年度科学研究費補助金 基盤研究(B)(2) 研究成果報告書』研究室代表者・藤井恵介、四九―一〇六頁、二〇〇五年）がある。これはのちに前半が『能野誌 第五十二号』に、後半が『能野誌 第五十三号』に、掲載された。

# 考察８　近世地方マチヤにおける吹き抜けと棟持柱構造

## 一　序論

日本の各地には、それぞれ特徴ある民家が点在している。伊藤鄭爾が「民家は生きてきた」としるすように、民家は、それぞれの地域に芽吹いた特徴をはぐくんで成長してきた。民家と称される建築には、農家とマチヤがある。農家とは、「農業従事者の住居、およびそれに付属する納屋、倉庫、畜舎、堆肥舎などを含む建築群の総称」(1)であり、日本全国のいたるところにみられる。マチヤとは、「主屋の全部またはその一部を直接道路に面するように建てた住居」(2)と定義されるものである。

これまでの既往研究では、民家のなかでも農家に関する研究がおもにおこなわれてきた。農家に関する研究では、平面形式と構造形式から、それぞれの地方がもつ特徴があきらかにされてきた。一方、マチヤに関する研究は、京都、江戸、大坂といった大都市に関するものがおおい。なかでも、京都のマチヤを対象とした研究は、積極的にすすめられ、鈴木嘉吉、中村昌生、川上貢、日向進、大場修、土本俊和により、おおくの研究がなされている。とりわけ、これらの先行研究を総括し、おおきな論を展開したものとして、棟持柱祖形論がある。土本は、中世からの変容とその構造としての棟持柱構造をしめし、中世後期の京都のマチヤが棟持柱構造をもちいていたことをしめしてきた。

対して、京都のマチヤすなわち京マチヤ以外の地方マチヤにおける研究は、まだまだ研究の余地がある。なぜならば、地方マチヤに即して棟持柱構造をもつマチヤを捕捉したうえでその変容をとりあつかった考察がすくないからである。中世の京マチヤに棟持柱構造が採用されていたにもかかわらず、地方マチヤのなかの棟持柱構造に目をむけないわけにはいかない。それゆえ、本論は、棟持柱構造をもちいたマチヤを捕捉したうえで地方マチヤの変容をあつかう。

地方マチヤを網羅的にあつかった研究として、大場修『近世近代町家建築史論』(3)がある。近畿地方のマチヤを対象にしつつ、全国のマチヤを「京町家」、「京都型町家」、「在地型町家」の三つに大別している。しかし、大場もまた、棟持柱構造に着目しきれていない。大場は、京マチヤと地方マチヤを類型化し、形式での分類をこころみた。大場の定義によると、「京町家」とは、京都の洛中にみられるマチヤをさす。「京都型町家」とは、「平入で通し柱型の構造形式を有し、平面・構造ともに京町家によく類似する」(4)マチヤをさす。ここでもちいられる「通し柱型」とは、大場が定義した形式であり、「両妻壁に立ち並ぶ柱を始め土間境の柱などをみな棟木や母屋、桁までの通し柱とし、梁は土間上部の吹き抜けに限る」(5)構造をいう。棟持柱構造は、大場のいう「通し柱型」にふくまれるが、「通し柱型」は、棟持柱をもたない通し柱構造のマチヤもふくむ。このように、地方マチヤに即して棟持柱構造を捕捉し、そのマチヤを研究の対象にすえることは、マチヤをより詳細に把握することにつながる。

京マチヤとの比較により、全国のマチヤの分類が容易におこなえる。しかし、地方マチヤは、鈴木嘉吉による「京都型」と「今井型」(6)や大場の「京都型町家」と「在地型町家」といったように、ともに「京町家」に系統が同か異かの大枠で分類されている。そのため、地方マチヤの建築構造や内部空間について詳細に検討した研究は、すくない。

個々のマチヤに対する個別的な検証のための指標のひとつとして棟持柱があげられる。棟持柱に注目することにより、より詳細な検討が可能になる。しかし、地方マチヤに即して棟持柱に着目した論考は、ない。とくに、採光や排煙に密接にかかわっていた吹き抜けに関する考察がない。そもそも、吹き抜けの発生時期はよくしめされておらず、吹き抜けの意義のみがとらえられている。京マチヤにおける吹き抜けとは、トオリドマの上部に配され、竈の煙を排出するなどにもちいられている。地方マチヤにおける吹き抜けは、京マチヤのようにトオリドマ上部のみにもうけられるのではなく、居室の上部に吹き抜けをもつものが散見される。そのひとつの形式としてミセ・ナカノマ・ザシキと並ぶ居室列のナカノマに吹き抜けをもつ形式（以下、ナカノマ吹き抜けとする）がある。ナカノマ吹き抜けをもつマチヤを対象とした研究事例として、藤田盟児「吹き抜けのある町家」(7)や小倉拓也「部屋上に吹き抜けのある民家」(8)がある。これらは、広島県廿日市市宮島のマチヤを対象としている。小倉は、ナカノマ吹き抜けをもつマチヤを、「京都を中心に街道と海路を通じて広がっていった町家形式ではないか」(9)とし、オウエとよばれ、「接客や食事や家族の団らんが行われる空間と仏壇や神棚を祀る神聖な空間の二つの用途を合わせ持つ部屋」(10)としている。また、藤田は、伊藤鄭爾による中世の「おうへ」を引用し、「オウエという部屋の機能、形態、名称に着目すると、宮島の町家は中世末期の町家の残像である可能性が高い」(11)という仮説をのべている。しかし、藤田や小倉は、棟持柱構造に着目しておらず、ナカノマ吹き抜けへの変容過程を明確にしめしていない。

このように、棟持柱をもちつつ、京マチヤに類似するマチヤが散見されるなか、ナカノマ吹き抜けをもつ地方マチヤの存在がうかびあがる。そして、本論は、広島県廿日市市宮島と同様に、ナカノマ吹き抜けをもち、城下町に成立した地方マチヤを新潟県上越市高田城下町にて捕捉した（以下、高田マチヤとする）。さらに、本論の調査にて数おおくの高田マチヤに即して実測調査をおこなうことができ、おおくの実測図面を採取することができた。

これまで高田城下町に関する研究は、いくつかなされている。しかし、これまでの調査で実測された高田マチヤは、数軒にとどまり、一部の把握にかぎられてきた。新潟県教育委員会編『越後の民家　上越編』(12)で、高田のマチヤにおける代表的なマチヤとして「今井染物店」がしめされた。これは、江戸後期とされる建築年代や平面形態にくわえ、ナカノマに吹き抜けをもつ、高田マチヤの代表的な姿と位置づけられている。その後も、東京大学工学部建築史研究室編『越後高田の雁木』(13)が建築年代のふるいマチヤを選別して実測調査をおこない、図面を採取して記録している。しかし、これら以降の既往研究においても、高田マチヤの二階建てへの変容過程と吹き抜けの意義に関する考察は、おこなわれていない。

すなわち、高田マチヤにおいてナカノマ吹き抜けは、どのような変容をたどって成立し、どのような意義をもつのか、という問いは有意義である。

よって、本論は、地方マチヤのひとつである高田マチヤを対象とし、棟持柱構造に即して高田マチヤの変容過程をあきらかにし、高田マチヤに根づいた構造を捕捉する。さらに、ナカノマ吹き抜けが発生した時期ならびに棟持柱により架構されたナカノマ吹き抜けの意義をあきらかにする。

## 二　高田マチヤの概要

本論は、平成一七、一八年度に高田の仲町二～六丁目、大町三～五丁目、本町六～七丁目、東本町一丁目を網羅したマチヤの調査を実施した。この調査により、高田マチヤのうち一四四棟について実測図面を採取することができた。また、その後の調査で、棟持柱構造をもつマチヤ八棟について、さらに詳細な調査を実施した。

本論が棟持柱構造のマチヤに着目する理由は、中世の京マチヤが棟持柱構造をもちいていたことにくわえ、以下の二点にある。まず、農家とマチヤの双方に言及した論考として、遠藤由樹・土本俊和による棟持柱祖形論(14)があり、そこで棟持柱構造が「日本の民家の支配的源流である」(15)と位置づけられている点にある。つぎに、調査によってえられた棟持柱構造をもつマチヤが高田マチヤ全体のなかでも建築年代のふるい遺構であった点にある。実測調査からえた棟持柱構造のマチヤを中心に高田マチヤの姿をまとめるのは、以上による。

個々の敷地は、短冊形であり、表にマチヤをもうけ、裏に雪下ろしのための庭が配される。外観は、切妻平入であり、マチヤどうしは、隙間なくたちならんでいる。屋根は、もともと石置の板葺であり、現在は鉄板におおわれている。マチヤの正面には、積雪時の通路としての雁木がもうけられている。

平面は、片土間式であり、土間にそって、ミセ、ナカノマ(16)、ザシキがならぶ一列三室を標準型とする。また、ナカノマには神棚をまつる。今井染物店は、図7と図8にしめすものであるが、さかのぼれば、一列三室の平面であった(17)。ナカノマの土間に接するところは、敷居がなく、障子もない。さらに、ナカノマとそこに接する土間上部を吹き抜けとし、ナカノマの壁および屋根に天窓がもうけられる（図2）。それゆえ、土間とナカノマが一体的なひろがりをもつ。また、ナカノマに囲炉裏《いろり》の痕跡を二棟のマチヤで確認した（表1）。

高田マチヤは、妻面の土台に柱がたちならび、棟持柱を一本ずつもつ構造をなしている。妻壁の柱の頂部は斜材によってつながれ、その上に母屋がのる。さらに、その上に垂木がかけられ、屋根がふかれる。つまり、棟木をささえる柱は、じかに棟木を支持しているわけではない。しかし、途中でとだえることのない通し柱が棟木をささえているため、本論はこれを広義の棟持柱ととらえる。また、棟の位置がナカノマとザシキのさかいにおかれる場合、土間と床上のさかいの柱が棟持柱となって内部の柱も棟持柱となる場合がある(18)。さらに、妻面どうしはふとい梁でつながれ、梁は十字もしくは井桁にくまれる。その上に貫で縦横をかためられた束をたてることでナカノマに柱のない吹き抜けを成立させている（図2）。

以上より、高田マチヤは、短冊形の敷地にたち、平入切妻で、通し柱と棟持柱をもち、一列三室の平面を基本型としており、この意味で京マチヤとおなじ要素をもつ。さらに、吹き抜けは、土間上部にくわえ、ナカノマ上部に配される。そして、構造の全貌は、妻面の柱の柱頭を斜材によってつなぐ棟持柱構造である。

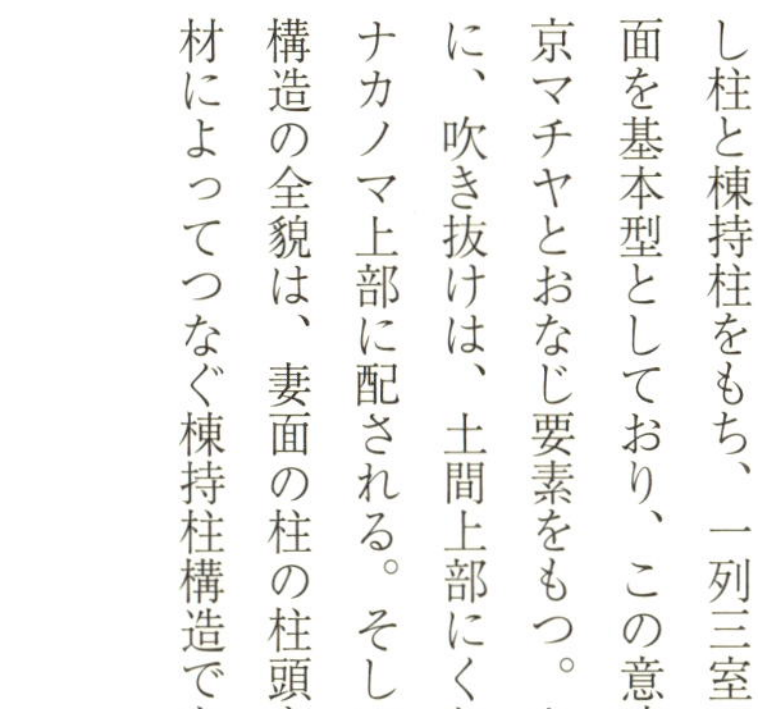

**図1**　高田マチヤ（今井染物店）

# 三　高田マチヤの変容

## 三―一　高田マチヤの変容

これまで、高田マチヤの姿を実測調査から捕捉してきた。ここでは、実測調査したマチヤのうち、断面図を採取することができた四九棟をもちいて、高田マチヤがどのような変容をとげてきたのかをあきらかにする。

断面図を採取できたマチヤの形態は、おおきく三種類にわけられた。ここで、高田マチヤの変容過程を捕捉するために、この三種類を、それぞれ、二階居室のないマチヤを「平屋建てマチヤ」、軒がひくく二階居室の天井が斜天井のマチヤを「つし二階建てマチヤ」、軒がたかく二階居室の天井が平天井のマチヤを「総二階建てマチヤ」と定義する。この定義にしたがい、断面図を採取することができた高田マチヤ四九棟を分類した。

分類の結果、「つし二階建てマチヤ」のなかで二階居室の形態の差異により、さらに三タイプの形態に分類することができた。オモテニカイのみが二階居室となっているマチヤをA型、オモテとウラニカイを二階居室となっているマチヤをB型、オモテないしウラニカイのどちらかが平天井で、もう一方が斜天井となっているマチヤをC型と分類した。

「総二階建てマチヤ」においても、チャノマ上部の形態の差異により、さらに三タイプに分類することができた。チャノマ上部が吹き抜けのマチヤをD型、チャノマ上部が居室化されたものの天井がはられておらず、屋根裏まで吹き抜けたマチヤをE型、チャノマ上部を居室とし、天井がはられたマチヤをF型と分類した（図6）。以下、類型化されたマチヤをヒアリング調査からえた建築年代に即してマチヤの変容を捕捉する。

はじめに、総二階建てマチヤに分類された三タイプ（D型、E型、F型）のマチヤ形態の年代順をあきらかにする。チャノマ上部の吹き抜けをふさぎ、二階に居室をあらたにもうけたという増改築のヒアリング[19]と建築年代より、明治後期から昭和初期にかけて、総二階建てマチヤD型からE型もしくはF型へ変容したことを把握することができた。

つぎに、つし二階建てマチヤ三タイプ（A型、B型、C型）の年代順をヒアリン

**図2**　ナカノマ吹き抜け（今井染物店）

**表1**　詳細調査建物リスト

| 番 | 建物名称 | 所在地 | 使用用途 | 入り方 | 間口 | 奥行 | 吹抜け | 囲炉裏 | 棟持柱配置 | 妻壁の柱頭をつなぐ斜材 | 建築年代 |
|---|---|---|---|---|---|---|---|---|---|---|---|
| 1 | 大島電気店倉庫 | 上越市高田本町 | 倉庫 | 平入 | 2.25間 | 9間 | 中の間 | – | 南●――――●北 | 有 | H：1908年 |
| 2 | 成沢正子邸 | 上越市高田本町 | 住宅 | 平入 | 4.64間 | 9間 | 中の間 | – | 南●――○――――○――？北 | 有 | H：1850年 |
| 3 | 今井染物店 | 上越市高田大町 | 市所有公開町屋 | 平入 | 6.5間 | 11間 | 中の間 | 跡アリ | 南●――――――●北 | 有 | S：江戸末期 |
| 4 | 倉石柳邸 | 上越市高田本町 | 住宅 | 平入 | 4間 | 9間 | 中の間 | – | 南●――――●――――？北 | 有 | H：100～150年前 |
| 5 | 金津憲太郎桶店 | 上越市高田仲町 | 市所有公開町屋 | 平入 | 3間 | 8間 | 中の間 | 有 | 南○――○――――○北 | – | S：江戸末期 |
| 6 | 柴田貞夫邸 | 上越市高田大町 | 住宅 | 平入 | 3.5間 | 9.5間 | 中の間 | – | 南？――――――●北▼ | 有 | H：1935年 |
| 7 | 竹本誠一邸 | 上越市高田仲町 | 物置 | 平入 | 2.87間 | 3間▽ | – | – | 南●――●北 | 有 | H：不明 |
| 8 | 野口伸男邸 | 上越市高田仲町 | 住宅 | 平入 | 2.3間 | 13間 | 中の間 | – | 南●――――●北 | 有 | H：文政期 |

リストは調査をおこなった順による。／棟通の柱位置の欄における●は棟持柱、○は棟持柱ではない柱、？は目視で確認できないもの、目盛は半間を意味する。／建築年代の欄におけるHはヒアリング、Sは史料にしるされた文言から建築年代を把握したことを意味する。／▽はマチヤの裏半分がこわされ、現状が3間となっている。／▼は増改築の跡がみられ、棟持柱構造ではないが、酷似したマチヤをしめす。

グより把握した結果、江戸後期から大正後期までたてられていたことがあきらかになった。くわえて、明治三四年（一九〇一）に編集された『越後頸城郡誌稿』から、つし二階建てに関する記述を参照する。これによると、オモテニカイは現在と同様にミセの二階にあるザシキをさす。一方、ウラニカイは土蔵の雨屋の二階にもうけられた部屋をさし、さらに土蔵のなかのこのウラニカイは、富裕層のマチヤにのみみられるものできわめて稀である、という[20]。つまり、このウラニカイは、現在の高田マチヤがもつザシキ上部のウラニカイとはことなる。この記述と合致するマチヤは、ザシキ上部にウラニカイをもたないつし二階建てのマチヤA型である。この形態をもつマチヤが今井染物店である。今井染物店は、江戸後期の建築とされ[21]、高田マチヤの特徴をよくのこしているマチヤのひとつである（図7、8）。つし二階建てのマチヤA型は、『越後頸城郡誌稿』にしるされたマチヤの説明と一致することから、土蔵に付属している部屋がもともとウラニカイであったとかんがえられ、ザシキ上部のウラニカイはその当時まだ定型化されていなかった、といえる。すなわち、明治中期には、つし二階建てのマチヤA型が高田マチヤの主流をなす形態として確立されていた、と想定することができる。

　さいごに、平屋建てマチヤの建築年代の把握をこころみた。捕捉できた平屋建てマチヤは、一棟であった。また、正確な建築年代を

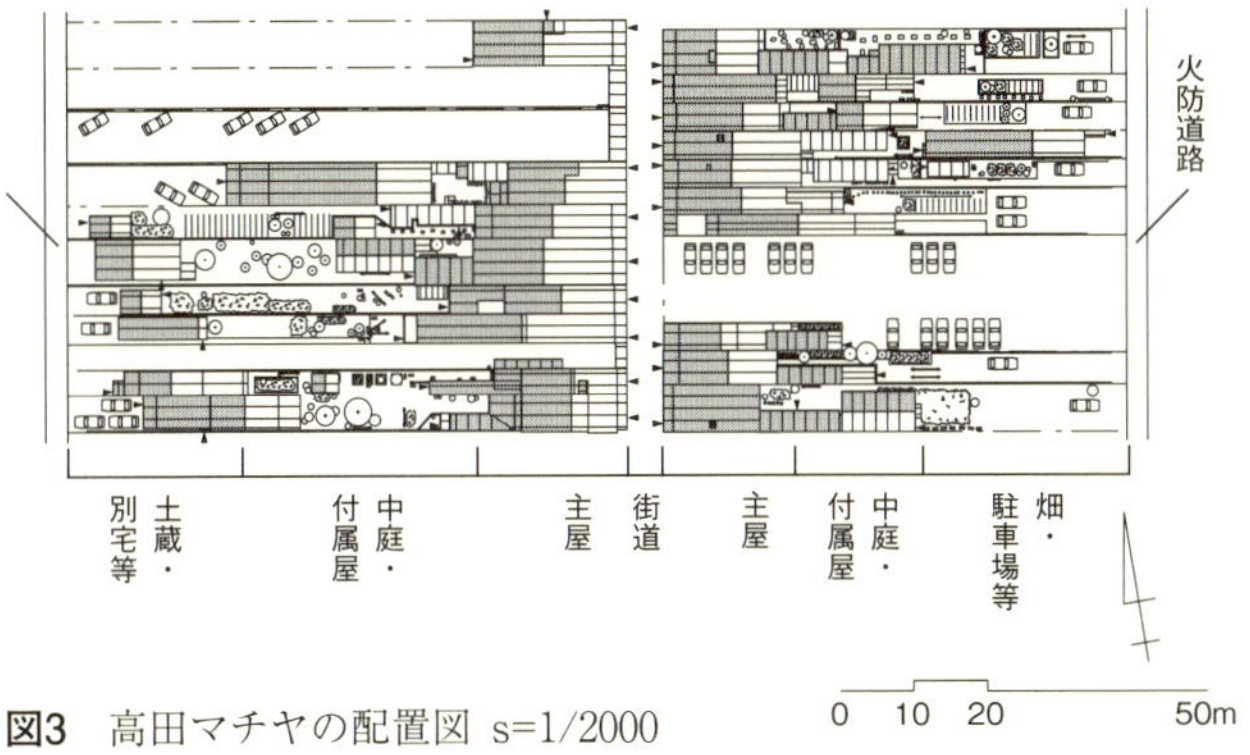


**図3**　高田マチヤの配置図 s=1/2000

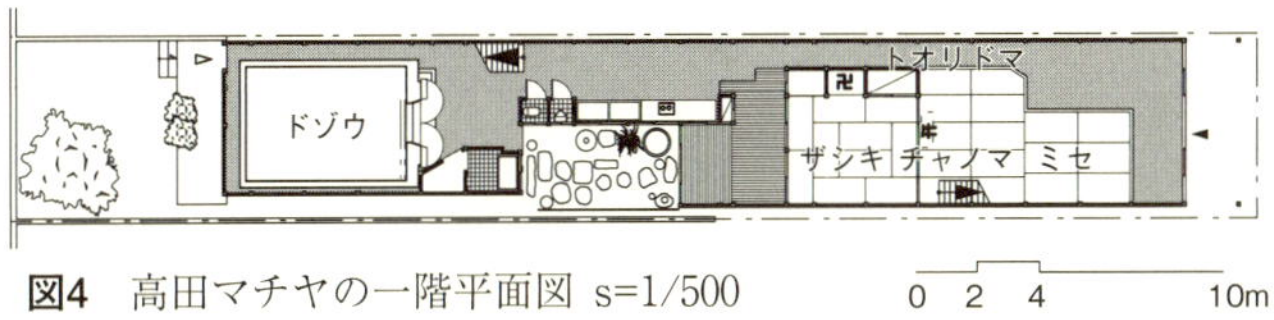


**図4**　高田マチヤの一階平面図 s=1/500

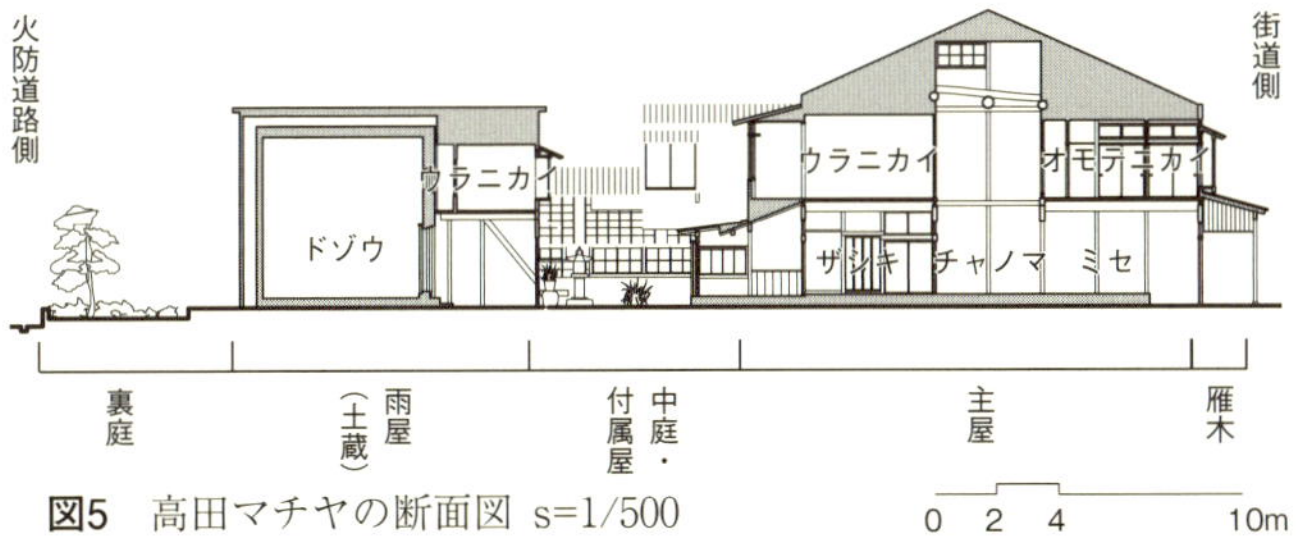


**図5**　高田マチヤの断面図 s=1/500

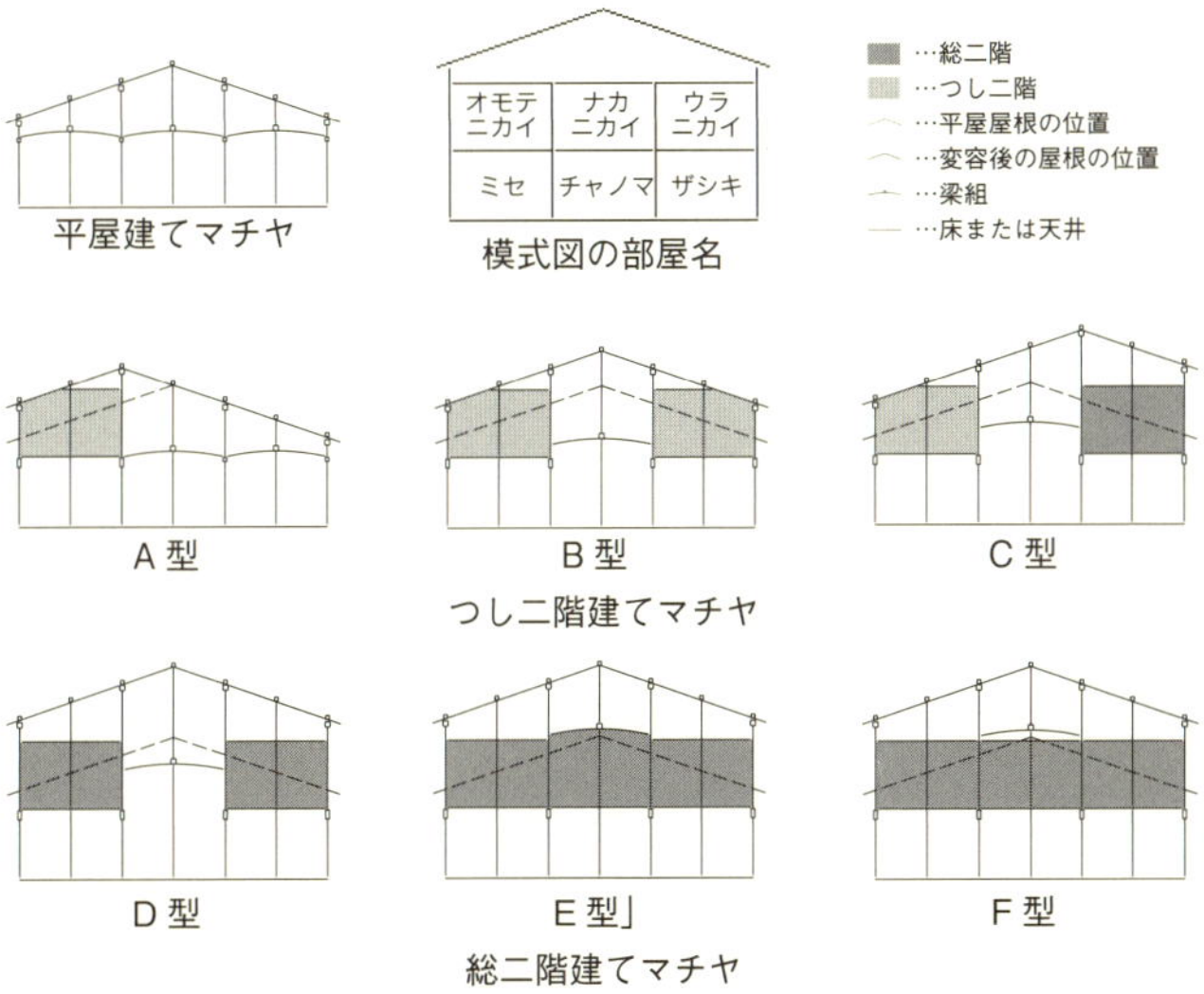


**図6**　高田マチヤの模式図

あきらかにしがたいマチヤをおぎなう資料として、『越後高田の雁木』があげられる。この調査報告書で、実測された平屋建てマチヤは、一九世紀前~中期である、としるされている。(22) これらの平屋建てマチヤも、さきにみた高田マチヤと同様の構造形式をあらわしている。これらから、平屋建てマチヤは、一九世紀前~中期頃に存在した、と推すことができる。

以上、これまでたどってきた高田マチヤの変容過程より、高田マチヤは、平屋建てマチヤを原形にもつ、と推断することができる。また、実測結果とヒアリングから高田マチヤの変容過程をまとめると、表2のようになり、江戸後期には平屋建てマチヤとつし二階建てマチヤが併存していた状態が想定され、総二階建てマチヤは、明治後期から姿をみせるようになった、といえる。

## 三―二　高田マチヤの変容と京マチヤの差異

ここまで、調査結果をもとに高田マチヤにおける二階建ての変容を建築年代からたどってきた。それらをふまえ、マチヤ研究において、京マチヤの変容過程と高田マチヤの変容過程とを比較することにより、高田マチヤの変容過程でみられる特徴を把握する。

京マチヤは、現在ほとんどが二階建てマチヤである。京マチヤのふるい姿をつたえる史料として、一六世紀初頭から一七世紀半ばまでの京都の町並みをえがいた洛中洛外図屏風がある。一六世紀にえがかれたとされる町田本（歴博甲本）(23)や上杉家本(24)をみると、平屋建てマチヤが散見される。しかし、一七世紀にえがかれたとされる舟木家本(25)などでは二階建てマチヤが散見される。つまり、近世初期にはすでに二階建てマチヤが存在していた、といえる。しかし、舟木家本にみる二階建てマチヤは軒高がかなりひくい。

上田篤によれば、「日本の古い時代に存在した数すくない二階というのは、（中略）日常起居する生活空間ではなく、たまさかの遊興の世界であった」(26)。さらに、宮本雅明は、「現存する町家遺構に基づく研究に従うなら本格的な二階建ての町家の普及は近世後期、特に幕末から明治期にかけて」(27)、とのべている。

すなわち、平屋建てから二階建てへの萌芽として近世初期を、本格的な二階建てへ変容する時期として近世後期を位置づけることができる。

さらに、鈴木嘉吉は、京マチヤの平屋建てから二階建てへの変容過程として、つぎのようなモデルを提示している（図9）。すなわち、まず初期の段階では、屋根裏を利用したいわゆるつし二階で、その後、物置状のつし二階が居室化する（イ）。初期には正面だけ二階をもうけていたのが背面まで漸次のびていき（ロ）、背面の二階が発達して天井のたかい本二階となる（ハ）。正面を本二階にしてザシキをもうけた例があるが、近畿では青楼紅閣にかぎられていた。そして、棟高をたかくすることにより、現在もみられる総二階建てのマチヤが形成される

**表2**　高田マチヤの変容

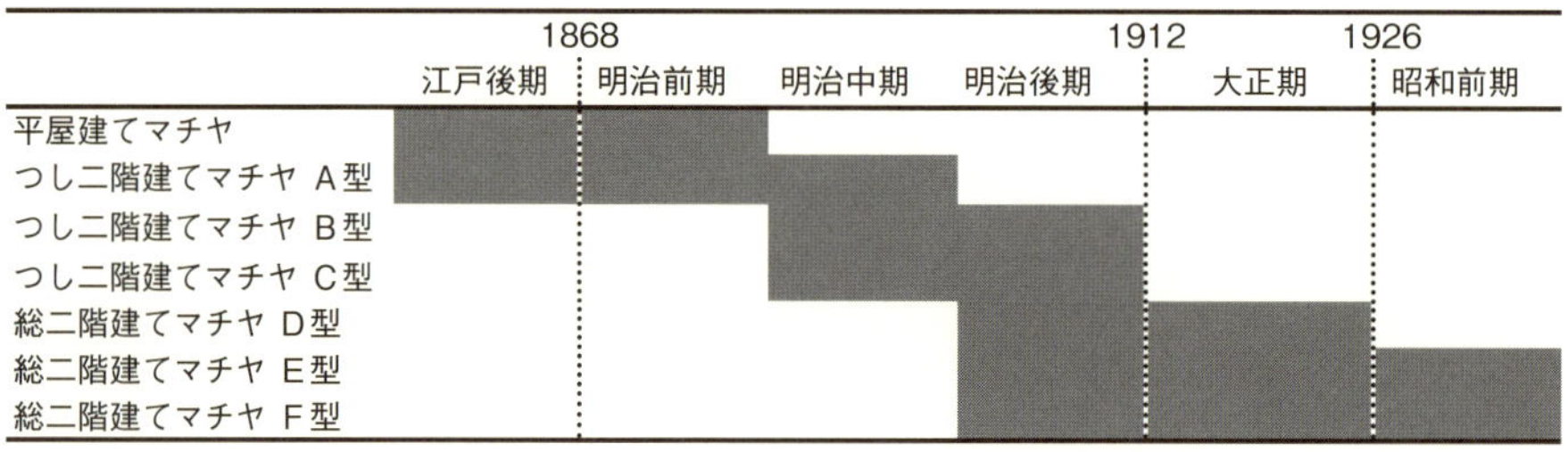

（二）。

　このように、高田マチヤと京マチヤの変容過程を比較すると、平屋建てから総二階建てへの変容過程のなかで、まんなかの部屋上部が居室化するかしないかのちがいがみられた。

　この点は、二階建てとなった、京マチヤと高田マチヤの平面形式を比較する観点からも、明確に把握することができる。京マチヤは、隣家とほとんど隙間もたず、通りに面して口をひらき、ミセ、ナカノマ、オクとつづき、そのどちらか片方にトオリドマを配している一列三室型である(28)。高田マチヤも、敷地割りと一階の平面構成がともに京マチヤににている。しかし、興味ぶかい点は、二階平面形式にある。京マチヤのうち二階をもつものは、ミセ、ナカノマ、オクの上部すべてに、二階居室をもつのが一般的である。対して、高田マチヤは、オモテニカイ、ウラニカイがあるものの、チャノマ上部は、居室化されることなく、梁組があらわになっている、この点に、京マチヤと高田マチヤのちがいをみてとることができる。

　以上のように、高田ではまんなかの部屋（チャノマ）上部は居室化されず、京都ではまんなかの部屋（ナカノマ）上部は居室化された。このように、高田マチヤは、京マチヤににているものの、京マチヤとことなる、独自の姿をその変容過程からよみとることができる。

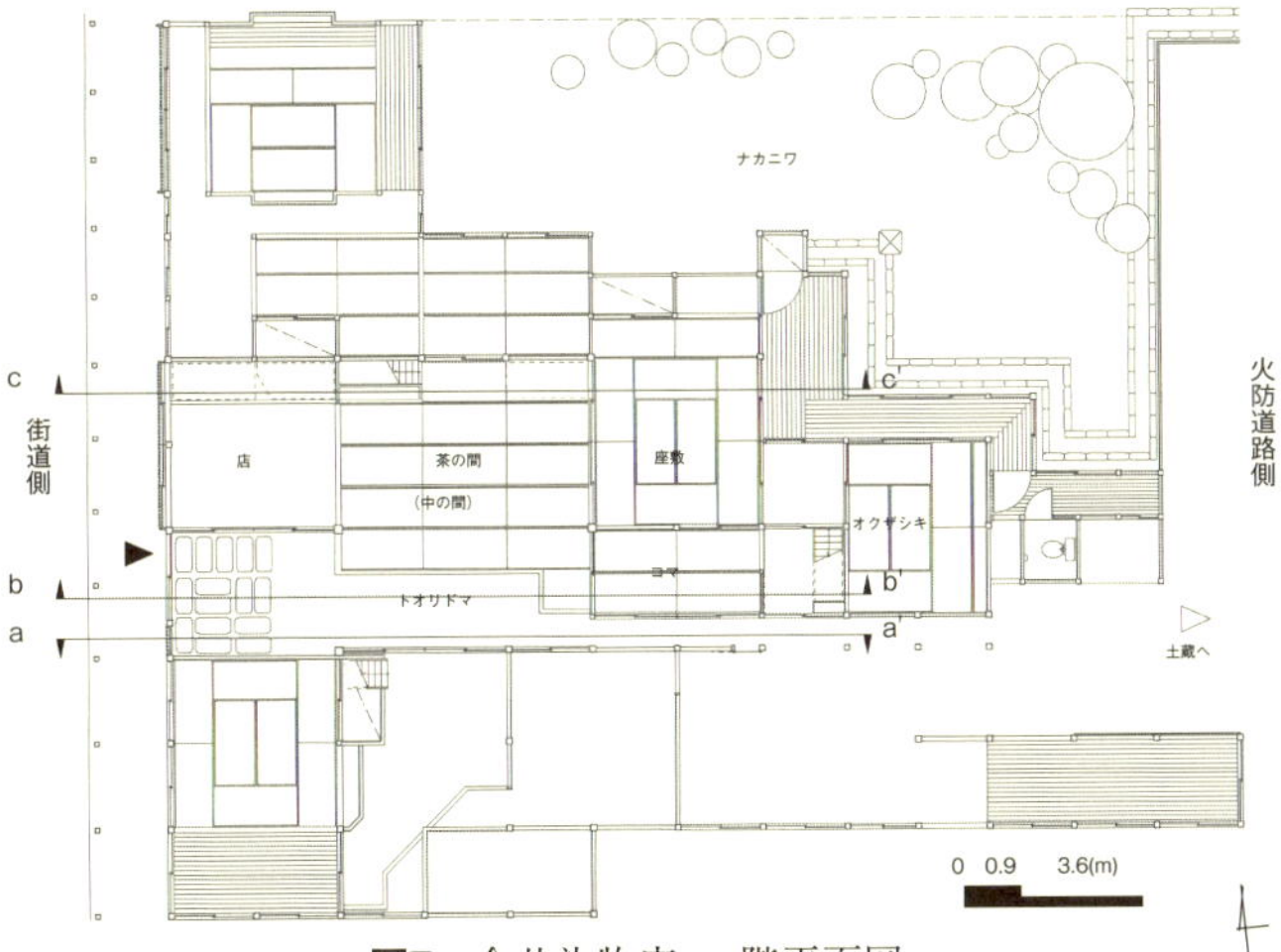


図7　今井染物店 一階平面図

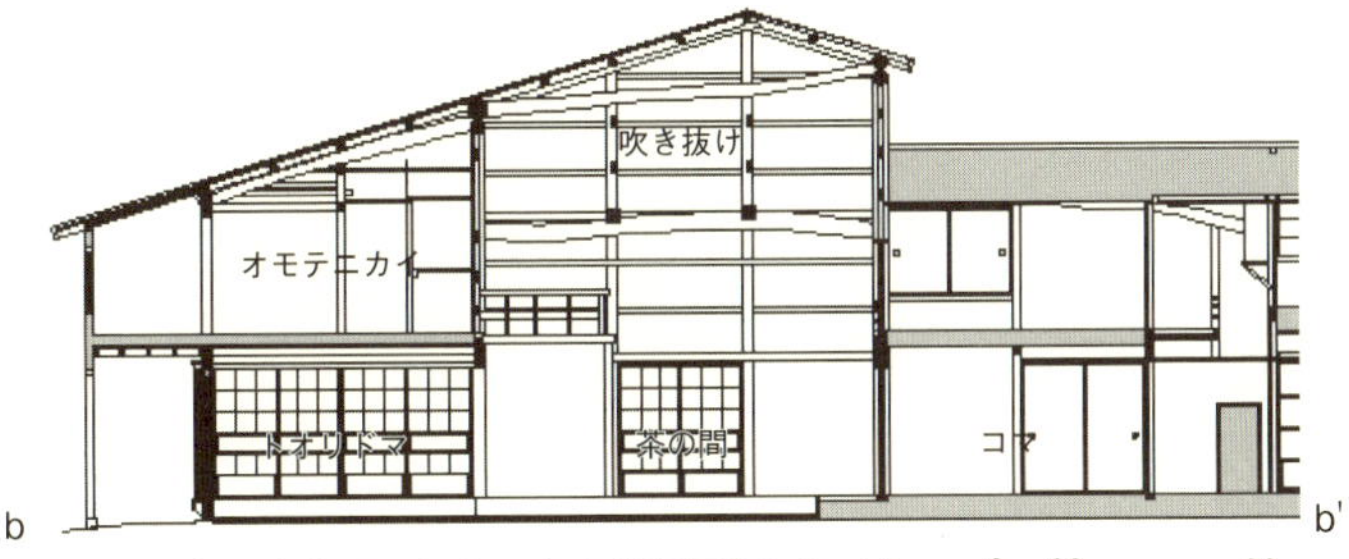


図8　今井染物店 土間・床上境断面図（b-b'）

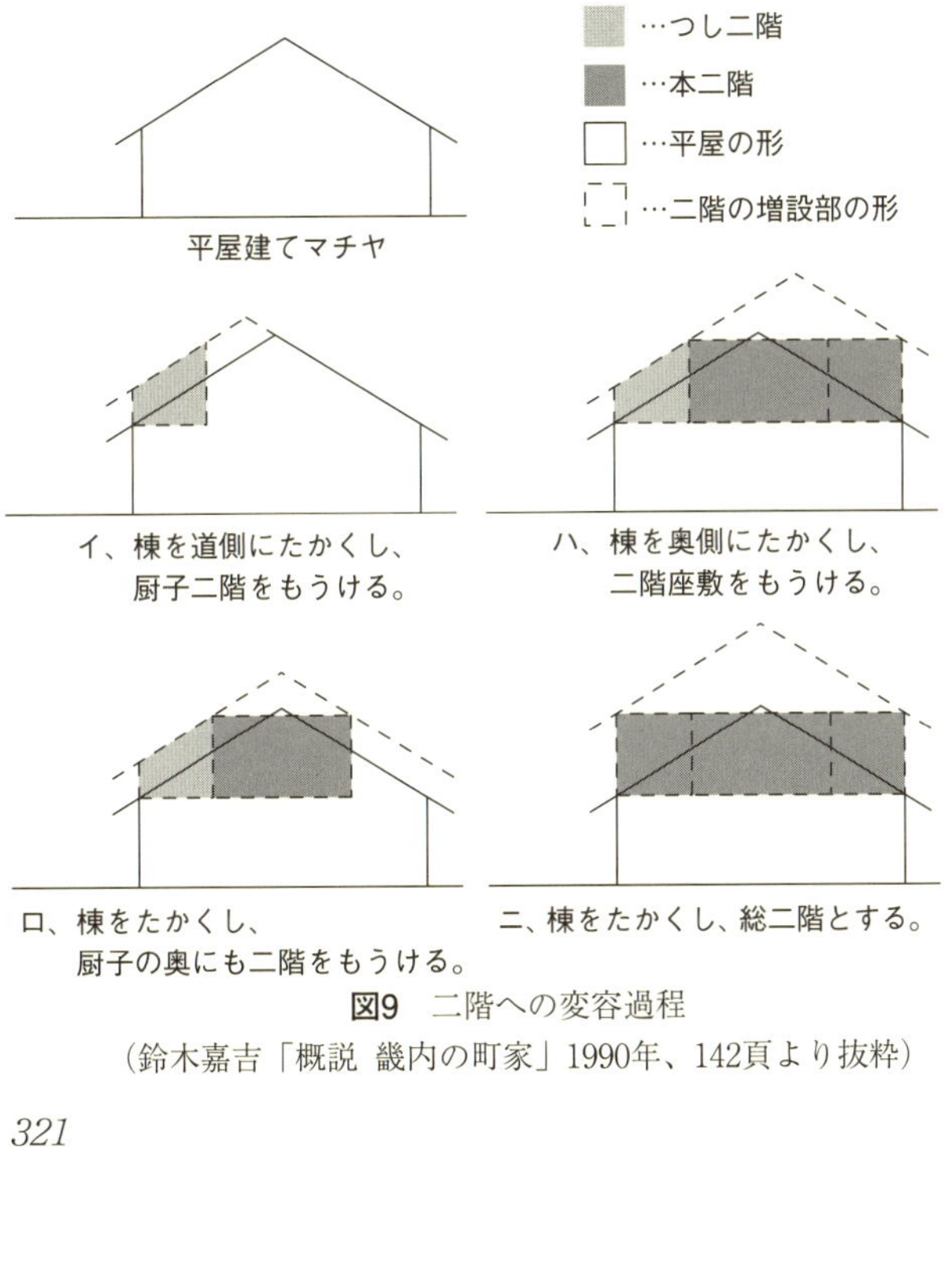


図9　二階への変容過程

（鈴木嘉吉「概説 畿内の町家」1990年、142頁より抜粋）

### 三—三　まとめに　高田マチヤの変容からみえる特徴

以上、実測調査と文献史料より、高田マチヤの変容過程を把握した。高田マチヤは、平屋建てのマチヤから出発していた。江戸後期には、平屋建てマチヤおよびオモテニカイのみが居室化したつし二階建てマチヤが高田城下町に併存していた。その後、明治中期以降からウラニカイが居室化したつし二階建てマチヤが主流となり、明治後期には総二階建てマチヤが主流となっていった。

そのなかでも、高田マチヤは、京マチヤの変容とはことなり、ナカノマ上部を居室にしないという変容過程をたどってきた。

## 四　高田マチヤの構造

### 四—一　高田マチヤと京マチヤの差異

ここまで、二階建てにむかう高田マチヤの変容を京マチヤとの比較から考察してきた。つぎに、構造の差異を京マチヤとの比較をとおして検討し、高田マチヤのもつ建築構造の特徴をあきらかにする。

高田マチヤは、一階の平面形式が京マチヤにるが、ナカノマ吹き抜けをもつ点で京マチヤとことなる、という特徴をしめしてきた。二階建てとなった高田マチヤの建築構造は、すでにしめしたとおりである。対して、京マチヤは、切妻平入(29)、棟持柱構造(30)、土台を柱脚部にすえる(31)、という特徴をもつ。柱は、半間ごとに通し柱がたち、屋根面の棟木や母屋の水平材をささえる。梁行方向におけるトオリドマとナカノマのさかいには、構造上主要な大黒柱、小黒柱がたつ。京マチヤにおける柱のふとさは、ほぼ四寸角であるが、大黒柱は六寸角前後ある(32)。この京マチヤの建築構造と同様の建築構造が高田マチヤでもみられる。

では、高田マチヤの原形に位置づけられる平屋マチヤの時点で両者に差異はうまれなかったのであろうか。高田の平屋建てマチヤの架構と、京都の平屋建てマチヤの架構を比較すると、切妻平入、棟持柱構造、柱頭どうしをつなぐ斜材がおなじであり、マチヤの形態が酷似していることがわかる。しかし、ことなるものとして梁組があげられる。

京マチヤのトオリドマ上部には「準棟纂冪」という梁組がみられ、京マチヤ独自の架構として形づくられている(33)。一方、高田マチヤでは、チャノマとそれにそうトオリドマの一部の上部に梁組がみられるように、梁組の位置が京マチヤとことなる。

これにより、京マチヤと高田マチヤは平面形式がにるが、平屋の段階においてすでに梁組の位置および吹き抜けの位置にちがいがあることが明確にしめされた。

### 四—二　吹き抜けを中心にもつマチヤ

先述したように、京マチヤと高田マチヤでは吹き抜けの位置がことなる。さらに、ここではそれぞれの吹き抜けをささえる部材に着目する。

高田マチヤにおける吹き抜けは、ナカノマ上部にもうけられている。妻壁に配された通し柱とそれらをつなぎ、何段にもいれられた貫、背のたかい差し鴨居が意匠として見る者の目をひきつける。そして、妻面の通し柱どうしに差しつけられた胴差しによってナカノマに柱のないひろい部屋を確保し、上部に吹き抜けをもうけている。また、高田マチヤの中で、印象的なのが、ナカノマの壁面にて土壁から貫をみせているように、意匠として貫がもちいられている点である。他の居室では貫をみせることなく、土壁がぬられているが、ナカノマのみが貫をみせている。

以上より、高田マチヤにおけるナカノマは、意匠的にも造形美としての技術がこめられた空間であることがわかる。

では、京マチヤは、どうであるか。京マチヤの吹き抜けは、トオリドマにそって配され、マチヤの奥行方向と平行である。それらは、妻壁の通し柱、貫、そして柱に差しつけられた胴差しによって構成される。これらは、大工用語で「準棟纂冪」もしくは「蓮台」と称された。このことをあつかった論考として、畑智弥・土本俊和の研究(34)がある。それによると、「「準棟纂冪」は大黒柱から地棟・登りを経て小屋束・貫へと華奢になっていく小屋組が土間の上部に展開する雄大な造形美に対して付けられた名前」とし、「「連台（蓮台）」は「準棟纂冪」を構成する一要素である」としている。また、「連台」は『邦訳 日葡辞書』に、「釈迦の玉座あるいは座席」と解説されていることから、畑・土本は、京マチヤの吹き抜けの架構は神聖視されていた、としている。

京マチヤの吹き抜けは、トオリドマに配された竃の排煙や採光の役割をもつ。また、『京都府の民家』によると、トオリドマに配された竃は、「三宝荒神のかまど神をまつる神聖な場所であった(35)」。これらの記述から、京マチヤにおける吹き抜けおよび吹き抜けをささえる架構は、火と信仰の対象があつまる非常に神聖視された空間であった、といえる。

すなわち、高田マチヤにおけるナカノマ吹き抜けに配された梁組は、神聖視という点において、京マチヤのトオリドマ上部に配された吹き抜けと合致する。したがって、ナカノマ吹き抜けに配され、妻壁の通し柱どうしに差しつけられた胴差しは、京マチヤにおける「準棟纂冪」と同様の意味をもっている、といえる。さらに、ナカノマ吹き抜けをささえるために束、貫、差し鴨居、柱をくみあわせることにより、構造的にも、意匠的にも洗練されていった。そして、現在の高田マチヤにおけるナカノマ上部にみられる見事な梁組を中心とした建築構造が形成された、といえる。

このように、高田マチヤは、奥行方向に直交して「準棟纂冪」と同様の空間を配し、神聖視されたナカノマをマチヤの中心にすえている。くわえて、高田マチヤは、京マチヤとはことなる空間を内部にもうけていることをしめしている。

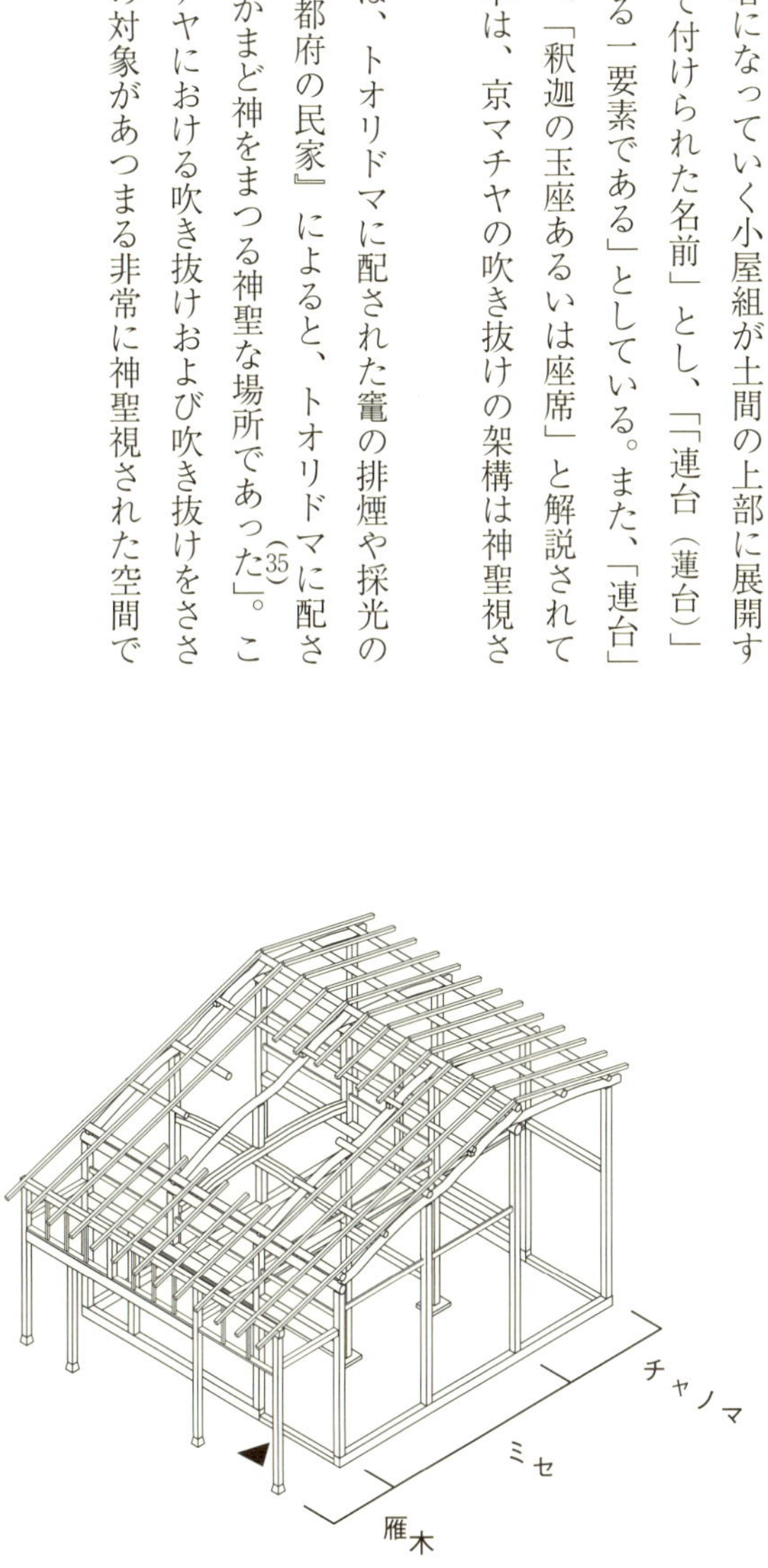


**図10**　高田の平屋建マチヤ

高田マチヤは、「京都型町家」に合致するものの、内部の空間構成との差異から、「京都型町家」という概念は、もはや、形態としてのゆるい枠にしかすぎず、詳細にマチヤをとらえきれていない、といえる。ここで、考察すべきは、土本俊和がしめす「建物条件付き都市」[36]という概念である。すなわち、高田マチヤは外観としての姿を京マチヤに模倣するものの、内包される空間性はそれとことなることをしめしている。

## 四―三　京マチヤと高田マチヤの差異

高田マチヤの原形である平屋建てマチヤは、現在、高田マチヤにおいてナカノマ上部にみることのできる梁組の原形をすでに有していた。すなわち、すでにマチヤとして小規模である段階から、京マチヤと高田マチヤは、ことなる形態を有していた。京マチヤは、神聖視される空間を、土間上部に配し、居室上部にはもうけない。対して、高田マチヤは、神聖視される空間を居室であるナカノマ上部に位置づけた。

すなわち、高田マチヤは、近世京マチヤとはことなる系譜をしめしている。

# 五　ナカノマ吹き抜けの意義

## 五―一　ナカノマの求心性

ここまで、実測調査の結果から高田マチヤの姿をしめし、近世京マチヤとの差異から、その特徴を指摘した。先述したように、ナカノマ吹き抜けをもつ高田マチヤの姿は、近世の京マチヤとことなる。ではなぜ、高田マチヤは、ナカノマ吹き抜けを成立させたのか。

まず、高田マチヤのナカノマについての考察をおこなう。本論のおこなったヒアリング調査において、ナカノマに囲炉裏を配し、そのあとに竈を配していた、という証言をえることができた。ナカノマに配された囲炉裏や竈で、火をおこし、ナカノマでご飯をたべていた。このように、高田マチヤにおけるくらしの中心にはまず囲炉裏があった。また、今井染物店と金津憲太郎桶店の二棟のなかに、囲炉裏、もしくは囲炉裏の跡をみることができた。

『越後頸城郡誌稿』によると、「皆屋上ニ高窓ヲ設ケ、兼テ煙出ト為ス。店ノ次ヲ中ノ間ト云ヒ、爰ハ玄関ト応接所ヲ兼ネ、大方ノ来客ハ皆茲ニテ応答ヲ為ス。又囲炉裏ヲ設ケ竈ヲ置ク」[37]とある。つまり、ナカノマは、囲炉裏を配した接客の場をかねた玄関であった。くわえて、「竈ヲ置ク」という文言から、ナカノマは、囲炉裏が煮炊きの中心となる火所《ひどこ》としてもちいられ、生活の中心としての居室とされていた。これらの囲炉裏や竈がナカノマにある姿は、本研究の実測調査においても確認することができた。

川島宙次は、『滅びゆく民家』の「かまど」で、雪国では、気候が寒冷なため、閉鎖的でくらい屋内生活から中央に炉をきる、とした。そして、炉のまわりで採暖、照明、乾燥などをおこない、「人々の生活はすべてこの炉の火が中心である」[38]と指摘した。対して、温暖な気候の地では、「火はむしろ戸外におく方が煙くもなかったし、熱気が室内にこもらなくてよかった」[39]としている。この指摘は、すこぶる示唆にとむ。つまり、火所を居室の外に配した近世の京マチヤは、温暖な気候に適したマチヤといえる。対して、マチヤの中心に囲炉裏と竈を配した高田マチヤは、雪国に適したマチヤといえる。すなわち、高田マチヤのナカノマは、囲炉裏と竈を床上にもち、生活の中心となり、人をあつめる求心力をもつ居室であった。

つぎに、ナカノマ上部の吹き抜けについて考察する。竈をおいたナカノマの上部に「煙出」という機能をもつ高田マチヤの吹き抜けは、近世京マチヤにおける火袋[40]に合致する。近世京マチヤにおける火袋は、トオリドマ上部に配されるが、高田マチヤにおける火袋は、居室上部に配されている。また、今和次郎は、「雪国の民家」[41]で高田マチヤにふれ、ナカノマを「茶ノ間」と表記している（図11）。この図から、今が天窓（「アカリマド」）からの光を意図してえがいていることをよみとることができる。さらに、マチヤが雪におおわれている姿がよくわかる。また、「茶ノ間」が人のあつまる部屋であり、囲炉裏らしきものもよみとることができる。これらは、雪とマチヤの関係から、人のあつまる場所と採光をさししめしている。ヒアリング調査においても吹き抜けにある窓から光をえている、という証言をいくつもえることができた[42]。本論の調査と今のスケッチをまとめると、高田マチヤにおける吹き抜けは、積雪時の採光をになっていた、といえる。すなわち、ナカノマ吹き抜けは、積雪時の採光という役割とともに、火所をナカノマにもつことから、火袋としての役割をになっていた。

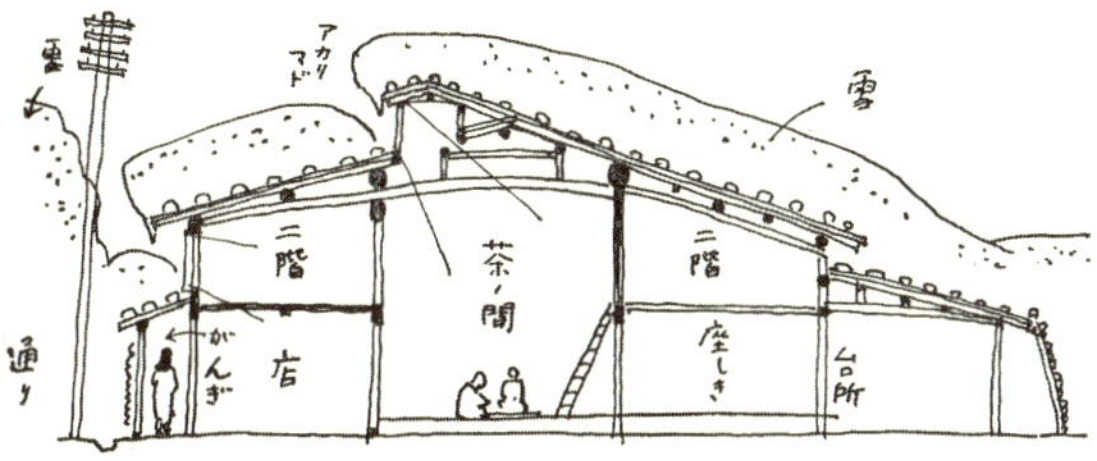

図11　今和次郎のスケッチ

以上より、高田マチヤは雪国に適したマチヤであり、そのナカノマは採光と火袋をそなえた吹き抜けをもつ求心性をおびた居室である。

## 五―二　囲炉裏を中心としたくらし

ここまでしめしたように、高田マチヤのくらしには囲炉裏が生活の中心に位置づけられてきた。ここでは、囲炉裏を中心としたくらしをまとめる。

囲炉裏という言葉は、川島によると室町時代にできたもので、地方によってさまざまな呼称があるとされる。くわえて、川島は、「いろりの意味するところは、人の居場所、あるいは火所をあらわすものである」とし、「いろりは炊事、採暖、乾燥、照明などの機能のほかに、歳末や新年、あるいはお産などにまつわる行事や、儀式めいたこともここで行なわれた」としている[43]。さらに、囲炉裏の火は、とくに神聖視され、不浄物をやくことが禁じられていた、としている。また、柳田國男の『火の昔』によると、囲炉裏において、飛騨の丹生川村でタンパ木という、別の木をはりに結びつけて、それからかぎを下げる横木の、「かか座の上になる方は長く切り残してそこを福の神のいる所とし、その反対の客座の上になる方は、貧乏神が坐るからといって、できるだけ短くしている[44]」。

このように、川島の指摘からわかるように、行事や儀式を囲炉裏をかこむ部屋でおこなう点や火を神聖視していたことからも、民家における囲炉裏および囲炉裏の火は、とくに神聖視されていた。さらに、柳田のしめすように、囲炉裏のまわりは、家の繁栄にまつわる神々がやどるところとかんがえられていた。

では、高田マチヤにおいて囲炉裏をかこむ居室とは、どのようなものであったか。先述してきたとおり、高田マチヤのナカノマには囲炉裏が配されていた。しかし、ヒアリング調査においては、囲炉裏や囲炉裏の火に対して神聖視しているという証言をえることはできなかった。しかし、煮炊きや食事という生活の中心として、位置づけられていた。また、高田マチヤのナカノマには神棚がまつられていることを実測調査の結果から、しめすことができた。調査のなかで、高田マチヤのナカノマ吹き抜けは、神棚をまつっているため、その上を人があるくことのないように吹き抜けにしている、という証言もえることができた。調査において囲炉裏に対する神聖視をうかがうことはできなかったものの、神棚という神聖視されたものを確認することができた。すなわち、川島や柳田の指摘をうけると、囲炉裏を配していることと、神棚をまつっていることとは、高田マチヤがナカノマを神聖視しているという点で共通している。

すなわち、人は、民家における万物を、神々がよりつきやどるものと信じていた。それゆえ、民家の中心をなす囲炉裏をもつ居室にはさまざまな神々がやどり、そこが信仰の中心となって、精神の中心となる求心性をおびた居室として位置づけられてきた、といえる。

## 五―三　オウエとしてのナカノマ

以上のように、マチヤの居室内に囲炉裏をもちこむ姿は、中世の京マチヤにみられる。伊藤鄭爾は『中世住居史』において、「京の町屋では「おうへ」に「ゆるり」があった[45]」としている。「ゆるり」とは炉をしめす。これは、中世における応仁の乱の姿をしるした『奇異雑談集 巻一』に「おうへに炉をあけて、釜をつり、茶の湯を、するなり[46]」とみえることによる。さらに伊藤は、「おうへ」が「中世住宅時代には、一般的に存在していた称号の名残と思われる[47]」とした。つまり、中世の京マチヤにおいて「おうへ」とよばれる居室の床上に炉がきられ、そこで茶の湯をわかしていた。

高田マチヤのナカノマは、炉のある空間として重要視された中世の京マチヤの「おうへ」に合致する。

さらに、これらの概念は、広島県廿日市市宮島のマチヤをとりあげた藤田盟児や小倉拓也の論考によって補強された。かれらは、住居の中に吹き抜けをもつ民家をとりあげ、「京都を中心に街道と海路を通じて広がっていった町家形式[48]」とし、吹き抜けのある居室を、高取正男の『民間信仰史の研究』を参照しつつ、「ミセから奥に入ることは、お家（オイエ）に入る[49]」空間とし、ナカノマを「神聖な空間」と評価した。この指摘は、すこぶる示唆にとむ。よって、高田マチヤもまた、ナカノマをオイエ（オウエ）としての「神聖な空間」としてとらえることができる。

また、なぜ、このような空間が配されたのであろうか。それは、三村卓也・善田健二『上越市高田地区にみる棟持柱と歴史的マチヤ建築[50]』がしめしたように、周辺地域と空間性を共有していたからである、といえる。高田マチヤは「京都型町家」に合致するマチヤでありながら、その空間性は周辺地域に類似する。すなわち、要素としての合致をみせるが、マチヤの中の空間には、その地域の独自性がうえつけられていた。その空間は、神聖視されていた空間であった。

## 五―四　ナカノマ吹き抜けをささえる棟持柱

ここまで、ナカノマ吹き抜けという空間が神聖視され、すむ人の精神や生活の中心であることをしめしてきた。また、高田マチヤの原形と推測されるマチヤは、妻面に棟持柱を採用していた。つまり、この神聖視されたナカノマ吹き抜けは、妻面の棟持柱によってささえられてきた。では、なぜ、このマチヤは、棟持柱を採用してきたのであろうか。京マチヤが妻面を通し柱で形成し、棟持柱を採用してきたことも、もちろん理由としてかんがえられるであろう。しかし、本論が検証してきたなかで、示唆ぶかい点は吹き抜けの神聖視という点にほかならない。民家における万物に神々がやどるなか、神がやどるとされる大黒柱が通し柱であるように、マチヤにおける棟持柱にも神聖な意味がこめられていた、とかんがえられる。その根拠として、本論が調査によりえた知見である「吹き抜けは神様の上をあるくことのないように吹き抜けとしている」という点にある。すなわち、管柱によって途中でとぎれてしまう柱を採用することは、よりおおくの水平材を必要とし、さらに柱の上に柱をつきたてることにほかならない。すなわち、マチヤの中心であり、頂点をささえる柱の上にさらに柱をつきたてることになる。神聖視されたナカノマ吹き抜けをささえる柱は、床上・土間境の柱に通し柱が採用された。妻面の柱もまた、通し柱が採用された。これにより、神聖視された空間は、余分な水平材をもちいることもなく、途中に柱をつきたてることもなく、構成されることになる。とりわけ、その妻面のひとつを棟持柱がになっている。

すなわち、ナカノマ吹き抜けをささえる棟持柱は、簡素な構造美のなかに、精神性を併せ持った構造である、といえる。

## 五―五　まとめ　神聖視されたナカノマ吹き抜け

高田マチヤは、棟持柱構造をもち、京マチヤを模倣した「京都型町家」である、といえる。しかし、京マチヤとことなる空間をナカノマ吹き抜けにもつ。マチヤとしての要素が京マチヤにるものの、マチヤの中心であるナカノマが、オウエまたはオイエとして、聖なる空間として位置づけられている。

よって、高田マチヤは、ひろい意味で「京都型町家」にあてはまるが、せまい意味では「京都型町家」にあてはまらない。そのおおきなちがいとして、神聖視されたナカノマ吹き抜けがマチヤの中心につよく根づいていることがあげれられる。

# 六　結　論

通覧してきたように、本論は、棟持柱構造の地方マチヤを対象とし、高田マチヤを検証してきた。高田マチヤは、京マチヤとことなる変容過程をしめしていた。さらに、ナカノマ吹き抜けは、オイエとしての聖なる空間がひろい部屋としてマチヤの中心に位置づけられた姿であった。すなわち、高田マチヤは、京マチヤに類似したマチヤでありつつも、京マチヤとことなる空間をもつマチヤである。

よって、本論のみちびく結論は、ナカノマ吹き抜けをもつ高田マチヤが近世京マチヤとことなる系譜を示唆する、というものである。

参考文献および註

（1）彰国社編『建築大辞典 第二版』（彰国社、一九九五年）一二八八頁引用

（2）稲垣栄三編『復元日本大観6 民家と町並』（世界文化社、一九八四年）九一頁（稲垣栄三執筆部分）

（3）大場修『近世近代町家建築史論』（中央公論美術出版、二〇〇四年）

（4）註3前掲・大場『近世近代町家建築史論』六〇五頁引用

（5）註3前掲・大場『近世近代町家建築史論』四六三頁引用

（6）鈴木嘉吉「概説 畿内の民家」（鈴木嘉吉編『日本の民家 第6巻 町家Ⅱ 近畿』学習研究社、一三八―一四五頁、一九九〇年）参照

（7）藤田盟児「安芸国の港町―宮島と呉の町家―」（『日本民俗建築学会シンポジウム 瀬戸内の小島に残る港町の保存の意義と活性のあり方』平成一九年度文部科学省科学研究費補助金研究成果公開促進費補助事業、八―九頁、二〇〇七年）九頁引用

（8）小倉拓也「部屋上に吹き抜けのある民家」（『優秀卒業論文・優秀修士論文賞 受賞論文梗概集』日本建築学会、二一一―二一四頁、二〇〇七年）二一三頁引用

（9）（10）註8前掲・小倉「部屋上に吹き抜けのある民家」二一三頁引用

（11）伊藤鄭爾『中世住居史（第二版）』（東京大学出版会、一九八四年）一八八頁、註7前掲・藤田「安芸国の港町」九頁引用

（12）新潟県教育委員会編『越後の民家 上越編』（同、一九八〇年）

（13）東京大学工学部建築史研究室編『越後高田の雁木』（新潟県上越市教育委員会、一九八二年）

（14）遠藤由樹・土本俊和「掘立から礎へ―中世後期から近世にいたる棟持柱構造からの展開―」（『日本建築学会計画系論文集』五三四、二六三―二七〇頁、二〇〇八年）、総論4同「同」

（15）註14前掲・総論4遠藤ほか「掘立から礎へ」六〇頁引用

（16）本論のおこなったヒアリング調査でナカノマは、「チャノマ」とされたが、史料に「中ノ間」とあるため、京マチヤとの比較も視野にいれた上で、「ナカノマ」とする。

（17）伊藤毅「高田の町屋と雁木」（註13前掲・東京大学工学部建築史研究室編『越後高田の雁木』四―二一頁）四頁参照

（18）建物調査リストのなかの倉石柳邸などがこれにあたる。

（19）OO5-A130、OO5-B170、HO6-D150、HO7-C40、HO7-B100のヒアリング参照

（20）越後頸城郡誌稿刊行会編「第五章 風俗」（同編『訂正 越後頸城郡誌稿 上巻』豊島書房、二九三―三三八頁、一九六九年）三三四頁参照

（21）註12前掲・新潟県教育委員会編『越後の民家 上越編』六二頁参照

（22）註17前掲・伊藤「高田の町屋と雁木」七頁参照

（23）（24）（25）「洛中洛外図屏風（歴博甲本）」五―一一頁・「洛中洛外図屏風（上杉家本）」二二―二三頁・「洛中洛外図屏風（舟木家本）」二八―四一頁（奥平俊六『新編 名宝日本の美術 第25巻 洛中洛外図と南蛮屏風』小学館、一九九一年）

（26）上田篤「二階」（『日本人とすまい』岩波書店、一一五―一二二頁、一九七四年）一二〇頁引用

（27）宮本雅明「城下町の都市造形」（同『都市空間の近世史研究』中央公論美術出版、四〇〇―四五三頁、二〇〇五年）四〇〇頁引用

（28）京都府教育庁文化財保護課編「Ⅱ 上・下京の町家」（同編『京都府の民家 調査報告 第六冊』京都府教育委員会、五―四三頁、一九七〇年）

（29）以下に、京マチヤが切妻平入である理由が明快に説明されている。

土本俊和「京マチヤの原形ならびに形態生成」（西山良平・藤田勝也編『平安京の住まい』京都大学学術出版会、一九五—二四二頁、二〇〇七年）、各論A京都3同「同」

（30）畑智弥・土本俊和「与次郎組の系譜—京都の町屋における小屋組構成部材の展開—」（土本俊和編『中世後期から近世に至る掘立棟持柱構造からの展開過程に関する形態史的研究』研究代表・土本俊和（信州大学工学部教授）、三六—四三頁、二〇〇五年）四三頁、各論A京都2同「与次郎組の系譜—京都の町屋における小屋組構成部材の展開—」一四六頁参照

（31）考察7滝澤秀人・土本俊和「土台と棟持柱」

（32）日向進「天明大火直後の京都における町屋普請—寛政2、3年『注文帳』を中心に—」（『日本建築学会論文報告集』三二五、一四四—一五四頁、一九八三年）一四六頁参照

（33）中村昌生「準棟纂冪—町家のつくり—」（『京の町家』駸々堂出版、二六八—二七七頁、一九七一年）二七〇頁参照

（34）畑智弥・土本俊和「京都の町屋における軸部と小屋組」（『日本建築学会計画系論文集』五一三、二五九—二六六頁、一九九八年）、各論A京都1同「京都の町屋における軸部と小屋組」

（35）註28前掲『京都府の民家 調査報告 第六冊』五—四三頁参照

（36）土本俊和・坂牛卓・早見洋平・梅干野成央「京マチヤの原形・変容・伝播に関する研究」（『住宅総合研究財団研究論文集』三四、一六一—一七二頁、二〇〇八年）、各論A京都4同「同」

（37）越後頸城郡誌稿刊行会編「家屋」（註20前掲『訂正 越後頸城郡誌稿 上巻』、三三四—三三六頁）三三四頁引用

（38）（39）川島宙次「かまど」（同『滅びゆく民家—間取り・構造・内部—』主婦と生活社、一六四—一七〇頁、一九七三年）一六五頁引用

（40）註33前掲・中村「準棟纂冪」二六九—二七〇頁参照

（41）今和次郎「雪国の民家」（『民家論 今和次郎集 第2巻』ドメス出版、四三六—四四一頁、一九七一年）四三六—四四一頁参照

（42）柴田貞夫氏ヒアリング調査参照

（43）川島「いろり」（註39前掲『滅びゆく民家』一四七—一六三頁）一四七頁引用

（44）柳田國男「かぎから鉄輪へ」（同『火の昔』実業之日本社、一四一—一四七頁、一九五四年）一四四—一四五頁引用

（45）伊藤鄭爾「平面形式」（註11前掲『中世住居史〔第二刷〕』一八六—一九一頁）一八八頁引用

（46）朝倉治彦・深沢秋男編「奇異雑談集巻第一」（『仮名草子集成 第二十一巻』東京堂出版、六八—一一二頁、一九九八年）七三—七四頁引用

（47）註45前掲・伊藤「平面形式」一八八頁引用

（48）（49）註8前掲・小倉「部屋上に吹き抜けのある民家」二三頁引用

（50）三村卓也・善田健二・土本俊和「上越市高田地区にみる棟持柱と歴史的町屋建築—今井染物店を事例として—」（『日本建築学会大会学術講演梗概集（北陸）』四九、三七九—三八二頁、二〇〇六年）

初出　『棟持柱祖形論』三村卓也・善田健二・土本俊和

# 考察9　建物先行型論と棟持柱祖形論
## ―日本中近世都市の土地と建物―

土地と建物の関係は、興味ぶかいテーマのひとつである。ここでは、とくに建物先行型に即して、日本中近世都市のあたらしい見方を提示する。

まず、建物先行型にかかわるテーマとして、二つの論点がある。第一は、土地と建物の関係を都市のなかで歴史的に考察したものである。この場合、形態生成の型に、地割先行型と建物先行型を設定することができる。地割先行型は、土地の上に敷地割が形成されたあと、その敷地割にしたがって建物がたつものである。対して、建物先行型は、土地の上に建物がたって、その建物の形態にしたがって敷地割があとから形成されるものである。これらのうち、興味ぶかいのは建物先行型のほうであり、これに関する論考を建物先行型論とよんでいる。第二は、土地の上に建物がたちあがる際、どのような構造を祖形とみなし得るかという点を考察したものである。棟持柱が地面からじかに棟木をささえる構造を祖形とみなした一連の論考を、棟持柱祖形論とよんでいる。この論点は、いかにして京都のマチヤがたちあがったか、という問いから出発した。

地割先行型と建物先行型にかかわる第一の論考は、『中近世都市形態史論』（中央公論美術出版、二〇〇三年）にまとめた。第二の論考が『棟持柱祖形論』である。

では、建物先行型をのべる。おもな対象は、中世後期から近代初頭までの京都であり、そのほかに奈良と松本城下町をとりあげ、英国の都市との比較もこころみた。英国と日本を都市に関して比較すると、土地と建物の関係に差異がみられる。英国の中世都市をあつかった中世史家であるデレク・キーン Derek Keene の仕事は、都市不動産 urban property の実態をおもに不動産証文 title deed に即して緻密に分析した作業が研究の骨格になっている。彼には、ウィンチェスター Winchester とロンドン London に関して、ロンドンの大部の研究成果がある。彼は、不動産証文がしるす内容が実際の都市や建物の形態と合致する点をかなり詳細に把握していた。私が英国のレスター大学 Leicester University にいた一九九八年に、ロンドンにある彼の研究室を最初にたずねたとき、私の用意していたメモのなかで彼が興味をしめしたのは、都市不動産のなかで物的根拠が欠如した姿 lack of physicality であった。これは、土地や建物に関する実態をともなわない不動産のあり方を想定したものであり、紙の上だけの都市不動産をふくむ。現実の実際の土地の上には紙の上にしるされた内容とまったくことなる姿の建物群が立地していた場合を想定することができるのである。のちに、彼は、自説を敷衍して、私に、高度に発達した都市不動産が中世の京都にもあっただろう、とのべたこともあった。

キーンが想定するような、用途や床や壁や敷地境界といった実態をともなう高度に発達した都市不動産を、不動産証文に即して中世の京都にみとめるのは、むずかしいのではないか。都市不動産の実態を詳細にしるした史料が中世京都にあったとしても、それは紙の上だけの場合が想定される。史料がさししめす土地の上には史料とはことなる別の姿の建物がたっていた可能性があり、この姿に応じた所有が、紙にかかれた姿に応じた所有と、また別に成立していた可能性がある。実際、史料とはことなる、土地の上の別の姿が考古学的発掘調査であきらかにされた例がある。

では、具体的に、建物先行型は、どのような形態生成をしめしていたのだろうか。京都の場合、マチヤとよばれる建物が、通りに面して、隣家との隙間をほとんどもたずに、切妻平入で稠密にならんでいる。背後では個々の建物の敷地を塀がかこっている。一つひとつの敷地は、間口がせまく、奥行がながい、いわゆる鰻の寝床である。このような零細な敷地は、建物がたつ前に、あらかじめ形づくられたのではない場合がある。この場合が建物先行型である。マチヤとよばれる建物が建物先行型で形成された場合、この建物は、土地の上にどのようにたっていたのだろうか。たとえば、敷地割が個々の建物にあたえるはずの形態的な秩序を建物群がもつことなく、数おおくの建物が土地の上にたっている場合を想定する必要がある。この場合、一つひとつの建物がどのような姿であったのか、が問題になる。

問題は、建物が、独立屋であるか、それとも、割長屋であるか、にある。割長屋は、独立屋とは対照的に、隣の家と壁を共有した、屋根が一体の姿をなしている。マチヤが独立屋であれば、個々の建物の周囲に敷地割があっても不思議ではない。ぎゃくに、敷地割があれば、建物は独立屋であるのが普通である。他方、マチヤが割長屋であれば、割長屋を構成する個々の房に対応する敷地割はかならずしも必要ではない。ぎゃくに、敷地割がないほうが割長屋をたてるうえで不都合がない。

『中近世都市形態史論』以降の研究で、建物先行型の形成過程は、独立屋からも割長屋からも展開し得る、との結論をえた。これは、「京マチヤの原形ならびに形態生成」（西山・藤田編『平安京の住まい』京都大学学術出版会、二〇〇七年、各論Ａ京都３）でしめした。その論点は、以下のとおりである。

まず、独立屋から変容した場合、建物の周囲に塀がある姿が原形と想定され、その後に建物の妻壁とその塀を一体化させたものがウダツに変容した（図１）。京都のマチヤは棟持柱構造なので、妻壁は棟持柱をふくむ土壁となり、それがウダツとよばれるにいたった。他方、割長屋から変容した場合、割長屋を構成する個々の房が個別に更新する過程を通じて、割長屋は個々の独立屋に徐々に変容していった。その際に、割長屋の界壁が棟持柱をふくむ大壁となっていることによって、割長屋の個々の房がばらばらになっても、一つひとつの房は個々の独立屋に移行しえた。

たとえば、三軒長屋を想定してみよう。この割長屋には三つの房があり、妻方向には四枚の大壁がある。建物の両脇二枚に割長屋の妻壁があり、内側に房をくぎる界壁が二枚ある。かりに、まんなかの房だけがとりこわされ、その両側の二つの房のみがのこった場合、妻壁と界壁をもつ二軒の独立屋がのこり、この二軒の間に空地がのこる。さらに、この空地にあたらしい建物がたてば、三軒長屋であった土地に三軒の独立屋がたちならぶ。まんなかにたった建物は、両脇の建物よりも、あたらしくなるが、間口がややせまくなる。

現在、目にすることができる、京都のマチヤの建築遺構は、そのほとんどが独立屋である。しかし、割長屋から出発しても、このように、個々の独立屋に変容することができる。その際、個々の房の妻壁が堅固である必要があろう。その妻壁は、棟持柱を内にふくむ大壁の土壁であったのであり、それがウダツとよばれた。実際、その姿が一七世紀前半の絵画資料にえがかれている。もし、割長屋がこのような堅固な妻壁をもたなければ、割長屋は割長屋のままであったろう。このような妻壁が京都で形成されるのをうながしたのが、独立屋からの変容であった。このように、一七世紀前半の時点で京都にて、独立屋からの変容と割長屋からの変容とが、近世京都のマチヤとして統合された。

では、日本中近世都市に視野をひろげると、土地と建物に関する論点のなかで建物先行型はどのように位置づけられるのであろうか。この点は、「京マチヤの原形・変容・伝播」（各論A京都４）でしめした。この研究で、建物先行型が日本の中近世都市におよぼした作用の一例を具体的に考察した。このとき、日本の中近世都市のなかで大場修の指摘した「京都型町家」がどのようにして成立していったのか、という点を問題にした。京都の近世のマチヤは、通りに面した平入りの建物であり、その平面は、トオリドマとそれにそった一列三室の床上（ミセ、ナカノマ、オク）からなる（図２）。大場は、このような形式が近世初頭に日本の主要な都市に移入されたものを「京都型町家」とよんでおり、日本各地のマチヤの形式をリードする存在でありつづけたと「京都型町家」を位置づけている。このような「京都型町家」がみられる都市が日本中に分布している。この「京都型町家」が京都からであれば、京都を中心とした周圏分布がみられるはずである。しかし、「京都型町家」からなる都市は、京都を中心とした周圏分布をしめさない。

また、安芸国宮島や上越高田城下町も「京都型町家」からなる都市域をもつことが確認された。ただ、建築の詳細とみくらべると、宮島や高田城下町のマチヤは、一列三室のまんなかの居室にあたるナカノマが吹き抜けになっているのに対して、近世の京都のマチヤは、宮島や高田城下町と同様に土間が吹き抜けになっているものの、ナカノマが吹き抜けになっていない。とはいえ、京都のマチヤは、中世後期にさかのぼったとき、トオリドマをもつ一列三室型ではなく、中央に土間をもつ中土間型であり、中土間の両脇に床上がみられた（図３）。宮島や高田城下町のマチヤのようにまんなかが吹き抜けとなる形態は、中世後期の京都のマチヤにみられた中土間型の中土間の残存である可能性があり、それが京都から伝播した可能性がある。この可能性が実際にみられたとしても、「京都型町家」をもつ都市域が京都を中心とした周圏分布をしめしていない点は、説明されない。

これを説明し得る仮説のひとつが、建物条件付き都市である。建物条件付き都市とは、都市が成立する初期段階で一定の形式をもつ建物が特定の都市域にうえつけられた場合をさす。「京都型町家」が京都から移入されたかどうかはともかくとして、「京都型町家」と了解される形態をもつ建物が都市形成の初期段階でうえつけられたのであれば、その後に「京都型町家」からなる群がその都市域を母体として形成されたとしても不思議はなく、京都を中心とした周圏分布がみられなくても不思議はない。

これを説明し得る仮説のもうひとつは、中世後期京都のマチヤが市立ての最小単位であった、というものである。市立てとは、モノの交換がおこなわれる場所と時間帯をあらかじめとりきめたうえで、その場所に、その時間帯に、仮設的な構築物や移動性のたかい構築物を設置して、モノの交換がゆるされるしかるべき時空間を設定する一連の行為である。具体的な市立てに関しては、梅干野成央・土本俊和・岡本茂「近世小菅村の市立てと商人・村人」（『日本建築学会計画系論文集』六一一、二五三—二六〇頁、二〇〇七年）にしめした。

中世京都のマチヤは、一つひとつがモノの交換のおこなわれる場所であるが、都市全域に散在していた点に特徴がある。また、その表構えと裏構えは、おなじ形で、ともにΠ《ラージ・パイ》字型の口をもつ点に特徴がある（図3）。オモテとウラにかまえられたΠ字型の出入口にはさまれた場は、たとえば連釈之大事「修験山伏の市立図」（伊藤正義「市庭の空間」『中世の商人の世界―市をめぐる伝説と虚像―』日本エディタースクール出版、一九九八年などに所収）がえがく、二つの鳥居にはさまれた、市立の場と、場の構成がおなじである。二つの鳥居にはさまれた場という描写からの類推により、二つのΠ字型の口にはさまれた空間も同様に市立ての場であった、との仮説がなりたつ。もし、この仮説がただしければ、二つのΠ字型の口にはさまれた中世後期の中土間型のマチヤは、市立てのための最小の単位であった、といえる。

この二つの仮説を設定することによって説明可能となる事柄は、都市のあらゆる領域が、ある時間帯に限定されることなく、モノを交換し得る場になった、という中近世京都の一連の変容過程である。

ぎゃくに、あらゆる都市域がマーケットになることがゆるされずに、限定された都市域のみがマーケットとされた例は、平安京の東市と西市や、沖縄の首里や、韓国のソウルにみられた。これらとは対照的に、場所と時間帯が限定されることなく、都市域に市がひろがったのは、市立ての最小単位である、二つのΠ字型の口にはさまれた中土間型のマチヤが、土地の上にあまねく散在していった結果であろう。

とくに安芸国宮島にみられる吹き抜けをもつマチヤのなかの「オウエ」とよばれる居室は、藤田盟児が指摘したとおり、「中世末の町家の残像である可能性が高い」（藤田盟児「安芸国の港町」『日本民俗建築学会シンポジウム　瀬戸内の小島に残る港町の保存の意義と活性のあり方』二〇〇七年）。このようなマチヤは、中世後期に、ある領域にマーケットを設定するために、設置された可能性がある。この場合、この種の都市域は建物条件付き都市であり、この場合の建物はマーケットの最小単位であった、といえる。

現時点ではまだ仮説の段階であるものの、京都のマチヤは、市立ての最小単位であり、それが京都以外の都市にみられるようになったのは、その都市の形成過程の最初期に、特定の都市域に対する建物条件として、京都のマチヤの形をもつ建物が建物先行型にて採用されたことによる、との見方を構想することができる。

日本中近世都市における土地と建物については、さまざまな論点がある。建物先行型という概念をもちいて考察をふかめていくと、仮説をふくめながらも、現時点、以上の展望がなりたつ。

図1：塀にかこまれたマチヤ…図中央のマチヤは頂部が草でおおわれた塀でかこわれている（洛中洛外図屏風・東博模本・左隻2扇より、各論A京都3土本「京マチヤの原形ならびに形態生成」図3・一五八頁）

図2：近世京都のマチヤの模式図（畑ほか「京都の町屋における軸部と小屋組」『日本建築学会計画形論文集』五一三、一九九八年一一月、各論A京都1同「京都のマチヤにおける軸部と小屋組」図1・一一九頁）

図3：マチヤの表構え…鳥居型の口に暖簾がたれており、その奥に土間がみえ、その脇に床上がみえ、角にたつマチヤの妻面には棟持柱がみえる（洛中洛外図屏風・東博模本・左隻2扇より、各論A京都3土本「京マチヤの原形ならびに形態生成」図2・一五五頁）

初出　二〇一〇年七月　土本俊和

# 結論　棟持柱祖形論の外にある事柄

すべてが棟持柱祖形論で説明されるわけではない。しかし、棟持柱祖形論に即して説明され得る事柄がはっきりすれば、棟持柱祖形論で説明されないもろもろの事柄を棟持柱祖形論の外にしめすことができる。（序論「棟持柱祖形論の位置」五頁）

棟持柱祖形論に即して説明され得る事柄を論じてきた、これまでの考察をふまえ、棟持柱祖形論の外にある事柄を以下にみとおす。

民家と了解される建築は、全世界にみられる。日本の民家は、棟持柱祖形論の中にある。ユーラシア大陸にみられる民家のおおくは、棟持柱祖形論の中にあるだろう（おわりに「棟持柱祖形論の展開」）。

宗教建築と了解される建築のうち、日本の神社建築は、棟持柱祖形論の中にある。というのも、日本の神社建築は、さかのぼれば、列島のなかで、日本の民家とおなじ祖形をもつ、とかんがえられるからである。

宗教建築と了解される建築のうち、日本の仏教建築は、どうか。仏教が伝来してからの建築遺構として法隆寺建築がある。この建築以後のものは、棟持柱祖形論の外にある（考察6「基壇と棟持柱」）。くだって、大仏様で東大寺南大門のように通し柱型をなしている事例があり、禅宗様で棟持柱をもつ四脚門や八脚門の建築遺構がある。これらの事例からみて、大仏様と禅宗様は、棟持柱祖形論の中にある。大仏様と禅宗様は、法隆寺建築と同様に、列島の外からもたらされた。半島と大陸の寺院建築の全部ないし一部は、棟持柱をもつ寺院建築を半島と大陸に散見することができることから、棟持柱祖形論の中にある。大陸からもたらされた大仏様と禅宗様は、その伝来の起源からしてみて、棟持柱祖形論の中にある。対して、棟持柱祖形論の外にある、日本の仏教建築は、大仏様と禅宗様より前の、法隆寺建築以降の建築、ならびに、それを承け継ぎ伝えた建築である和様である。

では、法隆寺建築以降の建築をより厳密にみとおしてみよう。法隆寺建築以降の建築、仏教が伝来してからの建築であり、それらは、法隆寺建築が典型的であるように、おおくが半島や大陸から列島にもたらされた。半島や大陸にある仏教建築の全部が棟持柱祖形論の中にあれば、半島や大陸からもたらされた、列島の一連の仏教建築は、すでに棟持柱をもたなくなった発展形もふくめて、棟持柱祖形論の中にある。半島や大陸にある仏教建築の一部が棟持柱祖形論の中にあれば、列島の一連の仏教建築に即して、半島や大陸と、列島との関係が検証されなければならない。

列島の一連の仏教建築のうち、建築遺構として最古の法隆寺建築は、棟持柱をもたない。この建築は、半島や大陸のもろもろの仏教建築のなかから、選り抜かれた結果、列島にもたらされた。これが選り抜かれたのは、半島や大陸を参照してのことであった。もし、これが選り抜かれた母集団が棟持柱祖形論の中にあるのであれば、つまり、これがかつて棟持柱をもっていた建築からの発展形の中から選り抜かれたのであれば、法隆寺建築は、棟持柱祖形論の中にある。さらに、法隆寺建築が列島に伝来してからの一連の建築も、その系譜からして、棟持柱祖形論の中にある。

以上、木造の建築をみとおした。石造の建築は、どうか。民家と宗教建築を区別せずに、石造の建築遺構をひろくみると、小屋組が木造である事例が、ヨーロッパに多々あることがわかる。この小屋組は、トラスである。数あるトラスのうち、ローマン・トラスとよばれる、ふるい小屋組では、梁が圧縮力をうけない。また、この小屋組にある真束には、梁の上でういたように、梁からはなれているものがある。さらに、トラスの頂点からさがる真束が、梁よりも下にのびて、たれさがっているものがある。この材は、地面からじかにトラスの頂点へ達していた垂直材のその下部が切り取られた結果であろうから、棟持柱を祖形としている。この判断がただしければ、木造トラスをもつ石造も棟持柱祖形論の中にある。

最後にのこるのは、ほぼ全体が石造となる形である。この形は、棟持柱祖形論の外にあるのか、あるいは、その中にあるのか。

『科学の価値』のなかでポアンカレは、「都市においては、古い建築物が容赦なく打ち倒され、新しい建築にとってかわられる」とし、「科学の歩みを都市の変化になぞらえてはならない」としている（ポアンカレ『科学の価値』岩波文庫、一七頁）。この言葉に、ガウスがいったとつたえられている言葉をぶつけてみよう。「建築が落成した後に足場が残っているようでは見っともない」（高木貞治『近世数学史談』岩波文庫、一五頁）。

フィレンツェにたつ大聖堂は、石造である。ドームをのぼる階段の脇で、つみあげられた石のあいだのところどころに木の材がみえる。「建築が落成した後に足場が残っている」。

他方、日本では、いまでも、奈良県と京都府が文化財建造物の修理に丸太とバンセンでくまれた丸太足場をもちいている。丸太の杉をつかったこの足場は、棟持柱と通し柱をもつので、棟持柱祖形論の中にある。この足場は、おもに建造物の外でくまれる。

建物の中では、どうか。たとえば、木造の小屋組がオダチ組から扠首組へ移行する際、ふるい材があたらしい小屋組のなかにのこる場合がある（総論8「民家のなかの棟持柱」など）。このふるい材、たとえば棟束は、ふるい建築物があたらしい建築へ移行する際の、棟木をささえるうえで不可欠な足場とみなすことができる。このように、ふるい木造からあたらしい木造へ漸進的に移行する際、ふるい建築物のなかにあった材があたらしい建築のなかにのこる場合がある。とくに、木造のなかには、ふるい木の材が、足場として後にのこっても、めだたない。対して、石造のなかに足場であったふるい木の材がのこると、めだつ。

木の足場がまったくのこらない石造の場合は、どうか。

石造をつくる際にあった足場は、木造である。この足場が石造のなかにのこる場合、「建築が落成した後に足場が残っているようでは見っともない」。木のこの足場は、はたして、ポアンカレがたとえたような、「古い建築物が容赦なく打ち倒され、新しい建築にとってかわられる」たぐいの「古い建築物」であろうか。「新しい建築」に先行する「古い建築物」、とりわけ木のこの足場に価値があるとすれば、つまり、比喩的にいって、生前のガウスが公表しなかった、書き遺されたガウス文書は数学の足場であり、この足場に価値があるとすれば、石造というできた建築に先行する、木の足場にも価値がある。

はたして、できた石造に先行する木の足場は、棟持柱祖形論の外にあるのか、その中にあるのか。この点は、現時点、わからない。もし、できた石造に先行する木の足場が棟持柱祖形論の中にあるとすれば、木の足場によってできた石造も棟持柱祖形論の中にある、ということができる。

# おわりに　棟持柱祖形論の展開

本論の全体構想は、ユーラシア大陸を対象に、棟持柱構造を捕捉する作業を通じて、木造建築の原形と変容を把握することにある。これをふまえて、ユーラシア大陸の東西にて木造建築の比較形態史的研究をめざす。

ユーラシア大陸は、地質時代から歴史時代にわたる人類発展にとってもっとも重要な舞台である。人類発展のなかで木造建築の発展は、重要な一要素である。このユーラシア大陸において、木造建築の発展を、新石器時代から現代にいたるまで、連綿とたどることができる。

本論は、木造架構を対象とし、とくに棟持柱構造を標的にさだめる。その根拠は、棟持柱構造を木造架構の原形に想定することが日本をふくむアジアならびにヨーロッパの双方について有効である、との判断にもとづく。

ヨーロッパのふるい建物は、屋根だけのもの（Dachhause）と壁および屋根から成るもの（Wandhause）に二分される。このうち、現代建築へと発展したのは、壁および屋根から成る形であった。また、壁については、石より木がふるい、とされる。さらに、木造架構を主体構造すべてが木材によるものと定義した場合、ヨーロッパのふるい木造架構は、丸太構造（Blockbau）と柱構造（Ständerbau）に二分され、丸太構造より柱構造がふるい、とされる。さらに、柱構造（Ständerbau）のうち、壁部分（軸部）と屋根部分（小屋組）が分離していない架構がふるい、とされる。棟持柱構造と本論が定義するのは、軸部と小屋組に分離していないこの架構である。すなわち、棟持柱構造を、日本建築史にとどまらない普遍的な概念として本論は設定する。

本論は、棟持柱構造の原形と変容をあつかう。原形をあきらかにするに際して、まず、考古学の成果を発掘調査の成果ならびに実験考古学的手法による建物復元を綿密に検討し、補足的に先史時代の建物を描写した岩壁線画（Felsbilder）をとりあげる。つぎに、変容をあきらかにするに際しては、おもに古民家の建築遺構を徹底的に分析する。原形と変容の双方を捕捉する作業は、先史から近世にいたる、きわめて永い時間をあつかうことになる。しかしながら、対象を棟持柱構造に限定することによって、太古からの系譜を木造架構に即してとらえることができる。原形と変容は、本論の全体構想における両翼をなす。

以上の全体構想をふまえて、本論の具体的な目的は、この棟持柱構造に着目して木造架構の原形と変容を中央ヨーロッパに即して通時的に捕捉することにある。とくに、中央ヨーロッパに対象を限定することによって、原形と変容の双方にわたる通時的な展開をあきらかにすることができる。

本論の学術的なあたらしい展開は、棟持柱構造をもつ木造架構の対象を中央ヨーロッパにさだめる点にある。ここにいう中央ヨーロッパとは、アルプス以北のドイツ語圏をさす。この地域では、木をもちいた建物群が新石器時代から確認されており、古民家の建築遺構を今日に数おおくつたえ、木造に関する学術研究と建築設計がすこぶるさかんである。また、この地域では、一九三〇年代にボーデン湖畔でなされた考古学的発掘調査にて、杭上高床構造

(Pfahlbau) が復原的に提示された。これを契機として、木造架構の原形 (Urform) に関する研究がいちじるしくすすんだ。そもそも、ドイツ語圏では、地道な民家研究が一九世紀からなされており、とくに木造架構に即した質のたかい資料が豊富に収集されてきた。このように、中央ヨーロッパは、木造架構の原形をあつかううえでも、その変容をあつかううえでも、うってつけのフィールドである。

現時点にて予想される結果としては、中央ヨーロッパにおける木造架構の通時的な展開過程に関するあたらしい理論的ならびに実証的な研究成果があげられる。具体的には、棟持柱構造を祖形とする木造架構の通時的な展開過程が中央ヨーロッパに即して提出されることになる。この成果は、むろん、世界のなかでとりわけ木造を発達させてきた日本建築史の成果を敷衍するものであるが、同時に、中央ヨーロッパという限定された地域にとどまっていた成果を地球規模の視野にひろめるものでもある。この観点は建築史の分野ではすこぶる独創的であり、えられる成果の学問的な意義もたかい。

さらに、当該研究にもっとも期待されるべき具体的な成果として、ファッハベルクバウ (Fachwerkbau) の成立過程がある。

ファッハ (Fach) は部分をさす。ファッハベルク (Fachwerk) は部分構築などと訳される。ファッハベルクバウと称される木造架構は、柱と梁でくまれた直方体ラーメンの空隙を壁として充填しながら、たかさ方向に階層を増し積みしていくものである。この形は、中世から近世にいたる時期に中央ヨーロッパにて完成をみた、とされる。中央ヨーロッパの都市型木造住宅の場合、その四階建や五階建は、まさにこのファッハベルクによって構築された。

ファッハベルクバウは、屋根部分 (つまり小屋組) と壁部分 (つまり軸部) が分離しているだけではなく、階層ごとに壁部分が分離している。すなわち、ファッハベルクバウでは、屋根部分 (小屋組) と壁部分 (軸部) が分離しているばかりでなく、壁部分 (軸部) が階層ごとに分離している。この形態は、中央ヨーロッパの都市部の木造建築の完成形とされる。この形は、ひとつの建物のなかで通し柱と管柱を併用する現代日本の在来構法とすこぶる対照的である。

棟持柱構造の対極にあるファッハベルクバウであっても、その原形は棟持柱構造にある、とみとおすことができる。すなわち、棟持柱構造を原形とする木造架構からのさまざまな分岐や統合の結果、ファッハベルクバウが成立するにいたった、と帰結できるであろう。この歴史的な過程に関する合理的な論証が当該研究に期待される最大の成果である。

本論の特色は、中央ヨーロッパの木造架構を研究するにさきだって、日本の木造架構を徹底的に研究してきた、という背景をもつ点にある。

木造架構を究明するに際して必要とされるのは、一般に、建築遺構、遺構実測図、考古学的発掘史料、絵画史料、文献史料、建築用語、ヒアリング資料などがある。この多岐にわたる史料群をどのように体系的に秩序づけるかという点が研究の成果をうらなう。当該研究は、中央ヨーロッパをあつかうにさきだって、日本の木造架構をあつかった研究方法を、棟持柱構造に即してつみあげてきた実績をもつ点に特色がある。と同時に、期待される結果も、おのずと、中央ヨーロッパと日本の比較論をなすという点で、当該研究の独創性を指摘することができる。

そもそも、日本をふくめたユーラシア大陸を対象とする木造架構の比較形態史論が、本論の全体構想である。その際、発生史的汎性と技術交流といった二点を木造架構の展開過程に想定する。発生史的汎性は、条件がととのえばどこででも形態が発生するという観点にもとづく。この観点は、原始的な木造架構のおおくにあてはまるだろう。他方、技術交流は、ことなる体系をもつ文化が接触することで大小の技術移転が展開するという観点にもとづく。この観点は、木造架構の全般にあてはまるだろう。

このとき、発生史的汎性という観点が原形に対応し、技術交流という観点が変容に対応する。原形と変容は、相互補完的であり、形態史的研究の両翼をなす。すなわち、的確な原形を想定することができれば、その後の変容過程がより合理的に体系づけられる。同様に、変容を的確に捕捉することができれば、おのずと、原形が遡及的にうかびあがる。とはいえ、従来の研究は、原形の究明のみに終始するか、変容の体系化に終始するかのいずれかであった。

以上のように、原形と変容の双方を視野にふくめることは、一見すると、研究対象をいたずらに拡大するようにみえる。しかしながら、原形と変容の双方を同時に究明することは、形態史的考察にとって、もっとも確実な研究方法である。とりわけ、棟持柱構造をあつかう際、この方法は、必須である。

参考文献　Toshikazu Tsuchimoto, Some similarities on the making of the timber-framed structures in Europe and Japan, WCTE2010, Conference Proceedings, 11th World Conference on Timber Engineering, Riva del Gorda, Trentino, Italy, June 20-24, 2010（CD-ROM）.

初出　『棟持柱祖形論』　土本俊和

# あとがき

この十数年、棟持柱を趣味としながら、棟持柱を研究してきました。棟持柱に関する研究は、土地と建物の関係を都市のなかで歴史的に考察するという、二十年あまりまえからはじめた研究から、でてきました。土地と建物に関するこの研究は、前著『中近世都市形態史論』（中央公論美術出版、二〇〇三年）でまとめました。その内容のおおくが、土地の形態を建物が規定していくという建物先行型をあつかっています。したがって、本書の「各論9 建物先行型論と棟持柱祖形論—日本中近世都市の土地と建物—」（二〇一〇年七月初出）でのべましたように、『中近世都市形態史論』のなかの論考のほとんどを、建物先行型論とよぶことができます。京都のマチヤはいかにたちあがったか、という論点が、建物先行型の具体的な事例を追求する過程で、うかびあがったものでした。それは、一九九三年か一九九四年かでした。京都のマチヤは棟持柱をもつ構造ですが、棟持柱を祖形とみなす観点が建築の歴史全般を通じて有効であろうとみとおすことができたのは、その数年後でした。

一九九八年に、英国のレスター大学都市史研究センターにいた十ヶ月のあいだ、京都とロンドンの比較都市史を、中世後期から近世初頭にかけて、かんがえていました。帰国する一九九九年一月からは、長野で、おぼつかない英語力を向上させつつ、日英の比較都市史をすすめよう、とかんがえていました。帰国してみると、それ以外の仕事が大学でまっていました。たとえば、信州伝統的建造物保存技術研究会から発行していた『棟柱』の第2号を一九九九年三月末までに研究室でまとめる仕事がありました。

この『棟柱』のために、英国に私がいたあいだ、信州の茅葺民家の断面を丹念に整理してくれていた学生がいました。わすれていた仕事をおもいだしつつ、なぞかけのつもりで、その学生に、なぜ、信州の茅葺民家には、なくてもよい棟束があるのか、ときいてみました。なにげないこの問いは、すばらしく、みずからが熟考するにあたいするものであることがわかってきました。この問いの直後の成果が、「各論B信州1 信州の茅葺民家にみる棟束の建築的意義」（二〇〇〇年六月初出）です。ふりかえってみれば、この問いから、日英の比較都市史研究をおきざりにして、棟持柱を全面的にかんがえることになった、とおもいます。

棟持柱に関する研究がおおきく進展したのは、京都のマチヤと信州の茅葺民家が、おなじ研究対象になり得るということに気づいたときでした。そして、この研究を棟持柱祖型論とよびました（「総論4 掘立から礎へ—中世後期から近世にいたる棟持柱構造からの展開—」二〇〇〇年八月初出）。祖型という語に違和感をかんじながら、しばらくして、独語のUrformという語にであいました。それが気にいったので、棟持柱祖形論とよびかえることにしました。

棟持柱祖形論として研究対象の確信をえたので、その後は、こまかいしらべごとを、まよわずに、すすめていきました。棟持柱を祖形とする観点が、戦前の研究に数おおく提出されていたことや、戦後になって、それらの観点がないがしろにされていたことに、気がつきました（「総論3 戦前の棟持柱祖形論」二〇〇四年三月初出、「総論1 民家史研究の総括と展望―棟持柱祖形論に即して―」二〇〇五年九月初出）。同時に、中央ヨーロッパでは、棟持柱を祖形とする観点がふるくから提出されており、この観点がないがしろにされてきた日本とは正反対に、現在でも積極的に支持されていることがわかってきました（「総論2 棟持柱祖形論の世界史的展望」二〇〇三年三月初出）。いま、ドイツ、スイス、オーストリア、イタリア、フランスにまたがる中央ヨーロッパを対象とした棟持柱祖形論を追求しています。ただ、本書に、中央ヨーロッパに関する考察を積極的にふくめるにいたりませんでした。しかし、「おわりに 棟持柱祖形論の展開」（本書初出）でしるしましたように、中央ヨーロッパをユーラシア大陸のなかで捕捉していく必要があります。

「結論 棟持柱祖形論の外にある事柄」（本書初出）は、実証的な知見で論をむすんだものではなく、実証的な知見をふまえて、建築史をおおきくみたときの予想を、みとおしとして、しるしたものです。この予想は日本と英国のあいだにあるユーラシア大陸を対象にしているから、レスター大学で一九九八年に構想していた事柄の一部がこの予想のなかにいきているでしょう。今後は、この予想を指針として、中央ヨーロッパの知見をふかめるとともに、東アジアにもとりくんでいく必要があるでしょう。そして、ユーラシア大陸とその両脇にある二つの島国を対象として、先史から現代までをかんがえていく必要があります。

本書『棟持柱祖形論』は、棟持柱が祖形であるとの予想を個別事例に即して検討する作業を前提としていました。その作業をふまえて、先史から現代まで、地球規模で考察するきっかけができたわけです。他方で、建築形態がいかに生成されるかといった観点がうかびあがってきました。棟持柱のうち、とくに掘立の棟持柱は、建築形態の原形に位置づけられるばかりでなく、多様な建築形態を生成し得るものです。この意味で、掘立棟持柱は、建築形態の生成元である、といえます。

建築形態はいかに生成されるかという論点は、棟持柱祖形論と並行して、とりくんでいく必要があります。この論点のために、現在、コラージュ collage を用意しています。「各論A京都4 京マチヤの原形・変容・伝播」（二〇〇八年三月）でしるしましたように、「建築における形態生成は、コラージュという概念をえてはじめて合理的に説明され得る」。たとえば、「総論4 ウダツ」（『中近世都市形態史論』所収、二〇〇三年二月初出）で論じた京都のウダツは、棟持柱祖形論にかかわっていますが、同時に、建築形態のコラージュにかかわっています。

『棟持柱祖形論』は、建物先行型論を展開させた『中近世都市形態史論』と対をなす学術図書です。これから、これら二つにつけくわえなければならないのが、建築コラージュ形態史論とよぶべきものです。この仕事は、中央ヨーロッパや東アジアに即した棟持柱祖形論を実証的にすすめていく作業とともに、はやめにまとめあげていく必要があると感じています。この観点は、さかのぼれば、「各論20 都市変容における古いものと新しいものとの統合理論―京都をモデルとした都市の個別的更新原理―」（『中近世都市形態史論』所収、一九九二年八月初出）にみなもとがあり、これを積極的に敷衍していくものです。ウダツのような明快な例を核としつつ、コラージュをゆるくとらえながら、「建て替え、増築、改築、大小の修理といった個別的な更新を通じて、外観と内観の双方が徐々に充実されていく」過程（『中近世都市形態史論』）をあらためてしっかりと捕捉していく作業が、建築形態の生成過程をあきらかにするうえでの前提になるでしょう。

この場をかりて、お礼を申し上げたいとおもいます。

信州大学の土本研究室の方々には、いろいろとはたらいていただきました。作業のなかで棟持柱をたのしんでいただいたこととおもいますが、棟持柱祖形論が人生の肥やしになることをいのっています。

建物の実測調査やヒアリング調査では、所有者の方々から、あたたかい御協力をいただきました。棟持柱をもつ建物ばかりではなく、貴重な建物が後世に承け継ぎ伝えられていくことをいのっています。

さいごになりましたが、中央公論美術出版の小菅勉さんと日野啓一さんに、学術図書の申請から刊行まで、とてもながいあいだ、たいへんお世話になりました。採択になってから、小菅さんからじかに編集していただき、貴重な助言をたくさんいただきました。ありがとうございました。

二〇一〇年一一月二五日

稲田の自宅にて

土本　俊和

# 初出・再録一覧

一九九八年三月
はじめに
土本俊和「表題解説」信州大学工学部土本研究室編『棟柱第1号』信州伝統的建造物保存技術研究会、三頁、初出。土本俊和編『中世後期から近世に至る掘立棟持柱構造からの展開過程に関する形態史的研究　二〇〇一～二〇〇三年度　科学研究費補助金（基盤研究C（2））研究成果報告書』研究代表者・土本俊和（信州大学工学部教授）、二〇〇五年五月、四五頁、再録。

一九九八年一一月
各論A京都1　京都のマチヤにおける軸部と小屋組
畑智弥、土本俊和「京都の町屋における軸部と小屋組」『日本建築学会計画系論文集』五一三、二五九―二六六頁、初出。前掲・土本編『中世後期から近世に至る掘立棟持柱構造からの展開過程に関する形態史的研究』四六―五三頁、再録。

一九九九年三月
考察1　ウダツとムナバシラ
土本俊和「表題解説」信州大学工学部土本研究室編『棟柱第2号』信州伝統的建造物保存技術研究会、三頁、初出。前掲・土本編『中世後期から近世に至る掘立棟持柱構造からの展開過程に関する形態史的研究』五四頁、再録。

二〇〇〇年三月
考察2　表題解説―私は此の柱の事を斯く呼ぶことにして居る―
土本俊和「表題解説―私は此の柱の事を斯く呼ぶことにして居る―」信州大学工学部土本研究室編『棟柱　第3号』信州伝統的建造物保存技術研究会、三頁、初出。前掲・土本編『中世後期から近世に至る掘立棟持柱構造からの展開過程に関する形態史的研究』六三頁、再録。

二〇〇〇年六月
各論B信州1　信州の茅葺民家にみる棟束の建築的意義
遠藤由樹、土本俊和、吉澤政己、和田勝、西山マルセーロ、笹川明「信州の茅葺民家にみる棟束の建築的意義」『日本建築学会計画系論文集』五三二、二一五―二二二頁、初出。前掲・土本編『中世後期から近世に至る掘立棟持柱構造からの展開過程に関する形態史的研究』五五―六二頁、再録。

二〇〇〇年八月
総論4　掘立から礎へ―中世後期から近世にいたる棟持柱構造からの展開―
土本俊和、遠藤由樹「掘立から礎へ―中世後期から近世にいたる棟持柱構造からの展開―」『日本建築学会計画系論文集』五三四、二六三―二七〇頁、初出。前掲・土本編『中世後期から近世に至る掘立棟持柱構造からの展開過程に関する形態史的研究』六四―七一頁、再録。

二〇〇一年三月
各論B信州2　赤柴のタキモノ小屋
土本俊和「表題解説―赤柴のタキモノ小屋―」信州大学工学部土本研究室編『棟柱　第4号』信州伝統的建造物保存技術研究会、二―三頁、初出。前掲・土本編『中世後期から近世に至る掘立棟持柱構造からの展開過程に関する形態史的研究』七二―七三頁、再録。

二〇〇一年七月
総論5　日本民家の架構法　土本俊和著、土本研究室訳
Toshikazu Tsuchimoto: Making of the Japanese Timber-framed Houses: Studies in Ancient Structures; Proceedings of the 2nd International Congress, Istanbul, Turkey, July 2001.

二〇〇二年三月
各論B信州3　国見の掘立棟持柱
土本俊和「表題解説―国見の掘立棟持柱―」信州大学工学部土本研究室編『棟柱 第5号』信州伝統的建造物保存技術研究会、二―三頁、初出。前掲・土本編『中世後期から近世に至る掘立棟持柱構造からの展開過程に関する形態史的研究』八五―八六頁、再録。

二〇〇二年六月
総論6　棟持柱構造から軸部・小屋組構造への転換過程
内田健一・土本俊和「棟持柱構造から軸部・小屋組構造への転換過程」『日本建築学会計画系論文集』五五六、三一三―三二〇頁、初出。前掲・土本編『中世後期から近世に至る掘立棟持柱構造からの展開過程に関する形態史的研究』八七―九四頁、再録。

二〇〇三年三月
総論2　棟持柱祖形論の世界史的展望
土本俊和「表題解説―棟持柱祖型論の世界史的展望―」信州大学工学部土本研究室編『棟柱 第6号』信州伝統的建造物保存技術研究会、二―三頁初出。前掲・土本編『中世後期から近世に至る掘立棟持柱構造からの展開過程に関する形態史的研究』一〇五―一〇六頁、再録。

二〇〇四年三月
総論3　戦前の棟持柱祖形論
土本俊和「表題解説―戦前の棟持柱祖型論―」信州大学工学部土本研究室編『棟柱 第7号』信州伝統的建造物保存技術研究会、二―三頁、初出。前掲・土本編『中世後期から近世に至る掘立棟持柱構造からの展開過程に関する形態史的研究』一一三―一一四頁、再録。

二〇〇五年三月
各論B信州4　棟持柱をもつ諏訪の穴倉
土本俊和「表題解説―棟持柱をもつ諏訪の穴倉―」信州大学工学部土本研究室編『棟柱 第8号』信州伝統的建造物保存技術研究会、二―三頁初出。前掲・土本編『中世後期から近世に至る掘立棟持柱構造からの展開過程に関する形態史的研究』一二四―一二五頁、再録。

二〇〇五年三月
考察3　真墨と矩と下げ振り
土本俊和「第1章 はじめに―真墨と矩と下げ振り―」信州大学工学部土本研究室編『棟柱 第8号』信州伝統的建造物保存技術研究会、九―一〇頁、初出。前掲・土本編『中世後期から近世に至る掘立棟持柱構造からの展開過程に関する形態史的研究』一二六―一二七頁、再録。

二〇〇五年五月
各論A京都2　与次郎組の系譜 ―京都のマチヤにおける小屋組構成部材の展開―
畑智弥・土本俊和「与次郎組の系譜 ―京都の町屋における小屋組構成部材の展開―」前掲・土本編『中世後期から近世に至る掘立棟持柱構造からの展開過程に関する形態史的研究』三六―四三頁、初出。

二〇〇五年五月
各論C甲州1　笛吹川流域の民家―棟持柱構造から四建、ウダツ造への展開過程―
滝澤秀人、島崎広史、土本俊和、遠藤由樹「笛吹川流域の民家 棟持柱構造から四建、ウダツ造への展開過程」前掲・土本編『中世後期から近世に至る掘立棟持柱構造からの展開過程に関する形態史的研究』一三―二一頁、初出。のちに、同「同」『日本建築学会計画系論文集』六〇四、一六七―一七四頁、二〇〇六年六月、改訂増補。

二〇〇五年五月
各論C甲州2　ウダツと大黒柱
滝澤秀人、土本俊和、島崎広史、遠藤由樹「ウダツと大黒柱」前掲・土本編『中世後期から近世に至る掘立棟持柱構造からの展開過程に関する形態史的研究』、

二一―二九頁、初出。のちに、同「同」『日本建築学会計画系論文集』六〇四、一五一―一五八頁、二〇〇六年六月、改訂増補。

二〇〇五年五月
各論B信州5　タテノボセと土台からみた小規模建造物
早川慶春・土本俊和・鵜飼浩平・梅干野成央「タテノボセと土台からみた小規模建造物」前掲・土本編『中世後期から近世に至る掘立棟持柱構造からの展開過程に関する形態史的研究』三〇―三五頁、初出。のちに、同「同」『日本建築学会計画系論文集』六一六、一六七―一七四頁、二〇〇七年六月、改訂増補。

二〇〇五年九月
総論1　民家史研究の総括と展望 ―棟持柱祖形論に即して―
土本俊和「民家史研究の総括と展望―棟持柱祖型論に即して―」日本建築学会 建築歴史・意匠委員会 民家小委員会編『民家研究50年の軌跡と民家再生の課題 主題解説（1）』五―三七頁、初出。

二〇〇六年三月
考察4　大黒柱の根元のところにすわっていて、くずれた家のなかにいたのに助かった
土本俊和「表題解説―大黒柱の根元のところにすわっていて、くずれた家のなかにいたのに助かった―」信州大学工学部土本研究室編『棟柱 第9号』信州伝統的建造物保存技術研究会、一―三頁、初出。

二〇〇六年三月
考察5　掘立と棟持と丸太
土本俊和「第1章　はじめに―掘立と棟持と丸太―」信州大学工学部土本研究室編『棟柱 第9号』信州伝統的建造物保存技術研究会、九―一〇頁、初出。

二〇〇六年五月
総論7　棟持柱構造と軸部・小屋組構造を併せ持つ切妻小規模建造物
島崎広史、土本俊和「棟持柱構造と軸部・小屋組構造を併せ持つ切妻小規模建造物」『日本建築学会計画系論文集』六〇三、一七五―一八二頁、初出。

二〇〇七年二月
各論A京都3　京マチヤの原形ならびに形態生成
土本俊和「京マチヤの原形ならびに形態生成」西山良平・藤田勝也編『平安京の住まい』京都大学学術出版会、一九三―二四一頁、初出。

二〇〇七年五月
総論8　民家のなかの棟持柱
土本俊和「民家のなかの棟持柱」『民俗建築』一三一、一〇二―一一二頁、初出。

二〇〇八年三月
各論A京都4　京マチヤの原形・変容・伝播
土本俊和、坂牛卓、早見洋平、梅干野成央「京マチヤの原形・変容・伝播に関する研究―建物先行型論と棟持柱祖形論にもとづく建築コラージュ形態史論―」『住宅総合研究財団研究論文集』三四、一六一―一七二頁、初出。

二〇〇八年三月
考察6　基壇と棟持柱―古典主義建築の系譜と任家構成の発生史的汎性―
土本俊和「基壇と棟持柱―古典主義建築の系譜と任家構成の発生史的汎性―」『棟柱 第10号』信州伝統的建造物保存技術研究会、三頁、初出。

二〇一〇年七月
考察9　建物先行型論と棟持柱祖形論―日本中近世都市の土地と建物―
土本俊和「日本中近世都市の土地と建物、特に建物先行型について」『すまいろん』九五、三〇―三三頁、初出。

本書初出
序論　棟持柱祖形論の位置
土本俊和「同右」
各論B信州6　架構形態からみタテノボセの建築的意義
坪井章訓、土本俊和、梅干野成央「同右」

考察7　土台と棟持柱―中世後期から近世にいたる土台をもつ棟持柱構造の系譜―
滝澤秀人、土本俊和「同右」

考察8　近世地方マチヤにおける吹き抜けと棟持柱構造
三村卓也、善田健二、土本俊和「同右」

結論　棟持柱祖形論の外ある事柄
土本俊和「同右」

おわりに　棟持柱祖形論の展開
土本俊和「同右」

**編著者略歴**

土本 俊和（つちもと・としかず）

信州大学 工学部 教授

1961年 東京都生まれ.

東京大学 工学部 建築学科 卒業.

東京大学大学院 工学系研究科 建築学専攻 博士課程 中退.

株式会社 国建 建築設計部 首里城復元グループ勤務.

土本建築都市研究室 開設.

東京工芸大学 助手, 信州大学 助手, 信州大学 助教授.

英国レスター大学 都市史研究センター 研究員.

2001年10月より現職.

工学博士.

**主な著書**

『復元日本大観6　民家と町並み』（世界文化社, 1989年）共著.

『図集 日本都市史』（東京大学出版会, 1993年）共著.

『中近世都市形態史論』（中央公論美術出版, 2003年）単著.

『平安京の住まい』（京都大学学術出版会, 2007年）共著.

『善光寺の中世』（高志書院, 2010年）編著.

『山と建築』Vol.1-3（信州大学工学部建築学科土本研究室・オフィスエム, 2009年12月 - 2010年10月）監著ほか.

**主な受賞**

IFHP 国際学生コンペ 最優秀賞（共作）, 1987年10月.

日本建築学会 奨励賞（論文）, 1996年9月.

日本建築学会北陸支部 設計競技 最優秀賞（共作）, 2006年10月.

棟持柱祖形論 ©

平成二十三年二月 十 日印刷
平成二十三年二月二十八日発行

編著者　土本俊和
発行者　小菅勉
印刷 製本　広研印刷株式会社
用紙　日本板紙株式会社

中央公論美術出版
東京都中央区京橋二―八―七
電話〇三―三五六一―五九九三

製函　株式会社加藤製函所

ISBN978-4-8055-0630-1

# 索引

## な



## は



## ま



## や

# 図表一覧

凡例

①「図表一覧」で、小論の初出時に先行する文献からの出典をしるした。出典のしるされていない図表は、小論の初出時にはじめて公表されたものである。

②口絵との関連を［　］でしめした。

**口絵**

口絵１　信州 長野市 赤柴のタキモノ小屋 棟持柱

口絵２　同タキモノ小屋 全景

口絵３　信州 長野市 国見の掘立棟持柱

口絵４　同掘立棟持柱 全景

口絵５　甲州 旧牧丘町 棟持柱をもつ便所（北面）

口絵６　同便所（南面）

口絵７　信州 飯山市 タテノボセ

口絵８　甲州 旧牧丘町 棟持柱をもつ民家

口絵９　ドイツ南西部 ボイレン 棟持柱をもつ納屋（Firstständerscheuer, Beuren）

口絵10　スイス北部 ロイトヴィルから移築 バーレンベルク 棟持柱をもつ農家（Bauernhaus von Leutwil, Ballenberg）

口絵11　イタリア北東部 カポ・ディ・ポンテ 岩壁線画（Felsbilder, Capo di Ponte）

口絵12　イタリア北東部 リヴァ・デル・ガルダ 棟持柱をもつ小屋（Riva del Garda）

**図**

総論１「民家史研究の総括と展望」

図1　天地根元宮造（関野克「中世に於ける竪穴住居の例」1937年、43頁より）23頁掲載

図2　『鉄山秘書』にみえる高殿（関野克「鉄山秘書高殿に就いて」1938年、433頁より）23頁掲載

図3　竪穴家屋と其の遺跡に就いての理論（関野克「竪穴家屋と其の遺跡に就いての理論的考察」1937年、〈図3-1〉379頁、〈図3-2〉382頁より）23頁掲載

図4　文化十四年発見の竪穴家屋（『新修 平田篤胤全集 補遺三』1978年、〈図4-1〉418頁、〈図4-2〉419頁より）24頁掲載

図5　粉河寺縁起絵巻所見の板葺竪穴住家（小松成美編『日本絵巻大成５』1977年、57頁より）24頁掲載

図6　切妻構造にみられる棟持柱（石原憲治「竪穴住居に就て—特に登呂の復元を中心に論ず」1951年、４頁より）25頁掲載

図7　竪穴にて掘立棟持柱をもつ切妻〈Ｄ類とＥ類〉（藤島亥治郎「第六篇 建築址の復原的考察」1955年、〈図7-1〉406頁、〈図7-2〉408頁より）25頁掲載

図8　黒岩城付近の竪穴住居（長野県立博物館編『信濃の風土と歴史８ 住—たてる・すむ・くらす—』2002年、23頁より）26頁掲載

図9　縄文時代草創期（12000～10000年前）の集落遺跡である大原Ｄ遺跡SC003（浅川滋男編『竪穴住居の空間分節に関する復原的研究』2001年、149頁より）26頁掲載［口絵８］

図10　甲州および信州の棟持柱構造をもつ民家（土本編『中世後期から近世に至る掘立棟持柱構造からの展開過程に関する形態史的研究』2005年、〈図10-1〉136-138頁、〈図10-2〉169-170頁、〈図10-3〉246頁、

〈図10-4〉248頁、〈図10-5〉255頁より）27-34頁掲載
図10-1(1)　甲州および信州の棟持柱構造をもつ民家（土本編『中世後期から近世に至る掘立棟持柱構造からの展開過程に関する形態史的研究』2005年、136頁より）27頁掲載［口絵８］
図10-1(2)　甲州および信州の棟持柱構造をもつ民家（土本編『中世後期から近世に至る掘立棟持柱構造からの展開過程に関する形態史的研究』2005年、137頁より）28頁掲載［口絵５、口絵６］
図10-1(3)　甲州および信州の棟持柱構造をもつ民家（土本編『同上』2005年、138頁より）29頁掲載
図10-2(1)　甲州および信州の棟持柱構造をもつ民家（土本編『同上』2005年、169頁より）30頁掲載
図10-2(2)　甲州および信州の棟持柱構造をもつ民家（土本編『同上』2005年、170頁より）31頁掲載
図10-3　甲州および信州の棟持柱構造をもつ民家（土本編『同上』2005年、246頁より）32頁掲載
図10-4　甲州および信州の棟持柱構造をもつ民家（土本編『同上』2005年、248頁より）33頁掲載
図10-5　甲州および信州の棟持柱構造をもつ民家（土本編『同上』2005年、255頁より）34頁掲載
図11　中華人民共和国黒龍江省にすむホンジェ族の住居遺構（玉井哲雄編『日本列島南北端の住居形成過程に関する学際的研究』2004年、〈図11-1〉口絵１頁、〈図11-2〉320頁より）35頁掲載
図12　山梨市上野正氏宅（No.5）（関口欣也『山梨県の民家』1982年、265頁より）36頁掲載
図13　今和次郎によるスケッチとノート１（今和次郎『見聞野帖』1986年、90頁より）37頁掲載
図14　今和次郎によるスケッチとノート２（今和次郎『見聞野帖』1986年、65頁より）37頁掲載
図15　住家構成の断面（藤島亥治郎「住家構成の発生史的汎性」1959年、122頁より）38頁掲載
図16　ヨーロッパ・アルプス周辺の木造民家における棟持柱構造（Richard Weiss, Häuser und Landschaften der Schweiz, Eugen Rentsch Verlag, 1959, p.86）38頁掲載

総論２「棟持柱祖形論の世界史的展望」
図1　スイスの屋根組の系統図（Richard Weiss, Häuser und Landschaften der Schweiz, Eugen Rentsch Verlag, 1959, p.79）40頁掲載

総論３「戦前の棟持柱祖形論」
図1　中央柱（大黒柱）変遷図（三田克彦「大黒柱の淵源とその変遷」『住宅』第27巻第310号、1942年、59頁より）43頁掲載

総論４「掘立から礎へ」
図1　北山型 46頁掲載
図1-1　石田家住宅断面模式図
図1-2　木戸家住宅断面模式図
図2　『建築大辞典』所載の固定端（『建築大辞典 第二刷〈普及版〉』1993年、578頁より）51頁掲載
図3　梁行２間 52頁掲載
図3-1　梁行２間で柱のすべてが掘立柱の構造図（安定・二次不静定）
図3-2　梁行２間で中柱のみが掘立柱の構造図（安定・静定）
図4　梁行４間 52頁掲載
図4-1　梁行４間ですべての柱が掘立柱の構造図（安定・四次不静定）
図4-2　梁行４間で中柱のみが掘立柱の構造図（安定・静定）
図5　棟木が二つ存在する棟持柱構造の民家 54頁掲載
図6　棟木が一つで棟持柱が棟木を直接ささえる構造の民家 54頁掲載
図7　棟木が一つで棟持柱が棟木を直接ささえない構造の民家 54頁掲載
図8　オダチ組から扠首組への変容過程（京都府教育庁指導部文化財保護課編『京都府の民家 調査報告 第

各論Ｂ信州３「国見の掘立棟持柱」



各論Ｂ信州４「棟持柱をもつ諏訪の穴倉」



各論Ｂ信州５「タテノボセと土台からみた小規模建造物」



各論Ｂ信州６「タテノボセをもつ架構の変容過程」

**表**

# 参考文献一覧

付、附記

凡例

①この参考文献一覧では、本書が本文中で参照した論文と著書をとりあげたとともに、土本俊和編『中世後期から近世に至る掘立棟持柱構造からの展開過程に関する形態史的研究』（研究代表者・土本俊和（信州大学工学部教授）、2005年）などですでに把握していた論文と著書を中心におぎなった。この研究成果報告書は、必要に応じて、個々に解説をくわえているので、あわせて参照されたい。

②著者名と発行年（初出順）にしたがってまとめた。

③個々の論文と著書に関する記載事項、以下のならび方にしたがう。

・論文の場合　　　　　著者名　発行年　「表題」『誌名』巻号、記載頁：本書の掲載箇所

・著書（全部）の場合　著者名　発行年　著（編）者名『書名』発行：本書の掲載箇所

・著書（部分）の場合　著者名　発行年　「表題」 著（編）者名『書名』発行、記載頁：本書の掲載箇所

④附記すべき点がある場合、その事項を「；」の後にしるした。


**あ**

青柳憲昌　2010　「関野克の登呂遺跡住居復原案の形成過程と「復元」の基本方針」『日本建築学会計画系論文集』654、2073-2080頁：総１

浅川滋男　1998　『先史日本の住居とその周辺』同成社：各 B-3

浅川滋男　2000　『研究 No.9502 北東アジアのツングース系諸民族住居に関する歴史民族学的研究―黒龍江省での調査を中心に―』住宅総合研究財団

浅川滋男編　2001　『竪穴住居の空間分節に関する復原的研究 平成10～12年度科学研究費補助金（基盤Ｃ）』研究代表者・浅川滋男（奈良国立文化財研究所平城宮跡発掘調査部）：総１

浅川滋男・箱崎和久編　2001　『埋もれた中近世の住まい』同成社：総１、総２、総４、総６、総７、総８、各 B-3、考３

朝倉則幸　1993　『仮設建築のデザイン』鹿島出版会：総７

網伸也・山本雅和　1995　「平安京左京八条三坊の発掘調査」『日本史研究』409、66-81頁：各 A-3

網野善彦　2001　「百姓と建築」同『中世民衆の生業と技術』東京大学出版会、151-163頁：総１、考３

網谷りょういち　1985　「丹波型、大浦型の平面的相似について―中央入口の農家間取りについての考察―」『民俗建築』88、14-20頁；のちに日本民俗建築学会編『民俗建築 第九巻』柏書房、208-214頁、1999

安良城盛昭　1980　『新沖縄史論』沖縄タイムス社：各 A-4

有尾遺跡発掘調査団編　1992　『有尾遺跡』飯山市教育委員会：各 B-5

安藤邦廣　1983　『茅葺きの民俗学 生活技術としての民家』はる書房：各 B-1

**い**

飯山市教育委員会編　1980　『長野野県飯山市旭町遺跡群 北原遺跡調査報告書』飯山市教育委員会：各 B-5

飯山市教育委員会編
2000 『南條遺跡』飯山市教育委員会：各B-5
飯山市誌編纂専門委員会編
1993 『飯山市誌 歴史編 上』飯山市；吉澤政己執筆部分（811-822頁）：はじめに、総4、総7、各B-1
飯山市土建産業労働組合編
1979 『職人がつづる職人誌』銀河書房；77-80頁：はじめに、総7、各B-5、各B-6、考7
石上堅 1983 『日本民俗語大辞典』桜楓社
石田頼房・昌子住江
1995 「『石原憲治論』稿—建築家・都市計画家、基督者石原憲治について—」『総合都市研究』55、113-148頁：考2
石原憲治 1934-1943・1972-73
『日本農民建築第1輯－第8輯』南洋堂書店：総3、総4、総6、総7、各B-1、各B-4、各B-5、各C-1、各C-2、考2
石原憲治 1951 「竪穴住居に就て—特に登呂の復元を中心に論ず—」『建築雑誌』775、1-7頁：総1
石原憲治 1963 「南島の旅—沖縄西表島紀行—」『民俗建築』43、1-7頁；のちに日本民俗建築学会編『民俗建築 第三巻』柏書房、1009-1015頁、1986
石原憲治 1972 「ネパールの民家」『民俗建築』64・65合併号、37-44頁；のちに日本民俗建築学会編『民俗建築 第四巻』柏書房、203-210頁、1999
石原憲治 1975 「北欧山村民家の旅 南ドイツの田舎にて」『民俗建築』69、67-78頁；のちに日本民俗建築学会編『民俗建築 第五巻』柏書房、287-298頁、1999
石原憲治 1976 『日本農民建築の研究』南洋堂書店：総3、総4、総7、各B-1、各C-2、考2
井田秀行・庄司貴弘・後藤彩・池田千加・土本俊和
2010 「豪雪地域における伝統的民家と里山林の構成樹種にみられる対応関係」『日本森林学会誌』92-3、139-144頁：総1
伊藤毅 1982 「高田の町屋と雁木」東京大学工学部建築史研究室編『越後高田の雁木』新潟県上越市教育委員会、4-21頁：考8
伊藤鄭爾・稲垣栄三・大河直躬・田中稔
1955 「学会動向 民家研究の成果と課題」『建築史研究』21、28-32頁：総1
報告者・伊藤鄭爾ほか、議長・太田博太郎ほか
1955 「民家研究の成果と課題—日本建築学会昭和30年度春季大会専門別研究協議会（歴史の部）記録—」『建築史研究21号別冊』2-21頁：総1
伊藤鄭爾 1955 「第二回奈良市民家調査研究報告」『住宅研究』8・9全本：各B-3
伊藤鄭爾 1958初版・1984
『中世住居史［第二版］』東京大学出版会：総4、各A-1、各A-2、各A-3、各A-4、各B-1、各B-5、各C-2、考1、考3、考5、考7、考8
伊藤ていじ 1963 『民家は生きてきた』美術出版社：各B-1
伊藤裕久 1992 『中世集落の空間構造—惣的結合と住居集合の歴史的展開—』生活史研究所：総4、各B-1、考1
伊藤正義 1998 「市庭の空間」国立歴史民俗博物館編『中世商人の世界—市をめぐる伝説と実像—』日本エディタースクール出版、109-139頁：各A-4、考9
稲垣栄三 1968 『原色日本の美術 第16巻 神社と霊廟』小学館；のちに同『稲垣栄三著作集 二 神社建築史研究Ⅰ』中央公論美術出版、2008：各A-3、各B-5

稲垣栄三　1959初出・1979
『日本の近代建築［その成立過程］（下）』鹿島出版会；のちに同『稲垣栄三著作集 五 日本の近代建築―その成立過程―』中央公論美術出版、2009：総１

稲垣栄三　1985　「神社建築の起源」下中邦彦編『平凡社大百科事典７』平凡社、924-925頁：各 A-3

稲垣栄三編　1989　『復元日本大観６ 民家と町並み』世界文化社；稲垣栄三執筆部分（90-91頁）、土本俊和執筆部分（92-137頁）：各 A-1、各 A-2、考８

乾尚彦　1986　「蘭嶼・ヤミ族における居住空間の成立過程」『民俗建築』89、19-28頁；のちに日本民俗建築学会編『民俗建築 第九巻』柏書房、287-296頁、1999

井上朝雄・松村秀一
2000　「木造戸建住宅における基礎および土台の変遷に関する研究―昭和20年代の都市部の事例を中心として―」『2000年度日本建築学会大会（東北）学術講演梗概集 E-1』715-716頁：各 A-3

今西錦司・梅棹忠夫
1968　「ダトーガ族の住居」『アフリカ社会の研究―京都大学アフリカ学術調査隊報告―』西村書店、173-180頁

今村良夫　1959　「うだつについて」『伊那』379、31-32頁

岩崎直也　1994　「八幡城の空間構成」『日本歴史』557、102-110頁：総４

岩本由輝　1996　「梲と沽券」『家・屋敷地と霊・呪術［シリーズ比較家族６］』早稲田大学出版部、118-123頁：総４、各 B-1

う

上田篤　1974　「二階」『日本人とすまい』岩波書店、115-122頁：考８

上田小県誌刊行会編
1973　『上田小県誌』小県上田教育会；284頁：各 B-1

上野晴朗　1967　『甲州風土記』NHK サービスセンター甲府支所

鵜飼浩平・早川慶春
2005　『タテノボセと土台からみた小規模建造物』平成16年度信州大学工学部社会開発工学科建築コース卒業論文（土本研究室）：各 B-5

内田健一・土本俊和
2002　「棟持柱構造から軸部・小屋組構造への転換過程」『日本建築学会計画系論文集』556、313-320頁；総論６同「同」：はじめに、総１、総７、総８、各 B-1、各 B-5、各 C-1、各 C-2、考３、考５、考７

内田好昭　2002　「京都―近世都市京都と町家―」赤坂憲雄ほか編『あらたな歴史へ いくつもの日本史Ⅱ』岩波書店、111-130頁：各 A-3

内田好昭　2007　「中世後期から近世の町屋」西山良平・藤田勝也編『平安京の住まい』京都大学出版会、167-194頁：各 A-3

内田好昭・高正龍・堀内寛昭
2000　「４ 平安京左京二条四坊１」京都市埋蔵文化財研究所編『平成10年度 京都市埋蔵文化財調査概要』京都市埋蔵文化財研究所、20-29頁：各 A-3

浦恵子　2006　『結びを有する構築物に関する研究』平成17年度信州大学工学部社会開発工学科建築コース卒業論文（土本研究室）：考５

**え**

江川家住宅修理委員会編

1963　「生柱と地下遺構」『重要文化財江川家住宅修理工事報告書』同、53-57頁；のちに村上訒一ほか編『日本の民家 重要文化財修理報告書集成 補遺２〔町家〕』東洋書林、75-79頁、2001：考５

江口善次　1954　『太田村史』太田村史刊行会

江口善次　1957　『外様村史』八重田広志

江口善次　1963　『豊田村誌』豊田村誌刊行会

江口善次　1966　『秋津村誌』秋津村誌編纂委員会

江口善次　1970　『柳原村誌』柳原村誌編纂委員会：各B-6

越後頸城郡誌稿刊行会編

1969　「家屋」『訂正 越後頸城郡誌稿 下巻』豊島書房版、334-336頁：考８

江馬務　1944　『日本住宅調度史』大東出版社

遠藤由樹・土本俊和・吉澤政己・和田勝・西山マルセーロ・笹川明

2000　「信州の茅葺民家にみる棟束の建築的意義」『日本建築学会計画系論文集』532、215-222頁；各論Ｂ信州１同「同」：総１、総２、総４、総５、総６、総８、各B-1、各B-5、各B-6、各C-1、各C-2、考８

**お**

大河直躬　1956　「四つ間取りの成立」『建築雑誌』71（834）、18-21頁

大河直躬　1962　『日本の民家―その美しさと構造―』社会思想社

大河直躬　1966　「現在の民家研究の方向」『建築雑誌』81（963）、1-4頁

大阪府教育委員会

1967　『大阪府の民家 第３』大阪府教育委員会：総６、総７

太田邦夫　1988　『東ヨーロッパの木造建築―架構形式の比較研究―』相模書房：総２、総８

太田邦夫　2000　「太径長大材による木造建築技術」『木の建築』48、28-30頁

太田邦夫　2010　『エスノ・アーキテクチュア』鹿島出版会

太田博太郎　1959　「原始住居の復原について」『考古学雑誌』45-2、1(79)-17(95)頁；のちに同『日本建築の特質（日本建築史論集Ｉ）』岩波書店、136-157頁：総１

太田博太郎　1966　「戦後における民家史研究の発展」『信濃』18-8（通巻200）、591-597頁：総１

太田博太郎　1967　『民家のみかた調べかた』第一法規出版

太田博太郎　1971　「「うだち」について」一志茂樹先生喜寿記念会編『一志茂樹博士喜寿記念論集』同、519-530頁；のちに太田博太郎「「うだち」について」同『日本建築の特質 日本建築史論集Ｉ』岩波書店、461-472頁、1983：総１、総３、総４、各C-2

太田博太郎　1976　『信濃の民家』長野県（長野県文化財保護協会）：総５、各B-1、考５

太田博太郎　1984　『日本住宅史の研究』岩波書店

太田博太郎・小寺武久

1984　『妻籠宿 その保存と再生』彰国社：総６、総７、考７

太田博太郎　1990　「仁科神明宮本殿 同中門」長野県『長野県史 美術建築資料編 全一巻（二）建築』長野県史刊行会、106-107頁：総４

大塚民俗学会編

1972　『日本民俗事典』弘文堂：各C-2

大藤時彦　1962　「ウダツのこと」日本民家集落博物館『館報「民俗」』5(5)、3-9頁：総８

大場修　1989　「奈良盆地における町家の発展過程—架構形式の変容を通じて」『日本建築学会計画系論文集』403、133-147頁；のちに同『近世近代町家建築史論』中央公論美術出版、2004：各A-1、各B-1

大場修　2001　「平入り指向の町家形成—近世町家の在来形式と新興形式 前編—」『建築史学』37、2-40頁；のちに同『近世近代町家建築史論』中央公論美術出版、2004

大場修　2002　「近畿の町家と京町家—近世町家の在来形式と新興形式 中編—」『建築史学』38、32-70頁；のちに同『近世近代町家建築史論』中央公論美術出版、2004

大場修　2003　「卯建・京都モデルの町家形成—近世町家の在来形式と新興形式 後編—」『建築史学』41、30-75頁；のちに同『近世近代町家建築史論』中央公論美術出版、2004：総１、考３

大場修　2004　『近世近代町家建築史論』中央公論美術出版：総１、各A-3、各A-4、考７、考８

大間知篤三ほか編

1958　『日本民俗学大系　6　生活と民俗（１）』平凡社

岡田英男　1991　「棟持柱をもつ掘建柱建物の構造復原」奈良大学文学部文化財学科『文化財學報』９、1-16頁

岡谷市教育委員会編

1992　『旧渡辺家住宅修理復元工事報告書』岡谷市教育委員会：各B-1

小倉拓也　2007　「部屋上に吹き抜けのある民家」『2007年（第18回）優秀卒業論文・優秀修士論文賞 受賞論文梗概集』日本建築学会、21-24頁：考８

小倉強・佐藤巧

1953　「徳川初期に於ける民家の形態—信州佐久郡地方の人別家別帳を通じて—」『日本建築学会北陸支部研究報告』24

小倉強　1955　『東北の民家』相模書房

**か**

各都道府県教育委員会

1998　『日本の民家調査報告書集成１ 北海道東北地方の民家１〈北海道教育委員会編『建造物緊急保存調査報告書』(1972)、秋田県教育委員会編『民家緊急調査報告書』(1973)、青森県教育委員会編『民家緊急調査報告書 概要・南部、津軽』(1974、1980)〉』東洋書林：総６、総７

各都道府県教育委員会

1998　『日本の民家調査報告書集成２ 北海道東北地方の民家２〈岩手県教育委員会編『民家緊急調査報告書』(1978)、宮城県教育委員会編『民家緊急調査報告書』(1974)〉』東洋書林：総６、総７

各都道府県教育委員会

1998　『日本の民家調査報告書集成３ 北海道東北地方の民家３〈山形県教育委員会編『民家緊急調査報告』(1970)、福島県教育委員会編『民家緊急調査報告書』〉』東洋書林：総６、総７

各都道府県教育委員会

1998　『日本の民家調査報告書集成４ 関東地方の民家１〈茨城県教育委員会編『茨城県民家緊急調査報告書』(1974)、栃木県教育委員会編『民家緊急調査報告書』(1980、1981)、群馬県教育育委員会編『群馬県の民家』(1968)〉』東洋書林：総６、総７

各都道府県教育委員会

1998　『日本の民家調査報告書集成５ 関東地方の民家２〈埼玉県教育委員会編『埼玉県民家緊急調査報告書』(1972)、千葉県教育委員会編『千葉県民家緊急調査報告書 安房地方の民家、

上総地方の民家、下総地方の民家』（1970、1972、1974）』東洋書林：総６、総７
各都道府県教育委員会
1998　『日本の民家調査報告書集成６ 関東地方の民家３〈東京都教育委員会編『東京都文化財総合調査報告』、神奈川県教育委員会編『神奈川県古民家調査報告書 足柄地方 昭和44・45年度』、『神奈川県における近世民家の変遷』（1958、1963）〉』東洋書林：総６、総７
各都道府県教育委員会
1998　『日本の民家調査報告書集成７ 中部地方の民家１〈『新潟県民家緊急調査報告書 上越編、中越編、下越編、佐渡の民家』（1980、1979、1981、1978）〉』東洋書林：総６、総７
各都道府県教育委員会
1998　『日本の民家調査報告書集成８ 中部地方の民家２〈富山県教育委員会編『富山県民家緊急調査報告書、民家緊急調査報告図録編』（1980、1970）、石川県教育委員会編『民家緊急調査報告書』（1973）、福井県教育委員会編『福井県の民家』（1969）〉』東洋書林：総６、総７
各都道府県教育委員会
1998　『日本の民家調査報告書集成９ 中部地方の民家３〈山梨県教育委員会編『山梨県民家緊急調査報告書』（1974、1978、1980）、長野県編『長野県史美術建築資料編』（1990）〉』東洋書林：総６、総７、各C-1
各都道府県教育委員会
1998　『日本の民家調査報告書集成10 中部の民家４〈岐阜県教育委員会編『岐阜県民家緊急調査報告書、昭和52年度民家緊急調査報告書』（1971、1978）、静岡県教育委員会編『民家緊急調査報告書』（1973）、愛知県教育委員会編『愛知県民家緊急調査報告書』（1975）〉』東洋書林：総６、総７
各都道府県教育委員会
1997　『日本の民家調査報告書集成11 近畿地方の民家１〈京都府教育委員会『京都の民家調査報告第1-7冊』（1966-1975）〉』東洋書林：総６、総７、各C-1、各C-2
各都道府県教育委員会
1997　『日本の民家調査報告書集成12 近畿地方の民家２〈三重県教育委員会編『三重県民家調査概報』（1973）、滋賀県教育委員会編『滋賀県緊急民家調査報告書』（1966）、兵庫県教育委員会編『播磨地区調査概報』（1969）、奈良県教育委員会編『奈良県文化財調査報告書 第13集 ; 民家緊急調査報告書』（1966）、和歌山県教育委員会編『和歌山県文化財学術調査報告書　第４冊』、大阪府教育委員会編『大阪府文化財調査報告書 第10、16、18輯』〉』東洋書林：総６、総７
各都道府県教育委員会
1998　『日本の民家調査報告書集成13 中国地方の民家〈鳥取県教育委員会編『鳥取県文化財調査報告書』（1974）、島根県教育委員会編『民家緊急調査報告書』（1969）、宮澤智士『岡山県の民家』（1999）、迫垣内裕『広島県の民家』（1999）、山口県教育委員会編『民家緊急調査報告』（1972）〉』東洋書林：総６、総７
各都道府県教育委員会
1998　『日本の民家調査報告書集成14 四国地方の民家〈徳島県教育委員会編『民家緊急調査報告書』（1976）、香川県教育委員会編『民家緊急調査報告書』（1971）、愛媛県教育委員会編『民家緊急調査報告書』（1971）、高知県教育委員会編『民家緊急調査報告書』（1972）〉』東洋書林：総６、総７

各都道府県教育委員会
1998　『日本の民家調査報告書集成15 九州地方の民家１〈福岡県教育委員会編『緊急調査報告書』（1972）、澤村仁編『大分県の民家』（1999）、佐賀県教育委員会編『佐賀県の民家』（1974）、長崎県教育委員会編『長崎県緊急民家調査報告書』（1972、1974）〉』東洋書林：総６、総７

各都道府県教育委員会
1998　『日本の民家調査報告書集成16 九州地方の民家２〈『熊本県民家調査緊急調査概報』（1972）、『民家緊急調査報告書』（1972）、『鹿児島県文化財調査報告書（第36集）』（1975）、武者英二『久米島民家の空間構成について』、武者英二『与那国島民家の調査』〉』東洋書林：総６、総７

河西省吾編　1930　『日本農民史』古今書院

柏崎亜矢子・斉藤知恵子
1998　「山梨県国中における山間集落の民家について－その４　三富村徳和集落の民家形態－」『1998年度日本建築学会大会（九州）学術講演梗概集 F-2』37-38頁：各 C-1

鼎庁文化財審議委員会編
1977　『鼎の民家』鼎町教育委員会

金石健太　2004　「土台を持つ建物の系譜」『信州大学大学院社会開発工学専攻建築コース修士論文梗概集』18、13-16頁；のちに土本編『中世後期から近世に至る掘立棟持柱構造からの展開過程に関する形態史的研究』109-112頁、2005：総７、各 A-3、各 B-5、各 C-1、考７

金子總平　1937　『アチックミユーゼアムノート 第十三 南會津北魚沼地方に於ける熊狩雑記』アチックミユーゼ；のちに谷川健一編『サンカとマタギ 日本民俗文化資料集成 第１巻』三一書房、347-400頁、1989：総７、各 B-2、各 C-2

川上貢　1987　「総柱建て・棟持柱をもつ建物の遺構―越中立山の室堂―」京都府埋蔵文化財調査研究センター編『京都府埋蔵文化財論集』１、509-515頁：はじめに、総７、各 A-1、各 B-1、考３

川崎市　1968　『重要文化財 旧北村家住宅移築修理工事報告書』川崎市；のちに村上訒一ほか編『日本の民家 重要文化財修理報告書集成 第２巻〔農家２〕関東地方』東洋書林、1999

川崎市立日本民家園
1996　『棟持柱の木小屋』同園資料：各 B-3

川崎隆章編　1978　『尾瀬と檜枝岐〈覆刻版〉』木耳社：各 C-2

川島宙次　1963　「草屋根」『民俗建築』45、7-10頁；のちに日本民俗建築学会編『民俗建築 第三巻』柏書房、1049-1052頁、1986

川島宙次　1973　『滅びゆく民家―間取り・構造・内部―』主婦と生活社：総４、総７、各 B-1、各 B-5、各 B-6、各 C-2、考７、考８

川島宙次　1974　「大和棟造りの民家について」『民俗建築』68、50-59頁；のちに日本民俗建築学会編『民俗建築第五巻』109-215頁、柏書房、1986

川島宙次　1978　『日本の民家 その伝統美』講談社現代新書

川島宙次　1981　『民家の画帖』相模書房；「葡萄畑の家」84頁、「丹波路の盛夏」144-145頁、「柿の木の旧家」174-175頁

川島宙次　1992　『美しい日本の民家Ⅱ』ぎょうせい

城戸久　1938　「尾張に於ける古農民建築（東海支部郷土古建築調査委員会第２回報告）」『建築雑誌』645、252-263頁：総１

城戸久　1954　「尾張の古農家と大地遺跡の竪穴住居（古農家の構築法に基ずく竪穴住居復原への一提

示)」『日本建築学会研究報告』27、357-358頁：総１

城戸久　1972　「桑原稔氏「赤城南麓民家に於ける平面と構造の年次的変遷について（No.1）―広間型について―」質疑」『日本建築学会論文報告集』201、94-95頁：総１

京都国立博物館編
1997　『洛中洛外図 都の形象 洛中洛外の世界』淡交社：各C-2、考７

京都市都市計画局編
1982　『鞍馬 町なみ調査報告』京都市都市計画局：各A-2、各B-1

京都府教育委員会
1997　「丹波民家調査報告 昭和35年度実施」『日本の民家調査報告書集成11 近畿地方の民家１』東洋書林：各C-2

京都府教育庁指導部文化財保護課編
1967　『京都府の民家 調査報告 第二冊―昭和40年度 舞鶴・福知山・夜久野の民家調査報告―』京都府教育委員会；のちに京都府教育委員会編『日本の民家調査報告書集成11 近畿地方の民家１』東洋書林、1997：総４、各B-5

京都府教育庁指導部文化財保護課編
1968　『京都府の民家 調査報告 第四冊―北桑田郡美山町の民家調査報告―』京都府教育委員会；のちに京都府教育委員会編『日本の民家調査報告書集成11 近畿地方の民家１』東洋書林、1997：総４、各B-1、各B-5、各C-2

京都府教育庁指導部文化財保護課編
1970　『京都府の民家 調査報告 第六冊―昭和44年度 京都市内町家調査報告―』京都府教育委員会；のちに京都府教育委員会編『日本の民家調査報告書集成11 近畿地方の民家１』東洋書林、1997：各A-1、各A-2、考８

京都府教育庁指導部文化財保護課編
1975　『京都府の民家 調査報告 第七冊―昭和48年度京都府民家緊急調査報告―』京都府教育委員会；のちに京都府教育委員会編『日本の民家調査報告書集成11 近畿地方の民家１』東洋書林、1997：総３、総４、総６、総７、各A-2、各B-5、各C-1、各C-2、考７

京都府教育庁指導部文化財保護課
1975　『重要文化財 石田家住宅修理工事報告書』京都府教育委員会；のちに村上訒一ほか編『日本の民家 重要文化財修理報告書集成 第５巻〔農家Ⅴ〕近畿地方〈１〉』東洋書林、2000：総４

京都府教育庁指導部文化財保護課
1985　『重要文化財 瀧澤家修理工事報告書』京都府教育委員会；のちに村上訒一ほか編『日本の民家 重要文化財修理報告書集成 第９巻〔町家 宿場 Ⅱ〕西日本〈１〉』東洋書林、2001：各A-2

草野和夫　1991　『東北民家史研究』中央公論美術出版

草野和夫　1995　『近世民家の成立過程―遺構と史料による実証―』中央公論美術出版：総３、考７

工藤圭章編　1981　『日本の民家３ 農家Ⅲ』学習研究社：各A-1、各A-2

蔵田周忠　1955　『民家帖』古今書院

蔵田周忠　1958　「家づくり」大間知篤三ほか編『日本民俗学大系６　生活と民俗（１）』平凡社、65-100頁

倉田正邦　1960　「「たてのぼし」と「こじきにらみ」」『民俗建築』28、1-6頁；のちに日本民俗建築学会編『民俗建築 第二巻』柏書房、689-694頁、1986：総７

桑江克英訳注
1971　『琉陽』三一書房：各A-3

桑田忠生・岡本良一・武田恒夫
1988 『戦国合戦絵屏風集成 第五巻 島原の乱 戦国合戦図』中央公論社：総６
桑原稔 1972 「赤城南麓民家に於ける平面と構造の年次的変遷について（No.1）—広間型について—」『日本建築学会論文報告集』196、83-91頁：総１
桑原稔 1972 「「赤城南麓民家に於ける平面と構造の年次的変遷について（No.1）—広間型について—」回答」『日本建築学会論文報告集』201、94-95頁：総１
桑原稔 1979 『住居の歴史』現代工学社
桑原稔 1982 「赤城南麓民家における平面と構造の年次的変遷について（Ⅱ）—四間取民家について—」『日本建築学会論文報告集』313、112-126頁
小島道裕 1990 「一乗谷中心と周縁」高橋康夫・吉田伸之編『日本都市史入門Ⅱ町』東京大学出版会、184-185頁：総６
後藤治 1994 「人吉盆地の社殿—老神神社本殿・拝殿及び神供所」文化庁歴史的建造物調査研究会『建物の見方・しらべ方 江戸時代の寺院と神社』ぎょうせい、148-149頁
後藤治・二村悟・岩淵伸介
2004 「静岡県の茶産業に見られた簡易住宅の復元」『日本建築学会技術報告集』20、339-342頁
小林昌人 1974 「南伊豆のオダツ柱」『民俗建築』68、84頁；のちに日本民俗建築学会編『民俗建築 第五巻』柏書房、196頁、1986：各C-2
小林昌人 1985 『民家と風土』岩崎美術社：総７、各C-2
「駒ヶ根市の民家」編集委員会編
1992 『駒ヶ根市の民家』駒ヶ根市教育委員会：各B-1
五味文彦 1992 「京に中世を探る」五味文彦編『都市の中世』吉川弘文館、24-46頁：各A-4
今和次郎 1922 『日本の民家』鈴木書店；のちに『日本の民家』岩波書店、1989：総３、総７、各C-1
今和次郎 1927 『民俗と建築』磯部甲陽堂
今和次郎 1929 「信濃諏訪地方の民家」『早稲田建築学報』６、1-10頁：総７、各B-4
今和次郎 1933 『農村家屋の改善』日本評論社
今和次郎 1941 『草屋根』相模書房
今和次郎 1946 「諏訪地方の民家」同『新版 草屋根』乾元社：各B-4
今和次郎 1947 『働く人の家』相模書房
今和次郎 1971 『民家論 今和次郎集 第２巻』ドメス出版：考８
今和次郎 1971 『民家採集 今和次郎集 第３巻』ドメス出版：各C-1、各C-2、考４
今和次郎 1971 『住居論 今和次郎集 第４巻』ドメス出版：総７、各B-5、各C-1
今和次郎著・竹内芳太郎編
1986 『見聞野帖』柏書房：総１

さ

斉藤知恵子・柏崎亜矢子
1998 「山梨県国中における山間集落の民家について—その５ 四建（ヨツダテ）と大黒柱構造—」（『1998年度日本建築学会大会（九州）学術講演梗概集 F-2』39-40頁：各C-1
佐伯安一 2009 『合掌造り民家成立史考』桂書房：各B-6
坂井洲二 1998 『ドイツ人の家屋』法政大学出版局：総２
坂本高雄 1994 『山梨の草葺民家 伝統的形式住居の終焉』山梨日日新聞社出版局
桜井みどり・南孝雄
2002 「伏見城跡」京都市埋蔵文化財研究所編『平成11年度 京都市埋蔵文化財調査概要』京都市

埋蔵文化財研究所、109-113頁：各A-1、各A-3、各A-4
笹川明・安宅信行
1980　『建築構造』市ヶ谷出版社：各B-1
佐藤正彦　1991　「台湾ツォウ族の民居と集会所」『民俗建築』100、58-65頁；のちに日本民俗建築学会編『民俗建築 第十二巻』柏書房、154-161頁、1999
信濃毎日新聞社編集局編
1971　『信濃の民俗〈特装本〉』信濃毎日新聞社：B-4
島崎広史・土本俊和
2006　「棟持柱構造と軸部・小屋組構造を併せ持つ切妻小規模建造物」『日本建築学会計画系論文集』603、175-182頁；総論7同「同」：総8、各A-1、各B-5、各B-6、考5、考7
島村昇・鈴鹿幸夫ほか
1971　『京の町家』鹿島出版会：各A-1
島之夫　1937　『満州国民屋地理』古今書院
島之夫　1937　『日本民屋地理』古今書院
下水内郡地理研究舎編
1938　『下水内郡地理資料 第三輯 常磐村・柳原村・外様村・大田村』下水内郡地理研究舎、33-34頁：総7、各B-5
重要文化財江川家住宅修理委員会編
1963　『重要文化財江川家住宅修理工事報告書』同；のちに村上訒一ほか編『日本の民家 重要文化財修理報告書集成 補遺2〔町家〕』東洋書林、2001：総4、各C-1、各C-2
彰国社編　1993　『建築大辞典 第二版〈普及版〉』彰国社
庄司貴弘・井田秀行・土本俊和・梅干野成央
2010　「豪雪地帯における民家の形態とその構成樹種—長野県飯山市柄山の農家の事例—」『日本建築学会技術報告集』32、387-392頁：はじめに、総1
新川竜悠・土本俊和・早見洋平
2006　「築地と土塀—土を用いた牆壁の諸形態に関する基礎的研究—」『日本建築学会計画系論文集』604、175-182頁：各A-4
神宮司庁編　1984　『居處部』吉川弘文館
信州大学工学部土本研究室編
1998　『棟柱 第1号』信州伝統的建造物保存技術研究会：各B-1
信州大学工学部土本研究室編
1999　『棟柱 第2号』信州伝統的建造物保存技術研究会：各B-1
信州大学工学部土本研究室編
2001　『棟柱 第4号』信州伝統的建造物保存研究会：総6、総7
信州大学工学部土本研究室編
2002　『棟柱 第5号』信州伝統的建造物保存研究会：総6、総7
杉本尚次　1969　『日本民家の研究—その地理学的考察—』ミネルヴァ書房
杉本尚次　1974　「甲府盆地の民家」『日本の民家探訪—民俗・地理学的考察—』創元社
杉本尚次編　1984　『日本のすまいの源流—日本基層文化の探究』文化出版局
鈴木嘉吉　1980　「概説 畿内の町家」同編『日本の民家 第6巻 町家Ⅱ 近畿』学習研究社、138-145頁：総1、各A-1、各A-2、各A-3、考7、考8
鈴木充　1966　「湖北地方の民家」『建築雑誌』81（963）、16-17頁
鈴木充　1975　『民家ブック・オブ・ブックス日本の美術37』小学館

住田正・中川治雄・古川寿一解説
1988　『定本・国宝松本城』郷土出版社：各 A-3
関口欣也　1963　「甲府盆地東部の近世民家」『日本建築学会論文報告集』86、48-59頁：総１、総７、各C-1
関口欣也執筆・山梨県教育委員会編
1982　『山梨県の民家』山梨県教育委員会；のちに『日本の民家調査報告書集成９　中部地方の民家３』東洋書林、1998：総１、総４、総５、総７、各B-1、各B-2、各C-1、各C-2、考５、考７
関根達人　2001　「建物跡の年代は明確になるか―中近世掘立・竪穴の年代決定の手続き―」東北中世考古学会編『東北中世考古学叢書２　掘立と竪穴　中世遺構論の課題』高志書院、80-96頁：各A-3
関野克　1937　「竪穴家屋と其の遺跡に就いての理論的考察」『ミネルヴァ』2-1、22（378）-27（383）頁：総１
関野克　1937　「中世に於ける竪穴住居の例」『考古学雑誌』27-1、34-44頁：総１
関野克　1938　「鉄山秘書高殿に就いて」『考古学雑誌』28-7、429-446頁：総１
関野克　1939　「貞観儀式大嘗宮の建築」『建築史学』1-1、1-2頁
関野克　1942　『日本住宅小史』相模書房
関野克　1947　「登呂遺跡と建築史の反省」『建築雑誌』62（735）、2-5頁
関野克　1951　「登呂の住居址による原始住家の想像復原」『建築雑誌』66（774）、7-11頁：総１
善田健二・三村卓也
2006　『上越市高田地区にみる棟持柱と歴史的町屋建築』平成17年度信州大学工学部社会開発工学科建築コース卒業論文（土本研究室）：考４

た
高野恵子　2000　『棟持柱についての覚え書き（１）ダイ・ルーの伝統住居に関わる疑問』（O.D.A.「史標」出版局、33-38頁）
高野恵子　2000　『棟持柱についての覚え書き（２）ダイ・ルーの伝統住居に関わる疑問』（O.D.A.「史標」出版局、39-42頁）
高橋恒夫　1979　「近世住居における小屋組と軸組の関連について（６．近世サス構造住居における棟持柱の検討）」『1979年度日本建築学会大会（関東）学術講演梗概集　計画系分冊』1991-1992頁
高橋恒夫　1980　「近世住居における小屋組と軸組の関連について（８．近世サス構造住居における小屋梁架構法の再検討）」『1980年度日本建築学会大会（近畿）学術講演梗概集　計画系分冊』2065-2066頁
高橋康夫　1975　「町屋普請における工費と標準工数」『建築と積算』75-3、25-35頁；のちに同「町家の普請」同『京町家・千年のあゆみ　都にいきづく住まいの原型』学芸出版社、221-236頁：各 A-1
高橋康夫　1983　『京都中世都市史研究』思文閣出版：各 A-4
高橋康夫　1988　『洛中洛外　環境文化の中世史』平凡社
高橋康夫　1989　「中世都市空間の様相と特質」高橋康夫・吉田伸之編『日本都市史入門Ⅰ空間』東京大学出版会、1-16頁：各 A-3
高橋康夫　1993　「洛中洛外図屏風　下京隻」高橋康夫ほか編『図集　日本都市史』東京大学出版会：各 A-3
高橋康夫　1995　「京都の町と住まいの歴史」京都新聞社編『京の町家考』京都新聞社、14-39頁：各 A-3、各 A-4、各 C-2
高橋康夫　2001　「京町家の誕生」同『京町家・千年のあゆみ　都にいきづく住まいの原型』学芸出版社、

35-61頁：各 A-3
高橋康夫・吉田伸之・宮本雅明・伊藤毅編
1993 『図集 日本都市史』東京大学出版会：各 A-1、各 A-2、各 A-3、各 A-4、各 C-2
鷹部屋福平 1943 『アイヌの住居』彰国社：総７
滝澤秀人 2003 「土台を持つ棟持柱構造の変遷」『2003年度日本建築学会大会（東海）学術講演梗概集 F-2』107-108頁：各 A-3、各 B-5、各 C-1
滝澤秀人・島崎広史・土本俊和・遠藤由樹
2006 「ウダツと大黒柱―切妻民家の中央柱列における棟持柱の建築的差異―」『日本建築学会計画系論文集』604、151-158頁；各論Ｃ甲州２同「同」：総８、考４、考５
滝澤秀人・島崎広史・土本俊和・遠藤由樹
2006 「笛吹川流域の民家―四建ないしウダツ造に至る掘立棟持柱構造からの展開―」『日本建築学会計画系論文集』604、167-174頁；各論Ｃ甲州１同「同」：総８、各 B-5、考５
瀧本義一 1932 「木造建築の土臺を緊結することの可否に就て」『建築学研究』10-59、1(321)-4(324) 頁：各 A-3
竹内治利 1951 「承応家別人別帳からみた佐久地方」『信濃』Ⅲ-3-5、309-316頁：総４
竹内芳太郎 1971 「解説―「今民家学」へのアプローチ―」今和次郎編『民家論 今和次郎集 第２巻』ドメス出版、473-488頁：総１
竹田奈都子・大場修
1998 「近畿地方における町家の構造類型と屋根形式―近世町家の地方形式に関する研究４―」『1998年度日本建築学会大会（九州）学術講演梗概集 F-2』123-124頁
田邊泰 1931 「日本民家基本平面計劃への一疑問」『建築と社會 郷土建築號』第十四輯第五號、3-5頁
田邊泰 1934 「日本住宅史と民家の交渉」『国際建築』第十巻・第七号、258-260頁
田邊泰 1942 『日本建築の性格』相模書房
谷川健一編 1989 『サンカとマタギ 日本民俗文化資料集成 第一巻』三一書房：総７、各 C-2
谷重雄 1940 「上賀茂神社嘉元造替本殿」建築史研究會編『建築史』2-4、295-316頁：各 B-5
谷直樹・増井正哉編
1994 『まち祇園祭すまい 都市祭礼の現代』思文閣出版：各 A-4
多淵敏樹 1987 「棟持柱のある古墳時代の高床倉庫の遺構―竜野市揖西町北沢遺跡の事例―」『1987年度日本建築学会大会（近畿）学術講演梗概集 F』823-824頁
玉井哲雄 1992 「都市空間復原の方法とその問題点―絵画史料と「もの」史料―」網野喜彦・石井進編『帝京大学山梨文化財研究所シンポジウム報告集 中世都市と商人職人―考古学と中世史研究２―』名著出版、69-92頁：各 A-1
玉井哲雄 1995 「日本建築の構造」藤井恵介・玉井哲雄『建築の歴史』中央公論社、303-308頁：総６、総７、各 A-3、各 B-5、考７
玉井哲雄 1996 「絵巻物の住宅を考古学発掘資料から見る」小泉和子・玉井哲雄・黒田日出男　編『絵巻物の建築を読む』東京大学出版会
玉井哲雄 2001 「コメント１ 柱穴の掘り方と建築について」東北中世考古学会編『東北中世考古学叢書２ 掘立と竪穴 中世遺構論の課題』高志書院、149-151頁：考３
玉井哲雄編 2004 『日本列島南北端の住居形成過程に関する学際的研究 2001年度～2003年度科学研究費補助金（基盤研究（A）（１））研究成果報告書』研究代表・玉井哲雄（千葉大学工学部教授）：総１
千々岩助太郎 1960 『台湾高砂族の住宅』丸善
千々岩助太郎 1960 『台灣高砂族の住家』南天書局有限公司

参考文献一覧


茅野市教育委員会編
1973 『茅野市の民家』茅野市教育委員会：各 B-1

茅野市教育委員会編
1974 『福沢の民俗』茅野市教育委員会：各 B-4

茅野市編 1998 『茅野市史 下巻 近現代 民俗』茅野市：各 B-4

チャン ティ クエ ハー・山田幸正
2004 「ベトナム中部および南部の伝統的木造民家の架構に関する建築史的考察」『日本建築学会計画系論文集』585、193-198頁

辻裕司・近藤智子
1996 「16 平安京右京八条二坊」京都市埋蔵文化財研究所編『平成五年度京都市埋蔵文化財調査概要』京都市埋蔵文化財研究所、49-55頁：各 A-3

土田充義 1982 「酛蔵について」『民俗建築』82、25-29頁；のちに日本民俗建築学会編『民俗建築 第８巻』柏書房、137-141頁、1999

土田充義・楊慎初
2003 『中国湖南省の漢族と少数民族の民家』中央公論美術出版

土橋里木・大森義憲
1974 『日本の民俗 山梨』第一法規出版：各 C-2

土本俊和 1989 「京都の町家の変遷と特色」稲垣栄三編『復元日本大観６ 民家と町並み』世界文化社、94頁：各 A-1

土本俊和 1989 「東の町家の古型―生方家住宅―」稲垣栄三編『復元日本大観６ 民家と町並み』世界文化社、126-127頁：総７

土本俊和 1994 「首里の町と首里城」高橋康夫ほか編『図集 日本都市史』東京大学出版会、184-185頁：各 A-3

土本俊和 1996 「洛中地子赦免と町屋―建物先行型による短冊形地割の形成過程―」『建築史学』27、47-75頁；のちに同『中近世都市形態史論』中央公論美術出版、360-383頁、2003、各論11：総４

土本俊和 1996 「近世京都にみる「町なみ」生成の歴史的前提」『日本建築学会計画系論文集』479、207-215頁；のちに同『中近世都市形態史論』中央公論美術出版、399-413頁、2003、各論13：総４、総６、総８、各 A-2、各 A-3、考１

土本俊和 1997 「家から家屋敷へ」『日本建築学会計画系論文集』502、211-218頁；のちに同『中近世都市形態史論』中央公論美術出版、161-175頁、2003、各論２：考７

土本俊和 1998 「表題解説」『棟柱 第１号』信州伝統的建造物保存技術研究会、３頁：考３

土本俊和 1998 「織豊期京都の小屋と町屋―棟割長屋を原型とする短冊形地割の形成過程―」『建築史学』31、83-112頁；のちに同『中近世都市形態史論』中央公論美術出版、191-219頁、2003、各論４：総４

土本俊和 1999 「地子と地租の間―近世京都の賦課形態における町人足役の位置―」『建築史学』33、110-134頁；のちに同『中近世都市形態史論』中央公論美術出版、500-520頁、2003、各論19：総４、各 A-3

土本俊和・遠藤由樹
2000 「掘立から礎へ―中世後期から近世にいたる棟持柱構造からの展開―」『日本建築学会計画系論文集』534、263-270頁；総論４同「同」：総１、総２、総３、総４、総５、総６、総７、総８、各 B-1、各 B-3、各 B-5、各 C-1、各 C-2、考７、考８

土本俊和 2001 「表題解説―赤柴のタキモノ小屋―」信州大学工学部土本研究室編『棟柱 第４号』信州伝

統的建造物保存技術研究会、2-3頁；各論Ｂ信州２同「赤柴のタキモノ小屋」：各Ｂ-6

土本俊和　2002　「表題解説―国見の掘立棟持柱―」信州大学工学部土本研究室編『棟柱 第５号』信州伝統的建造物保存技術研究会、2-3頁：総８、各Ｂ-5、各Ｃ-1

土本俊和　2003　土本俊和『中近世都市形態史論』中央公論美術出版：各Ａ-3、各Ａ-4、考９

土本俊和　2003　「総論５ 小屋と町屋」同『中近世都市形態史論』中央公論美術出版、60-73頁：総８、考３

土本俊和　2003　「総論４ ウダツ」同『中近世都市形態史論』中央公論美術出版、45-59頁：総３、総４、各Ａ-3、各Ａ-4、各Ｃ-2

土本俊和　2003　「総論６ 掘立棟持柱構造」同『中近世都市形態史論』同、74-87頁：総７、総８、各Ｃ-1

土本俊和　2003　「総論７ 短冊形地割」同『中近世都市形態史論』同、88-100頁：各Ａ-3

土本俊和　2003　「各論４ 織豊期京都の小屋と町屋―割長屋を原型とする短冊形地割の形成過程―」同『中近世都市形態史論』同、191-219頁：各Ａ-3

土本俊和　2003　「各論７ 天正2-16年・京都下京・古町」同『中近世都市形態史論』同、262-303頁：各Ａ-3、Ａ-4

土本俊和　2003・1994初出
「各論９ 近世京都における祇園御旅所の成立と変容―領主的土地所有の解体と隣地境界線の生成―」同『中近世都市形態史論』同、325-341頁：各Ａ-3

土本俊和　2003・1999年初出
「各論19 地子と地租の間―近世京都の賦課形態における町人足役の位置―」同『中近世都市形態史論』同、500-520頁：各Ａ-3

土本俊和　2003　「表題解説―棟持柱祖型論の世界史的展望―」信州大学工学部土本研究室編『棟柱 第６号』信州伝統的建造物保存技術研究会、2-3頁；総論２同「棟持柱祖形論の世界史的展望」：総１、総３

土本俊和　2004　「エーティーあるいは百姓的建築」長野県建築士事務所協会編『しなの』128、7-9頁：考３

土本俊和　2004　「表題解説―戦前の棟持柱祖型論―」信州大学工学部土本研究室編『棟柱 第７号』信州伝統的建造物保存技術研究会、2-3頁；総論３同「戦前の棟持柱祖形論」：総１、総７、各Ｂ-5、各Ｃ-1、各Ｃ-2、考７

土本俊和編　2005　『中世後期から近世に至る掘立棟持柱構造からの展開過程に関する形態史的研究 2001～2003年度科学研究費補助金（基盤研究Ｃ（２））研究成果報告書』研究者代表・土本俊和（信州大学工学部教授）：総１、総７、総８、各Ａ-3、各Ａ-4、各Ｂ-5、各Ｃ-1、各Ｃ-2、考４、考５、考７

土本俊和　2005　「表題解説―棟持柱をもつ諏訪の穴倉―」信州大学工学部土本研究室編『棟柱 第８号』信州伝統的建造物保存技術研究会、2-3頁：総１、各Ｂ-5

土本俊和　2005　「主題解説（１）民家史研究の総括と展望―棟持柱祖型論に即して―」日本建築学会民家小委員会編『2005年度 日本建築学会大会 歴史・意匠部門 パネルディスカッション 民家研究50年の軌跡と民家再生の課題』日本建築学会、5-37頁：総８、各Ｂ-5、各Ｃ-1

土本俊和　2005　「発掘遺構からみた京マチヤの原形ならびに形態生成」西山良平編『平安京における居住形態と住宅建築の学際研究 2003年度～2004年度科学研究費補助金（基盤研究Ｃ（２））研究成果報告書』研究代表者・西山良平（京都大学大学院人間環境学研究科教授）、127-153頁：総１、各Ｂ-5、各Ｃ-1、考３

土本俊和　2005　「小菅のいとなみをはかる」信州大学・飯山市小菅研究グループ編、『小菅総合研究シンポジウム 飯山小菅の地域文化』しなのき書房、89-137頁：総１、各Ａ-3

土本俊和　2005　「土台と玉石」長野県建築士事務所協会編『しなの』129、8-11頁；のちに土本『中世後期から近世に至る掘立棟持柱構造からの展開過程に関する形態史的研究』120-123頁：各A-3、考7

土本俊和　2006　「丸太による木組」長野県建築士事務所協会編『しなの』132、9-11頁、考5

土本俊和　2007　「京マチヤの原形ならびに形態生成」西山良平・藤田勝也編『平安京の住まい』京都大学学術出版会、195-241頁；各論A京都3同「同」：はじめに、総4、総8、各A-4、各B-5、考3、考7、考8、考9

土本俊和　2007　「民家のなかの棟持柱」『民俗建築』131、102-112頁；総論8同「同」：総6、各A-4、各B-6

土本俊和監修・信州大学山岳科学総合研究所編

2009　『山と建築1　スイスと日本の山岳建築』信州大学工学部建築学科土本研究室：はじめに

土本俊和　2009　「善光寺の概略」信州大学土本研究室編『善光寺とその門前町―善光寺周辺伝統的建造物群保存予定地区調査報告書―』長野市教育委員会、9-12頁：考6

土本俊和　2010　「中世善光寺の変容と寛容」笹本正治・土本俊和編『善光寺の中世』高志書院、179-208頁：考6、考9

土本俊和・坂牛卓・早見洋平・梅干野成央

2008　「京マチヤの原形・変容・伝播に関する形態史的研究―建物先行型論と棟持柱祖形論にもとづく建築コラージュ形態史論―」『住宅総合研究財団研究論文集』34、161-172頁；各論A京都4同「京マチヤの原形・変容・伝播」：はじめに、総1、総4、考6、考8、考9

土屋直人・西山哲雄・早見洋平・土本俊和

2005　「取葺と呼ばれた石置板屋根の系譜」『日本建築学会計画系論文集』594、155-162頁：各C-1

坪井章訓・土本俊和・梅干野成央

2009　「架構形態からみたタテノボセの建築的意義」『2009年度日本建築学会大会（東北）学術講演梗概集F-2』503-504頁

土井忠生、森田武、長南実編訳

1980　『邦訳 日葡辞書』岩波書店：はじめに、総4、総8、各A-1、各A-3、各B-1、各B-2、考1

東京学芸大学岩田研究室編

2003　『北原の民俗―山梨県東山梨郡牧丘町―』東京学芸大学地域研究学科

土橋里木・大森義憲

1974　『日本の民俗　山梨』第一法規出版

東京大学工学部建築史研究室編

1982　『越後高田の雁木』新潟県上越市教育委員会：考8

富山博　1985　「尾張の四つ立て民家」『民俗建築』88、5-10頁：総7、各C-1、考5

富山博　1994　『日本民家調査研究文献総覧』研究代表者・富山博（中部大学工学部建築学科）

豊田村誌刊行会

1963　『豊田村誌』豊田村誌刊行会：各B-5

**な**

永井規男　1975　「北山型」京都府教育庁文化財保護課編『京都府の民家 調査報告 第七冊―昭和48年度京都府民家緊急調査報告―』京都府教育委員会、9-13頁：総3

永井規男　1977　「摂丹型民家の形成について」『日本建築学会論文報告集』251、119-128頁

長井政太郎　1972　「ネパールの民家」『民俗建築』66、7-12頁、(日本民俗建築学会編『民俗建築 第四巻』柏書房、263-268頁、1999)

中尾七重・今村峯雄
2007　「重要文化財箱木家住宅の放射性炭素年代測定調査について」『2007年度日本建築学会大会(九州) 学術講演梗概集 F-2』113-114頁：総１

永島福太郎　1954　「公事家考―「家」を中心とする村落構造の一研究―」『史学雑誌』63-3、27-50頁：各B-1

中西徹　1990　『うだつ―その発生と終焉―』二瓶社

長野県編　1975　『長野県史 近世資料編 第三巻 南信地方』長野県史刊会：総４、各B-1、各C-1、各C-2

長野県編　1990　『長野県史 美術建築資料編 全１巻（２）建築』長野県史刊行会；のちに長野県ほか編『日本の民家調査報告書集成９ 中部地方の民家 山梨 長野』東洋書林、1998：各B-1

長野県飯山市教育委員会編
2005　『長野県飯山市小菅総合調査報告書―市内遺跡発掘調査報告 第二巻 調査・研究編―』飯山市教育委員会：各A-3

長野県教育委員会編
1992　『長野県の諸職―長野県諸職関係民俗文化財調査報告書―』長野県教育委員会

長野県史刊行会編
1984　『長野県史 民俗編 第４巻（１）北信地方 日々の生活』長野県史刊行会：各B-5

長野県史刊行会民俗資料調査委員会編
1978　『長野県諏訪郡原村 払沢民俗誌稿』長野県史刊行会民俗資料調査委員会：各B-4

長野県茅野市湖東・湖東公民館編集
1961　『湖東村史 上』長野県茅野市湖東・湖東公民館：各B-4

長野県立博物館編
2002　『信濃の風土と歴史８ 住―たてる・すむ・くらす―』長野県立博物館：総１

長野県美麻村教育委員会編
1997　『長野県宝 中村家住宅修理工事報告書』長野県美麻村：各B-1

中村達太郎　1906　『日本建築辞彙』丸善：総６、各A-1、各A-2

中村昌生　1971　「準棟纂冪 一町家のつくり―」『京の町家』駸々堂出版、268-277頁：考８、各C-2

中村昌生　1994　『京の町家』河原書店：各A-1、各A-2、各C-2

中山太郎編　1980　『日本民俗学辞典覆刻版』名著普及会：初版は、『日本民俗学事典（正編改訂版）』梧桐書院、1941

楢川村誌編纂委員会編
1998　『暮らしのデザイン 木曾・楢川村誌 第六巻 民俗編』長野県木曾郡楢川村：総６、総７

奈良県教育委員会事務局文化財保存課編
1961　『十津川の民俗』十津川村役場

奈良県教育委員会事務局文化財保存事務所編
1998　『重要文化財 藤岡家住宅修理工事報告書』奈良県教育委員会：各A-1

奈良県民生労働部同和問題研究所編
1953　『未解放部落の實証的研究』同：各B-3

奈良国立文化財研究所・神戸市教育委員会編
1993　『神戸の茅葺民家・寺社・民家集落―神戸市歴史的建造物実態調査報告書―』神戸市：各B-1

新潟県教育委員会編

1980　『越後の民家 上越編』同：考８
西和夫＋神奈川大学建築史研究室
1997　「仮設舞台をたずねて―調査の足跡」同『祝祭の仮設舞台―神楽と能の組立て劇場』彰国社　177-219頁：総７
西山良平　2004　『都市平安京』京都大学学術出版会：各 A-3、各 A-4
西山良平・藤田勝也編
2007　『平安京の住まい』京都大学学術出版会：各 A-4
日塔和彦　2002　「デンマークの茅葺き技術」日塔和彦『ヨーロッパの茅葺きとその技術 その２（オランダ・デンマーク）』欧州茅葺き視察研修報告書刊行会、155-165頁
日塔和彦　2006　「ハンガリーの民家と茅葺き」日塔和彦編『ヨーロッパの茅葺きとその技術 その３（ハンガリーの葦生産と茅葺き）』欧州茅葺き視察研修報告書刊行会、135-148頁
丹生谷章　1968　『中部地方の民家』明玄書房
丹生谷章　1975　「屋根型見て歩き―切妻型について―」『民俗建築』70、56-67頁；のちに日本民俗建築学会編『民俗建築 第五巻』柏書房、388-399頁、1999
日本経済叢書刊行会編
1917　「鼠の夜噺」『通俗経済文庫巻十』同、313-318頁：総４
日本建築協会編
1962　『ふるさとのすまい―日本民家集―』日本資料刊行会：総７
日本建築学会編
1980　『日本建築史図集 新訂版』彰国社；のちに稲垣栄三『稲垣栄三著作集二 神社建築史研究Ⅱ』中央公論美術出版、2008：各 A-3、考７
日本建築学会民家語彙集録部会編
1993　『日本民家語彙解説辞典』日本アソシエーツ：総４、総７、総８、各 A-1、各 A-2、各 B-1、考１
日本建築学会民家小委員会編
1963　『民家調査基準１ 復原的調査および編年』日本建築学会：総１
日本ナショナルトラスト編
2005　『平成16年度観光資源保護調査 上条集落の切妻民家群』日本ナショナルトラスト：各 C-1
日本民俗建築学会編
2001　『図説 民俗建築大事典』柏書房：総７、各 C-1、考７
野口徹　1988　『中世京都の町屋』東京大学出版会：各 A-1、各 A-3、各 A-4
野村孝文・伊藤行・三島庄一
1957　「奄美群島の民家調査報告（第２報）―与論島の民家―」『鹿児島大学南方産業化学研究所報告』鹿児島大学南方科学研究所、31-79頁
野村孝文　1958　「中柱構造についての考察」『日本建築学会論文報告集』60、629-632頁：総７
野村孝文　1959　「鹿児島県民家の「ナカエ」に就いて」『日本建築学会論文報告集』61、120-126頁、各 C-2
野村孝文　1959　「南西諸島のサス構造」『日本建築学会論文報告集』62、129-134頁
野村孝文　1961　『南西諸島の民家』相模書房

**は**

羽柴直人　1997　「岩手県平泉町における近世掘立柱民家について―泉屋遺跡、志羅山遺跡の事例を中心に―」『㈶岩手県文化振興事業団 埋蔵文化財センター紀要』17、41-60頁：総４

羽柴直人　2001　「柱間寸法が語るもの」東北中世考古学会編『東北中世考古学叢書２ 掘立と竪穴 中世遺構論の課題』高志書院、59-79頁：考３

畑智弥・土本俊和
1997　「京都の町屋における架構の変遷―『田中吉太郎家文書』と遺構図面の比較より―」『1997年度日本建築学会大会（関東）学術講演梗概集 F-2』219-220頁：はじめに

畑智弥・土本俊和
1998　「京都の町屋における軸部と小屋組」『日本建築学会計画系論文集』513、259-266頁；各論Ａ京都１同「京都のマチヤにおける軸部と小屋組」：はじめに、総２、総４、総５、総６、総８、各 A-2、各 B-1、各 C-1、各 C-2、考１、考８

畑智弥・土本俊和
2005　「与次郎組の系譜―京都の町屋における小屋組構成部材の展開―」『中世後期から近世に至る掘立棟持柱構造からの展開過程に関する形態史的研究』36-43頁；各論Ａ京都２同「同」：はじめに、考８

早川春慶・鵜飼浩平・土本俊和・梅干野成央
2007　「タテノボセと土台からみた小規模建造物」『日本建築学会計画系論文集』616、167-174頁；各論Ｂ信州５同「同」：はじめに、総７、総８、各 B-6、考７

畑林真之・土本俊和
1996　「近世松本城下町における都市の原景―水系と町割からみた都市域の形成過程―」『日本建築学会計画系論文集』483、221-230頁：各 A-4

祝宮静・関敬吾・宮本馨太郎編
1969　『日本民俗資料事典』第一法規出版

林野全孝　1980　『近畿の民家―畿内を中心とする四間取り民家の研究―』相模書房：総３

早見洋平・土本俊和
2002　「細川殿から御三間町へ―16世紀末・上京焼討後の都市形成―」『日本建築学会計画系論文集』562、253-260頁：各 A-3

早見洋平・土本俊和
2005　「天正期京都における高密化の過程―「大中院文書」による微視的景観の復原」『都市計画論文集』40-2、14-24頁：各 A-4

原村編著　1993.3　『原村誌 下巻』原村役場：各 B-4

久野俊彦　1998　「商人の絵巻にみる民俗」国立歴史民俗博物館編『中世商人の世界―市をめぐる伝説と実像』日本エディタースクール出版、44-62頁：各 A-4

平出遺跡調査会編
1955　『平出 長野県宋賀村古代集落後の総合研究 文部省科学研究費総合研究報告 No.10』朝日新聞社：総１

平田篤胤全集刊行会編
1978　「皇国度制考上」『新修 平田篤胤全集 補遺三』名著出版、36(415)-39(420)頁：総１

日向進　1982　「近世中期における京都町屋の建築構成について」『日本建築学会論文報告集』318、156-165頁：各 A-1

日向進　1983　「天明大火直後の京都における町屋普請―寛政２、３年『注文帳』を中心に―」『日本建築学会論文報告集』325、144-154頁：各 A-1、各 A-2、考８

日向進　1996　『近世における町家大工の営業形態に関する研究－田中家文書「大福工数帳」を中心に－平成６・７年度科学研究費補助金（一般研究Ｃ）研究成果報告書』研究代表者・日向進（京都工芸繊維大学工芸学部教授）：各 A-2

参考文献一覧


日向進　1998　『近世京都の町・町家・町家大工』思文閣出版：各 A-2

平山育男　1994　『近畿農村の住まい 日本列島民家の旅④近畿Ⅰ』INAX：B-1

平山育男　2001　「民家のしくみ 民家の構造 基礎」日本民俗建築学会編『図説 民俗建築大事典』柏書房、80-81頁：各 A-3

平山敏治郎　1961　『十津川の民俗（十津川文化叢書：３，４）』十津川村役場

広島県賀茂郡高屋町編
1968　『重要文化財 旧木原家住宅修理工事報告書』広島県賀茂郡高屋町；のちに村上訒一ほか編『日本の民家 重要文化財修理報告書集成 第10巻〔町家 宿場 Ⅱ〕西日本〈２〉』東洋書林、2001

広島県草戸千軒町遺跡調査研究所編
1996　『草戸千軒町遺跡調査報告Ⅴ―中世瀬戸内の集落遺跡―』広島考古学研究会：総４、各 B-5、各 C-1

福井県立一乗谷朝倉氏遺跡資料館編
2001　『特別展 戦国城下町研究の最前線』福井県立一乗谷朝倉氏遺跡資料館：総６

福田アジオ・新谷尚紀・湯川洋司・神田より子・中込睦子・渡邊欣雄編
1999　『日本民俗大辞典 上』吉川弘文館

福田アジオ・新谷尚紀・湯川洋司・神田より子・中込睦子・渡邊欣雄編
2000　『日本民俗大辞典 下』吉川弘文館

藤井恵介・玉井哲雄
1995　『建築の歴史』中央公論社：各 A-1、各 A-2

藤井恵介編　2005　『建築の移築に関する研究 2002（平成14）年度～2004（平成16）年度科学研究費補助金 基盤研究（B）（２）研究成果報告書』研究代表者・藤井恵介（東京大学大学院工学系研究科助教授）：考７

藤島亥治郎　1940　『琉璃塔』相模書房

藤島亥治郎　1941　『建築と文化』誠文堂新光社

藤島亥治郎　1942　「住宅建築から見た南方共栄圏」『科学朝日』2-4、83-88頁：総１

藤島亥治郎　1951　「平出住居址の復原的考察」『信濃』第３巻第２・第３合併号、82-95頁：総１

藤島亥治郎　1951　「平出集落址に於ける住宅の復原」『建築雑誌』66(774)、12-19頁

藤島亥治郎　1951　「平出遺跡第四次調査建築址の復原的考察」『信濃』4-2、97-108頁：総１

藤島亥治郎　1952　「信濃諸遺跡による竪穴家屋の復原的考察」日本建築学会『日本建築学会研究報告』17、1-4頁

藤島亥治郎　1952　「平出遺跡第３号址復原住宅（長野県東筑摩郡宗賀村平出）」『建築文化』65、36-37頁

藤島亥治郎　1953　「江戸時代に於ける信濃佐久民家の文献的研究」日本建築学会『日本建築学会研究報告』24、35-36頁

藤島亥治郎　1954　「信濃古建築五論」一志茂樹先生還暦記念会編『地方研究論叢』一志茂樹先生還暦記念会：総７、総８、各 B-4

藤島亥治郎　1954　「江戸時代民家の文献的研究―特に信濃佐久の民家について―」『建築史研究』14、12-26頁：総４、各 A-3、各 B-1、各 B-5

藤島亥治郎　1955　「第六篇 建築址の復原的考察」平出遺跡調査会編『平出 長野県宗賀村古代集落遺跡の総合研究 文部省科学研究費総合研究報告 No.10』朝日新聞社、375-419頁：総１、総７

藤島亥治郎　1959　「住家構成の発生史的汎性」竹内芳太郎編『民家 今和次郎先生古稀記念文集』相模書房、103-134頁：総１、総３、総８、各 A-4、考６

藤島亥治郎　1974　「民家研究の道を辿りて」『民俗建築』68、63-80頁；のちに日本民俗建築学会編『民俗建

築 第五巻』175-192頁、柏書房、1999
藤島亥治郎　1997　『中山道 宿場と途上の踏査研究』東京堂出版
藤島亥治郎・内山壽郎
1953　「民家の史的研究に関する一提案（平出聚落を材料として）」『日本建築学会研究報告』22、171-172頁
藤田裕嗣　1999　「考古学との接点としての地割―前川要報告によせて―」『歴史地理学』41-1、65-68頁：各 A-3
藤田盟児　2007　「安芸国の港町―宮島と呉の町家―」『日本民俗建築学会シンポジウム 瀬戸内の小島に残る港町の保存の意義と活性のあり方』平成19年度文部科学省科学研究費補助金研究成果公開促進費補助事業、8-9頁：各 A-4、考８、考９
藤田元春　1937　『日本民家史』刀江書院：総７
藤森照信監修
2002　『㈳長野県建築士会諏訪支部50周年記念誌 諏訪の建築～諏訪之國の DNA ～』㈳長野県建築士会諏訪支部：各 B-4
藤原義一　1943　『日本住宅史』弘文堂書房
降幡廣信　2005　『古民家再生ものがたり これから百年暮らす』晶文社：総１、各 B-5
文化財保護委員会監修
1967　『民家のみかた調べかた』第一法規出版：総１
文化財建造物保存技術協会編
1973　『重要文化財 生方家住宅移築修理工事報告書』沼田市；のちに村上訒一ほか編『日本の民家 重要文化財修理報告書集成 第８巻〔町家 宿場 Ⅰ〕東日本』東洋書林、2000
文化財建造物保存技術協会編
1973　『重要文化財旧田中家住宅修理工事報告書』高山市；のちに村上訒一ほか編『日本の民家 重要文化財修理報告書集成 第４巻〔農家Ⅳ〕中部地方〈２〉』東洋書林、2005
文化財建造物保存技術協会編
1975　『重要文化財 山本家住宅修理工事報告書』山本家住宅修理委員会
文化財建造物保存技術協会
1977　『重要文化財 茂木家住宅保存修理工事報告書』富岡市教育委員会；のちに『日本の民家 重要文化財修理報告書集成 第２巻〔農家２〕関東地方』東洋書林、1999：総６
文化財建造物保存技術協会編
1978　『重要文化財 小松家住宅修理工事報告書』重要文化財小松家住宅修理委員会；のちに村上訒一ほか編『日本の民家 重要文化財修理報告書集成 第８巻〔町家 宿場 Ⅰ〕東日本』東洋書林、2000：各 B-1
文化財建造物保存技術協会編
1982　『重要文化財 鈴木家住宅修理工事報告書』重要文化財鈴木家住宅修理委員会；のちに村上訒一ほか編『日本の民家 重要文化財修理報告書集成 第１巻〔農家１〕東北地方』東洋書林、1999：総４
文化財建造物保存技術協会編
1983　『重要文化財 小坂家住宅修理工事報告書』のちに村上訒一ほか編『日本の民家 重要文化財修理報告書集成 第８巻〔町家 宿場 Ⅰ〕東日本』東洋書林、2000
文化財建造物保存技術協会
1991　『重要文化財 旧横田家住宅修理工事報告書』長野市：各 B-1

参考文献一覧


文化財建造物保存技術協会編
1995 『富山県指定文化財立山の室堂保存修理工事報告書』富山県指定文化財立山の室堂保存修理委員会

文化財建造物保存技術協会編
2001 『重要文化財 旧高野家住宅 主屋ほか八棟 保存修理工事報告書』塩山市；主屋ならびに馬屋と小屋；のちに村上訒一ほか編『続 日本の民家 重要文化財 修理報告書集成 第3巻』東洋書林、2007

文化庁文化財保護部編
1978 『民俗資料選集6 狩猟習俗Ⅱ』財団法人国土地理協会：各C-2

文化庁文化財保護部編
1989 『民俗資料選集17 若狭の産小屋習俗』財団法人国土地理協会

文化庁歴史的構造物調査研究会
1994 『建物の見方・しらべ方 江戸時代の寺院と神社』ぎょうせい

宝月圭吾 1968 『村史ときわ』常盤村史刊行委員会

梅干野成央・岡本茂・土本俊和
2005 「仮設建造物の脚部に据えられた石組みの柱穴」『2005年度日本建築学会大会（近畿）学術講演梗概集 F-2』99-100頁：各 A-3

梅干野成央・岡本茂・土本俊和
2005 「仮設構築部の脚部に据えられたクツイシと石組柱穴―長野県飯山市小菅の祭礼空間を彩る仮設構築物の実態―」『日本建築学会計画系論文集』598、177-184頁：総8、各 A-3

梅干野成央・土本俊和・岡本茂
2007 「近世小菅村の市立てと商人・村人」『日本建築学会計画系論文集』611、253-26頁：考9

梅干野成央・土本俊和・小森裕介
2011 「近代登山の普及における山小屋の建設過程」『日本建築学会計画系論文集』659、211-220頁：はじめに

堀内明博 2001 「市・町の形態と展開―平安京・京都を中心として―」玉井哲雄編『考古学発掘資料による建物の復原方法に関する基盤的研究 1998年度～2000年度科学研究費補助金（基盤研究A（1））研究成果報告書』研究代表者・玉井哲雄（千葉大学工学部教授）：各 A-3

堀内明博・内田好昭・久世康博・丸川義広
1996 「3 平安京左京二条四坊」京都市埋蔵文化財研究所編『平成5年度 京都市埋蔵文化財調査概要』京都市埋蔵文化財研究所、9-17頁：各 A-3

堀江亨 1997 「日本の伝統的民家の架構配置に関する分析術語の定義―木造軸組構法の空間構成に関する方法論的研究 その1―」『日本建築学会計画系論文集』501、117-124頁：各 A-2

堀江亨 2000 「柱・梁の配置からみた近世農家の軸組架構の多様性―日本の伝統的民家の架構法に関する系統的研究 その1―」『日本建築学会計画系論文集』538、109-116頁

堀江享 2004 『小屋組の構法原理からみた日本の伝統的木造建築の発展史に関する研究 平成13年度～平成15年度科学研究費補助金基盤研究（C）（2）』研究代表者・堀江享（日本大学生物資源科学部助教授）：総1

堀江亨 2004 「近世農家の小屋組架構の類型化とその地域性―日本の伝統的民家の架構法に関する系統的研究 その2―」『日本建築学会計画系論文集』575、47-53頁

堀江亨・安藤邦廣・後藤治・藤川昌樹・黒坂貴裕・中野茂夫
2005 「つくば市の農家における軸組架構の変遷―オラマ柱架構の成立と大黒柱架構への転換」『日本建築学会計画系論文集』594、39-46頁：各C―2

堀口捨己　1934　「うだつ」『国際建築』第十巻・第七号、261-268頁：総３
堀口捨己　1948　「出雲大社と古代住居」『古美術』18-7、14-25頁
堀口捨己　1951　「尖石の石器時代住居とその復原」『建築雑誌』66（774）、1-6頁
本多友常　2003　「自然発生的建築のデザイン」本多友常・安原盛彦・大氏正嗣・佐々木葉二・柏木浩一『〈建築学テキスト〉建築概論—建築・環境のデザインを学ぶ』学芸出版社、9-28頁
本多昭一・野口徹 アドバイザー
1977　「組立構法による幻の集落—川原町」横溝正夫編『ガラス glass & architecture』綜建築研究所発行、77-2、1-15頁：総７、考７

ま
米原町教育委員会編
2001　『米原町指定文化財 川口家住宅（旧醒井宿問屋場）修理工事報告書』米原町教育委員会
牧田茂　1983　「大黒柱の精神性」ミサワホーム総合研究所出版制作室編『日本人 住まいの文化誌』ミサワホーム総合研究所、62-63頁：各 C-2
増田友也　1987　『家と庭の風景 日本住宅の空間論的研究』ナカニシヤ出版：総２
松井郁夫　1998　「日本列島伝統構法の旅 第４回 越前大野の町家」『建築知識 1998年４月号』エクスナレッジ、240-243頁：各 C-2
松尾さつき　2000　『洛中洛外図屏風にみる町家の形態』信州大学工学部社会開発工学科建築コース卒業論文（土本研究室）：考７
松沢かね　1998　「ワラ（藁）と人々の暮らし～ワラ細工の聞きとり調査について」『茅野市八ヶ岳山麓総合博物館紀要』７、33-39頁：各 B-4
松本市教育委員会
1997　『松本市文化財調査報告』129：総４
松本城保存工事事務所編著
1954　『国宝松本城 解体・調査編』松本市教育委員会：各 A-3
丸山俊明　2005　「18～19世紀の京都の町並景観と瓦葺規制—江戸時代の京都の町並景観の研究（その２）—」『日本建築学会計画系論文集』587、163-169頁：各 A-3
丸山奈巳　2006　「大水から逃げる街—新宮川原町（一）」『熊野誌』52、54-59頁：総７、考７
丸山奈巳　2007　「大水から逃げる街—新宮川原町（二）」『熊野誌』53、40-87頁：総７、考７
丸山穂波　2001　「鳶職の丸太仮設の技術—山車小屋の例から—」『日本建築学会技術報告集』13、237-242頁：考５
丸山穂波　2002　「鳶職の丸太仮設の技術—上屋（素屋根）の例から—」『日本建築学会技術報告集』15、329-334頁：考５
三郷村教育委員会編
1993　『三郷村の民家』三郷村教育委員会：各 B-1
三澤勝衛　1927　「八ヶ岳山麓（裾野）地理研究」『人文地理』1(2)、21-36頁：総７、各 B-4、各 B-5
三澤勝衛　1936　「南信地方の民家風景—特に天竜川流域に就いて—」『山小屋』56、1-14頁：総７、各 B-3
水田健之輔　1950a　「甲斐奈良田の民家」『民俗建築』１、15-19頁；のちに日本民俗建築学会編『民俗建築 第一巻』柏書房、17-21頁、1986
水田健之輔　1950b　「甲斐奈良田の民家—その２—」『民俗建築』２、12-15頁；のちに日本民俗建築学会編『民俗建築 第一巻』柏書房、37-40頁、1986
水田健之輔　1961　「山村の民家」『民俗建築』33、1-5頁；のちに日本民俗建築学会編『民俗建築 第二巻』柏書房、797-801頁、1986

溝口歌子・小林昌人
1978 『民家巡礼 東日本編』相模書房
溝口歌子・小林昌人
1979 『民家巡礼 西日本編』相模書房
三田克彦 1938 「卯建の起源とその変遷に就て」『東洋建築』2-2、9（105）-15（111）頁：総１、総３、総４、各 C-2
三田克彦 1942 「大黒柱の淵源とその変遷」『住宅』第27巻第310号、57-59頁：総１、総３、各 C-2
三田克彦 1952 「土台の起源」『日本建築学会論文報告集』44、117-122頁：総１、各 A-3
三田克彦 1960 「北埼民家記―農民建築の小屋構造―『民俗建築』28、1-5頁；のちに日本民俗建築学会編『民俗建築 第二巻』柏書房、673-677頁、1986
三田克彦 1961 「世田谷の民家―柱頭の枕木構造について―『民俗建築』34、1-6頁、（日本民族建築学会編『民俗建築 第二巻』柏書房、807-812頁、1986）
光井渉 1995 「合掌造」について」『月刊文化財』378、4-14頁：総８、各 B-1、各 B-6
三村卓也・善田健二・土本俊和
2006 「上越市高田地区にみる棟持柱と歴史的町屋建築―今井染物店を事例として―」『日本建築学会北陸支部研究報告集』49、379-382頁：各 A-4、考７、考８
宮崎玲子 1984 「ハンガリーの民家」『民俗建築』85、42-58頁；のちに日本民俗建築学会編『民俗建築 第八巻』柏書房、371-386頁、1999；さらにのちに日塔和彦編『ヨーロッパの茅葺きとその技術 その３（ハンガリーの葦生産と茅葺き）』欧州茅葺き視察研修報告書刊行会、171-183、2006
宮澤智士 1983 「近世民家の地域的特色」永原慶二・山口啓二代表編集『講座・日本技術の社会史 第七巻 建築』日本評論社、151-182頁：総１、総４、各 C-1、各 C-2
宮澤智士 1985 「高野家住宅」『日本の民家』小学館、110-111頁
宮澤智士 1989 「編集後記 堂と小屋」『普請研究 第30号 堂と小屋の古代再現』93-95頁
宮沢智士 1989 『住まい学大系／022 日本列島民家史 技術の発達と地方色の成立』住まいの図書館出版局：総４、各 A-1、各 B-1、各 C-1
宮澤智士 1993 「農家の中世から近世へ」伊藤ていじほか編『日本名建築写真選集 第17巻 民家Ⅱ 農家』新潮社、83-125頁：総６、総７、各 B-5、各 B-6、各 C-1、考５
宮澤智士 1996 「庶民住宅 堂と小屋の観点から」小泉和子・玉井哲雄・黒田日出男編『絵巻物の建築を読む』東京大学出版会、105-128頁：総６、総７、考３
宮澤智士 2001 「アイヌ家屋とニシン番屋」文化財建造物保存技術協会編『修復の手帖』文化財建造物保存技術協会、14-15頁：総７
宮澤智士編 1980 『日本の民家 第２巻 農家Ⅱ 中部』学習研究社、180-183頁：総４、各 C-2
宮澤智士編 1997 『長野県北安曇郡白馬村 白馬桃源郷青鬼の集落』財団法人日本ナショナルトラスト：各 B-1
宮本常一 1964 『山に生きる人びと／双書・日本民衆史２』未来社：総７、各 C-1、各 C-2
宮本常一 1966 『村のなりたち／双書・日本民衆史４』未来社
宮本常一 1984 『忘れられた日本人』岩波書店：総６、各 A-4
宮本長二郎 1996 『日本原始古代の住居建築』中央公論美術出版
宮本長二郎 1999 「日本中世住居の形式と発展」関口欣也先生退官記念論文集刊行会編『建築史の空間―関口欣也先生退官記念論文集―』中央公論美術出版、3-23頁：考３
宮本長二郎 2001 「中世集落遺跡 建築遺構のまとめ方」東北中世考古学会編『東北中世考古学叢書２ 掘立と竪穴 中世遺構論の課題』高志書院、9-18頁：考３

宮本長二郎　2007　『日本の美術 第490号 出土建築部材が解く古代建築』至文堂
宮本雅明　2005　「城下町の都市造形」同『都市空間の近世史研究』中央公論美術出版、400-453頁：考８
宮良當壯　1933　「琉球諸島に於ける民家の構造及風習」『考古学雑誌』23-50、267-286頁：総７
民家小委員会編
2007　『東アジアから日本の都市住宅（町家）を捉える』日本建築学会：各 A-4
民俗学研究所編
1970　『改訂 綜合日本民俗語彙 第１巻』平凡社：各 C-2
民俗学研究所編
1980　『民俗学辞典』東京堂出版
民俗建築学会編
1986　「民俗建築 第21・22合併号 日本民俗建築語彙集」日本民俗建築学会編『民俗建築 第二巻』柏書房、441-524頁：各 C-2
向山鉄人　1959　「徳川時代の農家」『伊那路』3-11、40(506)頁
向山鉄人　1960　「うだつ考外二題」『上伊那』第45号、398頁
村上某　1974　「甲州噺」赤岡重樹校訂『甲斐叢書 第二巻』第一書院、87-126頁
武藤清・辻井静二・梅村魁・青山博之
1978　『大学課程 建築構造力学』オーム社：総４、各 B-1
木造建築研究フォラム編
1995　『図説 木造建築辞典 実例編』学芸出版社：総７
森内昭光・黒野弘靖
2002　「高岡市金屋町における世帯数の増減にともなう住戸の空間的変容過程に関する研究」『日本建築学会北陸支部研究報告集』45、303-306頁：各 A-4
森田慶一　1957　『森田慶一評論集３ 建築紀行』彰国社
森脇太一編　1937　『邑智郡誌』森脇太一：各 A-4

**や**

矢熊敏男　1998　「熊野の折り畳み集落」『SOLAR CAT』33、59-64頁：総７、考７
矢澤大二編　1979　『三沢勝衛著作集１［全３巻］郷土地理研究』みすず書房：各 B-4
山梨県建設業協会
1986　『山梨県建設業協会史』山梨県建設業協会
柳田國男　1954　「かぎから鉄輪へ」『火の昔』実業之日本社、144-145頁：考８
柳田國男・倉田一郎共編
1941　『分類山村語彙』信濃教育會
柳田国男・山口貞夫共編
1975　『居住習俗語彙』国書刊行会：総４、各 A-4、各 B-1、各 B-2、各 C-2
山崎弘　1982　「小笠原諸島の建築」『文化財の保護』14、49-75頁；のちに各府県教育委員会編『日本の民家調査報告書集成６ 関東地方の民家３』東洋書林、483-511頁、1998：総６
山本雅和　2006　「中近京都の街路と町屋」高橋康夫編『中世のなかの「京都」―中世都市研究12』新人物往来社、180-200頁：各 A-3、各 A-4
弓削春穏　1954　『深雪地下水内郡の地理的考察』下水内教育会：総７、各 B-5、各 B-6
横井清　1970　「室町時代の京都における町屋支配について―中世民衆思想史への試みとして―」日本史研究会史料研究部会編『中世の権力と民衆』創元社、324-345頁
横井清　1975　『中世民衆の生活文化』東京大学出版会

横田冬彦　1996　「近世社会の成立と京都」『日本史研究』404、50-70頁：各 A-2

横溝正夫編　1977　「丸太仮設」同編『ガラス glass & architecture』綜建築研究所、77-10、全頁：考5

吉田桂二　1987　『民家ウオッチング事典』東京堂出版：各 C-2

吉田靖編　1980　『日本の民家 第5巻 町家Ⅰ 北海道・東北・関東・中部』学習研究社：総7

吉田靖編　1971　『日本の美術 第60号 民衆』至文堂

吉村家修理事務所編

1953　『重要文化財住宅 吉村家修理報告書』大阪府教育委員会；のちに村上訒一ほか編『日本の民家 重要文化財修理報告書集成 第5巻〔農家Ⅴ〕近畿地方〈1〉』東洋書林、2000

**ら**

緑草会編　1930　『民家図集』大塚巧芸社

**わ**

渡邉晶　2001　「建物基礎と上部構造―建築技術論の立場から―」浅川滋男・箱崎和久編『埋もれた中近世の住まい』同成社、202-215頁

**洋書翻訳など**

Aldo Rossi　1965　L'architettura della Città, CittStudiEdizioni：各 A-4

Aldo Rossi　1982　The Architecture of the City, The MIT Press：各 A-4

アルド ロッシ著・大島哲蔵 福田晴虔訳

1991　『都市の建築』大龍堂書店：各 A-4

A. J. Scarse　1989　Development and change in burgage plots: the example of Wells, Journal of Historical Geography, 15(4), pp. 349-365：各 A-3

Colin Rowe, Fred Koetter

1978　Collage City, The MIT Press：各 A-4

C・ロウ、F・コッター著、渡辺真理訳

1992　『コラージュ・シティ』鹿島出版会：各 A-4

クロード・レヴィ・ストロース著・荒川幾男訳

1970　『人種と歴史』みすず書房：各 A-4

E・F・シュマッハー著

1976　斉藤志郎訳『人間復興の経済（原題："Small is Beautiful"）』佑学社：総6

E・コセリウ 田中克彦・かめいたかし訳

1981　『うつりゆくこそ ことばなれ サンクロニー・ディアクロニー・ヒストリア』クロノス：各 A-3

F・ソシュール 小林英夫訳

1972　『一般言語学講義』岩波書店：各 A-3、各 A-4

Richard Harris　Discovering timber-framed buildings, Shire Publication LTD,UK. ：総5

John Summerson

1980・1963初版

The Classical Language of Arctitecture, Thames and Hudson：考6

ジョン・サマーソン著・鈴木博之訳

1968　『古典主義建築の系譜』中央公論美術出版：考6

Jukka Jokileht

1999 A History of Architectural Coversation, Elseviewer：各 A-4

ユッカ ヨキレット、益田兼房監修、秋枝ユミ イザベル訳

2005 『建築遺産の保存 その歴史と現在』アルヒーフ：各 A-4

Richard Weiss

1959 Häuser und Landschaften der Schweiz, Eugen Rentsch Verlag：総１、総２、総３、各 A-4

Toshikazu Tsuchimoto

2001 Making of the Japanese Timber-framed Houses; Studies in Ancient Structures; Proceedings of the 2nd Internationa Congress, Volume Ⅰ, pp.161-171, Istanbul, Turkey, June 2001；総論５土本「日本民家の架構法」邦訳版：総６、各 B-1

Toshikazu Tsuchimoto

2006 Unfixed Capital Kyoto, International Conference on East Asian Architectural Culture, Kyoto 2006, Proceedings II, pp.464-474：各 A-4

Toshikazu Tsuchimoto

2010 Some Similarities on the Making of the Timber-framed Structures in Europe and Japan, WCTE2010, Conference Proceedings, 11th World Conference on Timber Engineering, Riva del Garda, Trentino, Italy, June 20-24, 2010（CD-ROM）：おわりに

Werner Pichler,

2001 Zeichen der Vorzeit: Felsbilder der Alpen, Institutum Canarium Vklabruck：総８

エドワード・モース

1979 『日本のすまい 内と外』鹿島出版会：総７、各 B-2

パオロ・ロッシ著・清瀬卓訳

1984 『普遍の鍵』国書刊行会：考３

ブルーノ・タウト著・篠田英雄訳

1939初出・1962改訂

『日本美の再発見〔増補改訳版〕』岩波書店：総７、各 B-5

ルイス・フロイス

1991 『日欧文化比較』（改題『ヨーロッパ文化と日本文化』）岩波書店：総６